SEXO
E O
ABSOLUTO 8
FRACASSADO

Dados Internacionais de Catalogação na Publicação (CIP)
(Câmara Brasileira do Livro, SP, Brasil)

Žižek, Slavoj
  Sexo e o Absoluto fracassado / Slavoj Žižek ; tradução de Daniel Guilhermino. – Petrópolis, RJ : Vozes, 2024.

  Título original: Sex and the failed absolute
  ISBN 978-85-326-6773-1

  1. Filosofia 2. Materialismo dialético I. Título.

24-189729 　　　　　　　　　　　　　　　CDD-146.32

Índices para catálogo sistemático:
1. Dialética materialista : Filosofia   146.32
Eliane de Freitas Leite – Bibliotecária – CRB 8/8415

SEXO E O ABSOLUTO FRACASSADO
SLAVOJ ŽIŽEK

Tradução de Daniel Guilhermino

EDITORA VOZES

Petrópolis

© Slavoj Žižek, 2020.

Tradução do original em inglês intitulado *Sex and the Failed Absolute*, publicada mediante acordo com Bloomsbury Publishing Plc.

Direitos de publicação em língua portuguesa – Brasil:
2024, Editora Vozes Ltda.
Rua Frei Luís, 100
25689-900 Petrópolis, RJ
www.vozes.com.br
Brasil

Todos os direitos reservados. Nenhuma parte desta obra poderá ser reproduzida ou transmitida por qualquer forma e/ou quaisquer meios (eletrônico ou mecânico, incluindo fotocópia e gravação) ou arquivada em qualquer sistema ou banco de dados sem permissão escrita da editora.

CONSELHO EDITORIAL

Diretor
Volney J. Berkenbrock

Editores
Aline dos Santos Carneiro
Edrian Josué Pasini
Marilac Loraine Oleniki
Welder Lancieri Marchini

Conselheiros
Elói Dionísio Piva
Francisco Morás
Gilberto Gonçalves Garcia
Ludovico Garmus
Teobaldo Heidemann

Secretário executivo
Leonardo A.R.T. dos Santos

PRODUÇÃO EDITORIAL
Aline L.R. de Barros
Marcelo Telles
Mirela de Oliveira
Otaviano M. Cunha
Rafael de Oliveira
Samuel Rezende
Vanessa Luz
Verônica M. Guedes

Conselho de projetos editoriais
Isabelle Theodora R.S. Martins
Luísa Ramos M. Lorenzi
Natália França
Priscilla A.F. Alves

Editoração: Mariana Perlati
Diagramação: Editora Vozes
Revisão gráfica: Jaqueline Moreira
Capa: Renan Rivero

ISBN 978-85-326-6773-1 (Brasil)
ISBN 978-1-3500-4378-7 (Reino Unido)

Este livro foi composto e impresso pela Editora Vozes Ltda.

*Há um grande caos sob o céu,
por isso minha situação com Jela é excelente!*

SUMÁRIO

INTRODUÇÃO
O ESPAÇO NÃO ORIENTÁVEL DO MATERIALISMO DIALÉTICO, 11

TEOREMA I
A PARALAXE DA ONTOLOGIA, 29

    Modalidades do Absoluto, 30
    Realidade e seu complemento transcendental, 42
    Variedades do transcendental no marxismo ocidental, 60
    A margem de incerteza radical, 80

Corolário 1: Intuição intelectual e *intellectus archetypus*: reflexividade em Kant e Hegel, 87

    Intuição intelectual de Kant a Hegel, 88
    Do *intellectus ectypus* ao *intellectus archetypus,* 100

Escólio 1.2: A paralaxe de Hegel, 122

Escólio 1.3: A "morte da verdade", 129

TEOREMA II
SEXO COMO NOSSO CONTATO COM O ABSOLUTO, 133

Antinomias da sexuação pura, 133

As antinomias matemáticas, 134

As antinomias dinâmicas, 134

Paralaxe sexual e conhecimento, 148

O sujeito sexuado, 169

Plantas, animais, humanos, pós-humanos, 181

Corolário 2: Sinuosidades do tempo sexualizado, 198

Os dias dos mortos-vivos, 199

Fraturas no tempo circular, 217

Escólio 2.2: Marx, Brecht e contratos sexuais, 239

Escólio 2.3: A repetição hegeliana, 249

Escólio 2.4: Sete pecados capitais, 254

TEOREMA III
OS TRÊS NÃO ORIENTÁVEIS, 257

A faixa de Möbius ou as convoluções da universalidade concreta, 265

O "oito interior", 274

Sutura redobrada, 283

Cross-cap e luta de classes, 289

Do *cross-cap* à garrafa de Klein, 298

Um pescoço na caverna de Platão, 308

Corolário 3: O deus retardado da ontologia quântica, 321

As implicações da gravidade quântica, 322

Os dois vácuos: do menos que nada ao nada, 343

Seria o colapso de uma onda quântica como um lançamento de dados?, 357

Escólio 3.1: A faixa de Möbius ética, 362

Escólio 3.2: A torre negra da sutura, 366

Escólio 3.3: Sutura e hegemonia, 368

Escólio 3.4: O mundo com (sem) um pescoço, 370

Escólio 3.5: Rumo a um platonismo quântico, 385

TEOREMA IV
A PERSISTÊNCIA DA ABSTRAÇÃO, 397

Loucura, sexo, guerra, 397
Como fazer palavras com coisas, 407
A visão inumana, 418
O em-si muito próximo, 434

Corolário 4: *Ibi Rhodus Ibi Saltus!*, 448

A liberdade protestante, 449
Saltando aqui e saltando ali, 457
Quatro gestos éticos, 468

Escólio 4.1: Linguagem, *lalangue,* 495

Escólio 4.2: As viagens de Prokofiev, 508

ÍNDICE, 529

INTRODUÇÃO
O ESPAÇO NÃO ORIENTÁVEL DO MATERIALISMO DIALÉTICO

Em "Sobre nossa revolução", Lenin menciona a seguinte fala de Napoleão: "On s'engage et puis... on voit". Embora nunca tenha sido provado que Napoleão tenha de fato dito ou escrito tais palavras (que podem ser livremente traduzidas como "vamos à luta e depois pensamos no que fazer"), certamente elas capturam seu espírito. Mas será que ainda podemos nos dar a esse luxo em nossa época, quando "ir à luta" também pode significar pressionar *o* botão (lançando assim um ataque nuclear)? Hoje, vivemos no tempo de pensar, e "on se retire pour mieux voir, et puis... on ataque"[1] parece mais apropriado do que seu oposto napoleônico: para ver, é necessário se retirar e adquirir uma distância mínima. Isso é válido não só para a política, mas também para o sexo – não só para o pensamento sobre o sexo, mas para o sexo em si, que sempre depende de uma retirada mínima, uma retirada que não é um recuo para a passividade, mas, talvez, o mais radical de todos os atos.

O título deste livro – *Sexo e o absoluto fracassado* – oferece duas leituras comuns interligadas: (1) quando a religião ou qualquer outra crença em um Absoluto fracassa, o hedonismo desenfreado se impõe como um caminho para algum tipo de substituto do Absoluto[2] (como o caso de Sade); (2) devido à natureza inconsistente da sexualidade, sua elevação ao novo Absoluto necessariamente fracassa. Tomemos o caso da "questão da mulher" (para usar essa designação antiga e totalmente inapropriada): filosoficamente, ela não pode ser resolvida nem por uma nova simbolização (pós-patriarcal) da feminilidade,

---

1. "retiramo-nos para ver melhor e então... atacamos" [N.T.].
2. "Absolute ersatz" no original [N.T.].

nem por meio da elevação da mulher a uma entidade que resiste à simbolização, elevando-a ao "remanescente indivisível" do processo de simbolização. Este segundo caminho foi seguido por F. W. J. Schelling, que "sabia que não se pode derivar uma expressão como 'mulher' a partir de princípios. O que não pode ser derivado deve ser narrado"[3]. A saída de Schelling da estrutura lógica da realidade (que pode ser apresentada como um sistema nocional) em direção ao Real dos impulsos primordiais (ali, onde não há dedução, só é possível contar uma história) – isto é, sua passagem do *logos* ao *mythos* – é, portanto, também uma afirmação do Feminino. Schelling levou essa linha de pensamento até seu extremo: sua premissa (ou melhor, a premissa que Peter Sloterdijk lhe imputa) é que o orgasmo feminino, momento maximamente extasiante do prazer sexual (como os gregos antigos já sabiam), é o ponto alto da evolução humana. Sloterdijk afirma até mesmo que sua experiência desempenha o papel de fornecer a prova ontológica de deus: nela, nós humanos entramos em contato com o Absoluto. Schelling tentou sair do círculo fechado idealista, trazendo matéria, organismo, vida e desenvolvimento, de modo que ele estava atento não só à mente puramente lógica, mas ainda ao que acontece na esfera corporal, na sexualidade e na evolução humana: a felicidade não é apenas o pensamento aristotélico que pensa em si mesmo, é também um corpo que desfruta de si próprio até o máximo quase insuportável[4].

O orgasmo feminino como uma nova versão da prova ontológica de deus... ao invés de descartar essa ideia como uma versão da especulação obscurantista da Nova Era (o que ela é!), deveríamos demoli-la a partir de seu interior: a descrição do ato sexual intenso como a experiência da mais alta e mais intensa unidade do Ser é simplesmente errada. Ela ofusca a dimensão do fracasso, da mediação, da lacuna e até mesmo do antagonismo,

---

3. SLOTERDIJK, P. *Das Schelling-Projekt*. Frankfurt: Suhrkamp, 2016, p. 144.
4. *Ibid*.

que é constitutivo da sexualidade humana. Essa reflexividade mínima que se extrai do interior de cada Uno orgásmico imediato é o tema do presente livro. Como isso pode estar em um livro focado nas mais elementares "grandes" questões filosóficas (a natureza da realidade etc.)? Como podemos fazer isso sem regredir para uma visão sexualizada pré-moderna do cosmos como o espaço de uma eterna luta entre princípios masculinos e femininos (yin-yang, luz e escuridão...)? Os capítulos principais explorarão esse paradoxo; neste momento introdutório, basta insistir na natureza puramente formal da reflexividade da qual estamos falando. Na matemática, a estrutura convoluta implicada por tal reflexividade é chamada de não orientável: uma superfície não orientável é uma superfície (a faixa de Möbius e suas derivações, o *cross-cap* e a garrafa de Klein) sobre a qual existe um caminho fechado de tal forma que a diretriz é invertida quando movida em torno desse caminho. Não há como definir de modo consistente as noções de "direita" ou "esquerda" em uma tal superfície, uma vez que qualquer coisa que deslize sobre ela voltará a seu ponto de partida, como uma imagem espelhada. A primeira premissa do presente livro é que o espaço teórico do materialismo dialético é exatamente um espaço convoluto e que é essa convolução, esse movimento circular autorrelacionante de regressar-a-si-mesmo, que distingue o materialismo dialético autêntico de outras formas de materialismo pseudodialético, que, por sua vez, meramente afirmam a natureza da realidade como uma eterna luta de opostos.

O contra-argumento óbvio que surge aqui é o seguinte: mas por que se referir ao "materialismo dialético"? Por que trazer de volta à vida essa orientação indiscutivelmente mais desacreditada da filosofia do século XX? Uma orientação que não só é filosoficamente inútil e improdutiva, mas que também representa a "filosofia de Estado" no seu pior, tendo servido como o instrumento ideológico de uma monstruosa opressão política? A primeira coisa a se notar aqui é que, se esquecermos seu contexto ideológico-político e tomarmos o termo "materialismo dialético" em seu significado imediato, ele captura adequadamente a filosofia espontânea da maior parte dos cientistas modernos: a grande maioria deles é composta por materialistas que concebem a realidade como (aquilo que é comumente percebido como) um caminho "dialético" – a realidade é um processo dinâmico em movimento permanente, um processo no decorrer do qual a mudança contingente gradual culmina em reversões e explosões repentinas de algo novo etc. Naturalmente que não estou seguindo esse caminho de tentar salvar o "núcleo racional" do materialismo dialético de sua caricatura estalinista: minha oposição ao "materialismo dialético" stalinista é muito mais radical. Stalin enumerou quatro características do materialismo dialético[5]:

- Ao contrário da metafísica, a dialética não considera a natureza como uma aglomeração acidental de coisas, de fenômenos desconectados, isolados e independentes uns dos outros, mas como um todo conectado e integral no qual as coisas e os fenômenos, estão organicamente conectados, são dependentes e determinados uns pelos outros.

- Ao contrário da metafísica, a dialética sustenta que a natureza não é um estado de repouso e imobilidade, estagnação e imutabilidade, mas um estado de movimento e mudança contínuos, de renovação e desenvolvimento, no qual uma coisa está sempre surgindo e se desenvolvendo enquanto outra está sempre se desintegrando e morrendo.

- Ao contrário da metafísica, a dialética não considera o processo do desenvolvimento como um simples progresso do crescimento no qual as mudanças quantitativas não levam a mudanças qualitativas. A dialética o concebe como um desenvolvimento no qual as mudanças qualitativas não ocorrem de modo gradual, mas de modo rápido e abrupto, tomando a forma de um salto de um estado para outro.

---

5. Cf. www.marxists.org/reference/archive/stalin/works/1938/09.htm

• Ao contrário da metafísica, a dialética sustenta que as contradições internas são inerentes a todas as coisas e aos fenômenos da natureza, pois todos eles têm seus lados negativos e positivos, algo morrendo e algo se desenvolvendo. A luta entre esses opostos constitui o conteúdo interno do processo de desenvolvimento.

Se contrapomos o materialismo dialético de Stalin, tomado como uma nova versão da ontologia geral (vamos chamá-la de MD1), ao nosso materialismo dialético de uma ontologia fracassada (MD2), então também podemos contrastar cada uma das quatro características de Stalin com as quatro características do MD2:

• Ao contrário do MD1, que afirma que tudo está conectado com tudo em uma complexa rede de interrelações, o MD2 começa com a separação, o corte, o isolamento: para chegar à verdade de uma totalidade é preciso primeiro arrancar e isolar sua característica principal e, então, ver o todo a partir desse ponto de vista parcial único. A verdade não é equilibrada e objetiva, mas é subjetiva, "unilateral".

• Ao contrário do MD1, que enfatiza saltos repentinos e mudanças "revolucionárias" violentas, o MD2 se concentra na função dos atrasos e do "tempo morto" na gestação: por razões estruturais, os saltos acontecem muito cedo, como tentativas fracassadas prematuras, ou muito tarde, quando tudo já está decidido. Como disse Hegel, uma mudança ocorre quando percebemos que ela já ocorreu.

• Ao contrário do MD1, que enfatiza o progresso geral dos estágios "inferiores" aos "superiores", o MD2 vê a situação geral como a de uma estrutura não orientável: o progresso é sempre localizado. O quadro geral é o de um movimento circular de repetição no qual o que hoje é "reacionário" pode aparecer amanhã como o último recurso para uma mudança radical.

• Ao contrário do MD1, que interpreta o antagonismo como oposição, como a eterna luta de opostos, o MD2 concebe o antagonismo como a contradição constitutiva de uma entidade consigo mesma: coisas surgem a partir de sua própria impossibilidade. Assim, o oposto externo, que representa uma ameaça à sua estabilidade, é sempre a externalização de seu autobloqueio e inconsistência imanentes.

Outra maneira de traçar uma linha distintiva entre MD1 e MD2 diz respeito à ideia de paralaxe ontológica. Por que paralaxe? A definição comum de paralaxe é o deslocamento aparente de um objeto (a mudança de sua posição contra um fundo) causado por uma mudança na posição de observação que proporciona uma nova linha de visão. A inflexão filosófica a ser acrescentada, naturalmente, é que a diferença observada não é simplesmente "subjetiva", pois não se deve ao fato de que o mesmo objeto que existe "lá fora" é visto a partir de duas posições, ou pontos de vista, diferentes. Mais que isso, como diria Hegel, o sujeito e o objeto são inerentemente "mediados", de modo que uma mudança "epistemológica" no ponto de vista do sujeito sempre reflete uma mudança "ontológica" no próprio objeto[6]. Quanto à paralaxe da ontologia, trata-se de um outro nome para aquilo que Heidegger chamou de diferença ontológica: designa o fato de que, em última instância, a dimensão ontológica não pode ser reduzida à dimensão ôntica. A dimensão ôntica é a visão da realidade como um todo do qual humanos são uma parte; nesse sentido, as ciências cognitivas e a biologia evolutiva do nosso tempo mostram como a humanidade, incluindo suas capacidades cognitivas que permitiram o surgimento dessas áreas de estudo, emergiu gradualmente do reino animal.

Uma réplica transcendental-ontológica a essa explicação é que ela é, em última análise, circular: ela deve pressupor que a abordagem científica moderna da realidade já está aqui, uma vez

---

6. Para uma exposição mais pormenorizada deste conceito, cf. ŽIŽEK, S. *A visão em paralaxe*. São Paulo: Boitempo, 2008.

que é somente por suas lentes que a realidade aparece como um objeto de explicação científica. Assim, a visão científica da realidade não pode efetivamente dar conta do seu próprio surgimento – mas, da mesma forma, a abordagem transcendental-ontológica não pode explicar o fato da realidade externa contingente, sendo a lacuna entre ambas irredutível. Isso quer dizer que a dualidade do ôntico e do ontológico é nossa última palavra, um fato insuperável?

Se essas linhas levantam a suspeita de que nosso esforço filosófico está focado no Idealismo Alemão, devemos descaradamente nos declarar culpados. Todos que assistiram *Um corpo que cai,* de Hitchcock, se lembram da cena misteriosa no parque de sequoias em que Madeleine caminha até o corte de um tronco de mais de mil anos, que mostra o histórico de crescimento da árvore por datas, aponta para duas linhas circulares próximas à borda externa e diz: "Aqui eu nasci... e aqui eu morri" – mais tarde, no filme, o espectador entende que a sublime Madeleine é uma farsa: o assassino Gavin Elster vestiu Judy, uma garota comum, para se parecer com Madeleine, sua esposa que ele planeja matar.

De maneira semelhante, podemos imaginar uma musa da filosofia em frente a uma linha do tempo da história europeia, apontando para duas datas próximas uma da outra e dizendo: "Aqui eu nasci... e aqui eu morri". A primeira seria 1781, data da publicação de *A crítica da razão pura*, de Kant, e a segunda, 1931, o ano da morte de Hegel. Em certo sentido, toda a filosofia aconteceu nesses cinquenta anos: o vasto desenvolvimento anterior foi apenas uma preparação para a ascensão da noção do transcendental e, no desenvolvimento pós-hegeliano, a filosofia retorna sob o disfarce da Judy comum, ou seja, do empirismo vulgar do século XIX. Para Heidegger, Hölderlin é a exceção com respeito à subjetividade moderna: embora ele fizesse parte do movimento do Idealismo Alemão e fosse o coautor (conjuntamente com Schelling e Hegel) do mais antigo programa sistemático do Idealismo Alemão (de 1976 a 1797), em sua poesia ele articulou a distância em relação à subjetividade idealista e adquiriu uma visão não metafísica da essência da história e da alienação da nossa existência. Para nós, ao contrário, todos *os quatro* grandes idealistas alemães – Kant, Fichte, Schelling e Hegel – articularam essa distância, ou seja, lutaram para sair do horizonte da subjetividade absoluta sem regressar ao realismo pré-transcendental.

Então, onde entra aqui o materialismo, dialético ou não? Nossa aposta é que a noção de não orientáveis nos permita responder à pergunta: o que é o materialismo? Devemos nos livrar da ligação entre materialismo e qualquer noção de matéria em sentido substancial, como pequenos pedaços de materiais densos flutuando no ar. Hoje, precisamos de um materialismo sem matéria, puramente formal, de ondas, de quanta ou seja lá o que for, que se move em um espaço desmaterializado. Recordemos a sequência de *Batman,* de Tim Burton (1989): a câmera está circulando lentamente ao redor de formas metálicas curvas cuja materialidade enferrujada é exibida de forma quase palpável. Então, a câmera se retira gradualmente e podemos ver que as formas curvas eram os fragmentos das letras do título do filme: BATMAN.

Esse é um dos procedimentos paradigmáticos do hiper-realismo pós-moderno: fazer-nos ver (ou melhor, "sentir") a imperfeição da matéria bruta naquilo que normalmente percebemos como apenas um conjunto de configurações formais (de letras, nesse caso). Um outro exemplo (dessa vez inventado): quando um filme é produzido pela Universal, os títulos começam com o globo terrestre e as letras "UNIVERSAL" ao seu redor – a versão hiper-realista pós-moderna se aproximaria cada vez mais dessas letras até que, em vez de nos relacionarmos com as letras como elementos formais, as veríamos em sua materialidade, com riscos e outros traços de imperfeição material – tal como na cena clássica de *Veludo azul,* de Lynch, em que a câmera desce até um belo gramado verde, realiza um *close* extremo e, de repente, somos confrontados com a vida nojenta de insetos rastejantes e vermes escondidos sob a superfície idílica... seria isso materialismo? Não: uma tal afirmação da densidade impenetrável da matéria como o espaço da vitalidade obscena sempre acaba levando a algum tipo de espiritualismo obscuro que "impregna" essa matéria. Para se chegar ao verdadeiro materialismo, deve-se realizar o movimento contrário.

Em *13º andar,* de Josef Rusnak (1999), Hall, o herói do filme, dirige-se a um lugar em um deserto despovoado da Califórnia e descobre ali um ponto além do qual o mundo se torna um modelo bruto de *wireframe* – a prova de que nossa realidade é, em si mesma, uma simulação que não foi perfeitamente efetivada em todos os lugares, de maneira que podemos nos deparar com partes em que os esqueletos digitais da sua estrutura se tornam visíveis, como em uma pintura inacabada. O verdadeiro materialismo implica sempre tal "desaparecimento" da matéria em uma rede de relações formais.

Por que, então, chamar isso de materialismo? Porque (e aqui temos a noção de "não orientáveis") esse movimento do imaterial "abstrato" deve ser concebido como totalmente contingente, aleatório, inorgânico, sem propósito e, nesse sentido, não espiritual. Não devemos nem mesmo ter medo de falar do "materialismo das ideias (platônicas)", na medida em que elas simplesmente andam por aí sem propósito e se enredam em combinações imprevisíveis – as ideias são estúpidas, é necessário uma mente encarnada em um ser vivo "material" para combiná-las para que façam sentido. O materialismo deve ser totalmente despido de qualquer senso de evolução, de desenvolvimento orgânico ou orientação progressiva – o pior idealismo é aquele mascarado como materialismo evolutivo, uma visão da realidade como um todo orgânico que gradualmente se desenvolve em formas cada vez mais complexas.

A nova geração de otimistas evolutivos (Sam Harris, Steven Pinker) gosta de enumerar estatísticas positivas: nunca houve tão poucas pessoas envolvidas em guerras como nas últimas décadas; pela primeira vez na história a obesidade é um problema maior que a fome; a expectativa de vida cresceu enormemente nas atuais gerações; a pobreza está diminuindo até mesmo nos países africanos mais desfavorecidos etc. Isso tudo (em sua maioria) é verdade, mas pode-se ver facilmente os problemas que surgem com tal perspectiva. Se compararmos a situação dos judeus na Europa Ocidental e nos Estados Unidos no decorrer do século passado, o progresso é claro: hoje os judeus têm seu próprio Estado e o antissemitismo é ilegal. Ainda assim, o holocausto aconteceu. Um paralelo com os anos anteriores à Primeira Guerra Mundial também poderia ser de alguma utilidade aqui: não poderíamos dizer o mesmo sobre esses anos? Mais de meio século de paz (em geral) na Europa, intenso crescimento na produtividade e na educação, democracia em cada vez mais países, um sentimento generalizado de que o mundo estava caminhando na direção certa... e, então, a brutalidade nua e crua de milhões de mortos na Primeira Guerra Mundial. Não estaríamos hoje em uma situação similar, após meio século de paz (relativa) e prosperidade crescente? Aqui temos uma verdadeira análise dialética: ela nos ajuda a detectar as crescentes tensões subterrâneas que irão explodir e interromper a continuidade do progresso.

Os não orientáveis pertencem ao domínio das superfícies, o que também significa que o materialismo dialético é uma teoria de superfícies (distorcidas, curvas) – nele, a profundidade é um efeito da superfície convoluta. O presente livro, uma elaboração das estruturas básicas de superfícies não orientáveis, é composto de quatro partes. Cada parte começa com um teorema que articula uma tese filosófica básica. Essa tese é, então, especificada em um Corolário que traz à tona suas consequências. Por fim, a parte é concluída por uma série de escólios; isto é, comentários explicativos que aplicam a tese básica a um tópico singular (e às vezes contingente).

O Teorema I traça o destino da ontologia em nossa época. Com o novo milênio, surgiu uma série de novas ontologias na cena pública da filosofia como parte da virada antidesconstrucionista. Todas elas expressam a necessidade de uma ruptura com a interminável investigação autorreflexiva desconstrucionista, rumo a uma visão positiva do que é a realidade: as ontologias deleuzianas de multidões e agenciamentos, a lógica de Badiou dos mundos que emergem da multiplicidade do ser, as ontologias do "novo materialismo" de um universo plural quase animista etc.

O presente livro rejeita essa nova tentação ontológica. É uma maneira fácil de sucumbir aos encantos de um novo edifício ontológico cheio de multidões prósperas. No entanto, junto com Alenka Zupančič e outros, insisto no fracasso de toda ontologia, uma ruína que ecoa o caráter frustrado da própria realidade. Esse caráter frustrado pode ser discernido na lacuna irredutível da paralaxe entre a dimensão ôntica e a transcendental: a noção de realidade como uma Totalidade do ser e a concepção do horizonte transcendental que sempre medeia nosso acesso à realidade. Será que podemos superar essa lacuna e alcançar uma dimensão mais primordial?

O Teorema II é o momento-chave do livro – em certo sentido, tudo é decidido nele, uma vez que ele oferece a resposta ao impasse no qual o culmina o Teorema I: sim, é possível superar a lacuna da paralaxe redobrando-a, transpondo-a para a própria coisa, e o terreno em que esse redobrar tem lugar para nós, humanos, é o da sexualidade – compreendida como nosso contato privilegiado com o Absoluto. De acordo com Lacan, a sexualidade é aqui entendida como uma força da negatividade que desfaz qualquer edifício ontológico e, por sua vez, a diferença sexual é entendida como uma diferença "pura" que implica um espaço convoluto que não se encaixa em qualquer forma binária. Essa noção de diferença sexual é elaborada mediante uma leitura atenta das antinomias da razão pura de Kant e da concomitante distinção entre o Sublime matemático e o dinâmico. Ao afirmar o caráter irredutivelmente antinômico da razão ("eutanásia da Razão"), Kant (sem o saber) sexualiza a Razão pura, contaminando-a com a diferença sexual.

O Teorema III, a parte mais longa do livro, articula os contornos desse espaço convoluto em suas três formas principais: a da faixa de Möbius, do *cross-cap* e a garrafa de Klein – uma tríade que ecoa a tríade básica da lógica de Hegel: ser, essência e conceito[7]. A faixa de Möbius apresenta a passagem de um conceito para o seu oposto (o ser passa para o nada, a quantidade para a qualidade etc.). O *cross-cap* introduz um corte nessa continuidade e esse corte faz da relação entre os dois opostos uma relação de reflexão: com o *cross-cap*, a diferença pura entra em cena, ou seja, a diferença entre aparência e essência, entre uma coisa e suas propriedades, entre a causa e seus efeitos etc. Com a garrafa de Klein, entra a subjetividade: nela, o círculo da reflexividade é levado ao Absoluto e a causa se torna tão somente um efeito de seus efeitos etc. (é por isso que a garrafa de Klein não pode ser representada no espaço tridimensional)[8].

O Teorema IV recapitula o tema filosófico básico do livro: a persistência da abstração (da negatividade radical que não pode ser "suprassumida" em um momento subordinado da totalidade concreta) em suas três figuras: o excesso da loucura como fundamento permanente da razão humana, o excesso da paixão sexual mortal que representa uma ameaça a qualquer relacionamento estável e o excesso da guerra que fundamenta a ética da vida comunitária. Essa negatividade é o que a teoria do agenciamento (ou qualquer outra forma de ontologia realista) não consegue considerar totalmente e é o que introduz a dimensão irredutível da subjetividade no agenciamento.

---

7. Para uma explicação mais detalhada sobre os não orientáveis, cf. Teorema III. Também é evidente que os numerosos exemplos que usamos (a ontologia, a teoria psicanalítica e a política) para ilustrar a tríade da faixa de Möbius, *cross-cap* e a garrafa de Klein não cabem perfeitamente em apenas um dos termos desta tríade. O ponto de estofo (*point de capiton*) inclui um aspecto da faixa de Möbius (o significante cai em seu oposto, o significado), da *cross-cap* (a colcha como a ponte impossível entre os dois níveis) e a garrafa de Klein (acolchoamento como o ponto da subjetivação). A luta de classes inclui um aspecto da faixa de Möbius (continuar na linha das relações sociais objetivas nos leva ao conflito social), do *cross-cap* (o corte do antagonismo social) e da garrafa de Klein (o giro interno da subjetivação). O que se deve enfatizar é como essa tríade nos permite apreender mais claramente os diferentes aspectos de um mesmo fenômeno – luta de classes, nesse caso.

8. Mais precisamente, há garrafas de Klein tridimensionais usadas como ferramentas de ensino, mas elas se intersectam reciprocamente e você só pode remover a interseção acrescentando uma quarta dimensão.

Esses quatro teoremas formam uma tríade clara (trocadilho intencional): eles representam as quatro etapas do confronto sistemático com a questão ontológica básica. A etapa preparatória fornece a descrição da fissura na ordem positiva do ser e do modo como essa fissura é complementada pela dimensão transcendental. A primeira etapa trata do movimento circular de redobrar a fissura como o nosso único contato com o Absoluto e explica, com referência às antinomias da razão pura de Kant, por que – para nós, humanos – a forma primordial desse contato é a experiência sexual como uma experiência de fracasso. A segunda etapa delineia a estrutura topológica desse redobramento convoluto da fissura tal como ele aparece em três figuras progressivas de superfícies não orientáveis. Finalmente, a terceira etapa aborda a noção de sujeito inumano que se enquadra no agenciamento impessoal de coisas e processos.

Cada um dos teoremas é seguido por um corolário que elabora suas consequências ou implicações específicas. O Corolário 1 trata da autorreflexividade como a estrutura convoluta da subjetividade com relação à intuição intelectual no Idealismo Alemão. Ele procura formular a especificidade do pensamento de Hegel em contraste com o idealismo transcendental de Kant, bem como em contraste com a afirmação da intuição intelectual como a identidade imediata do sujeito e do objeto por parte de Fichte e Schelling.

O Corolário 2 se concentra na estrutura convoluta do tempo sexualizado, que pode sempre ser reiniciado. Depois de identificar tal temporalidade circular no tipo de subjetividade implicada pelo universo dos videogames, discerne suas versões mais complexas em alguns filmes recentes, desde *A Chegada* até *The Discovery*.

O Corolário 3 elabora a estrutura não orientável da física quântica e se concentra no que separa para sempre nossa realidade do Real virtual das ondas quânticas, isto é, a diferença que mina todo edifício ontológico. Uma visão geral (anti)ontológica da realidade que se segue do modelo da garrafa de Klein é apresentada: uma sucessão de objetos paradoxais que materializam uma falta: menos-que-nada (cuja primeira formulação é *den*, o nome dado por Demócrito para o átomo)[9], mais que Um (mas ainda não dois) e o excesso sobre cada par, cada forma de Dois, que dá corpo à relação impossível entre os Dois.

O Corolário 4 oferece uma reflexão teológico-política sobre as implicações éticas do materialismo dialético em torno do conhecido lema anti-idealista *Hic Rhodus, hic saltus* (usado, entre outros, por Hegel e depois por Marx): o verdadeiro lema dialético-materialista deve ser *Ibi Rhodus, ibi saltus*: aja de tal forma que sua atividade não dependa de nenhuma figura do grande Outro como sua garantia ontológica. Até a orientação mais "materialista" depende muitas vezes de algum grande Outro para, supostamente, registrar e legitimar nossos atos. Então, como seria uma atividade que já não contasse mais com isso? A resposta é revelada pela análise de quatro obras de arte: a peça *Infâmia*, de Lillian Hellman, o filme policial dinamarquês *Departamento Q: conspiração de fé*, a ópera *Parsifal*, de Wagner, e outro filme policial, *Terra selvagem*, de Taylor Sheridan.

Cada teorema e seu corolário concomitante é, portanto, seguido por uma série de escólios – curtas intervenções que esclarecem algumas de suas implicações singulares. O Escólio 1.1 articula a diferença entre as noções de Kant e Husserl sobre o transcendental, assim como a diferença entre a *epoché* fenomenológica de Husserl e a suspensão budista da crença na realidade material substancial. O Escólio 1.2 traz à tona a natureza paraláctica do edifício filosófico de Hegel, claramente discernível no fato de que Hegel acabou escrevendo apenas dois livros, *A fenomenologia do espírito* e *Ciência da lógica*, que não podem ser reduzidos a um denominador comum. O Escólio 1.3 explica, sobre o tópico das *fake news*, como a abordagem transcendental

---

9. Para uma excelente explicação do papel crucial de Demócrito e outros Jônios materialistas, cuja radicalidade foi ofuscada pela posterior hegemonia da tradição de Platão e Aristóteles, cf. KARATANI, K. *Isonomia and the origins of philosophy*. Durham: Duke University Press, 2017.

não leva de modo algum à "morte da verdade", ao relativismo de múltiplas verdades: em um nível diferente dos fatos empíricos, há uma Verdade fundamentada na totalidade histórica concreta.

Depois de retomar a crítica de Hegel à ideia kantiana do esquematismo transcendental, o Escólio 2.1 descreve como o próprio desejo sexual pode funcionar somente enquanto esquematizado, isto é, como ele é operativo somente por um quadro de fantasia. O Escólio 2.2 apresenta as inversões *à la* faixa de Möbius que se sucedem à noção de contrato sexual na ideologia e prática do MeToo. O Escólio 2.3 elabora os caprichos do conceito de repetição de Hegel. O Escólio 2.4 trata dos sete pecados capitais, concentrando-se na ligação entre a acídia e as formas contemporâneas de depressão.

O Escólio 3.1 ilustra a inversão que caracteriza a faixa de Möbius com uma série de exemplos retirada do domínio ético, desde a ideia de balas biodegradáveis até os dilemas ocasionados pelo assassinato de Reinhard Heydrich, em Praga, em 1942. O Escólio 3.2 usa *A torre negra*, de Stephen King, para explicar o redobramento da faixa de Möbius em *cross-cap* e a noção concomitante de sutura. Polemizando a noção de hegemonia de Ernesto Laclau, o Escólio 3.3 elabora a diferença entre a noção de "parte de parte nenhuma", que sustenta a fissura em um edifício social, e hegemonia, por meio de um Significante-Mestre que sutura um campo ideológico. O Escólio 3.4 confronta minha noção de mundo como o interior de uma garrafa de Klein com a concepção de mundo de Badiou como uma situação fenomenal específica do ser. Em um movimento reconhecidamente arriscado, o Escólio 3.5 oferece os contornos de um "platonismo quântico". O Escólio 4.1 trata da leitura de Jean-Claude Milner do par lacaniano de linguagem e *lalangue*, com ênfase especial na assimetria dos dois termos – que afirma a primazia da linguagem sobre a *lalangue*. O Escólio 4.2 descreve um ato que difere do acontecimento de Badiou: a decisão "louca" de Serge Prokofiev de retornar à União Soviética em 1936, ano do momento climático dos expurgos estalinistas. A propósito de duas obras centrais de Samuel Beckett, *Malone morre* e *Catastrophe*, o Escólio 4.3 elabora a noção de abstração como um ato ético que permite ao sujeito se subtrair do atoleiro oportunista das "circunstâncias concretas".

Um leitor atento notará como a estrutura de cada uma das quatro partes do livro ecoa, ou até mesmo reproduz, a matriz ontológica básica promovida pela obra: um teorema representa o gênero universal, um axioma; seu corolário caracteriza sua espécie (seguindo a afirmação de Hegel de que, em última análise, cada gênero tem apenas uma espécie). Essa única espécie é antagônica ao seu gênero, isto é, há desequilíbrio entre o gênero e sua espécie, porque não há uma segunda espécie que complementaria a primeira para que as duas formassem um Todo equilibrado. Essa falta da segunda espécie é, então, preenchida pela multiplicidade de escólios contingentes.

*

Duas observações finais: primeiro, muitas passagens deste livro são parafraseadas de meu trabalho anterior, pela razão óbvia de que a presente obra é uma tentativa de fornecer o quadro ontológico básico de todo meu trabalho – o mais perto que eu chegarei de apresentar um sistema filosófico, uma resposta à "grande" pergunta sobre a realidade, liberdade etc.

Por fim, mas não menos importante, estou bem ciente de que este livro pode parecer a alguns leitores, de alguma forma, incompleto: embora ele tente romper com o ciclo vicioso do transcendental, seu resultado é, em resumo, negativo, ou seja, ele não consegue apresentar uma nova visão positivista-realista do universo – tudo que ele oferece é uma espécie de espaço vazio entre os dois (espaço transcendental e realidade), um gesto frustrado em sua própria conclusão – aliás, uma censura homóloga é, muitas vezes, dirigida aos meus escritos mais diretamente políticos: eu nunca apresento o esboço de um ato de emancipação a partir de uma ideia positiva, como multitude, novo poder dos *grassroots* ou o que quer que seja). Para esse tipo de censura, só posso me declarar culpado – com uma condição, é claro: essa identidade frustrada *é* minha visão do Real, é a condição básica de nossas vidas. Presos no horizonte das expectativas metafísicas, meus críticos não veem que aquilo que eles (erroneamente) percebem como um estágio intermediário de passagem já é o resultado que eles buscam – ou, para usar um termo matemático presente neste livro, eles impõem a superfície não orientável no horizonte do progresso "orientável".

No entanto, o verdadeiro adversário do presente livro não são as novas visões realistas, mas o que se poderia denominar a fina arte do não pensamento, uma arte que permeia cada vez mais nosso espaço público: sabedoria em vez do próprio pensamento – sapiência disfarçada de frases simples destinadas a nos fascinar com sua falsa "profundidade". Esse tipo de sabedoria não funciona como proposições articuladas, mas como imagens que proporcionam satisfação espiritual instantânea; Duane Rouselle forneceu alguns elementos desse quadro deprimente:

(1) Word Art é popular e parece ser o novo *kitsch*. Eu verifiquei e está aumentando o volume de vendas em todo tipo de loja. A palavra arte vem sempre como uma peça de sabedoria: "Aproveite o que você tem", ou "às vezes na vida, a família é tudo o que você precisa" e assim por diante.

(2) Os restaurantes do McDonald's agora revestem suas paredes com esses pequenos pedaços de sabedoria. Uma das unidades mais frequentadas em Toronto tem, no segundo andar, uma parede inteira dedicada a "às vezes na vida" etc.

(3) Nos Estados Unidos é popular a curadoria de grandes coleções de citações em *feeds* de mídias sociais (Facebook, Instagram etc.). O que é mais interessante é que o Facebook chegou até mesmo a fazê-lo, nos últimos anos, de modo que um usuário pode escrever algo usando inscrições simbólicas, convertendo-as automaticamente em uma imagem retangular. Essa representação do simbólico como imagem é o essencial nessa ideologia.

(4) Nas livrarias populares, estantes inteiras de livros são dedicadas a "poesias" nas quais encontramos "lições de vida"

ou sabedorias. Um desses autores populares é chamado Rupi Kaur. Cada página é uma lição de vida e, no fundo, há uma imagem que acompanha a mensagem. Esses livros são extremamente populares e estão na lista dos mais vendidos.

Eu poderia continuar – esses são exemplos, acredito eu, do triunfo da imagem sobre o buraco simbólico[10].

Nisso reside a função ideológica das sabedorias da Word Art: enquanto a Word Art se apresenta como um porto seguro, um retiro da loucura da hiperatividade capitalista, na realidade ela nos torna os melhores participantes do jogo – somos ensinados a manter a paz interior do não pensamento. A tarefa de pensar não é simplesmente preencher esse buraco simbólico, mas mantê-lo aberto e torná-lo operante com toda sua capacidade inquietante, quaisquer que sejam os riscos dessa operação.

---

10. Duane Rouselle, Toronto (comunicação pessoal).

TEOREMA I
A PARALAXE DA ONTOLOGIA

Não apenas nossa experiência da realidade, mas também esta própria realidade é atravessada por uma lacuna de paralaxe: a coexistência de duas dimensões, realista e transcendental, que não podem ser unidas no mesmo edifício ontológico global.

"Kamizelka", um conto escrito em 1882 por Boleslaw Prus, se passa nos tempos do autor em um dos antigos cortiços de Varsóvia. Os eventos ocorreram no espaço limitado do apartamento do protagonista e é como se o narrador estivesse sentado em uma sala de cinema e relatasse tudo o que vê em uma tela que poderia ser uma janela na parede de um cortiço – em resumo, é uma variante de *Janela indiscreta*. O casal que vivia no apartamento observado pelo narrador era jovem e pobre, levando uma vida calma e trabalhadora, com o marido morrendo lentamente de tuberculose. O colete, comprado pelo narrador de um comerciante judeu por meio rublo (a quem a esposa o vendeu após a morte do marido), é velho e desbotado, com muitas manchas e sem botões. O marido o usava e, como ele estava perdendo peso, apertava uma das faixas do colete para não preocupar sua esposa; ela, por sua vez, estava afrouxando a outra para lhe dar esperança. Assim, eles se enganavam por uma boa causa[11]. Pode-se supor que o amor do casal era tão profundo que nenhum reconhecimento mútuo explícito do engano redobrado era necessário: silenciosamente conhecê-lo e não o revelar era parte do jogo. Esse conhecimento silencioso poderia ser considerado uma figura do que Hegel chamou de Saber Absoluto, sua versão do nosso contato com o Absoluto.

---

11. Retirado de https://ipfs.io/ipfs/QmXoypizjW3WknFiJnKLwHCnL72vedxjQkDDP1mXWo6uco/wiki/The_Waistcoat.html. Devo essa referência a Slawomir Sierakowski.

MODALIDADES DO ABSOLUTO

Estamos aqui levantando uma tradicional questão teológico-filosófica com toda sua ingenuidade: haveria – para nós, humanos, presos e inseridos em uma realidade histórica contingente – algum contato possível com o Absoluto (seja lá o que queiramos dizer com isso, embora, na maioria das vezes, o consideramos um ponto de alguma forma isento do fluxo permanente da realidade)? Há muitas respostas tradicionais a essa questão. A primeira, clássica, foi formulada nos Upanixades como a unidade de Brahman, a suprema e única realidade última, e Atman, a alma no interior de cada ser humano. Quando nossa alma se purifica de todo conteúdo acidental não espiritual, ela experiencia sua identidade como o fundamento absoluto de toda realidade, e essa experiência é geralmente descrita em termos de identidade espiritual extática. O "amor intelectual de deus", de Espinosa, visa algo similar, apesar de todas as diferenças entre seu universo e aquele do antigo pensamento pagão.

No extremo oposto dessa noção de Absoluto como a realidade substancial final, temos o Absoluto como pura aparência. Em uma das histórias de Agatha Christie, Hercule Poirot descobre que uma enfermeira feia é a mesma pessoa que uma bela mulher que ele conheceu em uma viagem transatlântica: ela colocou uma peruca e ofuscou sua beleza natural. Hastings, companheiro de Poirot ao estilo Watson, tristemente comenta que, se uma mulher bonita pode parecer feia, então a mesma situação pode se dar na direção oposta. O que permaneceria, então, no fascínio do ser humano além da decepção? Será que essa percepção da falta de confiança na mulher amada não anuncia o fim do amor? Poirot responde: "Não, meu amigo, ela anuncia o início da sabedoria". Tal ceticismo, tal consciência da natureza enganosa da beleza feminina, erra o alvo: a beleza feminina é, na verdade, absoluta, um absoluto que aparece: não importa quão frágil e enganosa essa beleza esteja no nível da realidade substancial, o que transpira no, e pelo, momento da Beleza é um Absoluto – há mais verdade na aparência do que no que se esconde atrás dela.

Aí reside o profundo *insight* de Platão: as Ideias não são a realidade oculta sob as aparências (Platão estava bem ciente de que a realidade oculta é a da matéria em constante mudança, que é corrupta e corruptora). As Ideias nada mais são que a própria forma da aparência, essa forma enquanto tal – ou, como Lacan sucintamente resumiu qual era o ponto de Platão: o Suprassensível é a aparência enquanto aparência.

Por essa razão, nem Platão nem o cristianismo são formas de Sabedoria – ambos são a antissabedoria encarnada. Ou seja, o que *é* o Absoluto? Algo que nos aparece em experiências passageiras, digamos, em um sorriso delicado de uma bela mulher, ou mesmo no sorriso carinhoso de uma pessoa que, de outra forma, pode parecer feia e rude – em tais momentos milagrosos, porém *extremamente frágeis*, uma outra dimensão se revela através da nossa realidade. Como tal, o Absoluto é facilmente corroído, escorrega com demasiada facilidade por nossos dedos e deve ser tratado com tanto cuidado quanto uma borboleta.

Em termos que podem parecer semelhantes a essas duas versões do Absoluto, mas que são profundamente diferentes, o Idealismo Alemão propõe a noção de intuição intelectual na qual sujeito e objeto, atividade e passividade, coincidem. A diferença é que o Idealismo Alemão se baseia em outra figura do Absoluto, aquela que surge da reflexão transcendental: não mais o Absoluto em si mesmo, mas o da insuperável autorrelação da totalidade de sentido. Tomemos dois casos para deixar claro esse ponto que, à primeira vista, soa obscuro. Para um materialista histórico marxista consequente, a totalidade social da prática é o horizonte último de nossa compreensão que sobredetermina o sentido de todo fenômeno, não importa quão "natural" ele seja: mesmo quando a cosmologia quântica investiga o jogo de partículas e ondas na origem do nosso universo, essa atividade científica surge como parte da totalidade social que sobredetermina o seu sentido – essa totalidade é o "absoluto concreto" da situação. Mencionemos o antissemitismo novamente: o antissemitismo não é falso porque apresenta judeus reais sob uma luz errada – nesse nível, podemos sempre argumentar que é particularmente verdadeiro (muitos judeus eram banqueiros ricos e jornalistas e advogados influentes etc.). O antissemitismo é "absolutamente" falso, porque, mesmo que alguns detalhes em sua narrativa sejam verdadeiros, sua mentira reside em sua função na totalidade social na qual ele atua: serve para ofuscar o antagonismo dessa totalidade ao projetar sua causa sobre um intruso/inimigo externo. Assim, voltando ao nosso primeiro caso, embora um materialista histórico seja também um materialista no sentido comum de aceitar que nós, humanos, somos apenas uma espécie em um planeta minúsculo e insignificante ante o vasto universo, e que emergimos da nossa Terra como resultado de um longo e contingente processo evolutivo, ele rejeita a própria possibilidade de que podemos nos ver "objetivamente", "como realmente somos", de algum ponto de vista externo à nossa totalidade social: cada um desses pontos de vista é "abstrato" no sentido de que eles abstraem da totalidade concreta (social) que fornece seu sentido. É, contudo, evidente que esse Absoluto transcendental não pode fazer a "quadratura do círculo": ele tem que ignorar (ou denunciar como "ingênuo") cada tentativa de reunir os dois pontos de vista: o ôntico (a visão da realidade da natureza, da qual fazemos parte) e o transcendental (a totalidade social como horizonte último de sentido). É nosso objetivo ir além (ou melhor, abaixo) da natureza transcendental e abordar a "ruptura" da natureza (que ainda não é natureza) que dá origem ao transcendental.

No entanto, devemos proceder aqui com muito cuidado: essa "ruptura" não deve ser identificada apressadamente com a versão materialista do Absoluto em ação desde Sade a Bataille, aquela da explosão extática da negatividade destrutiva. Uma vez que a realidade é um fluxo constante de geração e corrupção de formas particulares, o único contato com o Absoluto é a identificação extática com a própria força destrutiva. Um caso homólogo ocorre com respeito à sexualidade.

Longe de fornecer os fundamentos naturais da vida humana, a sexualidade é o próprio terreno no qual os seres humanos se separam da natureza, pois a ideia da perversão sexual ou de uma paixão sexual mortal é totalmente estranha ao universo animal.

Essa paixão infinita, que não corresponde nem à natureza nem à cultura, representa nosso contato com o Absoluto, e uma vez que é impossível (autodestrutivo) nela habitar, escapamos para a simbolização historicizada.

Embora essa última versão possa soar hegeliano-lacaniana, devemos optar por um caminho totalmente diferente: não o caminho de alguma experiência radical ou extrema da qual necessariamente caímos, mas a queda propriamente dita. Ainda que nosso ponto de partida seja, como habitualmente, a lacuna que separa a nós, a nossa mente finita, do Absoluto, a solução, a saída, não é ultrapassar essa lacuna de alguma forma e unir-se novamente ao Absoluto, mas transformar a lacuna no próprio Absoluto – ou, como disse Hegel em uma passagem crucial do prefácio da obra *Fenomenologia do Espírito,* na qual fornece a explicação mais concisa do que significa conceber a Substância também como Sujeito:

> A disparidade que se estabelece na consciência entre o Eu e a substância – que é seu objeto – é a diferença entre eles, o *negativo* em geral. Pode considerar-se como *falha* dos dois, mas é sua alma, ou seja, é o que os move. Foi por isso que alguns dos antigos conceberam o *vazio* como o motor. De fato, o que conceberam foi o motor como o *negativo*, mas ainda não o negativo como o Si. Ora, se esse negativo aparece primeiro como disparidade do Eu em relação ao objeto, é do mesmo modo desigualdade da substância consigo mesma. O que parece ocorrer fora dela – ser uma atividade dirigida contra ela – é o seu próprio agir; e ela [a substância] se mostra [assim] ser essencialmente sujeito[12].

A reviravolta final é crucial: a disparidade entre sujeito e substância é simultaneamente a discrepância da substância consigo própria – ou, para o dizer nos termos de Lacan, disparidade significa que a falta do sujeito é simultaneamente a falta no Outro. Assim, a subjetividade emerge quando a substância não pode atin-

---

12. HEGEL, G.W.F. *Fenomenologia do Espírito*. Petrópolis: Vozes, 2003, p. 46-47 [tradução modificada].

gir a plena identidade em si mesma, quando ela é "barrada" por si só, atravessada por uma impossibilidade imanente ou por um antagonismo. Em resumo, a ignorância epistemológica do sujeito, sua incapacidade de compreender completamente o conteúdo substancial oposto, indica simultaneamente uma limitação/fracasso/falta desse mesmo conteúdo substancial. A identidade entre o pensamento e o ser, enunciada primeiramente por Parmênides ("pois pensar e ser são a mesma coisa"), é também a tese básica do idealismo de Hegel. Para ele, as determinações do pensamento (*Denkbestimmungen*) são simultaneamente determinações do ser, não havendo nenhuma lacuna que separe a coisa-em-si incognoscível do nosso conhecimento. Contudo, o filósofo acrescenta uma reviravolta: as limitações (antinomias, fracassos) do pensamento são, concomitantemente, as limitações do próprio ser.

Nisso reside, da mesma forma, a dimensão central da revolução teológica do cristianismo: a alienação do ser humano em relação a deus tem que ser projetada/transferida de volta para o próprio deus, como a alienação de deus com relação a si mesmo (aí está o conteúdo especulativo da noção de *kenosis* divina) – essa é a versão cristã do *insight* de Hegel sobre como a disparidade entre sujeito e substância implica a disparidade da substância com relação a si mesma. É por isso que a unidade entre o ser humano e deus é promulgada no cristianismo de uma forma que difere fundamentalmente da forma das religiões pagãs, nas quais o indivíduo tem que lutar para superar seu afastamento de deus e, por meio do esforço para purificar seu ser da imundície material, elevar-se para unir-se novamente a deus. No cristianismo, ao contrário, deus se afasta dele mesmo, tornando-se um humano mortal e finito abandonado por deus (na figura de Cristo e seu lamento na cruz: "Meu Deus, meu Deus, por que me abandonaste?"), e o ser humano só pode alcançar a unidade com deus identificando-se com *este* deus – este deus abandonado por si mesmo. Aqui se encontra a experiência básica do cristianismo: um crente cristão não se une a Deus diretamente, mas apenas pela mediação de Cristo – quando Cristo experiencia a si mesmo como abandonado pelo deus-pai, um crente identifica sua própria alienação de deus com a alienação de deus (Cristo) de si mesmo, de modo que a própria lacuna que o separa de deus é o que o unifica a deus.

Essa característica peculiar do cristianismo também nos traz novos elementos para iluminar o vínculo entre cristianismo e marxismo. Normalmente, o "marxismo cristão" representa uma mistura espiritualizada na qual o projeto revolucionário marxista é concebido de acordo com as linhas cristãs da redenção. Em contraste com essa tendência (perceptível na teologia da libertação), deve-se insistir que o marxismo sem o cristianismo permanece muito idealista, sendo apenas mais um projeto de libertação humana. O paradoxo é que somente o vínculo com o cristianismo (com seu tema central da falta no próprio Outro) torna o marxismo verdadeiramente materialista.

Em Hegel, encontramos repetidas vezes variações desse tema, como em seu dito de que os segredos dos antigos egípcios eram incógnitos também para os próprios egípcios – o que significa que resolvê-los não é revelar alguma visão profunda, e sim modificar o local do mistério, redobrá-lo. Do ponto de vista positivo, não há aqui nenhum conteúdo novo, mas apenas uma transposição puramente topológica da lacuna que me separa da Coisa para a própria Coisa. Tal redobramento da lacuna, momento peculiar de se dar conta de como essa própria lacuna que me separa da Coisa me inclui nela, é o instante único do meu contato com o Absoluto.

Podemos agora fornecer uma determinação mais precisa do Saber Absoluto: ele representa essa ignorância redobrada, a torção violenta pela qual nos damos conta de que nossa ignorância é, ao mesmo tempo, a ignorância que está no centro do próprio Outro – como veremos no Capítulo 3, na figura da garrafa de Klein esse redobramento está localizado no "pescoço" com o qual a garrafa se volta, reflexiva, para dentro de si. Se ignoramos esse aspecto crucial, simplesmente perdemos de vista a minha insistência na lacuna primordial etc. Robert Pippin escreveu a respeito da minha afirmação de que "as lacunas do conhecimento na filosofia de Kant são 'ontologizadas' pela leitura que Žižek faz de Hegel: elas são lacunas no ser":

Eu ficava constantemente intrigado com isso. Se o enunciado "o ser se fraciona"[13] significa, no fim das contas, que devemos lidar com o fato de que o ser inclui sujeitos e objetos, que o mundo simplesmente é assim, que o mundo de alguma forma resultou nesta dualidade, então simplesmente continuamos com todos os nossos problemas. (Como é possível sujeitos conhecerem objetos? Como os sujeitos podem mover os objetos ao seu entorno, inclusive seu próprio corpo? Como os objetos podem se tornar conscientes? Se estes são problemas ilusórios, problemas erroneamente formulados, como eu acredito ser a posição de Hegel, então o evento do fracionamento não nos ajuda a entender o porquê). Se o "fracionar-se" deve explicar algo, o que explicaria o próprio fracionamento, e como o evento do fracionamento nos ajuda a entender essa "imanência" que não é uma "redutibilidade" (não seria isso o antigo problema recolocado de outra forma?), e como isso nos ajudaria a entender esses problemas? Dizer simplesmente: *nada* pode explicar isto; o evento do fracionamento é pura contingência (um dito também frequente; tudo surge do vazio) – isso é, certamente, um modo de encerrar a discussão que não é nada útil do ponto de vista filosófico[14].

Pippin vai um pouco rápido demais: minha tese não é que o ser, de alguma forma, "se fraciona" em sujeito(s) e objeto(s), mas uma tese muito mais precisa. A questão é: se a realidade "objetiva" é, em certo sentido, "tudo o que há", ou seja, o cosmos, então como ela deveria ser estruturada de modo que a subjetividade pudesse ter surgido nela e a partir dela? (ou, em termos mais filosóficos: como poderíamos conciliar a visão ôntica da realidade com a dimensão transcendental? A dimensão transcendental deveria ter de algum modo "explodido" na realidade que preexiste a ela – como isso poderia ter acontecido? Como pensar isso sem regressar a um realismo ingênuo pré-crítico?). Evito, aqui, uma simples abordagem evolutiva, bem como qual-

---

13. Esse enunciado se encontra no § 161 da *Fenomenologia do espírito*, de Hegel, e a expressão em alemão é *sich entzweit*. Cf. HEGEL, G.W.F. *Fenomenologia do espírito*. Petrópolis: Vozes, 2003, p. 128 [N.T.].

14. Cf. http://ndpr.nd.edu/news/a-new-german-idealism-hegelzizek-and-dialectical-materialism/

quer tipo de identidade primordial do Absoluto que então "se fraciona" em objeto e sujeito.

A cisão da paralaxe é, aqui, radical: por um lado, tudo o que experienciamos como realidade é transcendentalmente constituído; por outro, a subjetividade transcendental teve que emergir do processo ôntico da realidade. Expressões como "recuo absoluto" ou "lacuna" devem ser situados nesse nível para-transcendental, a fim de descrever a estrutura pré-ôntica E pré-ontológica daquilo que vem a ser (pela constituição transcendental) a realidade objetiva. Minha hipótese é que coisas estranhas têm que acontecer nesse nível, inclusive o que eu chamo, com referência à física quântica, "menos que nada" – por isso estamos longe da simplicidade tautológica do "fracionamento", como Pippin sugere. É significativo que Pippin usa repetidamente o verbo "fracionar", que aparece no famoso *Fragmento de um sistema*, porém eu tento evitá-lo, porque ele implica que um tipo de unidade primordial se "fraciona", divide-se de si mesmo. Para mim, não há unidade anterior ao fracionamento (não só empiricamente, mas também na temporalidade lógica): a unidade perdida pelo fracionamento surgiu de forma retroativa com seu próprio fracionamento, isto é, como Beckett disse, uma coisa se divide em uma só. É assim que se deve compreender o termo "recuo absoluto" em Hegel: não se trata somente de que uma entidade substancial "recua" ou divide-se de si mesmo – é que essa entidade surge do recuo, como um efeito retroativo de sua divisão.

O problema não é, portanto, "Como/por que o Um se divide em Dois?", o problema é de onde vem esse um. É aqui que até mesmo Beckett erra o alvo em sua afirmação muito citada: "Cada palavra é como uma mancha desnecessária no silêncio e no nada". O que Beckett não entende é que quando uma mancha aparece como supérflua, ela permanece inevitável – cria retroativamente o silêncio que mancha/incomoda. Sim, as palavras são, por definição, inadequadas, mas elas criam de forma regressiva o próprio padrão em relação ao qual elas aparecem como indevidas. O círculo autorreferencial fechado do recuo absoluto no qual a causa é um efeito retroativo de seus efeitos é, assim, efetivamente um tipo de concretização da famosa piada sobre o barão de Münchhausen, que salvou a si mesmo e ao seu cavalo de um pântano no qual estava atolado puxando o seu próprio cabelo com as mãos. Na realidade natural, tal ação é obviamente impossível, um paradoxo sem sentido que só serve como piada; no entanto, isso não pode acontecer apenas no domínio do espírito, mas chega a ser até mesmo A característica que define o espírito. A base material desse círculo de autoposição permanece, é claro: "não há espírito sem matéria", pois se destruirmos o corpo, o espírito desaparece. Contudo, a autoposição do espírito não é apenas uma espécie de "ilusão do usuário"; ela tem uma atualidade própria com efeitos reais. É por isso que Nietzsche estava duplamente errado em sua referência desdenhosa sobre Münchhausen em *Além do bem e do mal*:

> O anseio de "livre-arbítrio", [...] o anseio de carregar a responsabilidade última pelas próprias ações, [...] é nada menos que o de ser justamente essa *causa sui* e, com uma temeridade própria do barão de Münchhausen, arrancar-se pelos cabelos do pântano do nada (*aus dem Sumpf des Nichts*) em direção à existência[15].

O que Nietzsche rejeita aqui é a autoposição que, no Idealismo Alemão, define o sujeito. Ainda, deve-se observar que tal "arrancar-se pelos cabelos do pântano do nada" já está prefigurado na natureza – natureza como "pré-natural", não ainda a realidade natural, mas a protorrealidade quântica na qual as partículas emergem do vazio. Lembremo-nos do paradoxo do fóton sem massa: para uma partícula comum (se é que existe tal coisa), imaginamo-la como um objeto com uma massa e, quando seu movimento é acelerado, essa massa cresce; um fóton, todavia, não tem massa em si mesmo. Toda sua massa é resultado da aceleração de seu movimento. Esse paradoxo é o de uma coisa que é sempre (e nada mais que) um excesso em relação a si mesma: em seu estado "normal", não é nada. Nisso podemos ver o limite dos

---

15. NIETZSCHE, F. *Além do bem e do mal*: prelúdio a uma filosofia do futuro. São Paulo: Companhia das Letras, 1992, p. 26-27.

modelos topológicos (como os do espaço curvo): como no caso da garrafa de Klein, eles designam um paradoxo que não pode ser instanciado em nosso espaço tridimensional: todavia, isso não os invalida, pois, de forma negativa, eles incorporam uma característica que funciona plenamente no domínio espiritual (e no universo quântico). Nossa posição aqui não seria idealista? Não afirmamos que nossa realidade pode servir apenas como uma metáfora imperfeita de algo que existe plenamente apenas no domínio espiritual? Não, e por uma razão muito precisa: o fracasso do domínio material em concretizar plenamente o funcionamento do espírito não é externo ao espírito, *i.e.*, o espírito EMERGE do fracasso do domínio material em concretizá-lo plenamente da mesma forma que (como veremos no próximo Teorema) o Absoluto é concretizado no Sublime pelo próprio fracasso em ser representado adequadamente. Em suma, um modelo material (como a garrafa de Klein) não é capaz de concretizar de modo adequado essa autorrelação espiritual e esse fracasso não só evoca essa autorrelação espiritual, mas ela surge dessa evocação fracassada.

Também deve-se ter cuidado para não perder de vista a sutil diferença entre a noção de falta redobrada e a forma como Quentin Meillassoux rompe o círculo transcendental, transpondo a contingência da nossa percepção da realidade para a própria realidade[16]. Para Meillassoux, o erro do correlacionismo transcendental reside não na plena asserção da facticidade (ou seja, da contingência ontológica radical), mas, ao contrário, na sua *limitação* (filosoficamente inconsistente, autocontraditória). O correlacionismo vê a facticidade última, o *"ohne Warum"*[17] de nossa realidade, como a marca indelével de nossa finitude em função da qual estamos para sempre condenados a permanecer, presos no Véu da Ignorância que nos separa do Absoluto incognoscível. É nesse ponto que Meillassoux realiza um *tour de force* hegeliano devidamente especulativo, demonstrando como

---

16. Cf. MEILLASSOUX, Q. *After Finitude*. Nova York: Continuum, 2010.
17. "Sem um por quê", em alemão, no original [N.T.].

o caminho para sair desse impasse não é contorná-lo, alegando que podemos, apesar de tudo, penetrar o Véu da Ignorância e alcançar o Absoluto, mas afirmar e extrapolar todas as suas consequências. O problema do agnosticismo transcendental com respeito ao em-si não é que ele seja radicalmente cético demais ou que "vá longe demais". Pelo contrário, a questão é que ele permanece preso no meio do caminho. Em que consiste, então, a operação de Meillassoux? Lembremo-nos da lógica elementar da inversão dialética hegeliana mais bem exemplificada pela piada que eu uso regularmente sobre Rabinovitch da extinta União Soviética. Rabinovitch quer emigrar da União Soviética por duas razões: "Primeiro, temo que, se a ordem socialista se desintegrar, toda a culpa pelos crimes comunistas seja atribuída a nós, os judeus". À exclamação do burocrata estatal de que "mas nada jamais mudará na União Soviética! O Socialismo está aqui para ficar para sempre!" Rabinovitch responde calmamente: "Essa é minha segunda razão!" O próprio problema – obstáculo – aparece retroativamente como sua autossolução, já que o que nos impede de acessar diretamente a Coisa é a própria Coisa. Exatamente da mesma forma, no caso de Meillassoux, imaginemos um filósofo hegeliano dizendo aos estudantes: "Há duas razões para que possamos conhecer a Coisa em Si. Primeiro, a realidade fenomênica que experienciamos é radicalmente contingente e poderia facilmente aparecer para nós de um modo totalmente distinto..." Um dos estudantes o interrompe: "Mas será que isso não priva a realidade de qualquer estrutura estável, de modo que não haja qualquer necessidade racional mais profunda para se conhecer?" O filósofo responde calmamente: "É assim que as Coisas em Si realmente são!" A beleza e a força do argumento de Meillassoux é que a conclusão que ele tira dessa facticidade incondicional não é algum tipo de relativismo agnóstico universalizado, mas uma afirmação da acessibilidade cognitiva da realidade em si mesma, do modo como ela é independente da existência humana: a facticidade não é o sinal de nossa limitação epistemológica, e sim a característica ontológica básica da própria realidade, do modo como ela é desvinculada de nós. Qualquer projeto de ontologia geral delineando as condições formais mínimas de todos os mundos possíveis está, assim, condenado ao fracasso – mas isso não nos condena ao ceticismo agnóstico, pois a sombra da incerteza que cai sobre descrição do real e lhe confere um caráter experimental é uma característica do real-em-si-mesmo e este, por sua vez, é atravessado por uma barra de impossibilidade e está "experienciando" consigo a construção de mundos imperfeitos.

Badiou frequentemente expressa sua oposição à virada transcendental de Kant e manifesta seu desejo de retornar ao realismo pré-kantiano ("pré-crítico"). O que o filósofo não é capaz de tolerar em Kant é sua limitação do escopo do nosso conhecimento, sua afirmação de que as coisas em si (da forma como são independentes de nós) são, por princípio, incognoscíveis para nós. Contra essa visão, Badiou afirma enfaticamente a plena cognoscibilidade da realidade: nada está *a priori* excluído da nossa compreensão cognitiva; com esforço suficiente, tudo pode ser conhecido... Parece, aqui, que Badiou sente falta de como Hegel supera o agnosticismo de Kant: Hegel não afirma simplesmente, de forma objetiva-idealista, que tudo pode ser conhecido uma vez que a Razão é a própria substância da realidade. Ele faz algo muito mais refinado: enquanto permanece no interior do horizonte transcendental kantiano, Hegel transpõe a limitação epistemológica de Kant (a incognoscibilidade das coisas em si mesmas) para a impossibilidade ontológica: as coisas autovedadas, marcadas por uma inviabilidade básica, ontologicamente incompletas.

A "finitude" a que o título deste livro faz alusão é a finitude do sujeito transcendental kantiano que constitui a "realidade objetiva" fenomênica: o objetivo de Meillassoux é nada menos que demonstrar – após Kant, *i.e.*, levando em conta a revolução kantiana – a possibilidade da cognição do próprio número Em-Si. Ele reabilita a antiga distinção entre propriedades "primárias" dos objetos (que pertencem aos objetos independentemente de serem percebidas por humanos) e suas propriedades "secundárias" (cor, gosto), que existem apenas na percepção humana. O critério básico dessa distinção é científico, ou seja, é a probabilidade de descrever um objeto em termos matemáticos: *"todos aqueles aspectos do objeto que podem ser formulados em termos matemáticos podem ser significativamente concebidos como propriedades do objeto em si mesmo"*[18].

Do nosso ponto de vista, é aqui que Meillassoux procede de modo muito rápido e sucumbe à tentação ontológica: em um movimento que repete a conversão da dúvida radical de Descartes num instrumento para obter acesso ao Absoluto, afirma a facticidade como a característica básica da realidade em si. Mas e se não "ontologizarmos" a falta (ou negatividade, ou facticidade)? E se não a usarmos como uma escada que nos permite saltar para uma visão positiva da realidade em si? E se, ao contrário, concebermos a sobreposição das duas faltas como uma lacuna que frustra toda ontologia, de modo que depois de endossar – ou melhor, atravessar – essa sobreposição das duas faltas, tenhamos que assumir que toda (visão da) realidade objetiva permanece irredutivelmente normativa, não um fato, mas algo que deve se basear na normatividade simbólica? É assim que Lacan lê a ontologia aristotélica, mais precisamente sua definição de essência, *tò tí ên eînai*: sua tradução literal como "o que era para ser" implica o gesto de um Mestre, é "o que tem que ser". O único fato não normativo é o da lacuna da própria impossibilidade, do obstáculo que frustra toda positividade ontológica.

REALIDADE E SEU COMPLEMENTO TRANSCENDENTAL

Na história da filosofia, essa lacuna adquire muitas formas e, como esse campo de conhecimento **é o seu tempo apreendido em noções, temos que começar com a lacuna que determina nosso momento histórico.** Hoje, sua forma predominante é, sem dúvida, a lacuna, a paralaxe entre a realidade em um sentido positivo ingênuo de "tudo o que existe" e o horizonte transcendental no qual a realidade aparece para nós. Desde seu início, a filosofia parece oscilar entre duas abordagens: a transcendental e a ontológica (ou

---

18. MEILLASSOUX, Q. *After Finitude*. Nova York: Continuum, 2010, p. 3.

ôntica). A primeira diz respeito à estrutura universal de como a realidade aparece para nós: quais condições devem ser satisfeitas para que possamos perceber algo como realmente existente? "Transcendental" é o termo filosófico técnico para tal quadro que define as coordenadas da realidade; por exemplo, a perspectiva transcendental nos mostra que, para uma abordagem naturalista científica, só existem realmente fenômenos materiais espaço-temporais regulados por leis naturais, enquanto para um tradicionalista pré-moderno, espíritos e significados também fazem parte da realidade, não sendo apenas projeções humanas. A concepção **ôntica, por outro lado, volta-se para a própria realidade** em seu surgimento e desdobramentos: como surgiu o universo? Ele tem um começo e um fim? Qual nosso lugar nele?

No século XX, a distância entre esses dois métodos de pensamento tornou-se mais extrema: a abordagem transcendental alcançou seu apogeu com Heidegger, ao passo que a ontológica parece hoje ter sido sequestrada pelas ciências naturais: espera-se que a resposta à questão da origem do nosso universo venha da cosmologia quântica, das ciências do cérebro, do evolucionismo. Logo no início de seu *bestseller O grande projeto*, Stephen Hawking proclama triunfantemente que "a filosofia está morta"[19]: questões metafísicas sobre a origem do universo etc., que antes eram tema das especulações filosóficas, agora podem ser respondidas pela ciência experimental e, portanto, empiricamente testadas.

Sob um olhar mais detido, é óbvio que descobrimos que ainda não chegamos lá – quase, mas ainda não. Além disso, seria fácil rejeitar essa afirmação demonstrando a pertinência contínua da filosofia para o próprio Hawking (sem mencionar que seu próprio livro não é, definitivamente, ciência, mas uma generalização popular muito problemática): Hawking se baseia em uma série de pressupostos metodológicos e ontológicos que toma por garantidos. A ciência permanece presa no círculo hermenêutico, ou seja, o espaço do que ela descobre permanece predeterminado por sua abordagem.

---

19. HAWKING, S.; MLODINOW, L. *The Grand Design*. Nova York: Bantam, 2010, p. 5.

Mas se a dimensão transcendental é a moldura, ou o horizonte irredutível pelo qual percebemos as coisas (e, em um sentido estritamente kantiano que nada tem a ver com a criação ôntica, é a dimensão que constitui a realidade), por que reduzi-la a um complemento da realidade? Nela reside uma coincidência dialética dos opostos: A moldura que tudo abrange é simultaneamente um mero suplemento daquilo que ela emoldura. A realidade privada de seu contorno transcendental é uma bagunça inconsistente do Real, e sua consistência depende de um suplemento que a constitui como um Todo. Encontramos aqui, de novo, um exemplo do tema paranoico, das histórias de ficção científica, do "botão errado" – um elemento pequeno, complementar e até perturbador que, se pressionarmos acidentalmente, desencadeia a desintegração da realidade. O que (erroneamente) tomamos como uma ínfima parte dela **é o que a mantinha unida.**

Hoje, a visão predominante se aproxima das linhas de Sellars e McDowell, bem ilustrada pelo título do livro de McDowell, *Mente e mundo*, que somos tentados a chamar de um kantismo dinamizado: insiste-se no realismo, há algum real impenetrável lá fora e nossa mente não se move apenas em seu próprio círculo, mas nosso acesso a esse real é sempre mediado pelas práticas simbólicas do nosso mundo da vida. O problema com o qual estamos lidando é, portanto, o seguinte: Como ir além (ou aquém) da realidade e de seu horizonte transcendental? Existe um nível zero em que essas duas dimensões se sobrepõem? A busca por esse ponto **é o grande tema do Idealismo Alemão:** Fichte o encontrou na autoposição do Eu absoluto (Eu transcendental), enquanto Schelling o encontrou na intuição intelectual na qual sujeito e objeto, atividade e passividade, intelecto e intuição coincidem imediatamente. Após o fracasso dessas tentativas, nosso ponto de partida deve ser que o nível zero da realidade e seu horizonte transcendental não deve ser procurado em algum tipo de síntese dos dois, mas no próprio gesto da ruptura entre eles. Como hoje o realismo científico é a visão hegemônica, a questão a ser colocada é a seguinte: é possível dar conta da dimensão transcendental nesses termos? Como a dimensão transcendental pode surgir/explodir no real? A resposta não é uma redução realista direta, mas outra questão: o que deve ser excluído constitutivamente (primordialmente reprimido) da nossa noção de realidade? Em resumo, e se a dimensão transcendental for o "retorno do reprimido" da nossa noção de realidade?

O que escapa a essa abordagem transcendental não é a realidade em si, mas a lacuna primordial que surge da ordem do ser, tornando-o não totalizado e inconsistente – uma diferença que ainda não é uma diferença entre dois termos positivos, mas a diferença "enquanto tal", uma pura diferença entre algo(s) e o Vazio, uma diferença que coincide com esse Vazio e é, nesse sentido, um dos termos daquilo que ela diferencia (para que tenhamos Algo e sua Diferença). Heidegger visava o mesmo paradoxo com sua "diferença ontológica", que não é uma diferença entre entes, nem mesmo a diferença entre seres e o Ser como entes distintos: o Ser é a própria diferença. Essa fratura no edifício ontológico abre o espaço para a chamada dimensão deontológica, para a ordem/nível do que Deve-Ser em contraste com o que simplesmente é, para o normativo em contraposição ao factual. A antiga pergunta: "Como derivar o Dever-Ser do Ser?" (ou: como derivar o Significado da Realidade) só pode ser respondida por meio da localização de uma fissura original no interior da própria ordem do Ser.

Com relação a essa fissura, todas as tentativas atuais de combinar o pensamento analítico com a tradição continental permanecem presas na divisão kantiana entre a bruta realidade positiva e o domínio normativo dos significados, da argumentação e da validade. Qualquer tentativa de superar essa dualidade é considerada uma ultrapassagem ilegítima dos limites da nossa razão. Há alguns positivistas evolucionistas – Dennet, Pinker etc. – que tentam superar a cisão fornecendo uma explicação evolucionista do surgimento das nossas capacidades normativas a partir da evolução natural, mas não há idealistas diretos que assumiriam o risco de explicar a ordem da própria realidade a partir do autodesdobramento da Razão. O paradigma foi estabelecido por Habermas, para quem as regras da ação comunicativa funcionam como um *a priori* pragmático que não pode ser reduzido a um conteúdo positivo (realidade natural ou social), uma vez que elas já estão sempre pressupostas em qualquer abordagem da realidade. No interior desse paradigma, Pippin e Brandom também afirmam o espaço da razão normativa (argumentação e justificação da validade) como irredutível a qualquer explicação científica positivista. Mesmo Lacan (na maior parte dos seus ensinamentos) opõe rigidamente o real positivo dos objetos naturais nos quais "nada falta" à ordem simbólica fundamentada na falta e na negatividade; e, da maneira transcendental mais tradicional possível, insiste que o círculo transcendental é insuperável – estamos presos nele, o que quer que percebamos como seu exterior já está sobredeterminado pela totalidade simbólica (da mesma forma que, para os marxistas ocidentais, o que quer que saibamos sobre a natureza externa não humana já está sobredeterminado pela totalidade da práxis social ou, como disse Lukács, a natureza é sempre uma categoria social).

Todos esses autores admitem, é claro, que a humanidade surgiu em um planeta minúsculo em nosso universo e que somos parte de processos naturais globais, mas insistem que, na nossa abordagem da realidade, estamos presos ao círculo da práxis sociossimbólica. Eles estão, assim, presos em uma versão daquilo que Foucault chamou de duplo empírico-transcendental: empiricamente, somos parte da natureza, da realidade natural, no entanto, transcendentalmente nosso horizonte último é o da práxis simbólica – o que significa que alguma versão da inacessível natureza-*an-sich* kantiana sempre se esconde em segundo plano. Mas será essa a última palavra a ser dita sobre este tópico? É possível decretar aqui a passagem de Kant a Hegel? Brandom é aquele que vai mais longe nessa direção com sua versão do "idealismo semântico", que afirma a identidade do subjetivo e do objetivo, *i.e.*, da identidade conceitual da nossa razão e da realidade objetiva, o que significa a estrutura conceitual da própria realidade – mas, mais uma vez, com uma condição essencial: essa identidade é apenas semântica, não ontológica:

O discurso sobre o "idealismo" é o discurso sobre uma concepção de como o subjetivo se relaciona ao objetivo. Tal como compreendo Hegel, a visão que chamo de seu "idealismo objetivo" é a visão de que os conceitos e as categorias que usamos para compreender o mundo objetivo e os conceitos e categorias que usamos para compreender as práticas discursivas em virtude das quais somos sujeitos são *reciprocamente dependentes do sentido*. Ou seja, não se pode captar ou compreender categorias objetivas tais como *objeto, fato* e *lei natural*, exceto na medida em que também se compreende o que significa usar uma expressão como um termo singular (ou seja, como pretendendo referir-se a ou destacando um objeto), afirmar uma sentença (ou seja, pretendendo afirmar um fato) e raciocinar de forma contrafactual (sobre o que *deve* ser o caso). O grande equívoco do idealismo (responsável por seu *status* filosófico contemporâneo como "o amor que não ousa dizer seu nome") é confundir essa dependência do *sentido* com a dependência da *referência* – confundir a dependência na ordem da *compreensão* com a dependência na ordem da *existência*, pois *não* é uma consequência do idealismo que não existia objetos, fatos ou leis antes de haver pessoas que usam termos singulares, sentenças e o vocabulário modal tal como "necessário". Idealismo objetivo é uma tese sobre *significados*. É uma espécie de holismo relacionando conceitos de relações objetivas a conceitos de processos ou práticas subjetivos – a capacidade de usar vários tipos de palavras. Nesse sentido, o pragmatismo semântico que estou recomendando é uma espécie de idealismo semântico[20].

Brandom é cuidadoso em apontar que seu idealismo semântico, *i.e.*, sua versão da identidade hegeliana entre o subjetivo e o objetivo, de forma alguma implica que "não existia objetos, fatos ou leis antes de haver pessoas que usam termos singulares, sentenças e o vocabulário modal tal como 'necessário'. Idealismo objetivo é uma tese sobre *significados*. É uma espécie de holismo relacionando conceitos de relações objetivas a conceitos de processos ou práticas subjetivos". O que o impede de dar o passo fatídico para o idealismo ontológico pleno é, obviamente,

---

20. TESTA, I. Hegelian pragmatism and social emancipation: an interview with Robert Brandom. *Constellations*, v.10, n. 4, 2003, p. 558.

o medo de que, dessa maneira, ele acabaria numa simples conclusão idealista de que os objetos em nossa realidade são de alguma forma, em si mesmos, dependentes de nosso pensamento. É por isso que, quando ele é obrigado a fornecer algum fundamento ontológico para seu idealismo semântico, ele recorre não à realidade em si, mas a seu segmento que fornece a base para a razão normativa, as práticas sociais simbolicamente estruturadas: "O pragmatismo normativo sobre ontologia transpõe questões sobre as categorias fundamentais das *coisas* para questões sobre *autoridade*, e então compreende essas questões em termos de *práticas sociais*"[21]. No entanto, do nosso ponto de vista, a posição de Brandom permanece demasiado kantiana, uma vez que deixa em aberto a seguinte questão: se houvesse "objetos, fatos, ou leis, antes de haver pessoas que usam termos singulares, sentenças, e o vocabulário modal tal como 'necessário'", ou seja, se eles existem independentemente de nosso pensamento (de nossa prática social), podemos de alguma forma concebê-los *nesse* estado, ou eles são as "coisas em si" kantianas? A passagem completa de Kant a Hegel vai além da identidade direta entre o real e o ideal de Fichte ou Schelling; ela se concentra mais na questão de como a realidade deve ser estruturada para que nela possa surgir uma ordem simbólica. Consequentemente, ela postula que a realidade positiva anterior à explosão do Simbólico não é apenas isso, que há nela uma rachadura, uma tensão ou fissura protodeontológica: em seu nível mais básico, a realidade não é aquilo que é, mas aquilo que falha em ser aquilo que é, cuja facticidade é atravessada por uma impossibilidade. As coisas "se tornam o que são" porque não podem ser diretamente o que são. O senso comum materialista impõe a indiferença radical como a característica última da realidade tal como ela é "em si mesma": esta é um caótico não Todo em que todas as tensões e diferenças, todas as nossas lutas, não desaparecem, mas persistem como indiferentes – do ponto de vista global, elas não importam. Do ponto de vista hegeliano, porém, o Real "em si" como o não Uno

---

21. *Ibid.*, p. 559.

não está simplesmente além (ou melhor, aquém) de qualquer forma de Unicidade, mas não é o Uno em um sentido ativo de "não" como uma negação que pressupõe uma referência a ele. O Uno está aqui desde o início – como frustrado, atravessado por uma impossibilidade de ser o que é, o que significa que, mesmo no nível mais básico, não há indiferença.

A perspectiva transcendental está normalmente ligada à subjetividade, mas hoje também obtemos posições transcendentais que se apresentam como antissubjetivistas – Claude Lévi-Strauss, por exemplo, designou o estruturalismo como transcendentalismo sem sujeito, porém o que devemos visar é justamente seu oposto: a noção de sujeito não transcendental, de subjetividade que precede a dimensão transcendental. Em um caso único de autorreferência, o caso final de um evento simbólico de algo emergindo repentinamente e criando seu próprio passado é a emergência da própria ordem simbólica. A ideia estruturalista é que não se pode pensar a gênese do simbólico (da ordem simbólica): uma vez aqui, ela **já está sempre aqui, não se pode sair dela** e tudo que se pode fazer é contar mitos sobre sua gênese (nos quais Lacan ocasionalmente se envolve). Tal como a inversão do maravilhoso título do livro de Alexei Yurchak sobre a última geração soviética, *Tudo era para sempre, até que deixou de ser*, nada disso (a ordem simbólica) estava aqui, até que, de repente, ela *já* estava completamente aqui *desde sempre*. O problema nisso **é a emergência de um sistema autorreferente** "fechado" que não tem exterior: ele não pode ser explicado a partir de fora porque seu ato constitutivo é autorreferente, ou seja, o sistema emerge de modo completo uma vez que começa a causar-se a si mesmo, quando começa a postular seus pressupostos em um círculo fechado. Assim, não se trata apenas de que a ordem simbólica está, de repente, completamente aqui – ou seja, não se trata de que não havia nada e, em um momento posterior, tudo está aqui –, mas que não há nada e então, de repente, é como se ela **já estivesse sempre aqui, como se nunca tivesse havido um tempo sem** a ordem simbólica. A ironia suprema é que o próprio Louis Althusser, o derradeiro teórico da subjetividade como efeito ideológico ilusório, permanece sendo transcendental: quando ele fala sobre a estrutura sobredeterminada, enfatiza como a ela já está sempre aqui, como ela não pode ser explicada em termos genético-historicistas. Para evitar mal-entendidos, deixe-me repetir: nossa posição não é que devemos nos contrapor ao transcendentalismo descrevendo a gênese evolutiva da estrutura síncrona: a tarefa (muito mais difícil) é indicar o "elo perdido" entre o antes e o depois, o que tinha que ser "primordialmente reprimido" para que uma estrutura síncrona pudesse emergir. Uma estrutura síncrona sempre surge "do nada" e ela não pode ser reduzida à sua predisposição genética, mas esse "nada" pode ser especificado.

Isso nos leva ao tema clássico da relação entre a eternidade e os cortes históricos. A maneira óbvia de minar a dualidade metafísica entre a realidade em constante mudança (natural ou histórica) e a ordem eterna superior é, naturalmente, afirmar que ela não existe e que tudo está preso na constante mudança, que seria nossa única eternidade. Temos, depois, a versão mais elaborada de Derrida, a do "sempre-já"(que não deve ser confundido com o sempre-já transcendental): há a Queda – uma lacuna, o corte violento da Diferença que perturba a paz eterna, o ato pecaminoso que arruína a inocência etc. – mas essa Queda ou lacuna sempre-já aconteceu, nada a precede, a Paz ou Inocência precedentes são ilusões retroativas... Então, há um quarto movimento (propriamente hegeliano): a transposição "sempre-já" do corte (ou Queda) não é suficiente, há cortes, mas não apenas cortes temporais; eles são, em certo sentido, cortes na própria eternidade: em um certo momento (histórico) temporal, emerge algo Novo que modifica não apenas o presente e o futuro, mas o passado e, assim, as coisas se tornam o que eternamente foram/são. Conforme acabamos de ver, essa temporalidade caracteriza o estruturalismo – mas será que isso é tudo? Seria a própria historicidade (em oposição ao historicismo evolucionista) uma sucessão de cortes que modifica retroativamente o passado e cria sua própria eternidade? Isso não é suficiente, pois apenas leva a lógica transcendental ao fim – para dar o passo crucial adiante, deve-se retornar à perspectiva padrão: não "qual a natureza da linguagem? Podemos compreender adequadamente a natureza na/pela linguagem?", mas "o que é a linguagem para a natureza? Como sua emergência afeta a natureza?" Longe de pertencer ao logocentrismo, tal inversão é a mais forte suspensão do logocentrismo e da teologia, da mesma forma que a tese de Marx sobre a anatomia humana como a chave para a anatomia do símio subverte qualquer evolucionismo teleológico. Ou, falando em termos hegelianos, em vez de perguntar o que é a Substância para o Sujeito ou como pode o Sujeito apreender a Substância, deve-se fazer a pergunta inversa: o que é (a ascensão do) Sujeito para a Substância (pré-subjetiva)? G. K. Chesterton propôs tal inversão hegeliana justamente a respeito do ser humano e dos animais: Em vez de perguntar o que os animais são para nós, para nossa experiência, deveríamos nos perguntar o que é o ser humano para os animais – em seu pouco conhecido *O homem eterno*, Chesterton realiza um belo experimento mental nesse sentido, imaginando o monstro que o ser humano pode ter parecido a princípio aos animais meramente naturais ao seu entorno:

> A verdade mais simples acerca do homem é que ele é um ser muito estranho: quase no sentido de ser um estranho sobre a terra. Sem nenhum exagero, ele tem muito mais da aparência exterior de alguém que surge com hábitos alienígenas de outro mundo do que da aparência de um mero desenvolvimento deste mundo. Ele tem uma vantagem injusta e uma injusta desvantagem. Ele não consegue dormir na própria pele; não pode confiar nos próprios instintos. Ele é, ao mesmo tempo, um criador movendo mãos e dedos miraculosos e uma espécie de deficiente. Anda envolto em faixas artificiais chamadas roupas; escora-se em muletas artificiais chamadas móveis. Sua mente tem as mesmas liberdades duvidosas e as mesmas violentas limitações. Ele é o único entre os animais que se sacode com a bela loucura chamada riso: como se houvesse vislumbrado na própria forma do universo algum segredo que o próprio universo desconhece. Ele é o único entre os animais que sente a necessidade de desviar seus pensamentos das realidades radicais do seu próprio ser físico; de escondê-las como se estivesse na presença de alguma possibilidade supe-

rior que origina o mistério da vergonha. Quer louvemos essas coisas como naturais ao homem, quer as insultemos como artificiais na natureza, elas mesmo assim continuam únicas[22].

Isso é o que Chesterton chamou de "pensar às avessas". Temo que voltar no tempo, antes que as decisões fatídicas tenham sido tomadas ou antes que as situações acidentais que geraram o estado que agora nos parece normal tenham sido evitadas; e a maneira de o fazer, de tornar palpável esse momento aberto de decisão, é imaginar como, naquele ponto, a história poderia ter tomado um rumo diferente. Com relação ao cristianismo, em vez de perder tempo sondando como o cristianismo se relacionava com o judaísmo e como ele interpreta erroneamente o Antigo Testamento quando este o compreende como anunciando o advento de Cristo e tentando reconstruir como os judeus eram antes do cristianismo, não afetados pela perspectiva cristã retroativa, deve-se, ao contrário, inverter a perspectiva e "estranhar" **o próprio cristianismo, tratá-lo como cristianismo-em-devir e concentrar-se na fera estranha, na monstruosidade escandalosa com a qual Cristo deve ter parecido aos olhos do sistema ideológico judaico.**

O caso hiperbólico é fornecido, aqui, por aquelas raras sociedades que, até agora, conseguiram evitar o contato com a "civilização". Em maio de 2008, a mídia noticiou a descoberta de uma "tribo isolada" na densa floresta tropical ao longo da fronteira entre Brasil e Peru: eles nunca tiveram nenhum contato com o "mundo externo" da civilização global e sua vida provavelmente permaneceu inalterada por mais de 10.000 anos. Fotos de sua aldeia tiradas de um avião foram divulgadas. Quando os antropólogos sobrevoaram a área pela primeira vez, viram mulheres e crianças ao ar livre e ninguém parecia estar pintado. Foi somente quando o avião retornou, algumas horas depois, que eles viram esses indivíduos cobertos de vermelho, da cabeça aos pés: "Pele pintada de vermelho vivo, cabeças parcialmente ras-

---

22. CHESTERTON, G. K. *O homem eterno*. São Paulo: Mundo Cristão, 2013. *E-book*.

padas, flechas puxadas para trás nos arcos longos e apontadas diretamente para a aeronave que zumbia por cima deles. O gesto era inconfundível: fiquem longe". Eles estão certos, pois o contato geralmente é um desastre para essas tribos remotas. Mesmo que os madeireiros não atirem neles ou os forcem a deixar suas terras, doenças contra as quais esses humanos isolados não têm resistência costumam dizimar a tribo e reduzi-la pela metade em um ou dois anos. Para eles, nossa civilização é literalmente um caldeirão de culturas – elas derretem e desaparecem nele, como os antigos afrescos subterrâneos em *Roma de Fellini*, que eram protegidos enquanto estavam isolados no vácuo subterrâneo; no momento (muito cuidadoso e respeitoso) em que os pesquisadores penetraram seu domínio, os afrescos ficaram pálidos e começaram a desaparecer...

Perguntamo-nos frequentemente como reagiríamos ao encontro com alienígenas muito mais desenvolvidos que nós mesmos – nas fotos da tribo isolada, nós somos seus alienígenas. Reside aí o horror dessas fotos: vemos os nativos aterrorizados observando um Outro inumano e nós mesmos somos esse Outro... E no momento em que colocamos a questão dessa forma, vamos além (ou melhor, aquém) da dimensão transcendental.

De forma homóloga, o Real na física quântica **não é a oscilação de onda** (como oposta à realidade que emerge do colapso da função de onda), mas é esse próprio colapso "em seu devir", como movimento, antes de ser estabilizado em realidade constituída. Da mesma maneira que Chesterton nos desafiou a imaginar como um ser humano aparece aos olhos dos símios, devemos imaginar como a constituição da realidade se dá no interior do espaço da oscilação de ondas. A mesma coisa é válida para a diferença sexual: o Real da diferença sexual **não é a diferença entre as identidades masculinas e femininas, mas a diferença** "em seu devir", o movimento da (auto)diferenciação que precede os termos diferenciados.

O corte que visamos (a ruptura no próprio Real pelo qual a subjetividade explode) não é, portanto, algo que possa ser descrito nos termos da biologia evolutiva, da transformação dos símios em humanos. A forma empírica como essa transformação ocorreu é, em última análise, algo indiferente e totalmente contingente – não houve, nessa transformação, nenhum impulso teleológico para passar a um nível superior de progresso. Como Stephen Jay Gould enfatizou repetidas vezes, é muito provável que essa passagem tenha ocorrido pelo processo que ele chamou de "exaptação": um órgão ou habilidade que originalmente servia a uma certa necessidade evolutiva perde sua função, torna-se até mesmo um obstáculo, apenas persistindo em nosso corpo como um remanescente inútil, tal como o apêndice, e, inadvertidamente, desencadeia-se o surgimento de uma nova ordem (simbólica) que emerge não como um elemento, mas como uma estrutura. De forma aleatória e repentina, uma nova Ordem, uma "nova harmonia", emerge do (que retroativamente aparece como) Caos e, embora possamos (retroativamente) constatar um longo período de gestação, um último elemento contingente desencadeia a rápida mudança do caos para a nova ordem (Gould especula até mesmo que a fala humana emergiu do mau funcionamento de alguns músculos da garganta de símios humanoides). Essa nova Ordem não pode ser explicada em termos de "adaptação" – falta, aqui, um *ad quem* unívoco (adaptação PARA QUÊ?). Entretanto, tal descrição naturalista não pode explicar a explosão da subjetividade no Real: ela permanece no nível da realidade positiva (transcendentalmente constituída), enquanto o corte (explosão) de que estamos falando designa o processo arquitranscendental do surgimento da própria dimensão transcendental constitutiva da nossa realidade.

O que isso significa é que o verdadeiro Em-Si não é como as coisas eram antes do Corte simbólico, mas é esse próprio corte visto da perspectiva do Antes, ou, para falar nos termos de Kierkegaard, visto em seu devir, e não do ponto de vista posterior ao seu estabelecimento como a nova ordem. Uma clarificação que traça uma linha separando essa posição da crítica do correlacionismo realizada por Meillassoux pode ser de alguma utilidade aqui. Em sua recusa do correlacionismo transcendental (a ideia de que para pensar a realidade já deve haver um sujeito para quem essa realidade aparece), o próprio Meillassoux permanece demasiadamente dentro dos limites da oposição transcendental-kantiana entre a realidade tal como ela nos aparece e o transcendental para além da realidade em si, independente de nós; de um modo leninista (o Lênin do *Materialismo e empiriocriticismo*), ele então afirma que podemos acessar e pensar a realidade em si mesma. Porém, algo está perdido nesse próprio campo do dilema transcendental, algo que diz respeito ao cerne da descoberta freudiana (no modo como essa descoberta foi formulada por Lacan): a torção/curvatura inerente que é constitutiva do próprio sujeito. Ou seja, o que Lacan afirma é precisamente a discórdia irredutível (constitutiva), a não correlação, entre sujeito e realidade: para que se dê a emergência do sujeito, o impossível objeto-que-é-sujeito deve ser excluído da realidade, pois é sua própria exclusão que abre o espaço para o sujeito. O problema não é pensar o real fora da correlação transcendental, independentemente do sujeito; o problema é pensar o verdadeiro INTERIOR do sujeito, o núcleo duro do real no centro mesmo do sujeito, seu centro ex-timado. O verdadeiro problema do correlacionismo não é se podemos alcançar o Em-Si do modo como ele é externo à correlação com o sujeito (ou da forma como o Antigo – "fósseis" como remanescentes da natureza como ela era antes do surgimento da humanidade – está fora de sua percepção a partir do ponto de vista do Novo), mas o próprio Novo em seu "devir". O Fóssil não é o Antigo do modo como era/é em si, o verdadeiro fóssil é o próprio sujeito em seu impossível estatuto objetal – o fóssil sou eu mesmo, ou seja, é a maneira como o gato, aterrorizado, me vê quando olha para mim. Isto é o que verdadeiramente escapa à correlação, não o Em-Si do objeto, mas o sujeito como objeto.

Normalmente, temos a divisão no objeto (entre o para-nós e o modo com o objeto é em si mesmo), mas o pensamento, o sujeito, é concebido como homogêneo; o que Lacan faz é introduzir uma divisão também no sujeito, entre seu pensar e seu (não do ser vivente de fato, mas seu) pensamento não pensado, seu "não não pensamento", entre o discurso e o real (não a realidade). Assim, a questão não é apenas superar o Em-Si inacessível alegando que "não há nada além do véu das aparências, exceto o que o próprio sujeito ali colocou", mas relacionar o Em-Si com a divisão no sujeito *per se*. Meillassoux menciona ironicamente a engenhosa resposta cristã ao desafio darwinista: um dos contemporâneos de Darwin propôs uma reconciliação ridiculamente clara entre a Bíblia e a teoria evolutiva: se a Bíblia é literalmente verdadeira e o mundo foi criado há cerca de 4000 anos a.C., como podemos explicar os fósseis? Eles foram criados diretamente por deus como fósseis para dar à humanidade uma falsa sensação de abertura, de viver em um universo mais antigo – em resumo, quando deus criou o universo, ele criou traços de seu passado imaginado... O argumento de Meillassoux é que o transcendentalismo pós-kantiano responde ao desafio da ciência objetiva de forma semelhante: se, para os teólogos literalistas, deus criou fósseis diretamente para expor os homens à tentação de negar a criação divina, ou seja, para testar sua fé, os transcendentalistas pós-kantianos compreendem a noção espontânea cotidiana "ingênua" da realidade objetiva que existe independentemente de nós como uma armadilha semelhante, expondo os humanos ao teste, desafiando-os a ver além dessa "evidência" e compreender como a realidade é constituída pelo sujeito transcendental...[23] Todavia, devemos insistir que a solução cristã, obviamente desprovida de sentido como teoria científica, contém um grão de verdade: o que Lacan chama de *objet a*, a contraparte objetal impossível-real do sujeito, é precisamente um objeto "imaginado" (fantasmático, virtual) que nunca existiu positivamente na realidade – ele emerge da sua perda e é criado diretamente como um fóssil.

De maneira distinta, a ontologia orientada a objetos também permanece transcendental: embora apresente sua **visão da realidade como** "objetiva", como não enraizada em nenhum ponto de vista subjetivo, mas abrangendo o sujeito como um objeto entre outros, essa perspectiva **é claramente fundada**

---

23. MEILLASSOUX. *Op. cit.*, p. 62.

em um certo desvelamento da realidade (parafraseando Heidegger) que só pode emergir no interior do horizonte da compreensão humana. Minha crítica à ontologia orientada a objetos **não é, portanto, que ela seja demasiadamente** objetivista, mas que ela se baseia em um retorno antropomórfico ao mundo encantado pré-moderno. É assim que Jane Bennett o formula em seu "Credo Niceno para os alegados materialistas":

> Acredito em uma matéria-energia, criadora de todas as coisas vistas e não vistas... Acredito que é errado negar a vitalidade a corpos, forças e formas não humanas, e que um programa cuidadoso de antropomorfização pode ajudar a revelar essa vitalidade, mesmo que resista à sua tradução completa e exceda minha abrangente compreensão. Creio que os encontros com a matéria viva podem reprimir minhas fantasias de dominação humana, enfatizar a materialidade comum de tudo que existe, expor uma distribuição mais ampla da ação e remodelar o ego e seus interesses[24].

O que vibra na matéria vibrante é sua força vital imanente ou sua alma (no sentido aristotélico preciso do princípio ativo imanente **à matéria), não a subjetividade. O Novo Materialismo** recusa, assim, a divisão radical entre matéria/vida e vida/pensamento: egos ou agentes múltiplos estão em toda parte com diferentes disfarces. Uma ambiguidade básica, no entanto, persiste aqui: seriam essas qualidades vitais dos corpos materiais o resultado do nosso (do observador humano) "antropomorfismo benigno", de modo que a vitalidade da matéria significa que "tudo está, em certo sentido, vivo"[25], ou estaríamos efetivamente lidando com a forte reivindicação ontológica de uma espécie de espiritualismo sem deuses, ou seja, com uma forma de restaurar a sacralidade na mundanidade? Portanto, se "um programa cuidadoso de antropomorfismo pode ajudar a revelar essa vitalidade"[26], não está claro se a vitalidade dos corpos materiais é

---

24. BENNETT, J. *Vibrant Matter*. Durham: Duke University Press, 2010, p. 117.
25. *Ibid.*
26. *Ibid.*, p. 122.

resultado de nossa percepção ser animista ou se é resultado de um poder vital subjetivo real – uma ambiguidade que é profundamente kantiana.

A desconstrução de Derrida também permanece presa nesse impasse do transcendental. Sua famosa afirmação (da sua *Gramatologia*) de que *"Il n'y a pas de hors-texte"* ("Não há o fora-texto") é frequentemente mal traduzida como "não há nada fora do texto", fazendo parecer que Derrida defende uma espécie de idealismo linguístico para o qual nada existe além da linguagem. Como devemos, então, lê-la? Há, de fato, uma ambiguidade fundamental nessa afirmação: ela oscila entre uma leitura transcendental e uma ontológica. *Il n'y a pas de hors-texte* pode significar que todas as afirmações ontológicas já estão sempre presas na dimensão arquitranscendental da escrita: elas nunca dizem diretamente respeito à realidade lá fora, pois são invariavelmente sobredeterminadas pela textura específica dos traços que formam o pano de fundo impenetrável de todas as nossas afirmações. Não obstante, ela também pode ser lida de forma diretamente ontológica: a realidade eterna, a vida, é já feita de traços e diferenças, ou seja, a estrutura da *différance* **é a estrutura de tudo que há.** Derrida chegou próximo dessa leitura em seu seminário inédito de 1975, *La vi la mort*, cujas primeiras seis sessões são dedicadas à biologia (especificamente a François Jacob e suas pesquisas sobre a estrutura do DNA e as leis da hereditariedade). Noções como *"différance"*, "arquiescrita", "traço" e "texto" **não são, portanto, apenas o pano de fundo metatranscendental do nosso universo simbólico,** mas referem-se, também, à estrutura básica de tudo o que vive (e, supostamente, de tudo o que existe): o "texto geral" é a afirmação ontológica mais elementar de Derrida. É importante notar como essa ambiguidade está conectada a uma outra que diz respeito ao estatuto da "metafísica da presença". Derrida varia abundantemente o motivo pelo qual não existe um simples Fora para a metafísica da Presença: só podemos desconstruí-lo gradual e localmente, miná-lo, expor suas inconsistências etc. – postular o acesso a um puro Fora significaria sucumbir à armadilha final da Presença. Todavia, na medida em que a metafísica da presença se equivale à história da filosofia europeia, deparamo-nos com um problema ingênuo, mas pertinente: e quanto, digamos, à China antiga? Os chineses foram pegos pela "metafísica da presença" (o que elevaria, assim, a "metafísica da Presença" a uma característica universal da humanidade), ou estariam fora da metafísica europeia? Em caso afirmativo, como é possível que entremos em contato com eles? (Algumas vezes, Derrida toca nesse estatuto da linguagem chinesa com relação ao logocentrismo, mas se limita à afirmação geral de que o idioma chinês não é fonocêntrico, já que em sua escrita as palavras não reproduzem letras fônicas, mas sim as noções diretamente, e é por isso que a escrita vem em primeiro lugar e a fala em segundo: todos os chineses compartilham a mesma escrita que é pronunciada de formas distintas em diferentes partes da China. No entanto, isso não significa que a estrutura geral da diferença (traço) não seja operante também lá – portanto, o problema com o qual estamos lidando permanece)[27].

A última virada ontológica do chamado pensamento continental é marcada pela mesma ambiguidade. A visão amplamente compartilhada hoje é a de que

> não podemos relegar a natureza à ciência e estudar, na filosofia, as normas do pensamento ou da ação sem levar em conta alguma concepção de universo físico. Tão logo nos confrontarmos com a questão de como integrar nossa explicação de nós mesmos como conhecedores e agentes de um tipo específico com aquilo que sabemos sobre a natureza, deveria ficar claro que nem todas as concepções de natureza são compatíveis sem a autodescrição como agentes autônomos[28].

---

27. Também é possível ler a noção de traço de Derrida como "arquitranscendental" no sentido de nossa tentativa de ir além (ou melhor, aquém) do transcendental até a própria fissura no Real, que abre o espaço para o transcendental. Todavia, estamos entrando aqui numa esfera ambígua aberta a diferentes interpretações.
28. GABRIEL, M.; RASMUSSEN, A. M. (eds.). *Preface to German Idealism Today*. Berlim: De Gruyter, 2017, p. 10.

Existe, contudo, uma ambiguidade que diz respeito a essa afirmação, uma ambivalência homóloga à que caracteriza o chamado princípio antrópico na (interpretação da) cosmologia quântica: da mesma forma que podemos tomar o princípio antrópico em sua versão "forte" (nosso universo foi criado para tornar possível o surgimento da inteligência humana) ou em sua versão "fraca" (a inteligência humana não é o objetivo da criação, mas apenas uma linha orientadora da nossa compreensão do universo, que, por sua vez, deve ser estruturada para que a inteligência humana possa nele surgir, embora de forma contingente), a tese de que nossa concepção de natureza precisa ser compatível com nossa autodescrição como agentes autônomos deve ser lida de forma "forte" e de forma "fraca". Ela pode significar que, em nossa concepção de natureza, estamos de fato descrevendo o modo como a natureza é em si mesma, independentemente de nossa observação e interação com ela, ou pode significar que nossa concepção dela nunca é verdadeiramente uma visão neutra da natureza-em-si, mas permanece integrada no nosso (humano) ponto de vista, mediada por ele.

VARIEDADES DO TRANSCENDENTAL NO MARXISMO OCIDENTAL

Nas últimas décadas, a desconfiança no marxismo ocidental está aumentando entre os poucos teóricos radicais remanescentes da esquerda, de Perry Anderson e Wolfgang Fritz Haug a Domenico Losurdo, cuja principal crítica é que o marxismo ocidental perdeu o contato com os movimentos revolucionários do Terceiro Mundo. Losurdo, que escreveu um livro reabilitando Stalin, também considera as reformas de Deng Hsiao-ping um exemplo de uma autêntica política marxista. Do ponto de vista do marxismo ocidental, é, naturalmente, o radicalismo comunista do Terceiro Mundo que perdeu o contato com o autêntico conteúdo emancipatório do marxismo. É interessante notar que o marxismo ocidental (rebatizado de "marxismo cultural") é também o alvo do contra-ataque atual da direita alternativa (*alt-right*) contra o politicamente correto: a direita alternativa interpreta a ascensão do marxismo ocidental como o resultado de uma mudança deliberada na estratégia marxista (ou comunista). Depois que o comunismo perdeu a batalha econômica contra o capitalismo liberal (esperando em vão que a revolução chegasse ao mundo ocidental desenvolvido), seus líderes decidiram mudar o terreno para as lutas culturais (sexualidade, feminismo, racismo, religião...), minando sistematicamente as bases e os valores culturais das nossas liberdades. Nas últimas décadas, essa nova abordagem tem se mostrado inesperadamente eficiente: hoje, nossas sociedades estão presas no círculo autodestrutivo da culpa, incapazes de defender seu legado positivo. Esse ataque de ambos os extremos prova que o marxismo ocidental continua atual – obviamente, toca em um nervo sensível em ambos os lados de nosso espectro político. A ironia é que o marxismo ocidental permanece muito "eurocêntrico" para aqueles que veem a China de hoje como a alternativa socialista ao capitalismo global, enquanto para os defensores da direita alternativa o marxismo ocidental é a arma mais perigosa na destruição contínua da tradição ocidental. O que faz então dessa concepção um fenômeno tão único? Em termos filosóficos, sua novidade reside em sua reabilitação da dimensão transcendental – talvez a caracterização mais apropriada do marxismo ocidental seja "marxismo transcendental", com a totalidade da prática social desempenhando o papel do horizonte transcendental insuperável da nossa cognição.

O marxismo ocidental começou com duas obras seminais, *História e consciência de classe*[29], de Georg Lukács, e *Marxismo e filosofia*[30], de Karl Korsch. Em seu início, o marxismo ocidental representou uma reação hegeliana ao neokantismo progressista, que era (mais ou menos) a filosofia oficial da social-democracia reformista da Segunda Internacional. Os neokantianos insistiam na lacuna entre a realidade social objetiva e o domínio

---

29. Cf. LUKÁCS, G. *História e consciência de classe: estudos sobre a dialética marxista*. São Paulo: Martins Fontes, 2018.
30. Cf. KORSCH, K. *Marxismo e filosofia*. Rio de Janeiro: UFRJ, 2008.

normativo das finalidades éticas autônomas, que não podem ser deduzidas da realidade (eles rejeitam essa opção como um caso ilegítimo de determinismo que reduz o Dever-Ser à ordem positiva do Ser); é por isso que eles se referiam à sua posição política como "socialismo ético". Lukács (assim como Korsch) descartou o dualismo neokantiano, exigindo uma unidade entre teoria e prática, entre a ordem positiva do Ser e as tarefas éticas. Para Lukács, a teoria revolucionária é, *per se*, uma forma de prática – ela não apenas reflete a realidade, mas funciona como um momento imanente da totalidade social. O materialismo histórico não é uma teoria objetiva da vida social que deve ser complementada pela ideologia marxista, destinada a mobilizar as massas com base nas intuições do marxismo científico: o conhecimento marxista da história é, em si mesmo, prático; ele transforma seu objeto (a classe trabalhadora) em um tema revolucionário. Como tal, o materialismo histórico não é "imparcial": a verdade sobre nossa sociedade está disponível apenas a partir de uma posição "parcial" engajada.

No entanto, embora o marxismo revolucionário vise superar todas as dualidades metafísicas, sua história é atravessada pela lacuna entre realismo e transcendentalismo: enquanto a versão soviética do materialismo dialético propõe uma nova versão da ontologia do realismo ingênuo (uma visão da história humana como uma região especial do todo da realidade – um tema do materialismo histórico), o chamado marxismo ocidental propõe a práxis humana coletiva como o horizonte transcendental último de nosso entendimento filosófico. Como colocado por Lukács, a própria natureza é uma categoria social, ou seja, nossa noção de natureza é sempre (super)determinada pela totalidade social na qual vivemos. Lukács com certeza não está alegando que, no nível ôntico da realidade, a subjetividade social produz causalmente a natureza; o que ele afirma é que, embora a humanidade tenha emergido do autodesenvolvimento da natureza, nossa noção e abordagem da natureza é sempre mediada pela totalidade social. No século XVIII, a natureza apareceu como um sistema bem ordenado e hierárquico, refletindo claramente a monarquia absolutista (tal noção de natureza foi desenvolvida por Karl Linne). No século XIX, a natureza apareceu como o vasto campo da evolução permeado pela luta pela sobrevivência na linha do selvagem capitalismo de mercado (o próprio Darwin tirou de Malthus a ideia da luta pela sobrevivência). Em nossa era da informação, a natureza aparece como uma vasta rede de troca de informações, produção de gêneros e assim por diante. O ponto de Lukács era apenas que não se pode abstrair dessa mediação e abordar a natureza como ela é "realmente em si mesma" independentemente de tal mediação. A lacuna que separa a visão ôntica da realidade do papel transcendental da práxis social é, portanto, intransponível, ou seja, não se pode explicar a ascensão da práxis social em termos ônticos da realidade.

Desse ponto de vista, qualquer forma da relação sujeito-objeto que se recuse a admitir a perspectiva de seu caráter plenamente mediado é denunciado como ideologia reificada: o trabalho (no sentido da exploração instrumental das leis objetivas da natureza, no trabalho utilizo ferramentas para manipular objetos naturais visando adequá-los aos meus propósitos, que são externos à existência deles) é "reificado", já que mantém, com respeito à realidade, a posição de manipulação externa e a trata, dessa forma, como o domínio independente dos objetos. As ciências naturais são também "reificadas", pois se compreendem como o conhecimento da realidade tal como ela, fora da sua mediação com a subjetividade. As implicações políticas dessa posição fichte-hegeliana radical do proletariado como o sujeito-objeto da história não foram menos radicais: até o final dos anos de 1920, Lukács considerava-se o filósofo do leninismo que organizou as práticas revolucionárias pragmáticas de Lênin em uma filosofia formal da revolução de vanguarda partidária (incluindo a defesa do Terror Vermelho) – não espanta que seu livro depois de *História e consciência de classe* fosse um estudo sobre Lênin. As implicações esquerdistas da posição de Lukács podem ser nitidamente discernidas em suas polêmicas contra aqueles que, após a derrota do governo revolucionário de Béla Kun, na Hungria, culparam as circunstâncias objetivas desfavoráveis. A resposta de Lukács é que não se pode referir de modo direto a circunstâncias sociais objetivas, uma vez que tais circunstâncias são, elas próprias, condicionadas pelo fracasso do engajamento subjetivo das forças revolucionárias. Em suma, todo estado objetivo das coisas é já mediado pela subjetividade, mesmo quando essa mediação continue negativa, ou seja, mesmo que se trate apenas da falta de engajamento subjetivo.

O que aconteceu, então, no final dos anos de 1920? Será que Lukács simplesmente se rendeu à realidade do stalinismo que dominava o movimento comunista? Embora, a partir da década de 1930, ele tenha prestado falso juramento à ortodoxia stalinista oficial (sem nunca ter se engajado de fato no materialismo dialético stalinista – ele estava muito bem familiarizado com Hegel para fazer isso), existe um estágio intermediário misterioso e frequentemente negligenciado: em 1928, após a onda revolucionária do início da década de 1920, ele publicou as chamadas "Teses de Blum"[31], nas quais apelava para uma estratégia semelhante àquela das Frentes Populares que surgiram na década de 1930, isto é, a ampla coalizão de todas as forças democráticas antifascistas para combater as tendências autoritárias que surgiram em toda a Europa. O irônico é que ele fez isso cedo demais, antes da Frente Popular se tornar a política comunista oficial, de modo que suas teses foram rejeitadas e Lukács se enveredou para a teoria literária.

No nível filosófico, o abandono de Lukács da posição defendida em *História e consciência de classe* também não foi um simples retrocesso. O anverso ignorado de seu ajustamento à ortodoxia marxista (ele não mais concebe a prática social da subjetividade histórica coletiva como o horizonte último de pensamento, mas defende uma ontologia geral com a humanidade como sua parte) é a aceitação da dimensão trágica do sujeito revolucionário[32]. Lukács se refere à noção marxista de que o período heroico da Revolução Francesa foi o avanço entusiasmado necessário seguido da fase não heroica das relações de mercado:

---

31. Reeditado em: LUKÁCS, G. *Tática e ética*. Disponível em: https://encr.pw/aR0n8

32. Cf. LUKÁCS, G. Hölderlin's Hyperion. *Goethe and His Age*. Londres: Allen & Unwin, 1968.

a verdadeira função social da Revolução foi estabelecer a condição para o prosaico reinado da economia burguesa e o verdadeiro heroísmo reside não em se apegar cegamente ao entusiasmo revolucionário inicial, mas em reconhecer "a rosa na cruz do presente", como Hegel gostava de parafrasear Lutero, ou seja, em abandonar a posição da Bela Alma e aceitar plenamente o presente como o único domínio possível de liberdade efetiva.

Então, foi esse "compromisso" com a realidade social que permitiu o passo filosófico crucial de Hegel, qual seja, aquele de superar a noção protofascista de comunidade "orgânica" em seu manuscrito *System der Sittlichkeit*, permitindo-o se engajar na análise dialética dos antagonismos da sociedade civil burguesa. É óbvio que essa análise é profundamente alegórica: ela foi escrita alguns meses depois que Trótski lançou sua tese do Stalinismo como o "Termidor da Revolução de Outubro". O texto de Lukács deve ser lido, portanto, como uma resposta a Trótski. Ele aceita a caracterização que Trótski faz do regime de Stalin como "termidoriano", mas introduz uma reviravolta positiva: em vez de lamentar a perda da energia utópica, deve-se, de forma heroica e resignada, aceitar suas consequências como o único espaço real para o progresso social. Para Marx, é claro, a sobriedade do *"day after"* após a embriaguez revolucionária sinaliza a limitação original do projeto revolucionário "burguês" e a falsidade de sua promessa de liberdade universal: a "verdade" dos direitos humanos universais são os direitos do comércio e da propriedade privada. Se lermos o endosso de Lukács ao Termidor Stalinista, isso implica (provavelmente contra sua intenção consciente) uma perspectiva pessimista difícil de ser reconciliada com o marxismo: a própria revolução proletária também se caracteriza pela lacuna entre sua afirmação universal ilusória da liberdade e o subsequente despertar nas novas relações de dominação e exploração, o que significa que o projeto comunista de realização da "verdadeira liberdade" necessariamente fracassa em sua primeira tentativa e que só pode ser recuperado por sua repetição. Mas e se, olhando para o século XX a partir do nosso ponto de vista, mantivéssemos precisamente essa virada pessimista de Lukács?

O próprio Lukács, mais tarde, atenuou esse "pessimismo" e, em sua própria versão do ressurgimento do marxismo humanista nos anos de 1960, dedicou a última década de sua vida à elaboração de uma nova "ontologia do ser social"[33]. Essa ontologia tardia de Lukács está totalmente dessincronizada com o ressurgimento da filosofia da práxis marxista nos anos de 1960: esta última permanece no interior do espaço transcendental (sua noção central de práxis é o horizonte insuperável que não pode ser baseado em nenhuma ontologia geral), enquanto Lukács visa desenvolver a ontologia social como uma esfera particular da ontologia geral. Nessa sua tentativa, a ideia central é a de trabalho humano como forma elementar de teleologia: nele, a natureza supera a si própria e a seu determinismo, uma vez que os processos naturais se tornam momentos do processo de concretização material dos objetivos humanos.

Contra o idealismo aristotélico ou hegeliano, que subordina a totalidade da natureza a um Telos espiritual, Lucáks, enquanto materialista, vê o trabalho social como o domínio primário da teleologia, um domínio que permanece sendo uma pequena parte da natureza e que surge espontaneamente de processos biológicos. A suprema ironia aqui é que, em sua ontologia social do trabalho, Lucáks se refere ao jovem Marx, aos *Manuscritos econômico-filosóficos*, de 1844 (publicados pela primeira vez no início dos anos de 1930), que eram os textos sagrados do marxismo humanista. Enquanto os marxistas humanistas os leem por uma perspectiva transcendental, concentrando-se na noção de alienação, Lukács utiliza esses manuscritos para justificar o abandono do grande tema hegeliano de *História e consciência de classe*, qual seja, a mediação total do sujeito e do objeto no proletariado como o sujeito-objeto da história. Segundo sua autocrítica posterior, essa identidade especulativa hegeliana entre su-

---

33. Cf. LUKÁCS, G. *The Ontology of Social Being*. Volumes 1-3. Londres: Merlin Press, 1978-1980. Há tradução dos dois primeiros volumes para o português: LUKÁCS, G. *Para uma ontologia do ser social I*. São Paulo: Boitempo, 2018. •LUKÁCS, G. *Para uma ontologia do ser social II*. São Paulo: Boitempo, 2018.

jeito e objeto ignora a diferença entre objetivação (do sujeito no trabalho) e reificação (em condições de alienação): para o jovem Lukács, qualquer objetivação é reificação, enquanto ele agora admite que, ao objetificar seus poderes essenciais em objetos que expressam sua criatividade, a reificação não está necessariamente em jogo – ela ocorre apenas quando o trabalho é exercido em condições sociais de alienação. Em suma, para o jovem Lukács, o trabalho (como a atividade de concretizar objetivos na realidade transformando a forma de objetos materiais) é alienado, e nós superamos a alienação somente pela mediação total do sujeito e do objeto. Embora essa "ontologia do trabalho social" não possa ser reduzida a uma versão do materialismo dialético stalinista, ela continua pertencendo à série de grandes visões evolucionistas do cosmos como a hierarquia ontológica de níveis (matéria, plantas, vida animal e espírito humano como o nível mais alto conhecido por nós), tudo muito próximo da ontologia de Nicolai Hartmann (e Lukács se refere positivamente a Hartmann). É interessante notar que mesmo Meillassoux cai nessa armadilha e paga um preço fatal por sua suspensão da dimensão transcendental: o preço do retrocesso a uma ontologia realista ingênua de esferas ou níveis ao estilo de Nicolai Hartmann – realidade material, vida e pensamento. Tal realismo ingênuo é basicamente pré-moderno e sinaliza o retorno ao pensamento renascentista que precede o nascimento da ciência moderna.

Outros marxistas ocidentais tentaram sair do círculo transcendental sem regressar à ontologia realista. Se deixarmos de lado Walter Benjamin, que merece um tratamento especial, devemos mencionar ao menos Ernst Bloch, que desenvolveu um gigantesco edifício de um universo inacabado tendendo para o ponto utópico da perfeição absoluta. Em sua obra-prima *O princípio esperança*, ele fornece uma abordagem enciclopédica sobre a orientação da humanidade e da natureza em direção a um futuro melhor do ponto de vista social e tecnológico[34]. Bloch considerou os comentários de Marx sobre a "humanização da

---

34. Cf. BLOCH, E. *O princípio esperança*. Três Volumes. Rio de Janeiro: Contraponto, 2005-2007.

natureza" (de novo, dos seus *Manuscritos econômico-filosóficos*) de importância fundamental: uma verdadeira utopia radical deve abranger todo o universo, incluindo a natureza, ou seja, utopias que se limitam à organização da sociedade e ignoram a natureza são meras abstrações. Em contraste com o Lukács tardio, Bloch propõe uma cosmologia totalmente orientada para o futuro, inscrevendo a teleologia na própria natureza (em contraste com nossa ênfase em não orientáveis). Ele supera, assim, o círculo transcendental, mas o preço a se pagar é muito alto – um retorno à cosmologia utópica pré-moderna.

A contrapartida radical à cosmologia progressista de Bloch foi fornecida por Evald Ilyenkov, em seu primeiro manuscrito sobre a "cosmologia do espírito"[35]. De modo provocativo, baseando-se naquilo que para os marxistas ocidentais é a grande *bête noire* – os manuscritos de Friedrich Engels reunidos postumamente em *Dialética da natureza*, bem como a tradição soviética do materialismo dialético – e combinando isso com a cosmologia contemporânea, ele leva a ideia dialético-materialista do desenvolvimento progressivo gradual da realidade desde formas elementares da matéria, passando por diferentes formas de vida, até o pensamento (humano), chegando à sua conclusão lógica nietzschiana. Se a realidade é (espacialmente e temporalmente) ilimitada, então não há, em geral, no que diz respeito à sua totalidade, qualquer progresso, e tudo o que poderia acontecer sempre-já aconteceu: embora cheio de dinâmica em suas partes, o universo como um Todo é uma substância estável espinosana. Isso significa que, ao contrário do que pensa Bloch, todo desenvolvimento é circular, todo movimento para cima tem que ser acompanhado por um deslocamento para baixo, todo progresso, por um regresso: a dinâmica é "o movimento cíclico das

---

35. PENZIN, A. *Contingency and Necessity in Evald Ilienkov's Communist Cosmology*. Disponível em: www.e-flux.com/journal/88/174178/contingency-and-necessity-in-evald-ilyenkov-s-communist-cosmology/. Todas as citações de Ilienkov e de Penzin decorrem dessa fonte. • ILYENKOV, E. Cosmology of the Spirit. *Stasis*, v. 5, n. 2, 2017, traduzido por VIVALDI, G., foi escrito no início dos anos de 1950 e publicado pela primeira vez em russo em 1988.

formas inferiores de matéria até as superiores ('o cérebro pensante') *e de volta* para sua decomposição nas formas inferiores de matéria (biológica, química e física)". Ilyenkov complementa essa visão do universo com mais dois pressupostos. Primeiro, o movimento no cosmos está limitado para cima e para baixo, ocorrendo entre o nível inferior (a matéria caótica) e o superior (pensamento), não sendo possível imaginar nada superior ao pensamento. Segundo, o pensamento não é apenas uma ocorrência local contingente no desenvolvimento da matéria, mas ele próprio é uma realidade e eficiência, uma parte necessária (um ponto culminante) do desenvolvimento de toda a realidade. Então, surge a especulação cosmológica mais ousada de Ilyenkov: "o desenvolvimento cíclico do universo passa por uma fase que envolve a destruição completa da matéria – por um 'fogo' de escala galáctica". Essa passagem pelo nível zero, que relança o desenvolvimento cósmico, não acontece por si só, ela "precisa de uma intervenção especial para recanalizar a energia que foi irradiada durante o ciclo de desenvolvimento da matéria em um novo 'fogo global'. A questão sobre o que (ou quem) incendeia o universo é crucial". Segundo Ilyenkov, "é a função cosmológica do pensamento fornecer as condições para 'relançar' o universo, que está em colapso devido à morte térmica. É a inteligência humana que, tendo alcançado a potência superior, deve lançar o *big bang*. É assim que o pensamento prova *na realidade* que ele é um atributo necessário da matéria".

Para tornar esse momento especulativo crucial mais claro, citemos uma passagem do próprio texto de Ilyenkov:

> Em termos concretos, pode-se imaginá-lo assim: em algum ponto culminante do seu desenvolvimento, os seres pensantes, executando seu dever cosmológico de sacrificarem-se a si mesmos, produzem uma catástrofe cósmica consciente – provocando um processo, uma "morte térmica" invertida da matéria cósmica; ou seja, provocando um processo que leva ao renascimento de mundos moribundos por meio de uma nuvem cósmica de gases e vapores incandescentes. Em termos simples, o pensamento se revela um elo mediador necessário, graças ao qual o

"rejuvenescimento" ardente da matéria universal se torna possível; ele prova ser essa "causa eficiente" direta que conduz à ativação instantânea das reservas infinitas do movimento interconectado.

Agora vem à tona a mais insana especulação ético-política de Ilyenkov: a necessidade (não apenas social, mas também) cosmológica do comunismo e seu papel – para ele, um autossacrifício tão radical só pode ser realizado por uma sociedade comunista altamente desenvolvida:

> Milhões de anos passarão, milhares de gerações nascerão e irão para suas sepulturas, um verdadeiro sistema humano será estabelecido na Terra com as condições para a atividade – uma *sociedade sem classes*, uma cultura espiritual e material florescerá abundantemente, com cuja ajuda e com cuja base a humanidade poderá cumprir seu grande dever sacrificial perante a natureza... Para nós, para as pessoas que vivem na aurora da prosperidade humana, a luta por esse futuro continuará sendo a única forma real de serviço aos objetivos superiores do espírito pensante.

Assim, a justificação última do comunismo é que, pela criação de uma sociedade solidária e livre de instintos egoístas, ele terá força ética suficiente para realizar o autossacrifício superior que diz respeito não só à autodestruição da própria humanidade, mas também à destruição simultânea de todo o cosmos: "*se* a humanidade não for capaz de alcançar o comunismo, então a inteligência humana coletiva também não alcançará seu estágio superior de poder, pois será minada pelo sistema capitalista, que está tão longe quanto possível de obter qualquer motivação sublime como a do autossacrifício".

Ilyenkov estava bem ciente da natureza especulativa dessa sua cosmologia (ele se referia a ela como sua "fantasmagoria" ou "sonho"), portanto, não é de se admirar que, mais tarde, ela tenha sido grosseiramente interpretada de modo historicista ou de modo pessoal: como uma extrapolação cósmica da desintegração da União Soviética ou até mesmo como uma predição do suicídio de Ilyenkov, em 1979. Em um nível teórico mais imanente, surge imediatamente a suspeita de que a cosmologia de Ilyenkov "expressa conteúdos arcaicos, pré-modernos, envoltos na linguagem da filosofia clássica, da ciência e do materialismo dialético". O indicador desse conteúdo mitológico é, especialmente, o tema do autossacrifício heroico e do "fogo global". Nessas linhas, Boris Groys interpreta a cosmologia de Ilyenkov como um retorno ao paganismo, identificando-a como "um renascimento da religião asteca de Quetzalcóatl, na qual se coloca fogo em si mesmo para reverter o processo entrópico". Embora isso seja, em princípio, verdade, não podemos esquecer que uma vez modernos, ou seja, depois de Descartes e Kant, um retorno à cosmologia pagã não é possível: todo esse retorno deve ser interpretado como um sintoma da incapacidade do pensamento para confrontar a negatividade radical que está em jogo no cerne da subjetividade moderna[36]. A mesma coisa é válida já para o primeiro desdobramento sistemático da ideia de destruição total na longa dissertação filosófica entregue a Juliette pelo Papa Pio VI (parte 5 do livro *Juliette,* do Marquês de Sade:

> Não há nada de errado com o estupro, a tortura, o assassinato etc., já que tudo isso está em conformidade com a violência que faz parte do universo. Agir em conformidade com a natureza significa participar ativamente da sua orgia da destruição. O problema é que a capacidade humana para o crime é altamente limitada e, suas atrocidades, por mais debochadas que sejam, em última análise em nada escandalizam. Esse é um pensamento deprimente para os libertinos. O ser humano, juntamente com toda a vida orgânica e até mesmo a matéria inorgânica, está preso em um ciclo infinito de morte e renascimento, geração e corrupção, de modo que "não há, de fato, morte real", apenas uma transformação e reciclagem permanente da matéria de acordo com as leis imanentes dos "três reinos", animal, vegetal e mineral. A destruição pode acelerar esse processo, mas não pode detê-lo. O verdadeiro crime seria aquele que não mais opera no interior dos três reinos, mas os aniquila completamente; seria aquele que põe um fim ao ciclo eterno de geração e corrupção

---

36. No que se segue, retomo a linha de pensamento do último capítulo do meu *Disparities*. Londres: Bloomsbury, 2016.

e, ao fazê-lo, devolve à Natureza seu privilégio absoluto de criação contingente, de lançar novamente os dados[37].

O que, então, em um nível estritamente teórico, está errado com esse sonho da "segunda morte" como uma negação radical pura que põe um fim ao próprio ciclo da vida? Em uma magnífica demonstração de sua genialidade, Lacan fornece uma resposta simples: "[é] que, sendo um psicanalista, posso ver que a segunda morte é anterior à primeira, e não depois, como sonha Sade"[38] (a única parte problemática dessa afirmação é a qualificação de "ser um psicanalista" – um filósofo hegeliano também pode ver isso de modo muito claro). Em qual sentido precisamente devemos entender essa prioridade da segunda morte – a aniquilação radical de todo o ciclo da vida de geração e corrupção – sobre a primeira morte, que permanece sendo um momento desse ciclo?

Schuster aponta-nos o caminho: "Sade acredita que existe uma segunda natureza bem estabelecida que opera de acordo com leis imanentes. Contra esse reino ontologicamente consistente, ele só podia sonhar com um Crime absoluto que abolisse os três reinos e alcançasse a pura desordem da primeira natureza". Em suma, o que Sade não vê é que não há um grande Outro, uma Natureza como um reino ontologicamente consistente – a natureza já é, em si mesma, inconsistente, desequilibrada, desestabilizada por antagonismos. Assim, a negação total imaginada por ele não vem no final, como uma ameaça ou uma perspectiva de destruição radical, mas vem no início. Ela sempre-já aconteceu e representa o ponto de partida de nível zero a partir do qual emerge a realidade frágil/inconsistente. Em outras palavras, o que falta na noção de Natureza como um corpo regulado por leis fixas é simplesmente *o próprio sujeito*: em termos hegelianos, a Natureza, por Sade, continua a ser uma Substância, e o filósofo continua a compreender a realidade apenas como Substância e não também como Sujeito, em que "sujeito" não

---

37. SCHUSTER, A. *The third kind of complaint* [Manuscrito inédito].
38. LACAN, J. *Ecrits*. Nova York: Norton, 2006, p. 667.

representa outro nível ontológico distinto da Substância, mas sim a incompletude-inconsistência-antagonismo imanente da própria Substância. Como o nome freudiano para essa negatividade radical é pulsão de morte, Schuster está correto em apontar como, paradoxalmente, o que Sade sente falta em sua celebração do derradeiro Crime da destruição radical de toda a vida é justamente a pulsão de morte:

> Apesar de toda sua libertinagem e devassidão, a vontade de extinção de Sade é baseada em uma negação fetichista da pulsão de morte. O sádico se faz servo da extinção universal precisamente para evitar o impasse da subjetividade, a "extinção virtual" que divide a vida do sujeito a partir de dentro. O libertino sadiano expulsa para fora de si mesmo essa negatividade para poder dedicar-se servilmente a ela; a visão apocalíptica de um Crime absoluto funciona, assim, como uma tela contra uma divisão interna mais intratável. O que a imaginação florida dos sádicos mascara é o fato de que o Outro está excluído, é inconsistente e faltante, de que não pode ser servido porque não apresenta nenhuma lei a ser obedecida, nem mesmo a lei selvagem da sua autodestruição acelerada. Não há natureza a ser seguida, rivalizada ou superada e é esse vazio ou falta, a inexistência do Outro, que é incomparavelmente mais violento até mesmo que o fantasma mais destrutivo da pulsão de morte. Ou, como argumenta Lacan, Sade tem razão se invertermos seu pensamento maligno: a subjetividade é a catástrofe que fantasia, a morte além da morte, a "segunda morte". Enquanto o sádico sonha em forçar violentamente um cataclismo que apagará a lousa, o que ele não quer saber é que essa calamidade sem precedentes já ocorreu. Cada sujeito é o fim do mundo, ou melhor, esse fim impossivelmente explosivo que é igualmente um "novo começo", a chance irrevogável do lançamento dos dados[39].

Kant já havia caracterizado o ato autônomo livre como aquele ato que não pode ser compreendido em termos de causalidade natural, da textura das causas e efeitos: um ato livre ocorre como sua

---

39. SCHUSTER, A. *The third kind of complaint* [Manuscrito inédito].

própria causa e abre uma nova cadeia causal a partir de seu ponto zero. Assim, na medida em que a "segunda morte" é a interrupção do ciclo natural da vida de geração e corrupção, não é necessária nenhuma aniquilação radical de toda a ordem natural para isso – um ato livre autônomo já suspende a causalidade natural e o sujeito como $ já é esse corte no circuito natural, a autossabotagem dos fins naturais. O nome místico para esse fim do mundo é "noite do mundo" e, por sua vez, o nome filosófico é negatividade radical como o núcleo da subjetividade. E, para citar Mallarmé, um lançamento de dados jamais abolirá o acaso, ou seja, o abismo da negatividade permanece para sempre como o pano de fundo insuprassumível [*unsublatable*] da criatividade subjetiva. Podemos até arriscar aqui uma versão irônica do famoso lema de Gandhi: "seja você mesmo a mudança que você quer ver no mundo", isto é, o sujeito é ele próprio a catástrofe que teme e tenta evitar.

Voltando a Ilyenkov, a mesma coisa é válida para sua noção de autodestruição da realidade: embora seja claramente uma fantasmagoria, ela não deve ser tratada de modo leviano, porque ela é um sintoma do erro fatal de todo o projeto do marxismo ocidental. Restringida pelo papel transcendental da prática social como horizonte último de nossa experiência, ela não pode compreender de modo adequado a negatividade radical como a fissura no Real que torna possível a emergência da subjetividade; essa dimensão negligenciada, excluída pelo pensamento transcendental, retorna então no real como a fantasmagoria de uma destruição completa do mundo. Como no caso de Sade, o erro de Ilyenkov reside em seu próprio ponto de partida: de forma realista ingênua, ele pressupõe a realidade como um Todo regulado pela necessidade do progresso e pelo seu inverso. No interior desse espaço pré-moderno de um cosmo completo e autorregulado, a negatividade radical só pode aparecer como uma autodestruição total. A saída desse impasse está em abandonar o ponto de partida e, então, admitir que não existe uma realidade como um Todo autorregulado e que a realidade é em si mesma fendida, incompleta, não total, atravessada por antagonismos radicais.

No polo oposto de Bloch e Ilyenkov, encontramos o marxismo estrutural de Louis Althusser, no qual ele basicamente aplica, sem o sujeito (kantiano), o transcendentalismo de Lévi-Strauss ao marxismo. Essa lista, naturalmente, encontra-se longe de estar completa, mas é preciso notar que, entre os grandes marxistas ocidentais, foi Adorno que, em *Dialética do Esclarecimento*, assumiu e explicou aquilo que chamamos de "pessimismo" em Lukács: as raízes dos horrores da história do século XX residem no próprio coração do projeto do Esclarecimento.

O que nos interessa aqui é que Adorno estava pronto para extrair as consequências filosóficas dessa ideia: com sua noção do "primado [*Vorrang*] do objetivo", ele confrontou o problema de como romper com a abordagem transcendental sem regressar ao realismo ingênuo. Embora exista uma similaridade entre o "primado do objetivo" e o Real lacaniano, essa própria semelhança torna ainda mais palpável a lacuna que os separa. O esforço básico de Adorno é o de conciliar a "prioridade materialista do objetivo" com o legado idealista da mediação subjetiva de toda realidade objetiva: tudo o que experienciamos como dado de modo direto e imediato é já mediado, postulado por uma rede de diferenças. Toda teoria que afirme nosso acesso à realidade imediata, seja a *Wesensschau* [intuição de essências] fenomenológica, seja a percepção dos dados sensíveis elementares dos empiristas, é falsa. Por outro lado, Adorno também rejeita a noção idealista de que todo conteúdo objetivo é posto/produzido pelo sujeito; tal concepção também fetichiza a própria subjetividade ao considerá-la uma imediaticidade dada. Essa é a razão pela qual Adorno se opõe ao *a priori* kantiano das categorias transcendentais que medeiam nosso acesso à realidade (e, assim, constituem aquilo que experienciamos como realidade): para Adorno, o *a priori* transcendental kantiano não absolutiza simplesmente a mediação subjetiva, ele oblitera sua própria mediação histórica. A tabela das categorias transcendentais kantianas não é um pressuposto "puro" pré-histórico, mas uma rede conceitual historicamente "mediada", ou seja, uma rede integrada e engendrada por uma determinada constelação histórica. Como, então, devemos pensar *em conjunto* a mediação radical de toda objetividade e a "prioridade materialista do objetivo"? A solução é que essa "prioridade" é o próprio resultado da mediação levado até o fim, o núcleo de resistência que não podemos experienciar diretamente, mas apenas sob o disfarce do ponto de referência ausente em razão do qual toda mediação acaba, em última instância, fracassando.

Uma crítica comum à "dialética negativa" de Adorno é censurá-la de uma inconsistência inerente. A resposta de Adorno é bastante apropriada: declarada como uma doutrina definitiva, a "dialética negativa" *é*, de fato, como um resultado, "inconsistente"; o modo de compreendê-la adequadamente é concebê-la como a descrição de um *processo* de pensamento (em termos lacanianos, incluir a posição da enunciação nela envolvida). A "dialética negativa" designa uma posição que inclui seu próprio fracasso, ou seja, que produz o efeito de verdade por meio do seu insucesso. Em poucas palavras: tenta-se compreender ou conceber o objeto do pensamento; fracassamos, erramos, e, devido a esses próprios fracassos, o lugar do objeto visado é cercado e seus contornos se tornam discerníveis. Assim, somos tentados a introduzir, aqui, a noção lacaniana do sujeito "barrado" ($) e do objeto como real/impossível: a distinção adorniana entre a objetividade "positiva" e imediatamente acessível e a objetividade visada no "primado do objetivo" é a própria distinção lacaniana entre a realidade (simbolicamente mediada) e o Real impossível. Além disso, não seria a noção adorniana de que o sujeito só preserva sua subjetividade porque é sujeito "incompleto", posto que algum núcleo de objetividade resiste à apreensão, um indicativo do sujeito como constitutivamente "barrado"? É por isso que, quando confrontado com o protesto dos estudantes de que o pensamento crítico deve adotar o ponto de vista do oprimido, Adorno respondeu que a dialética negativa estava preocupada "com a dissolução do pensamento baseado em pontos de vistas"[40].

---

40. Cf. em https://en.wikipedia.org/wiki/Theodor_W._Adorno

Em sua crítica a Hegel, Adorno se junta surpreendentemente (ou talvez não tão surpreendentemente assim) a seu oponente Karl Popper, para quem, em sua defesa da "sociedade aberta", a noção filosófica de totalidade leva automaticamente ao totalitarismo político. Seu projeto de dialética negativa rejeita o que ele entende (erroneamente) como dialética positiva em Hegel: neste, todos os antagonismos que explodem em um processo dialético são resolvidos em uma reconciliação final que estabelece uma nova ordem positiva. Hegel não vê que sua reconciliação é desonesta, falsa, uma "reconciliação extorquida" (*erpreßte Versöhnung* – título do ensaio de Adorno sobre Lukács), que ofusca a persistência contínua dos antagonismos na realidade social. Gérard Lebrun deu uma resposta perfeita a essa crítica: "o que é tão admirável nessa imagem do dialético tido como desonesto por sua cegueira é a suposição de que ele poderia ter sido honesto"[41]. Em outras palavras, ao invés de rejeitar a falsa reconciliação hegeliana, deve-se declinar como ilusória a própria noção de reconciliação dialética, ou seja, deve-se renunciar à demanda por uma reconciliação "verdadeira". Hegel estava plenamente consciente de que a reconciliação não alivia o sofrimento e os antagonismos reais: suas fórmulas de reconciliação do prefácio à sua *Filosofia do Direito* é que se deve "reconhecer a Rosa na Cruz do presente", ou, para falar nos termos de Marx, na reconciliação, não mudamos a realidade externa para que ela se encaixe em alguma Ideia, mas reconhece-se essa Ideia como a "verdade" interior dessa própria realidade miserável. A censura marxista de que Hegel, em vez de transformar a realidade apenas propõe uma nova interpretação dela, de certa forma erra seu alvo – bate em uma porta aberta, pois, em Hegel, para passarmos da alienação à reconciliação, devemos mudar não a realidade, mas a forma como a percebemos e nos relacionamos com ela. Ainda, a crítica ao sistema de Hegel como um retorno à identidade

---

41. LEBRUN, G. *L'Envers de la dialectique: Hegel à la lumière de Nietzsche.* Paris: Du Seuil, 2004, p. 115.

fechada que ofusca os antagonismos persistentes também bate em uma porta aberta: a reconciliação hegeliana é a reconciliação *com* os antagonismos.

Há duas saídas possíveis para o impasse final da "dialética negativa" de Adorno, o habermasiano e o lacaniano. Habermas, que percebeu bem a inconsistência de Adorno e sua crítica autodestrutiva da Razão que não pode explicar a si mesma, propôs como solução o *a priori* pragmático da normatividade comunicativa, uma espécie de ideal regulador kantiano pressuposto em toda troca intersubjetiva[42]. Com Habermas, o círculo do marxismo hegeliano é fechado e a lacuna kantiana retorna com uma vingança, disfarçada como uma lacuna entre a razão comunicativa e a razão instrumental. Com isso, estamos seguramente de volta às águas transcendentais: sua ética discursiva é um *a priori* transcendental que não pode ser explicado em termos de sua gênese objetiva, pois é sempre-já pressuposta por qualquer tentativa de uma tal gênese. Questionado diretamente por um jornalista se ele acreditava ou não em Deus, Habermas disse ser agnóstico, o que significa precisamente que, de uma forma kantiana, ele considera a natureza última da realidade inacessível: o ponto insuperável para nós, humanos, é o *a priori* comunicacional.

Habermas deve ser lido levando-se em conta que o progresso das ciências de hoje estilhaça os pressupostos básicos da nossa noção cotidiana e natural de realidade. O sistema quer, basicamente, ter tudo ao mesmo tempo: ele precisa da ciência como base da produtividade econômica, mas ao mesmo tempo quer manter os fundamentos ético-políticos da sociedade livres da ciência. A última "crise" ética com respeito à biogenética efetivamente criou a necessidade daquilo que podemos, de forma plenamente justificada, chamar de "filosofia de Estado": uma filosofia que, por um lado, tolera a pesquisa científica e o processo técnico e, por outro, contém seu pleno impacto sociossimbólico,

---

42. Cf. HABERMAS, J. The Entwinement of Myth and Enlightenment: re-reading Dialectic of Enlightenment. *New German Critique*, n. 26, 1982, p. 13-30.

ou seja, evita que ela represente uma ameaça à constelação teológico-ética existente.

Não é de admirar que aqueles que estão mais próximos de atender a essas demandas sejam neokantianos: o próprio Kant se concentrou no problema de como, levando-se em conta a ciência newtoniana, poderíamos garantir que exista um espaço de responsabilidade ética isento do alcance da ciência – como ele mesmo o disse, limitando o escopo do conhecimento para abrir espaço para a fé e a moralidade. E não estariam os filósofos do Estado de hoje enfrentando a mesma questão? Será que seu esforço não se concentra em como, por meio de diferentes versões da reflexão transcendental, restringir a ciência a seu horizonte de significado pré-ordenado e, assim, denunciar como "ilegítimas" suas consequências para a esfera ético-religiosa?

O ponto a ser observado aqui é como os posicionamentos com respeito à ontologia de que falamos aqui estão ligados a posições políticas básicas: o neokantismo fundamenta o reformismo social-democrata; o hegelianismo do primeiro Lukács embasa seu engajamento leninista radical (contra as posições filosóficas do próprio Lênin); a ontologia do materialismo dialético sustenta a política stalinista; a ontologia tardia do ser social de Lukács fundamenta as esperanças (utópicas) de uma reforma humanista dos regimes socialistas realmente existentes; a dialética negativa ecoa a derrota política, a ausência de qualquer perspectiva emancipatória radical, nos países ocidentais desenvolvidos... Quando falamos de formas de superar o círculo transcendental, estamos falando (também) de orientações políticas básicas. Qual é, então, a solução? Um retorno a Hegel, mas com uma leitura diferente de Hegel, não no sentido da total mediação subjetiva da objetividade no estilo do jovem Lukács.

Quando Hegel diz que o sujeito deve reconhecer-se a si próprio na Alteridade, essa tese é ambígua: ela pode ser (e geralmente é) lida como a total apropriação subjetiva de todo conteúdo objetivo, mas também pode ser lida como a afirmação de que o sujeito deve se reconhecer como um momento da sua Alteridade, naquilo que lhe aparece como objetividade alienada. Todavia, novamente, significaria isso que estamos de volta ao realismo objetivo ingênuo, em que o sujeito é apenas um momento em alguma ordem substancial objetiva? Como já indicamos, existe um terceiro (e propriamente hegeliano) caminho que vai além dessa alternativa entre Fichte e Espinosa: sim, o sujeito se reconhece como incluído em sua Alteridade, mas não no sentido de uma pequena engrenagem de (ou o ápice de) alguma ordem cósmica substancial. O sujeito reconhece sua própria falha (falta, fracasso, limitação) como baseada na falha (falta, fracasso, limitação – ou então, desequilíbrio) que diz respeito a essa própria ordem cósmica. O fato de que o sujeito não pode se objetivar totalmente não significa que ele habita algum lugar fora da ordem subjetiva (da natureza); significa que essa ordem é em si mesma incompleta, atravessada por uma impossibilidade. Longe de sinalizar a reconciliação com a derrota, tal posição abre novas perspectivas de ação radical fundamentadas no redobramento da falta.

A MARGEM DE INCERTEZA RADICAL

Do ponto de vista radicalmente materialista, devemos pensar destemidamente, portanto, nas consequências da *rejeição* da "realidade objetiva": a realidade se dissolve em fragmentos "subjetivos", *mas esses próprios fragmentos retornam para o Ser anônimo, perdendo sua consistência subjetiva*. Fred Jameson chamou atenção para o paradoxo da rejeição pós-moderna do Ego consistente – seu resultado último é que perdemos seu oposto, a saber, a própria realidade objetiva, que acaba por se transformar em um conjunto de construções subjetivas contingentes. Um verdadeiro materialista deveria fazer o oposto: recusar a "realidade objetiva" com vistas a minar a subjetividade consistente.

Em uma das antigas histórias de ficção científica, os cientistas descobrem que as três estrelas que, na Bíblia, aparecem como um bom sinal foram efetivamente um efeito de uma terrível catástrofe cósmica que aniquilou uma evoluída civilização alienígena. A lição dessa história não é uma profunda lição hermenêutica de como a verdade velada do que nos parece um sinal de triunfo é um horror inimaginável, mas simplesmente a incomensurabilidade radical dos eventos e de seus significados. Imaginemos uma espécie de julgamento de Nuremberg animal em que a humanidade fosse julgada por todo o sofrimento que causa aos animais para obter alimentos baratos – como porcos e frangos são criados, isso para não mencionar o uso de animais em laboratórios para experimentos e finalidades médicas. Embora saibamos vagamente sobre tudo isso, geralmente ignoramos (ou melhor, neutralizamos) esse conhecimento. A impossibilidade, o fracasso necessário da tentativa de formular um Significado que cobriria tudo isso é a definição mínima de ateísmo. É por isso que mesmo a desconstrução de Derrida, com sua noção de Justiça espectral infinita (e infinitamente diferida), continua sendo uma forma de idealismo religioso: ela continua a contar com o horizonte virtual da Justiça, indefinidamente adiado, quando tudo será resolvido. Tal noção de Justiça é a versão final e refinada do grande Outro, a instância em que o significado ético de todos os nossos atos é registrado. Mesmo que esse horizonte seja posto como puramente virtual, ele permanece operativo em nosso universo simbólico e o materialismo exige de nós que renunciemos totalmente a ele.

Em seu *Human Touch*, Michael Frayn apontou para a relatividade radical de nossa noção de universo: quando falamos das microdimensões da física quântica, tão pequenas que não podemos sequer imaginar seu alcance, ou da vastidão do universo, ignorante de nossas vidas, tão grande que nós, humanos, somos uma mancha imperceptível nele, sempre pressupomos nosso olhar, nossas medidas "normais" de grandeza: as ondas quânticas são pequenas e o universo é grande com relação a nossos padrões. E não deveríamos ter medo de seguir essa lógica até sua conclusão? E se a ciência demonstrar que as árvores e outras plantas realmente se comunicam e reagem em pânico quando são ameaçadas? E se os animais nas fazendas industriais viverem uma vida de sofrimento insuportável ignorada por nós, humanos? Pior ainda, e se nossa cegueira diante desse imenso sofrimento for o anverso do nosso progresso? E se a humanidade, com todas as suas grandes conquistas culturais, tiver nascido dessa cegueira? E se, para ver tudo o que vemos, tivéssemos que ignorar o imenso domínio desses murmúrios silenciosos?

A lição é que *toda* noção de "realidade objetiva" está ligada a um ponto subjetivo e que não é possível localizar nossa realidade em uma constelação geral – e se nossa Terra for apenas um pequeno átomo em outra realidade? E se houver vida inteligente naquilo que vemos como um átomo? Entretanto, se confiarmos na teoria quântica do tempo e do espaço, a divisibilidade destes e da matéria não é infinita, ou seja, há um mínimo quântico de tempo e espaço. Isso não fornece uma medida objetiva de quão grandes as coisas são?

Como, então, são as coisas em si mesmas? Aqui, a única coisa que podemos fazer é aplicar o senso comum ingênuo: não podemos dizer com certeza. Não só são possíveis novos eventos inesperados que mudariam tudo, desde diferentes versões de catástrofes ecológicas até o contato com alienígenas que nos tornariam uma raça subordinada; mas novas e imprevisíveis descobertas científicas também poderiam destruir as coordenadas básicas da nossa autocompreensão de nós mesmos. Há sempre uma premonição sombria de que quanto mais aprendemos sobre o universo, mais tomamos consciência de quão ignorante somos. E se nosso universo, que surgiu do *Big Bang*, for apenas um entre muitos outros governados por diferentes leis físicas (digamos, sem espaço e tempo tal como os conhecemos)?

Lorenzo Chiesa[43] chamou a atenção para uma característica raramente notada no pensamento de Lacan: seu materialismo básico é acompanhado por afirmações ocasionais (não obstante sistemáticas) de agnosticismo com respeito às questões "mais elevadas". Não há Deus, que é a última ficção simbólica do grande Outro, não há alma imortal que sobreviva à nossa morte etc., mas, quem sabe, talvez haja um deus que dirija o espetáculo, talvez descubramos que sobrevivemos à nossa morte...

---

43. Cf. CHIESA, L. *The Not-Two*. Cambridge: MIT Press, 2016.

Lacan acrescenta astutamente que, mesmo nesse caso, sua teoria (materialista) não será menos verdadeira: deus pode existir, mas a forma como "Deus" funciona em nosso universo ainda é a de uma ficção simbólica; nossa alma pode ser imortal, mas nosso universo ainda é o da finitude/mortalidade radical dentro da qual a "alma eterna" é uma fantasia. O que encontramos aqui é a versão final da afirmação paradoxal de Lacan de que, mesmo que todas as suspeitas de um marido ciumento sejam verdadeiras e sua esposa realmente durma com outros homens, seu ciúme continua sendo paradoxal – exatamente da mesma forma, ainda que deus realmente exista, nossa crença nele é uma ilusão (também no sentido de que, se deus aparecesse para um crente e assim confirmasse sua crença, isso seria, para o crente, um choque devastador). Deve-se notar como Lacan inverte a visão ateísta padrão, afirmando que a religião, embora seja uma ilusão, abriga uma verdade mais profunda e pode desempenhar um papel positivo: para Lacan, a religião é uma farsa mesmo que seja verdadeira quanto ao seu conteúdo (deus existe etc.).

Como devemos explicar esse paradoxo? Devemos ser muito precisos aqui: a margem de incerteza radical sustentada por Lacan ("quem sabe se existe um deus") não se refere a nenhuma profundidade ou mistério ocultos para os quais nosso espaço ideológico aponta, mas apenas deixa o espaço aberto para a possibilidade de que o real venha a ser diferente de uma forma inesperada e totalmente fora de sincronia com nossa realidade – e, se esse for o caso, então, junto com nossa realidade comum que vai se desintegrar, seu tradicional Outro misterioso (as religiões tal como as conhecemos) também desaparecerá. Essas formas tradicionais do Outro religioso são partes integrantes da nossa realidade comum e a análise materialista demonstrou de forma convincente como elas surgiram nessa realidade e a partir dela. Imaginemos que somos subitamente visitados por alienígenas cujas habilidades pertencem ao domínio do que hoje entendemos como "sobrenatural" ou "divino" – os efeitos de tal encontro seriam muito mais devastadores para os religiosos de hoje do que para um materialista, que simplesmente o veria como prova das limitações cognitivas do ser humano como espécie insignificante em um planeta minúsculo em nosso vasto universo.

Devemos nos ater à segunda opção ("fraca"), rejeitando a tentação de propor alguma versão de uma visão "ingênua" da natureza-em-si – todavia, com uma reviravolta. Não se trata de nenhum tipo de relativismo global, ou seja, não estamos condenados ao círculo da nossa subjetividade. A questão-chave é: onde devemos procurar por um contato com o "real", pelo ponto em que saímos da nossa subjetividade? É nesse nível que devemos inverter as coisas: o real não é acessível como "realidade objetiva", cujos contornos podem ser articulados após apagarmos os traços da nossa subjetividade, visto que qualquer determinação positiva da natureza em si já está formulada a partir do nosso ponto de vista. O único real acessível para nós é o excesso de nossa subjetividade: o ponto cego que escapa à nossa apreensão subjetiva não é a natureza-em-si, mas a forma nossa subjetividade se encaixa nela. O ponto cego não é a realidade objetiva sem sujeito, mas o próprio sujeito como objeto. O sujeito nunca se encaixa na realidade, ele é uma fissura em qualquer edifício ontológico. Portanto, insistamos, a estrutura é aquela de uma espécie de círculo [*loop*]: são construídas novas visões cada vez mais elaboradas da realidade "em si", de como as coisas "realmente são lá fora", independentemente de nós (o universo mecânico de Newton, a relatividade geral, ondas quânticas), mas há sempre uma suspeita de que essa visão está enraizada em nosso ponto de vista como seu cordão umbilical e que pode explodir como um balão. O ponto em que tocamos o Real não é o X do qual nos aproximamos gradualmente por meio de novos modelos científicos, mas, pelo contrário, é a fissura na realidade que tentamos preencher com essas construções. Mais precisamente: nossa morada na realidade cotidiana comum (em nosso mundo da vida) nunca está segura. Há sempre uma lacuna que ameaça forçá-la à desintegração e as explicações científicas (ou metafísicas) contraintuitivas, que estão cada vez mais distantes da nossa experiência comum, tentam precisamente preencher essa lacuna, ou seja, tentam fornecer uma imagem "completa" de como as coisas são, independentemente do nosso ponto de vista subjetivo. Essas explicações complementares também ameaçam se revelar como ficções, de modo que o único contato com o real seria a própria lacuna, o ponto de passagem entre o mundo da vida comum e seus complementos científicos etc.

Nossa outra premissa é, portanto, que a dimensão transcendental não é apenas um efeito da ontologia fracassada, ou seja, do fato de que toda ordem de ser é constitutivamente obstruída, enfraquecida por uma impossibilidade imanente, mas que essa própria obstrução está inscrita em sua forma em si: a forma transcendental é inconsistente *per se*, presa em seus próprios antagonismos. Isso foi claramente articulado por Kant, que foi o primeiro a desenvolver a dimensão transcendental: não só a dimensão transcendental implica uma ontologia fracassada (a inacessibilidade do Em-Si), como gera necessariamente suas próprias antinomias ("antinomias da razão pura").

O próximo passo crucial é ir de Kant a Hegel: a antinomia não diz respeito apenas à nossa razão e seu espaço transcendental, ela é uma característica da própria realidade (transcendente), ou seja, ganhamos acesso ao Em-Si não pela superação das antinomias como sinal da deficiência da nossa razão, mas ao identificar nossa incapacidade com a insuficiência inscrita na própria realidade. Essa deficiência compartilhada é o nível zero no qual o real e a dimensão transcendental se sobrepõem.

O terceiro passo a ser dado é aquele no qual entra em cena a psicanálise freudiana e lacaniana: a hipótese implícita de Freud (explicada por Lacan) é que, nos seres humanos, o nome dessa "deficiência" é sexualidade. A sexualidade não é a base natural da vida civilizada, mas o próprio gesto muito elementar de "civilizar" a vida de um animal humano. Essa é a premissa central freudiana: nem trabalho nem linguagem, mas o sexo é nosso ponto (humano) de ruptura com a natureza, o espaço em que confrontamos a incompletude ontológica e ficamos presos no interminável círculo da autorreprodução, no qual o objetivo do desejo não é sua finalidade, mas a reprodução da sua falta.

O quarto (e último) passo é o de expandir essa função da sexualidade para toda a realidade – não, evidentemente, por meio de algum tipo de ontologia sexualizada, mas perguntando como a realidade deve ser estruturada para permitir tal encadeamento de deficiências. Aqui surge a (talvez inesperada – mas nem tanto) referência à física quântica: para explicar um espaço tão retorcido de incapacidades encadeadas que explode cada edifício ontológico consistente, uma nova função transontológica deve ser introduzida, a de "menos que nada", não de algum caos pré-ontológico primordial, mas de uma instância subtrativa que faz nada a partir do que ainda não é algo, ou seja, que deve ser acrescentada ao que ainda não é algo para que tenhamos nada. Em termos topológicos mais concretos, somente uma instância desse tipo pode explicar o "pescoço" reflexivo da garrafa de Klein por meio do qual a realidade pode se relacionar consigo mesma. Tal virada circular de autorrelação pela qual um movimento fica preso em seu próprio círculo é a definição formal mínima de Absoluto.

Então, mais uma vez, o que tudo isso teria a ver com a sexualidade? Em seu aspecto formal, uma certa atividade ou processo é "sexualizado" quando seu objetivo está fora do domínio do possível e se torna impossível de alcançar, sendo que a satisfação não é trazida por alcançá-lo, mas pelo próprio processo de fracassar sucessivamente em alcançá-lo. Por exemplo, a simples sede é transformada em pulsão oral erotizada quando a finalidade de beber ou chupar não é mais a de saciar a sede, mas a repetida experiência prazerosa do próprio chupar. É por isso que se pode argumentar que o bumerangue é o primeiro instrumento propriamente humano: propositadamente usado para atingir um animal (digamos, um canguru), a verdadeira arte de seu uso reside em como pegá-lo quando ele erra seu objetivo e voa de volta para a pessoa que o lançou – e pode-se imaginar o prazer de repetir com sucesso toda a operação de arremessar o bumerangue e pegá-lo no seu retorno. O ato sexual em si, que tem como objetivo a inseminação e procriação, torna-se um fim em si mesmo com a sexualização humana. E isso deve ser estendido à própria definição de humanidade: o que em última instância distingue o ser humano do animal não são características positivas (fala, fabricação de instrumentos, pensamento reflexivo ou o que quer que seja), mas a emergência de um novo ponto de impossibilidade designado por Freud e Lacan como *das Ding*, o ponto de referência impossível-real último do desejo. A diferença experimental frequentemente mencionada entre humanos e símios ganha aqui todo o seu peso: quando um símio é apresentado a um objeto fora do seu alcance, ele o abandona após tentativas fracassadas de obtê-lo e se volta para um objeto mais modesto (digamos, um parceiro sexual menos atraente), enquanto um humano persiste em seu esforço, permanece petrificado ante o objeto impossível. É essa a razão pela qual o sujeito enquanto tal é histérico: o sujeito histérico é precisamente um sujeito que coloca o gozo [*jouissance*] como absoluto; responde ao absoluto do gozo sob a forma de desejo insatisfeito. Ele é capaz de se relacionar com um termo que está fora dos limites do jogo; é até mesmo o sujeito que só se sustenta por sua relação com o termo "fora-de-jogo". A histeria é, portanto, a forma "humana" elementar de instalar um ponto de impossibilidade como figura do gozo absoluto.

COROLÁRIO 1: INTUIÇÃO INTELECTUAL E *INTELLECTUS ARCHETYPUS*: REFLEXIVIDADE EM KANT E HEGEL

No Idealismo Alemão, o conceito de subjetividade é dividido entre dois extremos: a subjetividade como unidade imediata da "intuição intelectual" (o livre fluxo da autoconsciência direta na qual liberdade e necessidade, atividade e passividade, coincidem) e a subjetividade como reflexividade (o poder da distância, da mediação, da separação). A primeira seção deste capítulo traçará o papel que a intuição intelectual desempenha em toda a tradição do Idealismo Alemão, desde Kant, que a rejeita como algo inacessível à nossa finitude humana, passando por Fichte e Schelling, este último afirmando que ela é o "instrumento de pensamento superior da filosofia", até Hegel, que supera essa tensão ao defender a própria reflexividade como o poder absoluto. A segunda seção examinará mais de perto essa diferença crucial entre Kant e Hegel sobre a questão da reflexividade; ela o fará concentrando-se na noção kantiana de *intellectus archetypus* e na crítica de Hegel ao uso que Kant faz dessa noção.

INTUIÇÃO INTELECTUAL DE KANT A HEGEL

Comecemos pelo conceito de "intuição intelectual" (*intellektuelle Anschauung*), o fluxo livre de autoconsciência direta em que liberdade e necessidade, atividade e passividade, colidem. A intuição intelectual é impossível no interior do espaço de pensamento de Kant, porque a noção kantiana de Eu Transcendental depende de uma certa lacuna (do Real) que é precisamente fechada na experiência da intuição intelectual. Segundo a definição da *Crítica da razão pura*, o sujeito transcendental não é senão

> [...] a representação simples, e por si mesma inteiramente vazia de conteúdo, do *eu*, do qual não se pode sequer dizer que seja um conceito, mas apenas uma mera consciência que acompanha todo conceito. Através desse eu, ou ele, ou isso (a coisa) que pensa, não se representa nada mais do que um sujeito transcendental do pensamento = X, que só é conhecido através dos pensamentos que são seus predicados e do qual, separadamente, não poderíamos ter jamais o mínimo conceito; nós giramos em torno dele, portanto, em um círculo constante, já que temos sempre de nos servir de sua representação para julgar algo sobre ele; um desconforto que não pode ser afastado, pois a consciência em si não é tanto uma representação que distingue um objeto peculiar, mas sim a sua forma em geral, na medida em que deva ser denominada um conhecimento; pois apenas através dela eu posso dizer que penso algo[44].

Devemos ter muita atenção na leitura dessas linhas. O que Kant está dizendo aqui é que existe uma lacuna radical que é

---

44. KANT, I. *Crítica da Razão Pura*. Petrópolis: Vozes, 2012, p. 304-305.

constitutiva do Eu, que separa o Eu (o sujeito transcendental) de seu suporte numenal ("desse eu, ou ele, ou isso... que pensa"): "esse desconforto [...] não pode ser afastado", já que o Eu existe somente como ex-sistindo [*ex-sisting*], à distância da "coisa" que ele é. Ou, em termos de cognição, embora possamos conhecer objetos na realidade fenomênica (apesar do fato de que seu Em-Si permanece inacessível para nós), nosso Eu é fenomenicamente incognoscível, porque (em função da sua autoidentidade, sua identidade como "meu eu") conhecê-lo, ainda que apenas como fenômeno, seria conhecê-lo como númeno. Diante disso, as coisas se tornam realmente complexas: essa lacuna que separa constitutivamente o eu do seu suporte numenal também determina o próprio estatuto do eu como prático-ético. Se a intuição intelectual fosse possível, o ato mais íntimo do eu seria contemplativo: alcançar a identidade última entre sujeito e objeto, entre pensar e ser.

Kant se opõe aqui a Espinosa; sua tese é que a posição espinosana de um conhecimento sem a dimensão "deontológica" de um Dever-Ser incondicional é insustentável: há uma fenda irredutível no edifício do Ser e é por essa fissura que a dimensão deontológica do Dever-Ser intervém – o Dever-Ser preenche a incompletude do Ser. Quando Kant afirma que reduziu o domínio do conhecimento para dar espaço à fé religiosa, ele deve ser compreendido de modo muito literal, de uma forma radicalmente antiespinosiana: do ponto de vista kantiano, a posição de Espinosa aparece como uma imagem torturante de sujeitos reduzidos a marionetes. O que exatamente significa uma marionete, se adotamos o ponto de vista subjetivo? Em Kant, encontramos o termo "marionete" em um misterioso subcapítulo de sua *Crítica da razão prática* intitulado "Da proporção, sabiamente adequada à destinação prática do ser humano, de suas faculdades de conhecer", no qual ele tenta responder à questão sobre o que nos aconteceria se tivéssemos acesso ao domínio numenal, à *Ding an sich*:

> Mas, em vez do conflito que agora a disposição moral tem de sustentar com as inclinações e no qual, depois de al-

gumas derrotas, contudo pode conquistar-se aos poucos uma fortaleza moral de alma, Deus e a eternidade, com sua terrível majestade, encontrar-se-iam incessantemente ante os olhos [...] assim a maioria das ações conformes à lei ocorreria por medo, poucas por esperança e nenhuma por dever, porém não existiria um valor moral das ações, do qual, aos olhos da suma sabedoria, depende unicamente o valor da pessoa e mesmo o valor do mundo. Portanto a conduta do homem, enquanto a sua natureza continuasse sendo como atualmente é, seria convertida em um simples mecanismo, em que, como no jogo de bonecos, tudo gesticularia bem, mas nas figuras não se encontraria, contudo, vida alguma[45].

Para Kant, portanto, o acesso direto ao domínio numenal nos privaria da própria "espontaneidade" que forma o núcleo da liberdade transcendental: ele nos transformaria em autômatos sem vida ou, para falar em termos atuais, em "máquinas pensantes". A implicação dessa passagem é muito mais radical e paradoxal do que pode parecer. Se descartamos sua inconsistência (como poderia o medo e a gesticulação sem vida coexistir?), a conclusão que ela impõe é que, tanto no nível dos fenômenos quanto no dos números, nós, humanos, somos um "mero mecanismo" sem autonomia e liberdade: como fenômenos, não somos livres, somos uma parte da natureza, um "mero mecanismo", totalmente submetidos a vínculos causais, uma parte do nexo de causas e efeitos; como números, tampouco somos livres, já que somos também reduzidos a um "mero mecanismo" (o que Kant descreve como uma pessoa que conhece diretamente o domínio numenal não seria estritamente homólogo ao sujeito utilitarista cujos atos são totalmente determinados pelos cálculos dos prazeres e das dores?). *Nossa liberdade persiste somente no espaço ENTRE o fenomênico e o numenal.* Não se trata, portanto, de que Kant simplesmente limitou a causalidade ao domínio dos fenômenos para poder afirmar que, no nível do número, somos agentes autônomos livres. O ponto de Kant é que somos livres apenas na

---

45. KANT, I. *Crítica da razão prática*. São Paulo: Martins Fontes, 2016, p. 235.

medida em que nosso horizonte é o dos fenômenos, dado que o domínio do númeno permanece inacessível para nós. O que encontramos aqui é novamente a tensão entre as duas noções de Real, o Real da Coisa numenal inacessível e o Real como a pura lacuna, o interstício entre a repetição do igual: o Real kantiano é a Coisa numenal para além dos fenômenos, enquanto o Real hegeliano é a própria lacuna entre o fenomênico e o numenal, a lacuna que sustenta a liberdade[46].

Será que a saída para essa situação é afirmar que somos livres, porque somos numenalmente autônomos, mas com nossa perspectiva cognitiva permanecendo restrita ao nível fenomênico? Nesse caso, *somos* "realmente livres" no nível numenal, mas nossa liberdade seria sem sentido se tivéssemos também algum acesso ao domínio do númeno, uma vez que esse isso sempre determinaria nossas escolhas (quem escolheria o mal quando confrontado com o fato de que o preço de fazer o mal é o castigo divino?). Todavia, esse caso imaginado não nos ofereceria a única resposta coerente com a pergunta "o que seria um ato verdadeiramente livre?", um ato livre para uma entidade numenal, um ato de verdadeira liberdade *numenal*? Seria conhecer todas as consequências horríveis e inexoráveis da escolha do mal e, *não obstante, escolhê-lo*. Teria sido um ato verdadeiramente "não patológico", um ato de agir sem levar em conta os interesses patológicos de cada um.

O gesto básico da virada transcendental de Kant é, então, o de inverter o obstáculo e transformá-lo em uma condição positiva. Na ontologia padrão leibniziana, nós, sujeitos finitos, podemos agir livremente *apesar* da nossa finitude, uma vez que a liberdade é a centelha que nos une ao deus infinito. Em Kant, ao contrário, essa finitude, nossa separação do Absoluto, é a posição *positiva* de nossa liberdade. Em resumo, a condição de impossibilidade é a condição de possibilidade. Dessa maneira, Susan Neiman está

---

46. Para mais detalhes sobre essa distinção entre o Real kantiano e o hegeliano, cf. o último capítulo do meu *The sublime object of ideology*, Nova York: Verso, 1989, "Not only as Substance, but also as Subject".

certa ao observar que "a preocupação que alimentou os debates sobre a diferença entre aparência e realidade não era o medo de que o mundo se revelasse diferente do modo tal como nos parece – mas sim o medo de que ele se revelasse igual"[47]. Esse temor é, em última análise, ético: o fim da lacuna entre aparência e realidade nos privaria de nossa liberdade e, portanto, de nossa dignidade ética. Isso significa que a lacuna entre a realidade numenal e a aparência é redobrado: é preciso distinguir entre a realidade numenal "em si" e a forma como a realidade numenal *aparece* no interior do domínio da aparência (digamos, em nossa experiência de liberdade e da Lei moral). Esse limite minúsculo que os separa é o limite entre o sublime e o horrível: deus é sublime para nós sob nossa perspectiva finita, mas, experienciado em si mesmo, deus se transformaria em um horror mortificante[48].

O transcendental kantiano está irredutivelmente enraizado no empírico/temporal/finito – ele é o transfenomênico *tal como este aparece no interior do horizonte finito da temporalidade*. Essa dimensão do transcendental (especificamente como oposta à dimensão do númeno) é precisamente o que está ausente em Espinosa, o filósofo da imanência infinita. Consequentemente, não encontraríamos a distinção entre como as coisas se mostram a mim e como as coisas *efetivamente* aparecem a mim no cerne da virada transcendental de Kant? A realidade fenomênica não é simplesmente o modo como as coisas se revelam a mim: ela designa o modo como as coisas "realmente" aparecem a mim, o modo

---

47. NEIMAN, S. *Evil in Modern Thought: An Alternative History of Philosophy*. Princeton: Princeton University Press, 2002, p. 11.
48. A explosão de uma bomba atômica às vezes é chamada de sublime por conta da violência irrepresentável que ela causa. Mas estaríamos ainda falando, nesse caso, do sublime kantiano? Em Kant, o efeito do sublime é causado pela discrepância entre a violência natural e a força da lei moral numenal: mesmo a natureza em sua forma mais forte não pode representar adequadamente a força numenal. Obviamente, o efeito sublime de uma explosão nuclear não pode residir nisso, porque não há nenhum domínio moral numenal evocado de forma negativa quando nós a testemunhamos. O que existe, entretanto, é a ideia de uma força que é irrepresentável no interior da estrutura de nossa realidade fenomênica, que não se encaixa nela, que parece causar a desintegração da própria textura da nossa realidade.

como elas constituem a realidade fenomênica como oposta a uma simples aparência subjetiva/ilusória. Quando tenho uma percepção enganosa de algum objeto na minha realidade fenomênica, quando o confundo com algo diferente, o que está errado não é o fato de eu desconhecer como as coisas "realmente são em si mesmas", mas como elas "realmente aparecem" para mim. Devemos insistir na importância desse gesto kantiano. Em última instância, a filosofia como tal é kantiana e deve ser lida a partir do ponto de vista da revolução kantiana: não como uma tentativa ingênua de "conhecimento absoluto", de uma descrição total da realidade em sua integralidade, mas como o trabalho de desdobramento do horizonte de pré-compreensão pressuposto em todo engajamento com entes no mundo. É somente com Kant (com sua noção de transcendental) que a verdadeira filosofia começa: o que tínhamos antes era uma simples ontologia global, o conhecimento sobre Tudo, e não ainda a noção do horizonte hermenêutico-transcendental do Mundo. Logo, a tarefa básica do pensamento pós-kantiano era "apenas" o de pensar Kant até o fim.

Entre outras, essa é a intenção de Heidegger em *Ser e Tempo*: ler a história da ontologia (Descartes, Aristóteles) de trás para frente, a partir de Kant – por exemplo, interpretar a física de Aristóteles como o desdobramento hermenêutico do que o ser, a vida etc. significavam para os gregos (mais tarde, infelizmente, Heidegger renunciou a essa ideia de seguir até o fim com o marco kantiano e acabou por descartar a virada transcendental de Kant, interpretando-a como mais um passo no curso subjetivista do esquecimento do Ser). A ironia final é que Deleuze estava, de certa forma, plenamente consciente desse fato: em suas conferências de 1978 sobre o filósofo, ele afirma que, para Kant, "não há mais essência por trás da aparência, há o sentido ou não sentido daquilo que aparece", um gesto, prossegue ele, que testemunha "uma atmosfera radicalmente nova de pensamento, a ponto de eu poder dizer que, nesse aspecto, somos todos kantianos"[49].

---

49. DELEUZE, G. *Deleuze/Kant. Cours Vincennes: Synthesis and Time*, 1978. Disponível em: www.webdeleuze.com/textes/66

O que Hegel traz para essa constelação? Ele não é nenhum tipo de "mediador" entre os dois extremos de Espinosa e Kant. Ao contrário, de uma perspectiva verdadeiramente hegeliana, o problema de Kant é que *ele permanece demasiado espinosano*: a positividade do Ser, sem fissuras e sem costuras, é meramente transposta para o Em-Si inacessível. Em outras palavras, do ponto de vista hegeliano, esse próprio fascínio com o horrível númeno em si é a tentação final: o que se deve fazer aqui não é reabilitar a velha metafísica leibniziana, mesmo que sob o pretexto de forçar heroicamente o caminho para o "coração das trevas" do númeno e confrontar seu horror, mas transpor essa lacuna absoluta que nos separa do Absoluto numenal em direção ao próprio Absoluto. Assim, quando Kant alega a limitação do nosso conhecimento, Hegel não lhe responde afirmando que ele pode superar a lacuna kantiana e assim obter acesso ao Conhecimento Absoluto ao estilo de uma metafísica pré-crítica. O que ele declara é que a lacuna kantiana já é a solução: o Ser é, ele próprio, incompleto. É *isso* o que significa a máxima de Hegel de que "deve-se conceber o Absoluto não somente como Substância, mas também como Sujeito": "sujeito" é o nome para uma fissura no edifício do Ser. Essa dimensão se perde em Fichte e Schelling, que defendem a intuição intelectual como a solução das inconsistências de Kant, do dogmatismo oculto (na visão de ambos) que sustenta o criticismo kantiano. Fichte inicia com o juízo tético: *Ich=Ich*, pura imanência da Vida, puro Vir-a-Ser, pura auto-posição, *Tat-Handlung*, a coincidência completa do posto e do posicionar. Eu sou apenas pelo meu processo de posicionar a mim mesmo e não sou nada além desse processo; *isso* é intuição intelectual, esse fluxo místico inacessível à consciência reflexiva:

> Assim, o que Fichte chama de "intuição intelectual" não é mais visto como pertencendo ao sentido interno, mas ao absoluto incondicional que está além do círculo da autoconsciência... Ao contrário da ideia reguladora da Razão de Kant, a Razão, aqui, é a ideia de Deus como uma identidade imediata, absoluta e incondicional. A consciência imediata do Espírito de sua absoluta vontade que jamais pode se basear no conceito é o que Schelling chama,

nesse ensaio, de "intuição intelectual". É intuição porque ainda não é mediada pelo conceito, e é intelectual porque vai além do empírico, na medida em que tem como predicado sua autoafirmação[50].

Nesse sentido, para Fichte e Schelling, nosso pensamento pode superar a perspectiva da reflexão externa e, na intuição intelectual, alcançar a plena identidade com a própria Coisa. Hegel, no entanto, segue um caminho radicalmente diferente. Para ele, superar o pensamento reflexivo não significa abandoná-lo em prol de uma unidade imediata com o Absoluto, mas elevar a própria reflexão para o Absoluto, ou seja, privá-la do Em-Si que supostamente lhe escapa. Com respeito à oposição entre *intellectus archetypus* (entendimento divino) e *intellectus ectypus* (entendimento humano), a tese de Hegel não é simplesmente que podemos superar a limitação do *ectypus* e passar ao *archetypus* como o intelecto, que espontaneamente gera todo o conteúdo particular a partir de si próprio, à sua forma, sem necessidade de contribuição externa; o ponto de Hegel é que devemos mudar radicalmente nossa perspectiva sobre o *ectypus*, concebendo (o que parece ser) sua limitação como uma característica positiva – uma mudança estruturalmente paralela à oposição entre Entendimento (*Verstand*) e Razão (*Vernunft*): Razão não é para Hegel uma habilidade especial além do Entendimento; Razão é o próprio Entendimento sem o seu Além.

O "entendimento" é geralmente compreendido como a forma elementar de analisar, de traçar as linhas das diferenças e identidades fixas, ou seja, de reduzir a riqueza da realidade a um conjunto abstrato de características. Dessa perspectiva, a tendência espontânea do Entendimento em direção à reificação identitária deve ser corrigida pela Razão dialética, que reproduz fielmente a complexa dinâmica da realidade pelo delineamento da rede fluida de relações no interior da qual cada identidade está localizada. Essa rede gera cada identidade e, simultaneamente, causa sua queda final. Esta, porém, *não* é, enfatizemos, o modo

---

50. DAS, S. B. Friedrich Wilhelm Joseph von Schelling. *Internet Encyclopedia of Philosophy*. Disponível em: www.iep.utm.edu/schelling/

como Hegel concebe a diferença entre Entendimento e Razão. Leiamos novamente com atenção uma conhecida passagem do prefácio de *Fenomenologia do Espírito*:

> Decompor uma representação em seus elementos originários é retroceder a seus momentos que, pelo menos, não tenham a forma da representação já encontrada, mas constituam a propriedade imediata do Si. De certo, essa análise só vem a dar em *pensamentos*, que por sua vez são determinações conhecidas, fixas e tranquilas. Mas é um momento essencial esse *separado,* que é também inefetivo; uma vez que o concreto, só porque se divide e se faz inefetivo, é que se move. A atividade do dividir é a força e o trabalho do *entendimento*, a força maior e mais maravilhosa, ou melhor: a potência absoluta. O círculo que, fechado em si, repousa e retém como substância seus momentos é a relação imediata e, portanto, nada maravilhosa. Mas o fato de que, separado de seu contorno, o acidental como tal – o que está vinculado, o que só é efetivo em sua conexão com outra coisa – ganhe um ser-aí próprio e uma liberdade à parte, eis aí a força portentosa do negativo: é a energia do pensar, do puro Eu[51].

O Entendimento, precisamente em seu aspecto de analisar, de desfazer a unidade de uma coisa ou processo, é celebrado aqui como "a força maior e mais maravilhosa, ou melhor: a potência absoluta" – como tal, surpreendentemente (para aqueles que se agarram à visão comum da dialética) é caracterizado exatamente nos mesmos termos que o Espírito, o qual, no que diz respeito à oposição entre Entendimento e Razão, está claramente do lado da Razão: "o espírito, em sua verdade simples, é consciência, e põe seus momentos fora um do outro"[52]. Tudo gira em torno de como devemos compreender essa identidade-e-diferença entre Entendimento e Razão: não é que a Razão acrescente algo ao poder separador do Entendimento, restabelecendo (em algum "nível superior") a unidade orgânica daquilo que o Entendimento decompôs, complementando a análise com

---

51. HEGEL, G. W. F. *Fenomenologia do Espírito*. Petrópolis: Vozes, 2003, p. 43-44.
52. *Ibid.*, p. 307.

a síntese; a Razão é, de certo modo, não mais, mas *menos* que o Entendimento. Para colocar nos termos bem conhecidos de Hegel sobre a oposição entre o que se quer dizer e o que realmente se diz, a Razão é o que o Entendimento, em sua atividade, *realmente faz*, em contraste com o que ele quer/pretende fazer. A Razão não é, portanto, outro dispositivo que complementaria a "unilateralidade" do Entendimento: a própria ideia de que existe algo (o cerne do conteúdo substancial da coisa analisada) que escapa ao Entendimento, um Além transracional fora de seu alcance, é a ilusão fundamental do Entendimento. Em outras palavras, tudo o que temos que fazer para passar do Entendimento à Razão é *subtrair* do Entendimento sua ilusão constitutiva. O Entendimento não é muito abstrato/violento; ele é, ao contrário, como Hegel disse acerca de Kant, *demasiado brando em relação às coisas*, receoso de situar seu movimento violento de separar as coisas nas próprias coisas. De certa forma, trata-se de epistemologia *versus* ontologia: a ilusão do Entendimento é que seu próprio poder analítico é apenas uma "abstração", algo externo à "verdadeira realidade", que persiste intacta em sua plenitude inacessível. Em outros termos, é a compreensão crítica padrão do Entendimento e do seu poder de abstração (que é apenas um exercício intelectual impotente que ignora a riqueza da realidade) que contém a ilusão central do Entendimento. Dito de outra forma, o erro do Entendimento é perceber sua própria atividade negativa (de separar, de decompor) somente em seu aspecto negativo, ignorando seu lado "positivo" (produtivo). A Razão é o próprio Entendimento em seu aspecto produtivo[53].

O ato de abstração, de decomposição, pode também ser compreendido como o ato de cegueira autoimposta, de se recusar a "ver tudo". Em seu *Blindness and Insight*, Paul de Man realiza uma leitura refinada da "desconstrução" que Derrida faz

---

53. Em uma homologia estrita a essa lógica hegeliana, não faz sentido exigir que a psicanálise seja complementada pela psicossíntese, restabelecendo a unidade orgânica da pessoa destruída pela psicanálise. A psicanálise já é essa síntese.

de Rousseau em *Gramatologia*[54]. Sua tese é que, ao apresentar Rousseau como um "logocêntrico" preso na metafísica da presença, Derrida passa por alto os motivos e movimentos teóricos da desconstrução da metafísica da presença já operativos no texto de Rousseau. Frequentemente, o ponto "desconstrutivo" de Derrida sobre Rousseau está já articulado pelo próprio Rousseau. Além disso, essa omissão não é um lapso acidental, mas uma necessidade estrutural: Derrida só pode ver o que ele vê (desenvolver sua leitura desconstrutivista) por meio de tal cegueira. Teria sido fácil demonstrar a mesma sobreposição paradoxal de cegueira e visão [*insight*] em algumas outras excelentes leituras de Derrida – por exemplo, sua leitura detalhada de Hegel em *Glas*. Aqui, também, o preço do complexo gesto teórico de demonstrar como Hegel não vê que uma condição de impossibilidade é uma condição de possibilidade, de como ele produz algo cujo estatuto deve ser negado para manter a consistência de seu edifício, é adotar uma simplificação violenta da estrutura subjacente ao pensamento de Hegel. A estrutura básica de Hegel é reduzida à "metafísica da presença" absoluto-idealista, em que a automediação da Ideia é capaz de reduzir toda Alteridade. Todas as formulações hegelianas que vão de encontro a essa imagem são lidas como vários sinais da inconsistência sintomática de Hegel, de como ele não é capaz de controlar sua própria produção teórica e de como é forçado a dizer mais do que (e diferente do que) queria dizer.

Tanto Fichte quanto Schelling ficam aquém dessa descoberta. Ambos põem como ponto de partida o "início absoluto", o princípio de todos os princípios. Enquanto Fichte defende a intuição intelectual como a espontaneidade incondicional do pensamento ou a autoatividade do sujeito, Schelling a vê como o caminho para superar a própria oposição entre sujeito e objeto, como a plena unidade imediata entre sujeito e objeto, como a unidade incondicionalmente espontânea, autogeradora, do fluxo e da imobilidade, da atividade e da passividade, do intelecto e da intuição, cujo primeiro modelo é a identidade de Atman (Eu) e Brahman (Deus) no Vedanta. Contra Schelling, que eleva a

---

54. Cf. DE MAN, Paul. *Blindness and Insight: Essays in the Rhetoric of Contemporary Criticism*. Mineápolis: University of Minnesota Press, 1983.

intuição intelectual ao "instrumento do pensamento superior da filosofia", Hegel a rejeita como um retorno à imediaticidade e, portanto, de certo modo, um retorno a Kant, que faz uma distinção crucial entre a consciência da autoatividade e o pensamento do eu: o primeiro pertence à intuição, ao passo que o segundo pertence ao pensamento – ou seja, a autoatividade nos é dada na "intuição sensível", enquanto o eu é concebido ao modo de um "pensamento intelectual" que não aparece. Dessa forma, a "autoatividade" como fenômeno e o "eu" se separam um do outro e, por causa dessa separação, "a consciência de si mesmo, consequentemente, está ainda longe de ser um conhecimento de si mesmo"[55]. Para Kant, somente um intelecto divino (deus) estaria apto a superar a lacuna que separa o intelecto da intuição. Isso é o que ele chama de *intellectus archetypus*, ou "entendimento divino que não se representasse objetos dados, mas tivesse os próprios objetos dados ou produzidos através da sua representação"[56]. Esse "*intuitus originarius*" significa "a intuição que pode nos dar ela própria a existência do seu objeto", em contraste com nosso finito "*intuitus derivativus*", que recebe seu conteúdo da realidade externa e, portanto, não é espontâneo: "também podemos compreender essa intuição como 'intuição criativa', porque, por um lado, ela não é uma intuição passiva receptiva, mas uma intuição por meio da qual a existência de dados objetos é determinada no mesmo processo de intuição"[57]. A intuição intelectual, por conseguinte, não é "uma faculdade da cognição, mas da criação", "uma faculdade da produção": "tal entendimento não funcionaria em um mundo de aparições, mas diretamente no mundo das coisas-em-si. Seu poder de dar universais (conceitos e ideias) seria inseparável de seu poder de formar intuições de coisas particulares; conceito e coisa, pensamento e realidade seriam um"[58].

---

55. KANT, I. *Crítica da Razão Pura*. Petrópolis: Vozes, 2012, p. 144.
56. *Ibid.*, p. 137.
57. NI, L. *Zur Sache des Bewusstseins: Phänomenologie-Buddhismus-Konfuzianismus*. Wurtzburgo: Königshausen & Neumann, 2010, p. 208.
58. BURNHAM, D. *An Introduction to Kant's "Critique of Judgement"*. Edimburgo: Edinburgh University Press, 2000, p. 151-152.

Devemos ler Hegel de modo muito preciso aqui, pois ele parece celebrar o progresso de Kant a Fichte e Schelling: para ele, Kant coloca o conhecimento empírico como o único conhecimento real e depois é obrigado a tratar o conhecimento superior como meramente subjetivo – em suma, ele mesmo cria o obstáculo que então considera impossível de ser superado. Mas como Hegel vai além de Kant no que diz respeito ao *intellectus archetypus*? Não é pela simples alegação de que a unidade do *intellectus archetypus* é efetiva – a efetividade da Razão em sua produtividade automediadora que não depende de nenhum em-si externo –, mas rejeitando a própria noção de *intellectus archetypus* como uma projeção ilusória que pretende ter tudo ao mesmo tempo, semelhante à ideia atual de singularidade pós-humana nas neurociências (a singularidade pode parecer uma realização inesperada, a última forma do *Weltgeist* de Hegel, um espírito do mundo adquirindo existência positiva, mas os ideólogos da singularidade ignoram os custos da passagem do humano para o pós-humano: o desaparecimento da autoconsciência que está enraizada na finitude e no fracasso).

DO *INTELLECTUS ECTYPUS* AO *INTELLECTUS ARCHETYPUS*

Eis o núcleo do argumento de Kant que o leva à ideia do *intellectus archetypus*. Ele inicia com a distinção entre "juízos determinantes" (que se referem à realidade objetiva fenomênica) e "juízos reflexivos" (que se referem ao nosso exercício subjetivo de pensar):

> É algo inteiramente diverso se digo que a geração de certas coisas da natureza, ou mesmo da natureza como um todo, só é possível através de uma causa que é determinada ao agir por intenções, ou se digo que, *devido à constituição própria de minhas faculdades de conhecimento,* não posso julgar sobre possibilidade dessas coisas e a sua geração a não ser que pense em uma causa para elas que opera por intenções, portanto em um ser que é produtivo segundo a analogia com a causalidade de um entendimento. No primeiro caso, pretendo estabelecer algo sobre o objeto e sou

obrigado a demonstrar a realidade objetiva de um conceito que assumi; no segundo, a razão determina apenas o uso de minhas faculdades do conhecimento de maneira adequada às suas propriedades e às condições essenciais tanto de seu alcance como de seus limites. O primeiro princípio, portanto, é um princípio *objetivo* para a faculdade de julgar determinante; o segundo, um princípio *subjetivo* somente para a faculdade de julgar reflexionante, portanto uma máxima que a razão lhe prescreve[59].

O próximo passo de Kant é o desdobramento do caráter necessário ("completamente inevitável") e, ao mesmo tempo, apenas subjetivo, dos juízos reflexivos:

> Para nós, com efeito, é indispensável submeter a natureza ao conceito de uma intenção se queremos simplesmente investigá-la, por meio de uma observação continuada, em seus produtos organizados; e este conceito já é, portanto, uma máxima absolutamente necessária para o uso empírico de nossa razão. [...] Mas o que prova, no fim das contas, a mais completa teleologia? Ela prova, por exemplo, que tal ser inteligente existe? Não. Ela prova apenas que, devido à constituição de nossas faculdades de conhecimento, portanto na conexão da experiência com os princípios supremos da razão, não podemos absolutamente formar um conceito da possibilidade de tal mundo a não ser concebendo uma causa suprema dele, *atuando intencionalmente*. Objetivamente, portanto, não podemos demonstrar a proposição: "existe um ser originário inteligente". Só podemos fazê-lo subjetivamente, para o uso de nossa faculdade de julgar em sua reflexão sobre os fins na natureza, que não podem ser pensados segundo outro princípio que não o de uma causalidade intencional de uma causa suprema[60].

Agora surge o mais problemático passo intermediário: Kant vincula a lacuna entre realidade objetiva e pensamento subjetivo à distinção entre atualidade e possibilidade. Na realidade objetiva não há possibilidades, apenas atualidades, somente aquilo que existe; alternativas existem somente para nossa mente finita que pode ima-

---

59. KANT, I. *Crítica da faculdade de julgar*. Petrópolis: Vozes, 2016, p. 293.
60. *Ibid.*, p. 294-295.

ginar conceitos de coisas inexistentes, coisas que não nos são dadas na intuição sensível. Para um sujeito a quem a realidade seria diretamente acessível tal como ela é, em si mesma, dada na intuição, não haveria possibilidades, apenas objetos atuais:

> É incontornavelmente necessário ao entendimento humano distinguir entre a possibilidade e a realidade das coisas. A razão disso reside no sujeito e na natureza de suas faculdades cognitivas. Pois, se para o exercício destas não houvesse duas partes inteiramente heterogêneas, o entendimento para conceitos e a intuição sensível para objetos a eles correspondentes, não haveria essa distinção (entre o possível e o real). Se, com efeito, o nosso entendimento fosse intuitivo, ele não teria outros objetos senão o real. Conceitos (que só dizem respeito à possibilidade de um objeto) e intuições sensíveis (que nos dão algo sem por isso permitir conhecê-lo como objeto) desapareceriam ambos. Agora, toda a nossa distinção entre o meramente possível e o real se baseia no fato de que o primeiro significa apenas a posição da representação de uma coisa em relação ao nosso conceito e, em geral, à faculdade de pensar, ao passo que o último significa a posição da coisa em si mesma [*an sich selbst*] (fora desse conceito). Logo, a distinção entre coisas possíveis e coisas reais é uma distinção que vale apenas subjetivamente para o entendimento humano, já que, com efeito, nós sempre podemos ter no pensamento algo que não existe, ou representar-nos algo como dado mesmo sem ter ainda um conceito disso[61].

Kant está, aqui, próximo do senso comum: a possibilidade não existe na própria realidade, mas é apenas um efeito da limitação do nosso entendimento, ou seja, um evento aparece como possível porque não compreendemos a totalidade dos vínculos causais que o determina. Nikolai Bukharin, em seu manual de referência *Materialismo histórico*, aplica essa lógica à própria revolução:

> Se conhecermos as leis do desenvolvimento social, os caminhos que a sociedade necessariamente percorre, a direção dessa evolução, então não será difícil, para nós, definir a sociedade futura. Na ciência social, tivemos muitos casos

---

61. *Ibid.*, p. 297-298.

de tais previsões que foram plenamente justificadas pelo seu resultado. Com base em nosso conhecimento das leis da evolução social, previmos crises econômicas, a desvalorização do papel-moeda, a guerra mundial, a revolução social como resultado da guerra... Não podemos prever o *tempo* do aparecimento desses fenômenos, pois ainda não possuímos informações suficientes sobre as leis da evolução social para poder expressá-las em números precisos. Não conhecemos a *velocidade* dos processos sociais, mas já estamos em condições de ter como certa sua *direção*[62].

Neste momento, é preciso fazer uma censura óbvia e ingênua: mas por que a possibilidade não poderia ser uma propriedade da própria realidade? A questão que imediatamente se coloca aqui é: se a possibilidade é uma propriedade da realidade em si, então como devemos pensá-la? Deveríamos conceber a própria realidade como minimamente "aberta", intrinsecamente contingente, "subdeterminada" (não completamente determinada)? E, no que diz respeito ao pensamento: pensar não implicaria imaginar além da realidade, jogar com hipóteses e cenários alternativos? Se isso é verdade, o pensamento divino limitado à atualidade não seria livre. Eis a descrição do próprio Kant de tal linha de pensamento:

> Para um entendimento em que essa distinção não prevalecesse, valeria o seguinte: todos os objetos que conheço *são* (existem); e a possibilidade de alguns que não existissem, isto é, a sua contingência caso existam, bem como, portanto, a necessidade que dela se diferenciaria, não poderiam entrar de modo algum na representação de um tal ser[63].

Além disso, uma vez que o Dever-Ser só tem sentido na dimensão da possibilidade (o que é um fato, algo que já é não pode ser representado como nosso dever de fazê-lo), não haveria nenhuma lacuna entre o Ser e o Dever no *intellectus archetypus*:

> Então é evidente que decorre apenas da constituição subjetiva de nossa faculdade prática que as leis morais tenham

---

62. BUKHARIN, N. *Historical Materialism: A System of Sociology*. Nova York: Routledge, 2011, p. 49.
63. KANT, I. *Crítica da faculdade de julgar*. Petrópolis: Vozes, 2016, p. 298-299.

de ser representadas como comandos (e as ações a elas conformes como deveres) e que a razão não expresse essa necessidade por meio de um *ser* (acontecer), mas sim de um dever-ser – o que não seria o caso se a razão fosse considerada sem a sensibilidade (enquanto condição subjetiva de sua aplicação a objetos da natureza) e segundo a sua causalidade, ou seja, como causa em um mundo inteligível inteiramente concorde com a lei moral, no qual não haveria diferença entre dever e fazer, entre uma lei prática a respeito daquilo que é possível por nosso meio e uma lei teórica a respeito daquilo que é efetivo por nosso meio[64].

Agora, finalmente, o *intellectus archetypus* entra em cena como um intelecto claramente em contraste com nossa mente finita. É preciso notar a sutileza do pensamento de Kant aqui: "precisávamos ter em mente uma outra intuição possível, se a nossa devia ser considerada como uma espécie particular de intuição"[65] – ou seja, nosso *intellectus ectypus* finito não é apenas logicamente oposto ao *intellectus archetypus* (no sentido de preto *versus* branco, grande *versus* pequeno etc.), mas aparece imediatamente como "uma espécie particular", uma distorção de um modelo universal pressuposto (no sentido em que, por exemplo, um ser humano com apenas uma perna é imediatamente percebido como uma versão distorcida e particular de um ser humano com duas pernas). A oposição entre *intellectus archetypus* e *intellectus ectypus* não é o contraste entre dois tipos de *intellectus*, mas a dicotomia entre o universal e (uma de suas) espécies particulares, razão pela qual o contrário não é válido – ou seja, para imaginar o *intellectus archetypus* divino, *não* temos "de ter em mente uma outra intuição possível", o nosso *intellectus ectypus* finito:

> Se é assim, porém, tem de haver aqui, como um fundamento, a ideia de um outro entendimento, diverso do humano (assim como na *Crítica da razão pura* precisávamos ter em mente uma outra intuição possível, se a

---

64. *Ibid.*, p. 299-300.
65. *Ibid.*, p. 301.

nossa devia ser considerada como uma espécie particular de intuição, a saber, aquela para a qual os objetos só valem como fenômenos), de modo que possamos dizer que certos produtos da natureza *têm de ser*, devido à peculiar constituição do nosso entendimento, *considerados por nós* como intencionalmente gerados, no que diz respeito à sua possibilidade, como fins[66].

Para entendermos a menção à finalidade, temos que recuar no pensamento de Kant. Para ele, quando encontramos seres vivos e tentamos compreendê-los, não podemos fazer isso sem perceber sua atividade e órgãos como sendo, de alguma forma, propositais: os animais têm olhos para ver, dentes para pegar alimentos, pernas para se movimentar; no entanto, o propósito não é uma categoria constitutiva da nossa realidade fenomênica (tal como as categorias transcendentais de causa e feito o são), e é também por isso que a finalidade não é uma categoria que podemos usar (para aplicar a fenômenos naturais) nas ciências, nas quais explicar uma coisa significa explicá-la em termos de redes causais, e não em termos de sua utilidade. Por essa razão, como observa Kant, não há um Newton da biologia – os organismos (seres vivos) estão fora do escopo da ciência determinista: em um organismo, as partes não são externas ao Todo, mas são seus órgãos, sistemicamente subordinadas ao Todo pela sua finalidade. Como resultado, um organismo já dá o primeiro passo para a superação da dualidade entre pensamento e intuição: em um organismo, seus componentes empíricos (objetos de nossa intuição sensível) não são apenas seu material externo e contingente; ao contrário, eles estão organicamente enraizados no seu Todo e são momentos da autorreprodução do organismo – ou seja, em um organismo, o conceito universal já engendra "organicamente" suas partes a partir de si mesmo, particulariza-se nelas (devemos deixar de lado as especulações sobre como Kant teria reagido ao darwinismo, que faz exatamente aquilo que Kant considera impossível: explica, de forma científica, o surgimento da finalidade a partir da interação não proposital de elementos

---

66. *Ibid.*

e, nesse sentido, Darwin *foi* o Newton da biologia. Se Kant fosse aceitar essa opção, então a intuição intelectual, a visão das coisas tais como elas são *per se*, não consistiria na percepção de um universo superior com propósitos divinos, mas em uma perspectiva muito mais aterrorizante da redução de toda a realidade à interação de "marionetes" destituídas de liberdade, como o próprio Kant sugere no final de sua *Crítica da razão prática*). A visão da realidade característica da intuição intelectual, uma visão na qual se fecha a lacuna entre o intelecto e a intuição, entre a forma universal e o conteúdo particular/contingente/empírico, também libertaria nosso intelecto da sua dependência de um conteúdo heterogêneo – na intuição intelectual, nosso intelecto alcançaria a mais plena e perfeita espontaneidade:

> Essa contingência se encontra de maneira inteiramente natural no *particular* que a faculdade de julgar tem de subsumir sob o *universal* dos conceitos do entendimento; pois pelo universal do *nosso* (humano) entendimento o particular não é determinado; e ele é contingente na variedade de modos pelos quais as diferentes coisas aparecem à nossa percepção, mesmo coincidindo em uma característica comum. Nosso entendimento é uma faculdade dos conceitos, isto é, um entendimento discursivo para o qual, evidentemente, têm de ser contingentes a variedade e a diversidade do particular que lhe pode ser dado na natureza e subsumido sob seus conceitos. Como, no entanto, a intuição também pertence ao conhecimento e a faculdade de uma *espontaneidade integral da intuição* seria uma faculdade de conhecimento distinta e inteiramente independente da sensibilidade, ou seja, um entendimento no sentido mais geral da palavra[67].

Kant acrescenta aqui uma qualificação fundamental: não precisamos provar a atualidade do *intellectus archetypus* capaz de tal intuição; nem mesmo precisamos provar sua possibilidade. Para que o *intellectus archetypus* desempenhe sua função necessária, basta postulá-lo como um pressuposto consistente (não contraditório) – em suma, basta *pensá-lo*:

---

67. *Ibid.*, p. 302.

E não é sequer necessário, aqui, provar que tal *intellectus archetypus* é possível, mas apenas que, em contraposição ao nosso entendimento discursivo, que necessita de imagens (*intellectus ectypus*), e à contingência de tal constituição, somos conduzidos a essa ideia (de um *intellectus archetypus*); e também que esta última não contém qualquer contradição[68].

O paradoxo aqui é que, embora Kant proclame que a identidade entre pensar e ser, entre produzir e perceber, seja impossível para nossa mente finita, acontece algo formalmente similar a isso com o *intellectus archetypus*: pressupô-lo (em nosso pensamento) é suficiente (e, podemos acrescentar, *ele deve permanecer uma pura pressuposição para funcionar* – se sua existência na realidade fosse demonstrada, o efeito seria catastrófico). O que temos é Kant em seu melhor momento pós-moderno, celebrando o poder da pura pressuposição, de uma ilusão necessária como constitutiva de nosso senso de realidade (temos que pressupor que nosso universo é dominado por deus se quisermos percebê-lo como um Todo consistente), mas, ao mesmo tempo, enfatizando a lacuna irredutível entre nossa realidade, regulada por uma ilusão necessária, e o Real, o Em-si, que pode muito bem ser uma monstruosidade caótica.

Dessa perspectiva, a crítica de Hegel à noção kantiana de *intellectus archetypus* só pode parecer um fenômeno retrógrado, uma cessação da lacuna e uma retradução de Kant para a ontologia tradicional aristotélico-tomista: Kant não enxerga que, longe de ser apenas nossa Ideia reguladora subjetiva, a Ideia (do Bem supremo, de um intelecto que é mais "verdadeiro" que nossa realidade sensível fenomênica) é a própria atualidade suprema, a Razão que governa o mundo e medeia todas as antinomias. Como era de se esperar, Hegel elogia, em Kant, a "ideia de um universal que contém implicitamente o particular" – o que, para Kant, acrescenta Hegel, é "precisamente o objeto da faculdade do juízo" – e parece dar a ela um giro aristotélico-tomista:

---

68. *Ibid.*, p. 304-305.

[A] finalidade é o Conceito, e é imanente; não é uma forma externa e uma abstração que se distingue de um material fundamental, mas é penetrante, de modo que tudo o que é particular é determinado por esse próprio universal[69].

Kant ignora isso, pois, para ele,

> a riqueza do pensamento... ainda se desdobra... apenas na forma subjetiva; toda a plenitude, todo o conteúdo, concentra-se em conceber, pensar, postular. O objetivo, segundo Kant, é apenas o que é em si mesmo; e nós não conhecemos o que as Coisas-em-si-mesmas são. Mas o Ser-em-si-mesmo é apenas o *caput mortuum*, a abstração morta do "outro", o Além vazio e indeterminado[70].

A oposição entre Kant e o Idealismo Alemão pós-kantiano é, portanto, a oposição entre Entendimento e Razão. Fichte, Schelling e Hegel afirmam o Absoluto como um poder especulativo que gera todo o conteúdo a partir de seu próprio automovimento, enquanto Kant, apesar de suas ideias especulativas, permanece preso às oposições grosseiras do Entendimento:

> A razão pela qual essa Ideia verdadeira não deve ser a verdade é, portanto, que as abstrações vazias de um entendimento que se mantém no universal abstrato e de um material sensível da individualidade que lhe opõe, são pressupostas como verdade. Kant sem dúvida avança claramente em direção à concepção de um entendimento intuitivo ou perceptivo que concede leis universais e, ao mesmo tempo, determina o particular; e a determinação assim dada é profunda; ela é a realidade concreta determinada pelo Conceito residente no seu interior, ou, como diz Espinosa, a Ideia adequada... Mas que esse *intellectus archetypus* seja a verdadeira Ideia do entendimento é algo que não ocorre a Kant. Estranhamente, ele certamente tem essa ideia do intuitivo; e ele não sabe por que ela não deve ser verdade – a não ser pela razão de que nosso entendimento é consti-

---

69. HEGEL, G. W. F. *Lectures on the History of Philosophy: Medieval and Modern Philosophy*. Lincoln: University of Nebraska Press, 1995, p. 466-467.
70. *Ibid.*, p. 472.

tuído de outro modo, a saber, de modo "que ele procede do universal analítico para o particular"[71].

Em suma, embora Kant já tivesse formulado "a Ideia do Pensamento que é em si mesma o Conceito absoluto e tenha em si mesma diferença, realidade", ele recuou para "uma filosofia completa do Entendimento que renuncia à Razão":

> Com Kant, portanto, o resultado é: "nós conhecemos apenas os fenômenos"; com Jacobi, por outro lado, é: "nós conhecemos apenas o finito e condicionado". Com esses dois resultados, tem havido uma alegria pura entre os homens, porque a indolência da Razão (que os Céus sejam louvados!) considerou-se libertada de todo chamado à reflexão e, agora, sendo poupada do esforço de penetrar em seu próprio significado interior e de explorar as profundezas da Natureza e do Espírito, ela poderia muito bem deixar a si mesma em paz[72].

No entanto, uma leitura tão simplista do pensamento de Hegel como um retorno à metafísica pré-crítica ignora o ponto sutil da crítica de Hegel a Kant, indicado pela estranha caracterização de Kant como um pensador que sucumbiu ao pecado mortal da "indolência da Razão". Em que, precisamente, residiria essa "preguiça" do pensamento de Kant que dá origem à "alegria pura" de seus seguidores "criticistas"? Ela reside naquilo que, em sua leitura das antinomias de Kant, Hegel critica como o "excesso de ternura de Kant pelas coisas do mundo": quando Kant se vê enredado em contradições e antinomias ao pensar além do horizonte finito de nossa experiência sensível, ele toma isso (as contradições e antinomias) como prova de que estamos lidando com nossos processos subjetivos e não com as coisas em si, pois Kant insiste que não pode haver contradições nas coisas[73].

Para Hegel, ao contrário, as contradições e antinomias são as características mais profundas das próprias coisas, até mesmo (e especialmente) de deus como a "coisa" superior. Imaginemos

---

71. *Ibid.*, p. 472-473.
72. *Ibid.*, p. 476-477.
73. HEGEL, G. W. F. *Science of Logic*. Nova York: Oxford University Press, 1975, p. 77.

todos os impasses e reviravoltas pelos quais nosso pensamento passa ao tentar penetrar um tópico que escapa ao nosso alcance. A premissa básica daquilo que Hegel chama de idealismo é que esse movimento não é apenas o movimento de nossa mente se debatendo com a coisa, mas algo imanente à própria coisa: o que aparece como um processo epistemológico se revela como parte da estrutura ontológica da própria coisa. É por isso que, para Hegel, as antinomias não são um problema, mas a (sua própria) solução. Também, é assim que Hegel "supera" a lacuna kantiana entre Ser e Dever-Ser, entre a ontologia e a deontologia: ele transpõe a tensão que caracteriza a deontologia (as coisas nunca são o que elas deveriam ser) para a própria ontologia, da mesma forma que nosso esforço para penetrar a realidade *é* a realidade:

> O defeito da filosofia de Kant consiste na separação dos momentos da forma absoluta; ou, visto do outro lado, nosso entendimento, nosso conhecimento, forma uma antítese ao Ser-em-si: há falta do negativo, a revogação do "dever" que não é apreendido[74].

Acusar Kant de "separar" os momentos do Absoluto deve ser compreendido em um sentido muito preciso: o que é "separado" na concepção de Kant é o Absoluto em sua imobilidade e o movimento da mediação subjetiva que não pode alcançar o Absoluto. Em outras palavras, o poder do pensamento é justamente o poder de "separar", de despedaçar aquilo que organicamente está junto, e Kant tem medo de transpor essa "dissociação" para o próprio Absoluto. Consequentemente, em contraste com a intuição intelectual como a identidade imediata entre sujeito e objeto, entre atividade e percepção, a identidade especulativa hegeliana entre sujeito e objeto, entre pensar e agir, não é uma unidade intuitiva bem-aventurada e pré-reflexiva, mas uma unidade mediada por uma lacuna. O domínio do Ser é em si mesmo não Total, frustrado, e o "pensamento" é a ativação desse buraco na ordem do ser – nós "pensamos" imaginativamente além do ser, em direção ao que não existe ou ao que pode existir. Existe "pensamento", porque o ser não é idêntico a si mesmo, mas é frustrado, marcado por

---

74. HEGEL. *Lectures on the History of Philosophy*, p. 478

uma impossibilidade fundamental, de modo que "pensar e ser são idênticos" no sentido de um extremo contínuo[75]. Há três versões tradicionais principais da unidade entre pensamento e ser: a experiência místico-intuitiva da sua identidade (intuição intelectual); a visão aristotélico-tomista de um universo racional regulado por propósitos divinos; e a versão materialista-espinosana do determinismo completo. Hegel não pode ser reduzido a nenhuma dessas opções, pois sua unidade envolve instabilidade e tensão radicais, a afirmação de uma lacuna radical. Em termos religiosos, Hegel está do lado do protestantismo contra a harmonia orgânica católica do universo. A "unidade" de Hegel reside apenas na transposição dessa lacuna para o próprio Absoluto.

ESCÓLIO 1.1: BUDA, KANT, HUSSERL

A lacuna que separa Husserl de Kant é claramente sinalizada pela ocorrência de um termo em Husserl que seria impensável em Kant: *"transzendentale Empirie"*, o conteúdo empírico transcendental. Aqui está uma longa passagem da obra *Meditações Cartesianas*, de Husserl, na qual ele descreve a operação básica de seu pensamento, a *epoché* (redução) fenomenológica:

> [...] o mundo experienciado nesta vida que reflete permanece, com isso, aí para mim, como mundo experienciado, tal como antes, precisamente com o seu teor respectivo. Ele continua a aparecer tal como aparecia antes, apenas que eu, como alguém que reflete filosoficamente, não mantenho mais em execução, em validade, a crença natural de ser que é característica da experiência, se bem que essa crença esteja, porém, ainda aí e seja conjuntamente captada pelo olhar da atenção. Para lá das visadas que são experiência do mundo, o mesmo se passa com todos as restantes visadas que pertencem à minha corrente de vida, com as minhas representações não intuitivas, juízos, atitudes valorativas, decisões, posições de fins e de meios etc., e particularmen-

---

75. O que significa, então, a reconciliação hegeliana? Seria uma vitória da superação de antagonismos ou uma aceitação resignada de que os antagonismos insolúveis são parte de nossas vidas, sua condição positiva? A resposta é uma paralaxe irredutível: ambos ao mesmo tempo – ela pode ser vista como um triunfo ou como uma derrota resignada.

te com as tomadas de posição nelas necessariamente atestadas quando estou nas atitudes da vida natural, irrefletida, não filosófica – na medida em que estas pressupõem, em geral, precisamente o mundo e, portanto, encerram em si uma crença de ser a respeito do mundo. Também aqui, a abstenção por parte do eu que reflete filosoficamente, o pôr fora de validade as tomadas de posição, não significa o seu desaparecimento do seu campo de experiência. As vivências concretas em questão são, dizemo-lo de novo, aquilo para que está dirigido o olhar da atenção, só que o eu atento, enquanto eu filosófico, exerce a abstenção a respeito do que é intuído. Também tudo aquilo que, nas vivências desse tipo, era visado numa consciência de validade – ou seja, o correspondente juízo, a teoria, o valor, o fim etc. –, mantém-se completa e plenamente, apenas com esta modificação de validade: *simples fenômeno*.

Este universal pôr fora de validade ("inibir", "pôr fora de jogo") todas as tomadas de posição perante o mundo objetivo pré-dado e, assim, desde logo, as tomadas de posição de ser (as tomadas de posição a respeito do ser, da aparência, do ser de modo possível, suposto, do ser provável e semelhantes) – ou, como também se costuma dizer, esta *epoché fenomenológica* ou este *pôr entre parênteses* o mundo objetivo – não nos põe perante um nada. Ao contrário, aquilo de que nos apropriamos precisamente por isso ou, mais claramente, aquilo de que eu, aquele que medita, por isso mesmo me aproprio é da minha vida pura com todas as suas vivências e todas as suas coisas visadas, enquanto puramente visadas, o universo dos *fenômenos* no sentido da Fenomenologia[76].

Assim, nada é perdido na *epoché* fenomenológica, toda a riqueza da nossa experiência é preservada, apenas o modo como o sujeito se relaciona com ela passa por uma mudança radical: não experienciamos mais a nós mesmos como parte da realidade substancial que existe "lá fora" e que inclui a nós mesmos; em vez disso, realizamos uma dupla dessubstancialização. Subtraímos todo nosso compromisso ontológico com a "realidade" e, por isso, passamos a tratá-la como uma entidade "objetiva"

---

76. HUSSERL, E. *Meditações cartesianas e conferências de Paris*. Rio de Janeiro: Forense, 2013, p. 57-58.

substancial: tudo permanece aí, mas transformado em uma dança de fenômenos dessubstancializados. Devemos ser muito precisos aqui: a diferença entre a "realidade objetiva" e nossos sonhos não desaparece, o ponto da epoché não é que a "realidade se transforma em um sonho"; antes, é nossa própria experiência da "realidade objetiva" que é, de certa forma, "subjetivizada" – uma parte do fluxo fenomênico no qual vivemos é vivenciada por nós como "realidade objetiva".

Por outro lado, nós, sujeitos, também somos radicalmente transformados: não mais nos experienciamos como agentes engajados em nossa realidade, intervindo nela e sendo responsáveis por nossos atos, mas também não nos sentimos como algum tipo de rei com nossos Egos absolutos, como criadores do fluxo fenomênico da realidade. Na *epoché*, somos reduzidos ao vazio de observadores impassíveis, percebendo a realidade a partir de uma estranha distância externa, como uma dança de fenômenos. O que isso também significa é que a *epoché* não tem nada a ver com a experiência mística da Unicidade cósmica na qual meu ego coincide com o Absoluto divino na bem-aventurança da imersão total; pelo contrário, como observa Husserl, o Ego é radicalmente cindido entre o vazio impassível do observador neutro e o sujeito atuante que é, por assim dizer, observado a partir de fora como um fenômeno no fluxo dos fenômenos:

> [S]e chamarmos ao eu que naturalmente se entrega à experiência do *mundo*, ou que de outro modo se abandona à vida nele, um eu *interessado no mundo*, então a atitude fenomenológica alterada, que se deve constantemente assim manter, consiste em que na realização de uma *cisão do eu*, na qual, por sobre o eu ingenuamente interessado, se estabelece o eu fenomenológico enquanto *espectador desinteressado*[77].

Essa posição estranha de um espectador impassivo não pode deixar de trazer à mente a posição extrema da dessubjetivação adotada na meditação budista. Thomas Metzinger[78] afirma que

---

77. *Ibid.*, p. 73.
78. Cf. METZINGER, T. *Being No One: The Self-Model Theory of Subjectivity*. Cambridge: MIT Press, 2003.

não podemos deixar de experienciar a nós próprios como "eus", ou seja, é impossível, para nós, imaginar fenomenologicamente uma experiência sem um eu: podemos saber (no sentido puramente epistêmico do conhecimento objetivo) que não existe um Eu substancial (isso é o que Metzinger desenvolve em sua teoria PSM da subjetividade), mas não podemos "realmente acreditar" nisso – estamos de volta, aqui, à ideia de rejeição fetichista: *je sais bien, mais quand même...*

> Não podemos acreditar nisso... A SMT [*Self-Model Theory*] é uma teoria da qual *não podemos estar convencidos*, em princípio... Este fato é a verdadeira essência e o núcleo mais profundo do que *realmente* queremos dizer quando falamos do "enigma" – ou, às vezes, até mesmo do "mistério" – da consciência... se a história que se conta atualmente for verdadeira, não tem como ela ser intuitivamente verdadeira[79].

No entanto, Metzinger dá um passo além: existiria, porém, excetuando-se o esforço teórico de pensar o impensável (um mundo sem um eu), também a possibilidade de viver como "sendo ninguém"? Se levarmos a sério os resultados da ciência cognitiva, a *prosopopeia* deve ser universalizada: não só entidades como "mercado" ou "sociedade" realmente não falam, mas também os indivíduos são entidades ilusórias, ou seja, não há um Eu substancial que fala, mas apenas uma rede complexa anônima de interações neuronais. Seria, então, a frase "pensamento é o cérebro" a nova versão das neurociências da antiga fórmula de Hegel "Espírito é um osso"? Deveríamos, então, abordá-la da mesma forma, distinguindo sua interpretação vulgar e sua interpretação especulativa? Como lidar com essa lacuna paraláctica entre a experiência "interna" do sentido e a visão "externa" do organismo plano e sem sentido, esse pedaço de carne que sustenta nossa experiência?

> Não tem como o sujeito, a partir do "interior", tomar consciência de seus próprios neurônios a partir de "dentro". Eles só podem ser conhecidos objetivamente a partir de "fora". Não há nenhum olho interno observando

---

79. *Ibid.*, p. 627.

o próprio cérebro, percebendo os neurônios e a glia. O cérebro é "transparente" do ponto de vista do sujeito, mas não do ponto de vista de um observador externo[80].

Há, porém, uma ressalva que Metzinger permite: a Iluminação Budista na qual o Eu assume direta e experiencialmente seu próprio não ser, ou seja, reconhece a si mesmo como um "eu simulado", uma ficção representacional – tal situação, na qual o sonho fenomênico aqui se torna *lúcido para si mesmo*, "corresponde diretamente a uma noção filosófica clássica, bem desenvolvida na filosofia asiática há pelo menos 2.500 anos, qual seja, a concepção budista de 'iluminação'"[81]. Essa consciência iluminada não é mais consciência de si mesmo: já não sou eu que experiencio a mim mesmo como agente dos meus pensamentos, "minha" consciência é a consciência direta de um sistema sem um eu, um conhecimento sem um eu. Em suma, *existe* efetivamente um vínculo, ou pelo menos um tipo de ponto de coincidência assintótico, entre a posição radical das ciências do cérebro e a ideia budista de *anatman*, da inexistência do eu: esta é a única orientação subjetiva que realmente assume o resultado do cognitivismo (ausência do eu) e que (em certas versões, pelo menos) é totalmente compatível com o naturalismo científico radical.

Devemos acrescentar aqui que as implicações éticas de se ater a essa posição são bastante ambíguas. No Zen Budismo, a justificativa teleológica usual para matar (a guerra é um mal necessário realizado para trazer um bem maior: "a batalha é necessariamente travada em vista da paz"[82]) é acompanhada por uma linha de pensamento mais radical na qual, de forma muito mais direta, "o Zen e a espada são uma e a mesma coisa"[83]. Essa ideia baseia-se na oposição entre a atitude reflexiva da nossa vida cotidiana comum (na qual nos apegamos à vida e tememos a morte, lutamos por prazeres e benefícios egoístas, hesitamos e

---

80. FEINBERG, T. Apud *ibid.*, p. 177.
81. *Ibid.*, p. 566.
82. VICTORIA, B. A. *Zen at War*. Nova York: Weatherhilt, 1998, p. 113.
83. *Ibid.*, p. 100.

pensamos em vez de agir diretamente) e a postura iluminada em que a diferença entre a vida e a morte não importa mais, na qual resgatamos a unidade original destituída de eu e *somos* diretamente o nosso ato. Em um curto-circuito único, os mestres Zen militaristas interpretam a mensagem Zen básica (a libertação reside na perda do Eu, na união imediata com o Vazio primordial) como idêntica à total fidelidade militar, ao cumprimento de ordens e ao cumprimento do dever sem levar em consideração o Eu e seus interesses. O clichê antimilitarista padrão sobre soldados serem treinados para atingir o estado de subordinação irracional e cumprir ordens como fantoches cegos é aqui afirmado como idêntico à Iluminação Zen. Eis como Ishihara Shummyo apresentou esse argumento em termos quase althusserianos de interpelação direta e irrefletida:

> O Zen é muito específico sobre a necessidade de não parar a mente. Assim que se bate em uma pederneira, irrompe uma faísca. Não há nem mesmo o mais momentâneo lapso de tempo entre esses dois eventos. Se formos ordenados a virar à direita, viramos à direita tão rapidamente quanto um relâmpago... se nosso nome é chamado, por exemplo, "Uemon", simplesmente respondemos "sim", e não paramos para pensar na razão pela qual nosso nome foi chamado... Acredito que se formos chamados a morrer, não devemos ficar nem um pouco agitados[84].

Na medida em que a subjetividade como tal é histérica, pois emerge do questionamento da chamada interpeladora do Outro, chegamos aqui à descrição perfeita de uma perversa dessubjetivação: o sujeito evita sua cisão constitutiva ao se colocar diretamente como o instrumento da vontade do Outro. E o que é crucial nessa versão radical é que ela rejeita explicitamente todo o entulho religioso geralmente associado ao budismo popular e defende o retorno à versão ateísta original e mais realista do próprio Buda: como Furakawa Taigo enfatizou[85], não há salvação após a morte, não há vida após a morte, não há espíritos ou di-

---

84. Apud *ibid.*, p. 103.
85. Cf. *ibid*.

vindades para nos ajudar, não há reencarnação, apenas esta vida que é diretamente idêntica à morte. No interior dessa atitude, o guerreiro não age mais como uma pessoa, mas é completamente dessubjetivado – ou, como D. T. Suzuki disse:

> Na verdade, não é ele, mas a própria espada que mata. Ele não desejava fazer mal a ninguém, mas o inimigo aparece e se torna vítima. É como se a espada desempenhasse automaticamente sua função de justiça, que é a função da misericórdia[86].

Será que essa descrição do ato de matar não nos oferece o caso definitivo da atitude fenomenológica que, em vez de intervir na realidade, simplesmente deixa as coisas aparecerem tal como elas são? É a própria espada que mata, é o próprio inimigo que simplesmente aparece e se torna uma vítima – estou ali por acaso, reduzido a um observador passivo dos meus próprios atos.

Outro aspecto a ser observado é a diferença entre a *epoché*/redução transcendental e a eidética: as duas podem ser realizadas independentemente uma da outra. Naquela que Husserl denomina redução eidética, tomo um objeto empírico e o submeto a todas as variações possíveis, observando cuidadosamente se ele ainda permanece idêntico (no sentido de suas qualidades essenciais que o transformam naquilo que ele é). Husserl menciona o exemplo cartesiano da cera: se eu a derreter ou esmagar, ela continua sendo cera; logo, sua forma não faz parte da sua essência. Se deixarmos de lado os muitos problemas que surgem imediatamente com esse procedimento (ele só é capaz de alcançar a universalidade abstrata, embora haja muito mais a dizer sobre a *Wesensschau* fenomenológica, que é a intuição imediata da essência intrínseca de um objeto), fica claro que posso realizar a redução eidética enquanto permaneço totalmente imerso em uma orientação mundana "ingênua", além do fato de que a *epoché* fenomenológica preserva a realidade com toda a sua riqueza empírica, não implicando nenhuma redução ao *eidos* dos objetos – é por isso que Husserl

---

86. Apud *ibid.*, p. 110.

pode falar da *"transzendentale Empirie"*, em contraste com Kant, para quem o acesso ao Transcendental significa que devo esquecer todos os dados sobre um objeto que foram fornecidos pela minha intuição sobre ele e me concentrar apenas naquelas características (formas universais e categorias) que tinham que estar presentes *a priori* na minha mente.

A *epoché* transcendental não é uma operação psicológica, uma redução ao fluxo psíquico interno: se fosse isso, continuaria sendo isso como parte de nossa realidade, ou seja, redução a uma esfera particular da realidade (nossa vida psíquica), alheia ao fato de que toda a realidade também é fenomenologicamente/transcendentalmente constituída e não algo que existe instantaneamente "lá fora". A *epoché* transcendental também não é um exercício lógico abstrato, um puro exercício mental, mas uma experiência existencial devastadora. Husserl é frequentemente criticado por ainda se apegar ao sujeito cartesiano "abstrato", ou seja, por não ser capaz de captar plenamente o *In--der-Welt-Sein* [ser-no-mundo], o engajamento ativo do sujeito em seu mundo da vida – somente Heidegger teria dado esse passo em *Ser e Tempo*. Mas e se Heidegger não for "concreto" o suficiente em sua crítica a Husserl? Será que ele não ignora a base existencial da redução fenomenológica de Husserl? Com isso, queremos dizer que sua redução fenomenológica é um caso exemplar da lacuna entre o processo puramente lógico do pensamento e a atitude espiritual correspondente. Se nos limitarmos ao processo do pensamento, a dedução de Husserl não pode deixar de parecer um extravagante exercício de "pensamento abstrato" na sua pior forma: tudo o que podemos garantir que realmente existe é o processo de pensamento que eu sou; logo, se quisermos um ponto de partida absolutamente científico, temos que colocar entre parênteses a ideia realista ingênua de que as coisas existem no mundo e levar em conta apenas sua pura aparição, o modo como elas aparecem para nós e como são correlatas aos nossos atos (transcendentais). O que tal leitura lógica não percebe é que o estado descrito por Husserl como "redução fenomenológica" é muito mais que isso. É uma experiência existencial e uma atitude muito próxima a algumas correntes do budismo antigo: a postura de *Realitätsverlust*, de experienciar a realidade como um sonho, um fluxo totalmente dessubstancializado de aparições frágeis e efêmeras no qual não sou um agente engajado, mas um observador passivo e atordoado contemplando meu próprio sonho. Mesmo quando ajo, não é o meu núcleo que age: eu observo meu "eu", outra aparição etérea, interagindo com outras aparições. Não é de se admirar que o próprio Husserl tenha se atentado para esse paralelo entre a *epoché* fenomenológica e o budismo:

> Li a maior parte da tradução alemã das principais escrituras sagradas do budismo feita por Karl Eugen Neumann. Depois que comecei, não consegui me afastar, apesar de outras tarefas mais urgentes... Essa completa análise linguística dos escritos canônicos budistas nos oferece a oportunidade perfeita para compreendermos e nos familiarizarmos com uma forma de ver o mundo que é completamente oposta à nossa forma europeia, para tomarmos uma posição sobre ela, superá-la religiosa e eticamente e experienciar seu efeito vivo a partir dessa compreensão. Para nós, para todos aqueles que, neste momento de colapso da nossa decadente e explorada cultura, procuram ansiosamente por lugares onde a pureza da alma, a autenticidade e a superação pacífica do mundo ainda possam ser encontradas, essa visão do modo de superar o mundo indiano é uma enorme experiência. O budismo (tal como ele nos fala a partir de fontes originais puras) é um método ético-religioso da mais alta dignidade, pensado e praticado com uma consistência interna, uma energia e uma disposição praticamente inigualáveis – e isso logo se tornará claro para todo leitor dedicado. O budismo só é comparável à forma mais elevada do espírito filosófico e religioso da nossa cultura europeia. Agora é nosso destino ter que assimilar esse modo de pensar indiano, que nos é completamente novo, com o modo de pensar antigo, que está revivendo e se fortalecendo pelo contraste[87].

---

87. HUSSERL, E. *Aufsätze und Vorträge (1922-1937)*. Husserliana XXVII. Dordrecht/Boston/Londres: Kluwer Academic Publishers, 1988, p. 125-

Quando Husserl escreve que o "budismo só é comparável à forma mais elevada do espírito filosófico e religioso da nossa cultura europeia", essa "forma mais elevada" é, obviamente, sua própria fenomenologia baseada na *epoché* transcendental. Há uma ironia clara no fato de que Husserl sublinha a proximidade de sua *epoché* fenomenológica – uma operação que nos leva ao sujeito transcendental e, como tal, é caracterizada como egologia pura – com a meditação budista, que tenta justamente pensar uma vida psíquica sem um eu (devemos, naturalmente, ter muito cuidado aqui: a ideia europeia moderna de subjetividade era desconhecida na Índia antiga. Por essa razão, Husserl também não fica só no enaltecimento do budismo; de seu ponto de vista europeu, ele rapidamente limita esse enaltecimento: o budismo não é capaz de articular sua intuição em uma elaboração científica plena, pois lhe falta a ideia europeia de ciência). Esse fato irônico pode ser explicado se mantivermos em mente que ambos têm como alvo (e "suspendem" ou "colocam entre parênteses") a mesma entidade: o sujeito psicológico empírico completo que se percebe como parte da realidade e como um agente autônomo nela; o enigma é apenas por que essa colocação entre parênteses dá origem, em um caso, a um sujeito puro e, no outro, a uma meditação sem um eu, "um pensamento sem um ser pensante". Mais precisamente, temos três versões básicas dessa experiência: a versão budista – o vazio sem um eu; a versão do hinduísmo e do Idealismo Alemão (de Fichte tardio e, especialmente, de Schelling) – a unidade direta do sujeito e do objeto, do Ego e do Divino; e a versão de Husserl – o Ego puro.

É aqui que entra a historicidade: a pior abordagem, paralela à noção ecumênica de religião ("todos nós rezamos para o mesmo deus, apenas que aparece em diferentes formas em diferentes momentos e lugares"), é afirmar que temos em todos os casos a mesma experiência profunda de si mesmo, apenas revestida de uma formulação histórica diferente. Cada versão do que parece ser a mesma experiência está fundamentada em uma constelação

---

126. Traduzido diretamente do original em alemão, e não da tradução inglesa utilizada por Žižek [N.T.].

histórica específica e nunca é suficiente dizer que o que é historicamente específico é a forma da mesma experiência "eterna": o próprio núcleo da experiência de se retirar da imersão total na realidade adquire um aspecto específico. No entanto, essa historicização não é suficiente: Husserl *é* estranhamente a-histórico, não apenas pelo fato de que sua *epoché* parece se referir a uma experiência que rompe com uma constelação histórica específica, mas mais ainda no sentido de que, de alguma forma, ele não se encaixa na linha predominante de épocas históricas.

Voltando à relação entre Husserl e Heidegger, é significativo que, depois que Heidegger desenvolve sua noção de épocas históricas do desvelamento do Ser, de certa forma não há lugar para Husserl. Após a queda do Idealismo Alemão, os principais pensadores são Marx e Nietzsche, em cujo pensamento o niilismo, que diz respeito à metafísica, atinge seu ápice e Husserl simplesmente não está no nível desses pensadores históricos fundamentais:

> A metafísica absoluta, com as suas inversões marxista e nietzschiana, faz parte da história da verdade do ser. O que dela provém não se deixa atingir nem afastar por refutações. Somente se deixa assumir, na medida em que se recolhe na sua verdade, mais radicalmente no ser mesmo, retirando-a da esfera da opinião meramente humana. Néscia é toda a refutação no campo do pensar essencial[88].

Não se trata apenas de que Marx e Nietzsche pavimentaram o caminho para a culminação niilista da metafísica; Heidegger até mesmo concede que o pensamento de Marx sobre o estranhamento (alienação) alcança a atemporalidade fundamental do ser humano, que está fora do alcance da fenomenologia:

> O que Marx, a partir de Hegel, reconheceu, num sentido essencial e significativo, como alienação do homem, alcança, com as suas raízes, até a apatridade do homem moderno. Esta alienação é provocada e isto, a partir do destino do ser, na forma de metafísica, é por ela consolidada e ao mesmo tempo por ela encoberta, como apatri-

---

88. HEIDEGGER, M. *Carta sobre o humanismo*. Lisboa: Guimarães, 1987, p. 61.

dade. Pelo fato de Marx, enquanto experimenta a alienação, atingir uma dimensão essencial da história, a visão marxista da história é superior a qualquer outro tipo de historiografia. Mas porque nem Husserl nem, quanto eu saiba até agora, Sartre reconhecem que a dimensão essencial do elemento da história reside no ser, por isso, nem a fenomenologia nem o existencialismo atingem aquela dimensão, no seio da qual é, em primeiro lugar, possível um diálogo produtivo com o marxismo[89].

Contra essa leitura histórica, devemos permanecer abertos à ruptura em direção à "eternidade" promulgada pela *epoché* – mesmo que esta última ocorra em uma forma historicamente específica, ela continua sendo uma ruptura; portanto, em vez de simplesmente historicizar as figuras da eternidade, reduzindo-as a um fenômeno histórico, devemos, de uma forma muito sutil, historicizar a própria eternidade. Contudo, acima de tudo, isso significa que a historicidade epocal de Heidegger, que distingue um pensador como a voz privilegiada de sua época, deve ser deixada para trás: não há lugar no pensamento de Heidegger para algo como a *epoché* de Husserl. Em uma bela ironia, o que escapa ao pensamento epocal de Heidegger é a própria *epoché*.

ESCÓLIO 1.2: A PARALAXE DE HEGEL

O momento conclusivo do sistema de Hegel, o "Saber Absoluto", confronta-nos com a figura suprema dessa instabilidade e tensão radicais: o autodesdobramento da Ideia purificada de qualquer externalidade, relacionando-se apenas consigo mesma, inverte-se em seu aparente oposto – ela abandona seu agente subjetivo e se transforma em "um pensamento sem um ser pensante". Como tal, essa pura atividade coincide com seu oposto, ou seja, ela tem que aparecer para seu veículo humano como um ato de total passividade, de mero registro do que está diante de nós. Em suma, o idealismo levado ao extremo se sobrepõe com a prática daquilo que Freud denominou "associações livres":

---

89. *Ibid.*, p. 66-67.

Hegel exige de seus leitores uma atitude propriamente psicanalítica. O método absoluto é o equivalente à "regra fundamental" da análise – a obrigação irritante de falar "livremente" – de comunicar o que quer que venha ou "passe pela" mente, *Einfälle*, sem seleção, omissão ou preocupação com conexão, sequência, propriedade ou relevância. Como um passageiro em um trem (essa é a analogia um tanto proustiana de Freud), você deve relatar o mutável cenário mental à medida que ele passa, apenas "observando" (*reine Zusehen*), suspendendo o juízo e deixando o entendimento e a explicação para outro dia (ou pessoa) e apenas "absorver *o que está diante de nós* [*aufzunehmen, was vorhanden ist*]"[90].

Outro aspecto dessa mesma inversão é que o desdobramento da necessidade lógica imanente ao pensamento, que gradualmente deixa para trás todo conteúdo empírico externo, uma vez que não permite nenhum pressuposto externo e só pode ser fundamentado em si mesmo, tem que aparecer como fundamentada em um ato imponderável de decisão (arbitrária):

> Para a *Lógica* como ciência do pensamento puro, cujo conceito acabamos de alcançar e que está prestes a desaparecer novamente, o início é tanto *logicamente necessário quanto logicamente impossível*, ou seja, indedutível e não analisável. Precisamos começar, mas não podemos. *Imediatamente*, há apenas uma coisa à mão: "Tudo o que está presente [*vorhanden*] é simplesmente a decisão [*Entschluss*], que também pode ser considerada arbitrária, de que nos propomos a considerar o pensamento enquanto tal". [...] *No início, há uma decisão, uma decisão imediata. Mas o que ela decide? Ela não decide nada concretamente*; portanto, não é apenas uma decisão totalmente imediata, mas também *totalmente indeterminada*.

Essa decisão é ainda mais paradoxal do que pode parecer: é uma escolha em relação à qual não temos realmente escolha, é

---

90. Aqui, baseio-me detalhadamente no manuscrito *The dash – the other side of absolute knowing*, de Rebecca Comay e Frank Ruda, a ser publicado pela MIT Press. Todas as citações sem referência neste escólio são desse manuscrito. • O livro foi publicado em 2018 [N.T.].

uma opção sempre-já feita. Essa escolha não pode ser desfeita, não podemos voltar atrás e fazê-la novamente, porque a própria capacidade de decidir já pressupõe a escolha (a escolha de escolher). O que temos aqui é, portanto, outro caso de um juízo infinito: o autodesdobramento da necessidade imanente do pensamento coincide com seu oposto, uma decisão arbitrária. Essa arbitrariedade que está na base do sistema de Hegel, o edifício supremo da necessidade conceitual, deixa uma marca inesperada em toda sua obra escrita, que pode ser apropriadamente designada como um conto de dois livros – Hegel escreveu (apenas) dois livros de fato, a *Fenomenologia do Espírito* e a *Ciência da Lógica*, e os dois compartilham uma característica básica:

> Tanto a *Fenomenologia* quanto a *Lógica* estão engajadas em um projeto contínuo de autopurgação. Ambas estão engajadas em atividades de limpeza – limpeza de chaminés e branqueamento (embora seja difícil dizer qual é qual). Ambas estão envolvidas em tarefas de proporções hercúleas: ambas estão limpando os estábulos de Augias da tradição; ambas precisam remover os detritos de preconceitos e pressupostos acumulados.

Deve-se dar a essas linhas todo o seu peso stalinista: Hegel pratica um expurgo que nem mesmo Stalin foi capaz de imaginar, um sacrifício que culmina no sacrifício do sacrifício, ou, como Brecht disse a respeito da violência revolucionária em sua obra *A decisão*, deve-se esforçar para se tornar o último pedaço de sujeira cuja remoção deixará a sala limpa. É por isso que Hegel, quando "se tornou Hegel" (nos anos de Jena), passou por uma depressão debilitante: para ele, tornar-se um filósofo não é apenas uma questão de conhecimento, mas envolve uma profunda mutação subjetiva. É por isso que a autêntica filosofia é uma espécie de "psicanálise teórica": ela não é uma espécie de discurso universitário, mas uma decisão existencial, a promulgação daquilo que Lacan define como a mutação final do tratamento analítico (análise da fantasia) por meio da teoria.

No entanto, apesar dessa afinidade, uma janela absoluta separa os dois livros: não há um espaço comum entre os dois, nenhum pensamento geral de Hegel aplicado a dois domínios, não há como reuni-los (em Um único grande livro que seria simultaneamente lógico e histórico) – quando muito, o pensamento de Hegel em geral é definido por essa fissura entre seus dois livros, uma fissura que é em si mesma impossível, pois não se pode jamais traçar uma linha de distinção que nos daria dois livros claramente divididos:

> Se as duas obras existem como um conjunto, isso não ocorre em função de uma complementaridade mútua ou em virtude de algum tipo de unidade mística de opostos e não há um terceiro termo, nenhuma síntese adicional para unir os dois livros no espaço de um único volume. Todos os mediadores desaparecem. Os dois textos coexistem em uma relação incômoda de complementaridade, na qual cada um funciona como o lado sombrio do outro, ao mesmo tempo supérfluo e indispensável. Apesar, ou por causa da, impossibilidade de atravessar de um lado para o outro, cada lado já passou para o outro lado, como uma espécie de faixa de Möbius. Essa passagem de manifesta na profusão de material paratextual que podemos ver acumulado na zona de fronteira intersticial entre os dois livros – o estranho hiato depois que um livro termina, mas antes que o outro comece propriamente – uma epigrama, uma página de título, um índice, uma introdução, outra introdução, algumas observações classificatórias gerais, outra seção preparatória sobre como começar. A *Ver-bindung* desvincula aquilo que ela vincula. Ela corta todos os laços entre um volume e outro, ao mesmo tempo em que os une inextricavelmente... Cada lado já atravessou para o outro, mesmo que os dois lados permaneçam intransponíveis. A *Fenomenologia* e a *Lógica* estão em *Verschränkung*: não há síntese que as vincule e, ainda assim, a fronteira que as separa é continuamente rompida.

Essa linha de separação evasiva e, por essa razão, ainda mais persistente, é o real/impossível em sua forma mais pura; portanto, não é de se admirar que ela forneça uma imagem perfeita do *cross-cap*. O problema não é ultrapassar a linha de separação e passar para o outro lado – nós pulamos para o outro lado o tempo todo e às vezes nem sabemos em que lado da linha estamos, por exemplo no que diz respeito à sexualidade: somos todos bissexuais etc. – o problema é alcançá-lo, determinar a linha de separação como tal, capturá-la. Assim, em todo o pandemônio de múltiplas posições, paira o limite evasivo ou o corte e, muitas vezes, somos tentados a proclamar esse corte como inexistente, como uma imposição secundária de uma "ordem binária" a uma multiplicidade agitada.

Isso, obviamente, não significa de forma alguma que não devamos tentar formular as diferenças entre a *Fenomenologia* e a *Lógica*; a questão é apenas que essas formulações são necessariamente inconsistentes, além de serem frequentemente inesperadas (com respeito à nossa imagem tradicional dos dois livros). Por exemplo, uma característica inesperada da oposição entre a *Fenomenologia* e a *Lógica* é que a *Fenomenologia* (que lida com tópicos históricos) fornece uma imagem muito mais estática de seus tópicos, enquanto o material da *Lógica* (que lida com a mente divina antes da criação do mundo, ou seja, com a eternidade antes de sua "queda" na temporalidade) é muito mais permeada por uma dinâmica vertiginosa: "estranhamente, a *Fenomenologia* se compromete com a permanência, enquanto a *Lógica* se recusa a ficar parada: a história congela enquanto a eternidade se torna um fluxo". Talvez resida aí o fato de que, na divisão pós-hegeliana entre as facções de esquerda e direita, a esquerda prefira o estudo da *Lógica*, enquanto os de direita prefiram se debruçar sobre os textos e cursos hegelianos de história e de estética:

> [A]s facções hegelianas de esquerda e de direita não eram campos uniformes, e a divisão entre os dois campos não pode ser facilmente mapeada na divisão entre a *Fenomenologia* e a *Lógica*. De fato, a esquerda (paradigmaticamente Marx e Lênin) frequentemente mostrava uma preferência pela *Lógica*, enquanto a direita tipicamente preferia a *Realphilosophie* de Hegel incorporada em seus cursos.

Devemos subscrever totalmente esse paradoxo: Hegel está em seu momento mais revolucionário quando tenta apresentar a mente de Deus antes da criação do mundo.

Todavia, encontramos aqui outro problema: embora Hegel tenha escrito apenas dois livros, ele também organizou e publicou dois livros de um gênero totalmente diferente, a *Enciclopédia das ciências filosóficas em compêndio* e *Elementos da Filosofia do Direito* ("elementos" é como a edição em inglês traduz "*Grundlinien*", linhas ou características básicas[91]). E como essa adição afeta o *status* do Saber Absoluto? Pode-se argumentar que esse segundo par repete aquele primeiro, mas agora em outro espaço discursivo: a *Enciclopédia* é um manual resumido de todo o sistema, enquanto a *Filosofia do Direito* é uma obra mais historicamente orientada, que é o "seu próprio tempo apreendido em conceito". A forma desses dois livros é totalmente diferente daquela dos dois primeiros: escritos como um resumo para cursos universitários, eles são divididos em parágrafos numerados e são lidos como relatórios condensados de um conhecimento já existente – qualquer aventura existencial e angústia de estar envolvido em uma perigosa trilha de pensamento estão ausentes aqui. Vale a pena citar a descrição de Comay e Ruda na íntegra:

> Hegel começa a lógica menor oferecendo uma definição clara do que está por vir: "a lógica é a ciência da ideia pura, ou seja, da ideia no elemento abstrato do pensar". Isso é exatamente o que a *Lógica* "maior" havia declarado impossível: não há como saber de antemão qual será a temática peculiar em questão. Assim que entramos no recinto da enciclopédia, somos jogados para fora do domínio da filosofia propriamente dita: começamos com a "pequena" *Lógica* sendo lembrados de que estamos excluídos, como leitores, da autodeterminação imanente do Conceito: somos estudantes, ali está o professor e seremos instruídos a cada passo do caminho. Desde o início, o leitor precisa saber do que se trata o empreendimento. Quando passamos da *Ciência da Lógica* para seu homônimo enciclopédico, ocorre uma mudança de perspectiva: passamos da geração subjetiva da verdade para a objetificação dessa verdade na forma de conhecimento. Não estamos mais "fazendo" lógica, mas sendo

---

91. No Brasil, o livro foi publicado com o título *Princípios da filosofia do direito*, com tradução de Orlando Vitorino. São Paulo: Martins Fontes, 1997 [N.T.].

informados sobre a lógica como um objeto de conhecimento transmissível. Não estamos mais "aprendendo a filosofar", mas "aprendendo filosofia" (para lembrar a famosa distinção de Kant): em outras palavras, estamos prestes a retroceder a um dogmatismo pré-crítico. Entre a *Lógica* "grande" e a "pequena" não há mais uma semelhança familiar, mas simplesmente uma similaridade apenas no nome ou no título.

Um sintoma dessa mudança é que, na *Enciclopédia*, o argumento é dividido em parágrafos numerados discretos: o aluno recebe um roteiro antecipado de todos os destinos a serem visitados, enquanto as transições conceituais e os conceitos de transição que estavam presentes na *Ciência da lógica* estão quase totalmente ausentes. Alguém sempre já sabe onde estamos, como chegamos ali e para onde iremos.

Contudo, se apenas afirmássemos essa oposição, não ficaríamos presos na oposição mais tradicional entre o processo criativo e existencialmente engajado do pensar, pronto para assumir todos os riscos e duvidar até mesmo de seus próprios procedimentos, e a posição "segura" de relatar (e, portanto, confiar) em um conhecimento já adquirido? Se quiséssemos ser verdadeiramente hegelianos, não deveríamos abandonar essa simples dualidade do lado "bom" e "ruim" do pensar? Não deveríamos incluir em nossa dúvida radical essa própria oposição e afirmar o supremo "juízo infinito" da filosofia: não só o Espírito é um osso, como também o ceticismo dialético *é* o relato estável de um conhecimento adquirido? A realização final do pensar não é transpor o trabalho máximo da negatividade para um relato seguro de um conhecimento já-dado? O contraste entre os dois (aqui, entre conteúdo e forma) não seria, por si só, a "contradição" definitiva?[92] Somente essa resignação à estrutura universitária, essa renúncia à "criatividade", é o verdadeiro sacrifício do sacrifício, o sacrifício do próprio fascínio pelo ceticismo criativo.

---

92. Tenho que acrescentar uma confissão pessoal aqui: é por isso que sempre me defino como um "materialista dialético", adotando aquilo que é, sem dúvida, o sistema filosófico mais estúpido do século XX.

ESCÓLIO 1.3: A "MORTE DA VERDADE"

Nos debates sobre a explosão de *fake news* na nossa mídia (mas não só nela), os críticos liberais gostam de apontar três eventos que, combinados, provocam continuamente o que alguns chamam de "morte da verdade". Primeiro, é a ascensão de fundamentalismos religiosos e étnicos (e seu anverso, o politicamente correto inflexível) que repudiam a argumentação racional e manipulam impiedosamente os dados para passar sua mensagem: os fundamentalistas cristãos mentem por Jesus, os esquerdistas politicamente corretos ofuscam notícias que mostram suas vítimas preferidas em luzes negativas (ou denunciam os transmissores dessas notícias como "racistas islamofóbicos") etc.

Além disso, temos as novas mídias digitais que permitem que as pessoas formem comunidades definidas por interesses ideológicos específicos, comunidades nas quais elas podem trocar notícias e opiniões fora de um espaço público unificado e onde conspirações e teorias semelhantes podem florescer sem restrições (basta olhar para o crescimento dos sites neonazistas e antissemitas).

Por fim, há o legado do "desconstrucionismo" pós-moderno e do relativismo historicista, que afirmam não existir uma verdade objetiva válida para todos, que toda verdade depende de um horizonte específico e está enraizada em um ponto de vista subjetivo que depende das relações de poder, e que a maior ideologia é precisamente aquela que alega que podemos sair de nossa limitação histórica e ver as coisas objetivamente. A oposição a isso é, obviamente, que os fatos estão aí, acessíveis a uma abordagem objetiva e desinteressada, e que devemos distinguir entre liberdade de opiniões e liberdade de fatos. Os liberais podem, portanto, ocupar confortavelmente o terreno privilegiado da veracidade e rejeitar ambos os lados, a direita alternativa [*alt-right*] e a esquerda radical.

Os problemas começam com a última distinção: em certo sentido, EXISTEM "fatos alternativos" – não, evidentemente, no sentido de que o holocausto aconteceu ou não aconteceu (a propósito, todos os revisionistas do holocausto que eu conheço, desde David Irving, defendem uma maneira estritamente empírica de verificar os dados – nenhum deles evoca o relativismo pós-moderno!). Os "dados" são um domínio vasto e impenetrável e sempre os abordamos a partir de (o que a hermenêutica chama de) um determinado horizonte de compreensão, privilegiando alguns dados e omitindo outros. Todas as nossas histórias são exatamente isso – estórias, uma combinação de dados (selecionados) em narrativas consistentes, e não reproduções fotográficas da realidade. Por exemplo, um historiador antissemita poderia facilmente escrever um resumo do papel dos judeus na vida social da Alemanha na década de 1920, mostrando como profissões inteiras (advogados, jornalistas, artistas) eram numericamente dominadas por judeus – tudo (provavelmente mais ou menos) verdadeiro, mas claramente a serviço de uma mentira. As mentiras mais eficientes são aquelas com verdade, inverdades que reproduzem apenas dados factuais. Consideremos, por exemplo, a história de um país: pode-se contá-la do ponto de vista da política (com foco nos caprichos do poder político), do desenvolvimento econômico, das lutas ideológicas, da miséria popular e dos protestos... cada uma das abordagens pode ser factualmente precisa, mas não é "verdadeira" no mesmo sentido enfático. Não há nada de "relativista" no fato de que a história humana é sempre contada a partir de um determinado ponto de vista, sendo este sustentado por certos interesses ideológicos. O difícil é mostrar como alguns desses pontos de vistas interessados, em última análise, não são todos igualmente verdadeiros – alguns são mais "verdadeiros" do que outros. Por exemplo, se contarmos a história da Alemanha Nazista do ponto de vista do sofrimento daqueles que foram oprimidos por ela, ou seja, se formos guiados em nossa narrativa por um interesse na emancipação humana universal, isso não é apenas uma questão de um ponto de vista subjetivo distinto: tal recontagem da história é também imanentemente "mais verdadeira", uma vez que descreve de modo mais adequado a dinâmica da totalidade social que deu origem ao nazismo. Nem todos os "interesses subjetivos" são iguais – não só porque alguns são eticamente preferíveis a outros, mas também porque os "interesses subjetivos" não se situam fora da totalidade social; eles próprios são momentos da totalidade social, formados por participantes ativos (ou passivos) em processos sociais. A expressão que intitula a obra-prima de Habermas, "conhecimento e interesse humano", talvez seja hoje mais relevante do que nunca.

Há um problema ainda maior com a premissa subjacente daqueles que proclamam a "morte da verdade": eles falam como se antes (digamos, até a década de 1980), apesar de todas as manipulações e distorções, a verdade de alguma forma prevalecia e que a "morte da verdade" é um fenômeno relativamente recente. Uma rápida visão geral já nos diz que esse não era o caso: quantas violações dos direitos humanos e catástrofes humanitárias permaneceram invisíveis, desde a Guerra do Vietnã até a invasão do Iraque? Basta lembrar os tempos de Nixon, Reagan, Bush... A diferença não é que o passado era mais "verdadeiro", mas que a hegemonia ideológica era muito mais forte, de modo que, em vez do grande tumulto de "verdades" locais dos tempos de hoje, basicamente prevalecia uma única "verdade" (ou melhor, uma única grande Mentira). No ocidente, essa era a Verdade liberal-democrática (com um toque de esquerda ou de direita). O que está acontecendo hoje é que, com a onda populista que desestabilizou o *establishment* político, a Verdade/Mentira que serviu de base ideológica para esse *establishment* também está desmoronando. E o motivo principal dessa desintegração não é a ascensão do relativismo pós-moderno, mas o fracasso do *establishment* dominante, que não consegue mais manter sua hegemonia ideológica.

Podemos ver agora o que aqueles que lamentam a "morte da verdade" realmente deploram: a desintegração de uma única grande Estória mais ou menos aceita pela maioria que trazia estabilidade ideológica a uma sociedade. O segredo daqueles que amaldiçoam o "relativismo historicista" é que eles sentem falta da situação segura na qual uma única grande Verdade (mesmo que fosse uma grande Mentira) fornecia o "mapeamento cognitivo" básico para tudo. Em suma, aqueles que lamentam a "morte da verdade" são os verdadeiros e mais radicais agentes dessa morte: seu lema é aquele atribuído a Goethe, *"besser Unrecht als Unordnung"*, isto é, "melhor a injustiça do que a desordem", neste caso, melhor uma grande Mentira do que a realidade de uma mistura de mentiras e verdades.

Isso significa que a única posição honesta é o relativismo pós-moderno, que sustenta que devemos aceitar a mistura de mentiras e (pequenas) verdades como nossa realidade, e que toda grande Verdade é uma mentira? Definitivamente, não. O que isso significa é apenas que não há retorno à antiga hegemonia ideológica – a única maneira de retornar à Verdade é reconstruí-la a partir de uma posição engajada na emancipação universal. O paradoxo a ser aceito é que a verdade universal e a parcialidade não se excluem mutuamente: em nossa vida social, a verdade universal só é acessível àqueles que estão engajados na luta pela emancipação, não àqueles que tentam manter a indiferença "objetiva". Voltando ao nosso exemplo: o antissemitismo (mas também qualquer outra forma de racismo) é absolutamente errado, mesmo que seja baseado em "verdades" parciais (dados exatos). Não há apenas dados verdadeiros e falsos, há também pontos de vista subjetivos verdadeiros e falsos, já que esses pontos de vista fazem parte da realidade social.

TEOREMA II
SEXO COMO NOSSO CONTATO COM O ABSOLUTO

A única maneira de nós, humanos, sairmos da lacuna paraláctica na qual estamos presos é por meio da experiência da sexualidade que, em seu próprio fracasso de atingir seu objetivo, permite-nos tocar a dimensão do Absoluto.

ANTINOMIAS DA SEXUAÇÃO PURA

Para justificar nossa afirmação de que a dimensão transcendental está intimamente ligada à sexualidade, temos que retornar um quarto de século. Tudo começou quando Joan Copjec notou o fato óbvio que é ignorado por todos os teóricos lacanianos (e do qual o próprio Lacan, por óbvio, não era menos consciente): as fórmulas de sexuação de Lacan reproduzem de modo exato a estrutura das antinomias da razão pura de Kant, de modo que as fórmulas da sexuação lacanianas deveriam ser designadas como antinomias da sexuação pura[93]. Lacan elaborou as inconsistências que estruturam a diferença sexual em suas "fórmulas da sexuação", em que o lado masculino é definido pela função universal e sua exceção constitutiva, enquanto o lado feminino pelo paradoxo do "não todo" [*pas-tout*] (não há exceção e, por essa razão, o conjunto é não todo, não totalizado). O conceito kantiano de antinomias da razão pura alega que o único uso legítimo das categorias transcendentais é o campo da realidade fenomênica que aparece para nós, seres humanos finitos – se aplicarmos essas categorias à realidade "em si mesma", independentemente de nós, ou seja, se tentarmos pensar a realidade em sua totalidade, como o Todo infinito, então nossa razão acaba por se enredar necessariamente em uma série de antinomias irresolúveis.

---

93. Cf. COPJEC, J. *Read My Desire*. Cambridge: MIT Press, 1994.

AS ANTINOMIAS MATEMÁTICAS

Primeira antinomia (do espaço e tempo)

Tese: o mundo tem um começo no tempo e é também limitado em termos de espaço.

Antítese: o mundo não tem começo nem limites no espaço; ele é infinito no que diz respeito a isso.

Segunda antinomia (do atomismo)

Tese: toda substância composta no mundo é constituída por partes simples e nada existe a não ser o que é simples ou o que é composto por partes simples.

Antítese: Nenhuma coisa composta no mundo é constituída por partes simples e em nenhum lugar do mundo existe algo simples.

AS ANTINOMIAS DINÂMICAS

Terceira antinomia (da espontaneidade e do determinismo causal)

Tese: A causalidade de acordo com as leis da natureza não é a única da qual as aparições do mundo podem ser derivadas. Para explicar essas aparições, é necessário assumir que há também outra causalidade, aquela da espontaneidade.

Antítese: Não há espontaneidade; tudo no mundo ocorre exclusivamente de acordo com as leis da natureza.

Quarta antinomia (do ser necessário ou não necessário)

Tese: Pertence ao mundo, como sua parte ou como sua causa, um ser que é absolutamente necessário.

Antítese: Um ser absolutamente necessário não existe em nenhum lugar do mundo, seja fora do mundo, seja como sua causa.

As duas antinomias matemáticas tratam do escopo quantitativo da realidade em ambas as direções (para fora e para baixo): a realidade é infinitamente divisível, composta de partes finitas indivisíveis; a realidade é infinita (não há nada externo a ela);

e a realidade é finita (ela tem um limite). As duas antinomias dinâmicas lidam com a exceção qualitativa à realidade: toda a realidade é determinada pela rede imanente de causas e efeitos em que há uma causa superior que transcende a rede de causas naturais. Essa causa, por sua vez, opera espontaneamente (começa por si mesma, não está subordinada a outra causa). As antinomias matemáticas dizem respeito à natureza imanente (não) toda da realidade, enquanto as antinomias dinâmicas referem-se a uma exceção à ordem universal da realidade. Mais uma vez, o que Copjec observou é que o par de antinomias dinâmicas e matemáticas espelha perfeitamente os dois lados das "fórmulas da sexuação" lacanianas: para Lacan, o que caracteriza, em última instância, o *status* da diferença sexual em nosso espaço simbólico não é a oposição de duas entidades substanciais, a masculina e a feminina, mas dois modos do impasse que é constitutivo da ordem simbólica: se quisermos afirmar a Totalidade dessa ordem, precisamos de uma exceção, ao passo que, se não houver exceção, a ordem é não total (já que somente uma exceção pode totalizá-la). Aqui estão as fórmulas de Lacan para a sexuação:

O lado esquerdo ("masculino") é definido pela universalidade da "função fálica" (em que falo – *Phi* – representa o significante do desejo/castração) e sua exceção constitutiva: todos os elementos estão subordinados à função fálica; há (pelo menos) um que está isento dela. O lado direito ("feminino") é definido pela ausência de exceção (não há nenhum elemento que esteja subordinado à função fálica), o que torna o conjunto de elementos não todo (nem-todos estão subordinados à função fálica). De uma forma bastante simplificada, essas fórmulas também podem ser lidas como uma variação do antigo lema "a exceção faz a regra". As fórmulas na parte inferior também devem ser explicadas. No lado masculino, o sujeito masculino confronta o *objet a*, o objeto-causa do desejo, enquanto o lado feminino é mais complexo: não implica que a (não existente) mulher (a fórmula *La* riscada) esteja dividida no sentido de que parte dela está subordinada à função fálica e parte dela não. A (não existente) mulher está totalmente subordinada à função fálica, sem exceção, e é precisamente essa falta de exceção que permite que ela veja

Phi – o fascinante Significante-Mestre – como um significante da inconsistência/falta do grande Outro. Um exemplo simples: para um patriota, o Nome de sua nação é o significante supremo ao qual sua vida é dedicada. No entanto, se olharmos mais de perto, descobriremos rapidamente que esse Significante-Mestre é, em si mesmo, sem sentido, um significante vazio que apenas registra (e ao mesmo tempo ofusca) as inconsistências e os antagonismos inscritos no próprio núcleo de todo projeto nacional.

O que significa essa estranha homologia estrutural entre as antinomias kantianas e as fórmulas da sexuação de Lacan?[94] Há alguma loucura adequada (talvez até "pura", no sentido kantiano de não patológica) nessa aproximação: o que a circunscrição de Kant dos limites da nossa cognição pode ter em comum com os impasses da sexualidade humana? Por que deveríamos ligar a tese de Lacan de que *il n'y a pas de rapport sexuel* [não há relação sexual] à premissa kantiana de que não há relação cognitiva, ou seja, que nosso conhecimento não pode jamais estar diretamente relacionado à realidade tal como ela é em si mesma? Vamos tentar desvendar essa conexão; além disso, também tentaremos responder a outra reprovação óbvia: mesmo se admitirmos que há uma homologia formal entre as antinomias kantianas e as fórmulas da sexuação de Lacan, será que essas fórmulas realmente fornecem uma noção adequada da estrutura básica da diferença sexual humana? O que o fenômeno da sexualidade humana, esse resultado de um complexo entrelaçamento de processos biológicos, sociais e psicológicos, tem a ver com um par de fórmulas lógicas bastante simples e autocontraditórias? Lacan não está falando sobre biologia, mas sobre a diferença sexual como o fato de nosso universo simbólico: a ligação entre os paradoxos simbólicos apresentados pelas fórmulas da sexuação e a biologia do sexo é, obviamente, contingente e externa – elas registram o impasse que um ser-de-linguagem encontra quando tenta simbolizar sua sexualidade. Mas será que isso é suficiente? E será que isso realmente funciona como um *insight*?

---

94. No que se segue, retomo a linha de pensamento de muitos dos meus livros. A versão mais recente está no Capítulo 1.2 de *Incontinence of the Void*. Cambridge: MIT Press, 2017.

Comecemos com as antinomias de Kant. As antinomias sinalizam uma impossibilidade (a de captar a Coisa-em-si), sendo que o impossível só pode ser circunscrito por meio de fracassos, de um modo negativo, o que, para Kant, significa: como sublime. É fácil ver o motivo de essa passagem das antinomias da razão pura para o tópico do Sublime tornar palpável a ligação entre antinomias e sexo (diferença sexual): em seu ensaio pré-crítico sobre o Belo e o Sublime, o próprio Kant vincula o sublime à diferença sexual (o sublime é o masculino, o belo é o feminino). Para Lacan, o sexo como tal é sublime não apenas em sua forma "sublimada" (cultivada), mas em sua forma humana mais básica: é sublime porque o fracasso e o apego a uma Coisa impossível-real são constitutivos da experiência sexual humana. Nossa alegação é apenas a de que é preciso corrigir Kant aqui: ele posiciona erroneamente a diferença sexual, que está localizada no interior do próprio Sublime, em seus dois modos (o masculino "dinâmico" e o feminino "matemático"). Desenvolvamos mais esse ponto fundamental. Os dois modos das antinomias (matemático e dinâmico), utilizados na *Crítica da razão pura*, correspondem aos dois modos do sublime, matemático e dinâmico, colocados na *Crítica do juízo*. O ponto de partida de Kant é a diferença entre o belo e o sublime: a beleza "está conectada com a forma do objeto", tendo "limites", enquanto o sublime é sem forma e sem limites, ele

> não pode estar contido em uma forma sensível, já que só diz respeito a ideias da razão – as quais, mesmo não sendo possível uma exposição que lhes fosse adequada, são, justamente por essa inadequação (que pode ser expressa sensivelmente), evocadas e reavivadas na mente. Assim, o vasto oceano agitado por tempestades não pode ser denominado sublime. Sua visão é pavorosa; e é preciso já ter enchido a mente com muitas ideias para que ela possa ser determinada por tal intuição a um sentimento que é ele próprio sublime, na medida em que a mente é estimulada a abandonar a sensibilidade e ocupar-se de ideias que contêm uma mais elevada finalidade.[95]

---

95. KANT, I. *Crítica da faculdade de julgar*. Petrópolis: Vozes, 2016, p. 142.

Essa experiência pode ocorrer de dois modos: o matemático e o dinâmico. A experiência do sublime matemático é ocasionada por um objeto sem forma, quase incompreensivelmente vasto: em um certo ponto, os poderes dos nossos sentidos e da nossa Imaginação (a faculdade da mente que esquematiza e apreende o mundo sensível em imagens e formas) não conseguem sintetizar todas as percepções imediatas de um objeto tão grande e sem forma em uma imagem completa e unificada de uma única figura; sua escala absoluta ameaça superar os poderes da compreensão da mente, nossa capacidade de apreender sua magnitude com os olhos da mente. Se essa é uma experiência inicialmente desagradável e humilhante, é também o ponto em que a razão entra em cena, pois ela tem outro recurso em seu estoque – a ideia do infinito, extraída do reino do nosso ser suprassensível. Assim, embora o objeto possa parecer, a princípio, sobrecarregar nossas capacidades, descobrimos que são apenas nossas capacidades sensíveis que estão ameaçadas. Nossa Razão tem à sua disposição uma ideia que é muito maior do que o objeto e, portanto, podemos imaginá-la como uma simples aproximação – inadequada – da aparência do infinito. Nesse movimento, somos afastados de nossa experiência sensível em direção ao reconhecimento dos poderes "superiores", sublimes e transcendentais da Razão que temos dentro de nós.

O sublime dinâmico, em vez de lidar com um grande objeto, lida com uma força natural extremamente poderosa – uma tempestade, por exemplo. Assim como no sublime matemático, inicialmente reconhecemos nessa força a aparente inadequação do ser humano: somos pequenos e fracos, então a tempestade poderia facilmente nos eliminar e nos aniquilar. No entanto, quando não nos deparamos com nenhum perigo imediato, quando essa tempestade pode ser vivenciada como uma simples representação e não como uma ameaça direta à vida e à integridade física, podemos reconhecê-la como assustadora sem ter medo e, nesse momento, "descobrimos em nós uma capacidade de resistência de um tipo inteiramente diverso, a qual nos dá coragem para comparar-nos à natureza todo-poderosa"[96]. Esse poder de resistência é um poder

---

96. *Ibid.*, p. 158.

para considerar pequeno aquilo que nos preocupa (bens, saúde e vida) e, assim, não considerar, relativamente a nós e nossa personalidade, o poder da natureza (ao qual estamos certamente submetidos em todos esses pontos) como um poder perante o qual tivéssemos de ajoelhar-nos quando se tratasse de nossos princípios supremos de sua afirmação ou abandono[97].

Embora, objetivamente, estejamos fisicamente sujeitos ao poder da natureza de nos destruir, também podemos, já que somos seres livres e pensantes, agir contra esse estreito autointeresse, em nome de nossos princípios mais elevados e racionais. O que é sublime, então, nessa experiência, é o reconhecimento dos recursos para o heroísmo que possuímos em nós. Não podemos deixar de notar os matizes éticos na versão kantiana do sublime, mais claramente no sublime dinâmico, mas também no sublime matemático: o sublime nos dá uma noção do que está além de nosso próprio interesse e nos dá acesso ao (e prazer no) tipo de desinteresse racional que, para Kant, deve formar a base da ação ética e não egoísta – no sublime, reconhecemos nossa liberdade mais elevada e verdadeira[98].

É aqui que uma referência a Lacan nos ajuda a ler o sublime kantiano de uma nova maneira. Em seu "Kant com Sade", Lacan demonstra como Sade é a verdade de Kant. A primeira associação aqui é, indiscutivelmente: por que toda essa complicação? Em nossa era pós-idealista e freudiana, todo mundo já não sabe qual é o objetivo do "com"? Todo mundo já sabe que a verdade do rigorismo *ético de Kant é o sadismo da lei, ou seja, a lei kantiana é uma* instância do superego que se diverte sadicamente com o impasse do sujeito, com sua incapacidade de atender às suas exigências inexoráveis, como o típico professor que tortura os alunos com tarefas impossíveis e saboreia secretamente seus fracassos. O ponto de Lacan, porém, é exatamente o oposto dessa primeira associação: não é que Kant era secretamente sádico, mas Sade que *é* secretamente um kantiano.

---

97. *Ibid.*, p. 159.
98. Nesta descrição, baseio-me em http://lukewhite.me.uk/sub_history.htm#kant

Ou seja, o que se deve ter em mente é que o foco de Lacan é sempre Kant, não Sade: o que lhe interessa são as consequências finais e as premissas repudiadas da revolução ética de Kant. Em outras palavras, Lacan não tenta defender o ponto de vista "reducionista" habitual de que todo ato ético, por mais puro e desinteressado que possa parecer, está sempre baseado em alguma motivação "patológica" (o interesse próprio do agente a longo prazo, a admiração de seus pares, até a satisfação "negativa" proporcionada pelo sofrimento e pela extorsão muitas vezes exigidos pelos atos éticos). O foco do interesse de Lacan reside, antes, na inversão paradoxal pela qual o próprio desejo (ou seja, a ação motivada pelo desejo e não contrário a ele) não mais possa ser baseado em algum interesse ou motivação "patológicos" – atendendo, assim, aos critérios do ato ético kantiano, de modo que "seguir o próprio desejo" coincide com "cumprir o próprio dever". Basta lembrar o famoso exemplo de Kant em sua *Crítica da razão prática:*

> Suponha que alguém afirme que sua inclinação à volúpia seria para ele totalmente irresistível quando o objeto almejado e a oportunidade lhe estivessem presentes. Pergunte então se ele não controlaria sua inclinação caso uma forca fosse erguida na frente da casa onde encontra essa oportunidade, para enforcá-lo logo depois de fruir sua volúpia. *Não é preciso muito tempo para adivinhar o que ele responderia*[99].

O contra-argumento de Lacan aqui é que certamente *precisamos, sim*, adivinhar o que ele responderia. E se encontrarmos um sujeito (como fazemos regularmente na psicanálise) que só é capaz de aproveitar plenamente uma noite de paixão se alguma espécie de "forca" o estiver ameaçando, ou seja, se, ao fazer isso, ele estiver violando alguma proibição? O ponto de Lacan é que, se a satisfação da paixão sexual envolve a suspensão até mesmo dos interesses "egoístas" mais elementares, se ela está evidentemente localizada "além do princípio de prazer", então, apesar de todas as aparências antagônicas, estamos lidando com

---

99. KANT, I. *Crítica da razão prática*. Petrópolis: Vozes, 2016, p. 49.

um ato ético, sua "paixão" é ética em sentido estrito – ou, como Alenka Zupančič colocou de forma sucinta: "se, como afirma Kant, nenhuma outra coisa além da lei moral pode nos induzir a deixar de lado todos os nossos interesses patológicos e aceitar nossa morte, então o caso de alguém que passa uma noite com uma mulher, mesmo sabendo que pagará por isso com sua vida, é o caso da lei moral"[100].

Isso significa que o gozo excessivo, chamado por Lacan de *jouissance*, também está, assim como a lei moral, além do interesse próprio e do princípio do prazer. O nome dado por Freud à dimensão além do princípio do prazer é pulsão de morte e, portanto, a pulsão de morte não é patológica no sentido kantiano: ela traz prazer, mas prazer na dor, exatamente como o sublime kantiano. Como isso é possível? Somente se – em contraste com Kant – afirmarmos que a faculdade do desejo não é em si mesma "patológica". Em suma, como já vimos, Lacan afirma a necessidade de uma "crítica do desejo puro": em contraste com Kant, para quem nossa capacidade de desejar é completamente patológica, Lacan afirma que existe uma "faculdade pura do desejo". E, mais uma vez, isso quer dizer que, quando Kant afirma que o sublime é um triunfo do suprassensível sobre o sensível, ele procede um pouco rápido demais: ele limita o sensível aos prazeres patológicos e identifica o suprassensível e o não patológico com a Razão e a lei moral. É por isso que Kant privilegia notadamente o sublime dinâmico em que vivenciamos, de forma negativa, a lei moral como a força que nos permite resistir à ameaça externa das forças naturais selvagens (lembremo-nos de que, para Kant, experienciamos a liberdade somente por meio da lei moral: ela é, em última instância, a liberdade de escapar do determinismo natural, sendo que a pressão da lei moral nos permite agir livremente e esca-

---

100. ZUPANČIČ, A. The Subject of the Law. *In*: ŽIŽEK, S. (org.). *Cogito and the Unconscious*. Durham: Duke UP, 1998, p. 89.

par dos nossos interesses autocentrados)[101]. No entanto, algo diferente acontece quando experienciamos o sublime matemático: se o observarmos de perto, veremos que ele não implica nenhuma referência a outra dimensão "superior" externa ao sensível, tampouco implica uma exceção *à ordem do sensível* – o "suprassensível" que está nele implicado é o próprio sensível estendido *às limitações dos poderes humanos de percepção*. A lacuna que encontramos aqui é imanente ao sensível e se encaixa no que Lacan formulou como a antinomia do não todo: não há exceção à ordem sensível, mas, mesmo assim, não podemos totalizá-la, ou seja, essa ordem permanece não toda. Em outras palavras, na medida em que o sensível é superado aqui, ele não é ultrapassado em outra dimensão superior, mas a partir de dentro, preso em sua própria inconsistência – essa é a tensão imanente que caracteriza o que Lacan chama de *jouissance feminine* [gozo feminino]. Dessa maneira, voltamos à diferença entre a antinomia da sexualidade masculina e a antinomia da sexualidade feminina que delineamos brevemente na Introdução: a *jouissance feminine é ilimitada* e, portanto, atravessada por um impasse imanente que pode empurrá-la para a autorrenúncia, enquanto a economia sexual masculina depende de uma exceção não sexual (ética, no caso de Kant) que sustenta sua universalidade.

É por isso que a Igreja Católica tende a rebaixar a atividade sexual (quando separada da procriação) à animalidade bruta: ela

---

101. A preferência de Kant por antinomias dinâmicas também é claramente discernível em seu tratamento da diferença entre elas e as antinomias matemáticas: em resumo, nas antinomias matemáticas, a tese e a antítese são ambas *falsas* (*uma vez que não há mundo no sentido da totalidade do mundo condicionado*). Não há mundo no sentido da totalidade das aparências condicionadas, ao passo que, nas antinomias dinâmicas, ambos os lados da antinomia acabam sendo corretos – pode-se dar a cada lado o que lhe é devido, desde que se limite o domínio sobre o qual as afirmações se sustentam. A exigência da tese de um início causal absoluto ou de um ser necessário pode muito bem ser mantida, mas não como "parte de" ou como uma explicação das aparências na natureza. As conclusões da antítese podem ser mantidas, mas apenas em relação aos objetos na natureza considerados como aparências, enquanto nenhuma síntese de ambos os polos é possível no caso das antinomias matemáticas.

intui com muita precisão que o sexo é seu grande concorrente, a experiência primeira e mais básica de uma experiência metafísica propriamente dita. A paixão sexual introduz um corte violento no fluxo de nossa vida diária: outra dimensão intervém nela e nos faz negligenciar nossos interesses e obrigações cotidianos. A Igreja Católica ignora o fato flagrante de que são justamente os animais que fazem isso para procriar, enquanto os seres humanos, dominados pela paixão sexual, isolam algo (o ato sexual) que na natureza funciona como um meio de procriação e o transformam em um objetivo-em-si-mesmo, um ato de intensa experiência de gozo espiritualizado. É por isso que a psicanálise se refere ao sexo: não porque ele seja a substância natural de nosso ser que é, então, cultivada por meio dos complexos ritos da civilização (cujo lugar apropriado é a linguagem e/ou o trabalho) – a ruptura com a "vida natural" ocorre no próprio sexo, ou seja, como tentamos demonstrar em nossa leitura de Kant, a tensão que caracteriza o Sublime é imanente à sexualidade, designa seu antagonismo intrínseco, não é uma tensão entre a sexualidade sensível e outra dimensão "superior".

Devido a essa tensão imanente, o gozo sexual não só está fadado ao fracasso, como também é, de alguma forma, um gozo no próprio fracasso, no falhar de novo e de novo, na repetição do fracasso. Imaginemos uma cena simples: estou apertando a mão de alguém, mas em vez de soltá-la após alguns apertos superficiais, continuo apertando-a ritmicamente – esse comportamento de minha parte não geraria o efeito de uma erotização indesejada e constrangedora? A Coisa sexual sublime (o Em-Si numenal sexual, para falar nos termos de Kant) não é acessível diretamente, ela só pode ser circunscrita como o ponto focal ausente das repetidas tentativas de obtê-la, ou, como disse Kant, ela só pode ser evocada negativamente por meio dos sucessivos insucessos em alcançá-la. É por isso que a dor, a dor do fracasso, faz parte da experiência sexual intensa e o gozo surge apenas como o efeito do gozo arruinado pela dor.

Devemos nos lembrar aqui da definição do sublime de Lacan: "um objeto elevado ao nível da Coisa", uma coisa ou ato habitual por meio do qual, em um frágil curto-circuito, a Coisa Real impossível transparece. É por isso que, em uma interação erótica intensa, basta uma palavra errada ou um gesto vulgar para que uma violenta dessublimação ocorra, causando uma queda da tensão erótica para a copulação vulgar. Imagine-se que, no embalo da paixão erótica, uma pessoa olhe atentamente para a vagina da mulher amada, tremendo com a promessa dos prazeres antecipados – mas, então, algo acontece e a pessoa "perde o contato", por assim dizer, saindo do *ímpeto* erótico e a carne diante dos seus olhos aparece em toda sua realidade vulgar, com cheiro de urina e suor etc. (e é fácil imaginar a experiência inversa com um pênis). O que acontece aqui? Será que experienciamos aquilo que Lacan chama de "atravessar a fantasia" – a camada protetora das fantasias se desintegra e nos confrontamos com o real dessublimado da carne? Para Lacan, é exatamente o oposto que ocorre na cena descrita: a vagina deixa de ser "um objeto elevado à dignidade de uma Coisa" e se torna parte da realidade habitual. *É nesse sentido que a sublimação não é o oposto da sexualização, mas seu equivalente:* o Real é o enigmático X imaterial sob cuja dominação a vagina nos atrai[102].

E é por isso que, também no erotismo, somente um pequeno passo separa o sublime do ridículo. O ato sexual e o cômico: parece que essas duas noções se excluem radicalmente – não seria o ato sexual o representante do máximo envolvimento íntimo? Não seria o ponto em que o sujeito participante jamais pode assumir a atitude de um irônico observador externo? Por essa mesma razão, no entanto, o ato sexual não pode deixar de

---

102. Em um debate foi feita uma observação crítica de que essa experiência de repulsa que pode ocorrer em meio a uma atividade sexual intensa é o resultado de uma abordagem intelectual que me distancia da experiência corporal imediata. Essa objeção não se sustenta, visto que a experiência descrita surge como um sentimento brutal quando a rede de fantasia que estrutura nossa percepção da realidade se desintegra – nela, tropeçamos precisamente na realidade crua da estúpida presença corporal. É por isso que seria interessante investigar se os primatas que copulam também podem experienciar essa repulsa que os distancia da imersão total no envolvimento sexual. Em princípio, a resposta deveria ser não, pois a distanciação só pode ocorrer quando se habita o universo simbólico.

parecer minimamente ridículo para aqueles que não estão diretamente nele engajados. O efeito cômico surge da própria discordância entre a intensidade do ato e a calma indiferente da vida cotidiana. Para o olhar externo, "sóbrio", há algo irredutivelmente engraçado (estúpido, excessivo) no ato sexual – podemos nos lembrar aqui da memorável reprovação do ato sexual pelo Conde de Chesterfield: "o prazer é momentâneo, a posição é ridícula e a despesa condenável"[103]. Então, novamente, como a diferença sexual está inscrita nessa estrutura do fracasso que traz *jouissance*? Temos que ter em mente que o masculino e o feminino não são entidades positivas, mas estruturas formais de dois tipos de antagonismos. Vejamos um exemplo recente. As notícias sobre o *MeToo* são frequentemente acompanhadas pela foto de uma mulher segurando um cartaz que diz algo como: "eu me identifico como uma mulher, mas quero romper com esse quadro". A ideia subjacente a essa afirmação é que a identidade feminina (tal como ela é definida pelo discurso hegemônico) é uma ideologia patriarcal que deve ser rejeitada pelas mulheres que lutam por sua emancipação; porém, essa rejeição é o gesto feminino *par excellence*, um gesto de resistência histórica à interpelação. Em termos althusserianos, o núcleo da subjetividade feminina é o questionamento histórico da identidade fornecida pela interpelação ideológica: "você (o Mestre) diz que eu sou isso, mas por que eu sou o que você está dizendo que eu sou?" Assim, enquanto as mulheres são como uma tartaruga tentando sair do confinamento da sua concha ideológica, os homens estão fazendo o oposto, tentando chegar à sua identidade simbólica fálica que os ilude para sempre, assombrados por uma dúvida compulsiva: "eu sou realmente um homem?" Em suma, a diferença sexual é sua própria metadiferença: não é a diferença entre os dois sexos, mas a diferença entre os dois modos de diferença sexual, entre os dois "funcionamentos" da diferença sexual. Uma maneira de ler as fórmulas da sexuação de Lacan é também que, do ponto de vista masculino, a diferença sexual é a diferença

---

103. Para uma descrição mais detalhada entre a sexualidade e o cômico, cf. o Apêndice 1 no meu *The Plague of Fantasies*. Londres: Verso Books, 1997.

entre a universalidade humana (masculina) e a sua exceção (feminina), ao passo que, do ponto de vista feminino, é a diferença entre o não todo (feminino) e a não exceção (masculina). Em outras palavras, a diferença sexual não é apenas entre as duas espécies da universalidade do sexo (que podemos complementar com outras espécies – transgêneros etc.), mas a diferença que se divide a partir da própria universalidade do sexo.

De volta ao transcendental kantiano: o que isso significa é que o transcendental *não é* um quadro estável perturbado pela multiplicidade caótica de sensações externas; ele é, antes, cortado por dentro, antinômico, atravessado por inconsistências imanentes. *É por isso que o transcendental kantiano tem que acabar na* "eutanásia da razão pura" (A407/B434)[104], no desespero da razão diante de sua própria impotência. A consequência filosófica desse desespero é a rejeição de Kant da ontologia como *metaphysica generalis*, um conhecimento universal formal da realidade, independente de dados sensíveis particulares: meras formas de pensamento que não podem produzir conhecimento de objetos, de modo que "o pomposo nome de uma ontologia, que se arroga a fornecer conhecimentos sintéticos *a priori* das coisas em geral [...] tem de dar lugar ao mais modesto nome de uma simples analítica do entendimento puro"[105]. O que torna a situação catastrófica é que não podemos simplesmente nos livrar da tentação metafísica e depois nos concentrarmos no uso do conhecimento adequado, pois nossas propensões metafísicas estão baseadas na "própria natureza humana", na prescrição racional para assegurar a unidade sistemática e a completude do conhecimento, de forma que a mesma demanda que orienta nossas investigações científicas racionais e define nossa razão (humana) é também o *locus* do erro que precisa ser contido ou evitado. Em resumo, Kant identifica a razão como a sede de um tipo único de erro, essencialmente ligado a propensões metafísicas e ao qual ele se refere como "ilusão transcendental".

---

104. KANT, I. *Crítica da razão pura*. Petrópolis: Vozes, 2012, p. 353 [N.T.].
105. *Ibid.*, p. 248 (A247, B303).

As ideias da razão (a alma, o mundo e deus), que são pensadas de acordo com a busca por uma entidade incondicionada que poderia unificar o domínio relevante das condições, são erroneamente "hipostasiadas" pela razão ou pensadas como "objetos" independentes da mente, sobre os quais podemos almejar conhecimento. Kant acredita que uma característica da autoconsciência (a natureza idêntica do "eu" da apercepção) é transmutada em uma metafísica de um "eu" (como um objeto) que é ostensivamente "conhecido", somente pela razão, como sendo substancial, simples, idêntico etc. Esse deslizamento do "eu" da apercepção para a constituição do sujeito como um objeto (a alma, em Kant) – um deslizamento que hoje está se popularizando pela ontologia orientada a objetos, para a qual o sujeito é um objeto entre outros – é descrito, em Kant, como um caso de paralogismo da razão pura:

- Aquilo cuja representação é o *sujeito absoluto* de nossos juízos e, portanto, não pode ser usada como determinação de outra coisa, é a substância.

- Eu, como ser pensante, sou o *sujeito absoluto* de todos os meus juízos possíveis, e esta representação de mim mesmo não pode ser usada como predicado de alguma outra coisa.

- Logo, eu, como ser pensante (alma), sou *substância*[106].

A premissa maior fornece a definição geral de substância e, portanto, expressa a regra geral de acordo com a qual os objetos podem ser pensados como substâncias. Entretanto, é ilegítimo aplicar o conceito de substância ao "eu", pois esse conceito só pode ser aplicado a objetos empíricos na realidade e o "eu" *não é um desses objetos*. Kant formula, assim, o que Lacan mais tarde chamou de distinção entre o sujeito vazio/barrado do significante e o ego imaginário como um objeto[107].

---

106. *Ibid.*, p. 319-320 (A349).
107. Nessa descrição, baseio-me em https://plato.stanford.edu/entries/kant-metaphysics/

PARALAXE SEXUAL E CONHECIMENTO

Essas clarificações nos levam à antiga e ingênua questão: qual a composição última da realidade? Seria a realidade última infinitamente divisível, isto é, composta de uma multiplicidade de multiplicidades, ou existiria um *quanta* mínimo de Uns? Ou seria a realidade última um vazio a partir do qual as partículas flutuam, aparecem e desaparecem? Etc., etc. O ponto de partida que se impõe a partir de nosso ponto de vista é diferente, qual seja, o de uma impossibilidade constitutiva. A realidade é não Una, o que não significa simplesmente que ela seja múltipla: não Una, a impossibilidade de ser Um, está inscrita nela como sua própria condição mais íntima de (im)possibilidade. Isso significa que uma tensão deontológica está gravada no próprio coração da ontologia: a realidade é em si mesma frustrada, ela não pode ser o que deveria ser imanentemente. Em termos mais hegelianos, o Um emerge como Um somente da autorrelação que opõe sua unicidade a todas suas propriedades particulares compartilhadas pelos outros, de modo que ele tem que se dividir em Um em contraste com suas propriedades. O que seria, então, a autoidentidade?

Procedamos de modo wittgensteiniano e observemos quando, em nossa fala cotidiana, recorremos a tautologias. Digamos que, quando nos perguntam o que é uma rosa, simplesmente respondemos: "uma rosa é... uma rosa". Dizemos isso quando experienciamos o fracasso dos predicados: não importa o quanto tentemos, eles fracassam em capturar a coisa e *só nos resta repetir o substantivo*. A afirmação da autoidentidade é, portanto, a afirmação *da própria diferença, não apenas a diferença da coisa em relação* a todas as outras coisas (no sentido da diferencialidade), mas a diferença de uma coisa em relação a si mesma, a diferença que atravessa uma coisa, a diferença entre a série de seus predicados (definindo suas características positivas) – "uma rosa é uma rosa" significa que a rosa não pode ser reduzida à série de seus predicados. Em um belo exemplo de um vínculo entre identidade e fracasso, toda autoidentidade é, portanto, fundamentada em um fracasso dos predicados (*não há espaço aqui para tratar* do vínculo entre esse fracasso e o *objet a* como o elusivo e indefinível "eu não sei o quê" que sustenta a identidade de uma coisa). *É nesse sentido que uma coisa emerge de sua própria impossibilidade: para que uma coisa seja, ela só pode vir a existir contra o pano de fundo de sua impossibilidade, o que significa que sua identidade é constitutivamente frustrada*, restringida.

Como, então, passamos do Um para o Dois? Há Dois porque o Um é em si mesmo "barrado", impossível: Dois são/é menos que Um, ele não é dois uns, mas o Um mais um vazio que o corta como a marca de sua impossibilidade. Podemos ver aqui nitidamente o quanto estamos distantes da noção tradicional de polaridade de forças opostas presas em uma luta eterna: a assimetria dos dois polos é radical e o segundo elemento apenas preenche o vazio da incompletude do primeiro. Mais precisamente, como o Um "barrado" significa que todo Um é completamente descentrado, exposto e mediado por seu exterior que atravessa sua unidade, isso cria a tentação de elevar esse próprio Outro ao posto de fundamento absoluto último, um campo complexo no qual todo Um está enraizado. Deve-se, portanto, resistir ainda mais a essa tentação: não há Outro, pois ele está em si mesmo "barrado" e *não fornece nenhum fundamento último*.

Na medida em que foi Kant quem, com sua virada transcendental, delineou pela primeira vez a lacuna que ainda define a nossa constelação contemporânea, a lacuna entre o espaço da realidade e seu horizonte transcendental, então é óbvio por que, de nossa perspectiva, o filósofo-chave continua sendo Kant, suas antinomias da razão pura e, depois, a passagem de Kant para Hegel. Dessa forma, devemos proceder em duas etapas. Primeiro precisamos delinear claramente o vínculo entre o pensamento transcendental de Kant e o fracasso da ontologia. Na concepção dominante, supõe-se que Kant admite abertamente o fracasso da ontologia geral, que tem como objetivo apreender o Todo da realidade: quando nossa mente tenta fazer isso, ela inevitavelmente fica presa em antinomias. Hegel, então, preencheria essa lacuna, reinterpretando-as como contradições cujo movimento dialético nos permite apreender o Todo da realidade, ou seja, com Hegel haveria um retorno à ontologia geral pré-crítica. Mas e se a situação for, na verdade, bem diferente? É certo que Kant admite antinomias, mas apenas no nível epistemológico e não como características imanentes da Coisa-em-si inalcançável, enquanto Hegel transpõe as antinomias epistemológicas para a esfera ontológica e, assim, mina toda a ontologia: a "própria realidade" é não toda, antinômica. Deve-se tomar cuidado para não perder o ponto da revolução filosófica de Kant: não é que ele simplesmente insista na lacuna intransponível que separa as aparições da coisa em si. A lacuna que ele afirma é aquela entre a realidade fenomênica e transcendentalmente constituída e o Real, a Coisa-em-si, e o que isso implica é que a nossa própria realidade é não toda, inconsistente. É somente do ponto de vista dessa revolução kantiana que podemos entender a noção de negatividade em Hegel como o poder disruptivo imanente à própria realidade.

É preciso, portanto, ser muito preciso aqui. Quando Kant lamenta que a Coisa-em-si permanece fora de nosso alcance, é fácil detectar a falsidade dessa lamentação, que é um claro sinal de alívio – graças a Deus escapamos do perigo de nos aproximarmos demais dela! É por isso que é crucial observar que Kant não apenas tenta demonstrar a lacuna entre as aparições e o Em-Si; ele defende algo muito mais forte. Suas antinomias da razão pura afirmam demonstrar que as aparições *não podem* ser a mesma coisa que o Em-Si, que elas são necessariamente meras aparições (em exata homologia a isso, Kant, em sua *Crítica da razão prática*, falsamente lamenta o fato de que não podemos jamais ter certeza se nosso ato foi um ato ético verdadeiramente livre, e não um ato contaminado por motivações patológicas: mais uma vez, por trás dessa lamentação, há um alívio pela possibilidade de evitar para sempre o Real da liberdade). Uma crítica hegeliana a Kant não defende simplesmente que nossas aparições devam se ajustar ao Em-Si: pelo contrário, ela afirma plenamente a lacuna entre as aparições e o Em-Si, situando o Real *nessa própria lacuna*. Em suma, o próprio espaço que parece nos separar para sempre do Em-Si é uma característica do Em-Si, não podendo ser reduzido a algo imanente à esfera dos fenômenos.

O que isso significa é que a mudança de Kant para Hegel, das antinomias epistemológicas para as antinomias inscritas na própria Coisa, não envolve nenhum tipo de retorno à metafísica pré-crítica, em que simplesmente fornecemos uma imagem da realidade objetiva como uma realidade atravessada por antinomias. Estas *não são* redobradas no sentido de que as antinomias subjetivas, em vez de serem um obstáculo ao acesso à Coisa, "reflitam" as antinomias da Coisa. Nosso contato com o Absoluto é a própria "distorção" subjetiva; logo, o movimento para além de Kant não envolve nenhum tipo de dialética "objetiva", e sim a inclusão de "distorções" subjetivas em processos "objetivos" – esse redobramento da "distorção" é o que define o Absoluto. O que isso significa é que, precisamente como o Absoluto, como a Coisa impossível-real, o sexo é acessível apenas como o ponto de referência de desvios e distorções sempre-falhado. Um sexo diretamente acessível é apenas uma atividade biológica vulgar, não realmente "sexual" – somente quando essa ação *é* enredada na teia de diferimentos e desvios é que ela se torna efetivamente sexual.

Desçamos da alta teoria da vida cotidiana e ilustremos esse ponto com uma das estratégias de troca sexual: a manipulação hábil do que é dito/não dito, que assume a forma de uma ênfase ambígua em uma parte da frase, gerando um significado erótico que é imediatamente neutralizado, mas cujos efeitos não podem ser totalmente desfeitos. Um amigo filósofo me contou que, em um encontro após uma conferência proferida por ele, se envolveu em um debate acalorado com uma mulher sobre sua fala e a tensão erótica começou a crescer entre os dois, mas exclusivamente no nível da troca de olhares e gestos de mãos demasiado intensos. Então, em um determinado momento, como parte da troca intelectual, ele começou sua réplica ao argumento dela com as palavras: "talvez eu possa colocar meu ponto de vista do seguinte modo", acompanhando suas palavras com uma gesticulação sugestiva com as mãos, indicando seu desejo de agarrá-la. Antes que ele terminasse a frase, ela o interrompeu com um enfático: "sim, você pode", e assim, depois de uma pausa quase imperceptível, continuou com a voz um pouco mais suave: "... formular sua posição assim". O que estava em jogo era, obviamente, o duplo funcionamento do "sim, você pode", isto é, como parte da frase completa, expressava a concordância dela com a argumentação dele, mas, isolada da segunda parte da frase, respondia diretamente ao gesto corporal dele, permitindo que ele a agarrasse (e, aliás, essa história tem um final feliz: ele leu corretamente a resposta dela e o casal passou a noite juntos). *É nesse sentido que, como disse Lacan*, a sexualidade se inscreve nos cortes e nas lacunas da palavra dita: não somente, por causa das regras do decoro, o significado erótico precisou ser apresentado de forma ambígua e indireta, mas essa própria ambiguidade (o duplo sentido do "sim, você pode") erotizou ainda mais a situação. Por isso, o Absoluto é virtual (o ponto de referência impossível dos jogos eróticos) e, como tal, frágil: é a realidade comum que é dura, inerte, estupidamente aí adiante, e é o Absoluto que é completamente frágil e fugaz.

Então – retornando ao nosso ponto principal –, como podemos superar a abordagem transcendental elaborada inicialmente em Kant, ou seja, como realizar a passagem de Kant para Hegel sem regredir a uma ontologia realista pré-crítica? O resultado da limitação kantiana do cognoscível à realidade fenomênica transcendentalmente constituída não significa que, embora seja uma aparição, a realidade fenomênica constitua um Todo consistente no qual podemos nos apoiar, relegando tranquilamente as inconsistências para o Além numenal. As antinomias da razão pura significam que o limite externo (que separa a realidade fenomênica do Além numenal) é, ao mesmo tempo, interno (à realidade fenomênica): a razão é frustrada por dentro, incapaz de se totalizar. *É por isso que a consequência do transcendentalismo de Kant é o impasse da Razão: quando ela tenta ultrapassar os limites de nossa experiência finita, a razão (o logos, a ordem simbólica) fica necessariamente enredada em antinomias. Isso é uma prova de que nossa razão não pode alcançar a realidade tal como ela é em si mesma.*

O próximo passo diz respeito à homologia já elaborada entre a dualidade das antinomias matemáticas e dinâmicas da razão pura em Kant e as fórmulas da sexuação em Lacan, uma homologia que afirma a relevância ontológica da sexualidade (de uma forma radicalmente diferente das cosmologias pré-modernas e sua luta de princípios opostos, yin e yang etc.). Qual é, todavia, o resultado exato desse *insight*? Parece que ele afirma novamente a hipótese agnóstica transcendental, fornecendo-lhe apenas uma raiz "freudiana" – algo como: nossa razão se enreda em antinomias e *não pode ter acesso à realidade em si mesma, porque é sempre (constitutivamente)* "torcida" pela sexualidade (diferença sexual).

A questão que se coloca é: como podemos pensar essa "eutanásia da razão" (seu inevitável emaranhamento em antinomias radicais, sua incapacidade de apreender a realidade em sua totalidade, em apreendê-la como um Todo) sem postular (ou pressupor; em suma – em termos hegelianos – pondo como pressuposto) um Em si fora do alcance da nossa razão? Só existe, evidentemente, uma saída (hegeliana), que é passar do impasse epistemológico à impossibilidade ontológica, ou seja, conceber um antagonismo radical (uma divisão paraláctica) como imanente à própria realidade. Como disse Hegel, Kant demonstrou muita "ternura pelas coisas" quando se recusou a aceitar que a antinomia é uma característica da própria realidade; contra Kant, devemos, portanto, apreender aquilo que ele considera um obstáculo à nossa cognição da coisa-em-si como a própria característica que nos lança no coração abissal da coisa-em-si. O fato de não podermos apreender a realidade como um Todo não significa que ela esteja fora do nosso alcance, e sim que a realidade é, em si mesma, não toda, antagônica, marcada por uma impossibilidade constitutiva – para dizer de forma clara, coisas existem porque não podem existir plenamente.

Na física quântica, a sobreposição de múltiplas versões em uma onda representa a "castração", a impossibilidade de realização do Um (em uma homologia à afirmação de Freud de que, em um sonho, vários pênis indicam castração, a falta de um). Assim, não é que as múltiplas versões sejam sombras que acompanham o Um efetivo: ele é uma das sombras contingentemente selecionadas para preencher o vazio. Nesse sentido, mais uma vez, o Um existe a partir de sua própria impossibilidade: o obstáculo da impossibilidade impede sua atualização e o faz explodir em uma multiplicidade, e, a partir desta, o Um é contingentemente selecionado. Podemos observar esse processo circular em sua forma mais pura no caso do sujeito: este é barrado, fracassa em se articular no simbólico e esse fracasso é o sujeito, de modo que o ele *é um resultado de seu próprio* fiasco em ser.

O sujeito é o caso extremo de uma entidade fundamentada em sua impossibilidade; por essa razão, o sujeito é caracterizado por uma série de coincidências de opostos. Como sujeito, sou único – uma singularidade única – e, ao mesmo tempo, universal, igual a todos os outros em minha própria unicidade abstrata. Como podemos reunir (ou pensar) o sujeito universal, a forma universal da qual todos os sujeitos individuais participam, e o sujeito em sua unicidade? Para Hegel, é essa própria coincidência radical dos opostos o que define o sujeito, e a solução desse paradoxo *é que o sujeito é universal para si,* mas *não apenas em si: o que torna* um sujeito único é o fato de ele ser idêntico para-si, em abstração de todas as suas características particulares (ou seja, ele se distingue de suas características, não pode ser reduzido a uma combinação delas, relaciona-se a si mesmo de forma negativa) e essa própria unicidade o torna universal.

No entanto, essa unidade de opostos, essa coincidência entre universalidade e singularidade, permanece imediata, excluindo todo conteúdo substancial que lhe aparece como seu Outro. De acordo com Lacan, devemos distinguir três modalidades do outro: o outro imaginário – meu *semblante* (*semblant*), meu semelhante que é, ao mesmo tempo, como meu concorrente e eu, aquele com quem estou preso na luta pelo reconhecimento; o Outro simbólico – a ordem simbólica transubjetiva que regula o espaço de interação entre mim e meus *semblantes*; e o outro real, o abismo impenetrável do desejo do Outro, que pode ser elevado à Alteridade absoluta de deus. A superação dessa lacuna que separa o sujeito de seu Outro impenetrável não está, mais uma vez, na apropriação desse Outro, mas na realocação do Em-si transcendente no próprio coração do meu Eu: eu mesmo sou o núcleo impenetrável que encontro sob a forma de Alteridade absoluta.

Deparamo-nos com outra forma dessa mesma lacuna em nossa experiência sociopolítica, sob a forma da incomensurabilidade de diferentes "modos de vida": será que outro modo de vida, outro modo coletivo de prazer impenetrável por nós, também não é uma figura de Alteridade? Como reunir a universalidade (dos direitos políticos, do mercado etc.) e essa Alteridade incorporada em um modo de vida? As duas soluções mais diretas – a afirmação da universalidade que nos une acima de todas as diferenças, bem como a aceitação das diferenças intransponíveis entre os diferentes modos de vida – estão fadadas ao fracasso. A solução reside, mais uma vez, no redobramento do mistério: o mistério do Outro é o mistério do próprio Outro e nosso fracasso em apreender o Outro ecoa o fracasso do Outro de apreender a si mesmo. A universalidade que nos une ao Outro não reside em algumas das características positivas partilhadas, mas no próprio fracasso. O mesmo se aplica à sexualidade, que fornece a matriz básica desse encontro com a enigmática Alteridade. Em sua "teoria geral da sedução", Jean Laplanche ofereceu a formulação insuperável do encontro com a insondável Alteridade como o fato fundamental da nossa experiência psíquica[108]. No entanto, é o próprio Laplanche que insiste na necessidade absoluta da mudança do enigma *do* para o enigma *em* – uma clara variação do já mencionado *dictum* a respeito da Esfinge: "os segredos dos antigos egípcios eram também segredos para os próprios egípcios":

> Quando se fala, para retomar os termos de Freud, do enigma da feminilidade (o que é a mulher?), proponho, junto com Freud, que nos movamos para a função do enigma na feminilidade (o que uma mulher quer?). Da mesma forma (mas

---

108. Cf. LAPLANCHE, J. *New Foundations for Psychoanalysis*. Oxford: Basil Blackwell, 1989.

Freud não faz esse movimento), o que ele chama de enigma do tabu nos leva de volta à função do enigma no tabu. E mais ainda, o enigma do luto nos leva à função do enigma no luto: o que a pessoa morta quer? O que ela quer de mim? O que ela queria me dizer? O enigma nos leva de volta, então, à alteridade do outro; e a alteridade do outro é sua resposta ao seu inconsciente, ou seja, à sua alteridade para si mesmo[109].

Agora podemos ver com um pouco mais de clareza a ligação entre sexualidade e segredo redobrado. A cena primordial da sexualidade humana – e, ao mesmo tempo, do inconsciente – ocorre quando uma criança pequena não apenas se dá conta de que os outros (pais, irmãos e irmãs etc.) estão brincando com ela e que querem algo dela, sendo que permanece impenetrável para ela o que eles querem, mas que eles também não sabem o que querem dela. A forma primordial da sexualidade deve ser localizada nesses atos realizados por outros que são inacessíveis para eles – uma mãe que acaricia seu filho excessivamente etc.

Não seria crucial realizar esse movimento também em relação à noção de *Dieu obscur*, do deus elusivo e impenetrável: esse deus tem que ser inacessível também para si mesmo, precisa ter um lado sombrio, uma alteridade em si mesmo, algo que *é em si mesmo mais que ele* próprio? Talvez isso explique a mudança do judaísmo para o cristianismo: o judaísmo permanece no nível do enigma *de* deus, enquanto o cristianismo passa para o enigma *no* próprio deus. Longe de se opor à noção do *logos* como a Revelação na/pela Palavra, a Revelação e o enigma em deus *são estritamente correlativos, dois aspectos de um mesmo gesto*. Ou seja, é precisamente porque deus é um enigma também *em si e para si*, por ele ter uma insondável Alteridade *per se*, que Cristo teve que emergir para revelar deus não apenas à humanidade, mas também *ao próprio deus* – é somente por meio de Cristo que deus se realiza plenamente como deus. Em outras palavras, o dito "perdoa-lhes, pois eles não sabem o que fazem" deve ser aplicado também ao próprio deus – em última análise, *ele* não sabe o que está fazendo. Consequentemente, também podemos

---

109. LAPLANCHE, J. *Essays on Otherness*. Londres: Routledge, 1999.

ver como a premissa básica do racismo (de modo exemplar, o antissemitismo) é precisamente a alegação de que há um Outro (judeu) que sabe perfeitamente o que está fazendo e que, secretamente, está mexendo os pauzinhos.

Em resumo, a sexualidade não é um mistério no sentido de um enigma impenetrável para nós; ela é um enigma para si mesma, a incógnita do objeto-causa do desejo, do "o que o outro quer de mim?", e esse enigma faz com que ela funcione como sexualidade. As coordenadas da ordem simbólica estão aqui para nos permitir lidar com o impasse do desejo do Outro e o problema é que a ordem simbólica, no final das contas, sempre fracassa: como Laplanche apontou, o impacto traumático da "cena primordial", o enigma dos significantes do desejo do Outro, gera um excesso que nunca pode ser totalmente "suprassumido" na ordem simbólica. A notória "falta" consubstancial ao animal humano não é simplesmente negativa, uma ausência de coordenadas instintivas: é uma falta com relação a um excesso, acerca da presença excessiva do prazer traumático. O paradoxo é que há significação precisamente porque há um fascínio e um apego erótico excessivo e não significável: a condição de possibilidade da significação é sua condição de impossibilidade. E se, então, o principal recurso do desenvolvimento excessivo da inteligência humana for o esforço para decifrar o abismo do *"Che vuoi?"*, o enigma do desejo do Outro? E se aí residir a razão pela qual os seres humanos estão fixados em solucionar tarefas que não podem ser solucionadas, em tentar responder a perguntas irrespondíveis? E se a ligação entre a metafísica e a sexualidade (ou, mais precisamente, o erotismo humano) for interpretada literalmente? Dessa maneira, esse núcleo traumático e indigesto, como suporte sem sentido do sentido, é a própria fantasia fundamental.

O lugar original da fantasia é o de uma criança pequena ouvindo ou testemunhando o coito dos pais e incapaz de entender o que está acontecendo: o que significa tudo isso, os sussurros intensos, os sons estranhos no quarto etc.? A criança fantasia uma cena que explicaria esses fragmentos estranhamente intensos. Lembremo-nos da famosa cena de *Veludo azul*, de David

Lynch, em que Kyle MacLachlan, escondido no armário, testemunha a estranha interação sexual entre Isabella Rosselini e Dennis Hopper. O que ele vê é um claro complemento fantasioso destinado a explicar aquilo que ele ouve: quando Hopper coloca uma máscara pela qual ele respira, não seria isso uma cena imaginada que explica a respiração intensa que acompanha a atividade sexual? O paradoxo fundamental da fantasia é que o sujeito nunca chega ao momento em que pode dizer: "ok, agora eu entendo completamente, meus pais estavam fazendo sexo, não preciso mais de uma fantasia!" É *isso*, entre outras coisas, o que Lacan quis dizer com seu *"il n'y a pas de rappor sexuel"*: o efeito cômico da fantasia ocorre quando o conhecimento sobre o papel da copulação é combinado com a especulação infantil. Um amigo meu me contou que, quando descobriu que a copulação desempenha um papel importante para fazer filhos, inventou um mito para combinar esse conhecimento com sua crença de que as cegonhas trazem os filhos: enquanto um casal faz amor, eles são secretamente observados por uma cegonha e, se ela gostar da forma como seus corpos dançam e se movimentam, ela lhes traz um filho como recompensa. Todo *sentido* tem que se apoiar em alguma estrutura fantasmática sem sentido: quando dizemos "ok, agora eu entendo!", o que isso significa, na verdade, é: "agora posso situá-lo em minha estrutura fantasmática". A sexualidade é, portanto, em si mesma, baseada no não saber, e esse buraco (essa falta de conhecimento) é preenchido pela fantasia. Então, devemos distinguir rigorosamente entre nosso não conhecimento "objetivo" (não sabemos muitas coisas sobre o mundo) – em que o que não sabemos está lá fora, indiferente ao nosso conhecimento – e um mistério que ecoa o mistério na própria Coisa. Alguns historiadores especulam que a causa real do declínio do Império Romano foi a alta concentração de chumbo em seus recipientes metálicos de óleo, que causou envenenamento e reduziu a fertilidade. Se esse for o caso, não podemos dizer que um mistério foi revelado, pois a causa da decadência é totalmente acidental e externa, ou seja, seu lugar não está inscrito em nossa noção de Império Romano; não há mistério aqui, apenas não sabíamos.

O estranho caso da sexualidade infantil é, aqui, crucial: em nossa era, que se propaga como permissiva e violadora de todos os tabus e repressões sexuais, tornando a psicanálise obsoleta, a intuição fundamental de Freud sobre a sexualidade infantil é estranhamente ignorada:

> A única proibição que resta, o único valor sagrado em nossa sociedade que parece permanecer, diz respeito às crianças. É proibido tocar em um fio de cabelo de suas cabecinhas loiras, como se as crianças tivessem redescoberto aquela pureza angelical sobre a qual Freud conseguiu lançar alguma dúvida. E é, sem dúvida, a figura diabólica de Freud que condenamos hoje, vendo-o como aquele que, ao descobrir a relação da infância com a sexualidade, simplesmente depravou nossas infâncias virgens. Em uma era em que a sexualidade é exibida em cada esquina, a imagem da criança inocente estranhamente retornou com vingança[110].

O que há, portanto, de tão escandaloso na sexualidade infantil? Não é apenas o fato de que até mesmo as crianças, supostamente inocentes, são já sexualizadas. O escândalo reside em duas características (que são, é claro, os dois lados da mesma moeda). Primeiro, a sexualidade infantil consiste em uma entidade estranha que não é nem biológica (não tem fundamento biológico) nem faz parte das normas simbólicas/culturais. Entretanto, esse excesso não é suprassumido pela sexualidade adulta "normal" – essa última também é sempre distorcida, deslocada:

> Quando se trata de sexualidade, o ser humano está sujeito ao maior dos paradoxos: o que é adquirido por meio de estímulos precede o que *é inato e instintivo, de tal forma que quando emerge a sexualidade* instintiva, que é adaptativa, ela encontra o lugar já ocupado, por assim dizer, pelos estímulos infantis, que estão presentes já e desde sempre no inconsciente[111].

---

110. WAJCMAN, G. Intimate Extorted, Intimate Exposed. *Umbr(a)*, 2007, p. 47.
111. LAPLANCHE, J. Sexuality and Attachment in Metapyschology. *In:* WIDLÖCHER, D. (org.). *Infantile Sexuality and Attachment.* Nova York: Other Press, 2002, p. 49.

A razão desse estranho excesso é o vínculo entre sexualidade e cognição. Esse vínculo deve ser afirmado, pois ele lança uma nova luz sobre sexualidade e política e confronta a ideia padrão da sexualidade como algum tipo de força vital instintiva reprimida ou sublimada por meio do trabalho da cultura, uma vez que, em seu estado bruto, ela representaria uma ameaça à cultura. O antigo *slogan* dos anos de 1960, "o pessoal é político", deve ser completamente repensado[112]: a questão não deve mais ser que mesmo a esfera íntima das relações sexuais é permeada por relações de poder de servidão, dominação e exploração; devemos nos recentrar na característica mais elementar do político: o universo da política é, por definição, ontologicamente aberto, e as decisões políticas são, por definição, tomadas "sem razão suficiente", ou, mais precisamente, na política sempre nos movemos em um ciclo vicioso em que uma decisão postula retroativamente suas próprias razões. *É por isso que as disputas políticas nunca podem ser resolvidas por meio de um debate racional e da* comparação de argumentos, pois o mesmo argumento tem diferente validade se está inserido em uma posição diferente. Em um debate político típico, alguém propõe um argumento que, de acordo com seu oponente, contém uma falha fatal ("você não vê que isso que está afirmando significa..."), mas o oponente responde: "mas é por isso que eu sou a favor daquilo!". A política não é um conhecimento aplicado, pré-existente e neutro; todo princípio já *é* parcial, "tingido" pelo engajamento de alguém. *Não existe uma norma neutra definitiva à qual ambos os lados possam se referir* ("direitos humanos", "liberdade" etc.), porque a luta deles é precisamente a luta para descobrir o que é essa norma (em que consistem os direitos humanos ou a liberdade – para um liberal conservador, a liberdade e a igualdade são antagônicas, enquanto, para um esquerdista, elas são as duas facetas da mesma égaliberté). Em outras palavras, a política é estruturada em torno de um "elo

---

112. No que segue, baseio-me em Alenka Zupančič, "Die Sexualität innerhalb der Grenzen der bloßen Vernunft" [Manuscrito].

perdido" e pressupõe um tipo de abertura ontológica, de lacuna, de antagonismo. Por sua vez, essa mesma lacuna, ou abertura ontológica, também é operativa na sexualidade: em ambos os casos, uma relação nunca é garantida por um Significante universal abrangente. Da mesma forma que não há relação política (entre as partes envolvidas em uma luta) também não há relação sexual.

É a busca por esse "elo perdido" que sustenta o vínculo entre sexualidade e conhecimento, isto é, que torna a sondagem cognitiva um componente irredutível da sexualidade humana. Esse tipo de sondagem e questionamento cognitivo vai na contramão da atitude predominante dos nossos dias, que reduz a sexualidade a um problema específico de satisfação funcional (o homem consegue ter uma ereção completa? A mulher consegue relaxar o suficiente para ter um orgasmo completo?) ou, mais uma vez de forma reducionista, a considera como uma expressão de problemas emocionais/existenciais mais profundos (o sexo entre um casal não é satisfatório porque eles vivem vidas alienadas, estão presos ao perfeccionismo consumista, abrigam traumas emocionais reprimidos etc.).

Outro aspecto do vínculo entre sexualidade e conhecimento pode ser ilustrado por uma das piadas brutais de Srebrenica[113], na qual as autoridades tentam identificar as vítimas do massacre; uma vez que seus corpos estão gravemente desfigurados, as autoridades coletam os pênis dos mortos. Entre os supostamente mortos está Mujo (pronuncia-se Muyo, uma figura lendária das piadas bósnias). As autoridades chamam Fata, sua esposa, para dar uma olhada nos pênis e talvez reconhecer o do marido. Fata pega um pênis após o outro, afirmando repetidamente: "este não é do Mujo!", até que ela segura um pênis na mão e

---

113. Devo essa piada a Damir Arsenijević, Stanford/Sarajevo. Arsenijević trabalha nessas piadas e demonstra como que, longe de funcionar como obscenidades vulgares, elas testemunham o desespero diante de um trauma tão recente e profundo de modo que somos incapazes de vivenciar o processo de luto.

exclama: "este não pertence a ninguém de Srebrenica!" O ponto alto da piada diz respeito à inversão do escopo do conhecimento de Fata: durante todo o desenvolvimento da piada, presumimos que ela conhece o pênis do marido em detalhes e pode identificá-lo; mas seu grito final deixa claro que ela conhece todos os pênis dos homens de Srebrenica (e hipoteticamente fez sexo com todos eles). Enquanto inspecionava cada pênis, ela não estava apenas comparando-o com sua memória do pênis de Mujo, o único que ela (supostamente) conhecia; em cada caso, ela foi capaz de identificar a quem ele pertencia e apenas o último que não havia conhecido (carnalmente) seu portador morto – ou, talvez, ela reconheceu até mesmo esse último como o pênis de um homem que não era de Srebrenica. Mais precisamente, há uma terceira maneira de ler a afirmação final de Fata: também é logicamente possível que ela não tenha sido tão promíscua, mas que tenha dormido com apenas dois homens, seu marido Mujo e o amante anônimo, que não era de Srebrenica, cujo pênis ela reconheceu, porém essa versão não está em sintonia com o caráter promíscuo de Fata que emerge de outras piadas da série. De esposa fiel, Fata se transforma em uma figura de extrema promiscuidade, ou, em termo hitchcockianos, torna-se uma mulher que sabia demais. Esse excesso de conhecimento não é constrangedor apenas porque revela a promiscuidade de Fata – pode-se afirmar que é esse excesso de conhecimento que faz com que sua promiscuidade seja de fato tão ameaçadora.

Entretanto, é preciso dar mais um passo para evitar a última e talvez mais perigosa armadilha. Não basta reafirmar a sexualidade infantil como a multiplicidade plural de estímulos perversos-polimorfos que são totalizados pela norma genital edipiana. A sexualidade infantil não é uma verdade ou base (ou algum tipo de lugar produtivo original) da sexualidade que é subsequentemente oprimida/totalizada/regulada pela norma genital. Em outras palavras, não se deve de maneira alguma aplicar à sexualidade o *topos* deleuziano padrão da multitude molecular em que a ordem molar superior parasita. A sexualidade é definida pelo fato de *não haver relação sexual*, sendo que todo o jogo polimorfo-perverso dos estímulos parciais ocorre contra o pano de fundo dessa impossibilidade/antagonismo. O ato sexual (copulação) tem, portanto, dois lados: o anverso do momento culminante orgástico da sexualidade é o impasse da impossibilidade – é na realização do ato da cópula que o sujeito experiencia a inexequibilidade, o bloqueio imanente que enfraquece a sexualidade, e é por isso que a cópula não pode se sustentar sozinha, mas precisa do apoio de estímulos parciais (de carícias e beijos a outras práticas eróticas "menores", como tapas e apertos), bem como da teia de fantasias. O ato da cópula é, portanto, parecido com o castelo do romance homônimo de Kafka: visto de perto, é um amontoado de casinhas velhas e sujas, de modo que é preciso se afastar em uma distância adequada para *vê-lo em sua presença fascinante*. Pela perspectiva de sua materialidade imediata, o ato da cópula é um conjunto bastante vulgar de movimentos repetitivos e estúpidos; visto através da névoa das fantasias, é o ápice de prazeres intensos. Em termos lacanianos, se a frente do ato da cópula é S_1, o Significante-Mestre que totaliza a série de atividades sexuais, seu anverso é S (A barrado), o significante do "Outro barrado", do antagonismo/bloqueio da ordem da sexualidade.

Em outros termos, a multiplicidade como a categoria básica da ontologia necessariamente oblitera o antagonismo; ela tem de pressupor alguma forma de Um como o recipiente do múltiplo. Não é de se admirar, portanto, que os dois filósofos exemplares da multiplicidade, Espinosa e Deleuze, sejam simultaneamente os dois filósofos do Um: ambos são pensadores do uni-verso achatado que exclui qualquer antagonismo radical ou autobloqueio, um universo que prospera em direção ao pleno desdobramento de seus potenciais e no qual os obstáculos são externos. Se o sexo é múltiplo, essa multiplicidade tem que ser sustentada por um Um que não seja, em si mesmo, atravessado por um antagonismo. Assim, quando Lacan afirma que *il n'y a pas de rapport sexuel*, seu ponto não é a antiga sabedoria vulgar de que os dois sexos nunca se encaixam tal como uma chave em uma fechadura, que há uma luta eterna entre os dois; seu ponto também não é que o masculino e o feminino sejam dois campos incompatíveis externos um ao outro ("os homens são de Martes e as mulheres de Vênus"). Qual é, então, seu ponto?

A diferença sexual não é a diferença entre dois sexos como entidades positivas, mas a diferença "em si", uma pura diferença (inconsistência, antagonismo) que atravessa todas as identidades sexuais. A típica redução transgênero do masculino e do feminino a duas opções na longa *série de identidades de gênero* (em conjunto com a opção *lésbica, trigênero, assexual etc.*), em princípio equivalentes *às opções masculina* e feminina, é facilmente combatida pelo fato *"óbvio"* de que a maioria dos indivíduos se percebe como homem ou mulher (heterossexual) e que esse par básico está, claramente, de alguma forma fundamentado na biologia, na maneira como nós, humanos, nos reproduzimos. É evidente que as linhas de separação são marginalmente borradas. Há casos de homossexualidade também entre os símios e, além disso, no caso dos seres humanos a sexualidade não é apenas um fato da biologia, mas também, principalmente, um fato de identificação psíquica e simbólica que está distante da biologia: identificar-se com o masculino ou o feminino é um ato psíquico/simbólico que pode estar em desacordo com a identidade biológica (conforme comprovado por indivíduos dispostos a se submeter a um tratamento de mudança de sexo). Contudo, concluir a partir de tudo isso que o masculino e o feminino são apenas dois termos em uma série e que seu papel privilegiado é, de alguma forma, o resultado da dominação patriarcal e da imposição da normatividade heterossexual, não apenas *é* falso, no sentido de que vai "longe demais", mas simplesmente ignora o modo como funciona a sexualidade humana. Afirmar a centralidade das identidades masculina e feminina e de seu relacionamento heterossexual não reduz, *ipso facto*, outras identidades sexuais a aberrações secundárias ou desvios pervertidos de uma norma. E se os "desvios" da norma heterossexual indicarem o que está "desviado" na própria norma? E se os "desvios" desempenharem o papel de um sintoma no qual a verdade reprimida na própria norma retorna? Essa "verdade" é o que, de acordo com Freud, podemos chamar de *Unbehagen* (mais que um descontentamento, um mal-estar) que pertence a toda identidade sexual. De outro modo, a tensão primordial não *é entre a norma heterossexual e seus desvios, mas é uma* tensão inscrita no próprio coração dessa norma, que não consegue capturar o Real impossível da diferença sexual.

A diferença sexual como Real significa que ela nunca pode ser simbolizada em um conjunto de características opostas: quando a construímos (ou experienciamos) na forma de uma oposição entre duas entidades, há sempre algo que permanece, que é "incluído fora"; nunca há apenas dois, mas 1+1+a, e o terceiro elemento (seu caso mais proeminente agora são os indivíduos transgêneros) é a diferença enquanto tal. Lembremo-nos de Kierkegaard, que categoriza todas as pessoas em oficiais, criadas e limpadores de chaminé: ainda que os dois primeiros representem um casal heterossexual padrão, eles precisam do complemento de um limpador de chaminé – oficial, criadas e limpador de chaminés são o masculino e o feminino, *acrescidos de sua diferença como tal*, enquanto um objeto contingente particular. De acordo com uma conhecida piada belga, "há três tipos de pessoas, aquelas que sabem contar e as que não sabem contar". O ponto da piada é óbvio: ela testemunha o fato de que a pessoa que está contando essa piada não sabe contar (e, portanto, conta dois como três). Em uma vaga homologia, poderíamos dizer a mesma coisa sobre a diferença sexual: ela significa que há três sexos, o masculino e o feminino. O que está em jogo aqui não é, por óbvio, a estupidez, mas a diferença sexual como real e, por isso, em excesso com relação aos termos diferenciados: os três sexos são o masculino, o feminino e a própria diferença (em todas as suas formas, como o transgênero).

Uma vez mais: por quê? Porque não apenas a diferença sexual é diferencial, mas, em uma (não)relação antagônica, *ela precede os termos que diferencia: não apenas mulher não é homem e vice-versa, mas a mulher é o que impede o homem de ser plenamente homem e vice-versa. É como a diferença entre a esquerda* e a direita no espaço político: ela é estruturada de forma distinta se olharmos para ela a partir da esquerda ou da direita; não há um terceiro caminho "objetivo" (para um esquerdista, a divisão política atravessa todo o corpo social, enquanto para um direitista a sociedade é um Todo hierárquico perturbado por intrusos marginais). A diferença "em si" *não é, portanto, simbólica/ diferencial, mas real-impossível – algo que escapa e resiste à apreensão simbólica*. Essa diferença é o universal enquanto tal – universal não como uma moldura neutra elevada acima de suas duas espécies, mas como seu antagonismo constitutivo, sendo que o terceiro elemento (limpador de chaminés, judeu, *objet a*) representa a diferença propriamente dita, a "pura" diferença/ antagonismo que precede os termos diferenciados. Se a divisão do corpo social em duas classes tivesse sido completa, sem o elemento excessivo (judeu, multidão etc.), não teria havido luta de classes, mas apenas duas classes claramente divididas – esse terceiro elemento não é a marca de um remanescente empírico que escapa à classificação de classe (a divisão pura da sociedade em duas classes), mas a *materialização da própria diferença antagônica*, pois essa diferença precede os termos diferenciados. No espaço do antissemitismo, o "judeu" representa o antagonismo social de fato: sem o intruso judeu, as duas classes viveriam em harmonia (é por isso que a figura antissemita do "judeu" reúne características associadas às classes mais altas e mais baixas: os "judeus" *são muito intelectuais, não podem aproveitar a vida e são sujos ou excessivamente sexuais*). *Esse terceiro elemento intruso não é apenas outra entidade positiva*; ele representa aquilo que está sempre perturbando a harmonia do Dois, abrindo-o para um processo incessante de reacomodação.

A interpretação óbvia do caso de um sujeito transgênero seria butleriana: por meio de sua aparência e atuação transsexual provocadoras, o sujeito transgênero tornaria visível o caráter contingente da diferença sexual, de como esta é construída simbolicamente – uma ameaça às identidades sexuais normativamente estabelecidas. Minha interpretação é levemente (ou não tão levemente) distinta: em vez de minar a diferença sexual, o sujeito transgênero representa essa diferença em si, em seu Real traumático, irredutível a qualquer oposição simbólica nítida; sua aparência perturbadora transforma a diferença simbólica clara no Real-impossível de um antagonismo. Portanto, mais uma vez, da mesma forma que a luta de classes *não é apenas* "complicada" quando aparecem outras que não entram na simples divisão da classe dominante e classe oprimida (esse excesso é, ao contrário, o próprio elemento que torna o antagonismo de classes real e não apenas uma oposição simbólica), a fórmula do antagonismo sexual não é M/F (a oposição clara entre masculino e feminino), mas MF+, em que + representa o elemento excessivo que transforma a oposição simbólica no antagonismo real. A grande oposição que está surgindo atualmente – por um lado, a imposição violenta de uma forma simbólica fixa da Diferença Sexual como o gesto básico para combater a desintegração social; por outro, a total "fluidificação" transgênero do gênero, a dispersão da diferença sexual em múltiplas configurações – é, então, falsa: ambos os polos compartilham uma característica fundamental, visto que ambos perdem a diferença sexual como o real/impossível de um antagonismo. Assim, a resposta à teoria de gênero deveria ser: mas onde está o sexo? O que a teoria de gênero com suas identidades, mutáveis ou não, construídas ou não, ofusca é simplesmente o sexo como tal, a tensão que caracteriza a sexualidade.

A diferença sexual como Real não significa que ela seja externa ao Simbólico: ela é totalmente interna a ele, seu ponto imanente de impossibilidade/fracasso. Na mais curta de suas *Cent contes drolatiques* (*Contos picarescos*, 1832-1837, sua versão do *Decamerão*, embora apenas trinta histórias tenham sido realmente escritas), em cerca de uma página, o que parece mais uma espécie de intervalo, Balzac descreve uma breve conversa entre duas crianças pequenas sobre como um menino e uma menina são gradualmente despidos. No final, um deles exclama: "mas quando eles estão completamente nus, como podemos saber quem é menino e quem é menina?" A piada é, obviamente, que a criança está acostumada a confirmar a diferença sexual apenas pela diferença entre a forma como os meninos e as meninas estão vestidos, uma vez que desconhecem o fato natural dos diferentes órgãos sexuais. Mas e se uma dupla ironia estiver em jogo aqui?

E se a criança estivesse certa? E se – como diz o velho ditado – estivermos nus apenas por baixo de nossas roupas? Alphonse Allais, o conhecido escritor francês de quadrinhos de um século atrás, apontou para uma mulher em uma avenida em Paris e gritou aterrorizado: "olhe para aquela mulher! Sob o vestido, ela está totalmente nua!" Existe, é claro, uma diferença biológica entre os corpos masculinos e femininos padrão, mas essa diferença adquire seu significado, e até mesmo seu peso libidinal, somente por meio de seu *status* simbólico. Sim, eu posso "ver" a diferença, mas o que eu vejo é mediado pelo meu universo simbólico.

Então, como passamos da mesma diferença que atravessa toda identidade sexual para a diferença entre os dois sexos, masculino e feminino? Temos que voltar a Kant, que redobrou a antinomia em matemática e dinâmica: a diferença pura como antinomia é impossível, o que significa que ela só pode se articular como imediatamente redobrada, como duas versões da antinomia. A diferença de fórmulas da sexuação é a diferença entre dois antagonismos ou "contradições" (todos fundamentados na exceção e no não todo sem exceção, um impasse lógico redobrado contingentemente ligado aos sexos biológicos). Mas, novamente, por que o antagonismo aparece em duas versões? É que o Dois não é algum tipo de par ontológico primordial: o Outro é meramente uma "determinação reflexiva" da impossibilidade do Um, de modo que a figura do Outro é apenas a encarnação da impossibilidade do Um[114]. *É o mesmo que acontece com os átomos e o*

---

114. Um caso politicamente interessante dessa reversão da reflexão determinada em determinação reflexiva é a passagem da democracia socialista para o socialismo democrático. A "democracia socialista" era (e é) uma parte imanente dos sistemas socialistas realmente existentes, característica pela qual até mesmo os regimes comunistas mais severos se autodenominavam "democráticos" (a Alemanha Oriental era a "República Democrática Alemã", em contraste com a Alemanha Ocidental "Federal", e até mesmo a atual Coreia do Norte é a "República Popular Democrática da Coreia", em contraste com a "República da Coreia" do Sul). A democracia é afirmada na medida em que é definida em termos comunistas: como um governo do povo cujos interesses são protegidos pelo partido, não como o governo "burguês formal". Mas quando substituímos "democracia socialista" por "socialismo democrático", algo muito mais ameaçador (para o regime) acontece: a "democracia" (em nosso entendimento comum, que implica pluralidade de posições concorrentes) invade o espaço do socialismo. É

vazio no qual eles se movem: como Hegel aponta em sua leitura de Demócrito, *o vazio não é o espaço dos átomos no qual eles se movem*, mas está localizado no próprio coração de um átomo. Ou, para colocar isso em termos de relação sexual: não se trata apenas de que não haja relação sexual; na figura do Outro (sexo), essa não relação passa a existir. Não se trata apenas do fato de que um homem não pode formar uma relação com uma mulher; "mulher" é, dessa forma, o nome para essa não relação.

O que isso também implica é que há uma assimetria radical entre as duas antinomias: a antinomia matemática "feminina" tem uma primazia sobre a antinomia dinâmica "masculina", ou seja, a antinomia dinâmica é uma tentativa secundária de resolver o impasse da antinomia matemática, ela constitui um Todo, uma universalidade, por meio da exclusão do Um, a exceção, do campo aberto do não Todo.

O SUJEITO SEXUADO

Seria possível imaginar a subjetividade não atravessada pela diferença sexual? Se sim, em que sentido isso seria ainda uma subjetividade? Estamos de acordo com a passagem de Kant para Hegel, mas a noção de sujeito de Hegel é definitivamente não sexuada, mesmo se entendermos a sexualização em nosso sentido formal dos dois tipos de antinomias kantianas. E outros termos, do ponto de vista hegeliano, surge um contra-argumento bastante elementar com respeito à nossa leitura das antinomias de Kant: mesmo se as relermos de um modo hegeliano, relacionando-as às "coisas em si mesmas", como poderíamos alçá-las ao posto de uma característica *a priori* do ser do humano, apenas um dos momentos no desenvolvimento geral do Espírito? E isso não seria óbvio pelo fato de que há um claro paralelo entre a dualidade matemática e a dinâmica de Kant e a dualidade da lógica do ser e da lógica da essência de Hegel, as duas partes de sua "lógica objetiva"?

---

por isso que, na época da Guerra Fria, a propaganda cultural da CIA aconselhou sabiamente os intelectuais críticos do comunismo a não se oporem ao socialismo *per se*, mas a defenderem o "socialismo democrático" contra o socialismo de Estado.

A lógica do ser parece corresponder claramente às categorias kantianas da qualidade e da quantidade, que Kant chamou de categorias matemáticas e constitutivas, e a lógica da essência parece certamente corresponder às categorias de relação e de modalidade, ou categorias dinâmicas e reguladoras[115].

Parece óbvio que as antinomias matemáticas caracterizam aquilo que Hegel chama de domínio do Ser (quantidade, qualidade) e as antinomias dinâmicas caracterizam o domínio da essência (da reflexão, da tensão entre essência e aparência): as matemáticas dizem respeito à quantidade excessiva (algo em excesso em relação à nossa capacidade de sínteses dos dados sensíveis), enquanto as dinâmicas se referem à tensão entre a existência (das aparências) e sua essência/fundamento não sensível (se existe uma Causa não sensível da nossa realidade fenomênica etc.). A propósito, é nesse sentido – ou seja, tendo como pano de fundo o fato de que o matemático e o dinâmico ecoam a oposição lacaniana entre o feminino e o masculino – que podemos entender a afirmação de Lacan de que *la femme n'existe pas* [*a mulher não existe*]: a existência está sendo "suprassumida" na aparência de uma essência e a mulher ainda não está presa na tensão entre essência e aparência. Entretanto, em Hegel, a lógica objetiva é seguida pela lógica subjetiva, a lógica do Conceito, que articula apenas a dimensão da subjetividade propriamente dita. Portanto, se, em nossa perspectiva, a subjetividade é sexuada, atravessada pelo antagonismo do matemático e do dinâmico, onde está o espaço para a lógica subjetiva?

Para responder a essa crítica, é preciso lembrar como Hegel articula a passagem da substância para o sujeito (da consciência para a consciência-de-si) em sua *Fenomenologia do Espírito*: a consciência está buscando alguma essência substancial oculta por trás do véu das aparências e passa para a consciência-de-si quando percebe que não há nada por trás dele, nada exceto o que o próprio sujeito lá deposita. Todavia, o fato de não haver nada por trás do véu das aparências não significa que estamos de volta ao nível do Ser: o que ganhamos nessa passagem pela

---

115. PIPPIN, R. *Hegel's Realm of Shadows*. Chicago: University of Chicago Press, 2019, p. 43.

reflexão, pela oposição entre essência (suprassensível) e aparência, é precisamente o próprio nada – não HÁ nada por trás das aparências, e esse nada (que as torna aparências) é um nada positivo, o vazio que é o próprio sujeito. Não há nada além do véu dos fenômenos, nenhuma essência substancial, apenas esse próprio nada que é o vazio da subjetividade. Hegel e Lacan fornecem exatamente a mesma fórmula da "verdade" da ideia suprassensível platônica: o suprassensível

> *provém* da aparência, e essa é sua mediação. Quer dizer: a *aparência é sua essência*, e de fato, sua implementação. O suprassensível é o sensível e o percebido postos tais como são em *verdade*; pois a *verdade* do *sensível* e do percebido é serem *aparência*. O suprassensível é, pois, a *aparência* como *aparência* [...]. Costuma dizer-se que o suprassensível *não é* a aparência; mas, com isto, não se entende por aparência a aparência e sim o mundo *sensível* como a própria efetividade real[116].

Quando Lacan descreve como Parrásios pintou a cortina para que Zêuxis lhe pedisse "Ok, agora, por favor, puxe o véu para o lado e me mostre o que você pintou!", sua interpretação dessa anedota parece uma explicação da passagem citada acima da pintura de Hegel – o quadro de Parrásios

> aparece como sendo coisa diferente daquilo pelo que ele se dava, ou melhor, ele se dá agora como sendo essa outra coisa. O quadro não rivaliza com a aparência, ele rivaliza com o que Platão nos designa mais além da aparência como sendo a ideia. É porque o quadro é essa aparência que diz que ela é o que dá aparência que Platão se insurge contra a pintura como contra uma atividade rival da sua[117].

A lição implícita de Platão NÃO é que tudo é aparência, que não é possível traçar uma linha nítida que separe a aparência e a verdadeira realidade (isso teria sido a vitória do sofismo), mas

---

116. HEGEL, G. W. F. *Fenomenologia do Espírito*. Petrópolis: Vozes, 2002, p. 118. Tradução levemente modificada. Na tradução brasileira, *Erscheinung* é traduzido por *fenômeno*. A tradução em inglês utilizada por Žižek opta por *aparência [appearance]*. Para manter a continuidade com o texto de Žižek, optamos por "aparência" [N.T.].
117. LACAN, J. *O seminário. Livro 11: os quatro conceitos fundamentais da psicanálise*. Rio de Janeiro: Zahar, 1988, p. 109.

sim que a essência é "aparência como aparência", que a essência aparece em contraste com a aparência no interior da aparência; que *a distinção entre aparência e essência tem que ser inscrita na própria aparência*. Na medida em que a lacuna entre a essência e a aparência é inerente à aparência, ou seja, dado que a essência nada mais *é* do que a aparência refletida em si mesma, a aparência é a aparência contra o pano de fundo do nada – tudo o que aparece, em última análise, aparece do nada (ou, para colocar nos termos da física quântica, todas as entidades surgem das vacilações quânticas do vazio). Assim, temos aqui uma tríade inesperada: a ordem plana do Ser; o redobramento do Ser com sua Essência oculta, que retroativamente transforma o Ser em Aparência (da Essência); e a percepção de que não há nada por trás do véu das aparências senão esse próprio Nada que permite a passagem da Substância (S) para o Sujeito ($).

Na *Ciência da lógica* de Hegel, há um ponto único de torção sintomática *(como Badiou o teria chamado) que já prefigura a noção do vazio como o meio da interação entre aparências inconsistentes, bem como a noção de subjetividade que pode surgir diretamente das antinomias matemáticas: seu tratamento do cálculo diferencial*. A principal motivação para o estudo da chamada diferenciação foi o problema da linha tangencial: como encontrar, para uma determinada curva, a inclinação da linha reta que é tangencial à curva em um determinado ponto? Quando tentamos determinar a inclinação de uma linha que "toca" uma determinada curva em um determinado ponto, não estaríamos tentando determinar a direção espacial desse ponto? Não é de se admirar que, em sua *Ciência da lógica*, na seção sobre o "Quantum", Hegel gaste quase setenta páginas discutindo o cálculo diferencial[118]; nessa subseção ridiculamente exagerada e escrita de modo denso, ele tem de confrontar o fato de que, com o cálculo diferencial, a matemática demonstra que pode fazer o que, segundo ele, ela não pode. Hegel é obrigado a rejeitar precisamente a ideia, geralmente atribuída a ele, de que o infinito

---

118. HEGEL, G. W. F. *Ciência da lógica: 1. A doutrina do ser*. Petrópolis: Vozes, 2016, p. 215-335.

matemático "é denominado infinito relativo, enquanto o infinito habitual metafísico – pelo qual se entende o mau infinito, abstrato, – é denominado absoluto":

> De fato, este infinito metafísico é, antes, apenas o relativo, porque a negação que ele expressa está apenas na oposição de um limite, de modo que esse limite fica *subsistindo* fora dele e não é suprassumido por ele; o infinito matemático, em contrapartida, suprassumiu verdadeiramente o limite finito dentro de si, porque o além deste último está unificado com ele[119].

A ideia habitual metafísica do infinito o concebe como um Absoluto que persiste em si mesmo além do finito: o limite que o separa do finito é externo a ele, pois a negação do finito não faz parte da identidade do Absoluto. No caso do infinito matemático, ao contrário, o infinito não é algo fora da série de números finitos, mas a infinitude dessa própria série. O limite que separa o infinito do finito é imanente ao finito – pode-se até dizer que o infinito matemático nada mais é do que esse limite. No cálculo diferencial, esse limite é autonomizado, tornado independente: quando calculamos a inclinação da linha reta que é tangencial à curva em um determinado ponto, calculamos efetivamente a inclinação (direção espacial) de um determinado ponto da curva, a direção espacial de algo cujo comprimento espacial é reduzido ao infinitamente pequeno, a zero. Isso significa que, no resultado do cálculo diferencial, temos uma relação quantitativa entre dois termos (uma linha reta e uma curva) cuja quantidade é reduzida a zero (um ponto); em outras palavras, temos uma relação quantitativa que permanece depois que a quantidade dos dois termos relacionados é abolida; mas quando subtraímos a quantidade de uma entidade, o que permanece é sua qualidade, portanto, o paradoxo do cálculo diferencial é que a relação quantitativa expressa em seu resultado funciona como uma qualidade:

> Os denominados infinitesimais expressam o desaparecimento dos lados da relação como *quanta*, e o que resta é sua relação quantitativa apenas como qualitativamente determinada[120].

---

119. *Ibid.*, p. 266.
120. *Ibid.*, p. 287.

Uma "relação quantitativa apenas como qualitativamente determinada" é uma das determinações mais preciosas do espaço da subjetividade: o sujeito é uma pura qualidade tangencial cujo suporte material é um vazio de pontualidade, isto é, uma pura qualidade tangencial que emerge do desaparecimento (suprassunção de si) dos elementos quantitativos de seu suporte material. A subjetividade retorna ao Ser, mas um ser autossuprassumido em um cálculo infinitesimal. Logo, podemos ler a relação entre a essência substancial e o vazio da subjetividade também na direção oposta: a lógica do Ser, levada ao extremo, abre o vazio da subjetividade, e a lógica da essência preenche esse vazio com uma figura diferente de algum além substancial/essencial. Com isso, chegamos a uma subjetividade redobrada: o sujeito "feminino" é o vazio que surge pela suprassunção de si do domínio "matemático" do Ser e, por sua vez, o sujeito "masculino" surge pela suprassunção de si das tensões "dinâmicas" do domínio da Essência.

Como, então, o sujeito é sexuado? Recapitulemos, primeiramente, nosso resultado: a diferença sexual não é primariamente a diferença entre os dois sexos, mas uma diferença (inconsistência, antagonismo) que emerge do interior de cada um dos dois: o que define cada sexo não é primariamente sua diferen*ça* em relação ao sexo oposto, mas sua diferença em relação a si mesmo, sua própria "contradição" imanente[121]. Quando passamos dessa diferença universal que atravessa os dois sexos para a diferença entre os dois sexos, não é a velha história da eterna luta entre os eles (ou, em um nível cosmológico, entre os dois

---

121. Tomemos o exemplo de dois clichês patriarcais predominantes sobre a diferença sexual: as mulheres são vistas como "falantes demais", perdendo tempo com conversas vazias, em contraste com os homens que mantêm sua palavra, assumindo-a como um compromisso sério; as mulheres são inertes, concentradas em um lar estável, enquanto os homens são audaciosos, aventurando-se em territórios estrangeiros e tomando decisões arriscadas... Mesmo esses clichês ridículos contêm um grão de verdade, na medida em que a diferença sexual é aqui estruturada como a oposição de duas posições (ao menos potencialmente) antinômicas: os homens são comprometidos com a palavra, confiáveis e, ao mesmo tempo, aventureiros; as mulheres são estáveis, inertes e, ao mesmo tempo, frágeis e instáveis em seu discurso. O viés patriarcal fica claro na forma como os homens obtêm o melhor de ambas as opções: eles são confiáveis e aventureiros.

princípios cósmicos opostos: Masculino e Feminino (*yin* e *yang*), Luz e Trevas etc.) ou, em termos estruturais, não é a diferença entre os dois significantes opostos, o masculino e o feminino. Como disse Lacan, um dos dois significantes primordiais está em falta, está "primordialmente reprimido" (ou seja, sua repressão é constitutiva de todo o campo da diferença sexual): o único significante da diferença sexual é o significante masculino ("fálico"), aquilo a que Lacan chama de Significante-Mestre, S_1, que não tem contraparte feminina positiva (S_2). Essa "falta do significante binário" quer dizer somente que a posição masculina tem uma identidade, enquanto a posição feminina é a de uma falta/excesso... já podemos imaginar o protesto das feministas: logo, segundo Lacan só o homem existe, a mulher não existe e isso significa que ele é claramente um machista falocêntrico que reduz a mulher a uma meia-entidade secundária, uma falta e/ou excesso em relação à existência masculina plena e autoidêntica, e (como sugeriu Alenka Zupančič), a maneira correta de escrever a diferença sexual não é, portanto, M/F, mas simplesmente M+. Devemos citar Beckett novamente aqui: "tudo se divide em si mesmo, suponho" [122]. A divisão básica não é, como afirmou Mao, a do Um que se divide em Dois; é a divisão de uma coisa não descrita em Um e seu resto, excesso ou excedente. É assim que funciona a diferença sexual: a espécie humana não se divide em duas (masculino e feminino), ela se divide em Um (masculino) e seu excesso, logo, é M+.

No entanto, Lacan complica essas ideias de forma inesperada e paradoxal: na "gênese transcendental (não empírica)" da diferença sexual, o + (o excesso ou excedente) vem em primeiro lugar, precede aquilo que é um excedente/excesso (a mesma coisa se aplica para o gozo excedente, que não vem depois de algum tipo de gozo "normal": o gozo é um excedente, um excesso em relação ao curso "normal" das coisas). No começo (lógico), *há um excesso que emerge* "do nada" (talvez de uma forma homóloga ao surgimento de algo a partir do nada – do vazio – na me-

---

122. BECKETT, S. *Malone Dies*. Londres: Faber and Faber, 2010, p. 176.

cânica quântica) e é apenas em um movimento secundário que esse + (com relação ao Nada) postula retroativamente um Algo autoidêntico com relação ao qual ele é um excesso; mas essa postulação, essa transformação de + em Um, em última análise, tem que fracassar, de modo que obtemos o Um com um excesso. Em mais um movimento retroativo, a dualidade do Um e do excesso é substancializada no par M e F como os dois termos positivos. Contudo, aqui também permanece um excesso, então temos MF+, o par, mais seu excesso (como masculino, feminino e transgênero). Em termos mais especulativos, essas complicações ocorrem porque não estamos lidando com uma diferença entre dois termos autoidênticos, mas com identidade e diferença: o segundo termo não é diferente do primeiro Um (ou Vazio), ele é a diferença de fato. O excesso primordial é uma diferença pura que perturba o Vazio; a mulher é a diferença pura em relação ao homem (M+); o transgênero é a diferença pura que surge em excesso com relação aos termos diferenciados (M, F) [123]. Uma das consequências de tudo isso é que o homem é o único gênero *strictu senso* e a mulher é a primeira figura do transgênero. Portanto, para recapitular nosso ponto, não é correto dizer que há dois sexos: existe apenas um sexo e seu remanescente que positiva o fracasso do Um em ser Um – se houvesse dois sexos, cada um com sua própria identidade substancial, então o segundo seria idêntico ao primeiro, de maneira que haveria apenas Um. Logo, a mulher não é apenas mais que o homem, a mulher como um + é esse próprio "mais", o que Lacan chamou de *encore* (o título de seu seminário sobre sexualidade feminina).

Nas cosmologias pré-modernas, começamos com a oposição sexualizada básica (*yin-yang*), que é então progressivamente especificada em combinações cada vez mais complexas dos princípios básicos opostos – o modelo desse procedimento é o antigo *Livro das Mutações* chinês, com séries sistemáticas de combinações dos dois princípios. Em Lacan é diferente, pois o par inicial já está fragmentado: a contraparte binária está faltando. É

---

123. Deve-se notar a homologia entre essas três formas de excesso e a tríade do Menos que Nada, *objet a* e *sinthome* apresentada no Corolário 3.

por isso que toda a rede é marcada por um desequilíbrio e uma assimetria básicos, por um curto-circuito entre o universal e o particular no qual a diferença externa (entre um gênero e seu Outro) coincide com a diferença interna, ou seja, o gênero tem que aparecer como uma de suas espécies. Para enfatizar novamente o ponto principal, a diferença sexual não é a diferença de um gênero (a humanidade) dividido em duas (ou mais) espécies, mas é uma diferença que define (constitui) o próprio gênero, e é, dessa maneira, uma diferença fragmentada, com um termo faltando; essa falta de um termo universal é preenchida pela multiplicidade de particulares. O problema de como passamos do universal para a multiplicidade de particulares é, portanto, resolvido já no nível do universal: obtemos um espaço torcido (ou melhor, curvo) no qual a multiplicidade de particulares está no mesmo nível do universal, preenchendo sua falta, ou seja: a diferença universal consiste em um gênero e suas múltiplas espécies particulares.

O masculino e o feminino, então, formam um par, mas não como dois princípios que se complementam; devemos ler o masculino-feminino da mesma forma que devemos reler o termo "marxismo-leninismo": em uma nova época do imperialismo, o marxismo original, o marxismo "como tal", não funciona mais, ele deve ser complementado pelo "leninismo" como uma nova determinação particular que preenche a falta do marxismo. Logo, não se trata apenas de uma questão de continuidade ortodoxa (o leninismo é o marxismo na nova época do imperialismo), mas se trata de uma questão de lacuna, corte, insuficiência: o marxismo "como tal", em sua universalidade, não funciona mais, implodiu no choque da explosão da Primeira Guerra Mundial, e o "leninismo" não é simplesmente sua continuação (ou "adaptação a novas circunstâncias"), mas o ato reflexivo de preencher a lacuna desse fracasso. Essa passagem para um novo estágio não é o resultado de um "desenvolvimento orgânico"; antes, ela implica um corte violento e, em última análise, contingente – outra determinação específica poderia ter surgido para preencher a falta (por "leninismo" não nos referimos ao trabalho de Lenin, mas sua codificação por Stalin – não devemos esquecer que o livro "clássico" de Stalin é *Questões do leninismo*, e que o termo "marxismo-leninismo" é um termo stalinista. A mesma coisa se aplica a Freud e Lacan: este intervém para preencher as lacunas e falhas daquele e sua intervenção vem de fora, da linguística estrutural. Além disso, sua mediação é contingente, não havendo progresso linear na passagem de Freud para Lacan. Devemos dar um passo adiante e apontar que Lenin e Lacan não apenas preenchem a lacuna no edifício original – em certo sentido, eles até mesmo escavam a lacuna que preenchem, tornando-o visível como tal, como uma lacuna estrutural que exige uma reestruturação completa de todo o edifício. É aí que reside a tensão entre o Universal e o Particular: um elemento particular não apenas exemplifica a universalidade, mas preenche a lacuna/falta dessa universalidade. A mesma coisa se aplica para a diferença sexual: não é a diferença entre duas espécies do gênero humano, mas a diferença entre o gênero e suas espécies, entre a universalidade (masculina) e a particularidade (feminina) que preenche a falta inscrita no coração da universalidade.

O fato de que "não há relação sexual" significa, portanto, que o significante secundário (o da Mulher) é "primordialmente reprimido", e *o que temos no lugar dessa repressão, o que preenche sua lacuna, é a multiplicidade dos "retornos do reprimido", a série dos significantes "habituais"*. Aqui, porém, temos uma complicação. Essa gênese transcendental da pluralidade como o preenchimento da falta do significante binário é complementada pela gênese oposta na qual o ponto de partida é a pluralidade (série) de significantes e o Significante-Mestre aparece como o significante reflexivo que preenche as lacunas na série de significantes. O exemplo supremo de "deus", dado pelo próprio Espinosa, é crucial aqui: quando concebido como uma pessoa poderosa, deus apenas incorpora nossa ignorância da verdadeira causalidade. Casos da história da ciência são abundantes aqui – desde o flogisto (um pseudoconceito que apenas revelou a ignorância do cientista sobre como a luz de fato viaja) até o "modo de produção asiático" de Marx (que é uma espécie de contêiner negativo: o único conteúdo verdadeiro desse conceito é "todos os modos de produção que não se encaixam na categorização padrão de Marx dos modos de produção"), isso sem falar da popular "sociedade pós-industrial" de hoje – noções que, embora pareçam designar um conteúdo positivo, apenas sinalizam nossa ignorância.

Na primeira versão, o significante binário, a contraparte simétrica de S_1, é "primordialmente reprimido" e é para suplementar o vazio dessa repressão que surge a cadeia de S_2, ou seja, o fato original é o par de S_1 e o Vazio no lugar de sua contraparte, e a cadeia de S_2 é secundária. Na segunda versão, no relato da emergência do S_1 como "termo enigmático", o significante vazio (fato primordial) é, ao contrário, S_2, a cadeia significante em sua incompletude. Assim, S_1 intervém para preencher o vazio dessa incompletude. Como as duas visões devem ser coordenadas? Será que o fato final é o círculo vicioso de sua implicação mútua?

E se, mais uma vez, essas duas versões apontarem para a lógica das "fórmulas da sexuação" de Lacan? Ao contrário de nossas expectativas, é a primeira versão – a multitude emerge para preencher o vazio do significante binário – que é "feminina", ou seja, que explica a explosão da multitude inconsistente do não Todo feminino, sendo a segunda versão a "masculina", ou seja, que explica como uma multitude é totalizada em um Todo pela exceção que preenche seu vazio. No entanto, a simetria entre as duas versões não é completa: tal como no caso das antinomias da razão pura de Kant, em que as antinomias matemáticas precedem logicamente as antinomias dinâmicas, a versão "feminina" (a multiplicidade preenche a falta do significante binário) vem em primeiro lugar, explicando o próprio surgimento da multiplicidade, da série não totalizável cuja falta é então preenchida pelo Significante-Mestre reflexivo, o significante da falta do significante. Em suma, "tudo começa" *não apenas com a multiplicidade* das multiplicidades que *"é"* o vazio, mas com o Um impossível/barrado, o Um que não é nada além de sua própria impossibilidade.

Por essa razão, é errado concluir que é possível lidar com um antagonismo de dois termos (uma oposição "binária") apenas no espaço "masculino" do Todo e sua Exceção, isto é, que não

179

pode haver oposição binária no espaço "feminino" do não Todo. O segundo modo tem prioridade lógica sobre o primeiro: primeiro, a multiplicidade surge do puro antagonismo (preenchendo a lacuna aberta pelo significante binário ausente) e então essa multiplicidade é totalizada pela exceção do Um. Esse "binário" entre as duas lógicas (não todo e todo com exceção) não obedece à lógica do masculino todo com exceção; ele está do lado do não todo feminino.

É por isso que, como Lacan o disse em termos muitos precisos, há uma assimetria na diferença sexual: o homem é não mulher (a identidade do homem é diferencial, é constituída em oposição à mulher), mas *a mulher não é não homem*. É preciso ter muito cuidado aqui: isso não significa que a mulher esteja em algum lugar fora do espaço das diferenças – a negatividade da mulher é mais radical que a do homem. "A mulher não é não homem" não faz com que o "não" desapareça em alguma autoidentidade positiva: além de o "não" permanecer como emerge em sua pureza, como negatividade radical, ele também não é como uma negação determinada de seu oposto diferencial. Resumidamente, "a mulher *não é não homem*" significa que a mulher "não" é *tout court*, sem nenhum predicado a ser negado. Quando um sujeito sofre uma perda terrível, como a morte de uma pessoa amada, essa perda o define de forma positiva e toda sua vida se torna uma vida sem essa pessoa amada. Mas e se, depois de perder a pessoa amada, o sujeito descobrir que a pessoa amada nunca foi o que parecia ser, que fora uma farsa, de modo que, depois de a perder, o sujeito é privado da própria perda como momento estruturante de sua vida e se encontra no vazio? (Algo parecido acontece em *Vertigo* [*Um corpo que cai*], de Hitchcock: depois de perder Madeleine, Scottie descobre que o que ele perdeu – Madeleine – nunca existiu, que era uma farsa encenada para ele desde o início...) Essa perda radical de uma perda define a subjetividade da mulher (que é a subjetividade como tal em sua forma mais básica): a perda, então, muda de transitiva para intransitiva, ou seja, a mulher não está sem o objeto, a mulher está apenas sem, e o nome desse "apenas sem" é $, o sujeito (barrado).

No entanto, a própria definição de Lacan do significante – aquilo que representa o sujeito para outro significante (ou outros significantes) – não está claramente localizada na lógica do todo e sua exceção? O significante que representa o sujeito (S_1) não seria a exceção que o representa para a série de outros significantes (S_2)? Aqui aparece uma distinção mais sutil: como passamos do sujeito dividido para a divisão de dois sujeitos, de dois modos de subjetividade, masculino e feminino? Por que o sujeito é sempre redobrado, "sexuado", por que ele aparece *a priori* em duas versões, como masculino e feminino, por que não existe um sujeito universal sexualmente neutro? É que, como já vimos, suas duas versões dão corpo às duas antinomias da sexuação. O sujeito masculino é nossa noção predominante de sujeito: a exceção de certa forma externa à realidade "objetiva" e cuja subtração constitui o campo da realidade "objetiva". É o agente que, oposto à realidade, interage com ela e nela intervém. O sujeito feminino é algo que (logicamente) precede o sujeito masculino: o movimento de sua constituição. O sujeito feminino não está organicamente incluído na realidade como sua parte; ele é, ao contrário, o que torna qualquer realidade não Toda, o operador de sua inconsistência – apenas o gesto negativo da retirada. O sujeito em seu modo masculino completa a realidade por sua própria exceção dela, enquanto o sujeito em seu modo feminino incompleta a realidade, é um "menos que nada" que, ao ser adicionado a ela, incluído nela, torna-a inconsistente.

PLANTAS, ANIMAIS, HUMANOS, PÓS-HUMANOS

Quando afirmamos que o sexo é o nosso contato com o Absoluto não permanecemos ainda no círculo transcendental, visto que elevamos a experiência sexual ao quadro privilegiado de contato com o real? A resposta a essa objeção deve estar clara agora: o próprio círculo que enraíza nossa abordagem da realidade em um ponto específico está inscrito na própria "realidade" como sua característica constitutiva (o que é outra maneira de dizer que a realidade é em si mesma fraturada ou frustrada). O "Saber Absoluto" é, portanto, um nome para o não saber redobrado:

ele não traz nenhum conhecimento novo, mas apenas desloca o nosso não saber para o próprio objeto do conhecimento. Assim, o que obtemos não é apenas a relativização generalizada de nosso conhecimento ou a incerteza definitiva sobre como as coisas realmente são; essa incerteza é deslocada para a realidade que é, em si mesma, incompleta, ontologicamente frustrada, instável.

O paradoxo aqui é que o conhecimento absoluto (ou, nos termos de Lacan, o conhecimento no lugar da verdade) é subjetivo, mediado subjetivamente. Lembremo-nos, mais uma vez, da afirmação ultrajante de Lacan de que, mesmo que aquilo que um marido ciumento afirme sobre sua esposa (que ela está dormindo com outros homens) seja verdade, seu ciúme ainda é patológico; da mesma forma, pode-se dizer que, mesmo que a maioria das afirmações nazistas sobre os judeus fosse verdadeira (que eles exploraram os alemães, seduziam garotas alemãs), seu antissemitismo ainda seria (e foi) patológico – porque reprime o verdadeiro motivo *pelo qual* os nazistas *precisavam* do antissemitismo para sustentar sua posição ideológica. Assim, no caso do antissemitismo, o conhecimento sobre o que os judeus "realmente são" é irrelevante, pois o único conhecimento no lugar da verdade é o conhecimento sobre o motivo de um nazista *precisar* de uma figura do judeu para sustentar seu edifício ideológico; essa verdade é "absoluta" também no sentido de dispensar a verdade factual sobre os judeus.

No entanto – e aqui o paradoxo se redobra –, embora seja subjetivo, o conhecimento absoluto não expressa a verdade interior do sujeito em oposição ao conhecimento que reproduz adequadamente os fatos objetivos; ele não expressa o gênio interior do sujeito, sua criatividade inconsciente. Em seu pequeno texto "Sobre a diferença entre o Gênio e o Apóstolo", Kierkegaard define o gênio como o indivíduo capaz de expressar ou articular "aquilo que está nele mais do que nele mesmo", sua substância espiritual. Em contraste, o apóstolo é aquele que, "em si mesmo", não tem importância alguma: ele é uma função puramente formal daquele que dedicou sua vida a dar testemunho de uma Verdade impessoal que o transcende, é um mensageiro que foi escolhido (pela graça) e não tem nenhuma característica interna que o qualifique para esse papel. Lacan menciona aqui um diplomata que serve como representante de seu país: suas idiossincrasias são irrelevantes, pois tudo o que ele faz *é* lido como uma mensagem de seu país para a nação em que ele está colocado – se, em uma grande conferência diplomática, ele tossir, isso é interpretado como um sinal sutil da dúvida de seu Estado sobre as medidas debatidas na conferência etc. A conclusão paradoxal de Lacan é que o "sujeito do inconsciente" freudiano (ou aquilo que Lacan chama de "sujeito do significante") tem a estrutura do apóstolo kierkegaardiano: ele é testemunha de uma Verdade "impessoal". Não seria precisamente um "corpo de verdade" o que encontramos na histeria? Nos sintomas corporais que resultam da "conversão" histérica, o corpo orgânico imediato é invadido, sequestrado por uma Verdade, transformado em um portador de verdade em um espaço/superfície no qual as Verdades (do inconsciente) estão inscritas – a histeria é o caso definitivo do *c'est moi, la vérité, qui parle*, de Lacan. Novamente, a estrutura é aqui a de um apóstolo kierkegaardiano: o corpo é cancelado ou suspenso como indiferente em sua realidade imediata, tomado como meio da Verdade. Pensamentos sem um pensador, sonhos sem um sonhador, crenças sem um crente... isso é o que o inconsciente freudiano é: não a expressão da profundidade do sujeito, mas uma pressuposição cujo *status* é puramente virtual. Embora não seja subjetivado (não expresse a vida interior do sujeito), ele existe apenas em relação ao seu sujeito que permanece vazio, $ (o cogito cartesiano como o sujeito do inconsciente, de acordo com Lacan). O "sujeito do inconsciente" não é um sujeito cheio de riqueza inconsciente interior, mas um sujeito vazio, radicalmente separado de seu inconsciente, que ocupa e usa o sujeito como seu apóstolo.

Isso nos leva de volta ao ponto de partida deste livro: os não orientáveis. A natureza frustrada da realidade implica que devemos endossar totalmente a rejeição de qualquer forma de "progressismo": este – ou qualquer forma de evolução – é sempre uma ocorrência local, nunca uma característica do processo cósmico global. Se há algo totalmente estranho ao materialismo dialético é a visão da realidade como uma evolução progressiva em direção a formas cada vez mais elevadas da existência, da mera matéria à vida vegetal, à vida animal, à vida espiritual humana e, talvez, até mesmo um passo adiante em direção a um ponto Ômega desconhecido (ou singularidade, como alguns o chamam hoje) – uma visão inesperadamente endossada até mesmo por Quentin Meillassoux. Mas não seria a descrição de Hegel sobre a sucessão de minerais, plantas, animais e espírito humano o caso supremo dessa evolução constante? Antes de nos apressarmos em uma conclusão tão óbvia, deveríamos considerar a filosofia da natureza de Hegel com mais atenção. Comecemos com Michael Marder, que desenvolveu de forma concisa a lógica da transição da reprodução sexual vegetal para a animal em Hegel, um tópico em grande parte negligenciado, mas cheio de surpresas inesperadas:

> De acordo com sua *Filosofia da natureza*, a diferença sexual é "apenas parcial" no reino vegetal ("*der Unterschied ist so nur ganz partiell*") por dois motivos. Primeiro, a sexualidade das plantas é indeterminada e "as diferenças muitas vezes podem ser alteradas enquanto as plantas estão crescendo". Segundo, e mais importante, essa sexualidade está concentrada na flor, uma parte destacável e supérflua da planta, *ein abgeschiedener Teil*. "Os diferentes indivíduos", escreve Hegel, "não podem, portanto, ser considerados como de sexos diferentes porque não foram completamente imbuídos do princípio de sua oposição [*sie nicht in daß Prinzip ihrer Eingegensetzung ganz eingetaucht find*] – porque isso não os permeia por completo [*nicht ganz durchbringt*], não *é um momento universal de todo o indivíduo...*" Nas plantas, essa indeterminação se expressa na indecisão entre os modos de ser sexual e assexual e, dentro da sexualidade, entre os lados masculino e feminino. A diferença sexual vegetal oscila entre a disjunção e a conjunção das polaridades que ela interrelaciona, por um lado, e seu apagamento na reprodução assexuada, por outro. Seu refinamento e determinação exigirão uma transição para a existência animal, na qual toda a carne está inundada de sexualidade, organizada em formações de oposição do masculino contra o feminino, *nós* contra *eles*.

O que Hegel postula, então, é a animalização da diferença sexual pelo "princípio da oposição", como um sinal do engajamento, do interesse e da não indiferença do animal em si mesmo e no seu outro. E ele interpreta a situação precária da planta como a de uma diferença indiferente: ...não sendo contra o outro, a planta também não é ela mesma. Imersa no imediatismo de uma afirmação em relação ao exterior, muitas vezes indistinguível do interior, a planta não está banhada, encharcada, permeada (*eingetaucht, durchbringt*) pela diferença sexual como princípio de oposição. Na individuação sexual propriamente dita, "todo o hábito (*habitus*) do indivíduo deve estar vinculado ao seu sexo [Der ganze Habitus des Individuums muss mit seinem Geschlecht verbunden sein"], ou seja, o princípio da oposicionalidade que define a ontologia sexual dialética e a dialética enquanto tal, ela própria uma expressão da diferença sexual oposicionalmente organizada no pensamento[124].

As plantas são caracterizadas, portanto, por duas características interconectadas com relação à sua reprodução (sexual): sua identidade sexual é indeterminada (as plantas individuais não pertencem a um ou outro sexo) e parcial (a flor na qual se concentra a reprodução é apenas uma parte destacável de uma planta individual), enquanto na sexualidade animal a as diferenças permeiem todo o ser do indivíduo. Assim, embora a diferença sexual esteja presente nas plantas, ela continua sendo uma "diferença indiferente", em contraste com os animais cujo *hábito inteiro está* "vinculado ao sexo". Embora essa linha de pensamento não possa deixar de parecer ingenuamente não científica, há observações interessantes que estão ocultas nela. A leitura de Hegel do afloramento como a exposição feminina da planta ao exterior lembra imediatamente o papel das abelhas na inseminação vegetal – como se as plantas precisassem de uma ajuda externa para a inseminação e as abelhas funcionassem como um pequeno pênis maquinal separado. É fácil acusar Hegel de ler

---

124. MARDER, M. *Plant Life and the Fate of Sexual Difference (with and against Hegel)*. Disponível em: http://philosoplant.lareviewofbooks.org/?p=213. As passagens de Hegel foram citadas a partir de HEGEL, G. W. F. *Philosophy of Nature: Encyclopedia of the Philosophical Sciences, Part II*. Oxford: Oxford University Press, 2004, seção sobre "Vegetable Nature".

a reprodução vegetal do ponto de vista da reprodução sexual animal, como seu nível "inferior", mas o que realmente importa aqui é a principal percepção de Hegel que sustenta essa linha de pensamento: a atividade sexual não é "desestabilizada", atravessada por impasses e impossibilidades, apenas na cultura humana; a atividade sexual envolve dificuldades desde o início, não apenas nos animais sexuados, mas já no reino vegetal, de modo que cada etapa da reprodução sexual se esforça para resolver o impasse da etapa anterior. Em outras palavras, a humanidade não é a exceção, a curva do impulso que rompe com o equilíbrio instintivo animal. Se o horizonte último de nosso pensamento for o excesso/perturbação que provoca a transformação do instinto em impulso, então permaneceremos presos à oposição padrão entre a natureza e o excesso humano. Devemos dar um passo adiante: a realidade pré-humana é, em si mesma, "excepcional", incompleta e desequilibrada, sendo que essa lacuna ou incompletude ontológica surge "enquanto tal" com a humanidade (caminho foi traçado por Schelling, Benjamin e a física quântica). O ser humano é, portanto, literalmente a exceção da natureza: na humanidade, a exceção constitutiva da natureza aparece como tal. É como se a lógica da exceção constitutiva estivesse em ação aqui em uma versão diferente, a da "parte de parte alguma": precisamente como a perturbação da natureza, a humanidade dá corpo à natureza de fato, em sua universalidade.

Nesse ponto crucial encontramos a última tentação a ser evitada: a tentação de explicar a negatividade ontológica, a ruptura introduzida pela sexualidade, em termos do contraste entre a sexualidade animal e a humana. O próprio Lacan não está imune a esse *topos* padrão: ao longo de sua obra ele varia repetidamente o motivo da negatividade e da ruptura introduzidas no mundo da copulação natural pela sexualidade humana. A própria distinção entre instinto e impulso pode ser lida dessa forma: os animais possuem um conhecimento instintivo que lhes diz quando e como copular, a cópula é para eles simplesmente parte do circuito natural da vida, enquanto nós, humanos, somos radicalmente desorientados, não temos as coordenadas instintivas para nossa vida sexual e, por isso, temos de aprender como fazê-lo, confiando em cenários culturalmente estruturados: "existe o instinto sexual na natureza, mas não nos seres humanos (que são o ponto de exceção em relação à natureza). A humanidade, em seu nível mais fundamental, é um desvio da natureza"[125]. É nesse sentido que Gérard Wajcman explica por que achamos tão agradável assistir incessantemente, nos canais de TV especializados, aos documentários sobre a vida animal (*Nature, Wild Kingdom, National Geographic*): eles oferecem um vislumbre de um mundo utópico em que não são necessários linguagem e treinamento, ou seja, de uma "sociedade harmoniosa" (como se diria hoje na China) em que todos conhecem espontaneamente seu papel:

> O ser humano é um animal desnaturado. Somos animais doentes com linguagem. E como ansiamos por uma cura, às vezes. Todavia, simplesmente calar a boca não resolve. Não se pode simplesmente desejar que a animalidade desapareça. Então, como consolação, assistimos aos canais de animais e nos maravilhamos com um mundo não domesticado pela linguagem. Os animais nos levam a ouvir uma voz de puro silêncio. Nostalgia pela vida dos peixes. A humanidade parece ter sido atingida pela síndrome de Cousteau[126].

Existe, no entanto, uma outra maneira, mais radical e propriamente hegeliana, de entender o deslocamento da sexualidade: e se a sexualidade equilibrada e "natural" for um mito humano, uma projeção retroativa? E se essa imagem da natureza que conhece for o mito humano definitivo, a "tradição inventada" final? O próprio Lacan está dividido aqui: às vezes, ele afirma que "os animais sabem", que possuem um conhecimento instintivo sobre a sexualidade; às vezes (a propósito da lamela, por exemplo), ele afirma que já existe uma falta na diferença sexual natural: a lamela é "o que é subtraído do ser vivo em virtude de ele estar sujeito ao ciclo de reprodução sexuada"[127]. Portanto, no

---

125. WAJCMAN, G. The Animals That Treat Us Badly. *Lacanian ink*, n. 33, 2009, p. 131.
126. MARDER, M. Plant Life and the Fate of Sexual Difference (with and against Hegel). Disponível em: http://philosoplant.lareviewofbooks.org/?p=213. As passagens de Hegel foram citadas a partir de HEGEL, G. W. F. *Philosophy of Nature: Encyclopedia of the Philosophical Sciences, Part II*. Oxford: Oxford University Press, 2004, da seção sobre "Vegetable Nature".
127. LACAN, J. *The Four Fundamental Concepts of Psychoanalysis*. Nova York: Norton, 1998, p. 198.

sexo natural em si haveria uma perda ou um impasse, ou seja, algum tipo de deslocamento ou negatividade em ação já na própria natureza, no próprio coração da reprodução sexual:

> Parece haver algo na própria natureza que está dramaticamente errado nesse ponto. O problema não é que a natureza seja "sempre já cultural", mas sim que a natureza, acima de tudo, carece de algo para ser Natureza (nosso Outro). Uma maneira de colocar isso é dizer que o instinto sexual não existe, ou seja, não há conhecimento ("lei") inerente à sexualidade que seria capaz de guiá-la[128].

A sexualidade humana não é, portanto, uma exceção em relação à natureza, um deslocamento patológico da sexualidade instintiva natural, mas sim *o ponto em que o deslocamento/impossibilidade que diz respeito à copulação aparece como tal*. De que forma, precisamente? Tanto os seres humanos quanto os animais sexuados "não sabem", ambos carecem de uma fundação instintiva firme e estável de sua sexualidade; porém, os animais simplesmente não sabem, isto é, não sabem que não sabem, estão desorientados, perdidos, enquanto os seres humanos sabem que não sabem, registram seu não saber e estão em busca do saber (é a essa busca que a "sexualidade infantil" se refere). Em termos hegelianos, poderíamos dizer que, na passagem dos animais sexuados para os seres humanos, o não saber passa do Em-Si ao Para-Si para seu registro reflexivo; mas não estamos falando aqui da consciência, de "tomar ciência" do nosso não saber. Esse registro é precisamente inconsciente: "o que distingue o animal humano não é o fato de ele ser consciente ou estar ciente dessa falta natural de conhecimento (a falta de conhecimento sexual na natureza), mas o fato de ele ser 'inconsciente disso'"[129]. Essa formulação deve ser tomada em seu significado preciso de "inconsciente estruturado tal como uma linguagem" (Lacan): ser "inconsciente de" algo é o que Hegel teria chamado de "negação determinada", um fato positivo em si mesmo.

---

128. ZUPANČIČ, A. Die Sexualität innerhalb der Grenzen der bloßen Vernunft [Manuscrito].
129. *Ibid*.

Devemos nos lembrar aqui da distinção clássica de Kant entre juízo negativo (a negação de um predicado) e juízo infinito (a afirmação de um não predicado): "é inconsciente de" não é a mesma coisa que "não é consciente de" – digamos, não sou consciente dos processos neuronais e outros processos em mim que sustentam meu pensamento, mas não posso dizer que sou "inconsciente deles", pois isso implicaria que esses processos já estão subjetivados no modo do inconsciente (da mesma forma que "eu estou não morto" significa que estou vivo como um "morto-vivo"). Como essa existência "inconsciente" é inscrita na ordem simbólica? Para isso Lacan fornece uma resposta precisa: sob a forma de *plus-de-jouir*, do excesso-de-gozo que não é apenas um excesso sobre toda forma determinada de objeto-de-gozo, mas um objeto que positiva esse excesso de negatividade. Em outras palavras, embora tanto nos animais quanto nos seres humanos não haja relação sexual, somente os seres humanos podem realizar o juízo infinito no qual o excesso se torna um objeto, ou seja, no qual a não relação como tal passa a existir:

> Enquanto a sexualidade animal é simplesmente inconsistente (e isso é o que ela compartilha com a sexualidade humana), a *jouissance* é algo como um conjunto contendo essa inconsistência como seu único elemento... Essa divisão interna da vida obtém uma existência material e objetiva própria, na forma do que Lacan chama de *jouissance*... A mudança crucial ocorre, portanto, quando a negatividade imanente (a morte como intrínseca à vida) adquire uma existência material no gozo excedente (que se torna sua figura ou representante) relacionado a diferentes pulsões parciais e sua satisfação. É somente com isso que passamos *da sexuação* à *sexualidade* propriamente dita (sexualidade dos seres falantes)[130].

Dessa maneira, a passagem ocorre da inconsistência de um processo ou objeto para um objeto que é – que dá corpo a – essa inconsistência, da não existência da relação sexual para a existência de uma não relação, de um excesso sobre a objetividade para um objeto que dá corpo a esse excesso. *Jouissance* nunca é um puro excesso de produtividade sobre cada objeto, trata-se sem-

---

130. ZUPANČIČ, A. *What IS Sex?* Cambridge: MIT Press, 2017, p. 92, 104.

pre de um objeto; a inconsistência nunca é apenas inconsistência entre elementos, é sempre um objeto – aí, nesse "juízo infinito" supremo, reside a coincidência hegeliana dos opostos que define o gozo-excedente. É contra esse pano de fundo que se deve ler as linhas nas quais Marder identifica a limitação de Hegel:

> O que teria acontecido se a *Filosofia da natureza* de Hegel tivesse feito a transição não apenas da vegetalidade para a animalidade, mas também da animalidade ("o organismo animal", com o qual ela culmina) para a humanidade, e se tivesse feito isso precisamente como uma filosofia da natureza, em vez de uma fenomenologia do espírito? Como teriam aparecido as múltiplas diferenças na diferença sexual? Sob qual luz elas teriam sido lançadas?[131]

Portanto, não se trata apenas de a sexualidade humana ser a substância animal meramente "suprassumida" em modos e rituais civilizados, gentrificada, disciplinada etc. – sua própria substância é radicalmente transformada. A natureza (a substância natural da sexualidade) não apenas recebe uma forma "civilizada", ela é alterada no nível da própria "natureza". O próprio excesso de sexualidade que ameaça explodir as restrições "civilizadas", a sexualidade como Paixão incondicional, é resultado da Cultura. Dessa forma, a civilização/cultura retroativamente postula/transforma seu próprio pressuposto natural: a cultura retroativamente "desnaturaliza" a própria natureza, sendo isso o que Freud chamou de Id, libido.

Há outra conclusão paradoxal a que podemos chegar aqui: a sexualidade humana também pode ser entendida como uma estranha "síntese" da sexualidade vegetal e animal. Se, assim como os animais sexuados, os seres humanos são "banhados, encharcados, permeados pela diferença sexual como princípio de oposição", o que eles pegam das plantas? Sua integração. Para deixar esse ponto claro, precisamos nos voltar para o desafio da tecnologia, que não é o de (re)descobrir como todas as nossas atividades devem se basear em nossa insuperável (ininterrupta) integração em nosso mundo da vida, mas, ao contrário,

---

131. MARDER. *Op. cit.*

nos desafiar a cortar essa integração e aceitar o abismo radical da nossa existência. Esse é um terror que nem mesmo Heidegger ousou enfrentar. Para colocar isso em termos de uma comparação problemática, será que nós, por permanecermos humanos inseridos em um mundo da vida simbólico pré-reflexivo, não somos algo como "plantas simbólicas"? Hegel diz em algum lugar de sua *Filosofia da natureza* que as raízes de uma planta são suas entranhas que, ao contrário de um animal, uma planta tem fora de si, na terra, o que impede que uma planta corte suas raízes e vagueie livremente – para ela, cortar suas raízes é a morte. Seria, então, nosso mundo da vida simbólico, no qual estamos sempre-já pré-reflexivamente inseridos, algo como nossas entranhas simbólicas fora de nós mesmos? E o verdadeiro desafio da tecnologia não seria repetirmos a passagem de plantas para animais também no nível simbólico, cortando nossas raízes simbólicas e aceitando o abismo da liberdade? Nesse sentido muito preciso, pode-se aceitar a fórmula de que a humanidade passará/deverá passar para a pós-humanidade – estar inserido em um mundo simbólico é uma definição de ser humano. Também nesse sentido, a tecnologia é uma promessa de libertação pelo terror. O sujeito que emerge nessa e por meio dessa experiência de terror é, em última análise, o próprio *cogito*, o abismo da negatividade relacionada a si que forma o núcleo da subjetividade transcendental, o sujeito acéfalo da pulsão (de morte). É o sujeito propriamente inumano.

Essa negatividade está em ação desde o início. Onde? A inseminação vegetal e a reprodução sexuada animal compartilham uma característica que, vista à distância, não pode deixar de parecer surpreendente ou, até mesmo, enigmática: por que o processo de inseminação tem de se basear em um encontro contingente de um par e externo a ambos (de um parceiro masculino e feminino, ou mesmo por meio de abelhas)? Por que esse processo não está integrado em um único e mesmo ser vivo? Por que esse perigo contingente que abre a possibilidade de um encontro não concretizado? Talvez, no nível abstrato, o ponto crucial para esse enigma seja fornecido por outra incógnita: por que a diferença sexual como puro antagonismo que atravessa o campo aparece como Dois (sexos)? Por que não três, quatro, uma série indefinida com cada elemento cortado pelo mesmo antagonismo? Como passamos do antagonismo (imanente) para o Dois (externo)? A resposta de Lacan é que, precisamente, Dois nunca são Dois, mas o Um e seu vazio que é preenchido por uma multiplicidade inconsistente. "Dois" (no sentido de um par complementar de opostos) é um sonho de relação sexual.

Essa contingência está inscrita no próprio núcleo do processo de inseminação. Pesquisas recentes sobre vírus reatualizaram a hipótese da panspermia[132]: pesquisadores "identificaram recentemente um vírus antigo que inseriu seu DNA nos genomas de animais de quatro membros que eram ancestrais humanos. Esse fragmento do código genético, chamado ARC, faz parte do sistema nervoso dos humanos modernos e desempenha um papel na consciência humana – comunicação nervosa, formação de memória e pensamento de ordem superior. Entre 40% e 80% do genoma humano pode estar ligado a invasões virais antigas"[133]. Embora a vida seja confirmada apenas na Terra, a implicação é que a vida extraterrestre não é apenas plausível, mas provável ou inevitável. Será que isso significa que estamos de volta a alguma forma de teologia, com Deus plantando na realidade "espermatozoides" que estavam adormecidos, vagando e procurando a matéria apropriada para se realizarem? Há uma explicação materialista: a química que levou à vida pode ter começado logo após o Big Bang, há 13,8 bilhões de anos. Durante uma época habitável em que o universo tinha apenas 10-17 milhões de anos; os blocos de construção orgânicos pré-bióticos da vida se originaram no espaço e foram incorporados à nebulosa solar a partir da qual os planetas se condensaram e foram distribuídos – e continuamente – às superfícies planetárias, onde a vida surgiu (abiogênese). Portanto, se quisermos permanecer religiosos, a única opção é considerar esses "espermatozoides cósmicos"

---

132. Cf. https://en.wikipedia.org/wiki/Panspermia
133. Disponível em: https://mobile.nytimes.com/2018/04/13/science/virosphere-evolution.html

como o derramamento de um deus masturbador[134]: não há nenhuma teleologia envolvida aqui, trilhões de "espermatozoides" estão apenas flutuando, abertos a encontros contingentes em que formam organismos vivos.

Mudemos, porém, nossa perspectiva e vejamos o outro lado: todo esse processo também é aberto em seu resultado? Se Hegel fosse reescrever seu sistema hoje, suas três partes principais não seriam mais: lógica-natureza-espírito, mas: real quântico (espaço virtual pré-ontológico das ondas quânticas) -realidade--espírito. Deve-se observar que a passagem de cada nível para o próximo não é simplesmente um tipo de "progresso", mas também envolve um fracasso (perda, restrição), pois nossa realidade comum emerge pelo colapso da função de onda, ou seja, pelo apagamento de possibilidades virtuais; a realidade se desenvolve gradualmente pela vida até a explosão do pensamento/espírito/sujeito – no entanto, essa explosão do espírito também leva a um impasse da vida animal. O ser humano é um animal fracassado e a consciência humana é primordialmente a consciência da limitação e da finitude.

Isso nos leva à próxima grande questão: se levarmos a sério a ideia de que a humanidade é uma passagem fracassada para um estágio superior, um progresso frustrado, e que o que geralmente percebemos como indícios humanos de grandeza ou de criatividade são justamente as reações a esse fracasso fundamental (tudo isso, é claro, também pode ser lido como a noção nietzscheana do humano como a passagem do animal para o além--homem), podemos então imaginar um quarto estágio após o real quântico, a realidade e a espiritualidade humanas, o estágio que seria uma humanidade que de alguma forma superou seu fracasso constitutivo, uma espécie sem sexo e sem mortalidade?

O candidato óbvio para esse próximo estágio é, naturalmente, a promessa da assim chamada singularidade, uma nova forma de consciência (ou mente) transindividual que deverá surgir da subsequente digitalização de nossas mentes em combinação com a biogenética. Quando a ligação direta do nosso cérebro com a

---

134. Essa ideia me foi sugerida por David Harvilicz.

rede digital ultrapassar um determinado limite (uma perspectiva bastante realista), a lacuna que separa nossa autoconsciência da realidade externa entrará em colapso (já que nossos pensamentos poderão afetar diretamente a realidade externa – e vice-versa –, além de que estaremos em contato direto com outras mentes). Não é preciso seguir as conjecturas de Ray Kurzweil ou as fantasias da Nova Era, como a última cena de *2001*, de Kubrick, para ver que algo novo está efetivamente surgindo aqui. É impossível prever sua forma exata, mas uma coisa é certa: não seremos mais sujeitos mortais e sexuados singulares. Perderemos nossa singularidade (e, com ela, nossa subjetividade), bem como nossa distância em relação *à realidade* "externa".

O problema, evidentemente, é que, como nossas "maiores" conquistas humanas estão enraizadas em nossas limitações definitivas (fracasso, mortalidade e a sexualidade concomitantes), ou seja, naquilo que não podemos deixar de vivenciar como o obstáculo à nossa existência espiritual "superior", a ideia de que esse nível "superior" possa sobreviver sem o obstáculo, sem o que impede sua plena realização, é uma ilusão que pode ser explicada em termos do paradoxo do *objet a*, um obstáculo que, perturbando a perfeição, engendra a própria ideia de perfeição à qual serve como obstáculo, de modo que, se abolirmos o obstáculo, perderemos simultaneamente aquilo a que ele se opõe. Esse paradoxo é operante em vários níveis, até a beleza feminina. Certa vez, uma mulher voluptuosa de Portugal me contou uma anedota maravilhosa: quando seu amante mais recente a viu completamente nua pela primeira vez, ele lhe disse que seu corpo seria perfeito se ela perdesse apenas um ou dois quilos. A verdade, por óbvio, é que se ela emagrecesse, provavelmente teria uma aparência mais comum – o próprio elemento que parece perturbar a perfeição cria a ilusão da perfeição que perturba: se tirarmos o elemento excessivo, perdemos a própria perfeição.

O conto "A marca de nascença" (1843)[135], de Nathaniel Hawthorne, oferece um relato diferente e mais catastrófico do

---

135. Resumo baseado nas informações do site Wikipedia. Disponível em: https://en.wikipedia.org/wiki/The_Birth-Mark

que acontece se eliminarmos o excesso perturbador. Aylmer, um cientista brilhante, casa-se com a bela Georgiana, que é fisicamente perfeita, exceto por uma pequena marca de nascença vermelha no formato de mão que existe em sua bochecha. Ele fica cada vez mais obcecado com a marca e, certa noite, sonha que está cortando a marca da bochecha da esposa, continuando o corte até o coração. Ciente da obsessão do marido, Georgiana declara que preferiria arriscar a vida para remover a marca de nascença da bochecha do que continuar a suportar o horror e a angústia que Aylmer sente quando a vê. No dia seguinte, ele a leva para seu laboratório e, primeiramente, desenha um retrato da esposa; a imagem, porém, está borrada, exceto pela marca de nascença, o que revela a aversão que sente por ela. A esposa, então, concorda em beber uma poção que o marido lhe preparou, apesar de seu aviso de que isso poderia ser perigoso e que poderia ter efeitos colaterais inesperados. Depois de beber a poção, ela adormece imediatamente e Aylmer observa a marca de nascença desaparecer pouco a pouco. Quando a marca está quase desaparecendo, Georgiana acorda e os dois ficam satisfeitos ao ver o resultado. No entanto, a poção tem efeitos colaterais e ela logo diz ao marido que está lentamente morrendo: quando a marca de nascença desaparecer por completo, morrerá... O resultado aqui é a morte, não apenas a perda da perfeição: a marca de nascença, o detalhe perturbador, está ligado ao coração cujo batimento mantém Georgiana viva. Embora possa parecer mais trágico do que minha anedota sobre o encontro com a mulher portuguesa, na realidade é menos aterrorizante, pois a beleza sobrevive à remoção dos detalhes perturbadores: a Georgiana morta não apenas mantém sua beleza – é apenas morta que ela a alcança. Assim, as duas histórias (minha anedota e a narrativa de Hawthorne) nos confrontam com uma escolha: se você decidir remover o obstáculo, terá a perfeição da beleza e perderá a vida; caso contrário, permanecerá vivo como um ser comum, sem promessa de perfeição.

O exemplo sociopolítico crucial desse paradoxo é dado por Marx, cujo erro fundamental foi concluir, a partir desses *in-*

sights, que uma nova ordem social superior (o comunismo) seria possível, uma ordem que não apenas manteria, mas até mesmo elevaria e efetivamente liberaria totalmente o potencial da espiral de produtividade autossustentada que, no capitalismo, por causa do seu obstáculo/contradição inerente, é repetidamente frustrada por crises econômicas socialmente destrutivas. Em resumo, o que Marx negligenciou é que, para colocar nos termos padrão derridianos, esse obstáculo/antagonismo inerente como a "condição de impossibilidade" do pleno emprego das forças produtivas é simultaneamente sua "condição de possibilidade": se abolirmos o obstáculo, a contradição inerente ao capitalismo, não teremos o impulso totalmente liberado para a produtividade finalmente livre de seu impedimento, mas perderemos exatamente essa produtividade que parecia ser gerada e, ao mesmo tempo, impedida pelo capitalismo – se removermos o obstáculo, o próprio potencial bloqueado por esse obstáculo se dissipa (aí residiria uma possível crítica lacaniana de Marx, sublinhando a sobreposição ambígua entre a mais-valia e gozo-excedente). Portanto, os críticos do comunismo tinham alguma razão quando afirmavam que ele é uma fantasia impossível; o que eles não perceberam é que o comunismo marxiano, essa noção de uma sociedade de pura produtividade, fora do quadro do Capital, era uma fantasia inerente ao próprio capitalismo, isto é, a transgressão inerente ao capitalismo em sua forma mais pura, uma fantasia estritamente ideológica de manter o impulso à produtividade gerado pelo capitalismo, ao mesmo tempo em que se livrava dos "obstáculos" e antagonismos que eram – como demonstra a triste experiência do "capitalismo realmente existente" – a única estrutura possível para a existência material efetiva de uma sociedade de produtividade permanentemente autossustentada.

Será que exatamente o mesmo paradoxo não se aplica à visão da singularidade pós-humana? Na medida em que a pós-humanidade é, do nosso ponto de vista humano finito/mortal, em certo sentido, o ponto do Absoluto pelo qual lutamos, o ponto zero no qual a lacuna entre o pensar e o agir desaparece, o ponto em que me tornei *homo deus*, encontramos aqui novamente o paradoxo de nosso contato com o Absoluto: este persiste como o ponto virtual de perfeição em nossa finitude, como aquele X que sempre fracassamos em alcançar; mas, quando superamos a limitação de nossa finitude, perdemos também o próprio Absoluto. Algo novo surgirá, mas não será uma espiritualidade criativa liberada da mortalidade e da sexualidade – nessa passagem para o Novo, definitivamente perderemos ambos.

Em um artigo recente sobre Steven Bannon, em *Der Spiegel*, o jornalista descreve como Bannon "pega um livro, uma biografia do filósofo Martin Heidegger. 'Esse é o meu cara', diz Bannon. Heidegger, diz ele, tinha algumas boas ideias sobre a questão do ser, que o fascina... O que nos diferencia dos animais ou das rochas? – pergunta Bannon. O que significa ser humano? Até onde deve ir o progresso digital?" Em seguida, Bannon salta para a política e localiza o perigo do "progresso digital" no poder das "elites" contra as quais seu populismo está lutando. "Se permitirmos que as elites mantenham o poder em Londres, Paris, Nova York e no Vale do Silício, diz Bannon, elas redefinirão completamente o *Homo sapiens* em vinte e cinco anos. 'A destruição definitiva da raça humana!', ele grita"[136]. Apesar de saltar imediatamente aos olhos a interpretação inadequada que Bannon tem de Heidegger (Heidegger jamais reduziria o perigo da tecnologia moderna ao poder das elites), Bannon tem razão em enxergar nas conquistas das ciências cognitivas e na digitalização do nosso universo uma "ameaça à essência humana" (ao que até agora entendemos como "ser humano"). O que ele não entende é que seu próprio tipo de populismo se baseia em manipulações digitais (lembremo-nos do papel da Cambridge Analytica na vitória de Trump); ele também ignora como esse populismo não enfrenta realmente a "ameaça" das novas tecnologias, mas simplesmente se refugia no velho senso comum de que o ser humano seria impotente diante dessa ameaça. A única solução é aceitarmos o fato de que a "natureza humana" ESTÁ mudando hoje e nos abrir para os perigos e para as novas possibilidades dessa mudança.

---

136. Cf. www.spiegel.de/international/world/stephen-bannon-triesrightwing-revolution-in-europe-a-1235297.html

Há, portanto, para recapitular, cinco etapas na evolução da sexualidade: primeiro, a reprodução assexuada (partenogênese); em seguida, com as plantas, a diferença sexual é posta em si, mas ainda não é plenamente atualizada "para si"; com os mamíferos, a diferença sexual é posta "para si", plenamente atualizada em dois sexos; com os humanos, a sexualidade não é mais apenas biológica, mas redobrada como um fato da ordem simbólica, o que permite sua instabilidade (um homem biológico pode ser uma mulher em sua identidade simbólica etc.); finalmente, com a perspectiva da pós-humanidade, ambos os níveis se desintegram: a reprodução assexuada cientificamente projetada cancela a sexualidade, que também é ameaçada pela perspectiva das identificações simbólicas assexuadas (mas estas seriam ainda simbólicas?).

COROLÁRIO 2: SINUOSIDADES DO TEMPO SEXUALIZADO

A lição de nossa elaboração da sexualidade como o contato com o Absoluto é que a sexualidade não diz respeito primordialmente ao conteúdo ("essas matérias"): ela é, em última análise, um fenômeno formal – uma determinada atividade é "sexualizada" quando é capturada em uma temporalidade circular distorcida. Em suma, o tempo sexualizado é o tempo daquilo que Freud designou como a pulsão de morte: a imortalidade obscena de uma compulsão-para-repetir que persiste além da vida e da morte. O primeiro a formular essa lógica da imortalidade obscena foi Marquês de Sade, um kantiano no armário, e o paradoxo é que, em seu trabalho, a prática da busca por prazeres sexuais é dessexualizada, ou, mais precisamente, deserotizada: como ele se esforça para descartar todos os obstáculos e desvios, buscando o prazer da maneira mais direta possível, o resultado é uma sexualidade fria e totalmente mecanizada, desprovida de todas as reviravoltas que associamos ao erotismo propriamente dito. Nesse sentido, o sujeito sadeano provavelmente nos confronta com a primeira forma de sexualidade pós-humana. Só por isso, as sinuosidades do tempo circular "imortal" merecem um olhar mais atento.

OS DIAS DOS MORTOS-VIVOS

Nossa era é frequentemente designada como a era da permissividade (sexual), ao menos nos países ocidentais desenvolvidos, mas essa permissividade é duplamente restrita: além de ser rigidamente regulada por regras politicamente corretas, o anverso necessário da permissividade que permeia nossas vidas é também uma depressão profusa: cada vez mais, a única maneira (não só de aumentar, mas também simplesmente) de colocar em ação nossos prazeres é introduzir a dor – digamos, sob a forma de culpa. O título de uma reportagem sobre um caso jurídico no México, publicada no The Guardian – "Homem mexicano é inocentado de agressão sexual contra estudante porque ele não 'gostou'" – diz tudo: um juiz mexicano libertou um jovem rico acusado de sequestrar e agredir sexualmente uma estudante, alegando que o criminoso não teve prazer. O juiz Anuar González considerou que, embora Diego Cruz (21 anos) tenha sido acusado de tocar os seios da vítima e penetrá-la com seus dedos, ele agiu sem "intenção carnal" e, portanto, não foi culpado de agressão[137]. Essa lógica é estranha – não seria mais óbvio afirmar o contrário: se a motivação do homem fosse sexual, poderíamos (não o desculpar, mas) pelo menos aceitar esse tipo de paixão incontrolável como uma circunstância atenuante; se sua motivação não fosse o prazer, mas – o quê? Pressão dos colegas? A necessidade de ferir e humilhar a garota? Então seu ato é indesculpável. A maneira de explicar essa lógica estranha é pressupor sua premissa subjacente: sentir prazer como tal nos torna culpados, de modo que sem prazer não há culpa. Nesse horizonte, o anverso também é válido: não há prazer sem culpa, no sentido de que todo prazer é acompanhado pela culpa, mas também, mais radicalmente, a culpa proporciona o prazer excedente que transforma o simples prazer em intensa *jouissance*[138]. Como se canta

---

137. Cf. www.theguardian.com/world/2017/mar/28/mexican-man-clearedsexual-assault-schoolgirl-because-he-didnt-enjoy-it

138. Em nenhum lugar isso fica mais claro do que na representação "crítica" da atmosfera opressiva de um governo conservador-fundamentalista

em *La Traviata*, "*croce e delicia*", cruz e alegria, ou seja, carregar o fardo da cruz com alegria. Na ópera de Verdi, o fardo é o do amor (sexual), mas será que a mesma coisa á válida no que diz respeito a carregar *essa* cruz (de Cristo)? E a dor de carregá-la não faria parte da alegria, então não se pode simplesmente dizer que o amor é um fardo, mas também uma alegria em carregar esse peso – em resumo, uma dor no prazer?

E será que não está em jogo uma inversão homóloga de dor semelhante ao prazer excedente nas nossas experiências com videogames (e filmes) pós-apocalípticos? Bown fornece uma fórmula sucinta da atração dessas experiências como utopias maldisfarçadas:

> Jeffrey Tam escreveu que "os desastres distópicos são, na verdade, apenas uma nova chance, uma oportunidade de simplificar nossa existência e deixar tudo para trás". O problema com o qual nos deparamos não é tanto a falta de utopia, porque isso é realmente o que os sonhos distópicos são: o prazer de uma chance de recomeçar em um mundo mais simplificado, velado pelo aparente horror do colapso distópico. Em outras palavras, é a utopia em nova embalagem. A chance de vislumbrar mudanças na modernidade capitalista é erradicada, restando apenas sonhos de amenizar sua destrutividade (*Stardew Valley*) ou de começar de novo após o apocalipse (*Fallout*)[139].

Um enorme fiasco pós-apocalíptico de 1997, *O mensageiro*, de Kevin Costner, encena isso de uma forma obscenamente aberta. Ambientado em 2013, quinze anos depois que um evento apocalíptico não especificado causou um enorme impacto na civilização humana e apagou a maior parte da tecnologia, ele acompanha a história de um nômade sem nome que se depara

---

imaginário. A nova versão televisiva de *The Handmaid's Tale* nos confronta com o estranho prazer em fantasiar um mundo de dominação patriarcal brutal – evidentemente, ninguém admitiria abertamente o desejo de viver em um mundo de pesadelo como esse, mas essa certeza de que realmente não o desejamos faz com que a fantasia sobre ele se torne um prazer, imaginando todos os detalhes desse mundo, ainda mais prazeroso.

139. BOWN, A. *The Playstation Dreamworld* (citado do manuscrito).

com o uniforme de um antigo carteiro do Serviço Postal dos Estados Unidos e começa a distribuir correspondências entre vilarejos dispersos, fingindo agir em nome dos "Estados Unidos da América Restaurados"; outros começam a imitá-lo e, gradualmente, por meio desse jogo, a rede institucional básica dos Estados Unidos emerge novamente – a utopia que surge após o ponto zero da destruição apocalíptica é o mesmo país que temos agora... É fácil ver como, embora possa parecer um caso exemplar da "esquerda hollywoodiana" que descreve criticamente os potenciais autodestrutivos da civilização capitalista, a implicação política real das fantasias pós-apocalípticas é que não há saída para a dinâmica capitalista: não só a restauração após tal catástrofe acaba em uma utopia da mesma sociedade que precedeu o apocalipse, apenas com alguns pequenos embelezamentos superficiais; a própria história de um novo começo após o apocalipse, por assim dizer, repete um mito moderno burguês básico. Bown engenhosamente dá uma reviravolta na tese padrão de Freud sobre o sonho como uma satisfação disfarçada de um desejo infantil reprimido:

> Embora Freud possa argumentar que os sonhos são a satisfação disfarçada de um desejo infantil reprimido, o diagnóstico, no contexto dessa discussão, pode ser reformulado da seguinte forma: os sonhos são disfarçados *como* a satisfação de um desejo infantil reprimido. Embora o sonho seja o sonho do outro, ele é disfarçado como a realização de um desejo interno ou instintivo do sujeito[140].

Devemos lembrar aqui a crítica clássica de Marx a Hobbes: a civilização capitalista não é apenas uma tentativa de regular e conter a natureza selvagem do estado de natureza por meio do contrato social, mas esse próprio estado de natureza já é o capitalismo em seu nível zero. A mesma coisa se aplica ao estado de nível zero em jogos e filmes apocalípticos: tal estado representa a constelação capitalista específica disfarçada de um estado selvagem da natureza. Entretanto, para onde leva a tese de que toda formação de nossos desejos é um produto historicamente especí-

---

140. *Ibid.*

fico das lutas sociais (e, nesse sentido, político)? Bown dá a essa tese um toque lacaniano, mostrando como a teoria lacaniana do desejo fornece o melhor aparato conceitual para entender de que modo o universo digital (nosso "grande Outro"), especialmente o dos videogames, determina nossos desejos. Lembremo-nos da cena de *Brazil – o filme*, de Terry Gilliam, em que, em um restaurante de alta classe, os clientes recebem uma foto colorida deslumbrante da refeição em um suporte acima do prato e, no próprio prato, um monte repugnante, excrementício e pastoso. O efeito chocante dessa cena reside no fato de que ela mostra aquilo que Lacan chamou de *séparation:* a cena separa o que em nossa experiência parece ser a mesma coisa, ou seja, percebemos o monte (comida real) por meio da lente da fantasia (da foto). A comida literalmente tem um sabor diferente se for vista por meio de uma fantasia de moldura diferente – e hoje essa moldura é, em grande parte, construída pela mídia digital.

Há outra característica absolutamente crucial da cena de *Brazil* que deve ser observada: quando o garçom apresenta o cardápio aos clientes ao redor da mesa e o herói (Pryce) se recusa a escolher, dizendo-lhe apenas para trazer qualquer uma das opções, o garçom fica cada vez mais irritado e insiste que o herói deve fazer uma escolha. A ironia desse detalhe não pode deixar de chamar a atenção: o garçom insiste na escolha justamente porque o que cada um dos clientes receberá é (o que parece ser) o mesmo monte de excrementos, só que com uma foto colorida diferente por cima – uma escolha livre é necessária para sustentar a aparência de que, precisamente, a aparência (o que vemos na foto) importa, que há uma diferença substancial entre os diversos montes de excrementos.

Novamente, a que levam essa externalização e historicização de nossos desejos? Um sujeito emancipado deve simplesmente aceitar totalmente essa alienação radical de seu desejo, ou seja, o fato de que seu desejo nunca é "seu", mas regulado por mecanismos sociossimbólicos externos? Se nossos desejos são sempre-já descentralizados, qual a novidade na digitalização? O desejo não foi *sempre* assim? Seria o grande Outro digital apenas um novo caso do grande Outro simbólico, um caso que nos permite tomar consciência de como somos descentrados e regulados (falados e não falantes, como disse Lacan)? A resposta de Lacan é um resoluto não: o que está ameaçado na digitalização de nossas vidas diárias não é nossa subjetividade livre, mas o próprio grande Outro, a instância da ordem simbólica em seu funcionamento "normal". Um dos axiomas de Lacan, além de "o desejo é o desejo do Outro", é "não existe um grande Outro". Devemos entender essa afirmação em seu sentido forte, em oposição a um mero "não existe": *"le grand Autre n'existe pas"* ainda implicaria que há um grande outro como uma ordem virtual, uma ficção simbólica que estrutura nossa atividade, embora exista apenas em seus efeitos, como uma referência normativa de nossos atos simbólicos. Por sua vez, *"il n'y a pas de grand Autre"* tem um significado muito mais forte, pois implica que o grande Outro não pode nem mesmo persistir como uma ficção simbólica coerente, uma vez que é frustrado por antagonismos e inconsistências imanentes. Na medida em que "o grande Outro" também é um dos nomes de Lacan para o inconsciente, *"il n'y a pas de grand Autre"* significa também que o Inconsciente não é uma substância alienada que determina o sujeito: o Inconsciente freudiano é um nome para a inconsistência da própria Razão (Lacan até usa a fórmula abreviada *Ics*, que pode ser lida como a condensação de *inconscient* e de *inconsistance*).

Também podemos descrever o fato de que "não há um grande Outro" em termos mais existenciais. Há uma experiência frequentemente evocada para ilustrar a definição (mais antiga) de Lacan de que "o inconsciente é o discurso do Outro": os poetas e outras pessoas inspiradas não afirmam com frequência que, em um determinado momento, sentem como se não fossem mais eles próprios que falassem, como se alguma instância substancial superior (ou mais profunda) falasse por meio deles? Essa noção, que pode ser facilmente apropriada por todo tipo de obscurantismo espiritual junguiano, é precisamente o que deve ser incondicionalmente rejeitado: "não há um grande Outro" significa precisamente que, embora o sujeito falante seja falado, descentrado etc., não há outro que funcionaria assim. O que "fala através de mim" é apenas um pandemônio inconsistente e contraditório, não uma força que controla o jogo e entrega as mensagens. Isso nos leva ao cerne da questão: para Lacan, existe algo como um sujeito (no sentido estrito do sujeito do significante e/ou do inconsciente) apenas porque *não existe um grande Outro. Seja no nível de seus desejos mais profundos* ou no nível da substância social e ética de seu ser, o sujeito não pode contar com nenhum apoio substancial firme, ele está preso no abismo de sua liberdade. Podemos ver agora por que *"il n'y a pas de grand Autre"* também nos conduz ao cerne da problemática ética: o que ela exclui é a ideia de que em algum lugar – mesmo que seja como um ponto de referência totalmente virtual, mesmo que admitamos que nunca poderemos ocupar esse lugar e realizar o juízo efetivo – deve haver um padrão que nos permita avaliar nossos atos e pronunciar seu "verdadeiro significado", seu verdadeiro *status* ético.

Há um outro nível de leitura de "o desejo é o desejo do Outro", além do imaginário (a mediação do meu desejo com os desejos dos outros) e do simbólico (a sobredeterminação do meu desejo pelo grande outro), a saber, o do Real: é constitutivo da subjetividade o confronto do sujeito com o Real em sua impenetrabilidade radical. É por causa desse abismo no âmago do grande Outro que ele não existe, e é por causa desse abismo no próprio Outro que não apenas um sujeito é irredutivelmente alienado, (sobre)determinado pelo Outro, nunca si próprio diretamente, mas, muito mais radicalmente, ele não pode nem mesmo ser completamente alienado no sentido de estar fundamentado em uma entidade substancial externa (como em "não sou eu, é o grande Outro inconsciente que determina meus desejos"). Devemos introduzir aqui a distinção-chave de Lacan entre alienação (significante) e separação: o sujeito não está apenas alienado no grande Outro, pois este já está alienado de si mesmo, frustrado por dentro, separado de seu verdadeiro núcleo, e é essa separação no coração do próprio grande Outro que sustenta o espaço para a subjetividade. Para Lacan, o sujeito não é ameaçado pelo grande Outro, não corre o risco de ser dominado e sufocado pelo grande Outro (em suma, não é um agente humanista tentando dominar as "estruturas objetivas" que o determinam); ele é constituído, emerge no local da inconsistência do grande Outro. Em outras palavras, *é pela sua própria falta/ inconsistência* que a estrutura (o grande Outro) está sempre-já subjetivada, sendo que esse abismo no grande Outro também abre espaço para que o sujeito articule seu desejo autêntico – a lição definitiva de Lacan não é que nossos desejos são descentrados, que não são nossos, mas que são (sobre)determinados pelo grande Outro. A lição definitiva não é que o sujeito é "castrado", privado de sua instância, mas que o próprio grande Outro é castrado e essa castração do Outro é excluída na paranoia.

Então, o que esse ABC da teoria lacaniana tem a ver com a perspectiva da digitalização completa do sujeito? Com o surgimento das complexas redes digitais que "conhecem o sujeito melhor do que o próprio sujeito" e que, como é o caso dos videogames, regulam e manipulam diretamente seus desejos, não se pode mais dizer que "não há um grande Outro": o grande Outro, de certa forma, cai na realidade e *não é mais o grande Outro simbólico* no sentido de um ponto de referência virtual, mas um objeto de fato existente na realidade que está programado para nos regular e controlar. Há um claro potencial psicótico-paranoico nessa mudança: na paranoia, o grande Outro cai na realidade e se torna um agente real que persegue o sujeito. A ironia é que, na digitalização global, a paranoia não é apenas uma ilusão subjetiva, mas é ela que estrutura a própria realidade – somos "realmente" controlados por um maquinário externo real, de modo que um verdadeiro louco é aquele que ignora essa realidade do controle digital. Entretanto, há um problema aqui. Lembremo-nos da afirmação de Lacan de que, quando um marido tem ciúme patológico de sua esposa, seu ciúme é patológico mesmo que todas as suas suspeitas sobre ela estar dormindo com outros homens sejam verdadeiras; da mesma forma, deveríamos dizer que nossa paranoia sobre sermos controlados digitalmente é patológico, mesmo que realmente sejamos totalmente controlados. Por quê? O que um paranoico patológico não leva em conta é que o grande Outro digital, inundado por dados, é imanentemente estúpido e não "entende" (não pode entender) o que todos esses dados significam, o que impossibilita, portanto, seu funcionamento como um verdadeiro Outro paranoico que nos conhece melhor do que nós mesmos. O grande Outro digital é, por definição, (não um homem, mas) uma máquina que "sabe demais" e *é incapaz* (não de levar em conta toda a complexidade da situação, mas) de simplificá-la, de reduzi-la ao essencial.

O que a digitalização ameaça não é nossa autoexperiência como uma personalidade livre, mas o grande Outro virtual/inexistente que é externalizado/materializado em uma máquina positivamente existente como parte da realidade. Para o dizer de modo ainda mais claro, a digitalização não descentraliza o sujeito, mas, antes, abole sua descentralização. A finalidade da afirmação de Lacan sobre o ponto de "descentramento" constitutivo do sujeito não é que minha experiência subjetiva seja regulada por mecanismos inconscientes objetivos que estão "descentrados" em relação à minha autoexperiência e, como tal, estão além do meu controle (um ponto afirmado por todo materialista), mas sim algo muito mais inquietante: estou privado até mesmo de minha experiência subjetiva mais íntima, da maneira como as coisas "realmente parecem para mim", da fantasia fundamental que constitui e garante o núcleo de meu ser, já que nunca posso experimentá-la e assumi-la conscientemente. De acordo com a visão padrão, a dimensão que é constitutiva da subjetividade é a da (auto)experiência fenomênica – sou um sujeito no instante em que posso dizer a mim mesmo: "não importa qual mecanismo desconhecido governe meus atos, percepções e pensamentos, ninguém pode tirar de mim o que vejo e sinto agora". Digamos que, quando estou apaixonado e um bioquímico me informa que todos os meus intensos sentimentos são apenas o resultado de processos bioquímicos em meu corpo, posso responder a ele apegando-me à aparência: "tudo o que você está dizendo pode ser verdade, mas, ainda assim, nada pode tirar de mim a intensidade da paixão que estou sentindo agora..."

O ponto de Lacan, no entanto, é que o psicanalista é precisamente aquele que *pode* tirar isso do sujeito, ou seja, seu objetivo final é privar o sujeito da fantasia fundamental que regula o universo de sua (auto)experiência. O "sujeito do inconsciente" freudiano emerge somente quando um aspecto-chave da experiência fenomênica do sujeito (sua "fantasia fundamental") se torna inacessível para ele, ou seja, quando é "primordialmente reprimido". Em sua forma mais radical, o Inconsciente é o fenômeno inacessível, não o mecanismo objetivo que regula minha experiência fenomênica. Assim, em contraste com o lugar-comum de que estamos lidando com um sujeito no momento em que uma entidade exibe sinais de "vida interior", isto é, sinais de uma autoexperiência fantasmática que não pode ser reduzida a um comportamento externo, deve-se afirmar que o que caracteriza a subjetividade humana propriamente dita é, antes de qualquer coisa, a lacuna que separa os dois, quer dizer, o fato de que a fantasia, em sua forma mais elementar, torna-se inacessível ao sujeito; é essa inacessibilidade que torna o sujeito "vazio". Dessa maneira, obtemos uma relação que subverte totalmente a noção padrão do sujeito que experiencia diretamente a si mesmo e seus "estados internos": uma relação "impossível" entre o sujeito vazio, não fenomênico, e os fenômenos que permanecem inacessíveis ao sujeito.

Todo o tópico sobre como a digitalização atual representa uma ameaça à subjetividade humana autônoma deve, portanto, ser abandonado: o que a digitalização ameaça não é a subjetividade humana, mas o sujeito freudiano descentrado. A própria alternativa entre a subjetividade humana autônoma/autêntica e um fluxo maquinal pós-humano (pós-humanista) de desejo (celebrado, entre outros, por Guattari) é falsa e ofusca a verdadeira mudança, aquela no *status* do grande Outro. A questão fundamental é a seguinte: o Outro digital (o maquinário que registra e regula nossas vidas) "engolirá" o grande Outro simbólico ou persistirá uma lacuna entre os dois? Um computador seria capaz de escrever uma carta de amor – por meio de suas falhas, confusões e oscilações – que envolva a Coisa-Mulher como o objeto impossível? O problema não é "um computador pode fazer X?", mas: "seria o computador capaz de fazer X da maneira correta, de modo que seus fracassos evoquem os contornos daquilo que eles falham em tocar?" Em outras palavras, a diferença definitiva entre o universo digital e o espaço simbólico propriamente dito diz respeito ao *status* dos contrafactuais. Lembremo-nos da famosa piada do filme *Ninotchka*, de Lubitsch: "Garçom! Uma xícara de café sem creme, por favor!"; "Desculpe, senhor, não temos creme, apenas leite, então pode ser um café sem leite?" No nível factual, o café continua sendo o mesmo café, mas o que podemos mudar é transformar o café sem creme em um café sem leite – ou, mais simplesmente ainda, adicionar a negação implícita e transformar o café puro em um café sem leite. A diferença entre "café puro" e "café sem leite" é puramente virtual, pois não há diferença na xícara de café real. Exatamente a mesma coisa é válida para o inconsciente freudiano: seu *status* também é puramente virtual, não é uma realidade psíquica "mais profunda" – em suma, o inconsciente é como o "leite" em "café sem leite". Nisso reside o seguinte problema: o grande Outro digital que nos conhece melhor do que nós mesmos pode também discernir a diferença entre "café puro" e "café sem leite"? Ou a esfera contrafactual está fora do escopo do grande Outro digital, que se restringe a fatos em nosso cérebro e ambientes sociais dos quais não estamos cientes? A diferença com a qual estamos lidando aqui é a diferença entre os fatos "inconscientes" (neuronais, sociais etc.) que nos determinam e o "inconsciente" freudiano, cujo *status* é puramente contrafactual. Esse domínio dos contrafactuais só pode ser operativo se a subjetividade estiver presente, pois a torção básica de toda estrutura significante (a "repressão primordial" do significante binário) implica um sujeito ou, como disse Lacan, um significante é aquilo que representa um sujeito para outro significante. Voltando ao nosso exemplo: para registrar a diferença entre "café puro" e "café sem leite", um sujeito precisa estar operante.

O maquinário digital que sustenta os videogames não só direciona e regula o desejo do jogador, mas também, como enfatiza Bown, "interpela" o jogador em um modo específico de subjetividade: uma subjetividade pré-edipiana, ainda não castrada, que flutua em uma espécie de imortalidade obscena: quando estou imerso em um jogo, habito um universo de não morte, em que nenhuma aniquilação é definitiva, já que, após cada destruição, posso voltar ao início e recomeçar o jogo. Um esclarecimento se faz necessário aqui: essa imortalidade obscena parece pertencer à perversidade polimorfa pré-edipiana, pois nos livra das restrições de nossa mortalidade e finitude corporal – parecemos flutuar livremente no universo oral-anal sem culpa e sem morte. Entretanto, ao habitar esse universo virtual de não morte, adquirimos uma distância de nosso imediatismo corporal; não somos imediatamente nosso corpo, não somos limitados por nossa localização na realidade de nosso entorno. Todavia, será que essa "liberdade" não é o movimento castrador em sua forma mais elementar? A "castração" em sua forma mais primária não é precisamente o corte que nos separa de nossas restrições corporais e, portanto, permite-nos flutuar livremente entre as diferentes esferas virtuais? O que Lacan chama de "castração simbólica" não é apenas uma privação traumática, mas simultaneamente uma liberação das restrições corporais. É por isso que devemos seguir Jerry Aline Flieger[141] em sua tentativa de reinscrever o Édipo de volta ao território deleuziano, (re)descobrindo nele uma "máquina abstrata", um agente nômade de desterritorialização, o caso supremo do que Deleuze e Guattari chamam de "lobo solitário", que representa o limite da matilha de lobos, abrindo uma "linha de fuga" em direção ao seu exterior. Efetivamente, Édipo – esse estranho que *cegamente* (em ambos os sentidos do termo) seguiu sua trajetória – não representa o limite extremo da alcateia de lobos humanos por meio da realização, da atuação, do limite absoluto da experiência humana, terminando sozinho (ou melhor, com uma alcateia de exilados) como, literalmente, um nômade sem teto, um morto-vivo entre os humanos?

---

141. Cf. FLIEGER, J. A. Overdetermined Oedipus. *A Deleuzian Century?* Durham: Duke University Press, 1999.

Logo, devemos também afirmar a continuidade do ciberespaço com o modo edipiano de subjetivação[142]: o ciberespaço retém a estrutura edipiana fundamental de uma Terceira Ordem interveniente que, em sua própria capacidade de instância de mediação/mediatização, sustenta o desejo do sujeito ao mesmo tempo em que atua como agente de Proibição que impede sua gratificação direta e plena – por conta dessa Terceira Ordem interveniente, toda gratificação/satisfação parcial é marcada por um fundamental "isso não é *isso*". A noção de que o ciberespaço, como médium da hiper-realidade, suspende a eficiência simbólica e produz a falsa transparência total dos simulacros imaginários que coincidem com o Real, embora expresse efetivamente uma certa "ideologia espontânea do ciberespaço" (parafraseando Althusser), dissimula seu funcionamento efetivo, que não só continua a contar com o dispositivo elementar da Lei simbólica, mas o torna até mais palpável em nossa experiência cotidiana.

Basta lembrar as condições de nossa navegação na Internet ou de nossa participação em uma comunidade virtual: primeiro, há a lacuna entre o "sujeito da enunciação" (o X anônimo que faz isso, que fala) e o "sujeito do enunciado/da declaração" (a identidade simbólica assumida no ciberespaço que pode e, de certa forma, sempre é "inventada" – o significante que marca minha identidade no ciberespaço nunca é diretamente "eu mesmo"); a mesma coisa se aplica para o outro lado, para o(s) meu(s) parceiro(s) na comunicação no ciberespaço – aqui, a indecidibilidade é radical, nunca posso ter certeza de quem eles são, se eles são "realmente" como se descrevem, se existe uma pessoa "real" por trás de uma persona na tela, se a persona na tela *é* uma máscara para uma multiplicidade de pessoas, se a mesma pessoa "real" possui e manipula mais personas na tela ou se estou simplesmente lidando com uma entidade digitalizada que não representa nenhuma pessoa "real". Em suma, *interface* significa precisamente que minha relação com o Outro nunca é *face-a-face*, que ela é sempre mediada pelo maquinário digital

---

142. FLIEGER, J. A. Oedipus On-line? *Pretexts*, n. 1, v. 6, p. 81-94, jul. 1997.

interposto, que representa o "grande Outro" lacaniano como a ordem simbólica anônima, cuja estrutura é a de um labirinto: eu "navego", vagueio por esse espaço infinito em que as mensagens circulam livremente sem destino fixo. Por sua vez, o Todo – esse imenso circuito de "murmúrios" – permanece para sempre além do escopo da minha compreensão. Nesse sentido, ficamos tentados a propor a noção protokantiana do "Sublime do ciberespaço" como a magnitude das mensagens e seus circuitos que nem mesmo o maior esforço da minha imaginação sintética consegue abranger/compreender).

Além disso, a possibilidade de os vírus desintegrarem o universo virtual *não aponta para o fato de que, também no universo virtual, não há um* "Outro do Outro", pois esse universo é, *a priori,* inconsistente, sem nenhuma garantia última de seu funcionamento coerente? A conclusão, portanto, parece ser que *existe* um funcionamento propriamente "simbólico" do ciberespaço: ele continua sendo "edipiano" no sentido de que, para circular livremente nele, é preciso assumir uma proibição e/ou alienação fundamental – sim, no ciberespaço "você pode ser o que quiser", você é livre para escolher *uma* identidade simbólica (persona na tela), mas precisa escolher *uma* que sempre o trairá de certa forma, que nunca será totalmente adequada. Você precisa aceitar ser representado no ciberespaço por um elemento significante que circula no circuito como seu substituto... Nele, "tudo é possível", mas pelo preço de assumir uma *impossibilidade* fundamental: você não pode contornar a mediação da interface, seu "by-pass", que o separa (como sujeito da enunciação) para sempre de seu substituto simbólico.

Num sentido mais preciso, "Édipo" é um complexo profundamente ambíguo: não é apenas um sinônimo de castração, mas representa também seu oposto, qual seja, uma tentativa de conter a livre flutuação no espaço virtual aberta pela castração. A resolução do "complexo de Édipo" encobre a ferida da castração ao novamente me "territorializar", alocando-me em um lugar no universo simbólico dado em nome do Pai. O "complexo de Édipo", portanto, *é* de fato outra versão da fórmula de Wagner de *Parsifal*: "a ferida é curada apenas pela espada que a fez": a resolução do complexo de Édipo cura a própria ferida (corte) que o triângulo edipiano introduziu quando perturbou a imersão dupla incestuosa. A lição aqui é a da ambiguidade completa: Édipo designa a ferida bem como a tentativa de curá-la; o fluxo oral-anal pré-edipiano é um fluxo imortal e, ao mesmo tempo, um espaço de terríveis ansiedades. Além disso, o fluxo "pré-edipiano" já pressupõe o corte edipiano, é uma reação preventiva a ele – em suma, o tão celebrado espaço "pré-edipiano" é sustentado por e a reage a algo que vem depois dele.

Devemos observar aqui que essa imortalidade obscena *já* era objeto de fantasia muito antes dos *cartoons* – por exemplo, na obra de Sade. O axioma da filosofia da finitude não quer dizer que não se pode escapar da finitude/mortalidade como o horizonte insuperável de nossa existência; o axioma de Lacan significa que, por mais que se tente, não se pode escapar da imortalidade. Diante disso, é preciso ter muito cuidado para evitar a armadilha de regredir para mais uma versão da filosofia da finitude: o fato de que a sexualidade, longe de funcionar como uma força de vitalidade imortal, proporciona a experiência básica da nossa limitação, da natureza frustrada/antagônica da existência humana, não exclui a imortalidade, mas está dialeticamente ligada a ela. A mesma imortalidade está subjacente à intuição de algo indestrutível em um Mal verdadeiramente radical. No clássico poema alemão sobre duas crianças travessas, "Max und Moritz", de Wilhelm Busch (publicado pela primeira vez em 1865), as duas crianças se rebelam constantemente contra as autoridades respeitadas, até que, finalmente, ambas caem em um moinho de trigo e saem cortadas em pequenos grãos – mas quando esses grãos caem no chão, eles formam a figura dos dois meninos: "*Rickeracke! Rickeracke! / Geht die Mühle mit Geknacke. / Hier kann man sie noch erblicken, / Fein geschroten und in Stücken*"[143]. Na ilustração original, as figuras são obscenamente

---

143. "Raque...raque... a trabalhar / Põe-se o moinho a rodar... / E aí tendes os dois meninos / Em grãos tão finos, tão finos." *In:* BUSCH, W. *Juca*

sorrateiras, persistindo em sua maldade mesmo após a morte. Adorno estava certo quando escreveu que, quando nos deparamos com uma pessoa realmente má, é difícil imaginar que essa pessoa possa morrer. É *óbvio* que não somos imortais, todos morreremos – a "imortalidade" da pulsão de morte não é um fato biológico, mas uma postura psíquica de "persistir além da vida e da morte", de uma prontidão para continuar além dos limites da vida, de uma força vital pervertida que testemunha uma "relação perturbada com a vida". Lacan designa esse desarranjo como *jouissance*, gozo excessivo, cuja busca pode nos fazer negligenciar ou até mesmo autossabotar nossas necessidades e interesses vitais. Nesse ponto preciso, Lacan se distancia radicalmente dos pensadores da finitude para os quais o ser humano é um ser-para-a-morte, relacionando-se com sua própria finitude e morte inevitável: é somente por meio da intervenção da *jouissance* que o animal humano se torna propriamente mortal, relacionando-se com a perspectiva de sua própria extinção.

A finitude (castração simbólica) e a imortalidade (pulsão de morte) são, portanto, os dois lados da mesma operação, ou seja, não é que a substância da vida, a Coisa-*Jouissance* imortal, seja "castrada" pela chegada da ordem simbólica. Tal como no caso da falta e do excesso, a estrutura é a da paralaxe: a Coisa não morta é o remanescente da castração, é gerada por ela. Não há castração "pura", pois esta *é per se* sustentada pelo excesso imortal que a escapa. A castração e o excesso não são duas entidades diferentes, mas a frente e o verso de uma mesma entidade, ou seja, uma mesma entidade inscrita nas duas superfícies de uma faixa de Möbius.

A unidade da limitação e da imortalidade pode agora ser claramente formulada: uma entidade encontra sua paz e realização ao se ajustar a seus contornos finitos (forma), de modo que o que a empurra para além de sua forma finita é o próprio fato

---

e Chico. *História de dois meninos em sete travessuras*. Trad. de Olavo Bilac, 11. ed. São Paulo: Melhoramentos, s/d. [N.T.].

de que ela não pode alcançá-la, não pode ser o que é, de que é marcada por uma impossibilidade irredutível, frustrada em seu núcleo – é em nome desse obstáculo imanente e constitutivo que uma coisa persiste além de sua "morte". Lembremo-nos do pai de Hamlet: por que ele retorna como um fantasma após sua morte natural? Por causa da lacuna entre sua morte natural e sua morte simbólica, ou seja, porque ele morreu na flor de seus pecados, incapaz de encontrar paz na morte, de decretar sua morte simbólica (acerto de contas).

Uma das determinações da modernidade é que, nela, surge uma forma específica de negação da negação[144]: longe da triunfante reversão da negatividade em uma positividade, essa "negação da negação" significa que mesmo a negação (nosso esforço para chegar ao fundo, ao ponto zero) fracassa. Não apenas não somos imortais, mas também não somos mortais – fracassando em nosso esforço para desaparecer, sobrevivemos sob o disfarce da imortalidade obscena dos "não mortos" (mortos-vivos). Além de fracassarmos em nossa busca pela felicidade, também falhamos em nossa busca pela infelicidade, pois nossas tentativas de arruinar nossas vidas produzem pequenos pedaços inesperados de uma felicidade miserável. Na vida social, a maioria de nós não só não consegue alcançar o sucesso social e desliza lentamente em direção a alguma forma de proletarização, como também fracassa nessa tendência em direção à base da escala social, tornando-se proletários que não têm nada (a perder, a não ser suas correntes) e, de alguma forma, mantêm um *status* social mínimo. Talvez resida nisso o impasse dos esquerdistas radicais ocidentais de hoje que, decepcionados com a ausência do "verdadeiro proletariado" em seu próprio país, buscam desesperadamente por um *ersatzproletariat* [proletariado substituto] que se mobilize como agente revolucionário em vez da "nossa" classe trabalhadora corrompida e inerte (o candidato popular ultimamente é o imigrante nômade). Será que essa estranha "negação

---

144. Baseio-me aqui nas linhas de pensamento desenvolvidas por Aaron Schuster e Alenka Zupančič.

descendente da negação" é realmente o que escapa a Hegel em sua obsessão com a marcha para a frente do espírito? E se essa "negação descendente da negação" for antes o verdadeiro segredo do processo dialético hegeliano? É nesse sentido que se deve reler Hegel de trás para frente, sob a perspectiva dos últimos textos curtos e peças de Samuel Beckett, que lidam com o problema de como continuar quando o jogo termina, quando ele atinge seu ponto final[145]. Hegel não é apenas o pensador do desfecho, do círculo fechado do fim da história no Saber Absoluto, mas também o pensador do terrível vazio da inércia quando, depois que "o sistema está fechado", nada (que possamos pensar) acontece, embora "o tempo continue".

Agora, e se a escolha entre finitude e imortalidade for falsa? E se a finitude e a imortalidade, assim como a falta e o excesso, também formarem um par de paralaxe, sendo a mesma coisa de um ponto de vista diferente? E se a imortalidade for um objeto que é um remanescente/excesso sobre a finitude e a finitude for uma tentativa de escapar do excesso da imortalidade? E se Kierkegaard estivesse certo aqui, mas pelo motivo errado, quando ele também entendeu a afirmação de que nós, humanos, somos apenas seres mortais que desaparecem após sua morte biológica como uma maneira fácil de escapar da responsabilidade ética que vem com a alma imortal? Ele estaria certo pelo motivo errado ao equiparar a imortalidade à parte divina e ética de um ser humano – mas há outra imortalidade. O que Cantor fez para o infinito, nós deveríamos fazer para a imortalidade e afirmar a multiplicidade de imortalidades: a nobre imortalidade/infinitude badiouiana do desdobramento de um Evento (em oposição à finitude de um animal humano) vem depois de uma forma mais básica de imortalidade que reside no que Lacan chama de fantasia fundamental sadeana: a fantasia de um outro corpo etéreo da vítima, que pode ser torturado indefinidamente e, ainda assim, manter magicamente sua beleza (lembremo-nos da figura sadeana da jovem que sofre humilhações e mutilações intermináveis de

---

[145]. Baseio-me aqui nas linhas de pensamento desenvolvidas por Mladen Dolar.

seu torturador depravado e, de alguma forma, sobrevive misteriosamente intacta a tudo isso, da mesma forma que Tom e Jerry e outros heróis de desenhos animados sobrevivem intactos a todas as provações ridículas). Dessa forma, o cômico e o repugnantemente aterrorizante (lembremo-nos das diferentes versões dos "não mortos" – zumbis, vampiros etc. – na cultura popular) estão inextricavelmente conectados. Nisso reside o objetivo do enterro adequado, de *Antígona* a *Hamlet*: impedir que os mortos retornem sob o disfarce dessa imortalidade obscena.

Durante a Segunda Guerra Mundial, um poeta partidário esloveno cunhou dois versos que expressam a posição de um partidário que morreu lutando pela liberdade de seu país e que se tornaram instantaneamente famosos – eis aqui uma tradução aproximada: "viver é belo, mas pelo que eu morri, gostaria de morrer novamente". Talvez seja necessário virar esses versos do avesso para obtermos a postura da não morte: "morrer é belo, mas pelo que eu vivi, gostaria de viver novamente". Enquanto a versão original se refere ao nobre sacrifício pela liberdade, ou seja, refira-se à disposição para o repetir, a inversão obscena se refere a outra vida, uma segunda, e não à morte: estou pronto para viver outra vida, a vida da imortalidade obscena.

Os não mortos imortais são, simultaneamente, aqueles que não nasceram completamente. Como dizem (inclusive o coro em Édipo em Colono), a maior sorte é não ter nascido, com o adendo cômico de que apenas um em cada mil obtém êxito nisso. Mas será que a maior miséria não é justamente nascer completamente, jogado na plana estupidez do pleno ser? A grandeza do ser humano não residiria justamente no fato de ter nascido cedo demais, de modo que não estamos totalmente lá, mas somos forçados a sustentar nossa existência com todos os tipos de muletas, desde o cuidado materno e a tela protetora da linguagem até todos os suplementos tecnológicos? Os não mortos não surgem nas trevas, nossos dias são os dias dos mortos vivos.

Não estamos descrevendo aqui uma simples fantasia, mas uma fantasia que pode ser apresentada como um modo de vida real da subjetividade – digamos, posso agir em minha vida amorosa como se estivesse experimentando sempre novos parceiros e, se o relacionamento não der certo, posso apagá-lo e começar de novo. Em vez de celebrar essa imersão no mundo dos sonhos dos jogos como uma postura libertadora de repetições lúdicas, devemos discernir nela a negação da "castração", de uma lacuna constitutiva da subjetividade. Ainda, não devemos confundir a negação dessa lacuna com a perda de contato com a dura realidade externa: o que queremos dizer não é que, quando flutuamos no espaço onírico dos jogos, perdemos contato com a realidade concreta, mas, ao contrário, que ignoramos a lacuna do Real que esvazia a própria realidade externa – a ideia de estar totalmente imerso no espaço onírico dos jogos é estruturalmente a mesma ideia de estar totalmente imerso na realidade externa como um dos objetos nela. Em suma, nossa "livre" flutuação no espaço onírico digital e a temida possibilidade de sermos totalmente controlados e regulados por uma máquina digital são dois lados da mesma moeda, ou seja, nossa imersão no espaço digital pode ser vivenciada nas duas formas opostas de flutuação livre e de controle total.

FRATURAS NO TEMPO CIRCULAR

Em um nível conceitual, o principal resultado de nossa imersão no espaço onírico "não morto" dos videogames é que ele rompe com o tempo linear e nos lança em um tempo circular sem fim, no qual sempre podemos retornar ao mesmo ponto e começar de novo. Isso nos leva de volta ao tópico da pós-humanidade: na cultura popular, os pós-humanos – alienígenas ou não – geralmente aparecem como seres que abandonam nossa temporalidade linear e vivem no eterno presente de um tempo circular que engloba passado e futuro. Uma coisa é certa: a pior maneira de lidar com o tema da pós-humanidade é afirmar, de uma forma pseudo-"desconstrucionista", que nós, humanos, *fomos* sempre-já pós-humanos, androides, dependentes de alguma maquinaria in-humana (simbólica ou real) – isso é, por óbvio, verdadeiro em algum sentido banal, mas essa solução confortável apenas ofusca a ruptura radical que ocorrerá com o surgimento da pós-humanidade.

The Discovery (Charlie McDowell, 2017) emprega uma versão interessante de tempo circular; eis aqui o enredo do filme (copiado descaradamente da Wikipedia): ele começa com uma entrevista na TV com Thomas Harbor, o homem que provou cientificamente a existência de vida após a morte, o que levou a uma taxa de suicídio extremamente alta. O entrevistador pergunta a Harbor se ele se sente responsável por isso, ao que ele responde que não. Logo depois dessa declaração, um membro da equipe se mata no ar. Em seguida, avançamos dois anos: o filho de Harbor, Will, viaja em uma balsa onde conhece uma jovem chamada Isla; eles começam a conversar e Will nota que ela parece muito familiar. Ele diz que está triste com o fato de as pessoas continuarem a se matar, enquanto Isla acha que essa é uma saída fácil. Depois, Will compartilha uma lembrança que teve enquanto esteve morto por um minuto, em que viu um garoto em uma praia. Quando chegam ao seu destino, Will é buscado por seu irmão Toby, que o leva a uma mansão isolada onde o pai deles construiu sua nova estação. Will nota que há pessoas trabalhando para ele e Toby diz que todos tentaram suicídio. Eles entram em uma sala onde Will conhece Lacey e Cooper, dois cientistas que trabalham no pai deles, que está amarrado a uma máquina e sendo repetidamente morto e revivido. Will culpa seu pai pela alta taxa de suicídio.

Mais tarde, Will vê Isla na praia enquanto ela entra na água com uma mochila cheia de pedras. Ele corre atrás dela e consegue salvar sua vida. Will a leva para a mansão, que a acolhe. Ele também revela a Isla que sua mãe se matou quando ele era mais jovem. Em uma reunião posterior com os ocupantes, Thomas revela que inventou uma máquina que pode registrar o que os mortos veem na vida após a morte, o que requer, contudo, uma pessoa morta. Eles então roubam o corpo de Pat Phillips do necrotério. No dia seguinte, eles tentam registrar a vida após a morte, mas nada acontece. Após a tentativa fracassada, Will entra na sala sozinho e recoloca um pedaço de fiação que havia retirado da máquina, o que então mostra um *vídeo* de um homem dirigindo até um hospital, visitando alguém e brigando com uma mulher no local. Will encontra o hospital da gravação na internet e o visita, mas descobre que o corredor do vídeo não existe mais, depois da reforma no hospital uma década antes. Will leva Isla ao hospital, mostra a gravação e diz a ela que acha que o dispositivo registra a memória e não a vida após a morte. Depois de invadir o hospital, eles encontram um arquivo do pai de Pat Phillips, que havia morrido no hospital. Isla descobre que o homem na gravação tem uma tatuagem diferente da que ela viu em Pat anteriormente. Will a leva para a praia e ela lhe revela que teve um filho, que morreu enquanto ela dormia. Mais tarde, eles procuram a mulher do vídeo, que se revela ser a irmã de Pat. Ela lhes diz que Pat a deixou sozinha com o pai que estava morrendo e que nunca o visitou no hospital.

Isla e Will ficam mais próximos e se beijam, o que é interrompido por Toby. Juntos, eles correm para Thomas, que está ligado à máquina e morto. Eles observam que ele está vendo a noite em que a mãe deles se matou, mas Thomas a impede. Quando conseguem reviver Thomas, ele percebe que a "vida após a morte" é uma versão alternativa de sua vida atual: ela o leva a um momento do qual você se arrepende em sua vida e permite que você mude o desfecho. "Eu sempre disse que a vida após a morte era um plano diferente de existência", diz ele. "Mas e se for um plano diferente *desta* existência?" O grupo concorda em destruir a máquina e Thomas se prepara para fazer um discurso, que é interrompido por Lacey atirando em Isla (que afirma que Lacey apenas a "realocou"). Isla morre nos braços de Will. Mais tarde, um Will arrasado se conecta à máquina. Ele volta para a balsa, onde reencontra Isla, que diz que isso é uma lembrança. É revelado que Will está vivendo em um *loop* de memória tentando evitar a morte de Isla e que ele reinicia na balsa todas as vezes. Isla diz que ele a salvou e que ambos seguirão em frente agora. De volta à realidade, embora Toby e Thomas tentem reanimar Will, ele morre, prometendo a Isla que vai se lembrar dela. Na cena final, Will está na praia, onde vê um garotinho e o tira da água. Sua mãe, Isla, aparece e agradece a Will. Eles não se reconhecem. Depois que ela sai, ele olha para trás, primeiro confuso e depois com um olhar de compreensão.

Muitos críticos afirmam que, depois de um bom começo, o filme fica confuso, buscando algum tipo de profundidade metafísica, mas não conseguindo decidir em que direção desenvolver suas especulações – uma crítica que, na verdade, revela o pensamento preguiçoso dos próprios críticos. Sim, há inconsistências, mas a linha básica de reflexão do filme é clara. Como ocorre a passagem de uma dimensão a outra (outro estado de alma)? Não é necessária uma morte real completa para que nossa mente passe para outro nível: um estado de quase morte entre a vida e a morte é suficiente, um estado em que nos tornamos "próximos da morte" ["*flatliners*"], quando estamos em coma total, mas ainda podemos ser ressuscitados.

É fácil perceber a atração da primeira reviravolta no enredo do filme: Will viaja até seu pai e descobre que ele é repetidamente "morto" (colocado em um estado *flatline*, nem vivo nem morto) por seus assistentes para registrar as atividades pós-morte de sua alma. O pai morto-vivo que volta para nos assombrar não é um dos maiores pesadelos? Se aceitarmos essa premissa, não há necessidade de qualquer magia espiritual sobrenatural e podemos também aceitar facilmente que essas viagens de volta a realidades alternativas podem se tornar autoconscientes: "Will sabe que foi enviado de volta e Isla é igualmente autoconsciente. 'Isso é apenas sua memória', Isla lhe diz. 'Você nunca foi capaz de impedir que eu me matasse até esta vida'"[146]. Sim, mas ela lhe diz isso na forma de uma aparição na sua mente que está morrendo: "torna-se evidente que Will tem retornado a esse momento várias vezes, sempre na esperança de salvar a misteriosa mulher do barco que se matou. Só que agora é diferente: ele sabe que está em um *loop* e procura uma saída"[147]. É justamente por meio dessa autoconsciência que ele encontra uma saída, embora trágica: ele sabe que Isla quer se matar por causa da morte do filho, então entende que não basta salvá-la do afogamento – a

---

146. Dan Jackson, citado de www.thrillist.com/entertainment/nation/netflix-discovery-ending-explained-theories
147. *Ibid.*

única maneira de fazer isso é viajar mais para trás, para a praia onde o filho se afogou, e salvá-lo. No entanto, isso significa que ele nunca mais a encontrará, nem mesmo em seus sonhos de realidade alternativa. Em suma, a única maneira de salvá-la é a perdendo, apagando até mesmo o passado de conhecê-la – ou, para citar o próprio diretor, em sua discussão da cena final na praia: "[Will] percebe que talvez nunca mais a veja [Isla], então, em sua mente, esse ato de amor supremo está ligado ao filho dela, porque a única razão pela qual ela quis tirar a própria vida foi porque perdeu o filho. Então, em sua mente, ele encontra uma maneira de chegar à praia"[148].

A repetição (voltar repetidamente ao mesmo ponto do passado para agir de forma diferente) não é, portanto, um processo de reencenação lúdica do passado, mas a atividade desencadeada por um fracasso ético. A necessidade de repetir desaparece quando o fracasso do passado é corrigido: quando Will retorna à praia e salva a criança, ele pode morrer totalmente, sua mente não mais adiará a morte e não mais viajará para realidades alternativas. Além disso, por meio do seu ato Isla também encontrará paz na morte. Dessa forma, *The Discovery* deve ser comparado com *A Chegada* (Denis Villeneuve, a partir da história de Ted Chiang, 2016), outro filme sobre paradoxos temporais em que a heroína faz a escolha errada (ela escolhe se casar e ter um filho, embora esteja ciente do resultado catastrófico). *The Discovery* inverte a situação de *A chegada*: em *The Discovery*, o futuro (a vida da alma após a morte) é revelado como sendo composto de seus sonhos passados, enquanto em *A Chegada* o passado (*flashback*) é revelado como sendo o futuro.

A Chegada subverte sutilmente a fórmula padrão de Hollywood da produção de um casal como o marco de um encontro catastrófico – sutilmente, pois parece seguir essa fórmula: o resultado da chegada dos alienígenas é que Louise e Ian decidem se tornar um casal e gerar um filho... Aqui está um breve resumo do enredo (mais uma vez retirado descaradamente da

---

148. *Ibid*.

Wikipedia). O filme começa com o que parece ser uma cena de *flashback* em que vemos a heroína, a linguista Louise Banks, cuidando de sua filha adolescente que está morrendo de câncer. Em seguida, saltamos para o tempo presente: enquanto Luise está dando aulas em uma universidade, doze naves extraterrestres aparecem na Terra. O coronel Weber, do Exército dos Estados Unidos, visita Louise e pede que ela se junte a Ian Donnelly, um físico de Los Alamos, para decifrar a linguagem das criaturas alienígenas nas naves e descobrir o motivo de sua chegada. Eles são levados para um acampamento militar em Montana, perto de uma das espaçonaves, e fazem contato com dois dos sete alienígenas a bordo, a quem Ian apelida de Abbott e Costello. Louise descobre que eles têm uma linguagem escrita com símbolos circulares complicados e começa a aprender os símbolos que correspondem a um vocabulário básico. À medida que se torna mais proficiente, ela começa a ver e sonhar imagens vívidas de si mesma com sua filha e do relacionamento delas com o pai. Quando Louise pergunta o que os alienígenas querem, eles respondem: "oferecer arma". Uma tradução semelhante de "usar arma" é feita por cientistas em outro local de pouso. O medo de uma possível ameaça dos alienígenas faz com que outras nações encerrem a comunicação sobre o projeto e algumas se preparam para um ataque. No entanto, Louise argumenta que o símbolo interpretado como "arma" pode ter uma tradução alternativa, como "ferramenta" ou "tecnologia".

Soldados americanos desonestos colocam explosivos na espaçonave. Sem saber, Louise e Ian entram novamente na nave. Os alienígenas lhes transmitem uma mensagem muito maior e mais complexa. Abbott ejeta Ian e Louise da nave quando ocorre a explosão, o que os deixa inconsciente. Quando Louise e Ian voltam a si, os militares se preparam para a evacuação e a espaçonave se eleva acima do solo. Ian descobre que os símbolos estão relacionados à noção de tempo e eles concluem que os alienígenas devem querer que as nações cooperem. Enquanto isso, a China notifica o mundo de que seus militares estão planejando atacar a espaçonave ao largo de sua costa. Louise corre de volta para a espaçonave em Montana, que envia um ônibus espacial para levá-la para dentro. Ela encontra Costello, que comunica que Abbot está morrendo ou está morto. Louise pergunta sobre suas visões de uma filha e Costello explica que ela está vendo o futuro (suas "visões" *não eram flashbacks*, mas *flashforwards*). Costello também comunica que eles vieram para ajudar a humanidade compartilhando sua linguagem, que é uma "arma" ou "ferramenta", porque muda a percepção do tempo. Os alienígenas sabem que, 3.000 anos no futuro, precisarão da ajuda da humanidade em troca.

Louise retorna quando o acampamento está sendo evacuado. Ela tem uma visão de si mesma em uma futura recepção das Nações Unidas, sendo agradecida pelo General Shang por tê-lo convencido a suspender o ataque militar da China. Ele explica que ela ligou para seu celular particular e mostra o número, dizendo que sabe que precisa fazer isso, mas sem entender o motivo. No presente, Louise rouba um telefone via satélite e liga para Shang, mas percebe que não sabe o que dizer. Sua visão continua com Shang explicando que ela o convenceu repetindo as últimas palavras de sua esposa em mandarim, que ele conta a Louise. Isso convence Shang no tempo presente, o ataque chinês é interrompido e as doze naves espaciais desaparecem da Terra.

Ao fazer as malas para deixar o acampamento, Ian admite seu amor por Louise. Eles discutem as escolhas de vida e se as mudariam caso soubessem o futuro. Louise prevê que Ian será pai de sua filha Hannah, mas a abandonará depois de descobrir que ela sabia que a filha deles morreria antes da idade adulta. Contudo, quando Ian pergunta a Louise se ela quer ter um bebê, ela concorda.

Hannah, o nome da filha, que *é um palíndromo*, é um código óbvio para o próprio filme. Se o lermos da primeira cena em diante, os alienígenas chegam à Terra para justificar a vida triste de Louise (a morte da filha e a perda do marido) como resultado de uma decisão significativa, sabendo o desfecho. No final do filme, quando o casal de abraça, Louise diz a Ian:

"*é bom abraçar você de novo*" – então, quando eles se abraçaram antes? Somente nas visões de Louise em *flashback* deles como um casal? E, é claro, podemos ler isso da maneira diretamente sugerida pelo filme: tudo começa com a chegada do primeiro *flashback/forward* que abre o filme – *quando*, em que presente, isso ocorre *como flashback/forward*? Ela não experimenta flashbacks apenas em contato com heptápodes que a ensinam a fazer isso? Ou o verdadeiro presente é o início (o presente em que ela fala em narração em *off*) e toda a história principal é um *flashback* que inclui *flashforwards*? Todos esses paradoxos surgem quando nosso modo humano de consciência sequencial é subitamente confrontado com um modo holístico circular ou, como disse Chiang, que escreveu a história na qual o filme se baseia:

> Os seres humanos desenvolveram um modo sequencial de consciência, enquanto os heptápodes desenvolveram um modo simultâneo de consciência. Nós vivenciamos os eventos em uma ordem e percebemos sua relação como causa e efeito. Eles vivenciaram todos os eventos ao mesmo tempo e perceberam um propósito subjacente a todos eles[149].

Viver em um tempo tão circular transforma radicalmente a noção de ação: nossa ideia comum da oposição entre livre escolha e determinismo é abandonada:

> "Os heptápodes não são nem livres nem limitados na forma como entendemos esses conceitos; eles não agem de acordo com sua vontade, nem são autômatos indefesos", diz Louise na história de Chiang. "O que distingue o modo de consciência dos heptápodes não é apenas o fato de suas ações coincidirem com os eventos da história: é também o fato de seus motivos coincidirem com os propósitos da história. Eles agem para criar o futuro, para decretar a cronologia"[150].

---

149. Citado de www.thrillist.com/entertainment/nation/arrival-movie-ending-big-time-twist

150. Citado de www.theverge.com/2016/11/16/13642396/arrival-tedchiang-story-of-your-life-film-twist-ending

Em especial, não devemos vincular diretamente essa oposição circular e linear à dualidade feminina e masculina: é Louise, a mulher, que (com base em sua compreensão da linguagem dos heptápodes) realiza o ato, toma a decisão e, dessa forma, enfraquece a continuidade circular a partir de dentro, enquanto Ian (o homem) ignora o Outro heptápode e, dessa forma, continua a confiar nele. Devemos notar que os heptápodes têm a forma de lula, até mesmo de *kraken*, a forma definitiva de horror animal. Os sinais de sua linguagem são formados com sua tinta jorrando como a tinta de lula. Assim, os heptápodes não são monstros femininos, mas assexuados. Quando Louise entra em contato com esse universo diferente por meio de suas visões, todo o seu processo de tomada de decisões importantes sobre sua vida muda:

> "Se você pudesse ver toda a sua vida à sua frente, você mudaria alguma coisa?", ela pergunta ao seu futuro marido Ian Donnelly. Em outras palavras, você roubaria a existência de alguém, e a si mesmo, do tempo compartilhado com essa pessoa na Terra, se soubesse que um dia ela sentiria dor e você sentiria sua perda? "E se a experiência de conhecer o futuro mudasse uma pessoa?" Louise pondera. "E se isso evocasse um senso de urgência, um senso de obrigação de agir exatamente como ela sabia que agiria?" E é exatamente porque Louise entende como será perder sua filha que ela decide trazê-la ao mundo mesmo assim[151].

Nessa visão circular, não apenas o passado, mas também o futuro é fixo; no entanto, embora o sujeito não tenha a opção de selecionar diretamente seu futuro, há uma possibilidade mais sutil de o sujeito sair de todo o círculo de futuro e passado. É por isso que desejar o inevitável (escolher o futuro que sabemos que acontecerá) não é apenas um gesto vazio que não muda nada. O paradoxo é que isso apenas registra um fato e não muda nada se o fizermos, mas é necessário em sua própria superfluidade – se não o fizermos, se não escolhermos o inevitável, toda a estrutura que o tornou inevitável desmorona e ocorre uma espécie de catástrofe ontológica:

---

151. *Ibid.*

É provável que haja uma leitura de *A chegada* que possa argumentar que isso significa que o tempo é circular e que todas as coisas estão predestinadas a ocorrer de uma determinada maneira. Que não há livre-arbítrio. É o velho ditado "o tempo é um círculo" da ficção científica... Em vez disso, o filme de Villeneuve (e a história de Chiang na qual ele se baseia) sugere que o livre-arbítrio e a escolha existem se a pessoa optar por não fazer nada. O tempo não é imutável e por isso a presença dos alienígenas na Terra ainda é um grande risco para eles[152].

O que é uma escolha de fato? Quando em uma situação ética difícil, em que a decisão certa teria me custado muito, eu duvido, oscilo, procuro desculpas e, então, percebo que *realmente não tenho escolha* – uma escolha de fato é a escolha da não escolha. Mas aqui surge uma pergunta óbvia: por que os heptápodes precisarão de nossa ajuda humana? E se for porque o tempo não é apenas um círculo fechado em si mesmo? E se eles precisarem sair de sua noção circular de tempo, e se precisarem de nossos cortes, mudanças, unilateralidades...? É uma decisão (como a que a Louise enfrenta) que rompe o círculo do tempo. Portanto, não devemos perceber a relação entre nós (humanos) e os heptápodes como uma relação entre aqueles que pensam de forma fragmentada e linear, quebrando o Todo, e aqueles que pensam de forma holística, superando o fluxo linear do tempo, substituindo-o por uma contemporaneidade circular. Se eles precisam de nós, essa necessidade é a prova de que sua abordagem holística também é falha: o círculo, como forma básica de sua "linguagem", é na verdade uma elipse que circula em torno de um corte rejeitado que sempre – e já – arruína sua perfeição. O que isso significa com relação à temporalidade é que há predestinação, que não podemos mudar o futuro, mas podemos mudar o passado. Essa é a única resposta consistente para a pergunta-chave: o que eles querem de nós? Por que *eles* precisam de nós? Eles ficaram presos em sua circularidade e precisarão de nossa capacidade de intervir nesse círculo com um corte (decisão). É por

---

152. Cf. www.denofgeek.com/us/movies/arrival/259944/explainingthe-arrival-ending.

isso que a afirmação de que "a raça alienígena [dos heptápodes] tenta mostrar à humanidade que ela, e não uma força externa do além, é seu pior inimigo"[153] é profundamente enganosa: se nós, humanos, somos nossos piores inimigos, por que, então, eles precisariam de nós? O que podemos oferecer a eles, exceto nossa cegueira? Talvez devêssemos inverter essa afirmação: embora nós, humanos, tenhamos inimigos externos, o verdadeiro pior inimigo de uma raça holística que vê tudo isso só pode ser essa própria raça.

Código Alien (2017), de Michael G. Cooney, é um outro filme de ficção científica de baixo orçamento[154] no qual, após decifrar uma mensagem encontrada em um satélite, Alex Jacobs, um brilhante criptógrafo, vê-se perseguido por agentes do governo e seres de outro mundo. O filme acaba em uma situação semelhante à de *A Chegada*. Na cena final, Alex é confrontado por um alienígena que assume uma aparência humanoide e o interroga para entender a experiência humana. Os alienígenas, que vivem em um universo atemporal no qual passado, presente e futuro coincidem no mesmo Agora permanente, ficam intrigados com o funcionamento da experiência humana incompleta, na qual o futuro é impenetrável e a causalidade temporal reina. Eles são Observadores que assistem a humanidade e nos enviam mensagens criptografadas; Alex percebe que, mesmo que alguns dos humanos decifrem o código e retirem a criptografia de sua mensagem, isso não mudará nada na realidade, de modo que o filme termina com a pergunta resignada: vale a pena retirar a criptografia das mensagens ou é melhor ignorá-las e destruir o satélite que as contém? A hipótese implícita do filme é que, mesmo que uma mensagem alienígena que chegue até nós não contenha nenhuma intenção ou ameaça maligna, seu efeito provavelmente será desastroso – uma mensagem de um Outro verdadeiramen-

---

153. Cf. http://21stcenturywire.com/2016/11/15/arrival-2016-thefilms-secret-meaning-explained/.
154. Deve-se observar que a série de filmes de ficção científica de baixo orçamento (em contraste com *blockbusters* enfadonhos) é um dos poucos desenvolvimentos interessantes recentes em Hollywood.

te inumano, que esteja fora de nosso escopo de simpatia, compaixão ou ódio e intenção maligna de nos dominar, perturbaria os pressupostos mais básicos de nossas vidas. Muitos cientistas chegaram à mesma conclusão:

> Mensagens recebidas de alienígenas podem arruinar a vida na Terra, alertam os cientistas. Até mesmo uma mensagem curta poderia levar a civilização a um caos tão grande que ela se destruiria – muito mais barato do que enviar navios de guerra[155].

Dessa forma, o filme rompe com a dicotomia padrão da ficção científica, qual seja: os alienígenas são ETs amigáveis ou conquistadores malignos. No entanto, o filme trapaceia (viola seus próprios termos) quando "humaniza" demais os alienígenas, retratando-os como curiosos, intrigados conosco, percebendo inconsistências irônicas em nossa vida psíquica etc. – devemos insistir aqui que essas características só podem surgir em um universo sexualizado de seres finitos e temporais. Tal como em *A Chegada*, a única maneira de redimir essa inconsistência é aceitar que nossa temporalidade finita, nossa "Queda" do presente atemporal infinito para uma sucessão de momentos no tempo que introduz a impenetrabilidade do futuro, é de alguma forma superior ao Presente eterno "holístico", pois abre novas dimensões de liberdade – essa superioridade oculta do tempo sobre a eternidade é o que realmente intriga os alienígenas. É por isso que – voltando ao filme *A Chegada* – o universo heptápode, embora possa parecer mais estável do que o nosso, é de fato mais frágil e propenso a perigos:

> Ao pesquisar a linguagem dos heptápodes, é explicado que aqueles que a "falam" podem ver toda a sua linha do tempo pessoal, do início ao fim, e sua versão de "livre-arbítrio" significa que eles *escolhem* por não mudar nada que esteja destinado a acontecer... No universo determinista de *A Chegada*, o livre-arbítrio existe na forma

---

155. Cf. www.independent.co.uk/life-style/gadgets-and-tech/news/alien message-et-proof-life-space-galactic-seti-virus-artificialintelligence-a8210311.html

de seguir em frente com uma escolha que você já sabe que fará. Na verdade, ao optar por não alterar o futuro, você o está criando e afirmando ativamente[156].

Certo, mas o que acontece se eles optarem pela mudança, se optarem por não afirmar o inevitável? (Observe como a situação aqui é oposta à do protestantismo, em que o futuro é predestinado, mas você não sabe qual é o seu destino predeterminado – aqui você sabe). Quando Louise explica à filha por que se divorciou do pai, ela diz: "ele disse que eu fiz a escolha errada".

Com relação à religião, enquanto os heptápodes estão imersos em uma espiritualidade holística que transcende as divisões e engloba todo o desdobramento linear em uma unidade circular, nós, humanos, somos marcados pelo cristianismo, no qual o Evento de Cristo representa uma lacuna radical, um corte entre o Antes e o Depois que rompe o Círculo. Devemos, assim, resistir à tentação de ver na escolha de Louise algum tipo de grandeza ética (no sentido de que ela heroicamente escolheu o futuro, embora estivesse ciente de seu terrível resultado): o que ela faz é um ato extremamente egoísta de negligenciar o sofrimento dos outros. É por isso que ela fica presa em um círculo, não por causa de seu contato espiritual com os heptápodes, mas por causa de sua culpa. A ironia é que, embora Louise literalmente salve o mundo (ao telefonar para o comandante do Exército Vermelho e, assim, impedir o ataque chinês aos heptápodes), com sua escolha final ela arruína seu mundo.

O que acontece, então, quando decidimos não escolher o inevitável? Essa decisão "errada" destruiria/desfaria o próprio passado, não apenas o futuro. O clássico conto realmente curto de Frederic Brown, "Experimento", trata exatamente desse paradoxo, reduzindo-o à sua forma mais simples. O professor Johnson apresenta a seus dois colegas o modelo experimental de uma máquina do tempo que funciona apenas com objetos pequenos e para distâncias no passado e no futuro de doze minutos ou menos. A máquina parece um conjunto de pequenas balanças

---

156. Cf. www.theverge.com/2016/11/16/13642396/arrival-tedchiang-story-of-your-life-film-twist-ending

postais com dois mostradores sob a plataforma. Johnson mostra a seus colegas o objeto experimental, um pequeno cubo de metal, e anuncia que primeiro o enviará cinco minutos para o futuro. Ele ajusta um dos mostradores na máquina do tempo e coloca o cubo gentilmente na plataforma da máquina. O cubo desaparece e, cinco minutos depois, reaparece. Em seguida, ele ajusta o outro mostrador para mover o cubo cinco minutos para o passado. Ele explica o procedimento: "faltam seis minutos para as três horas. Agora vou ativar o mecanismo – colocando o cubo na plataforma – exatamente às três horas. Portanto, o cubo deve, cinco minutos antes das três, desaparecer de minha mão e aparecer na plataforma, cinco minutos antes de eu colocá-lo lá". "Como você pode colocá-lo lá, então?", pergunta um de seus colegas. "Quando minha mão se aproximar, ele desaparecerá da plataforma e aparecerá em minha mão para ser colocado lá". O cubo desaparece de sua mão e aparece na plataforma da máquina do tempo. "Está vendo? Cinco minutos antes de eu colocá-lo lá, ele já está lá!" Seu outro colega franze a testa para o cubo. "Mas", diz ele, "e se, agora que ele já apareceu cinco minutos antes de você colocá-lo lá, você mudar de ideia e não o colocar lá às três horas? Não haveria um paradoxo de algum tipo envolvido?" "Uma ideia interessante", diz o professor Johnson. "Eu não tinha pensado nisso, e será interessante tentar. Muito bem, eu não vou..." As duas últimas linhas da história: "não houve paradoxo algum. O cubo permaneceu. Mas todo o resto do universo, professores e tudo mais, desapareceu".

Em termos lacanianos, temos aqui uma inversão da relação entre a realidade e o Real: quando não colocamos o cubo na máquina (para que ele volte), não é o cubo que desaparece, mas toda a realidade ao seu redor. Em outras palavras, o preço para que o cubo se torne uma parte comum de nossa realidade é que o restante da realidade desapareça. No estado "normal", o cubo é o Real isento da realidade; como tal, por meio de sua isenção, ele sustenta a consistência de nossa realidade. Devemos localizar com muita precisão a causa da catástrofe: ela ocorre quando violamos as regras da viagem no tempo para trás. O cubo (que devemos colocar na máquina em um determinado momento) viaja cinco minutos para trás e podemos segurá-lo em nossas mãos ou brincar com ele por cinco minutos antes de colocá-lo de volta na máquina para que ele possa viajar cinco minutos para trás..., mas e se não o colocarmos na máquina depois de cinco minutos? De certa forma, enganamos ontologicamente o futuro, ou seja, depois que o cubo já existe (no passado), aniquilamos as condições de sua existência.

Na ficção científica, há muitas versões de um paradoxo semelhante – digamos, e se eu viajar no tempo e matar meus pais antes de eu nascer, o que aconteceria comigo? Será que eu apagaria retroativamente minha própria existência? Mas como poderia fazer isso se, ao matar meus pais, eu não existo? Existe uma diferença fundamental entre essas versões e a história de Brown: nas outras versões predominantes, o resultado do paradoxo é que o agente que vai ao passado e destrói sua própria causa futura, destruindo a si mesmo, desaparece da realidade, enquanto na história de Brown não é o objeto excessivo (o cubo), mas *a realidade que o cerca que desaparece*. É aí que reside o efeito chocante da conclusão da história: esperamos que algo aconteça com o cubo cuja posição (não ter sido colocado a tempo na máquina) quebra a regra ontológica, isto é, esperamos que o cubo desapareça e apague retroativamente os traços de sua existência, mas o que acontece é o contrário: o cubo se revela como o real, que persiste em todos os mundos possíveis, e *é o mundo (universo da realidade) no qual o cubo existia que desaparece*. Em vez de nos determos nos meandros desse paradoxo e decidirmos se eles são significativos ou apenas um jogo absurdo, devemos observar que há um domínio, o da ordem simbólica, no qual essa trapaça ontológica não só é possível como é praticada o tempo todo (deixemos de lado as especulações sobre a possibilidade de algo homólogo no estranho universo da física quântica).

Encontramos uma situação semelhante em histórias de ficção científica em que o herói abre a porta errada (ou pressiona o botão errado) e, de repente, toda a realidade ao seu redor se desintegra. Não é algo semelhante ao que acontece na cena do quarto de hotel, o local do crime, em *A Conversação*, de Francis Ford

Coppola? O investigador inspeciona o quarto com um olhar hitchcockiano, como Lila e Sam fazem com o quarto de motel de Marion em *Psicose*, passando do quarto principal para o banheiro e concentrando-se no vaso sanitário e no chuveiro. Após uma série de referências óbvias a *Psicose* com relação ao chuveiro (abrindo rapidamente a cortina, inspecionando o buraco na pia), o investigador se concentra no assento do vaso sanitário (supostamente limpo), dá descarga e, em seguida, a mancha aparece como que do nada, com sangue e outros vestígios do crime transbordando pela borda do vaso. Embora a dimensão temporal esteja ausente aqui (não há viagem no tempo), temos um objeto "impossível": um objeto que parece ser uma coisa comum, mas que não deve ser usado como aquilo que ele parece ser.

Isso não parece também similar ao que ocorre, em um nível mais elementar, em um compromisso ideológico? Esses compromissos não estão, de certa forma, também em dívida com o futuro? Digamos que, ao lutar pelo comunismo, eu aja em nome de um futuro (comunista) como um agente desse futuro – mas e se meus atos minarem esse futuro? E se, quando o futuro em que confiei estiver aqui, eu não puder devolver o cubo ao seu lugar, ou seja, não puder afirmar que o que ofereço é o comunismo? Nesse caso (digamos, do stalinismo ou, ainda mais, do reinado do Khmer Vermelho), o comunismo permanece, mas a realidade social está em ruínas, presa no vórtice da autodestruição. É aí que reside a tragédia: mesmo que eu não coloque o cubo em seu lugar (ou seja, mesmo que eu tente fingir que "isso não era realmente comunismo"), o cubo estará lá.

Isso nos leva à definição de catástrofe ontológica, isto é, de uma desintegração da realidade: ela ocorre não quando algum elemento-chave está fora do lugar, mas, ao contrário, se o elemento-chave cujo deslocamento abre e sustenta o espaço da realidade retorna ao seu lugar "apropriado", ou seja, quando a tensão deontológica que define a realidade é superada. É aí que reside a mensagem sombria das histórias sobre um elemento que finalmente retorna ao seu lugar: elas são, na verdade, histórias sobre o fim do mundo.

ESCÓLIO 2.1: ESQUEMATISMO EM KANT, HEGEL E NO SEXO

O esquematismo transcendental talvez seja a parte mais interessante – e, ao mesmo tempo, a mais enigmática – da primeira *Crítica* de Kant. Um esquema transcendental é

> a regra processual pela qual uma categoria ou conceito puro e não empírico é associado a uma impressão sensível. Uma intuição privada e subjetiva é, portanto, pensada discursivamente como uma representação de um objeto externo[157].

O motivo pelo qual um esquema é necessário é que

> sempre que duas coisas são totalmente diferentes uma da outra, mas precisam interagir, deve haver alguma característica comum que elas compartilhem para que, de alguma forma, elas se relacionem entre si[158].

Nesse sentido, os esquemas "são semelhantes aos adaptadores. Assim como os adaptadores são dispositivos para encaixar peças incompatíveis, os esquemas conectam conceitos empíricos com as percepções das quais foram derivados" – ou, como disse W. H. Walsh, Kant escreveu o capítulo sobre esquematismo "para resolver o problema de como podemos garantir que as categorias tenham 'sentido e significância'"[159]. Um exemplo simples: a categoria da "substância" só tem sentido para nós se a "esquematizarmos" como uma existência permanente de um determinado objeto no tempo – "substância" é o que permanece idêntico no fluxo das mudanças temporais.

A primeira coisa a ser observada aqui é a inversão, semelhante à faixa de Möbius, do subjetivo para o objetivo pela intervenção subjetiva que ocorre no esquematismo. Um sujeito finito é afetado por impressões sensíveis que se originam na coisa numenal, mas que causam no sujeito apenas um fluxo confuso de percepções subjetivas. É por meio da intervenção de categorias

---

157. Disponível em: https://en.wikipedia.org/wiki/Schema_(Kant)#cite.
158. *Ibid.*
159. *Ibid.*

transcendentais (mediadas pelo esquematismo) que essa mistura subjetiva confusa se torna uma representação da "realidade objetiva". O esquematismo está, portanto, fundamentado na finitude do sujeito, na dualidade da atividade conceitual espontânea e da exposição passiva a impressões sensíveis que o sujeito não pode superar devido à sua finitude. Será que isso significa que o esquematismo desaparece em Hegel, que ele não é necessário, pois o conceito gera imanentemente todo o seu conteúdo, de modo que não há nenhuma alteridade externa afetando o sujeito? Nosso objetivo é demonstrar que esse entendimento se baseia em uma noção errada do idealismo de Hegel, que o interpreta como um reino direto e completo de conceitos capazes de "engolir" (mediar, apropriar-se reflexivamente) todo o conteúdo externo.

Para isso, um desvio por Lacan pode ser de alguma ajuda por uma razão precisa: a noção de desejo de Lacan é kantiana. Não há relação entre o desejo e seu objeto, o desejo é sobre a lacuna que sempre o separa de seu objeto, é sobre o objeto faltante. Desse modo, será que a melhor descrição do projeto central de Lacan não é a de uma *crítica do desejo puro*, em que o termo "crítica" deve ser entendido em seu sentido kantiano preciso: manter a lacuna que separa para sempre todo objeto de desejo empírico ("patológico") de seu objeto-causa "impossível", cujo lugar deve permanecer vazio? Em contraste com Kant, para o qual nossa capacidade de desejar é completamente "patológica" (já que, como ele enfatiza repetidamente, não há ligação *a priori* entre um objeto empírico e o prazer que esse objeto gera no sujeito), Lacan afirma que existe uma "faculdade pura do desejo", já que o desejo tem um objeto-causa *a priori*, não patológico – esse objeto, obviamente, é o que Lacan denomina *objet petit a*.

Aqui temos o que poderíamos chamar de esquematismo sexual de Lacan – que, é claro, funciona de uma maneira diferente, quase o inverso do esquematismo de Kant. Para Lacan, o fato universal não é um conjunto de normas simbólicas, mas o fato de que não há relação sexual e o esquema não é universal, mas único, uma invenção da fantasia individual para tornar possível a relação sexual. A fantasia não realiza o desejo simplesmente de forma alucinatória: em vez disso, sua função é semelhante à do "esquematismo transcendental" kantiano – uma fantasia constitui nosso desejo, fornece suas coordenadas, ou seja, literalmente "nos ensina a desejar".

Para simplificar um pouco: a fantasia não significa que, quando desejo um bolo de morango e não consigo obtê-lo na realidade, eu fantasio comê-lo; o problema, na verdade, é: *como eu sei que desejo um bolo de morango?* É isso que a fantasia me diz. Esse papel da fantasia se baseia no fato de que "não há relação sexual", nenhuma fórmula ou matriz universal que garanta um relacionamento sexual harmonioso com o parceiro: devido à falta dessa fórmula universal, cada sujeito precisa inventar sua própria fantasia, uma fórmula "particular" para a relação sexual – para um homem, a relação com uma mulher só é possível na medida em que ela se encaixa em sua fórmula. Décadas atrás, feministas eslovenas reagiram com muita indignação ao pôster publicitário de uma loção bronzeadora de uma grande fábrica de cosméticos, que mostrava uma série de traseiros de mulheres bem bronzeadas em trajes de banho apertados, acompanhados da frase "cada um tem seu próprio fator". É óbvio que essa publicidade se baseia em um duplo sentido bastante vulgar: o logotipo se refere ostensivamente ao bronzeador, que é oferecido aos clientes com diferentes fatores solares para se adequar a diferentes tipos de pele; no entanto, todo o seu efeito se baseia em sua óbvia leitura machista: "cada mulher pode ser conquistada, basta que o homem conheça seu fator, seu catalisador específico, aquilo que a excita!" O ponto freudiano com respeito à fantasia fundamental seria que cada sujeito, feminino ou masculino, tem um "fator" que regula seu desejo: "uma mulher, vista por trás, de mãos e joelhos" era o fator de Wolfman; uma mulher em forma de estátua sem pelos pubianos era o fator de Ruskin; etc. etc. Não há nada de edificante em nossa consciência desse "fator": essa consciência nunca pode ser subjetivada, ela é estranha e até mesmo horripilante, pois de alguma forma "despossui" o sujeito, reduzindo-o a um nível de marionete "além da dignidade e da liberdade". E o *design* precisa fazer alusão a esse "fator", desconhecido pelo sujeito.

De maneira análoga, também podemos falar do esquema ideológico: uma figura que faz a mediação entre as proposições ideológicas gerais e as experiências concretas do sujeito. Lembremo-nos de como, no Reino Unido, sob a liderança conservadora de John Major no final da década de 1980, a figura da "mãe solteira desempregada" foi elevada a símbolo universal do que há de errado com o antigo sistema de bem-estar social – todos os "males sociais" foram de alguma forma reduzidos a essa figura. (Crise orçamentária do Estado? Muito dinheiro é gasto no apoio a essas mães e seus filhos. Delinquência juvenil? As mães solteiras não exercem autoridade suficiente para proporcionar a disciplina educacional adequada etc.). Foi assim que a mídia nos *massageava* com a mensagem fiscal neoconservadora ("conceito"), associando-a a uma imagem pseudoconcreta específica ("mãe solteira desempregada"). Em termos psicanalíticos, isso significa que a mensagem precisa ser sustentada por uma fantasia específica. A função da "fantasia" é, novamente, semelhante à do esquematismo transcendental de Kant. Depois que este estabeleceu a lista de categorias *a priori* da razão pura (substância, causa e efeito etc.), ele enfrentou a questão: como podemos aplicar essas categorias aos objetos da nossa experiência sensível? Sua resposta foi que precisamos da agência mediadora de um "esquema" que nos diga como uma categoria se encaixa em nossa experiência. Por exemplo, quando queremos caracterizar a relação entre os eventos A e B como "causal", isso significa sua sucessão regular no tempo: sempre que A ocorrer, ele será seguido por B. De forma exatamente homóloga, a fantasia é um "esquema" que faz a mediação entre um conceito ideológico abstrato e nossa experiência concreta: "mãe solteira desempregada" é o esquema que nos permite vivenciar a política fiscal neoconservadora como algo que se aplica à nossa experiência diária.

Não seria também possível caracterizar o problema do MeToo dessa forma? Infelizmente (para o próprio MeToo), na visão do público, a luta do MeToo pelas mulheres foi "esquematizada" pela imagem de uma aspirante a estrela de cinema ou da mídia (ou, em geral, uma mulher de carreira) chantageada por um produtor (ou outra pessoa do sexo masculino com poder) para que concedesse favores sexuais em troca de seu sucesso – todos os outros aspectos da opressão e exploração das mulheres foram percebidos através dessas lentes. Dessa forma, e apesar do reconhecimento retórico de que milhões de outras mulheres comuns também sofrem, o problema recebeu uma clara conotação de classe – em uma luta política, qual o agente que representa a totalidade da luta como seu caso exemplar nunca é um fato neutro.

É nesse sentido que Lacan fala da fantasia como o último suporte da realidade: nossa rede simbólica não pode ser aplicada diretamente à realidade para tornar sua experiência significativa, pois é preciso uma fantasia para permitir isso. Na mesma linha, devemos celebrar o gênio de Walter Benjamin, que brilha no próprio título de seu primeiro ensaio "Sobre a linguagem em geral e a linguagem humana em particular". A questão aqui não é que a linguagem humana seja universal "como tal" e que inclui também outras espécies (a linguagem dos deuses e dos anjos? A linguagem dos animais? A linguagem de outros seres inteligentes lá fora no espaço? Linguagem de computador? Linguagem do DNA?): não há outra linguagem efetivamente existente além da humana, mas, para compreender essa particularidade, é preciso introduzir uma diferença mínima, concebendo-a com relação à lacuna que a separa da linguagem "em si" (a estrutura pura da linguagem desprovida das insígnias da finitude humana, das paixões eróticas e da mortalidade, das lutas pela dominação e da obscenidade do poder). A linguagem particular é, portanto, a "linguagem realmente existente", ela como a série de declarações realmente proferidas, em contraste com a estrutura linguística formal. Essa lição benjaminiana é a lição que Habermas *não captou*. Este, por sua vez, faz exatamente o que *não* se deve fazer – ele postula a "linguagem em geral" ideal (os universais pragmáticos) diretamente como a norma da linguagem realmente existente. Assim, segundo o título de Benjamin, deve-se descrever a constelação básica da lei social como a da "lei em geral e a parte inferior de seu superego obsceno em particular".

Isso nos leva a uma possível leitura hegeliana do esquematismo: não há uma "síntese" direta entre o conceito e as intuições empíricas, os conceitos não podem penetrar /mediar diretamente o conteúdo empírico; então, é preciso haver um momento mediador, no mesmo sentido em que a unidade de Deus e do ser humano só pode ser promulgada por meio da figura de Cristo, que é uma espécie de "esquema" que possibilita que Deus supere sua transcendência sem sentido e dê significado à realidade humana. Mais uma vez, a leitura kantiana teria insistido na dualidade de Deus e do mundo, em sua natureza radicalmente diferente, razão pela qual um mediador é necessário – não um mediador como um elo entre dois mundos diferentes que existem independentemente dele, mas um terceiro elemento de uma tríade dialética, como um meio pelo qual os dois polos opostos só existem. Em outras palavras, não há nenhum deus que preceda Cristo, é somente pela mediação de Cristo (ou seja, pela sua morte!) que Deus se efetiva plenamente. Como acabamos de ver, a lei pública se torna efetiva (um poder de regulação social) somente quando é "esquematizada" (complementada) por aquilo que Hegel chamou de sua "determinação opositiva", por um conjunto de regras não escritas que regulam seu uso efetivo (prescrevendo como se espera que violemos suas normas explícitas etc.)[160]. Em termos conceituais mais abstratos, o universal pode mediar efetivamente seu conteúdo somente quando é redobrado em si mesmo, complementado por sua contraparte particular. Por quê?

Temos, aqui, a finitude. Kant pode perceber a finitude apenas como a finitude do sujeito transcendental que é restringido pelo esquematismo, pelas limitações temporais da síntese transcendental; ou seja, para ele, a única finitude é a do sujeito. Ele não

---

160. Uma das regras que regem as cobranças de pênaltis no futebol é que o goleiro "deve permanecer entre as traves de sua linha de gol até que a bola seja chutada, embora ele possa pular no lugar, agitar os braços, mover-se de um lado para o outro ao longo da linha do gol ou tentar distrair o batedor". Entretanto, pequenas violações dessa regra são toleradas e até esperadas: o goleiro pode se mover um pouco para a frente da linha do gol em direção ao batedor.

considera a opção de que as próprias categorias com as quais está lidando possam ser "finitas", ou seja, que elas permaneçam categorias do Entendimento abstrato e ainda não sejam as categorias verdadeiramente infinitas da Razão. Deus, concebido como oposto (e externo) à realidade finita, é, ele próprio, finito, o único infinito verdadeiro sendo aquele do próprio mediador. A tarefa é, portanto, hegeliana: não a de "superar" a finitude (o horizonte do esquematismo), mas transpô-la para *a própria Coisa* (Absoluto).

ESCÓLIO 2.2: MARX, BRECHT E CONTRATOS SEXUAIS

Um exemplo político extremo da inversão que caracteriza a faixa de Möbius vem de um novo movimento marginal que surgiu na última década nos Estados Unidos, os chamados "incels" (celibatários involuntários), que são parte do que geralmente se denomina "ecossistema de supremacia masculina *on-line*". Os membros dessa subcultura *on-line* (não exclusivamente) se definem como incapazes de encontrar um parceiro romântico ou sexual, apesar de o desejarem, um estado que eles descrevem como *inceldom*. Em sua maioria, são brancos, homens e heterossexuais, e seu discurso é caracterizado por ressentimento, misantropia, autopiedade, aversão a si mesmo, misoginia, racismo, senso de direito ao sexo e endosso da violência contra pessoas sexualmente ativas (descrição parafraseada sem pudor do verbete da Wikipedia). Tais pessoas percebem sua posição não apenas como um fato, mas como uma forte escolha existencial: com referência à famosa cena de *Matrix*, elas falam do ato de escolher a pílula preta em vez da vermelha: "tomar a pílula vermelha" significa ver um mundo em que as mulheres têm poder sobre os homens; a pílula preta, por outro lado, refere-se à falta de esperança; entretanto, a situação desesperadora em que se encontram não implica passividade – muitos entre os incels endossam a violência contra mulheres sexualmente ativas e homens mais bem-sucedidos sexualmente. A figura inimiga imaginada por eles é o "Chad", um homem branco musculoso e bronzeado.

Contudo, temos uma reviravolta interessante: as discussões dos incels geralmente giram em torno da crença de que os homens merecem sexo e, embora muitos deles defendam firmemente conceitos como determinismo biológico e psicologia evolutiva, eles também acreditam na ideia da redistribuição sexual forçada, em que os governos exigiriam que as mulheres se envolvessem em determinadas relações sexuais[161]. Aqui temos Jordan Peterson, que escreveu a respeito do denominado "assassino de Toronto": "ele estava com raiva de Deus porque as mulheres o estavam rejeitando. A cura para isso é a monogamia forçada. Na verdade, é por isso que surge a monogamia". Para Peterson, a monogamia forçada é simplesmente uma solução racional – caso contrário, todas as mulheres procurariam apenas os homens de *status* mais elevado, enquanto os homens seriam levados à violência, e isso não faria nenhum dos gêneros felizes no final. O problema é que, além da redistribuição do sexo, Peterson é firmemente contra aquilo que ele chama de "igualdade de resultados", ou esforços para equalizar a sociedade, que ele chama de patológicos ou maliciosos. Admitindo ser inconsistente nesse ponto, ele afirma que impedir a violência de hordas de homens solteiros é necessário para a estabilidade da sociedade e somente a monogamia forçada pode fazer esse trabalho[162].

Este não é o lugar para lidar com a assimetria das demandas incel por redistribuição sexual: será que a mesma coisa não se aplica para as mulheres e os homens também não se sentem atraídos por uma minoria de mulheres em detrimento da maioria (e é preciso lembrar aqui que o incel começou com um casal de lésbicas). Peterson explica o fato de que as mulheres devem ser (re)distribuídas aos homens referindo-se à superioridade biológica e mental dos homens. O que nos interessa aqui é a estranha interseção entre duas lógicas: a lógica da hierarquia biológica e social necessária como "o modo como as coisas são" (de modo que, se violarmos essa lógica, haverá decadência e caos) e a ló-

---

161. Cf. https://en.wikipedia.org/wiki/Incel
162. Cf. https://www.nytimes.com/2018/05/18/style/jordan-peterson-12-rulesfor-life.html

gica da justiça igualitária que exige redistribuição para corrigir injustiças. Embora o igualitarismo e os direitos humanos não se sobreponham (os libertários conservadores afirmam que o igualitarismo forçado leva necessariamente à limitação de nossa liberdade, o principal componente dos direitos humanos), devemos, no entanto, admitir o núcleo igualitário dos direitos humanos e, assim, opor a lógica dos direitos humanos universais e a lógica da hierarquia social como os dois lados de uma faixa de Möbius e nos concentrar em seu ponto de interseção, o ponto em que, se progredirmos o suficiente no lado da virada dos direitos humanos universais, nos encontraremos na face oposta da hierarquia injusta e vice-versa. Nesse sentido, o incel é o ponto sintomático da lógica da hierarquia (hoje incorporada nos partidários masculinos da supremacia branca): o ponto surpreendente em que os partidários da supremacia branca da hierarquia de repente começam a usar a linguagem do mais brutal "comunismo das mulheres" e exigem sua redistribuição justa pelas autoridades (ou, como Peterson, pelo menos, uma campanha pública para promover a monogamia forçada que levaria a uma redistribuição mais igualitária do sexo). Em resumo, o incel é o ponto de exceção no qual os defensores da hierarquia que se opõem aos direitos humanos igualitários exigem a redistribuição igualitária maximamente brutal. A maneira como a esquerda deve combater essa tendência não é exigir um igualitarismo mais abrangente que cubra a vida político-econômica e o sexo; ela deve, em vez disso, dar a volta na posição incel e lutar por sua própria inversão da faixa de Möbius, na qual a universalidade dos direitos humanos igualitários implica sua própria exceção, isto é, sua própria inversão – o domínio da sexualidade que deve, por definição, permanecer "injusto", resistindo à lógica igualitária dos direitos humanos. O fato que deve ser aceito em toda a sua brutalidade é a incompatibilidade final da sexualidade e dos direitos humanos.

Esse mesmo motivo também nos permite ver os limites da ideia de contrato sexual que circula no movimento atual contra a opressão sexual. Ainda que um contrato por escrito não seja diretamente exigido, ele pode ser substituído pelo consentimento verbal explícito, como é exigido pela nova lei aprovada em Nova Gales do Sul:

as nuances do consentimento sexual têm sido discutidas recentemente graças ao movimento MeToo, e um estado da Austrália está tentando esclarecer como deve ser o consentimento. A nova lei estabelece, de fato, que, se você quiser fazer sexo, deve pedir claramente e depois ouvir um 'sim' verbal de volta, de acordo com as novas reformas anunciadas pelo governo de Nova Gales do Sul, na Austrália[163].

Deve-se, é claro, acrescentar a ressalva de que, como disse Sam Goldwyn, um acordo verbal não vale o papel em que está escrito. O que se perde na ideia de que o contrato sexual pode funcionar como um possível meio de garantir que o relacionamento seja voluntário, ou seja, sem coerção, é o bom e velho *insight* de Marx sobre como um contrato formalmente "livre" também pode se basear na coerção e, portanto, funcionar efetivamente como uma forma de imposição. Quem pode esquecer a descrição de Marx do contrato "livre" entre um capitalista e um trabalhador? Esse contrato é "de fato o próprio Éden dos direitos inatos do homem. Só ali reinam a liberdade, a igualdade, a propriedade e Bentham". Ambos os participantes são "limitados apenas por seu próprio livre-arbítrio. Eles contratam como agentes livres, e o acordo a que chegam é apenas a forma pela qual eles dão expressão legal à sua vontade comum". Entretanto, no instante em que o contrato é celebrado,

> algo se transforma já – ao que parece – a fisionomia da nossa *dramatis personae*. O antigo possuidor de dinheiro marcha à frente como capitalista, o possuidor de força de trabalho segue-o como seu operário; um significativamente sorridente e zeloso pelo negócio, o outro tímido, contrariado, como alguém que levou a sua própria pele ao mercado e agora nada mais tem a esperar senão – ser esfolado[164].

Os sinônimos de "esfolar" – espancar, destruir, bater, surrar, espancar, golpear... – todos evocam também um ato sexual brutal; isso indicaria que podemos aplicar a análise de Marx de

---

163. Cf. www.yahoo.com/lifestyle/new-australian-law-requires-partners-mustsay-yes-loud-135901576.html.
164. Cf. https://www.marxists.org/portugues/marx/1867/capital/livro1/cap04/03.htm.

um "contrato livre" também à ideia de contrato sexual?[165] No nível mais elementar, é fácil demonstrar como, na troca sexual, a forma de contrato livre pode esconder a coerção e a violência: um dos agentes concorda com o contrato sexual por medo, por chantagem emocional, por dependência material..., mas a complicação é muito mais profunda e imanente. Na troca sexual em que imperam a liberdade, a igualdade, a propriedade e *o gozo*, esse termo adicional (como "Bentham" em Marx) estraga a liberdade/igualdade designada pelos termos anteriores. O gozo introduz a assimetria, o excedente e a inveja no equilíbrio da troca de prazeres: os dois (ou mais) parceiros sexuais chegam a um acordo sobre o que fazer um ao outro em uma interação que traria a ambos o máximo de prazer. Contudo, como nossos prazeres são mediados? Quando faço sexo com um parceiro, talvez eu só encontre prazer no desprazer e na humilhação do outro, ou vice-versa. Pode ser que eu goste de servir ao outro e só encontre prazer nos sinais do prazer extático do outro; é possível que eu faça isso por inveja, para provar que posso satisfazer melhor meu parceiro do que seu(s) parceiro(s) anterior(es); etc. Além disso, posso fazer isso por amor; o prazer sexual é para mim um sinal de amor, enquanto meu parceiro está interessado em mim apenas como um provedor de prazer sexual – podemos imaginar uma assimetria mais acentuada?

Devemos nos arriscar um pouco mais aqui. Na troca de trabalho/capital, o trabalhador não vende seu produto, mas sua

---

165. Também é preciso mencionar aqui o fato de que muitos casamentos ou relacionamentos baseados em contratos formais ou informais destinados a garantir a igualdade de ambos os parceiros na verdade envolviam fortes assimetrias de poder e causaram muito sofrimento. O relacionamento entre Sartre e de Beauvoir estipulava a liberdade sexual para ambos, mas nos primeiros anos de seu vínculo foi Sartre quem usou exclusivamente essa liberdade, enquanto Beauvoir sofria em silêncio. Adorno tinha um contrato de casamento semelhante que lhe garantia liberdade total para buscar aventuras amorosas, sem mencionar as estipulações detalhadas no contrato de casamento de Einstein com sua esposa. A regra geral é que a liberdade e a igualdade baseadas em princípios se encaixam muito mais em um dos parceiros e obrigam o outro a suportar silenciosamente as escapadas amorosas de seu parceiro.

própria força de trabalho como uma mercadoria. Estamos lidando aqui com a lógica da universalidade e sua exceção: a forma-mercadoria torna-se universal somente quando, no mercado, os produtores não estão apenas trocando seus produtos, ou seja, apenas quando uma mercadoria excepcional aparece no mercado, qual seja, a própria força de trabalho produtiva. Temos uma exceção homóloga também no contrato sexual? E se a simetria de cada parceiro dando prazer ao outro for sempre-já rompida? Um parceiro "trabalha" no outro para lhe dar prazer e a ideia é, obviamente, que essa atividade de dar prazer se torne em si mesma uma fonte de prazer para o trabalhador. Aqui entra a homologia entre a mais-valia (produzida pelo trabalhador) e o gozo excedente (produzido pela atividade de dar prazer), o gozo gerado pela própria atividade de servir ao outro (parceiro sexual).

O que torna o sexo contratual problemático não é apenas sua forma legal, mas também sua tendência oculta. A forma contratual evidentemente privilegia o sexo casual em que os parceiros ainda não se conhecem e querem evitar mal-entendidos sobre o encontro de uma noite de sexo fortuito. Precisamos estender nossa atenção também para o relacionamento de longo prazo, permeado por formas de violência e dominação de maneiras muito mais sutis do que o alegado sexo forçado espetacular no estilo de Weinstein – parafraseando Brecht mais uma vez, o que é o destino de uma estrela de cinema que já foi chantageada para fazer sexo (ou diretamente estuprada) para garantir sua carreira se comparado com uma dona de casa miserável que é constantemente aterrorizada e humilhada pelo marido por longos anos?

Mas será que o casamento também não é um contrato permanente? Kant, que em sua *Metafísica dos costumes* apresenta sua famigerada definição de relação sexual como "o uso recíproco que um ser humano faz dos órgãos e capacidades sexuais de outro", determina o casamento como o contrato que regula esse uso. Ele descarta um contrato sexual de curto prazo como um *pactum fornicationis* (contrato para fornicação), admitindo apenas o casamento (já que nele meu parceiro não é reduzido a um objeto). Portanto, como Jean-Claude Milner apontou, para

Kant, o sexo fora do casamento é literalmente um crime contra a humanidade: nele, ambos os participantes se reduzem um ao outro a objetos usados para o prazer e, com isso, negam sua dignidade humana. Kant, contudo, é popular entre (algumas) feministas por desmistificar o contato sexual (trata-se de prazer sexual, não de valores espirituais) e por seu estrito igualitarismo (não há prioridade ou superioridade do homem no casamento, apenas um contrato entre dois indivíduos livres). Até mesmo Brecht, que escreveu um soneto tirando sarro da definição de casamento de Kant, não percebe essa dimensão emancipatória:

> O pacto de uso recíproco
> Da capacidade e dos órgãos sexuais
> A que ele chama de "casamento", parece
> Precisar de uma justificação urgente.
>
> Ouço dizer que alguns parceiros são negligentes.
> Deixaram – e não penso que seja isso mentira –
> Seus órgãos sexuais fora do acordo:
> A rede tem buracos, e eles são espaçosos.
>
> Tudo o que resta é recorrer aos tribunais
> E confiscar os órgãos
> Talvez isso dê ao parceiro a ocasião
> Para analisar o contrato com mais atenção.
> Se ele não tomar cuidado, temo que sim,
> O oficial de justiça terá que vir[166].

Na leitura marxista de Brecht, Kant fala em termos de capacidade sexual humana como uma mercadoria que é permutada em um sentido contratual em relação ao casamento. No entanto, uma visão marxista também teria notado o aspecto libertador

---

166. BRECHT, B. *Über Kants Definition der Ehe in der "Metaphysik der Sitten"*, publicado pela primeira vez em *Studien* (1936), citado por (e traduzido por) Scott Horton em https://harpers.org/blog/2009/05/brecht-on-kants-definition-of-marriage/

dessa mercantilização da capacidade humana para o sexo: ela nega os valores espirituais nos quais o casamento, como instituição religiosa, está envolto, além de promover a posição das mulheres e dar a elas direitos comparáveis aos desfrutados pelos homens, ancorados, além disso, em uma configuração legal formal. Até mesmo a ironia conclusiva de Brecht erra o alvo: a linha de argumentação de Kant já está penetrada pela ironia subterrânea – em algum momento, ele literalmente evoca a mesma opção ("o oficial de justiça terá que vir", ou seja, a polícia terá que intervir). Com toda a seriedade (embora, com toda a probabilidade, ironicamente), Kant debate o caso em que um marido foge de sua esposa e decide que ela tem o direito de exigir que a polícia o traga de volta para ela – não por qualquer razão sentimental elevada, mas simplesmente porque ele foge levando parte da propriedade legal (seu órgão sexual) da esposa. Podemos facilmente reconhecer aqui, mais uma vez, a inversão que caracteriza a faixa de Möbius: a única maneira de alcançar a emancipação é progredir até o fim no caminho da mercantilização, da auto-objetificação, da autotransformação em mercadoria – um sujeito livre só emerge como o remanescente dessa auto-objetificação.

Surgem aqui outras complicações: embora partes do MeToo defendam o contrato sexual, a ideologia subjacente ao MeToo recebeu a lição marxista sobre a assimetria oculta que sustenta a noção de contrato de parceiros livres e iguais. Baseando-se na ideia de Marx sobre o desequilíbrio no contrato entre o trabalhador e o capitalista, em que os dois são formalmente iguais, Jean-Claude Milner[167] recentemente delineou a diferença entre fraqueza objetiva e estrutural. Mesmo que, no contrato de trabalho, o empregado receba seu valor integral, a troca entre o trabalhador e o capitalista não é igual: há exploração, pois o trabalhador é uma mercadoria que produz mais-valia, ou seja, mais valor do que seu próprio valor. Nesse sentido, o contrato é

---

167. Baseio-me aqui na intervenção de Jean-Claude Milner no debate sobre direitos humanos e direitos humanos e sexualidade no Birkbeck College, em Londres, em 27 de junho de 2018.

injusto e o trabalhador está em uma posição estrutural mais fraca, mesmo que seja "objetivamente" mais forte, com mais poder social empírico.

Segundo Milner, o movimento MeToo transpõe implicitamente a mesma lógica para a troca sexual entre um homem e uma mulher: mesmo que eles concordem formalmente em fazer amor como parceiros iguais, ou seja, mesmo que a aparência seja de uma troca igual de favores sexuais, há uma igualdade estrutural e a mulher está em uma posição mais fraca. Tal como acontece no contrato entre o trabalhador e o capitalista, devemos aqui enfatizar o caráter estrutural (formal) dessa fraqueza: mesmo que a mulher tenha iniciado a troca sexual, mesmo que ela seja social ou financeiramente muito mais forte, ela é estruturalmente mais fraca. É nesse ponto que reside a lição do escândalo Harvey Weinstein: se por "estupro" entendemos uma troca sexual forçada, então todo ato (hetero)sexual é, em última análise, um caso de estupro. Não é preciso dizer que pouquíssimos membros do MeToo estão prontos para expor essa implicação radical (que já foi teorizada anos atrás por algumas feministas radicais, como Andrea Dworkin e Catherine McKinnon): a grande maioria não está pronta para afirmar que um ato sexual é uma ação violenta masculina e proclama como seu objetivo apenas a luta por uma sexualidade que não dependa de uma posição masculina de poder e que traga verdadeira alegria para ambos os parceiros. No entanto, a implicação de que o ato sexual é, portanto, um ato de estupro, de imposição violenta e coerção, funciona claramente como o pressuposto tácito do movimento MeToo, com seu foco em casos de coerção e violência masculina – seus partidários tratam os homens exclusivamente como estupradores em potencial e as mulheres como vítimas em potencial do poder masculino.

Milner também mostra como Donald Trump é exatamente o oposto do MeToo: o movimento privilegia a fraqueza estrutural em detrimento da fraqueza objetiva, enquanto Trump ignora a fraqueza estrutural e se concentra exclusivamente na fraqueza objetiva e no poder – para ele, a política é basicamente um jogo imoral de poder no qual todos os princípios podem (e devem) ser ignorados ou voltados contra si quando as circunstâncias (por exemplo, os interesses da "América em primeiro lugar") assim exigirem. Demoniza-se Kim Jong-un como uma ameaça à humanidade para depois tratá-lo como amigo etc. etc., até o exemplo máximo de separar filhos de imigrantes ilegais de seus pais – no universo imoral de Trump, é totalmente lógico atacar o oponente fraco em seu ponto mais fraco (crianças). Como conclui Milner, Trump é o Weinstein da política norte-americana.

Entretanto, essa simetria também sinaliza a limitação fatídica e até mesmo as implicações eticamente problemáticas do movimento MeToo. Seu foco exclusivo na fraqueza estrutural permite que o movimento jogue seu próprio jogo de poder, usando impiedosamente a fraqueza estrutural como meio para seu próprio fortalecimento. Quando uma pessoa na posição estrutural de poder é acusada de maltratar uma pessoa na posição estrutural fraca, todos os fatos que provam objetivamente que a pessoa estruturalmente "fraca" tem posições institucionais fortes, que suas acusações são muito problemáticas ou totalmente falsas etc., são descartados como irrelevantes. Isso não ocorre apenas no domínio sexual – para dar um exemplo que aconteceu comigo: se, em um debate acadêmico, eu fizer algumas observações críticas sobre, digamos, uma lésbica negra, respondendo às suas observações críticas sobre mim, sou mais ou menos automaticamente suspeito de agir como um supremacista homofóbico branco e sou, no mínimo, culpado de insensibilidade racial e sexual. Sua posição de fraqueza estrutural lhe dá o poder e minha posição estrutural como homem branco efetivamente me torna impotente. Assim, entramos em um cruel mundo de jogos brutais de poder mascarados como uma nobre luta das vítimas contra a opressão. Devemos nos lembrar aqui do dito de Oscar Wilde: "tudo na vida é sobre sexo, exceto o sexo. Sexo é sobre poder". Alguns partidários do MeToo falam sobre sexo, mas seu lugar de enunciação é o do poder (e daqueles que não o têm, é claro) – seguindo Wilde, eles reduzem o sexo a um jogo de poder e o que eles excluem (de sua posição de enunciação) é precisamente e simplesmente o sexo. Seu objetivo é manter os homens, independentemente de suas qualidades, constantemente sob ameaça: cuidado com o que você faz, podemos destruí-lo a qualquer momento, mesmo que você pense que não fez nada de errado. O espírito aqui é o de vingança, não o de cura. Neste mundo cruel, não há espaço para o amor – não é de se admirar que o amor seja raramente mencionado quando os partidários do MeToo falam sobre sexo.

Essa culpa formal de um sujeito masculino, independentemente de qualquer um de seus atos na realidade, é a única maneira de explicar o fato de que, quando um homem é acusado de violência sexual por feministas radicais, sua defesa é, via de regra, descartada como hipócrita ou totalmente irrelevante – a antiga regra judicial "inocente até que se prove o contrário" é aqui suspensa ou, melhor dizendo, substituída por seu oposto, "culpado até que se prove o contrário". A pessoa é *a priori* considerada culpada, de modo que é obrigada a se esforçar para introduzir alguma dúvida na acusação. A mensagem é: "não se preocupe com os fatos, você é *a priori* culpado, então arrependa-se e talvez tenha uma chance, já que podemos destruí-lo facilmente se quisermos!"

ESCÓLIO 2.3: A REPETIÇÃO HEGELIANA

A repetição de um gesto funcional é o modelo básico da sexualização de uma atividade humana. Façamos um simples experimento mental: imagine que alguém aperte minha mão como um gesto de saudação, mas depois continua a apertar minha mão ritmicamente sem nenhuma razão óbvia – eu certamente sentiria esse aperto contínuo como uma indicação de que algo "indecente" está acontecendo, que uma sexualização indesejada está ocorrendo. Por esse motivo, e na medida em que Hegel é nossa referência básica neste livro, vale a pena examinar mais de perto as peripécias da repetição em Hegel.

Se a inversão que caracteriza a faixa de Möbius é a principal característica de um processo dialético, não deveríamos nos surpreender ao encontrar a forma mínima da faixa de Möbius na teoria da repetição de Hegel: por meio de sua repetição, um termo se intersecta com seu oposto. Lembremo-nos do tópico liberal comum da inversão do bem para o mal: o fundamentalismo religioso não demonstra como a obsessão extrema pelo bem se transforma em mal, ou seja, em uma posição exclusiva que visa destruir todas as alternativas? Recordemo-nos do cristianismo primevo: do ponto de vista da substância ética judaica, Cristo não pode deixar de aparecer como o mal, como um momento abstrato que perturba a harmonia interna da vida comunitária, minando as formas tradicionais da hierarquia e da interdependência ("se alguém vem a mim e não odeia seu próprio pai e mãe, não pode ser meu discípulo" etc.); quando o cristianismo vence, esse próprio mal é elevado ao bem supremo. Entretanto, para evitar esses exemplos padrão, iniciemos com um caso mínimo da faixa de Möbius, aquele da repetição em nosso uso diário da linguagem. A fórmula do amor – "você é... você!" – não se baseia na divisão que está no cerne de toda tautologia? Você – essa pessoa empírica, cheia de defeitos – é *você*, o sublime objeto de amor, ou seja, a própria tautologia torna visível a cisão/lacuna radical. Essa redundância surpreende o amante repetidas vezes: como pode você ser *você*? Porém, lembremo-nos aqui do uso aparentemente oposto de tautologia em nossa prática cotidiana: quando dizemos "um homem é um homem", isso significa precisamente que nenhum homem está no nível de seu conceito, que todo homem real está cheio de imperfeições; ou, quando dizemos "a lei é a lei", a implicação é que temos que obedecê-la mesmo quando ela obviamente viola nosso senso de justiça – "a lei é a lei" significa que a lei é fundamentalmente baseada na violência ilegal. Nessa versão da faixa de Möbius, um conceito "elevado" (homem, lei) se encontra em seu ponto mais baixo, como o duplo obsceno que sustenta o conceito "elevado"[168].

---

168. Outro exemplo bastante óbvio dessa inversão seria o do mercado e do estado: se seguirmos a linha do mercado até o fim, tentando expandir seu reinado, teremos que confiar cada vez mais nas suas intervenções no Estado, uma vez que, deixado sem sua lógica imanente, o mercado tende a abolir a si próprio (monopólios destruindo a concorrência etc.) e somente a regulamentação externa pode salvá-lo.

Embora nesse exemplo a repetição traga à tona o lado obsceno do termo repetido, Hegel se concentra no caso oposto, em que a repetição causa a idealização, a "suprassunção" de um termo ao seu nível superior. Imaginemos uma faixa de Möbius na qual um dos lados é a contingência e o outro a necessidade: como Hegel deixou claro, o mesmo gesto, repetido no mesmo lado da contingência, encontra-se na face oposta da necessidade. Embora a repetição possa parecer algo que, em sua persistência cega, resiste à suprassunção (*Aufhebung*) dialética, Hegel encontra uma maneira de incluí-la em sua narrativa do movimento histórico: um evento histórico é, em sua primeira forma de aparecimento, uma ocorrência contingente, e é somente por meio de sua repetição que a necessidade interna do conceito é afirmada, como Hegel ilustra com o destino de Júlio César:

> Vemos os homens mais nobres de Roma supondo que o governo de César seja algo meramente acidental e que toda a situação dos negócios é dependente de sua individualidade. Assim pensava Cícero, assim pensavam Brutus e Cássio. Eles acreditavam que, se esse indivíduo saísse do caminho, a República seria *ipso facto* restaurada. Possuídos por essa notável alucinação, Brutus, um homem de caráter altamente nobre, e Cássio, dotado de maior energia prática que Cícero, assassinaram o homem cujas virtudes apreciavam. No entanto, ficou imediatamente manifesto que apenas uma única vontade poderia guiar o Estado romano e agora os romanos eram obrigados a adotar essa opinião, já que em todos os períodos do mundo uma revolução política é sancionada nas opiniões dos homens quando se repete. Assim, Napoleão foi derrotado duas vezes e os Bourbons foram expulsos duas vezes. Pela repetição, aquilo que a princípio parecia ser apenas uma questão de acaso e contingência se torna uma existência real e ratificada[169].

O exemplo de César é especialmente pertinente, porque diz respeito ao destino de um nome: o que era, sua primeira ocorrência, o nome contingente de um indivíduo em particular, torna-se, pela repetição, um título universal (Augusto como o primeiro Cé-

---

169. Cf. www.marxists.org/reference/archive/hegel/works/hi/lectures3.htm

sar). E se procedermos da mesma forma com os fantasmas? Nesse caso, a suprassunção fracassada dos mortos (após a qual eles continuam a nos assombrar como fantasmas) não é simplesmente uma complicação não dialética, algo que perturba a forma "normal" do progresso dialético, mas uma complicação necessária que cria as condições para o segundo passo, a suprassunção bem-sucedida. Voltando a César: segundo a lenda, César apareceu a Brutus como um fantasma na noite anterior à batalha que os conspiradores perderam e, se lermos essa história por meio de *Hamlet*, foi somente depois de César ser reduzido a seu crânio, depois que ele não mais assombra os vivos como um fantasma, que ele pôde se transformar em um título universal, "César".

Entretanto, devemos notar a diferença entre os dois exemplos de Hegel: enquanto em ambos os casos a repetição suprassume a contingênia em uma necessidade do conceito, somente no caso de César um nome pessoal é suprassumido em um título universal. No caso de Napoleão, ao contrário, a questão é apenas que mediante a repetição, a necessidade de um evento é confirmada: Napoleão teve que perder duas vezes para perceber que seu tempo havia terminado, que sua derrota não havia sido apenas um acidente. César não precisou perder duas vezes, ele apenas morreu e retornou como um título universal, ou seja, triunfou com sua morte, ao passo que Napoleão, como pessoa contingente, sobreviveu às suas duas derrotas (1813 e 1815), mas como uma não entidade, fora da história, escrevendo suas memórias na ilha abandonada de Santa Helena. Ele retornou como um fantasma, não como um conceito universal: como o espectro que assombrou seu sobrinho Napoleão III, em que, como disse Marx, a tragédia (da queda de Napoleão) se repetiu como uma farsa. As duas repetições são, portanto, completamente diferentes: a primeira dá origem a um título universal e a segunda apenas confere a dimensão da universalidade a uma derrota.

Todavia, a situação é efetivamente mais complexa. Embora Napoleão tenha fracassado, seu código forneceu a base do sistema jurídico burguês moderno e o sonho que ele buscava, de uma Europa unida, sobrevive até hoje (União Europeia). Por outro lado, embora César tenha ressurgido como um título universal, sua vitória póstuma marca o início da queda do estado romano: o cesarismo sempre teve que se apoiar no governo militar. Versões alternativas do passado que persistem em uma forma espectral constituem a "abertura" ontológica do processo histórico, como ficou claro para Chesterton:

> Se alguém disser que o mundo agora seria melhor se Napoleão nunca tivesse caído, mas tivesse estabelecido sua dinastia imperial, as pessoas terão que se recompor do choque de tal declaração. Essa própria ideia é nova para elas. No entanto, ela teria evitado a reação prussiana; salvado a igualdade e o esclarecimento sem uma briga mortal com a religião; unificado os europeus e talvez evitado a corrupção parlamentar e as vinganças fascistas e bolcheviques. Mas, nesta era de livre pensadores, as mentes dos homens não são realmente livres para pensar tal ideia[170].

Isso não significa que, em uma repetição histórica no sentido radical benjaminiano, nós simplesmente voltamos no tempo para o momento aberto de decisão e, dessa vez, fazemos a escolha certa. A lição inicial da repetição é que nossa primeira escolha foi necessariamente errada por uma razão muito precisa: a "escolha certa" só é possível na segunda vez, depois da errada, ou seja, é apenas ao cometer um erro que literalmente as condições para a escolha certa *são criadas*. A ideia de que poderíamos ter feito a escolha certa já na primeira vez e que apenas desperdiçamos a chance por acaso é uma ilusão retroativa. Portanto, o paradoxo da faixa de Möbius também funciona se concebermos um lado como a face do erro e o outro como a face da verdade: ao progredirmos no lado do erro, (possivelmente) nos encontraremos no lado da verdade.

Entretanto, o limite desse exemplo da emergência da universalidade pela repetição é que ele continua a se basear na oposição (kantiana) entre a forma simbólica universal e seu conteúdo particular contingente. O que está faltando aqui é sua mediação,

---

170. CHESTERTON, G. K. *The Slavery of the Mind*. Disponível em: www.dur.ac.uk/martin.ward/gck/books/The_Thing.txt.

aquilo que Hegel chamou de "universalidade concreta". O cerne da negatividade dialética não é o curto-circuito entre o gênero e (uma de) suas espécies, de modo que o gênero aparece como uma de suas próprias espécies em oposição às outras, entrando em um relacionamento negativo com elas? Lembremo-nos da réplica de Ambedkar a Gandhi: "haverá párias enquanto houver castas". Enquanto houver castas, sempre haverá um elemento excremental excessivo de valor zero que, embora formalmente faça parte do sistema, não tem lugar adequado dentro dele e, como tal, representa a universalidade (reprimida) desse sistema. Nesse sentido, a universalidade concreta é precisamente uma universalidade que inclui a si mesma entre suas espécies, sob a forma de um momento singular sem conteúdo particular – em suma, são precisamente aqueles que estão em seu devido lugar dentro do todo social (como a ralé) que representam a dimensão universal da sociedade que os gera. É por isso que a ralé não pode ser abolida sem transformar radicalmente todo o edifício social (e Hegel tem plena consciência disso; ele é coerente o suficiente para confessar que uma solução para esse "problema perturbador" é impossível não por razões contingentes externas, mas por razões conceituais estritamente imanentes). Esse emaranhado complicado de universalidade e suas espécies particulares é uma característica fundamental do movimento de Hegel para além do transcendentalismo de Kant, no qual a forma transcendental é uma estrutura *a priori* isenta de seu conteúdo particular, não mediada por ele.

ESCÓLIO 2.4: SETE PECADOS CAPITAIS

Os sete pecados capitais são todos definidos em sua oposição a uma virtude: Soberba *versus* Humildade; Avareza (não tomar para gastar, mas tomar para *ter*) *versus* Generosidade; Inveja *versus* Caridade; Ódio/Ira *versus* Gentileza; Luxúria *versus* Autocontrole; Gula *versus* Temperança; Preguiça *versus* Zelo. O contraste entre os sete pecados capitais e o Decálogo é claro: da proibição legalista de atos externos precisamente definidos (assassinato, roubo, celebração de falsos deuses etc.) passamos às atitudes internas que causam o mal externo. Isso explica a estrutura dos sete pecados: primeiro, os três pecados do Ego em sua relação *consigo próprio*, como a sua falta ou incapacidade de autocontrole, sua explosão excessiva de intemperante (luxúria, gula, raiva). Segundo, os três pecados do Ego em sua relação com seu *objeto* de desejo, ou seja, a internalização reflexiva dos três primeiros pecados (soberba de o *ter*, avareza para o *conservar*, inveja do *outro* que o tem) – em simetria ao desejo de o consumir, à gula de o engolir, à ira do Outro que o tem. Terceiro e último, a preguiça como o nível zero, como a afirmação da lacuna em relação ao objeto de desejo, que, segundo Agamben (veja suas *Stanzas*), é novamente estruturado secretamente em três – a tristeza melancólica de não o *ter*, a "acídia" como o desespero de não estar apto a *conservá-lo*, a indolência como indiferença em relação àqueles que têm ("preguiçoso demais para se incomodar, até mesmo para sentir inveja", como uma atitude ética: sei qual é meu dever, mas não consigo me esforçar para fazê-lo, eu não me importo). Deveríamos então afirmar que existem pecados capitais?

Por outro lado, não seria possível opor os seis primeiros pecados ao longo do eixo do Eu e do Outro? A temperança é, assim, o oposto da inveja (o desejo de tê-lo *versus* invejar o Outro que supostamente o tem), a Soberba (em relação a Si) é o oposto da Ira (em relação ao Outro) e a Luxúria (experienciada pelo Eu) é o oposto da Gula (o desejo insaciável pelo objeto). Os três aspectos da Preguiça também podem ser distribuídos ao longo desse eixo: a acídia não é Temperança nem Inveja com relação à posse do Bem; a melancolia propriamente dita não é luxúria autoindulgente nem desejo insatisfeito; e, finalmente, a indolência não é Luxúria nem Gula, mas indiferença. A Preguiça não é a simples indolência (anti)capitalista, mas uma desesperada "doença para a morte", a atitude de conhecer seu dever eterno, mas evitá-lo; a acídia é, portanto, a *tristitia mortífera*, não uma simples indolência, mas uma resignação desesperada – eu quero o objeto, mas não quero o modo de alcançá-lo, então me resigno à lacuna entre o desejo e seu objeto. Nesse sentido preciso, a acídia é o oposto do Zelo[171]. O que ela revela, em última análise, é o próprio desejo – a acídia é antiética no sentido de Lacan de um compromisso no desejo, de *céder sur son désir*.

Chega a ser tentador historicizar o último pecado: antes da modernidade, era a melancolia (resistir à busca adequada do Bem); com o capitalismo, ela foi reinterpretada como simples indolência (resistir à ética do trabalho); hoje, em nossa "pós-" sociedade, ela é a depressão (resistir ao gozo da vida, ser feliz no consumo). Um drama japonês em preto e branco da Segunda Guerra Mundial do início dos anos de 1960 – por motivos traumáticos, esqueci o título, mas não é *O paciente japonês* – conta a história de um soldado que se recupera em um hospital depois de perder as duas mãos em combate. Desejando desesperadamente um pouco de prazer sexual, ele pede a uma enfermeira amiga que o masturbe (ele não consegue fazê-lo sozinho, pois não tem as mãos). A enfermeira o faz e, tendo piedade dele, no dia seguinte ela se senta sobre ele na cama, realizando um ato sexual completo. Quando ela o procura no dia seguinte, encontra sua cama vazia e é informada de que, durante a noite, o soldado cometeu suicídio atirando-se pela janela – o prazer inesperado foi demais para ele. Aqui nos deparamos com um dilema ético simples: teria sido melhor para a enfermeira não ter praticado um ato sexual com o soldado, de modo que ele provavelmente teria sobrevivido (e levado uma existência miserável), ou ela fez a coisa certa, embora isso tenha levado ao suicídio do soldado (ter um gosto passageiro de prazer pleno, sabendo que isso não poderia durar, pois logo ele seria privado disso para sempre, e isso foi demais para ele)? O "não comprometa seu desejo" de Lacan definitivamente impõe a segunda opção como a única ética.

---

171. Como podemos relacionar o par Zelo e Preguiça com o par budista "oriental" do desejo e nirvana (liberação do desejo)? A preguiça do nirvana é alçada ao absoluto? O desejo de zelo é alçado ao nível ético?

TEOREMA III
OS TRÊS NÃO ORIENTÁVEIS

Um dos procedimentos padrões da crítica a Hegel é procurar os lugares específicos em seu edifício teórico em que ele "trapaceia", no sentido de que a passagem de um conceito ou figura de consciência para o próximo não funciona. Um desses lugares é o próprio início da *Lógica*. Schopenhauer já afirmava que a passagem do Ser/Nada para o Vir-a-ser não funciona: Ser e Nada formam um par estático em que os opostos coincidem imediatamente, enquanto, com o Vir-a-ser, entramos no domínio de um processo vivo, de uma dinâmica totalmente estranha à coincidência de opostos fixos. Na *Fenomenologia*, um dos pontos visados por essa crítica é o tratamento dispensado por Hegel à Antígona: o ato de Antígona, segundo os críticos, está além da dialética histórica progressiva e não pode ser efetivamente "suprassumida" em um momento de progresso. Outro ponto excessivo é o Terror revolucionário – a maneira como Hegel tenta "suprassumi-lo" na moralidade kantiana não funciona e o trauma persiste. Nossa resposta aqui deve ser que essa censura bate em uma porta aberta, imputando a Hegel uma visão que não é dele. Seu "sistema" não é uma máquina lógica em bom funcionamento, mas, inicialmente, é uma cadeia de fracassos, bloqueios e impasses, tentando em cada ponto transformar uma derrota em uma saída, dando um passo atrás e mudando as coordenadas.

Esse encadeamento de fracassos não é apenas uma característica do procedimento dialético de Hegel: de acordo com a unidade do nível epistemológico e ontológico defendido por Hegel, ele caracteriza a própria realidade. Isso nos leva à premissa axiomática deste livro: as coisas ex-sistem, elas existem a partir de sua própria impossibilidade – sua condição de impossibilidade, o obstáculo que impede a plena realização de seus potenciais, é sua condição de possibilidade. É isso que Hegel almeja com sua ideia de universalidade concreta: que não seja apenas o denominador comum de suas formas particulares, mas o nome de uma tensão/antagonismo/lacuna, da impossibilidade de se tornar o que é, de efetivar seus potenciais e suas formas particulares são as tentativas (em última instância fracassadas) de resolver seu impasse constitutivo. Um exemplo clássico: o "Estado" nunca pode ser um estado verdadeiro, a unidade harmoniosa de suas partes e as diferentes formas de Estado são tentativas de resolver (ou melhor, ofuscar) esse impasse. A mesma coisa se aplica para a arte: formas específicas de arte são tentativas de resolver o impasse inscrito em sua própria ideia.

Não estamos (ainda) lidando aqui com dualidade, mas com um Um retorcido, marcado por uma "contradição" imanente. Mao opôs o lema revolucionário "Um se divide em dois" ao lema conservador "Dois se unem em um"; no entanto, talvez devêssemos propor um lema revolucionário diferente: "Dois se dividem em um" e opô-lo ao conservador "Um se une em dois". Do ponto de vista estritamente dialético, "Um" não é o nome para a unidade, mas para uma autodivisão reflexiva, de modo que "dois divididos em um" significa que a oposição externa de dois pelos complementares, cuja harmonia é a unidade do Um, é transposta para a contradição imanente do Um. O movimento conservador trata-se de, ao contrário, resolver a autodivisão do Um pela posição de dois polos como polos opostos de alguma unidade superior: a harmonia (ou "luta eterna") entre os dois sexos substitui a ruptura imanente da sexualidade, a harmonia das classes que formam um todo social substitui a luta de classes etc.

Essa estrutura retorcida resulta em um sujeito que é sua própria impossibilidade: um sujeito fracassa em sua representação e esse fracasso é o sujeito. Robert Pippin exemplifica em que sentido o Espírito hegeliano é "seu próprio resultado" com referência ao final de *Em busca do tempo perdido*, de Proust: como Marcel finalmente "se torna o que ele é"? Rompendo com a ilusão platônica de que seu Eu pode ser "assegurado por qualquer coisa, qualquer valor ou realidade que transcenda o mundo humano totalmente temporal": foi

> ao deixar de se tornar "o que um escritor é", de realizar sua "essência de escritor" interior – como se esse papel devesse ser transcendentalmente importante ou até mesmo um papel definido e substancial –, Marcel percebe que esse devir é importante por não ser assegurado pelo transcendente, por ser totalmente temporal e finito, sempre e em toda parte em suspenso e, ainda assim, capaz de alguma iluminação... Se Marcel se tornou quem ele é, e isso de alguma forma é contínuo e um produto da experiência de seu próprio passado, é improvável que sejamos capazes de entender isso apelando para um eu substancial ou subjacente, agora descoberto, ou mesmo apelando para sucessivos eus substanciais, cada um ligado ao futuro e ao passado por algum tipo de autoconsideração[172].

Portanto, é somente pela aceitação plena dessa circularidade abissal, na qual a própria busca cria o que ela está procurando, que o Espírito "encontra a si próprio". É por isso que o verbo "fracassar", como usado por Pippin, deve receber todo o peso: o fracasso em atingir o objetivo (imediato) é absolutamente crucial para esse processo e é constitutivo dele. Uma circularidade homóloga ocorre na forma como lidamos com a ameaça de uma catástrofe global (ecológica, guerra...): muitas vezes, a catástrofe já está na forma como lidamos com sua ameaça. Apenas adiando passivamente, acabamos fazendo coisas que já são uma catástrofe, ou seja, nosso esforço para evitar X é a melhor maneira de manter sua ameaça. O caso mais óbvio é, evidentemente, uma ameaça de guerra: ao nos armarmos para manter a paz, conservamos viva a ameaça – nesse caso, a única solução verdadeira é tentar mudar as coordenadas de toda a situação que dá origem à ameaça e não apenas agir "razoavelmente" dentro dessas coordenadas. Então, como Hegel afirma repetidamente,

---

172. PIPPIN, R. *The Persistence of Subjectivity*. Cambridge: Cambridge University Press 2005, p. 332-334

se é somente como resultado de si próprio que ele é espírito, isso significa que o discurso padrão sobre o Espírito hegeliano, que se aliena a si próprio e depois se reconhece em sua alteridade e, então, reapropria-se de seu conteúdo, é profundamente enganoso: o Si-mesmo para o qual o Espírito retorna é produzido no movimento em si desse retorno, ou aquilo para o qual o processo de retorno está retornando é produzido pelo próprio processo de retornar. A circularidade única do processo dialético é, portanto, estritamente diferenciada da circularidade da Sabedoria tradicional (pré-moderna), do antigo tópico do "ciclo da vida", sua geração e corrupção. Como, então, devemos ler a descrição de Hegel, que parece evocar um círculo completo no qual uma coisa simplesmente se torna o que é?

> A necessidade só se mostra no fim, mas de tal forma que esse fim se revela como era igualmente o Primeiro. Ou, o fim revela essa prioridade de si mesmo pelo fato de que, na mudança efetivada por ele, nada que já não estivesse lá emerge[173].

O problema com esse círculo completo é que ele é perfeito demais, é que seu autofechamento é duplo – sua própria circularidade é remarcada em mais uma marca circular. Em outras palavras, a própria repetição do círculo prejudica seu fechamento e introduz clandestinamente uma lacuna na qual a contingência radical está inscrita: se o fechamento circular, para ser plenamente real, precisa ser reafirmado como fechamento, isso significa que, em si mesmo, ele ainda não é verdadeiramente um fechamento – é apenas (o excesso contingente de) sua repetição que o torna um fechamento. Portanto, quando Hegel afirma que, no desenvolvimento dialético, as coisas se tornam o que são, o círculo não está fechado: seu redobramento aponta para o abismo da impossibilidade, ou seja, uma coisa "se torna o que é" pela tentativa de alcançar a si mesma, de superar sua impossibilidade constitutiva. Como tal, esse círculo se enfraquece: ele

---

173. HEGEL, G. W. F. *Phenomenology of Spirit*. Prefácio retirado de www.marxists.org/reference/archive/hegel/works/ph/phprefac.htm. (O excerto apontado por Žižek não consta do referido *link* [N.T.]).

só funciona se o complementarmos com um círculo interno adicional, de modo que obtenhamos a figura do "oito internamente invertido", com frequência mencionada por Lacan e, surpreendentemente, também invocada por Hegel. O fato de o próprio Hegel mencionar o "oito internamente invertido" justifica nossa tentativa de expandir sua referência para um paralelo completo entre o desdobramento da lógica de Hegel e as complicações adicionais da faixa de Möbius. De maneira homóloga ao autodesenvolvimento da tríade hegeliana do ser, essência e conceito, é possível deformar continuamente a faixa de Möbius em um *cross-cap*. Assim, dois *cross-caps* colados em seus limites formam uma garrafa de Klein.

- A faixa de Möbius é uma superfície com apenas um lado (quando inserida em um espaço euclidiano tridimensional) e apenas um limite, que tem a propriedade matemática de ser não orientável. Um exemplo da faixa de Möbius pode ser criado pegando-se uma tira de papel, dando-lhe meia-volta e, em seguida, unindo as extremidades da tira para formar um *loop*: uma linha desenhada a partir da costura até o meio encontra novamente a costura, mas do outro lado. Se continuar, a linha se encontra com o ponto inicial e tem o dobro do comprimento da fita original.

- O *cross-cap* é uma faixa de Möbius continuamente deformada: uma superfície bidimensional em um espaço tridimensional que se cruza em um intervalo; a imagem inversa desse intervalo é um intervalo mais longo que o mapeamento no espaço tridimensional dobra ao meio. Esse intervalo de autointersecção impede que o *cross-cap* seja homomórfico à faixa de Möbius e introduz a principal novidade do *cross-cap* em relação à faixa de Möbius: um corte de descontinuidade.

- Dois *cross-caps* colados em seus limites formam um modelo da garrafa de Klein, desta vez com dois intervalos de autointersecção. A garrafa de Klein também é uma superfície não orientável: uma multiplicidade bidimensional em relação ao qual um sistema para determinar um vetor normal não pode ser definido de forma consistente. Informalmente, é uma superfície unilateral que, se percorrida, pode ser seguida de volta ao ponto de origem, virando o viajante ao contrário. Dessa forma, a garrafa de Klein não tem interior nem exterior e só pode ser realizada fisicamente em um espaço quadrimensional, pois deve passar por si mesma sem a presença de um orifício (o que não pode ser imaginado em uma apresentação tridimensional).

Agora podemos propor os primeiros esboços de como essa tríade ecoa a tríade hegeliana do ser-essência-conceito. A faixa de Möbius representa a dinâmica básica da ordem do ser, para o que foi tradicionalmente chamado de "coincidência dos opostos" dialética: levada ao seu extremo, uma característica passa para seu oposto. O ser "como tal" se torna nada, a liberdade radical se torna terror autodestrutivo, o amor levado ao extremo se torna ódio, a necessidade se revela a mais alta contingência (contingência da própria necessidade: por que exatamente *esta* lei arbitrária é necessária?). Não há diferença propriamente dita (ou identidade, nesse caso) aqui, apenas a passagem incessante de uma característica para o seu oposto – a diferença só aparece quando, em uma faixa de Möbius redobrada, que nos dá um *cross-cap*, o processo contínuo de passagem é interrompido por um corte. Esse corte já estava implicitamente na faixa de Möbius, "em si mesmo", como o abismo em torno do qual a fita gira tentando alcançar a si mesma: embora a faixa de Möbius pareça render uma passagem contínua, o ponto de Lacan "é precisamente que a faixa de Möbius implica um corte, resulta de um corte, embora não tenha um simples exterior, tanto o exterior quanto o interior estão na mesma faixa"[174].

Por meio desse redobramento da faixa de Möbius, os polos opostos não apenas passam um para o outro, mas são privados

---

174. DOLAR, M. Touching Ground. *Filozofski vestnik*, v. 29, n. 2, 2008, p. 89.

de qualquer espaço compartilhado que nos permitiria determinar sua diferença como tal. O esforço do pensamento está aqui para mediar os dois polos opostos ao determinar a sua diferença, mas esse esforço fracassa repetidamente. Identidade e diferença, essência a aparência, causa e efeito, substância e seus acidentes são incessantemente refletidos um no outro e o que escapa a essa mediação reflexiva não é uma identidade mais profunda dos opostos, mas sua diferença de fato. Levada a seu termo, a lógica da reflexão nos confronta com o paradoxo da diferença pura no sentido preciso de uma diferença que não é uma diferença entre duas entidades estabelecidas, mas uma diferença que precede os dois termos que ela diferencia – por exemplo, a diferença sexual não é a diferença entre os dois sexos, mas o nome de um impasse que toda orientação sexual tenta estabilizar; ou, a luta de classes não é um conflito entre grupos sociais preexistentes, mas o nome de um antagonismo social em reação ao qual todas as posições de classe emergem. Isso significa que não há espaço comum compartilhado entre os dois sexos ou classes – o que eles compartilham, o que mantém os espaços social ou da sexualidade unidos, é, em última análise, o próprio antagonismo. A imagem do *cross-cap* (reproduzida acima) apresenta essa característica fundamental de uma forma bem imaginativa: a primeira impressão geral é a de um Todo arredondado e orgânico (como um corpo social harmonioso), mas, ao olharmos mais de perto, percebemos rachaduras e desarmonias nesse Todo: as linhas horizontais das duas metades não se encaixam (o que significa que estamos lidando com um composto remendado), de modo que o corpo arredondado parece mais uma montagem excêntrica.

Se, então, a mudança do ser para a essência é a mudança da passagem contínua e convoluta para a diferença pura/impossível que separa as duas fitas, no domínio do conceito (a garrafa de Klein, o resultado do *cross-cap* redobrado) retornamos à continuidade da passagem que, no entanto, torna-se aqui mais convoluta: o espaço tridimensional cai de volta em si mesmo e, portanto, envolve a si mesmo, ou seja, se um X se permite cair no buraco central, ele volta como parte do próprio corpo que circunda esse orifício. Essa convolução não é possível em nossa realidade tridimensional: o corte, o ponto em que o pequeno tubo interno abre caminho para fora pela parede externa, só pode funcionar em uma quarta dimensão. Não devemos ter medo de mobilizar aqui toda a força imaginária dessa metáfora: o abismo central é o da boca de um pólipo, um buraco negro que nos engole, reduzindo o sujeito àquilo que os místicos chamam de "noite do mundo", o ponto zero da subjetividade. O sujeito, por sua vez, retorna então do exterior como o próprio corpo redondo no meio do qual o buraco está se abrindo. Ou, em termos de uma imagem, um sujeito (cuja perspectiva define a moldura da imagem) cai no ponto cego como o ponto evanescente da imagem e, depois, retorna como sua moldura, de maneira que, como disse Derrida, a própria moldura é emoldurada por uma parte de seu conteúdo (o ponto cego na imagem).

Poderíamos, então, ampliar o conceito de Lacan de ponto de estofo (*le point de capiton*) para a tríade de ponto de estofo (no nível da faixa de Möbius, isto é, o ponto em que um elemento encontra a si mesmo no lado oposto, como quando o significante cai no significado); a linha de estofo (*la ligne de capiton*, a linha que separa as duas metades do *cross-cap*, mantendo-as juntas e, ao mesmo tempo, tornando impossível uni-las em um Todo harmônico); e o tubo de estofo (*le tube de capiton*), o tubo retorcido que se afasta do buraco abissal e volta para dentro de si mesmo, literalmente "acolchoando" todo o corpo da garrafa de Klein[175].

O que dizer, então, da censura "hegeliana" de que nós nos baseamos em um modelo "inferior" (figurativo) para explicar um processo "superior" (conceitual)? A resposta é que aquilo que, no nível "inferior" do modelo figural (digamos, a inversão que caracteriza a faixa de Möbius), não pode deixar de parecer um paradoxo, uma exceção, é, no nível "superior" do pensamen-

---

175. Deve-se acrescentar que este não é um livro sobre estruturas topológicas em Lacan (ou Hegel), especialmente com relação a Lacan e à topologia matemática. Já foram escritos trabalhos que tratam desse tópico de forma muito mais detalhada. Trata-se apenas de um ensaio para elucidar uma das matrizes básicas do pensamento dialético.

to conceitual, a característica básica do processo: o pensamento conceitual *é* uma questão de reviravoltas autorreferenciais e viragens para dentro que, no nível do figural, daquilo que Hegel chamou de "representação" (*Vorstellung*), não pode deixar de aparecer como um paradoxo desconcertante.

A FAIXA DE MÖBIUS OU AS CONVOLUÇÕES DA UNIVERSALIDADE CONCRETA

Iniciemos com a "coincidência dos opostos" como o princípio básico da dialética. O ponto de vista comum que reduz essa coincidência à ideia da realidade como uma luta permanente das tendências opostas não tem nada a ver com a dialética propriamente dita, sendo simplesmente uma nova versão da antiga visão do cosmos como a luta de dois princípios (masculino e feminino, luz e escuridão etc.). O último eco dessa perspectiva se encontra na dialética de Mao: quando ele fala sobre "contradições", simplesmente se refere a tendências opostas e seu antagonismo (como a luta de classes). A dialética propriamente dita também não implica a coincidência dos opostos no sentido negativo-teológico, ou seja, a visão em que na infinidade divina todos os opostos (bem e mal, espírito e matéria etc.) se sobrepõem no Um absoluto. Em contraste com esses dois pontos de vista, a coincidência dialética dos opostos se refere a algo muito mais preciso: a um espaço retorcido ou convoluto no qual uma linha, levada ao seu extremo, coincide pontualmente (ou melhor, intersecta) com seu oposto.

Na topologia, a forma mais elementar dessa coincidência é a faixa de Möbius. Vejamos um exemplo (talvez surpreendente). De acordo com um rumor que circula na Espanha até hoje, quando, no final da vida de Francisco Franco, seu jovem sobrinho lhe perguntou o que fazer com sua vida, Francisco respondeu: "seja como eu, apenas faça seu trabalho e evite ter qualquer coisa a ver com a política!" A ironia desse conselho é que ele foi dado por Franco, o ditador que comandou a Espanha por mais de três décadas. No entanto, a lógica implícita nesse paradoxo está no âmago da política fascista: eles não percebem a si mesmos, a seu movimento, como "políticos" em um sentido estrito – a política é parcial, o campo da corrupção e do conflito de interesses, mas os fascistas estão acima dessas lutas demagógicas, defendendo a nação enquanto tal. Essa divisão radical entre fascistas e outros é, obviamente, um gesto político por excelência. Com isso, a política atinge seu auge em um gesto de autonegação: ser político é apresentar-se como apolítico; no fascismo, a divisão política atinge o nível da autorrelação, coincidindo com a divisão entre política e apolítica, ou seja, no fascismo, o gênero da política encontra a si mesmo sem sua determinação opositiva.

O antissemitismo fica preso em um paradoxo semelhante. A censura antissemita padrão aos judeus é que, embora promovam, o entre outras coisas, o multiculturalismo e o enfraquecimento das identidades nacionais em todo o mundo, eles apoiam e exigem totalmente o monoculturalismo para seu próprio povo: a universalidade de um mundo global com grupos étnicos, religiões e orientações sexuais que se misturam e se transformam em outros é sustentada pela exceção dos próprios judeus, os principais promotores do multiculturalismo – e o instrumento ideológico dessa destruição de todas as ordens religiosas, morais e sexuais estáveis é o espectro do "marxismo cultural" que assombra a nova direita. Mas será mesmo assim? Não estamos testemunhando uma situação totalmente diferente, na qual o antagonismo entre o multiculturalismo e o monoculturalismo atravessa todas as sociedades, incluindo os judeus? Os judeus estão, portanto, perdendo sua posição de exceção: por um lado, temos sionistas trabalhando por um Estado-nação judaico forte e expansivo (muitas vezes com o apoio de antissemitas europeus); por outro lado, temos (entre os acadêmicos, pelo menos) muitos dos assim chamados "judeus que se odeiam", que também colocam em dúvida a identidade nacional exclusiva dos judeus – o "marxismo cultural", supostamente uma ferramenta judaica para destruir os valores cristãos ocidentais, voltou-se contra o próprio sionismo. Da perspectiva lacaniana, é difícil não notar como essa mudança ecoa as fórmulas da sexuação de Lacan: primeiro, temos a promoção da dissolução universal de identidades e valores sustentada pela exceção judaica; depois, temos uma série não toda (inconsistente, antagonista) sem exceção. Em princípio, na identidade judaica, a dissolução multicultural de identidades se encontra em sua determinação opositiva (identidade judaica); em seguida, a "exceção" judaica é abolida, ou seja, não temos mais uma universalidade sustentada por sua exceção constitutiva, mas a universalidade do próprio antagonismo[176].

Uma inversão sutilmente diferente da faixa de Möbius ocorre quando a resignação cínica se transforma em fidelidade. *Nosso amor de ontem* (1973), de Sydney Pollack, pode ser caracterizado como a história com uma inversão fracassada da faixa de Möbius – e pode-se especular como essa inversão teria tornado o filme muito melhor. É a história de Katie e Hubbell, cujo caso de amor vai da metade da década de 1930 até meados da década de 1950. Katie é abrasiva e politicamente engajada, lutando por causas radicais de esquerda, enquanto Hubbell é basicamente um cínico oportunista resignado. Embora ela engravide, eles decidem se separar, pois finalmente entende que ele não é o homem

---

176. Um paradoxo semelhante (embora não idêntico) está em ação na forma como os anticomunistas percebem a relação entre os judeus e o comunismo. Desde o início do poder soviético na Rússia, (não apenas) os conservadores insistiram que a Revolução de Outubro foi organizada por judeus (em algumas versões, há até mesmo a alegação de que os banqueiros de Wall Street deram aos bolcheviques judeus o dinheiro para fazê-la). As listas estão feitas: quantos judeus havia no primeiro governo soviético, quão forte era a presença deles nos primeiros anos da Cheka (mais da metade, havia ainda mais lituanos e letões do que russos na Cheka), de modo que alguns até chamam a Revolução de Outubro de ocupação judaica da Rússia. Essa postura é mais bem exemplificada pelo conhecido pôster do Exército Branco que retrata Trótski como o demônio vermelho. Com Stalin, entretanto, testemunhamos uma desconfiança crescente em relação aos judeus, culminando no antissemitismo quase aberto do início da década de 1950 ("complô dos médicos"). A alegação sustentada por muitos liberais agora é que o bolchevismo é inerentemente antissemita – ou, como disse Bernard-Henri Lévy, o novo antissemitismo será de esquerda ou desaparecerá. Mesmo que existam alguns argumentos que tornem compreensíveis (mas não justificáveis, é claro) ambos os pontos de vista, a mudança de um extremo para outro (o comunismo é judeu, o comunismo é antissemita) é um testemunho das inconsistências do anticomunismo, da grande mudança na política soviética (o aumento do antissemitismo está estritamente ligado à virada "conservadora" da política soviética no início da década de 1930 – reavaliação positiva do passado colonial czarista, orientação pró-família e nacionalista etc.), bem como da política estatal de "conservadorismo" e da virada do sionismo para o Estado-nação.

que ela idealizou quando se apaixonou e que sempre escolherá a saída mais fácil, seja traindo em seu casamento ou escrevendo histórias previsíveis para *sitcoms*. Hubbell, por outro lado, está exausto, incapaz de viver no pedestal que Katie ergue para ele e de enfrentar a decepção dela com a decisão dele de comprometer seu potencial. Na última cena do filme, Katie e Hubbell se encontram por acaso, alguns anos após o divórcio, em frente ao Plaza Hotel, em Nova York. Hubbell está acompanhado por uma beldade estilosa e, aparentemente, está satisfeito, agora escrevendo para uma *sitcom* popular em um grupo de escritores sem nome, enquanto Katie permaneceu fiel a quem ela é: com panfletos na mão, ela está se mobilizando agora para a nova causa política, "banir a bomba"[177]. Depois de uma breve conversa calorosa, cada um segue seu caminho. O filme perdeu aqui uma chance única de inverter a situação: e se descobríssemos que, por trás de sua resignação cínica, há um compromisso político muito mais profundo, em função do qual sua grande carreira foi arruinada e que ele agora está reduzido a um escritor anônimo de *sitcom*, enquanto Katie se tornou uma celebridade local, tolerada como uma manifestante inofensiva, parte do folclore local? O engajamento superficial, por mais fanático que pareça, por mais sincero que seja, nunca leva à verdadeira fidelidade a uma causa – essa fidelidade surge apenas na combinação entre luta constante e resignação cínica.

Eis como a faixa de Möbius fornece um modelo para aquilo que Hegel chama de "negação da negação"[178]. A realidade

---

177. Sem pudor, baseio-me aqui no verbete da Wikipedia sobre o filme.

178. E não encontramos a mesma inversão que caracteriza a "negação da negação" na política atual dos partidos comunistas que adotaram uma economia capitalista (como na China)? Sua justificativa é que o marxismo exige o desenvolvimento rápido das forças produtivas e hoje a maneira mais eficiente de fazer isso é por meio de uma economia de mercado capitalista. A ironia é que, embora para Marx o comunismo tenha surgido quando as relações de produção capitalistas se tornaram um obstáculo para o desenvolvimento posterior dos meios de produção, sendo esse desenvolvimento somente garantido pelo progresso (súbito ou gradual) da economia de mercado capitalista para a economia socializada, as "reformas" de Deng Xiaoping inverteram Marx – em certo ponto, é preciso voltar ao capitalismo para permitir o desenvolvimento econômico do socialismo.

contingente externa à qual estamos expostos é gradualmente simbolizada/internalizada, sua estrutura significativa e racional é progressivamente revelada e a contingência é suprassumida em uma necessidade mais profunda. Na psicanálise, por exemplo, o que primeiro é experienciado como uma contingência externa sem sentido – um lapso linguístico, um sonho ou ato "irracional" – é gradualmente revelado como um momento do destino interno do sujeito, como uma expressão "reificada" do tumulto de sua vida interior, como parte de uma estrutura simbólica significativa. Essa é a posição idealista tradicional, mesmo que enfatizemos que o processo de idealização/suprassunção sempre permanece incompleto, que há um remanescente que resiste à simbolização/internalização. Para chegar a uma posição materialista, devemos acrescentar aqui uma reversão final, um retorno à contingência externa. Imaginemos o processo de internalização/simbolização do caos externo como um processo gradual em uma faixa de Möbius que nos leva da contingência externa sem sentido ao seu oposto, à necessidade simbólica interna. Entretanto, em vez de conceber esse processo como um progresso interminável em direção ao ideal de simbolização completa, devemos acrescentar que, em um determinado ponto, caímos novamente na contingência externa. O momento-chave do tratamento psicanalítico não é a interpretação simbólica das formações inconscientes caóticas, mas o isolamento de um encontro ou choque traumático (não simbolizável) que, como o proverbial grão de areia, desencadeou a formação de uma "pérola" sintomática. Não se trata apenas de o processo de simbolização nunca ter concluído – em certo sentido, ele *tem* que ser concluído para funcionar como um fato simbólico, e essa conclusão só pode ser fornecida por um pedaço bruto de real contingente. Essa é a lição aprendida por Hegel em sua teoria do monarca: o Estado como uma totalidade racional só pode se realizar, adquirir existência efetiva, quando sua estrutura complexa é liderada por uma figura contingente do monarca, figura esta determinada pelas contingências da biologia (um rei não é escolhido por suas capacidades, ele se torna um rei por puro acaso de nascimento). Em suma, o "ponto de estofo" do processo simbólico nos lança de volta ao início, é um elemento do Real contingente.

Agora é hora de introduzir alguma ordem conceitual nessa série de exemplos em que cada ilustra uma característica ou versão particular da inversão da faixa de Möbius. O primeiro passo a ser dado é especificar os dois lados da faixa de Möbius como sendo um do significante e um do significado, sendo que o ponto de intersecção é o ponto em que, como disse Lacan, o significante cai no significado. O processo dialético no qual o erro cria o espaço para a verdade e no qual a universalidade e seu conteúdo particular são mediados é um exemplo do espaço simbólico, de modo que não é de se admirar que esse espaço (que Lacan chama de "o grande Outro") seja estruturado como uma faixa de Möbius: a linguagem (um sistema diferencial em que cada termo é definido apenas por sua diferença em relação a outros termos) como um todo tem de girar em um círculo abissal, sem um fundamento positivo. Não importa o quanto tentemos fundamentar a ordem das palavras na realidade, a linguagem como um todo continua suspensa no ar, pois essa falta de um fundamento externo é constitutiva da linguagem. É por isso que seu limite externo – o limite que a separa da realidade à qual ela se refere – é simultaneamente seu limite interno, tornando a própria linguagem incompleta, nunca capaz de alcançar a plena autoidentidade como um instrumento de comunicação.

Devido a essa incompletude da linguagem, seus dois níveis, o do significante e o do significado, nunca podem corresponder totalmente um ao outro: nunca dizemos exatamente o que queremos, pois o significado sempre desliza sob o significante, escapa-lhe, nunca pode ser firmemente identificado. Então, como a linguagem cria, ainda assim, a ilusão de um desfecho semântico, de um significado estável? Aqui entra novamente a faixa de Möbius: a linguagem sempre implica um tipo de curto-circuito, um "ponto de estofo" no qual o significante cai no significado. Embora Lacan fale muito sobre a lacuna que separa o significante do significado, a relação entre eles também é convoluta e o caso exemplar dessa estrutura convoluta é aquele de dar um nome. Conferir um nome a alguém é um gesto muito problemático e violento que necessariamente desencadeia uma reação histérica: no vínculo histórico, o sujeito é dividido, traumatizado por aquilo que ele é para o Outro, pelo papel que desempenha no desejo do Outro: "por que sou o que você está dizendo que sou?" ou, parafraseando a Julieta de Shakespeare, "por que sou eu esse nome?"

O que, então, divide o sujeito? A resposta de Lacan é simples e radical: sua própria identidade (simbólica) – antes de ser dividido entre diferentes esferas psíquicas, o sujeito é dividido entre o vazio de seu cogito (o sujeito puro da enunciação, elusivamente pontual) e as características simbólicas que o identificam no/para o grande Outro (o significante que o representa para outros significantes).

Um nome, portanto, funciona como o caso exemplar daquilo que Lacan chamou de *le point de capiton*, o "ponto de estofo" que sutura os dois campos, o do significante e o do significado, atuando como o ponto em que, como o psicanalista colocou de forma precisa, "o significante cai no significado". É assim que se deve ler a tautologia "socialismo é socialismo" – lembremo-nos da antiga piada anticomunista polonesa: "o socialismo é a síntese das mais elevadas conquistas de todas as épocas históricas anteriores: da sociedade tribal, ele pegou a barbárie; da antiguidade, a escravidão; do feudalismo, as relações de dominação; do capitalismo, a exploração; e do socialismo, pegou o nome". A mesma coisa não se aplica para a imagem dos judeus criada no antissemitismo? Dos banqueiros ricos, ele pegou a especulação financeira; dos capitalistas, a exploração; dos advogados, os truques legais; dos jornalistas corruptos, a manipulação da mídia; dos pobres, a indiferença em relação à limpeza do corpo; dos libertinos sexuais, a promiscuidade; e dos judeus, ele pegou o nome. Ou, por exemplo, o tubarão do filme *Tubarão*, de Spielberg: dos imigrantes estrangeiros, ele pegou sua ameaça à vida cotidiana das cidades pequenas; das catástrofes naturais, sua fúria destrutiva cega; do grande capital, os efeitos devastadores de uma causa desconhecida na vida cotidiana das pessoas comuns; e do tubarão, ele pegou sua imagem. Em todos esses casos, o "significante cai no significado" no sentido preciso de que o nome está incluído no objeto que ele designa – o significante precisa intervir no significado para estabelecer a unidade do sentido. O que unifica a multiplicidade de características-propriedades em um único objeto é, dessa maneira, seu *nome*. É por isso que todo nome é, em última instância, tautológico: uma "rosa" designa um objeto com uma série de propriedades, mas o que mantém todas essas propriedades unidas, o que as torna propriedades do Um idêntico, é, em última instância, o próprio nome.

Podemos dizer também que, em contraste com as características particulares de uma coisa, o nome é um sintoma da coisa que ele nomeia: na medida em que ele é um significante que cai no significado, ele representa o *objet a*, o X, o *je ne sais quoi*, que faz de uma coisa uma coisa. Lembremo-nos novamente da leitura precisa que Lacan faz do conceito de *Vorstellung-Repräsentanz* de Freud: não simplesmente (como Freud provavelmente pretendia) uma representação ou ideia mental que é o representante psíquico do instinto biológico, mas (de forma muito mais engenhosa) o representante (substituto, ocupante do lugar) de uma representação ausente. Todo nome é, nesse sentido, uma *Vorstellungs-Repräsentanz*: o representante significante daquela dimensão no objeto designado que escapa à representação, ou seja, que não pode ser coberta por nossas ideias-representações das propriedades positivas desse objeto. Há "algo em você mais do que você mesmo", o elusivo *je ne sais quois* que faz de você o que você é, que explica seu "sabor específico", e o nome, longe de se referir ao conjunto de suas propriedades, refere-se, em última análise, àquele X elusivo batizado por Lacan de *objet a*, o objeto-causa do desejo[179].

Como, então, o Significante-Mestre e o *objet a* estão relacionados? Devemos introduzir aqui a diferença entre S_1 (Significante-Mestre) e S (A barrado), o significante da falta/inconsistência do grande Outro. Os dois são, em certo sentido, a mesma coisa, pois a presença aurática do Significante-Mestre preenche a falta do grande Outro, ofusca a inconsistência da ordem simbólica. Assim, a passagem de S_1 (Significante-Mestre) para S (A

---

179. Retomo aqui a linha de pensamento do Capítulo 9 de meu livro *Less Than Nothing*. Londres: Verso Books, 2012.

barrado) é, em última instância, apenas uma mudança de perspectiva que torna palpável essa função ofuscante do Significante-Mestre. Aqui entra o *objet a*: no Significante-Mestre, o *objet a* é unido com a função de significação, é o misterioso *je ne sais quois* que confere ao Significante-Mestre sua aura, enquanto S_1 se transforma em S (A barrado) quando o objeto é subtraído do espaço significador, ou seja, quando S_1 e *objet a* são separados – por meio dessa separação, S_1 aparece em toda a sua impotência e miséria, como um simples preenchimento da falta. A noção de *objet a* pode, portanto, ser concebida como o argumento final contra a chamada Navalha de Ockham, que

> é mais bem condensada na regra: "não multiplique entidades além da necessidade". Embora o sentimento seja certamente de Ockham, essa formulação específica não se encontra em nenhum lugar de seus textos. A Navalha de Ockham, nos sentidos em que pode ser encontrada no próprio Ockham, nunca nos permite *negar* entidades putativas; na melhor das hipóteses, ela nos permite abster-nos de postulá-las na ausência de razões convincentes conhecidas para tanto. Em parte, isso ocorre porque os seres humanos nunca podem ter certeza de que sabem o que é e o que não é "além da necessidade"; as necessidades nem sempre são claras para nós. Mas mesmo que as conhecêssemos, Ockham ainda não permitiria que sua navalha nos permitisse negar entidades que são desnecessárias. Para Ockham, a única entidade verdadeiramente necessária é Deus; todo o resto, toda a criação, é radicalmente contingente. Em suma, Ockham não aceita o Princípio de Razão Suficiente[180].

Devemos notar aqui a oscilação da Navalha de Ockham entre os dois extremos: para o próprio Ockham, a única entidade verdadeiramente necessária é o próprio deus, enquanto para o senso comum nominalista, deus é o próprio exemplo de um complemento ilegítimo que a Navalha de Ockham deveria cortar. Do nosso ponto de vista, o *objet a* é aquele algo – uma entidade virtual/fictícia – que sempre se acrescenta à série de

---

180. Cf. https://plato.stanford.edu/entries/ockham

entidades efetivas/necessárias. Do ponto de vista freudiano, não se pode deixar de notar a dimensão castradora da Navalha de Ockham: ela nos obriga a cortar o suplemento embaraçoso que se sobressai. No entanto, de um ponto de vista verdadeiramente lacaniano, devemos inverter essa ideia: o *objet a* não é o objeto a ser "castrado", mas sim um objeto que emerge como o remanescente da própria operação de castração, algo que preenche a falta aberta pela castração, um objeto que nada mais é do que sua própria falta adquirindo uma forma positiva.

Seria então o *objet a* o significado do S_1, do Significante-Mestre? Pode parecer que sim, já que o Significante-Mestre significa precisamente aquele X imponderável que escapa à série de propriedades positivas significadas pela cadeia de significantes "comuns" (S_2). Mas se olharmos mais de perto, veremos que a relação é exatamente a inversa: com respeito à divisão entre significante e significado, o *objet a* está do lado do significante, ele preenche a falta no/do significante, ao passo que o Significante-Mestre é o "ponto de estofo" entre o significante e o significado, o ponto em que, como disse Lacan, o significante cai no significado.

O "OITO INTERIOR"

Aqui devemos dar um passo adiante na determinação da faixa de Möbius: as duas superfícies ou níveis não apenas se intersectam, mas, nesse ponto de intersecção, dão a volta e se replicam, formando aquilo que normalmente nos referimos como "oito interior". Vejamos a relação entre o poder e seus súditos. Baseando-se no *Homo hierarchicus*[181], de Louis Dumont, Jean-Perre Dupuy demonstra como a hierarquia implica não apenas uma ordem hierárquica, mas também seu *loop* ou inversão imanente: é verdade que o espaço social é dividido em níveis hierárquicos superiores e inferiores, mas *no interior do nível inferior, o*

---

181. DUMONT, L. *Homo hierarchicus*. Nova Delhi: Oxford University Press, 1988.

inferior é superior ao superior[182]. Um exemplo é a relação entre a Igreja e o Estado no cristianismo: em princípio, é óbvio, a Igreja está acima do Estado; entretanto, conforme pensadores, de Agostinho a Hegel, deixam claro, *no interior da ordem secular do Estado, o Estado está acima da Igreja* (em outras palavras, a Igreja, como instituição social, deve estar subordinada ao Estado) – se não estiver, se ela quiser governar diretamente também na forma de um poder secular, será inevitavelmente corrompida por dentro, reduzindo-se a apenas mais um poder secular que usa seus ensinamentos religiosos como ideologia para justificar seu governo secular[183].

O próximo passo de Dupuy é formular essa reviravolta na lógica da hierarquia em termos da autorrelação negativa entre o universal e o particular, entre o Todo e suas partes; isto é, de um processo no curso do qual o universal se encontra a si próprio entre suas espécies sob a forma de sua "determinação opositiva". Voltando ao nosso exemplo: a Igreja é a unidade abrangente de todas as vidas humanas, defendendo sua autoridade suprema e conferindo a todas as suas partes seu devido lugar na grande ordem hierárquica do universo. Todavia ela se encontra como um elemento subordinado do poder estatal terrestre que, em princípio, está subordinado a ela: a Igreja como instituição social é protegida pelas leis do Estado e deve obedecê-las. Posto que o superior e o inferior também se relacionam com o bem e o mal (o bom domínio divino *versus* a esfera terrestre das lutas pelo poder, interesses egoístas, busca pelo prazer etc.), pode-se também dizer que, por meio desse *loop* ou reviravolta inerente à hierarquia, o bem "superior" domina, controla e usa o mal "inferior", mesmo que possa parecer, superficialmente (para o olhar

---

182. Cf. DUPUY, J. P. *The Mark of the Sacred*. Palo Alto: Stanford University Press, 2013.
183. Como Dumont demonstrou muito antes do cristianismo, essa inversão paradoxal é claramente discernível no antigo Veda indiano, a primeira ideologia de hierarquia totalmente elaborada: a casta dos pregadores é, em princípio, superior à casta dos guerreiros, mas, dentro da estrutura de poder real do Estado, na verdade eles são subordinados aos guerreiros.

limitado pela perspectiva terrestre), que a religião, com sua pretensão de ocupar um lugar "superior", seja apenas uma legitimação ideológica de interesses "inferiores" (por exemplo, que a Igreja, em última instância, apenas legitime relações socialmente hierárquicas) e que a religião secretamente puxa as cordas, como um poder oculto que permite e mobiliza o mal para o bem maior. Quase nos sentimos tentados a usar o termo "sobredeterminação" aqui: embora seja o poder secular que desempenhe imediatamente o papel determinante, esse próprio papel é sobredeterminado pelo Todo religioso/sagrado. Como devemos ler esse complexo entrelaçamento autorrelacionado do "superior" e do "inferior"? Há duas alternativas principais que se encaixam perfeitamente na oposição entre idealismo e materialismo:

1. A tradicional matriz ideológica (pseudo)hegeliana de conter o *pharmakon*: o Todo superior e oniabrangente permite o mal inferior, mas o contém, fazendo-o servir ao objetivo superior. Há muitas figuras dessa matriz: a "astúcia da Razão" (pseudo)hegeliana (a Razão é a unidade de si mesma e das paixões egoístas particulares, mobilizando estas últimas para atingir seu objetivo secreto de racionalidade universal), o processo histórico de Marx no qual a violência serve ao progresso, a "mão invisível" do mercado que mobiliza o egoísmo individual para o bem comum e assim por diante.

2. Uma ideia mais radical (e verdadeiramente hegeliana) do mal que se distingue de si mesmo pela sua exteriorização em uma figura transcendente do bem. Nessa perspectiva, longe de o mal ser englobado como um momento subordinado, a diferença entre o bem e o mal é inerente ao mal, o bem nada mais sendo do que o mal universalizado e o mal sendo a própria unidade de si mesmo e do bem. O mal controla ou contém a si mesmo gerando um espectro de bem transcendente; no entanto, ele só pode fazer isso substituindo seu modo "comum" de maldade em um mal infinitizado ou absolutizado.

É por isso que a autocontenção do mal pela postulação de algum poder transcendente que o limita sempre pode explodir; é por essa razão que Hegel tem que admitir um excesso de negatividade que sempre ameaça perturbar a ordem racional. Toda a conversa sobre a "inversão materialista" de Hegel e sobre a tensão entre o Hegel "idealista" e o "materialista" é inútil se não estiver fundamentada exatamente nesse tópico das duas maneiras opostas e conflitantes de ler a autorrelação negativa da universalidade. Na leitura materialista, a "reconciliação" não significa que a negatividade destrutiva seja "suprassumida" em um momento subordinado do autodesenvolvimento da Ideia, mas sim que devemos nos *reconciliar com a negatividade destrutiva em todas as suas formas* (loucura, sexo, guerra...) como o pano de fundo "não suprassumível" de nossa existência e de todas as suas realizações criativas. Nesse ponto crucial, outra armadilha deve ser evitada: para ser um verdadeiro materialista, não basta apenas afirmar a primazia de formas particulares da "má" negatividade e depois explicar como essas formas se autonegam no Bem como mal absolutizado/autossuprassumido (o processo descrito por Dupuy como autotranscendente). Essa posição permanece no nível do materialismo "vulgar", que descreve como o Um transcendente surge dos antagonismos e da autossuperação da pluralidade material, a "realidade efetiva" última. A única resposta radical é: a imanência da pluralidade material já está rachada, o Um faltante já está lá como "barrado", sob a forma de sua ausência, como um vazio. Esse é o paradoxo a ser endossado: a perda do Um vem antes do Um, toda figura espectral do Um preenche o vazio de sua ausência.

Na inovadora encenação de Romeu Castellucci, de 2017, da ópera *Tannhäuser* na Ópera Estatal da Baviera, em Munique, a primeira cena ocorre em Venusberg, o lugar de prazeres carnais do qual Tannhäuser quer escapar, e é apresentada como um monte feio cheio de repugnantes criaturas vagamente femininas, com gordura espessa pendurada em seus corpos e misturada em um campo de flacidez que se agita como celulite – uma imagem de decadência sufocante, do tédio e da saciedade. Entretanto, isso não é tudo: acima desse movimento preguiçoso e repugnante da vida, uma bola circular (uma moldura de fantasia) paira no ar, dentro da qual aparece a versão idealizada dessas mesmas criaturas (Vênus e suas companheiras), dessa vez como criaturas etéreas e esbeltas flutuando no ar e dançando suavemente, desprovidas de sua carnalidade grosseira. Lembremo-nos aqui da cena mencionada anteriormente de *Brazil – o filme*, de Terry Gilliam, em que, em um restaurante exclusivo, o garçom recomenda aos clientes as melhores ofertas do cardápio diário ("hoje, nosso *tournedos* está muito especial!" etc.), mas o que os clientes recebem é uma foto em cores vivas da refeição escolhida em um suporte acima do prato e, no próprio prato, um monte pastoso nojento: temos a divisão entre a imagem do alimento e a realidade de seu resto excrementício desprovido de forma, ou seja, entre a aparência fantasmagórica sem substância e o material bruto do reino. Exatamente da mesma forma, em *Tannhäuser*, de Castellucci, temos a divisão entre a realidade repugnante da carne e a imagem desmaterializada. Devemos enfatizar aqui que não há nada de "autêntico" na experiência dessa divisão: ela não torna visível a realidade repugnante do sexo, apenas mostra a divisão psicótica de Tannhäuser entre o Real e o Imaginário, que tem lugar quando o terceiro termo, o Simbólico, é excluído. Em outras palavras, a flacidez trêmula não é o Real do sexo complementado pela fantasia de garotas etéreas dançando: a fantasia não é apenas a visão celestial de garotas magras dançando, mas também a imagem da flacidez trêmula nojenta, cuja função é ofuscar o fato de que o sexo é sempre-já "barrado", frustrado por uma impossibilidade constitutiva.

De volta à nossa linha principal, essa inversão autorrefletida da hierarquia é o que distingue a Razão do Entendimento: enquanto o ideal do Entendimento é uma hierarquia simples e claramente articulada, a Razão a complementa com uma inversão em função da qual, como diz Dupuy, no interior do nível inferior de uma hierarquia, o inferior está acima do superior. Como vimos, os sacerdotes (ou filósofos) estão acima do poder secular brutal, mas, no interior do domínio do poder, estão subordinados a ele – a lacuna que permite essa inversão é crucial para o funcionamento do poder e é por isso que o sonho platônico de unificar os dois aspectos na figura do rei-filósofo (realizado apenas com Stalin) falhou miseravelmente[184].

Outro caso exemplar dessa convolução dialética é fornecido pelo paradoxo da perversão no edifício teórico freudiano: a perversão demonstra a insuficiência da lógica da transgressão. A sabedoria padrão nos diz que os pervertidos praticam (fazem) o que as histéricas apenas sonham (em fazer), isto é, "tudo é permitido" na perversão, um pervertido realiza abertamente todo o conteúdo reprimido – e, no entanto, como Freud enfatiza, em nenhum lugar a repressão é tão forte quanto na perversão, um fato mais que confirmado pela nossa realidade capitalista tardia, na qual a permissividade sexual total causa ansiedade, impotência ou frigidez em vez de liberação. Isso nos obriga a fazer uma distinção entre o conteúdo reprimido e a forma da repressão, em que a forma permanece operante mesmo depois que o conteúdo não é mais reprimido – em suma, o sujeito pode se apropriar totalmente do conteúdo reprimido, mas a repressão permanece. Por quê? Comentando um sonho curto de uma de suas pacientes (uma mulher que inicialmente se recusou a contar o sonho a Freud "porque era tão indistinto e confuso") que se revelou referir-se ao fato de que a paciente estava grávida, mas estava em dúvida sobre quem era o pai do bebê (ou seja, a paternidade era "indistinta e confusa"), Freud chega a uma conclusão dialética fundamental:

> A falta de clareza demonstrada pelo sonho era uma parte do material que instigava o sonho: parte desse material, nomeadamente, estava representada na forma do sonho. A forma de um sonho ou a forma em que ele é sonhado é usada com uma frequência surpreendente para representar seu tema velado[185].

---

184. Pode-se, é claro, argumentar que o *status* superior do sacerdote é apenas uma ilusão ideológica tolerada pelos guerreiros para legitimar seu poder real, mas essa ilusão é, no entanto, necessária, uma característica fundamental do carisma do poder.
185. FREUD, S. *The Interpretation of Dreams*. Harmondsworth: Penguin Books, 1976, p. 446.

A lacuna entre forma e conteúdo é aqui propriamente dialética, em contraste com a lacuna transcendental, cujo ponto é que todo conteúdo aparece no interior de uma estrutura formal *a priori* e devemos sempre estar cientes da estrutura transcendental invisível que "constitui" o conteúdo que percebemos – ou, em termos estruturais, devemos distinguir entre elementos e os lugares formais que esses elementos ocupam. Só atingimos o nível da análise dialética adequada de uma forma quando concebemos um determinado procedimento formal não como expressando um certo aspecto do conteúdo (narrativo), mas como marcação/sinalização da parte do conteúdo que está excluída da linha narrativa explícita, de modo que – e aqui está o ponto teórico adequado – se quisermos reconstruir "todo" o conteúdo narrativo, devemos ir além do conteúdo narrativo explícito como tal e incluir recursos formais que atuam como substitutos do aspecto "reprimido" do conteúdo[186]. Para citar o conhecido exemplo elementar da análise de melodramas: o excesso emocional que não pode se expressar diretamente na linha narrativa encontra sua saída no acompanhamento musical ridiculamente sentimental ou em outros recursos formais. Nesse aspecto, os melodramas devem ser contrapostos a *Ondas do destino*, de Lars von Trier: em ambos os casos, estamos lidando com a tensão entre forma e conteúdo; no entanto, em *Ondas do destino*, o excesso está localizado no conteúdo e a forma pseudodocumental subjugada torna palpável o conteúdo excessivamente melodramático. Nisso reside a principal consequência da mudança de Kant para Hegel: a própria lacuna entre conteúdo e forma deve ser refletida no próprio conteúdo, como uma indicação de que esse conteúdo não é tudo, mas que algo foi reprimido ou excluído dele. Essa exclusão que estabelece a própria forma é a "repressão primordial"

---

186. A tese de que a forma é parte de seu conteúdo, ou seja, de que o que é reprimido do conteúdo retorna em sua forma, deve, é claro, ser complementada por sua inversão: o conteúdo, em última análise, também não passa de um efeito e uma indicação da incompletude da forma, de seu caráter "abstrato".

(*Ur-Verdrängung*) e não importa o quanto revelemos todo o conteúdo reprimido, essa lacuna de repressão primordial persiste.

O entrelaçamento de forma e conteúdo nos leva a outro par, no qual cada termo, levado ao seu extremo, converte-se em seu oposto (a faixa de Möbius aqui já aponta para o *cross-cap*). Por um lado, a matéria que resiste à sua forma é, em sua própria densidade impenetrável, um efeito da formalização incompleta ou fracassada, "provocada por operações puramente formais e suas inconsistências produzidas". Por outro lado, a forma, em sua distância da matéria, não é apenas uma expressão da matéria, mas emerge para preencher um buraco na sua textura (a forma não expressa um conteúdo oculto, ela representa de forma distorcida o que é "reprimido", excluído do próprio conteúdo). Essas duas inversões não são simétricas: a matéria emerge para preencher o vazio do não todo da forma, enquanto a forma é uma exceção que fornece a moldura para a matéria – ou, para colocar nos termos das fórmulas de sexuação de Lacan, a forma é não toda, enquanto a matéria é universal com uma exceção (da forma). É aí que reside a passagem de Kant para Hegel: Kant é um formalista, ele sustenta que a forma (transcendental) é a exceção constitutiva da matéria, que é "tudo o que é" (em nossa realidade fenomênica), ao passo que Hegel leva o formalismo ao absoluto e, portanto, à sua autossuperação. O ponto-final dessa autossuperação é, obviamente, o sujeito, e aqui a limitação fatal do formalismo de Kant se torna palpável. O eu transcendental de Kant é um sujeito vazio e dessubstancializado, reduzido a uma forma pura, com todo o conteúdo positivo apagado; não obstante, Kant o preenche com conteúdo fixo (o *a priori* das categorias transcendentais), ou seja, suas determinações de forma são, novamente, conteúdo. Consequentemente, o problema com Kant não é o fato de ele ser formalista demais e ignorar a mediação histórica concreta das formas transcendentais, mas o fato de ele não ser formalista o suficiente:

Por um lado, Kant esvaziou a razão e a subjetividade de todo o conteúdo substancial, mas apenas para fundamentá-las em uma base trans-histórica estável de formas existentes que ele considerou como dadas (apenas esperando para serem descobertas pela introspecção crítica). O problema com o formalismo kantiano não é o fato de ele ser "vazio", de não ter conteúdo ou preenchimento, mas sim o contrário: ao considerar formas específicas como transcendentalmente ou trans-historicamente dadas, *Kant não é formalista o suficiente*. Ele não levantou a questão da própria constituição das formas que afirma ter escavado: em última análise, ele as tomou como um dado. A eterna questão de saber se a tábua de categorias de Kant está completa ou não é um sintoma disso. Ele substancializou a forma da própria forma e, assim, a preencheu com conteúdo – ou melhor, ele eliminou a diferença entre forma e conteúdo ao transformar a própria forma em seu próprio conteúdo[187].

Dois passos precisaram ser dados aqui. Primeiro, para de fato dessubstancializar o sujeito, é preciso acabar com o formalismo e conceber o sujeito como forma pura que coincide com um vazio, com um espaço sem forma: o sujeito é a autossuperação de toda forma determinada, é a própria negatividade que mina toda moldura transcendental dada (isso não significa que o sujeito possa girar em torno de si mesmo como um vazio – ele precisa de um suporte material, o *objet a* lacaniano, um pequeno pedaço de real contingente. Contudo, isso é outra história.) Assim, devemos evitar a oposição do tipo sartriana entre o sujeito *qua* vazio da negatividade autorrelacionada e o Em-si inerte e substancial: a negatividade como forma pura deve ser concebida como inerente à substância, como seu próprio vazio.

É fácil ver como a estrutura desse espaço convoluto vai além do modelo da faixa de Möbius: ela exige um modelo mais complexo, um modelo que inclui um antagonismo radical entre dois espaços sem denominador comum – o *cross-cap*.

---

187. Cf. COMAY, R.; RUDA, F. *The Dash# The Other Side of Absolute Knowing*. Cambridge: MIT Press, 2018.

SUTURA REDOBRADA

Como passamos da faixa de Möbius (em que o corte é implícito) para o *cross-cap* (em que o corte aparece como tal)? Repetindo a faixa de Möbius. Esse redobramento não é possível sem um corte que separe e simultaneamente mantenha suas partes juntas. O caso mais elementar de tal redobramento é o do significante e do significado: os espaços do significante e do significado são torcidos em torno de um abismo central. A ordem do significante é diferencial e a identidade de cada um deles reside na série de diferenças em relação a outros significantes; no entanto, se isso for válido para todos os significantes, todo o edifício colapsa em si mesmo, já que nos movemos em um círculo vicioso, sem nenhuma identidade final que sirva de referência para a série de diferenças. De outra maneira, a mesma coisa se aplica para o significado, em que cada sentido particular precisa se basear e se referir a outros, sem nenhum Sentido absoluto como ponto de referência final.

Voltando a Hegel, tomemos o exemplo elementar da dialética da essência e da aparência: para compreender adequadamente sua dinâmica, é preciso redobrá-la. Primeiramente, a própria essência só é essência uma vez que aparece, ela tem que aparecer como essência em contradistinção às aparências "comuns", ou seja, no interior da esfera das aparências. A própria essência tem que aparecer como uma aparência que está para além das aparências. Um exemplo clássico de Marx: o valor como a "essência" universal das mercadorias tem que aparecer como uma mercadoria especial oposta a todas as outras mercadorias. Ou um exemplo de Hegel: o monarca (como a personificação da universalidade do ser humano) tem que aparecer em sua "determinação opositiva", como um ser humano particular que se opõe a todos os outros seres humanos (já que ele é o único que não se faz pelo trabalho de automediação, mas é o que é por nascimento). Assim, a essência nada mais é do que essa autodiferenciação das aparências, uma lacuna que separa a aparência de si mesma. Em segundo lugar, a lacuna que separa a essência da aparência deve ser refletido para a própria essência como sua divisão interna: a essência aparece porque está incompleta/frustrada em si mesma, ou seja, o que aparece não é a riqueza interna impressionante da essência; a aparência é, inicialmente, o retorno do que é reprimido na/da própria essência. Assim, a aparência nada mais é do que a autodiferenciação da essência, uma lacuna que separa a essência de si mesma.

O elemento que mantém unidos os dois níveis, "suturando" cada um deles, funciona como seu ponto de estofo e a repetição (da faixa de Möbius) que caracteriza o *cross-cap* assume a forma de uma inversão no modo como a sutura funciona: o "interior" (o espaço do significante) tem que ser suturado por um elemento adicional que, dentro da ordem do significante, ocupa o lugar do que é excluído dele (como o conhecido paradoxo da lista de todas as espécies de cães que também inclui "cães não incluídos nessa espécie") e a própria realidade externa tem que ser suturada por um elemento que ocupa nela o lugar do processo simbólico (*objet a*). Então, como funciona a sutura? Em um dos poucos casos em que Lacan usa esse termo (que foi mais tarde elevado a um conceito por Miller), em seu seminário *Problemas cruciais da psicanálise* (1964-1965), ele o relaciona ao funcionamento de um nome próprio, apontando que seu uso deve se basear em "um deslocamento, um salto"[188]: toda pessoa, todo portador de um nome, pode ser caracterizado por uma cadeia interminável de descrições, mas algo sempre escapará ao conjunto dessas descrições e seu nome próprio cobre essa falta: "ele foi projetado para preencher os buracos, para ser uma obturação, para fechá-lo, para dar a ele uma falsa aparência de sutura"[189]. Um nome, em um primeiro momento, parece apontar para a profundidade de seu portador, capturando sua essência mais íntima, seu *je ne sais quois*, o X elusivo e misterioso que o torna o que ele ou ela é, mas o efeito da completude é aqui apenas para cobrir um certo vazio, para ocultar a impossibilidade de preenchê-lo adequadamente. Nesse sentido, o nome próprio funciona como um ponto

---

188. *The Seminar of Jacques Lacan: Crucial Problems of Psychoanalysis*. Trad. de Cormac Gallagher. Disponível em: https://l1nq.com/T9JlP.
189. *Ibid.*

de estofo: opera de modo que todas as descrições atribuídas ao portador do nome façam sentido ou, pelo menos, forneçam a ilusão de uma entidade significativa. Um nome próprio é, portanto, um Significante-Mestre, um significante sem o significado e, como tal, confere às características ou propriedades de seu portador a ilusão da completude, de um significado pleno, o que significa que, paradoxalmente, um Significante-Mestre abre simultaneamente um vazio e cria a ilusão de preenchê-lo.

Essa complexidade da "sutura" se perde no uso predominante do termo, em que a "sutura" diz respeito à relação entre o círculo fechado da representação (ideológica) e seu local externo de produção: para fechar o círculo da representação, é preciso haver nele um elemento sintomático que "suture" o campo da representação e que funcione como substituto do exterior excluído, um elemento que, no espaço da representação, ocupe o lugar da produção excluída/externa. No entanto, essa noção de sutura, por mais "materialista" que possa parecer, precisa ser acrescida de sua inversão: a "realidade externa", para atingir a existência plena, precisa ser complementada ("suturada") por um elemento "subjetivo". Segundo a noção "realista" padrão de realidade plena e ontologicamente constituída, a realidade existe "lá fora, independentemente de nossa mente" e é, posteriormente, tão somente "refletida" na cognição humana; contra essa noção, a lição do idealismo transcendental de Kant deve ser consumida aqui em sua totalidade: é o próprio ato subjetivo da síntese transcendental que transforma uma série caótica de impressões sensíveis em "realidade objetiva" (observe mais uma vez a inversão específica da faixa de Möbius: passamos do pandemônio de impressões subjetivas para a realidade "objetiva", acrescentando ao conjunto dessas impressões um gesto subjetivo de síntese).

Ignorando descaradamente a acusação de que estaríamos confundindo os níveis ontológico e empírico, devemos evocar aqui a física quântica: é o colapso das ondas quânticas da percepção que fixa as oscilações quânticas em uma única realidade objetiva. A própria aparência das "coisas" como coisas, como entidades substanciais, é o resultado do colapso da função de onda por meio da percepção, de forma que a relação de senso comum é invertida: a noção de coisas "objetivas" é subjetiva, depende da percepção, ao passo que as oscilações de onda precedem a percepção e, portanto, são mais "objetivas". Dessa maneira, não é que objetos desfocados estejam incompletos devido à limitação e ao efeito de distorção de nossa visão, enquanto em si mesmos os objetos são o que são plenamente: estar desfocado e incompleto é como as coisas são em si mesmas, sendo que nossa percepção as completa. Um paralelo com o teatro ou o cinema pode ajudar aqui: para que uma cena montada em um estúdio seja percebida como "realista", os objetos reais em primeiro plano (carros, mesas etc.) precisam ser complementados por um fundo pintado (por exemplo, uma grande rua ou uma floresta). Mais uma vez, o espaço é convoluto aqui: alcançamos a objetividade apenas seguindo a subjetividade até o fim, concentrando-nos no suplemento subjetivo do campo da realidade objetiva – exatamente da mesma forma que, na ordem simbólica, uma coisa só se torna uma coisa quando acrescentamos um nome a ela.

Há uma cena no último filme de Chaplin, *A condessa de Hong Kong* (fora isso um fracasso miserável), em que um casal de passageiros cegos em um navio de cruzeiro é acompanhado em uma cabine pelo capitão do navio (que não sabe que eles são cegos); de repente, batem à porta e os dois passageiros entram em pânico, reagindo confusamente e acenando com as mãos, porque sabem que a pessoa que está batendo à porta e que entrará na cabine os reconhecerá como o que realmente são (passageiros cegos). A piada da cena é que o capitão (que não deveria saber nada sobre o jogo de enganação) também reage da mesma forma, em pânico. Uma versão homóloga desse estranho curto-circuito ocorre em alguns *thrillers* de mistério complexos, nos quais muitas vezes não temos certeza do que realmente está acontecendo (quem trabalha para quem, quem faz jogo duplo etc.), até que, no final, após algumas reviravoltas vertiginosas, descobrimos a verdade. Às vezes, porém, acontece algo estranho e muitas vezes despercebido: em uma cena que supostamente mostra o que acontece "em si", a história verdadeira, um dos atores faz algo que só pode ser explicado se presumirmos que ele também não sabe o que "realmente acontece" – ele age assim não apenas para enganar as testemunhas, mas também como se ele próprio fosse ignorante. Um exemplo simples: lembro-me de um *thriller* de espionagem em que um agente duplo se faz passar por uma personalidade falsa ao lidar com seus empregadores enganados; todavia, em uma das cenas ele continua com essa personificação mesmo quando interage com pessoas que sabem quem ele realmente é (ou age como se não soubesse de algo que faz parte de sua identidade real, ou seja, como se sua identidade real também fosse um mistério para ele) e ninguém se surpreende com isso. Nessas cenas, não é que a realidade rompa com a ficção – a própria ficção aparece como parte da realidade, como seu elemento de sutura.

As duas versões da sutura não devem ser opostas como corretas ou erradas, pois ambas são verdadeiras de acordo com a estrutura do *cross-cap:* a segunda versão pressupõe logicamente a primeira e só pode surgir como sua repetição. Contudo, há uma sutil assimetria entre as duas e que diz respeito ao lugar da falta. Na primeira versão da sutura, a falta está localizada no interior, na cena da representação: essa cena precisa ser "suturada" para encobrir sua falta, sua incapacidade de representar por completo seu processo de produção. Na segunda versão, a falta está localizada fora, na própria realidade externa, que precisa ser complementada por um elemento subjetivo para se tornar o que é, uma realidade externa plena. É somente com a segunda versão que surge a subjetividade propriamente dita, inscrita na própria ordem das coisas: na primeira versão, a subjetividade é reduzida a um efeito de falso reconhecimento, de ofuscação do processo real da vida (no estilo da teoria da ideologia de Louis Althusser).

No caso da sutura, portanto, é crucial ter em mente a mudança do círculo interno sustentado por um elemento estranho para a externalidade sustentada por um substituto de um elemento interno – uma mudança que representa simultaneamente a transição da subjetividade imaginária para o sujeito simbólico. É aqui que encontramos a diferença entre o materialismo comum e o dialético. Do ponto de vista do materialismo comum, "idealismo" e "metafísica" são nomes para a ilusão de que o círculo de representação pode se fechar sobre si mesmo, obliterando totalmente os traços de seu processo de produção descentralizado; a antifilosofia desenvolve aqui sua própria versão da lógica da "sutura": ela concebe a sutura como o modo pelo qual o exterior está inscrito no interior, "suturando" assim o campo, produzindo o efeito de autoencerramento sem a necessidade de um exterior, apagando os traços de sua própria produção; os traços do processo de produção, suas lacunas e seus mecanismos são obliterados, de modo que o produto possa aparecer como um todo orgânico naturalizado (a mesma coisa ocorre com a identificação, que não é simplesmente uma imersão emocional total na quase realidade da história, mas um processo de divisão muito mais complexo). Entretanto, o aspecto mais crucial é o inverso: não só "não há interior sem exterior", mas também "não há exterior sem interior". Nisso já reside a lição do idealismo transcendental de Kant: para aparecer como um todo consistente, a realidade externa precisa ser "suturada" por um elemento subjetivo, um suplemento artificial que precisa ser adicionado a ela para gerar o efeito de realidade, como o fundo pintado que confere a uma cena o efeito ilusório de "realidade". Esse é o *objet petit a* para Lacan: o elemento subjetivo constitutivo da realidade externa objetiva.

A matriz de um local externo de produção que se inscreve no domínio das ilusões que ela gera deve, portanto, ser complementada: essa matriz simplesmente não dá conta da emergência do *sujeito*. De acordo com a teoria padrão (cinemática) da sutura, o "sujeito" é o substituto ilusório, no interior do domínio do constituído-gerado, da sua causa ausente, do seu processo de produção: o "sujeito" é o agente imaginário que, ao habitar o espaço dos fenômenos constituídos, é (erroneamente) compreendido como seu gerador. Todavia, não é disso que se trata o "sujeito barrado" lacaniano: na teoria da sutura padrão, o sujeito é o que representa, no interior do espaço constituído, sua causa/exterior ausente (processo de produção), enquanto o sujeito lacaniano pode ser conceituado somente quando levamos em conta de que modo a própria externalidade do processo generativo existe somente porque o substituto do domínio constituído está presente nele.

Esse espaço convoluto, no qual o limite externo é simultaneamente interno, é o objetivo de Lacan em sua referência persistente ao toro e a outras variações das estruturas do tipo da faixa de Möbius, nas quais a relação entre o interior e o exterior é invertida: se quisermos compreender a estrutura mínima da subjetividade, a oposição clara entre a experiência subjetiva interna e a realidade objetiva externa não é suficiente – há um excesso em ambos os lados. Por um lado, devemos aceitar a lição do idealismo transcendental de Kant: da multiplicidade confusa de impressões, a "realidade objetiva" emerge por meio da intervenção do ato transcendental do sujeito. Em outras palavras, Kant não nega a distinção entre a multiplicidade de impressões subjetivas e a realidade objetiva; seu argumento é apenas que essa mesma distinção resulta da intervenção de um gesto subjetivo de constituição transcendental. De maneira homóloga, o Significante-Mestre de Lacan é a característica significante "subjetiva" que sustenta a própria estrutura simbólica "objetiva": se abstrairmos esse excesso subjetivo da ordem simbólica objetiva, a própria objetividade dessa ordem se desintegra. A sutura não é, portanto, um curto-circuito secundário dos dois níveis – ela vem primeiro, ou seja, precede logicamente os dois níveis que se sobrepõem a ela: é o gesto subjetivo da sutura que constitui (o que nos parece ser) a realidade objetiva. A lacuna, a torção autorreferencialmente convoluta, já é operativa na própria "presença produtiva".

No entanto, não estamos confundindo aqui o significado (como parte de todo signo) e a realidade externa a ele? A lição do transcendentalismo é precisamente que o significado e a realidade (externa) não podem ser simplesmente separados: para que a realidade (externa) adquira sua consistência ontológica mínima, um gesto significante precisa intervir.

CROSS-CAP E LUTA DE CLASSES

Em termos marxistas clássicos, não é suficiente demonstrar como as lutas político-ideológicas são um teatro de sombras refletindo a "verdadeira realidade" do processo econômico; devemos complementar isso com a forma na qual tais lutas estão inscritas no próprio coração do processo econômico (isso é o que Marx chamou de "luta de classes", é por isso que ele fala de "economia política" e um dos nomes dessa estranha "ideológica" no próprio coração do processo econômico, da "ilusão" que sustenta a própria realidade, é "fetichismo da mercadoria"). Consequentemente, devemos abandonar a noção padrão do Um (em todas as suas diferentes formas, até o Significante-Mestre) como uma "totalização" secundária do campo inconsistente de produtividade primordialmente disperso. Para colocar o paradoxo em sua forma mais radical: é o próprio Um que introduz a inconsistência propriamente dita – sem o Um, haveria apenas uma multiplicidade indiferente e plana. "Um" é originalmente *o* significante da (auto)divisão, o suplemento/excesso final: por meio da observação do real preexistente, o Um o divide de si mesmo, introduz sua não coincidência consigo mesmo. É por meio dessa autodivisão que emerge a subjetividade propriamente dita e, na medida em que, para Marx, o nome para essa autodivisão da sociedade é "luta de classes", não devemos nos surpreender com o fato de que, no final do último volume de *O capital*, a propósito da tentativa de Marx de definir a luta de classes, encontramos mais uma vez a estrutura convoluta da faixa de Möbius[190].

A luta de classes não pode ser reduzida a um conflito entre agentes específicos dentro da realidade social: não se trata de uma diferença entre agentes positivos (que pode ser descrita por meio de uma análise social detalhada), mas de um antagonismo ("luta") que constitui esses agentes. O objetivismo "marxista" deve, portanto, ser quebrado duas vezes: com relação ao *a priori* subjetivo-objetivo da forma da mercadoria e com relação ao antagonismo transobjetivo da luta de classes. A verdadeira tarefa é pensar as duas dimensões juntas: a lógica transcendental da mercadoria como um modo de funcionamento da totalidade social e a luta de classes como o antagonismo que atravessa a realidade social, como seu ponto de subjetivação. É indicativo desse

---

190. Retomo aqui a linha de pensamento do Capítulo 3 de meu livro *Living in the End Times*. Londres: Verso Books, 2010.

papel transversal da luta de classes o fato de que o manuscrito de *O capital*, vol. III, é interrompido precisamente quando Marx está prestes a fornecer uma clara análise de classe "objetiva" de uma sociedade capitalista moderna:

> A próxima pergunta a ser respondida é esta: o que vem a ser uma classe? E é claro que isso decorre da resposta a esta outra pergunta: o que faz com que assalariados, capitalistas e proprietários da terra constituam as três grandes classes sociais?
>
> A resposta se encontra, à primeira vista, na identidade entre rendimentos e fontes de rendimento. Trata-se de três grandes grupos sociais, cujas partes integrantes, os indivíduos que os formam, vivem respectivamente de salário, lucro e renda da terra, da valorização de sua força de trabalho, de seu capital e de sua propriedade fundiária.
>
> Sob essa óptica, no entanto, médicos e funcionários públicos, por exemplo, também formariam duas classes, porquanto pertencem a dois grupos sociais distintos, nos quais os rendimentos dos membros de cada um deles provêm da mesma fonte. O mesmo valeria para a fragmentação infinita dos interesses e das posições em que a divisão social do trabalho separa tanto os trabalhadores quanto os capitalistas e os proprietários fundiários; estes últimos, por exemplo, em viticultores, agricultores, donos de bosques, donos de minas e donos de pesqueiros.
>
> [Aqui se interrompe o manuscrito.][191]

Esse impasse não pode ser resolvido por uma análise "social-objetiva" adicional que forneça distinções cada vez mais refinadas – em algum momento, esse processo precisa ser interrompido com uma intervenção maciçamente brutal da subjetividade: pertencer a uma classe nunca é um fato social puramente objetivo, mas é sempre também o resultado de luta e engajamento subjetivo. É interessante observar como o stalinismo se envolveu em

---

191. MARX, K. *Capital*. Vol. III, Part VII: Revenues and Their Sources, Chapter 52: Classes. Disponível em: www.marxists.org/archive/marx/works/1894-c3/ch52.htm. Citado de: MARX, K. *O capital. Crítica da economia política*. Livro III. Boitempo, 2017.

um impasse semelhante em sua busca por essas determinações objetivas de pertencimento de classe; lembremo-nos do impasse classificatório que os ideólogos e ativistas políticos stalinistas enfrentaram em sua luta pela coletivização nos anos de 1928-1933. Na tentativa de explicar em termos marxistas "científicos" o seu esforço para esmagar a resistência dos camponeses, eles dividiram os camponeses em três categorias (classes): os camponeses pobres (sem terra ou com pouca terra, trabalhando para outros), que eram aliados naturais dos trabalhadores; os camponeses médios autônomos, que oscilavam entre explorados e exploradores; os camponeses ricos, "cúlaques" (empregando outros trabalhadores, emprestando-lhes dinheiro ou sementes etc.), o "inimigo de classe" explorador que, como tal, precisa ser "liquidado". Na prática, porém, essa classificação se tornou cada vez mais confusa e inoperante: na pobreza generalizada, não se aplicavam mais critérios claros e as outras duas categorias frequentemente se juntavam aos cúlaques na resistência à coletivização forçada. Com isso, uma categoria adicional foi introduzida, a de "subcúlaque", um camponês que, no que diz respeito à sua situação econômica, era pobre demais para ser considerado um cúlaque propriamente dito, mas compartilhava, porém, a atitude "contrarrevolucionária" do cúlaque. O "subcúlaque" era, então

> um termo sem nenhum conteúdo social real, mesmo para os padrões stalinistas, mas que apenas se disfarçava como tal de forma pouco convincente. Como foi declarado oficialmente, "por 'cúlaque' nos referimos ao portador de certas tendências políticas que são mais frequentemente discerníveis nos subcúlaques, homens e mulheres". Por esse meio, qualquer camponês estava sujeito à desculaquização; e a noção de "subcúlaque" foi amplamente empregada, ampliando a categoria de vítimas muito além da estimativa oficial de cúlaques propriamente dita, mesmo em sua forma mais restrita[192].

---

192. CONQUEST, R. *The Harvest of Sorrow*. Nova York: Oxford University Press, 1986, p. 119.

Não é de se admirar que os ideólogos e economistas oficiais tenham finalmente renunciado ao próprio esforço de fornecer uma definição "objetiva" de cúlaque: "os motivos apresentados em um comentário soviético são que 'as antigas atitudes de um cúlaque quase desapareceram, e as novas não se prestam ao reconhecimento'"[193]. A arte de identificar um cúlaque, portanto, não era mais uma questão de análise social objetiva; tornou-se uma questão de uma complexa "hermenêutica da suspeita", de identificar as "verdadeiras atitudes políticas" de alguém, escondidas sob as enganosas proclamações públicas, de modo que o Pravda teve que admitir que "mesmo os melhores ativistas muitas vezes não conseguem identificar o cúlaque"[194].

Tudo isso aponta para a mediação dialética da dimensão "subjetiva" e "objetiva": "subcúlaque" não designa mais uma categoria social "objetiva"; ele designa o ponto em que a análise social objetiva se rompe e a atitude política subjetiva se inscreve diretamente na ordem "objetiva". Em termos lacanianos, "subcúlaque" é o ponto de subjetivação da cadeia "objetiva", camponês pobre – camponês médio – cúlaque. Não se trata de uma subcategoria (ou subdivisão) "objetiva" da classe dos "cúlaques", mas simplesmente do nome da atitude política subjetiva dos "cúlaques"; isso explica o paradoxo de que, embora apareça como uma subdivisão da classe dos "cúlaques", os "subcúlaques" constituem uma espécie que transborda seu próprio gênero (o dos cúlaques), já que os "subcúlaques" também podem ser encontrados entre os agricultores médios e até mesmo pobres.

Em suma, "subcúlaque" designa a divisão política em si, o Inimigo cuja presença atravessa *todo* o corpo social dos camponeses. Por essa razão, ele pode ser encontrado em todos os lugares, em todas as três classes de camponeses: o "subcúlaque" denomina o elemento excessivo que atravessa todas as classes, a consequência que precisa ser eliminada.

---

193. *Ibid.*, p. 120.
194. *Ibid.*

Em toda classificação "objetiva" de grupos sociais, há um elemento que funciona como "subcúlaque" – o ponto de subjetivação mascarado como uma subespécie de elementos "objetivos" do corpo social. É esse ponto de subjetivação que, no sentido mais estrito do termo, *sutura* a estrutura social "objetiva" – e devemos ter em mente o contraste dessa noção de sutura com o uso predominante do termo (o elemento que "sutura" o espaço ideológico, obliterando os traços de sua dependência de sua "Outra Cena" descentralizada, permitindo que ela se apresente como autossuficiente): o ponto de subjetivação não "sutura" o Interior ideológico, mas *o próprio exterior* e a "sutura", por sua vez, é o ponto de subjetivação que garante a consistência do próprio campo "objetivo". O que isso também significa é que o procedimento de diérese não é infinito: ele termina quando uma divisão não é mais uma divisão em duas espécies, mas uma divisão em uma espécie e um resto excrementício, um substituto sem formas para nada, uma "parte de parte nenhuma". Nesse ponto final, o excremento singular se reúne com seu oposto, o universal, isto é, o resto excrementício funciona como um substituto direto do Universal.

Voltando a Marx e a seu conceito de luta de classes: esta também não é uma luta entre dois grupos sociais que podem ser classificados objetivamente, mas uma divisão que, de forma diagonal, atravessa todo o espaço social. É assim que devemos responder à acusação padrão de que o problema do cristianismo reside em seu próprio universalismo: o que essa atitude de inclusão total envolve é uma exclusão completa daqueles que não aceitam ser incluídos na comunidade cristã. Em outras religiões "particularistas" (até mesmo no islamismo, apesar de seu expansionismo global), há um lugar para os outros, que são tolerados mesmo que sejam vistos com condescendência. O lema cristão "todos os homens são irmãos", contudo, *também* significa que "aqueles que não são meus irmãos *não são homens*". Os cristãos costumam se enaltecer por terem superado a noção exclusivista judaica do Povo Eleito e por terem abrangido toda a humanidade – o problema aqui é que, em sua própria insistência de que eles são o Povo Eleito com o vínculo direto e privilegiado com Deus, os judeus aceitam a humanidade das outras pessoas que veneram seus falsos deuses, enquanto o universalismo cristão tende a excluir os não crentes da própria universalidade da humanidade. No entanto, o que essa crítica não percebe é que o cristianismo não exclui simplesmente os não crentes em mais um gesto classificatório: sua universalidade é precisamente a universalidade de todos aqueles que são excluídos, do "resto indivisível" de todas as divisões classificatórias.

Em sua obra-prima sobre Adorno, Frederic Jameson[195] mostra como uma análise dialética inclui seu próprio ponto de suspensão: em meio a uma investigação complexa das mediações, Adorno repentinamente faz um gesto vulgar de "reducionismo", interrompendo um fluxo de elegância dialética com um simples argumento como "em última análise, trata-se de luta de classes". É assim que a luta de classes funciona dentro de uma totalidade social: ela não é seu "terreno mais fundo", seu princípio estruturante arraigado que medeia todos os seus momentos, mas algo muito mais superficial, o ponto de fracasso da interminável análise complexa, um gesto de pular para uma conclusão quando, em um ato desesperado, levantamos a mão e dizemos: "mas, afinal de contas, tudo isso tem a ver com a luta de classes!" O que se deve ter em mente é que esse fracasso da análise é imanente à própria realidade: é como a própria sociedade se totaliza por meio de seu antagonismo constitutivo. Em outras palavras, a luta de classes É uma pseudototalização rápida quando a totalização propriamente dita fracassa, é uma tentativa desesperada de usar o próprio antagonismo como princípio de totalização.

Portanto, há uma justiça (não tanto poética quanto) teórica no fato de que o manuscrito do *Capital* se interrompe com a análise de classe: devemos ler essa interrupção não como um indicativo da necessidade de mudar a abordagem teórica da análise social-objetiva para uma mais subjetiva, mas como um indício

---

195. Cf. JAMESON, F. *Late Marxism: Adorno, or, the persistence of the dialectic*. Londres: Verso Books, 1990, capítulo 1.

da necessidade de voltar o texto reflexivamente para si mesmo, percebendo como todas as categorias que se estava analisando, desde o início até esse ponto, como uma simples mercadoria, envolvem a luta de classes. Ainda, para compreender claramente essa estrutura paradoxal da luta de classes como não sendo simplesmente a luta entre dois grupos sociais específicos, mas a luta de duas universalidades, a luta que divide a própria universalidade, devemos introduzir outra complicação na lógica da sutura. Não basta dizer que o elemento da sutura (ponto de estofo) é uma ponte que "estofa" dois níveis diferentes (nossa realidade e o Mundo Médio na *A torre negra* de Stephen King, representação subjetiva e realidade objetiva na ontologia social etc.). Temos que dar um passo adiante e redobrar o próprio ponto de estofo: para tomar o exemplo da teoria da sociedade em Hegel, em um edifício social, o ponto que o sutura tem uma dupla face, sendo simultaneamente o excesso no topo do edifício social (rei, líder) e o excesso sem sua base, a "parte de parte nenhuma" do corpo social, aqueles que não têm lugar apropriado dentro dele, o que Hegel chamou de *Pöbel* (ralé). Estamos, por óbvio, lendo Hegel contra a letra de seu texto, já que ele não percebeu como a ralé, em seu próprio *status* de excesso destrutivo da totalidade social, sua "parte de parte nenhuma", é a "determinação reflexiva" da totalidade enquanto tal, a encarnação imediata de sua universalidade, o elemento particular sob cuja forma a totalidade social se encontra entre seus elementos e, assim, o constituinte-chave de sua identidade (observe a elegância dialética dessa última característica: o que "sutura" a identidade de uma totalidade social em si é o próprio elemento "flutuante" que dissolve toda identidade fixa de qualquer elemento intrassocial). É por isso que Frank Ruda[196] está plenamente justificado ao ler as breves passagens de Hegel sobre a ralé (*Pöbel*) em sua *Filosofia do Direito* como um ponto sintomático de toda a sua filosofia do direito e, talvez, todo o seu sistema. Se Hegel visse a dimensão universal da ralé,

---

196. Cf. RUDA, F. *Hegel's Rabble: an investigation into Hegel's Philosophy of right*. Nova York: Continuum, 2011.

teria inventado o sintoma (como fez Marx, que viu no proletariado a personificação dos impasses da sociedade existente, a classe universal)[197]. Ou seja, o que torna a noção de ralé sintomática é o fato de ela descrever um excesso "irracional" necessariamente produzido pelo Estado racional moderno, um grupo de pessoas para o qual não há lugar dentro da totalidade organizada do Estado moderno, embora formalmente pertençam a ele; como tal, eles exemplificam perfeitamente a categoria de universalidade singular (um singular que dá corpo diretamente a uma universalidade, ignorando a mediação por meio do particular), o que Jacques Rancière chamou de "parte de parte nenhuma" do corpo social[198].

É correto conceber o sintoma como um sintoma de normalidade: um sintoma não é apenas um sinal de que a ordem normal não funciona, que algo está errado nela e com ela, de modo que, para restaurar a normalidade, precisamos eliminar as causas que deram origem ao sintoma. De forma mais radical, um sintoma é um sinal da própria normalidade, um traço de algum desequilíbrio que pertence à própria ordem normal. Por exemplo, para os marxistas, as crises econômicas não são apenas distúrbios do andamento normal da vida econômica, mas distúrbios que indicam que há algo errado com o próprio sistema normal e, para se livrar delas, é preciso mudar radicalmente o próprio sistema. No mesmo sentido, para Freud, um sintoma, digamos, histérico, indica que há algo errado na constituição básica do sujeito com tal manifestação – a lição tanto de Marx quanto de Freud é que somente ao nos concentrarmos nos sintomas (falhas, disfunções) podemos revelar a verdadeira estrutura mais profunda do sistema "normal" (econômico, psíquico). Contudo, aqui devemos dar um passo além: não só o sintoma é um sintoma da normalidade (do que está errado, frustrado, nela); *a normalidade é, como tal, um sintoma*, uma formação de sintoma que encobre o antagonismo no núcleo do aparato psíquico. A normalidade, a ordem normal das coisas (como a estrutura

---

197. Devo essa formulação a Mladen Dolar.
198. Cf. RANCIÈRE, J. *La Mésentente*. Paris: Galileia, 1995.

psíquica "normal" de um indivíduo que funciona bem e está totalmente adaptado ao seu ambiente social) é sempre uma formação de compromisso de sintomas, uma maneira de combinar forças antagônicas em um equilíbrio precário que me permite sobreviver em minha sociedade. É por isso que, se quisermos entender a psique normal(izada), temos de interpretá-la como um sintoma. Por exemplo, não é que os "desvios" sexuais devam ser tratados como sintomas para explicar como eles surgiram por conta de distúrbios no funcionamento normal da sexualidade – a própria normalidade heterossexual também deve ser tratada como um sintoma, como uma tentativa desesperada de permitir que um ser humano encontre algum tipo de equilíbrio na bagunça contraditória de sua sexualidade. A heterossexualidade "normal" não emerge em um processo "natural" tranquilo, sua formação envolve cortes brutais, repressões e retornos dos oprimidos.

DO *CROSS-CAP* À GARRAFA DE KLEIN

Esse caso extremo de antagonismo nos leva ao limite da topologia do cross-cap. Nele, o antagonismo ou lacuna separa os dois níveis convolutos que são suturados com uma linha de estofo, enquanto no caso da lacuna que separa as aparências do Em--si, os dois níveis não são mais simétricos, pois, estruturalmente (e não temporalmente, é claro), um nível vem primeiro, mas é barrado por uma impossibilidade imanente, e o segundo nível surge para preencher a lacuna dessa impossibilidade. O limite da reflexão (essência) reside no fato de que a diferença continua sendo entre dois polos externos (duas classes, dois sexos); o que nos escapa nesse nível é a assimetria radical dos dois polos: não há Dois, há apenas Um e seu resto/excesso, a marca de sua impossibilidade – em suma, a diferença não é entre os dois Uns, há apenas o Um e sua Diferença. Vejamos o caso (talvez inesperado) da diferença sexual. Para resolver o problema da classificação exaustiva que teria listado todas as orientações sexuais, para que ninguém ficasse de fora, a ideologia LGBT acrescenta um + que serve para incluir todas as orientações deixadas de fora: LGBT+. Isso, no entanto, levanta a questão: seria o + apenas um substituto para orientações ausentes, como "a outros", ou poderia ser diretamente um +? A resposta adequadamente dialética é: sim, é possível – na série, há sempre um elemento excepcional que claramente não pertence a ela e que, portanto, dá corpo a +. No caso das listas LGBT+, podem ser "aliados" (indivíduos não LGBT "honestos"), "assexuais" (negando todo o campo da sexualidade) ou "questionadores" (flutuando, incapazes de adotar uma orientação determinada). A propósito, os "aliados" desempenham aqui exatamente o mesmo papel que os "subcúlaques" no inventário stalinista: fingindo ser apenas mais um item na lista classificatória de identidades de gênero, eles são, na verdade, apenas um marcador de uma orientação subjetiva em relação às identidades de gênero sem nenhuma característica de gênero própria. Não podemos deixar de notar como "assexuais", "questionadores" e "aliados" formam uma espécie de tríade hegeliana: como seres universais, somos todos assexuais; quanto à nossa identidade particular, estamos sempre nos questionando; com relação à tarefa ético-política singular, devemos ser aliados. Como devemos, então, relacionar-nos com essa tríade? A única coisa correta a se fazer é afirmar todos os três termos como componentes universais da sexualidade: por sermos seres sexualizados, todos nós estamos "questionando" nossa identidade sexual (a incerteza sobre a própria identidade faz parte de ser sexualizado), somos potencialmente "assexuados" (tentados pela perspectiva de sair da sexualidade, já que somente dessa forma podemos adquirir um tipo de certeza, qual seja, como toda forma de sexualidade é sempre particular, a única maneira de ser universalmente sexual é parecer assexuado – dessa forma, o gênero da sexualidade encontra a si mesmo como sua própria espécie, em sua determinação opositiva) e "aliados" (em uma perspectiva emancipatória, todos nós devemos tratar uns aos outros como "aliados" na luta pela emancipação).

Do ponto de vista lacaniano, entretanto, devemos passar de x como o signo de uma tarefa ética infinita (o trabalho nunca está concluído, novas identidades sempre surgirão ou serão encontradas) para o impasse ontológico: como disse Alenka Zupančič, a fórmula mínima da diferença sexual é simplesmente M+: a identidade masculina (fálica) mais algo a ser acrescentado[199]. A feminilidade não é outra identidade, uma contraorientação para complementar a orientação masculina, mas é seu suplemento impossível. Esse fracasso na classificação é a sexualidade e, por isso, não basta dizer que a classificação sexual sempre fracassa – o fracasso de identidade é constitutivo da sexualidade. Isso, obviamente, não implica jamais que as mulheres sejam de alguma forma menos que os homens, apenas um adendo enigmático à identidade masculina: muito pelo contrário, + representa a própria subjetividade como o questionamento de toda identidade. Como questionar a identidade que lhe foi conferida é a característica básica da histeria – a pergunta do histérico é, em última análise: "por que eu sou o que você está me dizendo que eu sou?" – e na medida em que a histeria é feminina, agora podemos entender por que podemos escrever a diferença sexual (não como M/F, mas) como M+: a orientação da mulher é a de questionar a identidade. Infelizmente, grande parte da ideologia transgênero é permeada pelo desejo obsessivo ("masculino") de impor uma nova classificação de identidades de gênero.

É possível fazer a mesma observação em termos de nominalismo *versus* realismo. Da perspectiva nominalista, o + é um sinal do excesso de realidade que nunca podemos compreender totalmente com nossas molduras conceituais; ele sinaliza que nossa classificação nunca será completa, que algo sempre lhe escapará. Logo, temos que estar cientes disso e manter nossa mente aberta para novas entidades. Não há universalidade *per se*, apenas listas sempre incompletas de particulares. Em termos de transgênero, devemos somente nos esforçar para estabelecer uma lista de todas as identidades sexuais, com a consciência de que algo sempre nos escapará. Da perspectiva realista (hegeliana e dialético-materialista), ao contrário, a questão não é que, por meio da autoarticulação da ideia, possamos estabelecer uma lista

---

199. Comunicação pessoal.

completa de espécies particulares (ou uma classificação completa): +, o marcador do que é deixado de fora, não é apenas um sinal de nossa limitação epistemológica, mas uma entidade positiva em si mesma, que dá corpo à negatividade que caracteriza toda universalidade. Em resumo, uma classificação mínima de um gênero em sua espécie particular não é sua divisão em duas espécies (como humanos = homens + mulheres), mas é a divisão em uma espécie e um +, uma entidade paradoxal que, no espaço das espécies, representa a universalidade do gênero em sua determinação opositiva, um ponto em que o gênero se encontra em meio a suas espécies.

Exatamente a mesma lógica se aplica ao *objet a* com relação à série de outros objetos de desejo "normais" (empíricos e contingentes). Podemos desejar isso ou aquilo e, como no caso dos LGBT+, a lista nunca estar completa, de modo que, ao descrever o escopo de nosso desejo, devemos sempre ser cautelosos e acrescentar um + para os novos objetos que possam surgir. Kant permanece nesse nível: nossa capacidade de desejo é empírica, não tem uma dimensão transcendental *a priori*, não há desejo "puro", desejo que não vise a objetos empíricos contingentes. Pode-se dizer que Lacan radicaliza Kant nesse ponto: há um desejo "puro", um desejo que visa a um objeto formal *a priori*, de maneira que se pode dizer que Lacan desenvolve uma crítica do desejo puro. Esse objeto puro do desejo é o *objet a* que, em homologia com o LGBT+, pode ser considerado como dando corpo ao próprio +, àquele "algo" que almejamos em nosso desejo e que é mais que todos os objetos empíricos e contingentes do desejo. O *objet a* é esse excedente concebido reflexivamente como um objeto específico, o vazio em torno do qual o desejo circula, o não objeto disfarçado de um objeto adicional.

Nesse ponto reside o cerne da questão: o movimento LGBT está certo em "desconstruir" a oposição sexual normativa padrão ao desontologizá-la, ao reconhecer nela uma construção histórica contingente cheia de tensões e inconsistências; no entanto, ele reduz essa tensão ao fato de que a pluralidade de orientações sexuais é forçosamente reduzida à camisa de força normativa da oposição binária entre masculino e feminino, com a ideia de que, se nos livrarmos dessa camisa de força, teremos uma multiplicidade de orientações sexuais (LGBT etc.) em pleno florescimento, cada uma delas com total consistência ontológica: quando nos livrarmos da camisa de força binária, poderei me reconhecer plenamente como *gay*, bissexual ou qualquer outra coisa. Do ponto de vista lacaniano, entretanto, a tensão antagônica é irredutível, é constitutiva do sexual como tal e nenhuma quantidade de diversificação e multiplicação classificatória pode nos salvar dela. A homologia com o antagonismo de classe pode ser de alguma ajuda aqui. Em sua crítica concisa da noção de "modernidade alternativa", Frederic Jameson refere-se à "universalidade concreta" hegeliana:

> Como os então ideólogos da modernidade, em seu sentido atual, conseguem distinguir seu produto – a revolução da informação e a modernidade globalizada e de livre mercado – do detestável tipo mais antigo, sem se envolverem em questões políticas, econômicas e sistêmicas sérias que o conceito de pós-modernidade torna inevitável? A resposta é simples: você fala de modernidades "alternativas". Todos já conhecem a fórmula: isso significa que pode haver para todos uma modernidade que seja diferente do modelo anglo-saxão padrão ou hegemônico. O que quer que você não goste neste último, incluindo a posição subalterna em que ele o deixa, pode ser apagado pela noção reconfortante e "cultural" de que você pode moldar sua própria modernidade de forma diferente, de modo que possa haver um tipo latino-americano, ou um tipo indiano, ou um tipo africano e assim por diante... Mas isso é ignorar o outro significado fundamental da modernidade, que é o do próprio capitalismo mundial[200].

A importância dessa crítica vai muito além do caso da modernidade – ela diz respeito à limitação fundamental da historicização nominalista. O recurso à multiplicidade ("não há uma modernidade com uma essência fixa, há múltiplas modernidades, cada uma delas irredutível às outras") é falso não porque

---

200. JAMESON, F. *A Singular Modernity*. Londres: Verso Books, 2002, p. 12.

não reconheça uma "essência" fixa única da modernidade, mas porque a multiplicidade funciona como a negação do antagonismo inerente à noção de modernidade de fato: a falsidade da multiplicação reside no fato de que ela libera a noção universal de modernidade de seu antagonismo, da maneira como ela está inserida no sistema capitalista, relegando esse aspecto a apenas uma de suas subespécies históricas – não devemos esquecer que a primeira metade do século XX já foi marcada por dois grandes projetos que se encaixavam perfeitamente nessa noção de "modernidade alternativa": o fascismo e o comunismo. A ideia básica do fascismo não era a de uma modernidade que oferecesse uma alternativa à modernidade capitalista liberal anglo-saxônica padrão, de salvar o núcleo da modernidade capitalista descartando sua distorção "contingente" judaico-individualista-profissional? E a rápida industrialização da URSS no final da década de 1920 e na década de 1930 também não foi uma tentativa de modernização diferente da capitalista ocidental?

Na medida em que esse antagonismo inerente poderia ser designado como uma dimensão "castrativa" e, além disso, como, de acordo com Freud, a negação da castração é representada como a multiplicação dos representantes do falo (uma multidão de falos sinaliza a castração, a falta de um), é fácil conceber essa multiplicação de modernidades como uma forma de negação fetichista.

A crítica de Jameson à noção de modernidades alternativas fornece, portanto, um modelo da relação propriamente *dialética* entre o Universal e o Particular: a diferença não está do lado do conteúdo particular (como a tradicional *differentia specifica*), mas do lado do Universal. Este não é o recipiente que abrange o conteúdo particular, o pano de fundo médio e pacífico do conflito de particularidades; o Universal "como tal" é o lugar de um antagonismo insuportável, de uma autocontradição e, em última análise, (a multidão de) suas espécies particulares nada mais são que muitas tentativas de ofuscar, reconciliar e dominar esse antagonismo. Em outras palavras, o Universal nomeia o local de um problema, de um impasse, de uma questão premente, ao passo que os Particulares são as respostas tentadas, mas fracassadas, a esse problema. Digamos que o conceito de Estado identifica um determinado problema: como conter o antagonismo de classe em uma sociedade? Todas as formas particulares de Estado são muitas tentativas (fracassadas) de propor uma solução para esse problema. Exatamente a mesma coisa se aplica à diferença sexual: é claro que cada forma particular de diferença sexual é historicamente específica, mas todas elas são uma reação à universalidade do antagonismo que define a sexualidade, e não a efetivação imperfeita de uma forma ideal.

A diferença sexual não é, portanto, a diferença entre os dois sexos, mas a (mesma) diferença que brota de dentro de cada um dos dois sexos, fazendo com que cada um deles seja frustrado, desigual em relação a si mesmo. Não é uma diferença de duas identidades, masculina e feminina, mas uma diferença entre identidade e diferença como tal, uma diferença "pura": + não representa a espécie ainda não identificada de sexualidade, mas a diferença propriamente dita. Essa diferença não é uma *differentia specifica*, mas uma diferença universal autorrelacionada, em que M representa uma identidade específica/particular. No pensamento social de Hegel, esse + é a ralé, um grupo social sem lugar na ordem social; com relação à diferença sexual, esse + é a mulher. O que isso significa é que a humanidade não é um gênero com duas espécies (homens e mulheres, que poderiam ser pulverizados em uma série de espécies): a diferença sexual é, enfim, a diferença entre o homem como uma espécie e a mulher como um +, o elemento que representa a universalidade do ser humano. Novamente, não é (como sugere a antropologia tradicional) que o homem seja universal, representante do ser humano em si, e a mulher particular; o homem representa a particularidade de uma espécie do gênero humano e a mulher é o elemento fora de lugar que representa sua universalidade.

Há outra opção disponível aqui: Ciara Cremin propôs a escolha de outro sinal em vez de + para aquilo que foge à identidade classificatória, uma vez que

> O + representa um nome que se presume estar ausente da cadeia de significação LGBT: há orientações que as letras não representam. Mas e aqueles que não têm um nome porque não querem ser definidos por alguma categoria de sexo ou gênero à qual essa cadeia específica pertence? É necessário outro sinal que reconheça a recusa de nomes? [...] É necessário um sinal para uma identificação sem identidade ou recusa de um nome [...] para que seja registrada uma postura solidária com aqueles que se identificam como não normativos. Talvez um colchete para a identidade na não identidade e, para politizar toda a cadeia de significantes a fim de representar uma posição antagônica em relação ao capitalismo patriarcal, uma barra para a frente, tornando assim LGBT+[]/. Quando o último sinal, a barra para a frente, não for mais necessário por não mais existir o antagonismo, todos os outros significados na cadeia se tornarão desnecessários porque não há mais uma inibição estrutural à livre expressão da sexualidade humana[201].

Embora eu reconheça plenamente a pertinência dessas observações, ainda assim as considero problemáticas. Em primeiro lugar, não acho que o inimigo antagônico hoje seja o "capitalismo patriarcal": a oposição entre o patriarcado (dos conservadores de direita) e a afirmação da fluidez de múltiplas orientações sexuais é estritamente imanente ao capitalismo global de hoje e, nessa oposição, é a afirmação da fluidez que é hegemônica, enquanto a reação patriarcal a ela é estritamente uma reação secundária[202]. Os verdadeiros representantes do capitalismo global são figuras como Tim Cook, que apoiam totalmente a comunidade LGBT+.

---

201. CREMIN, C. *Man-Made Woman*. Londres: Polity Press, 2017, p. 42.
202. Há mais ou menos um ano, fui convidado para um jantar em uma grande universidade da Ivy League e, antes de começarmos a comer, todos nós fomos convidados a revelar nossa área de atuação e orientação sexual. Uma jovem se descreveu como "alegremente bissexual" e, quando conversei com ela depois, ela me disse que era estritamente heterossexual, mas não queria dizer isso porque pareceria inadequadamente conservadora, o que poderia prejudicar suas chances – a fluidez bissexual era o que estava na moda...

Em segundo lugar, a ideia de que devemos lutar por uma situação em que "não haja mais inibição estrutural para a livre expressão da sexualidade humana" ignora antagonismos e inibições que são constitutivos da sexualidade humana como tal, ou seja, ignora o que Lacan tenta capturar com sua fórmula "não há relação sexual". Um dos lemas da ideologia transgênero é "vamos dizer ao mundo para desaprender o gênero!" – como disse um ativista-artista em Pittsburgh: "acho que desaprender o gênero significa que meninos e meninas devem se expressar da maneira que quiserem e sem que as pessoas lhe digam: 'você é uma menina, então deve fazer isso' ou 'você é um menino, deve ir até aqui'. É uma questão gigantesca e é muito difícil para as pessoas se sentirem apenas de uma ou de outra forma". O artista-ativista prossegue alegando que "muitos povos indígenas, culturas não ocidentais e pessoas intersexuais há muito tempo acreditam que existem mais de dois gêneros"[203]. Deixando de lado essa afirmação duvidosa, as culturas não ocidentais não estão permeadas pela cosmologia sexualizada dos dois princípios (masculino e feminino, *yin* e *yang*, luz e escuridão) em uma luta eterna? O pressuposto do feminismo radical moderno não é que o sujeito é o *cogito* cartesiano, um sujeito "vazio" privado de características positivas? Devemos notar a oposição entre a imposição social do binário de gênero (a sociedade nos dizendo o que devemos ser) e a necessidade dos indivíduos de "se expressarem da maneira que quiserem e sem que as pessoas lhe digam", como se os indivíduos tivessem algum tipo de identidade interna anterior à sua mediação social, um Eu interior que deseja se expressar sexualmente, ou seja, como se esse núcleo interno não pudesse já estar em si mesmo frustrado, preso em antagonismos.

Terceiro, por causa desse antagonismo constitutivo, é muito fácil celebrar aqueles que recusam qualquer identidade fixa

---

203. Da reportagem Changing Frame. *Pittsburgh City Paper*, nov. 1, 2017, p. 10.

(capturada em um nome): a sexualidade humana *per se* mina toda identidade fixa, toda determinação simbólica estabelecida, de modo que toda identidade (até as mais elementares, "masculina" e "feminina") já é uma "identidade na não identidade". Quanto à rejeição da normatividade patriarcal, nunca devemos nos esquecer de que a posição LGBT+ envolve sua própria contranormatividade: aqueles que recusam a identidade são claramente percebidos como ética e politicamente superiores àqueles que seguem a normatividade heterossexual padrão.

Uma censura frequentemente levantada contra meus comentários críticos sobre MeToo ou LGBT+ é que a posição de enunciação é importante: quando um sujeito transgênero ou uma mulher fala publicamente sobre sua situação difícil, não se deve ler suas declarações apenas com relação ao seu conteúdo objetivo, pois a posição subjetiva a partir da qual elas são ditas faz parte de seu valor de verdade. Em outras palavras, o MeToo e o LGBT+ não são apenas conjuntos de (novas) proposições sobre identidades e práticas sexuais a serem julgadas "objetivamente", eles são principalmente autodescrições dos participantes (desprivilegiados) dessas práticas, ou seja, são atos performativos que mudam o próprio (sujeito-)objeto de sua descrição: quando uma mulher utiliza os *insights* do MeToo, esse ato muda a própria mulher de vítima passiva para uma lutadora engajada por seus direitos. Embora isso seja verdade, também devemos ter em mente que a referência à posição de enunciação não torna as declarações do MeToo e dos LGBT+ automaticamente autênticas: o (novo) sujeito que emerge dessa forma também pode ser ideologicamente distorcido, assombrado pela autovitimização moralista ou pela raiva agressiva que mascara os antagonismos que atravessam sua identidade fraturada.

UM PESCOÇO[204] NA CAVERNA DE PLATÃO

Em outubro de 2017, a mídia noticiou que os arqueólogos haviam descoberto um túnel de trinta metros de comprimento escondido dentro das paredes de calcário e granito da Grande Pirâmide de Gizé. Como sua função não era clara, eles simplesmente – e de forma bastante adequada – se referem a ele como "o Vazio"[205]. Assim, confirma-se que a pirâmide é uma gigantesca *Ding* [*coisa*] no sentido heideggeriano, uma forma maciça que envolve o vazio, que é seu verdadeiro "objeto". Por que essa estranha necessidade de redobrar o vazio, de isolar algum espaço no vazio infinito de nosso universo e, em meio a esse enclave, reproduzir outro vazio? Para entender isso, temos que modificar nossa visão mais básica da realidade.

A visão filosófica predominante hoje é a da abertura para o mundo: não estamos separados da realidade externa pela parede ou tela de nossas representações mentais, estamos sempre-já no mundo, lançados e engajados nele e, portanto, (como disse o primeiro Heidegger) a pergunta "como podemos ir além de nossas representações e chegar à própria realidade?" é uma pergunta equivocada, pois pressupõe a lacuna (entre nossas representações das coisas e as próprias coisas) que ela tenta superar. Essa visão predominante é correta no sentido de que toda a imagem do nosso Eu "dentro" e da realidade externa "fora", com o problema concomitante de como posso sair da minha mente e alcançar a realidade externa do jeito que ela é em si mesma, deve

---

204. O título em inglês é *A snout in Plato's cave*. A escolha de traduzir a palavra *snout* como "pescoço" baseou-se na analogia visual com a característica geométrica da garrafa de Klein. A expressão *snout* originalmente se refere a uma parte alongada e estreita do rosto de certos animais, como focinhos ou trombas. No contexto da garrafa de Klein, em que a forma geométrica é composta por uma superfície contínua que se torce sobre si mesma, a parte que se projeta para fora pode ser associada metaforicamente ao conceito de *snout*. Ademais, "pescoço" é o nome de uma parte da garrafa, entre o gargalo e bojo. Essa também foi a opção de Pedro Elói Duarte na tradução lusitana [N.T.].

205. Cf. http://edition.cnn.com/2017/11/02/world/new-void-in-pyramid-ofgiza-trnd/index.html.

ser descartada; entretanto, não deve ser descartada nessa maneira predominante de afirmar nosso "ser-no-mundo" (estamos sempre-já lançados no mundo). Seguindo o modelo do espaço convoluto, deveríamos explorar como, se nos aprofundarmos no "interior" do nosso Eu, por trás da autoexperiência fenomênica do nosso pensamento, nos encontraremos novamente no exterior (imanente) dos processos neuronais: nosso Eu singular se dissolve em um pandemônio de processos cujo *status* é cada vez menos "psíquico" no sentido usual do termo. O paradoxo, então, é que eu só "sou" um Eu a uma distância não apenas da realidade externa, mas também do meu interior mais íntimo: meu interior permanece interno apenas porque eu não me aproximo demais dele. Assim, devemos propor outro modelo para substituir o par entre minha vida mental "interna" e a realidade "externa": o do Eu como uma tela frágil, uma superfície fina que separa os dois lados externos, o da realidade externa e o do real.

Contra a visão predominante, devemos, portanto, afirmar sem pudor a ideia de que vivemos em um universo fechado, como prisioneiros na caverna de Platão. Poderíamos, em vista disso, recontar essa história. Em uma abordagem geral, deveríamos ler a parábola de Platão como um mito no sentido de Lévi-Strauss, de modo que é preciso buscar seu significado não por meio de sua interpretação direta, mas, sim, pela localização em uma série de variações, ou seja, estabelecendo uma comparação com outras variações da mesma história. A estrutura elementar do chamado pós-modernismo pode ser efetivamente concebida como a rede de três modos de inversão da alegoria de Platão. Primeiro, há a inversão do significado da fonte central de luz (sol): e se esse centro fosse uma espécie de Sol Negro, uma Coisa Maligna monstruosa e aterrorizante e, por *essa* razão, impossível de sustentar? Em segundo lugar, e se (nos moldes das Esferas de Peter Sloterdijk) invertêssemos o significado da caverna: e se lá fora, na superfície da Terra, ao ar livre, faz frio e venta, sendo perigoso demais para sobreviver e, por isso, as próprias pessoas decidiram abrir uma caverna para criar um abrigo, um lar, uma esfera? Dessa forma, a caverna aparece como o primeiro modelo de construção de um lar, um local seguro e isolado de moradia – construir uma caverna é o que nos distingue dos animais, é o primeiro ato de civilização. Por fim, há a variação pós-moderna padrão: o verdadeiro mito é precisamente a noção de que, fora do teatro das sombras, existe alguma "verdadeira realidade" ou um Sol central – tudo o que existe são diferentes teatros de sombras e suas interações intermináveis. A reviravolta propriamente lacaniana na história teria sido que, para nós, dentro da caverna, o Real fora da caverna só pudesse aparecer como uma sombra de uma sombra, como uma lacuna entre diferentes modos ou domínios de sombras. Portanto, não é simplesmente que a realidade substancial desapareça na interação das aparências; o que acontece nessa mudança é que a própria irredutibilidade da aparência ao seu suporte substancial, sua "autonomia" em relação a ele, engendra uma Coisa própria, a verdadeira "Coisa real".

Além disso, há um aspecto da história da caverna de Platão que toca a tensão mais íntima do processo de emancipação, trazendo à tona mais uma versão da inversão da faixa de Möbius, dessa vez entre liberdade e servidão:

> A saída da caverna começa quando um dos prisioneiros não é apenas libertado de suas correntes (como Heidegger mostra, isso não é suficiente para libertá-lo do apego libidinal às sombras), mas quando ele é forçado a sair. Esse claramente deve ser o lugar para a função (libidinal, mas também epistemológica, política e ontológica) do senhor. Este só pode ser um senhor que não me diga exatamente o que fazer nem um instrumento do qual eu possa me tornar, mas deve ser alguém que simplesmente "me devolva a mim mesmo". E, de certa forma, pode-se dizer que isso pode estar ligado à teoria da anamnese de Platão (lembrar o que nunca se soube, por assim dizer) e implica que o legítimo senhor apenas afirma ou possibilita que eu afirme que "posso fazer isso", sem me dizer o que é isso e, portanto, sem me dizer (muito) quem eu sou[206].

---

206. Frank Ruda, comunicação pessoal.

Esse aspecto crucial da figura do senhor autêntico foi apresentado em termos simples e precisos na segunda estrofe de "Sketches of China", de Paul Kantner e Grace Slick – apesar da China mítica à qual a música se refere, a referência maoista é facilmente discernível nela:

> Não sabes o que esse homem sente
> Ele não se importa se achas que sabes
> Alguém está destinado a guiar-te
> Se esse homem tiver um sorriso no rosto
> Cedo ou tarde, estás destinado a ir

O autêntico senhor que deve guiá-lo NÃO é aquele que se preocupa com você, que diz "sinto sua dor" à maneira de Bill Clinton e outras bobagens semelhantes; ele é profundamente *indiferente* à sua situação, o sorriso no rosto dele não é dirigido a você, mas à Causa universal que o motiva. Essa indiferença significa que o autêntico senhor não se dirige diretamente a mim com um chamado para segui-lo – esta é minha própria decisão livre. O ponto que Ruda defende aqui é sutil: não se trata somente de que, se eu for deixado sozinho na caverna, mesmo sem correntes, eu prefiro ficar lá, de modo que um senhor tenha que me forçar a sair – eu tenho que me voluntariar para ser forçado a sair, semelhantemente a quando um sujeito entra na psicanálise, ele se voluntaria para isso, ou seja, ele aceita voluntariamente o psicanalista como seu senhor (embora de um modo muito específico):

> Uma questão surge exatamente nesse ponto, a partir do uso da referência ao senhor em termos psicanalíticos: será que isso significa que aqueles a quem se pede um senhor estão - sempre-já - na posição de analisando? Se - politicamente - tal senhor é necessário para se tornar quem se é (para usar a fórmula de Nietzsche) e isso pode ser estruturalmente ligado à libertação do prisioneiro da caverna (forçando-o a sair depois que as correntes são retiradas e ele ainda não querendo sair), surge a questão de como ligar isso à ideia de que o analisando deve ser constitutivamente um *voluntário* (e não simplesmente escravo ou servo). Portanto, em resumo, deve haver uma dialética entre o senhor e o(s) voluntário(s): uma dialética

porque o senhor, até certo ponto, constitui os voluntários como voluntários (liberta-os de uma posição anteriormente aparentemente inquestionável), de modo que eles se tornam seguidores voluntários da injunção do senhor, o que faz com que o senhor acabe se tornando supérfluo - mas talvez apenas por um determinado período de tempo. É preciso, posteriormente, repetir esse mesmo processo (nunca se sai totalmente da caverna, por assim dizer, de modo que é preciso reencontrar constantemente o senhor e a ansiedade ligada a ele, sendo que sempre deve haver uma repontuação se as coisas ficarem presas novamente ou mortalmente habituais)[207].

O que complica ainda mais o quadro é que

> o capitalismo depende maciçamente do trabalho não remunerado e, portanto, estruturalmente "voluntário". Há, para usar a expressão de Lenin, voluntários e "voluntários", de modo que talvez seja preciso distinguir não apenas entre diferentes tipos de figuras de senhor, mas também vinculá-las (se a ligação com a psicanálise for pertinente dessa forma) a diferentes entendimentos do voluntário (ou seja, do analisando). Até mesmo o analisando, como voluntário, deve ser de alguma forma forçado a entrar em análise. Isso pode parecer trazer as leituras clássicas da dialética senhor-escravo de volta ao palco, mas acho que devemos ter em mente que, assim que o escravo se identifica como escravo, ele não é mais escravo, enquanto o trabalhador voluntário no capitalismo pode se identificar como o que ele é e isso não muda nada (o capitalismo interpela as pessoas como "nada", voluntários etc.)[208].

Os dois níveis de voluntariado (que são simultaneamente dois níveis de *servitude volontaire*) são diferentes não apenas com relação ao conteúdo da servidão (aos mecanismos de mercado, a uma causa emancipatória), mas sua própria forma é distinta. Na servidão capitalista, simplesmente nos sentimos livres, enquanto

---

207. Frank Ruda, comunicação pessoal.
208. METZINGER, T. *Being No One: The Self-Model Theory of Subjectivity*. Cambridge: MIT Press, 2004, p. 331. Retomo aqui a linha de pensamento do Capítulo 4 de meu *The Parallax View*. Londres: Verso Books, 2006.

na libertação inautêntica, aceitamos a servidão voluntária como um serviço a uma causa e não apenas a nós mesmos. No funcionamento cínico do capitalismo de hoje, posso saber muito bem o que estou fazendo e continuar a fazê-lo, pois o aspecto libertador do meu conhecimento está suspenso. Por sua vez, na autêntica dialética da libertação, a consciência da minha situação já é o primeiro passo da libertação. No capitalismo, sou escravizado precisamente quando "me sinto livre", um sentimento que é a própria forma de minha servidão, enquanto, em um processo emancipatório, sou livre quando "me sinto escravo", ou seja, o próprio sentimento de ser escravizado já testemunha o fato de que, no âmago de minha subjetividade, sou livre – somente quando minha posição de enunciação é a de um sujeito livre é que posso experimentar minha servidão como uma abominação. Assim, temos aqui duas versões da inversão da faixa de Möbius: se seguirmos a liberdade capitalista até o fim, ela se transformará na própria forma de servidão, e se quisermos sair da *servitude volontaire* capitalista, nossa afirmação de liberdade terá de assumir novamente a forma de seu oposto, de servir voluntariamente a uma causa.

Então, vamos acrescentar mais uma versão da caverna de Platão, aquela a partir do interior da garrafa de Klein. Um viajante/sujeito caminha sobre a superfície arredondada da protorrealidade e cai no abismo (como um átomo caindo segundo o atomismo grego antigo); em vez de simplesmente desaparecer no abismo, o viajante/sujeito faz uma curva clinamênica, redireciona o tubo no qual está caindo para o lado, depois faz uma inversão de marcha e acaba olhando para o espaço arredondado da caverna (que é a mesma superfície sobre a qual estava caminhando no início, mas, dessa vez, visto de dentro). O que o espectador vê dentro da garrafa é como o monólito retratado na *Ilha dos Mortos*, de Arnold Böcklin (entre muitas outras referências, foi usado por Patrice Chéreau como modelo para a rocha de Brünnhilde em sua famosa encenação de 1976 do *Anel* de Wagner) – um espaço fechado que evoca um cenário.

Esse espaço circular fechado é, obviamente, sustentado por um complexo maquinário de palco – mas, paradoxalmente, nossa consciência disso não arruína seu efeito mágico. Mais ameaçador do que a consciência desse maquinário é a protuberância (tubo) que funciona como um ponto cego na imagem, o ponto em que nós, espectadores, estamos inscritos nela. Se um idiota vier e quiser apagar essa protuberância, o resultado não será uma imagem perfeita, mas a dissolução do nó que a mantém unida e, portanto, uma desintegração completa da (sua) realidade. "Eu era o mundo em que andava, e o que eu via/ou ouvia ou sentia não vinha senão de mim mesmo" (Wallace Stevens) – a tarefa é ler essas linhas de uma forma totalmente não solipsista: não é que eu seja a única fonte de minha realidade, de modo que ela só exista em minha mente, mas que eu e minha realidade formamos um todo (truncado) que se desintegra se eu for cortado dele. O que o modelo da garrafa de Klein nos permite fazer é mostrar o processo pelo qual esse todo fechado emerge.

Deve-se observar aqui que essa visão é confirmada pelas ciências cognitivas atuais. Thomas Metzinger[209] propõe uma releitura/radicalização das três metáforas padrões da mente humana: a caverna de Platão, a metáfora representacionalista e a metáfora de um simulador total de voo. Com relação à caverna de Platão, Metzinger endossa sua premissa básica: percebemos erroneamente um "teatro de sombras" fenomênico (nossa experiência imediata da realidade) como sendo a realidade. Somos limitados por essa ilusão de uma forma "automática" necessária e devemos lutar para alcançar o verdadeiro autoconhecimento. Ele diverge em relação a um ponto muito preciso: não existe um eu que esteja amarrado no meio da caverna e que possa sair da caverna em busca da verdadeira luz do sol:

---

209. Quando, em uma palestra pública, recentemente projetei na tela um pequeno videoclipe que mostrava o surgimento gradual de uma garrafa de Klein a partir de uma simples faixa, o público reagiu com risos constrangidos – e eles estavam certos, já que o movimento de formas tubulares penetrando inversamente em si mesmas não pode deixar de gerar a impressão de que "algo indecente está acontecendo, embora não saibamos exatamente o quê". Após a apresentação, um membro do público se aproximou de mim e me disse que lhe parecia que a cena retratava um homem com um pênis tão longo que ele poderia torcê-lo e penetrar-se analmente.

> Há sombras fenomênicas de baixa dimensão de objetos perceptivos externos dançando na superfície neural do usuário do cérebro do homem das cavernas. Isso é verdade. Certamente há também uma sombra fenomênica *de si mesmo*. Mas essa sombra de baixa dimensão é a projeção de quê? [...] É uma sombra não de uma pessoa cativa, mas da caverna como um todo [...]. Não há um sujeito verdadeiro nem um homúnculo na caverna que possa se confundir com qualquer coisa. É a caverna como um todo que, episodicamente, durante as fases de vigília e sonho, projeta uma sombra de si mesma em uma de suas muitas paredes internas. A sombra da caverna está lá. A caverna está vazia[210].

Isso nos leva à segunda metáfora, a representacionalista: nossa experiência fenomênica é um mapa multidimensional dinâmico do mundo – porém, com uma diferença: "como poucos mapas externos usados por seres humanos, ele também tem uma setinha vermelha. O eu fenomênico é a pequena seta vermelha em seu mapa consciente da realidade"[211]. Metzinger se refere a mapas de cidades, aeroportos ou *shopping centers* nos quais uma setinha vermelha representa a localização do observador dentro do espaço mapeado ("você está aqui!"):

> Os automodelos mentais são as setinhas vermelhas que ajudam um geógrafo fenomênico a navegar em seu próprio mapa mental complexo da realidade. A diferença mais importante entre a setinha vermelha no mapa do metrô e a setinha vermelha no cérebro de nosso troglodita neurofenomenológico é que a seta externa é *opaca* [...] Está sempre claro que ela é apenas uma representação – um espaço reservado para outra coisa [...]. O automodelo consciente no próprio cérebro do homem das cavernas, no entanto, é em grande parte transparente: [...] é um eu fenomênico caracterizado não apenas pela incorporação pré-reflexiva completa, mas pela experiência subjetiva oniabrangente e englobante de *estar situado*[212].

---

210. METZINGER. *Op. cit.*, p. 550.
211. *Ibid.*, p. 551.
212. *Ibid.*, p. 552.

Essa "seta vermelha", obviamente, é o que Lacan chamou de significante, que representa o sujeito para outros significantes; e nossa imersão total no mapa nos leva à terceira metáfora, a de um simulador de voo total:

> O cérebro difere do simulador de voo pelo fato de não ser usado por um aluno piloto que, episodicamente, "entra" nele [...] Um simulador de voo total é um avião de automodelagem que sempre voou sem um piloto e gerou uma imagem interna complexa de si mesmo em seu *próprio simulador de voo interno*. A imagem é transparente. A informação de que se trata de uma imagem gerada internamente ainda não está disponível para o sistema como um todo [...] Tal como o homem das cavernas neurofenomenológico, "o piloto" nasce em uma realidade virtual desde o início - sem nunca ter a chance de descobrir fato[213].

Há, contudo, um ciclo vicioso nessa versão do argumento da caverna (uma caverna projeta a si mesma na parede da caverna e *gera-simula o próprio observador*): embora a caverna possa simular a identidade/conteúdo substancial do observador, ela não pode simular a *função* do observador, pois, nesse caso, teríamos uma ficção observando a si mesma, como a mão de Escher desenhando a mão que, por sua vez, desenha a primeira mão. Em outras palavras, embora aquilo com que o observador se identifica imediatamente na experiência da autoconsciência seja uma ficção, algo sem *status* ontológico positivo, *sua própria atividade de observação é um fato ontológico positivo*. Esse é o ponto em que devemos voltar ao modelo da garrafa de Klein: o que Metzinger ignora é a convolução adicional, o "pescoço" que dá origem ao próprio observador. Ou, para simplificar um pouco: o limite de Metzinger é que seu modelo implica uma distinção simples e clara entre a realidade (do mecanismo neuronal) e a ficção (do eu autônomo como agente livre); embora esse modelo explique como a ficção é gerada por processos neuronais objetivos, ele ignora como eles têm de contar com uma ficção eficiente, ou seja, como eles só podem funcionar se, sob o disfarce do "pescoço" que é o sujeito, a ficção intervir na realidade.

---

213. *Ibid.*, p. 557.

No segundo assassinato na escadaria (do detetive Arbogast) do filme *Psicose*, de Hitchcock, primeiro temos a tomada do ponto de vista divino de Hitchcock de cima de toda a cena do corredor e da escada do primeiro andar; quando a criatura que grita entra no enquadramento e começa a esfaquear Arbogast, passamos para a perspectiva subjetiva da criatura, um *close* do rosto de Arbogast caindo da escada e sendo fatiado – como se, nessa reviravolta do plano objetivo para o subjetivo, o próprio deus perdesse sua neutralidade e "caísse" no mundo, intervindo brutalmente nele, fazendo justiça. Outro caso exemplar dessa subjetividade impossível ocorre em *Os pássaros*, na famosa cena da Bodega Bay em chamas tomada do ponto de vista de deus, que se dá com a entrada dos pássaros no enquadramento (como se viessem de trás das costas do espectador), ressignificada, subjetivada, transformada da visão objetiva a partir de lugar nenhum de toda a cidade para o ponto de vista dos próprios agressores malignos. Uma inversão semelhante deve ser feita para sairmos efetivamente da caverna de Platão: a questão não é penetrar na "verdadeira" realidade externa para além da parede curva, mas levar em conta como nossa visão "objetiva" da realidade já está subjetivada, como ela funciona como a visão da perspectiva da Coisa impossível/monstruosa – a tarefa não é apagar meu ponto de vista subjetivo, mas realocá-lo na própria Coisa, ou, como diriam os místicos cristãos medievais, a tarefa não é apagar minha subjetividade e mergulhar diretamente na substância divina, mas tomar consciência de como minha visão de Deus é simultaneamente a visão do próprio Deus sobre si mesmo. Novamente, aí reside a lição da garrafa de Klein: na medida em que minha visão da parede curva dentro da garrafa se origina no pescoço torcido, é o próprio Real que se observa na parede da caverna de Platão. De forma homóloga, Bohr rejeitava a acusação de que sua interpretação da física quântica envolvia subjetivismo, uma vez que nega a realidade objetiva, tornando o colapso da função de onda dependente da medição: ele insiste na objetividade (independência da subjetividade do cientista) da medição, definindo-a como o fato de que a medição, não importa quantas vezes seja repetida em diferentes momentos e lugares, dá o mesmo resultado. Será que isso não se aproxima da definição inicial de Lacan do Real como aquilo que sempre retorna ao mesmo lugar? A objetividade (de nosso conhecimento), o fato de não estarmos presos em nossas representações subjetivas, não deve, portanto, ser buscada no domínio da "realidade objetiva" independente de nossa atividade, mas em toda a situação na qual estamos incluídos.

A característica que é irrepresentável na garrafa de Klein (irrepresentável em nosso espaço tridimensional) é a ruptura pela superfície externa em forma de pescoço, sendo este o sujeito. Quando esse pescoço retorna para o corpo principal, nós nos encontramos no interior, em um espaço redondo semelhante a uma caverna, cuja abertura é obstruída pelo mesmo pescoço visto de dentro e que conecta o topo arredondado com a parede circular de fundo; esse espaço circular interno, assim como o interior da caverna de Platão, é a nossa realidade. Olhando para essa parede da realidade, o sujeito a enxerga como uma imagem completa, ou seja, não enxerga o pescoço que se projeta para fora dela, porque o pescoço é o ponto cego da imagem, é a própria inscrição do sujeito na imagem. Esse pescoço é, por dentro, um tubo vazio, sujeito ($), e, por fora (visto como aparece na caverna), um objeto, *objet a*, o substituto do sujeito. A superfície arredondada e fechada que é a nossa realidade parece ser exatamente o oposto da noção científica moderna de um universo aberto e "frio": ela lembra os desenhos medievais do universo como uma gigantesca cúpula finita na qual as estrelas estão pintadas e podemos rompê-la e ver o infinito caótico do lado de fora.

Levada ao extremo, essa visão nos dá a chamada teoria da Terra côncava, popular na pseudociência obscurantista do início do século XX, com muitos defensores entre os nazistas. Segundo essa teoria, a Terra está no lado interno de uma esfera em vez de no lado externo, um buraco no vasto gelo eterno, e o sol está no meio desse vazio (na Alemanha nazista, eles de fato usavam espelhos e telescópios para tentar olhar "através" do interior da Terra e avistar navios britânicos no Mar do Norte). Deve-se notar que os proponentes dessa teoria a viam como a resposta ariana à visão científica judaica de um universo infinito.

Assim, como pode esse universo fechado gerar a ilusão de abertura? Lembremo-nos da engenhosa resposta cristã ao desafio darwinista comentada anteriormente, no Teorema I: um dos contemporâneos de Darwin propôs uma reconciliação ridiculamente sagaz entre a Bíblia e a teoria da evolução. Se a Bíblia é literalmente verdadeira e o mundo foi criado por volta de 4000 a.C., como podemos explicar os fósseis? Seu argumento é de que eles foram criados diretamente por deus como fósseis para dar à humanidade uma falsa sensação de abertura, de viver em um universo mais antigo – em suma, quando deus criou o universo, ele criou traços de seu passado imaginário. O transcendentalismo pós-kantiano responde ao desafio da ciência objetiva de maneira semelhante: se, para os literalistas teológicos, deus criou os fósseis diretamente para expor os seres humanos à tentação de negar a criação divina, ou seja, para testar sua fé, os transcendentalistas pós-kantianos concebem a noção "ingênua" espontânea e cotidiana de que a realidade objetiva existe independentemente de nós como uma armadilha semelhante, expondo os seres humanos ao teste, desafiando-os a enxergar através dessa "evidência" e a compreender como a realidade é constituída pelo sujeito transcendental. No entanto, devemos insistir que a solução cristã – que, por óbvio, é desprovida de sentido a partir da concepção da teoria científica – contém um grão de verdade: ela implicitamente fornece uma teoria adequada da ideologia. Será que toda ideologia também não cria fósseis diretamente, ou seja, não cria um passado imaginado que se encaixa no presente? É por isso que a verdadeira historicidade se opõe ao historicismo evolucionista, ou, paradoxalmente, é por esse motivo que a verdadeira historicidade sempre afirma o que o estruturalismo francês formulou como o "primado da sincronia sobre a diacronia". Normalmente, esse primado foi considerado como a negação definitiva da historicidade no estruturalismo: um desenvolvimento histórico pode ser reduzido ao desdobramento temporal (imperfeito) de uma matriz atemporal preexistente de todas as variações/combinações possíveis. Essa noção simplista do "primado da sincronia sobre a diacronia" ignora o ponto (adequadamente dialético), feito há muito tempo por (entre outros) T. S. Eliot, sobre como cada fenômeno artístico verdadeiramente novo não apenas designa uma ruptura com todo o passado, mas também altera retroativamente esse próprio passado. Em cada conjuntura histórica, o presente não é apenas presente, mas também engloba uma perspectiva sobre o passado imanente a ele – por exemplo, após a desintegração da União Soviética em 1991, a Revolução de Outubro não é mais o mesmo evento histórico, ou seja, não é mais (para a visão capitalista liberal triunfante) o início de uma nova época progressista da humanidade, mas o início de uma catastrófica má direção da história que terminou em 1991.

Portanto, nosso universo de significado ideológico *é* fechado, sua abertura é ilusória, resultado da invisibilidade de sua limitação. Além disso, não é apenas que não percebamos a limitação de nosso universo ideológico de significado; o que também não notamos é o "pescoço", o ponto cego, desse universo. A exclusão desse objeto-pescoço é constitutiva da aparência da realidade: como a realidade (não o real) é correlativa ao sujeito, ela só pode se constituir por meio da retirada do objeto que "é" o sujeito, ou seja, por meio da retirada do correlato objetal do sujeito.

Podemos ver claramente aqui a diferença entre a faixa de Möbius e a garrafa de Klein: na faixa de Möbius, passamos de um lado para o outro da faixa, ou de um termo para o seu oposto, enquanto na garrafa de Klein, passamos do buraco no meio de um corpo circular para a substância desse próprio corpo, ou seja, o vazio retorna como o próprio corpo que o envolve. Somente dessa forma chegamos à subjetividade. Por quê? O sujeito *é* pura diferença e surge como tal quando essa diferença não é mais reduzida a uma diferença entre partes de algum conteúdo substancial.

COROLÁRIO 3: O DEUS RETARDADO DA ONTOLOGIA QUÂNTICA

Nossos exemplos de estruturas complicadas não seriam predominantemente retirados do domínio das estruturas significantes? E não quer isso dizer que nossa própria abordagem permanece transcendental no sentido de que pressupõe o horizonte dos processos simbólicos? Para dar um passo adiante, a mesma coisa não se aplica à ciência? Lacan afirma que a ciência nasce "a partir do momento em que Galileu estabeleceu relações minuciosas de letra a letra com uma barra no intervalo [...] é aí que a ciência tem seu ponto de partida. E é por isso que tenho esperança no fato de que, passando sob cada representação, talvez possamos chegar a alguns dados mais satisfatórios sobre a vida"[214]. De acordo com Milner, essa afirmação deixa claro como, para Lacan, "as relações de letra a letra, e não a matemática, são o verdadeiro ponto de partida aqui":

> depois de um longo período em que a matemática anexou as letras na ciência, as letras como tais reapareceram agora em sua plena autonomia. Por essa razão, é possível esperar por dados melhores sobre a vida. Por quê? Porque o ressurgimento das letras autônomas na ciência moderna aconteceu na biologia[215].

Dessa forma, a figura da vida que obtemos exclui radicalmente todas as características principais de nossa noção intuitiva da vida como uma unidade orgânica:

> Essa construção química que, partindo de elementos distribuídos em qualquer meio e de qualquer forma que queiramos qualificá-la, construiria, apenas pelas leis da ciência, uma molécula de DNA - como ela poderia começar? Tudo a que a ciência conduz é apenas a percepção de que não há nada mais real do que isso; em outras palavras, nada mais impossível de imaginar[216].

---

214. LACAN, J. La Troisième. *La Cause Freudienne*, n. 79, p. 32, 2011.
215. *Ibid.*
216. *Ibid.*, p. 30.

Quais são as implicações ontológicas dessa referência às letras? E a mesma pergunta surge a propósito da homologia entre o espaço simbólico e o espaço das oscilações quânticas. A única maneira de evitar o círculo hermenêutico é arriscar a hipótese de que a própria realidade material é sustentada por uma rede que manifesta homologia com o espaço simbólico: a virada autorreflexiva que caracteriza a garrafa de Klein deve ser, de alguma forma, inerente à própria realidade em sua forma mais básica – aí reside a lição da física quântica.

AS IMPLICAÇÕES DA GRAVIDADE QUÂNTICA

Tomemos como ponto de partida a defesa da gravidade quântica feita por Carlo Rovelli[217]. Ele tenta unir a teoria da relatividade e a mecânica quântica postulando a natureza quântica do espaço e do tempo: eles não são um *continuum* que pode ser dividido *ad infinitum*, pois há uma unidade mínima de espaço/tempo que não pode ser mais dividida (a propósito, dessa forma é fácil resolver o paradoxo de Zenão, em que Aquiles não consegue alcançar uma tartaruga – Aquiles não consegue fazer isso somente se presumirmos a divisibilidade infinita do tempo e do espaço). As consequências dessa premissa são radicais. Primeiro, ela mina a hipótese do Big Bang, o ponto de matéria infinitamente condensado que explodiu, dando origem ao nosso universo. Se o tempo e o espaço são entidades quânticas, eles não podem ser condensados infinitamente, há um limite para sua densidade definido pelos *quanta* mínimos de espaço e tempo (eles não podem ficar menores do que seus *quanta*), o que significa que um mo-

---

217. Cf. ROVELLI, C. *Reality Is Not What It Seems*. Londres: Penguin Books, 2017. Devo enfatizar aqui dois aspectos. O próprio Rovelli ressalta que a teoria da gravidade quântica é uma teoria que concorre com outras (teoria das cordas, por exemplo) e, como tal, não é de forma alguma universalmente aceita. No entanto, é preciso observar que o Prêmio Nobel de Física de 2017 foi concedido a Rainer Weiss, a Barry Barish e a Kip Thorne pela descoberta das ondas gravitacionais: o chamado experimento Lido que eles realizaram detectou ondulações no tecido do espaço-tempo. Além disso, é claro que não sou capaz de acompanhar os detalhes matemáticos dessa teoria – apenas confio em sua descrição geral.

delo cosmológico diferente se impõe, o dos "éones" do universo e do Grande Rebote [*Big Bounce*]: um universo está entrando em colapso em um buraco negro, mas essa contração não pode jamais atingir seu ponto zero, seu *quantum* impõe um limite e, depois de um certo ponto, ele tem que "saltar de volta" [*bounce back*] e explodir. A implicação final da gravidade quântica é que o espaço e o tempo não são os constituintes básicos da realidade: se o espaço-tempo é uma onda quântica composta (cujas convoluções dão origem à gravidade, de modo que obtemos a unidade da mecânica quântica e da relatividade), então a última dualidade do espaço-tempo e das partículas ou ondas que flutuam *no* espaço-tempo deve ser abandonada. É assim que Rovelli responde à grande pergunta "de que é feito o mundo?":

> As partículas são *quanta* de campos quânticos; a luz é formada por *quanta* de um campo; o espaço nada mais é do que um campo, que também é feito de *quanta*; e o tempo emerge dos processos desse mesmo campo. Em outras palavras, o mundo é feito inteiramente de campos quânticos.
>
> Esses campos não vivem no espaço-tempo; eles vivem, por assim dizer, uns sobre os outros: campos sobre campos. O espaço e o tempo que percebemos em grande escala são nossa imagem borrada e aproximada de um desses campos quânticos: o campo gravitacional.
>
> Os campos que vivem sobre si mesmos, sem a necessidade de um espaço-tempo para servir como substrato, como suporte, e que são capazes por si mesmos de gerar espaço-tempo, são chamados de "campos quânticos covariantes"[218].

Até mesmo a dualidade mais elementar do espaço-tempo e das partículas (ou campos feitos de ondas) que se movem e vibram no espaço-tempo cai por terra nessa "gramática básica do mundo"[219] – nesse nível, é preciso abandonar "a ideia de espaço e de tempo como estruturas gerais dentro das quais enquadra-

---

218. *Ibid.*, p. 167.
219. *Ibid.*, p. 219.

mos o mundo"[220]. Os campos quânticos não vibram no espaço-tempo, eles próprios são segmentos dele – o que encontramos aqui é mais uma inversão que caracteriza a faixa de Möbius: se começarmos com a nossa realidade comum, em que as coisas e os processos ocorrem no espaço e no tempo, e depois progredirmos em nossa análise científica até os constituintes mais básicos da realidade, encontraremos no domínio das ondas (o que experienciamos em nossa realidade comum como) sua forma temporal/espacial como outro elemento de conteúdo, uma outra função de onda quântica. O espaço-tempo é (em nossa realidade) a forma/recipiente dos processos materiais e (no nível mais básico) esses próprios processos em sua forma mais fundamental – novamente, a forma está inscrita em seu conteúdo como um de seus momentos. A grande questão aqui é, obviamente: como, então, o tempo e o espaço – no sentido usual, como os recipientes formais nos quais os processos materiais ocorrem - emergem dessa realidade básica dos campos quânticos? A resposta de Rovelli:

> O que significa "a passagem do tempo", se o tempo não desempenha nenhum papel na descrição fundamental do mundo? A resposta é simples. A origem do tempo pode ser semelhante à do calor: ele vem da média de muitas variáveis microscópicas[221].

A ideia subjacente é que "é sempre o calor e somente o calor que distingue o passado do futuro"[221]. Quando um processo é totalmente reversível (como mover-se para cima e para baixo etc.), não há temporalidade propriamente dita. O futuro e o passado coincidem, pois podemos mudar a direção do tempo e o processo permanece o mesmo; somente quando um processo é irreversível – por exemplo, quando queimamos um pedaço de papel até virar cinzas, não podemos voltar atrás e transformar cinzas em papel – temos o tempo, ou seja, um movimento temporal que é univocamente do passado para o futuro. Próxima etapa:

---

220. *Ibid.*, p. 169.
221. *Ibid.*, p. 220-221.

esses processos temporais só ocorrem no nível macroscópico, em nossa realidade comum, já que no nível microscópico da "textura básica" da realidade (ondas quânticas), os *loops* são sempre fechados, os processos são reversíveis. Próxima etapa: os processos irreversíveis sempre e por definição envolvem calor – quando um objeto queima, não podemos voltar e reconstituí-lo; quando um objeto perde calor (esfria), ele não pode ser aquecido novamente sem intervenção externa; etc. O calor surge quando as partículas subatômicas se misturam e se chocam umas com as outras, e esses processos ocorrem somente acima da textura básica do universo, em um nível mais microscópico em que não estamos lidando com partículas individuais, mas com médias de milhões de ocorrências individuais:

> Desde que tenhamos uma descrição *completa* de um sistema, todas as variáveis do sistema estão em pé de igualdade; nenhuma delas atua como uma variável de tempo. Ou seja, nenhuma delas está correlacionada a fenômenos irreversíveis. Mas assim que descrevemos o sistema por meio de médias de muitas variáveis, temos uma variável preferencial que funciona como tempo comum. Um tempo ao longo do qual o calor é dissipado. O tempo de nossa experiência cotidiana.
>
> Portanto, o tempo não é um constituinte fundamental do mundo, mas aparece porque o mundo é imenso, e nós somos pequenos sistemas dentro do mundo, interagindo apenas com variáveis macroscópicas que são a média de inúmeras variáveis pequenas e microscópicas. Em nossa vida cotidiana, nunca vemos uma única partícula elementar ou um único *quantum* de espaço. Vemos pedras, montanhas, os rostos de nossos amigos – e cada uma dessas coisas que vemos é formada por miríades de componentes elementares. Estamos sempre correlacionados com as médias: elas dispersam o calor e, intrinsecamente, geram o tempo [...]. O tempo é um efeito de nossa percepção dos microestados físicos das coisas. O tempo é a informação que não temos.
>
> O tempo é a nossa ignorância[222].

---

222. *Ibid.*, p. 222-223.

Para explicar a passagem da realidade quântica para a realidade comum, Rovelli se baseia, portanto, na noção de média estatística, que evidentemente não é apropriada: quando percebemos um objeto como uma cadeira ou uma mesa, ou uma letra como uma letra, percebemos uma forma idealizada que persiste como idêntica e que, em sua identidade, é mais que uma média. As "ilusões" macroscópicas baseadas em nossa ignorância têm *status* e eficiência próprios. Dessa maneira, a pergunta-chave é: por que uma "descrição completa" não inclui ordens superiores? Rovelli parece insinuar que a "completude" abrange apenas a textura básica da realidade quântica sem nenhum fenômeno de nível superior (como a vida orgânica ou o universo de significação), pois eles ocorrem na realidade temporal e, por isso, baseiam-se em ignorar os microestados físicos das coisas. Pensemos apenas na linguagem: para obter o significado das palavras faladas, temos que ignorar sua realidade microscópica (de vibrações sonoras etc.). Ou, em um nível mais elementar, pensemos na areia do deserto movida por um vento forte: parece-nos que a mesma forma está se movendo lentamente pelo deserto, embora uma descrição mais "completa" tivesse de abranger miríades de grãos de areia se movendo e se esfregando uns nos outros. Do ponto de vista hegeliano, ignorar o nível mais básico é uma condição positiva para perceber a unidade superior; assim, uma "descrição completa" de fato teria de incorporar essa ignorância – não há "síntese" entre o nível básico da onda quântica e, digamos, nossa fala que produz significado: para obter um, temos de ignorar o outro. Isso nos leva à noção de totalidade de Hegel, que também inclui níveis baseados na ignorância de partes da realidade. Rovelli escreve que "não devemos confundir o que sabemos sobre um sistema com o estado absoluto do mesmo sistema. O que sabemos é algo alusivo à relação entre o sistema e nós mesmos"[222.] Nesse sentido, será que o "estado absoluto" de um sistema não está restrito à interação de seus constituintes básicos sem levar em conta as ordens de nível superior que surgem a partir dele? Então, o "estado absoluto" não deixa de fora da consideração muitos níveis "superiores"? Como podemos considerar "completa" uma descrição da atividade da linguagem que deixa de lado o efeito do significado? Para evitar esse problema, Rovelli traz os arranjos ordenados das partículas elementares:

> Como disse Demócrito, não se trata apenas desses átomos, mas também da ordem em que eles estão dispostos. Os átomos são como as letras de um alfabeto: um alfabeto extraordinário, tão rico que é capaz de ler, refletir e até pensar sobre si mesmo. Não somos átomos, somos ordens nas quais os átomos estão dispostos, capazes de espelhar outros átomos e espelhar a nós mesmos[223].

Os arranjos, é claro, começam no nível quântico básico, mas – do nosso ponto de vista, pelo menos – arranjos cruciais ocorrem em níveis macroscópicos mais elevados, exatamente como as letras de um alfabeto; então, como é que (seguindo Demócrito) Rovelli utiliza a metáfora do alfabeto para descrever os arranjos do próprio nível quântico básico da realidade? Voltemos à sua afirmação de que "não devemos confundir o que sabemos sobre um sistema com o estado absoluto do mesmo sistema. O que sabemos é algo alusivo à relação entre o sistema e nós mesmos" – o que Rovelli chama de "estado absoluto" é, obviamente, a "gramática básica do mundo" formada por ondas quânticas, em contraste com nosso conhecimento que se limita às relações de um sistema dado, às suas interações com seu entorno. No entanto, no que diz respeito ao ser humano, ele ao mesmo tempo postula que a natureza da humanidade

> não é sua estrutura interna, mas a rede de interações pessoais, familiares e sociais na qual ele existe. São elas que nos "fazem", que nos protegem. Como seres humanos, somos o que os outros sabem sobre nós, o que sabemos sobre nós mesmos e o que os outros sabem sobre nosso conhecimento. Somos nós complexos em uma rica rede de informações recíprocas[224].

---

223. *Ibid.*, p. 226.
224. *Ibid.*, p. 227.

Não é apenas que essas interações ocorram no nível macroscópico superior; deve-se acrescentar também que, quando Rovelli fala sobre todas as permutações de conhecimento (o que os outros sabem de nós, o que sabemos de nós mesmos, o que os outros sabem sobre nosso conhecimento), que se refere ao "registro" simbólico dos estados das coisas, ele se esquece de acrescentar o nível crucial, o do conhecimento "objetivado", o conhecimento incorporado na entidade virtual que Lacan chama de o grande Outro. Quando falo sobre as opiniões de outras pessoas, nunca se trata apenas do que eu, você ou outros indivíduos pensam, mas também do que o "se" impessoal pensa. Ao violar uma determinada regra de decência, nunca faço simplesmente algo que a maioria dos outros não faz – faço o que não "se" faz. Lembremo-nos de sons como "Ops!", que nos sentimos obrigados a pronunciar quando tropeçamos ou fazemos algo estúpido – o mistério aqui é que também é possível que outra pessoa, que simplesmente testemunha nosso erro, diga "Ops!" por nós, e isso funciona. A função do "Ops!" é realizar o registro simbólico do tropeço estúpido: o grande Outro virtual precisa ser informado sobre isso.

Lembremo-nos também da típica situação complicada em que todas as pessoas em um grupo fechado sabem de algum detalhe perverso (e também sabem que todos os outros sabem), mas quando uma delas inadvertidamente deixa escapar esse detalhe, todas se sentem constrangidas – por quê? Se ninguém aprendeu nada de novo, por que todos se sentem constrangidos? Porque não podem mais *fingir*, agir como se não soubessem daquilo – em outras palavras, porque agora *o grande Outro sabe*. É aí que reside a lição da "A roupa nova do rei", de Hans Christian Andersen: nunca se deve subestimar o poder das aparências. Às vezes, quando perturbamos inadvertidamente as aparências, a própria coisa por trás das aparências também se desfaz. O grande Outro é frágil, insubstancial, propriamente *virtual*, no sentido de que seu *status* é o de uma pressuposição subjetiva. Ele existe apenas na medida em que os sujeitos *agem como se ele existisse*. Seu *status* é semelhante ao de uma causa ideológica, como o comunismo ou a nação: é a substância dos indivíduos que se reconhecem nela, o fundamento de toda a sua existência, o ponto de referência que fornece o horizonte final de significado para suas vidas, algo pelo qual esses indivíduos estão prontos para dar suas vidas, mas a única coisa que realmente existe são esses indivíduos e sua atividade, de modo que essa substância é real somente porque os indivíduos acreditam nela e agem em sua função.

Mas o que esse conhecimento do grande Outro tem a ver com a física quântica? Tudo, já que diz respeito diretamente ao chamado colapso da função de onda (que, como Rovelli tem razão em apontar, envolve uma redução maciça de informações): quando os físicos quânticos tentam explicar o colapso da função de onda, eles recorrem repetidamente à metáfora da linguagem – esse colapso ocorre quando um evento quântico "deixa um rastro" no aparelho de observação, quando é "registrado" de alguma forma. Obtemos aqui uma relação de externalidade – um evento se torna plenamente ele mesmo, se concretiza, somente quando seu ambiente externo "toma nota" dele – que ecoa o processo de realização simbólica no qual um evento se efetiva plenamente somente por seu registro simbólico, por meio de sua inscrição em uma rede simbólica, que lhe é externa. Há muito debate sobre o momento exato do colapso da função de onda; as três principais respostas se encaixam perfeitamente na tríade lacaniana do Real/Simbólico/Imaginário: o real da medição (quando o resultado é registrado na máquina de medição, estabelecendo o contato entre a microrrealidade quântica e a macrorrealidade comum); o imaginário da percepção (quando esse resultado é percebido por uma consciência); e a inscrição simbólica (quando o resultado é inscrito na linguagem compartilhada pela comunidade de pesquisadores).

Será que esse debate não sinaliza um tipo de inconsistência ontológica na física quântica? Esta explica o colapso da função de onda (e, portanto, o surgimento da realidade "comum") em termos do ato de percepção/registro (uma única realidade emerge por meio do ato de medição), mas depois explica (ou melhor, descreve) essa medição em termos da realidade comum que só emerge por meio dela (a máquina de medição é atingida por elétrons etc.), e isso obviamente envolve um *circulus vitiosus*. Isso significa que o grande problema não é como podemos passar do universo clássico para o universo das ondas quânticas, mas exatamente o oposto – o problema é por que e como o próprio universo quântico requer imanentemente o colapso da função de onda, sua "de-coerência" no universo clássico, ou seja, por que e como o colapso é inerente ao universo quântico. Em vez de apenas ficarmos admirados diante da maravilha do universo quântico, deveríamos inverter nossa perspectiva e considerar o surgimento de nossa realidade espaço-temporal "comum" como a verdadeira maravilha. Não se trata apenas de não existir uma realidade clássica que não seja sustentada por flutuações quânticas borradas; devemos acrescentar que não existe um universo quântico que não esteja sempre-já engatado em um pedaço da realidade clássica.

O problema do colapso da função de onda por meio do ato de medição é que ele precisa ser formulado em termos clássicos, não quânticos – é por isso que "o colapso da função de onda ocupa uma posição anômala dentro da mecânica quântica. Ele é *exigido* pelo fato de que as observações ocorrem, mas ele não é previsto pela teoria quântica. Trata-se de *um postulado adicional, que deve ser feito para que a mecânica quântica seja consistente*[225]." Devemos notar essa formulação precisa: uma medição formulada em termos de realidade clássica é necessária para que a própria mecânica quântica seja consistente, é um acréscimo da realidade clássica que "sutura" o campo quântico. Qual é, então, o *status* da "realidade quântica", ou seja, da chamada função de onda Fi, que torna a panóplia de estados sobrepostos?

> Será que devemos considerar Fi como representando de fato a realidade física? Ou ela deve ser vista como uma mera ferramenta de cálculo para calcular as probabilidades dos resultados dos experimentos que *podem* ser realizados, sendo que os resultados desses experimentos são

---

225. GREENSTEIN, G.; ZAJONC, A., 1997. *Apud* BARAD, K., 2007, p. 285.

"reais", mas não a função de onda em si? [...] Fazia parte da interpretação de Copenhague da mecânica quântica adotar esse último ponto de vista e, de acordo com várias outras escolas de pensamento, Fi também deve ser considerada como uma conveniência de cálculo sem nenhum *status* ontológico além de fazer parte do estado mental daquele que realiza o experimento ou do teórico[226].

Essa relutância em conceder qualquer *status* ontológico à Fi

decorre da repulsa sentida por muitos físicos de que o estado do mundo real pudesse subitamente "saltar" de tempos em tempos da maneira aparentemente aleatória que é característica das regras da medição quântica[227].

Assim, no ato da medição, a função de onda "entra em colapso" e é reduzida a apenas uma realidade, portanto, como esse ato pode afetar a realidade objetiva, apagando a multiplicidade de estados sobrepostos? ("Na mecânica quântica, quando interagimos com um sistema, não apenas aprendemos algo, mas também 'cancelamos' uma parte das informações relevantes sobre o sistema"[228] – essa redução é impensável em nossa realidade padrão). A versão oposta mais radical é a da IMM (interpretação de muitos mundos), que não admite tal redução: *todas* as possibilidades contidas em uma função de onda são atualizadas. No entanto, como já vimos, o verdadeiro oposto da ortodoxia de Copenhague não é a IMM, mas a interpretação que, ao contrário, lê a função de onda (o espaço-tempo quântico) como a realidade última e concebe nossa realidade espaço-temporal como um tipo de ilusão ontológica, um produto de nossa ignorância e limitação cognitiva. Então, qual versão é a correta ou, pelo menos, a melhor? Parafraseando Stalin, ambas são piores, sua própria alternativa está errada – devemos insistir na indecidibilidade final dessa escolha e nenhum dos dois níveis deve ser alçado ao posto de verdadeira realidade.

---

226. *Ibid.*, p. 198.
227. PENROSE, R. *Fashion, Faith, and Fantasy in the new physics of the universe*. Princeton: Princeton UP, 2016, p. 198.
228. ROVELLI. *Op. cit.*, p. 217.

Essa indecidibilidade não implica em uma simetria dos dois níveis. Como materialistas, devemos postular que não há nada além de ondas quânticas que formam a "gramática básica" da realidade, nenhuma outra realidade, mas esse nada é em si mesmo um fato positivo, o que significa que deve haver algum tipo de lacuna ou corte nessa "gramática básica", uma lacuna ou corte que abre espaço para o colapso da função de onda. Isso nos leva de volta ao modelo da garrafa de Klein: na medida em que sua superfície arredondada representa o Real, ou seja, o "molusco" da textura básica das ondas quânticas, e como essa textura é pré-ontológica, um "menos que nada", o buraco em seu meio indica que algo, uma espécie de atrator abissal, arrasta o campo para baixo, empurrando o "menos que nada" para o Nada, para o Vazio, contra o pano de fundo a partir do qual algo (nossa realidade) pode emergir. Portanto, não temos apenas a dualidade das ondas quânticas "infraestrutural" e da realidade macroscópica "superestrutural": há um terceiro nível, o Vazio abissal, por meio do qual o Real pré-ontológico é transubstanciado na realidade macroscópica; por essa transubstanciação, todas as entidades de nível superior emergem, inclusive os agentes de observação/medição das ondas quânticas, mas também o que experimentamos como a forma vazia (espacial e temporal) da realidade macroscópica. Kant estava certo aqui: o tempo e o espaço são formas, não apenas a média estatística das oscilações do espaço-tempo, e o enigma aqui é: como essa forma se desprende do conteúdo e se impõe a todo o conteúdo como forma? A resposta é que o Vazio abissal fornece a distância a partir da qual a forma pode aparecer como o receptáculo externo de seu conteúdo. No nível mais abstrato, a torção em forma de pescoço da garrafa de Klein (possibilitada pelo Vazio abissal que torna o "molusco" das ondas quânticas instável, incompleto) explica o surgimento da realidade espaçotemporal "objetiva" a partir desse "molusco". Logo, não é que o "molusco", a textura das ondas quânticas, vibre alegremente e seja apenas aqui e ali acidentalmente perfurado por um corte abissal que, por sua vez, dá origem a um pescoço: na circularidade fechada e desorientada da garrafa de Klein, o próprio pescoço retroativamente dá origem ao molusco do Real.

Esse pescoço está fundamentado em outra característica surpreendente (para a nossa ontologia cotidiana de senso comum) do universo quântico: suas três características principais – a efetividade do possível, o "conhecimento no real", o atraso do registro (simbólico), ou seja, a retroatividade – também ocorrem em nossa ordem simbólica; como devemos ler esse fato estranho? Devemos simplesmente rejeitar o modelo evolucionário direto de como níveis superiores de realidade emergem de níveis inferiores (a vida a partir da matéria inanimada, a mente a partir da vida), no qual o nível básico é o da matéria inanimada, sem ausenciais e apenas com causalidade mecânica direta, e no qual, a partir desse nível básico, os ausenciais gradualmente desempenham um papel cada vez maior ("ausencial" refere-se à propriedade intrínseca paradoxal de uma entidade que pode existir somente com relação a algo ausente, separado ou até mesmo inexistente. Embora essa propriedade seja irrelevante em termos de coisas inanimadas, ela é uma propriedade crucial da vida e da mente). A falta e a ausência devem estar aqui desde o início, já no nível zero, o que significa que a realidade física externa determinista não pode ser o nível zero.

Como sair desse impasse sem regredir ao espiritualismo? A física quântica fornece uma resposta: é a lacuna entre a realidade material e a protorrealidade quântica que torna possível a autossuperação gradual da realidade material. Assim, temos que postular um tipo de tríade ontológica de protorrealidade quântica (as oscilações quânticas pré-ontológicas), de realidade física comum e do nível virtual "imaterial" dos Eventos de Sentido (linguagem), no qual o real pré-ontológico retorna (devemos observar como encontramos aqui, mais uma vez, a inversão própria da faixa de Möbius: não seria o Espírito um tipo de "ponto de estofo" em que a realidade em seu ponto mais alto de desenvolvimento estabelece um vínculo com o real pré-ontológico?). Esse puro real pré-ontológico (e não a lógica, como pensava Hegel) é o "mundo sombrio" que precede a realidade.

Na ontologia de Badiou, os "mundos" fenomênicos, cada um dos quais estruturado por sua lógica transcendental específica, não estão enraizados em nosso universo simbólico – como Badiou disse certa vez (em uma conversa particular), eles são uma versão de sua própria "dialética da natureza", ou seja, eles descrevem a maneira como as coisas "em si", fora de nosso universo humano, estão estruturadas. Consequentemente, Badiou rejeita a acusação (formulada, entre outros, por mim mesmo) de que sua noção de "mundo" é estruturada como um universo simbólico (basta lembrar como sua noção de "ponto" funciona claramente como o *point de capiton* lacaniano, um Significante-Mestre que [re]estrutura um determinado campo). Se, no entanto, aceitarmos a noção de três níveis ontológicos (real pré-ontológico, realidade objetiva "comum", universo simbólico no qual algumas características do real pré-ontológico retornam), podemos, de certa forma, ter o melhor dos dois mundos: as características "semelhantes à linguagem" do universo quântico (retroatividade etc.) podem ser consideradas como uma "potência inferior" de nosso universo simbólico. O paradoxo adicional está, é claro, no fato de que nossa própria noção de realidade usual exterior, "fora da linguagem", resulta de uma operação de significação (no curso da qual essa operação se oblitera).

Como esses três níveis estão relacionados? A característica básica da realidade simbólica é sua incompletude ontológica, seu "não todo": ela não tem consistência imanente, é uma multiplicidade de "significantes flutuantes" que só podem ser estabilizados por meio da intervenção de um Significante-Mestre – em nítido contraste, ao que parece, com a realidade natural que é diretamente o que é, sem nenhuma intervenção simbólica. Mas será que é assim mesmo? A principal consequência ontológica da física quântica não seria que a realidade física também precisa de um "ponto de estofo" homólogo (chamado aqui de colapso da função de onda) para se estabilizar na realidade comum dos objetos cotidianos e dos processos temporais? Assim, encontramos aqui também a lacuna (temporal) entre a protorrealidade inconsistente e a agência descentrada de seu registro que a constitui em realidade plena: aqui também a realidade não é totalmente ela mesma, mas descentrada em relação a si própria; ela se torna ela mesma retroativamente, por meio de seu registro.

Na filosofia, essa lacuna é prefigurada na distinção de Schelling entre o Ser e o Fundamento do Ser, entre a realidade e a protorrealidade. Em outros termos, em que consiste a revolução filosófica de Schelling? De acordo com a *doxa* acadêmica padrão, Schelling rompeu com a clausura idealista da automediação do Conceito por meio da afirmação de uma bipolaridade mais equilibrada entre o Ideal e o Real: a "filosofia negativa" (a análise da essência conceitual) deve ser complementada pela "filosofia positiva", que lida com a ordem positiva da existência. Na natureza, assim como na história humana, a ordem racional ideal só pode prosperar contra o pano de fundo do impenetrável terreno de impulsos e paixões "irracionais". O clímax do desenvolvimento filosófico, o ponto de vista do Absoluto, não é, portanto, a "suprassunção" (*Aufhebung*) de toda a realidade em seu Conceito ideal, mas o meio neutro das duas dimensões – o Absoluto é ideal-real. Essa leitura, porém, ofusca a verdadeira descoberta de Schelling, introduzida pela primeira vez em seu ensaio sobre a liberdade humana, de 1807[229], que consiste na distinção entre a Existência (lógica) e o impenetrável Fundamento da Existência, o Real dos impulsos pré-lógicos: esse domínio proto-ontológico dos impulsos não é simplesmente a "natureza", mas o domínio espectral da realidade ainda não plenamente constituída. A oposição de Schelling entre o Real proto-ontológico dos impulsos (o Fundamento do ser) e o próprio Ser ontologicamente plenamente constituído (que, evidentemente, é "sexuado" como a oposição do Feminino e do Masculino), portanto, desloca radicalmente os pares filosóficos padrão de Natureza e Espírito, o Real e a Ideia, Existência e Essência etc. O Fundamento real da Existência é impenetrável, denso e inerte, porém, ao mesmo tempo, espectral, "irreal" e ontologicamente não plenamente constituído. Por sua vez, a Existência é ideal, mas, ao mesmo tempo, em contraste com o Fundamento, totalmente "real", plenamente existente. Essa oposição entre a realidade plenamente

---

229. Cf. SCHELLING, F. W. J. Philosophical Investigations into the Essence of Human Freedom and Related Matters. *In*: BEHLER, E. (org.). *Philosophy of German Idealism*. Nova York: Continuum, 1987.

existente e sua sombra espectral proto-ontológica é, dessa forma, irredutível às oposições metafísicas padrão entre o Real e o Ideal, Natureza e Espírito, Existência e Essência etc.

Essa linha de raciocínio pode parecer totalmente estranha a Hegel: parece não haver lugar para o caos pré-conceitual em seu sistema, que começa com o Ser como o primeiro e mais vazio conceito puro. Mas será que é esse o caso? As primeiras palavras de Hegel no início propriamente dito de sua *Ciência da lógica* (Primeiro Capítulo, A., Ser) são: "Ser, puro ser – sem nenhuma determinação ulterior" (*Sein, reines Sein, – ohne alle weitere Bestimmung*). O paradoxo é, obviamente, que essa qualificação negativa, "sem nenhuma determinação ulterior", acrescenta a característica principal, a idealização mínima. Deve-se, portanto, ler essa repetição de forma wittgensteiniana, como uma frase que ecoa declarações cotidianas do tipo "O que o levou a fazer isso?", "Dever, puro dever –". Não é essa a primeira repetição hegeliana, uma reiteração que introduz uma idealização mínima? Não é a repetição do idêntico, já que, por meio dela, o X pré-ontológico alcança sua pureza ideal. Em suma, o que acontece nessa repetição mínima é que passamos de algo que não se pode deixar de designar como "menos que nada" para o Nada. O primeiro ser ainda não é um ser puro que coincide com seu oposto, mas um "menos-que-nada" pré-ontológico cujo nome em Demócrito é *den*; por meio da repetição primordial, esse (proto)ser é colocado na pureza (o espaço vazio) do Nada e, assim, torna-se algo[230]. Estamos claramente lidando aqui com a lógica da retroatividade: o primeiro ser (em "Ser, puro ser, –") apenas retroativamente, por meio de sua repetição, torna-se ser:

> "Ser Vírgula Ser Puro Vírgula Travessão", poderia então ser lido da seguinte forma: "o ser é o que terá sido por meio da ocorrência do ser puro na série da diferença fraca". Isso significa que a imediaticidade indeterminada é um produto, mas um produto retroativo do advento da

---

[230]. Cf. o excelente artigo de Frank Ruda: Dialectics, Contradiction, Iteration. Thinking by Dividing [Manuscrito, 2012].

própria retroatividade... Como formalizar aquilo que só pode ser acessado por meio da formalização, por meio da lógica da diferença fraca, como aquilo que retroativamente é anterior a ela e até mesmo retroativamente precede a retroatividade em operação dentro dela?[231]

A "diferença fraca" refere-se aqui à diferença entre os elementos em uma cadeia de significação, em oposição à "diferença forte" entre essa própria cadeia e sua base ausente). Apesar disso, talvez devêssemos até acrescentar outro "como" aqui: como surge a própria diferença "forte" que sustenta a serialidade das diferenças fracas? Em outras palavras, o verdadeiro problema não é primariamente "como formalizar aquilo que só pode ser acessado por meio da formalização, mas que é anterior à formalização". A pergunta verdadeira é: "como a própria formalização surge a partir do não formalizado?" Não apenas "como pensar o que precede o pensamento?", mas: "como pensar o próprio surgimento do pensamento a partir do não pensado?"

Não teria sido Schelling o primeiro a delinear uma estrutura homóloga em seu par de protorrealidade pré-ontológica e a realidade (transcendentalmente constituída)? O paradoxo (para a tradição metafísica) é que nossa realidade estável comum surge como resultado do ato subtrativo (decoerência) das oscilações quânticas fluidas. Em nossa tradição metafísica padrão (e de senso comum), a realidade primordial são objetos efetivos firmes que são, então, cercados pela aura de ondas virtuais que emanam deles. Com relação à distinção entre subjetivo e objetivo, as coisas reais efetivas existem "objetivamente", enquanto as oscilações virtuais surgem de sua percepção (errônea) subjetiva. O que existe "objetivamente" no universo quântico é, ao contrário, apenas oscilações de onda, e são as intervenções do sujeito que as transformam em uma única realidade objetiva. Em outros termos, o que causa a decoerência dessas oscilações e constitui a realidade objetiva é o gesto subjetivo de uma decisão simplificadora (medição).

---

231. *Ibid.*

O que isso pressupõe é uma lacuna mínima entre as coisas em sua protorrealidade bruta imediata e o registro dessa realidade em algum meio (do grande Outro): o segundo está em atraso em relação ao primeiro. A agência que registra o colapso da função de onda não está, de forma alguma, "criando" a realidade observada, ela está registrando um resultado que permanece totalmente contingente.

As implicações teológicas dessa lacuna entre a protorealidade virtual e a realidade plenamente constituída são de especial interesse. Na medida em que "deus" é o agente que cria as coisas por meio de sua observação, a indeterminação quântica nos obriga a postular um deus que seja *onipotente, mas não onisciente*: "Se Deus colapsa as funções de onda de coisas grandes para a realidade por meio de Sua observação, os experimentos quânticos indicam que Ele não está observando as coisas pequenas[232]". A trapaça ontológica com partículas virtuais (um elétron pode criar um próton e, assim, violar o princípio da energia constante, desde que o reabsorva antes que seus arredores "tomem nota" da discrepância) é uma forma de enganar o próprio Deus, a agência suprema que toma nota de tudo o que acontece: Ele *per se* não controla os processos quânticos e aí reside a lição ateísta da física quântica. Einstein estava certo em sua famosa afirmação "Deus não trapaceia" – o que ele esqueceu de acrescentar é que o próprio deus pode ser trapaceado. Uma vez que a tese materialista é que "deus é inconsciente" (deus não sabe), a física quântica é efetivamente materialista: há microprocessos (oscilações quânticas) que não são registrados pelo sistema-deus. Como deus é um dos nomes do grande Outro, podemos ver em que sentido não se pode simplesmente se livrar dele (grande Outro) e desenvolver uma ontologia sem o grande Outro: deus é uma ilusão, mas necessária.

O interesse da física quântica, portanto, reside no fato de que ela confere à ignorância um *status* ontológico positivo: a ignorância não é apenas a limitação do observador que não pode jamais

---

232. ROSENBLUM, B.; KUTTNER, F. *Quantum Enigma: Physics Encounters Consciousness*. Oxford: Oxford University Press, 2006, p. 171.

adquirir um conhecimento completo da realidade, a ignorância está inscrita na estrutura da realidade em si. A própria ideia de um grande Outro na condição de observador perfeito é minada por dentro: as oscilações quânticas ocorrem em uma esfera pré--ontológica que escapa ao alcance do grande Outro e é por isso que se pode "trapacear" ontologicamente, as partículas podem surgir e desaparecer antes que sua presença seja registrada.

Esse paradoxo de um deus restrito, cujo conhecimento é limitado, nos leva de volta ao Conhecimento Absoluto hegeliano. Há uma diferença fundamental entre saber *isto* (saber que o conhecimento do Outro é limitado, que não há um grande Outro que saiba tudo) e aquilo que, em certa tradição socrática ou mística, é chamado de *docta ignorantia*: este último refere-se ao *sujeito* que se torna ciente de (que conhece) sua ignorância, enquanto a ignorância registrada pelo sujeito do Saber Absoluto é a *do próprio grande Outro*. A fórmula do verdadeiro ateísmo é a seguinte: a onisciência divina e a existência são incompatíveis, deus existe apenas tendo em vista que ele não conhece (toma nota, registra) sua própria inexistência. Quando deus a conhece, ele entra em colapso no abismo da inexistência, como o conhecido gato proverbial dos desenhos animados que cai quando percebe que não há chão sob seus pés.

Para colocar de uma forma mais direta: uma verdadeira posição materialista não é que deus não existe, mas que deus – o grande Outro – é estúpido e pode ser enganado; o registro simbólico que ele realiza sempre chega tarde demais. Como aprendemos na Bíblia, deus criou o mundo do nada, o que significa: ele conferiu a forma simbólica (a forma das oposições simbólicas: luz e escuridão, dia e noite etc.) ao real pré-ontológico, transformando-o em realidade (simbólica). O termo da física quântica para esse ato é decoerência, que implica a dualidade ontológica totalmente estranha às dualidades metafísicas clássicas (a esfera das Ideias em contraste com a esfera "inferior" dos objetos materiais, a esfera da experiência real da vida em contraste com as ilusões que ela gera etc.). A decoerência refere-se ao chamado colapso do campo quântico de oscilações, à passagem do universo quântico definido pela sobreposição de estados (uma sobreposição que forma uma multiplicidade coerente) para o universo "realista" clássico composto de objetos autoidênticos. Nessa passagem, ocorre uma simplificação radical: a multiplicidade coerente de estados sobrepostos perde a coerência, uma opção é separada do *continuum* de outras e colocada como uma única realidade.

O que resta do transcendental nessa visão? É comum ouvirmos a afirmação de que a física quântica implica a mudança do realismo científico (ciência como – abordando – o conhecimento da realidade como ela é em si mesma, independentemente de qualquer observador) para uma nova versão do transcendentalismo kantiano (os objetos na realidade surgem apenas com o colapso das ondas quânticas por meio da intervenção de um observador). No entanto, do ponto de vista da física quântica, Kant está errado quando afirma a idealidade do tempo e do espaço (a noção de que o tempo e o espaço não são uma propriedade dos objetos, mas uma forma puramente subjetiva de perceber os objetos e, como tal, ideal): se, como Rovelli postula, o espaço-tempo também é estruturado de forma quântica (ou seja, se a realidade última é feita de pedaços quânticos), então o espaço e o tempo não podem ser uma mera forma ideal da realidade. Será que, dessa forma, estamos de volta ao realismo? Em outras palavras, quais são as implicações ontológicas da ideia de que o próprio espaço-tempo, e não apenas a matéria, é composto de mínimos indivisíveis?

Kant (que defendia o *status* subjetivo do espaço e do tempo como a forma transcendental *a priori* de nossa percepção da realidade fenomenal, e não como uma propriedade das coisas [em] si mesmas) lidou com o problema da divisibilidade em sua segunda antinomia da razão pura. A tese dessa antinomia afirma a indivisibilidade final: "Toda substância composta no mundo consiste em partes simples; e não existe nada que não seja simples ou composto de partes simples[233]". Ele conclui sua prova com a afirmação de que

---

233. KANT, I. *Critique of Pure Reason*. Londres: Everyman's Library, 1988, p. 264.

as coisas no mundo são todas, sem exceção, seres simples – que a composição é meramente uma condição externa pertencente a elas – e que, embora nunca possamos separar e isolar as substâncias elementares do estado de composição, a razão deve cogitá-las como os sujeitos primários de toda composição e, consequentemente, como anteriores a ela – e como substâncias simples[234].

E quanto à antítese da mesma antinomia? "Nenhuma coisa composta no mundo é feita de partes simples e em nenhum lugar do mundo existe algo simples." E se aceitarmos sua implicação – de que, em última análise, "nada existe" (uma conclusão rejeitada por Kant como absurda e que, incidentalmente, é exatamente igual à conclusão do *Parmênides* de Platão: "Então não podemos resumir o argumento em uma palavra e dizer verdadeiramente: se o Uno não existe, então nada existe")? Não é essa a posição de Badiou, a afirmação de multiplicidades de multiplicidades como o verdadeiro real? Não é de se admirar que Badiou seja maoista: quando os cientistas conseguiram dividir não apenas o átomo, mas também seu núcleo, Mao Tsé-Tung se referiu com entusiasmo a essas descobertas como mais uma prova de que não há Um que não se divida em dois.

Não é que essa alegação de divisibilidade infinita nos leve ao paradoxo do nada como o fundamento último do ser; a alegação oposta também não é redutível a uma posição de senso comum – se insistirmos na indivisibilidade última, também tropeçaremos em um paradoxo. Quando chegamos ao fim das divisões, não é que encontramos apenas os constituintes finais simples da realidade, mas também chegamos ao ponto (absurdo, para nosso senso comum) em que algo não é mais dividido em duas partes, em dois outros "algos", mas em algo e nada. Por quê? Porque, como os antigos atomistas gregos já sabiam, os átomos indivisíveis não são apenas pequenas partículas que flutuam no espaço vazio como seu recipiente formal. Essa é a representação errada (*Vorstellung*) no sentido hegeliano preciso. A forma e a matéria não são externas, a forma do espaço deve estar inscrita na

---

234. *Ibid.*, p. 264-265.

própria partícula como algo que a divide por dentro, a diferença entre algo e nada deve ser interna a algo. Aqui entra a dialética de Hegel da relação entre universal, particular e singular, ou seja, sua noção de singular como o retorno do universal no particular: a universalidade é o ponto de partida, o espaço neutro indiferente em relação às características particulares de um objeto. Uma vez que as características particulares são combinadas em um objeto, a universalidade retorna como a Unicidade pontual do objeto que une uma série de características particulares. Uma coisa não é redutível a suas características particulares, ela é o Um que as combina. Por sua vez, esse Um é vazio, um ponto pontual do Nada e, como tal, novamente universal: todo Um é, como Um, o mesmo Um. O que é indivisível em uma coisa não é nenhuma de suas propriedades, mas a Unidade de uma coisa em relação às propriedades: Nada (o vazio da Unicidade) é o coração de uma coisa, sua própria autoidentidade. Como Samuel Beckett disse em seu melhor estilo hegeliano: "Tudo se divide em si mesmo, acho eu"[235]. É preciso observar sua formulação precisa: não é que uma coisa simplesmente divida *a si mesma* (em duas, em sua essência e aparência ou o que quer que seja), ela se divide *em si mesma*, ou seja, realiza uma divisão que estabelece sua identidade, que a constitui como si mesma. Ela também não se divide (distingue) simplesmente de seu ambiente – ela se divide *de* si mesma, de modo que a divisão que se estabelece é a divisão em um e nada.

Voltemos ao nosso problema: será que a afirmação do caráter quântico do espaço-tempo (ou seja, da indivisibilidade final da realidade) invalida a tese de Kant sobre o caráter ideal do tempo e do espaço? Se Rovelli estiver certo, então o tempo e o espaço como formas abstratas surgem com o colapso da função de onda. Como já vimos, nesse sentido, Kant estava certo: o tempo e o espaço são formas, não apenas a média estatística das oscilações do espaço-tempo, e o enigma aqui é: como essa forma se desprende da função de onda? Como essa forma se desata do

---

235. BECKETT, S. *Malone Dies*. Londres: Faber and Faber, 2010, p. 176.

"molusco" (transformando-o em seu conteúdo) e se impõe a todo o conteúdo como forma? A resposta é que já no "molusco" deve haver um Vazio abissal que fornece a distância a partir da qual a forma pode aparecer como o recipiente externo de seu conteúdo. No nível mais abstrato, a torção em forma de pescoço da garrafa de Klein (possibilitada pelo Vazio abissal que torna o "molusco" das ondas quânticas instável, incompleto) explica o surgimento da realidade espaço-temporal "objetiva" a partir desse "molusco".

É nesse ponto que se deve aplicar mais uma vez a distinção kantiana entre juízo negativo e infinito. A afirmação "a realidade material é tudo o que existe" pode ser negada de duas maneiras, na forma de "a realidade material *não é tudo o que existe*" e "a realidade material *é não tudo*". A primeira negação (de um predicado) leva à metafísica padrão: a realidade material não é tudo, há outra realidade espiritual, mais elevada. Dessa forma, essa negação é, de acordo com as fórmulas de sexuação de Lacan, inerente à afirmação positiva "a realidade material é tudo o que existe": como sua exceção constitutiva, ela fundamenta sua universalidade. Se, todavia, afirmamos um não predicado e dizemos "a realidade material *é não tudo*", isso apenas afirma o não Todo da realidade sem implicar qualquer exceção – paradoxalmente, deve-se, portanto, afirmar que "a realidade material *é não tudo*" (uma vez que não há nada que não seja realidade material) e *não* "a realidade material é tudo o que há", é a verdadeira fórmula do materialismo.

OS DOIS VÁCUOS: DO MENOS QUE NADA AO NADA

No entanto, esse esquema não se concretiza, não funciona, se lidarmos apenas com elementos positivos e o vazio/nada; precisamos incluir elementos que, na escala ontológica, literalmente contam menos que nada (MQN), elementos batizados por Demócrito de *den*. O MQN já está implícito na estrutura da faixa de Möbius, cujo movimento circular funciona como um impulso; então, de onde esse movimento circular obtém sua energia? Por que não colapsa em seu abismo e alcança a imobilidade de uma espécie de nirvana? A única solução é: porque seu *status* é o de MQN, e os MQNs precisam de uma entrada adicional de energia para alcançar o Vazio. Portanto, devemos inverter o tópico místico padrão da queda primordial, de como algo surge da queda primordial: o verdadeiro evento não é o surgimento de algo do Vazio, que já está sempre presente, mas o surgimento do próprio Vazio. Em outras palavras, o problema não é como algo surge do nada, mas como o Nada em si surge no enxame pré-ontológico de MQNs e abre espaço para que os Algos existam.

Melhor dizendo, para explicar a estrutura da garrafa de Klein, a sua volta reflexiva para si mesma que não pode ser representada em nosso espaço tridimensional comum, não basta adicionar outra (quarta) dimensão de espaço; a dimensão a ser adicionada é puramente negativa, a de um menos-que-nada, de um espaço que precisa ser suplementado, ao qual algo precisa ser adicionado (e não subtraído dele, para obter nada). Voltemos à nossa imagem da garrafa de Klein: "menos que nada" é a superfície externa da garrafa e o "pescoço" torcido que se volta para dentro é o X a ser adicionado ao MQN para se obter Nada, o abismo/tela sob cujo pano de fundo algo (entidades positivas, seres) pode aparecer. Em suma, esse X é o operador da passagem de MQN para algo, a passagem (constitutiva da subjetividade) através da contração absoluta de tudo que os místicos chamavam de "noite do mundo". Contudo, novamente, isso não significa que a "realidade em si" seja uma profusão de MQNs em que, aqui e ali, de tempos em tempos, a virada reflexiva ocorre em um ponto de contração para o Nada. O nada é antes o machado abissal em torno do qual circulam menos-que-nadas e mais-que-nadas (coisas).

Agora podemos nos aproximar do enigma básico da garrafa de Klein: O que é o vazio e o que há de substancial nele? O estranho interior do corpo arredondado é a forma de um material substancial? E se a questão for que o exterior e o interior pertencem a realidades diferentes e o esquema da garrafa de Klein tenta tornar sua conjunção impossível? Quando estamos fora e caímos no buraco abissal, o corpo arredondado parece substancial, mas quando estamos dentro, estamos em um espaço arredondado em meio a um material espesso (algo como a caverna de Platão). Seria essa a nossa realidade – uma caverna estragada por uma protuberância estranha, um ponto cego, em seu meio? Novamente, não há espaço compartilhado aqui, o vazio em uma realidade é o material espesso em outra.

Devemos imaginar uma estranha "negação da negação": não apenas um objeto que é uma sombra de nada, uma aparência espectral sem nenhuma substância por baixo ou por trás, mas um objeto que é menos que nada, um objeto que precisa ser *adicionado* a um estado de coisas para que não tenhamos nada.

Todas as especulações teosóficas sérias convergem para este ponto: no início (ou, mais precisamente, *antes* do início) não há nada, o vazio de pura potencialidade, a vontade que não quer nada, o abismo divino anterior a Deus, e esse vazio é, então, inexplicavelmente perturbado, perdido. Para colocar isso nos termos de Nietzsche, a primeira passagem é a do nada querer (não querer qualquer coisa) para o querer o próprio Nada. Não obstante, há uma última armadilha a ser evitada aqui: conceber o MQN como um campo de oscilações pré-ontológicas do qual, aqui e ali, a negatividade/sujeito/realidade emerge por meio do clinâmen/pescoço. A garrafa de Klein é (também) um desorientador, o círculo está fechado: sim, a queda da superfície para o buraco dá uma guinada clinamênica em uma protuberância semelhante a um pescoço, mas este se volta para dentro de si e esse movimento produz o ponto de partida, o topo curvo das oscilações pré-ontológicas – o clinâmen é constitutivo daquilo de que é clinâmen. Em outras palavras, o MQN não é apenas o caos anterior ao Nada, "nem mesmo nada". Trata-se de algo mais preciso, uma entidade particular que *é* "menos que nada", algo que supostamente existe apenas no espaço simbólico e não na realidade. Ou seja, nossa reação de senso comum a tudo isso é: mas não se trata de podermos falar de "menos que nada" somente no espaço simbólico onde, por exemplo, meu saldo bancário pode ser US$ 15.000 negativos? Na realidade, não há, por definição, nada que seja "menos que nada" – ou há? A física quântica mina esse pressuposto ontológico muito elementar e prova que Nietzsche está errado: dívidas e estados negativos já existem na realidade pré-simbólica.

A solução materialista para esse enigma é muito precisa e diz respeito ao principal paradoxo do campo de Higgs na física quântica: como todos os outros, o campo de Higgs é caracterizado por sua densidade de energia e por sua força – no entanto, "é energeticamente favorável que o campo de Higgs seja ligado e que as simetrias entre partículas e forças sejam quebradas"[236]. Em resumo, quando temos um vácuo puro (com o campo de Higgs desligado, inoperante), este precisa gastar alguma energia – nada vem de graça, não é o ponto zero no qual o universo está apenas "descansando em si mesmo" em total desprendimento; nada precisa ser sustentado por um investimento de energia, ou seja, energeticamente, há um preço para se manter o nada (o vazio do vácuo puro).

Esse paradoxo nos obriga a introduzir a distinção entre dois vácuos: primeiro, há o vácuo "falso" no qual o campo de Higgs está desligado, isto é, há simetria pura sem partículas ou forças diferenciadas; esse vácuo é "falso", porque só pode ser sustentado por uma certa quantidade de gasto de energia. Em seguida, há o vácuo "verdadeiro", no qual, embora o campo de Higgs esteja ligado e a simetria esteja quebrada – ou seja, embora haja uma certa diferenciação de partículas e forças –, a quantidade de energia gasta é zero, ou seja, o campo de Higgs está energeticamente no estado de inatividade, de repouso absoluto[237]. No início, há o falso vácuo; que é perturbado e a simetria é quebrada porque, como todo sistema energético, o campo de Higgs tende a minimizar seu gasto de energia. É por isso que "existe algo e não nada": porque, energeticamente, algo é mais barato do que

---

236. STEINHARDT, P. J.; TUROK, N. *Endless Universe: Beyond the Big Bang*. Londres: Phoenix, 2008, p. 82.
237. STEINHARDT; TUROK. *Op. cit.*, p. 92.

nada. Aqui voltamos à noção de *den* em Demócrito: um "algo mais barato que nada", um estranho "algo" pré-ontológico que é menos que nada.

Como já vimos, é crucial distinguir entre os dois Nadas: o Nada do *den* pré-ontológico, dos "menos-que-nada", e o Nada posto como tal, como negação direta – para que Algo surja, o Nada pré-ontológico precisa ser negado, ou melhor, precisa ser posto como um vazio direto/explícito. Somente dentro desse vazio é que algo pode surgir, que pode haver "Algo em vez de Nada" (alguns dos ensinamentos da Cabala contêm um *insight* semelhante: antes de criar o mundo dos seres, deus teve de "criar" o próprio nada por meio da contração em si mesmo). O primeiro ato de criação é, portanto, o esvaziamento do espaço, a criação do Nada (ou, em termos freudianos, a pulsão de morte e a sublimação criativa estão intrinsecamente ligadas).

Talvez isso nos dê uma definição mínima de materialismo: a distância irredutível entre os dois vácuos. É por isso que até mesmo o budismo permanece "idealista": os dois vácuos são confundidos na noção de nirvana. Isso é o que Freud também não entendeu claramente, confundindo às vezes a pulsão de morte com o "princípio do nirvana", ou seja, perdendo o cerne de sua noção de pulsão de morte como a imortalidade obscena "não morta" de uma repetição que persiste além da vida e da morte: o nirvana como o retorno a uma paz pré-orgânica é um vácuo "falso", pois custa mais que o movimento circular da pulsão. Dentro do domínio da pulsão, a mesma lacuna aparece sob a forma da diferença entre meta e objetivo de uma pulsão, conforme elaborada por Lacan: a meta da pulsão – alcançar seu objeto – é "falsa", mascara seu "verdadeiro" objetivo, que é reproduzir seu próprio movimento circular por meio da repetida falta de seu objeto. Se a unidade fantasiada com o objeto tivesse trazido o gozo incestuoso pleno/impossível, a falta repetida da pulsão de seu objeto não nos obrigaria simplesmente a ficar satisfeitos com um gozo menor, mas geraria um excesso de gozo próprio, o *plus-de-jouir*. O paradoxo da pulsão de morte é, portanto, estritamente homólogo ao do campo de Higgs: do ponto de vista da economia libidinal, é "mais barato" para o sistema atravessar repetidamente o círculo da pulsão do que permanecer em repouso absoluto[238].

Agora é possível perceber com facilidade a diferença entre *den* e *objet a*: enquanto den é "menos que nada", *objet a* é "mais que um, mas menos que dois", um suplemento espectral que assombra o Um, impedindo seu fechamento ontológico. A implicação crucial dessa oposição é que não há nada entre o Nada e o Um, não há "quase-algo, quase nada, mais que nada e menos que Um". Esse é o axioma fundamental do materialismo: não há nada entre zero e um – em contraste com o idealismo, que gosta tanto de discernir traços ("quase nadas") de alguma ordem espiritual superior. Ao mesmo tempo, deve-se ter em mente que Lacan não é um poeta do Dois, do respeito à Alteridade: sua lição é a do paradoxo de Górgias sobre Aquiles e a tartaruga – nunca se pode ir do Um ao Dois (é por isso que o significante binário é primordialmente reprimido e é por esse motivo que não há relação sexual). Em suma, o *objet a* não é processado por meio do Um. Ainda, se levarmos em conta o terceiro elemento excessivo que se soma a um par (1 + 1 + *a*), como o limpador de chaminés no famoso exemplo de Kierkegaard da categorização de todos os seres humanos em oficiais, criadas e limpadores de chaminés, podemos articular três níveis de funcionamento do elemento excessivo:

1. Menos que zero. Há um elemento paradoxal que só pode ser contado como menos que zero e cujos números vão de *den* (o nome de Demócrito para átomo) a "bóson de Higgs" na física quântica, um elemento que "faz nada custar mais que algo", ou seja, que deve ser adicionado ao caos pré-ontológico para que tenhamos o vácuo puro – embora devamos introduzir aqui uma distinção adicional.

---

238. Retomo aqui a linha de pensamento totalmente desenvolvida no Capítulo 14 de ŽIŽEK, S. *Less Than Nothing*. Londres: Verso Books, 2012.

2. Entre o Um e o Dois. Depois, há 1 + *a*: o Um nunca é Um puro, ele é sempre complementado por seu duplo sombrio, um "mais que um, mas menos que dois". Em alguns dos desenhos de Francis Bacon, encontramos um corpo (geralmente nu) acompanhado por uma estranha configuração disforme, semelhante a uma mancha escura, que parece crescer a partir dele, pouco ligada a ele, como uma espécie de protuberância estranha que o corpo não consegue recuperar ou reintegrar totalmente e que, portanto, desestabiliza de forma irreparável o todo orgânico do corpo – é isso que Lacan pretendia com sua noção de *lamela* (ou *hommelette*). Também é possível colocar a questão da seguinte maneira: para Lacan, a diferença sexual não é uma distinção entre dois sexos, mas uma diferença que separa o Um (Sexo) de si mesmo – o Um nunca pode alcançar o Dois, sua contraparte complementar, ou seja, como Lacan disse, não há Outro Sexo. Esse elemento excessivo é o *objet a*: mais que Um e menos que Dois, a sombra que acompanha qualquer Um, tornando-o incompleto.

3. Entre o Dois e o Três. Finalmente, como disse Lacan, o Três não é o conjunto de três Uns, mas, em sua forma mais elementar, 2 + *a*, o Dois mais um excesso que perturba sua harmonia – Masculino e Feminino mais o *objet a* (o objeto a-sexual, como Lacan o chama), as duas classes principais mais a ralé (o excesso de não classe). É esse excesso que faz de uma diferença mais que uma mera diferença simbólica, o Real de um antagonismo. Para designar esse excesso, também podemos usar o neologismo lacaniano *sinthome* (sintoma em sua forma mais elementar): o Dois, um par (yin-yang, masculino-feminino, as duas classes na sociedade) mais o Um de *y'a de l'un* que torna a relação sexual (ou de classe) impossível e possível ao mesmo tempo que seu obstáculo constitutivo (limpador de chaminés, judeu, ralé).

It Follows [*Corrente do mal*], um filme americano de terror psicológico sobrenatural de 2014, escrito e dirigido por David Robert Mitchell, conta a história de Jay, uma estudante universitária de Detroit que é perseguida por uma entidade sobrenatural após cada encontro sexual. Quando ela vai a um cinema com seu novo namorado, Hugh, ele aponta para uma garota que Jay diz não conseguir ver e, mais tarde, depois que os dois fazem amor, ele explica que ela será perseguida por uma entidade que só ela consegue ver e que pode assumir a aparência de qualquer pessoa. Embora se mova apenas em um ritmo de caminhada, ela sempre saberá onde ela está e se aproximará constantemente e, se pegar Jay, a matará e perseguirá a pessoa anterior que a transmitiu: Hugh. Depois de verem uma mulher nua caminhando em sua direção, ele leva Jay para casa e foge. No dia seguinte, na escola, Jay vê uma mulher idosa com uma roupa de hospital caminhando em sua direção, invisível para os outros. Mais tarde, Jay faz sexo com Greg, seu vizinho, que não acredita na existência da entidade. Dias depois, Jay encontra na casa de Greg a entidade na forma da mãe de Greg, seminua, batendo à sua porta; ela pula em Greg e o mata. Não é de se admirar que *It Follows* tenha dado origem a inúmeras interpretações do que "it" representa; na maioria das vezes, "it" foi lido como uma parábola da AIDS ou de outra doença sexualmente transmissível ou, de modo mais geral, da própria revolução sexual e até mesmo das "ansiedades primordiais" sobre intimidade. No entanto, todas essas leituras devem ser rejeitadas: não se trata de uma parábola ou "metáfora" da AIDS, mas de um substituto alucinatório (alucinatório, pois é visto apenas pelo sujeito afetado) para um corte/obstáculo formal ao relacionamento sexual, uma figuração da impossibilidade do relacionamento sexual. A noção padrão de sublimação é invertida aqui: não se trata de uma figura sublimada da AIDS, mas ela própria é uma parte de nossa realidade comum que extrai seu poder de fascinação do fato de dar corpo ao nosso medo dela.

Para colocar de forma brutalmente simplificada, a lição de *It Follows* (aliás, um título bem ambíguo por si só – pode ser interpretado como a designação de um espectro monstruoso que assombrou todos os casais sexuais, bem como um sinal de uma marca abreviada de conclusão lógica – "a partir do que acabamos de dizer, segue-se que [*it follows that*]...") é que, em um nível formal abstrato, 1 + 1 nunca é simplesmente 2, pois sempre origina um suplemento indesejado, de modo que obtemos 1 + 1 + *a*. Isso não se aplica apenas à sexualidade, em que o par (se é que há um par) nunca está sozinho – está sempre acompanhado de um terceiro (espectral) elemento –, mas também à luta de classes. O antagonismo de classe e a impossibilidade da relação de classe, significa que nunca há (nem mesmo em última análise) apenas duas classes. Empiricamente, há sempre um "resto indivisível", um elemento que mina a clara divisão de classe (ralé, "classes médias" etc.). Parafraseando as famosas linhas de De Quincey sobre a arte do assassinato, quantas pessoas começaram com uma pequena afirmação de múltiplas posições de gênero contra o binário sexual e acabaram afirmando múltiplas posições de classe contra o binário de classe e a luta de classes...

O argumento padrão contra a homologia entre a diferença sexual e a luta de classes destaca sua diferença óbvia: enquanto o antagonismo de classes é um fenômeno historicamente especificado a ser abolido pela emancipação radical, a diferença sexual tem raízes antropológicas muito mais profundas (existia desde o início da raça humana e em partes do reino animal). A ironia é que, hoje, com a perspectiva de intervenções biogenéticas na "natureza" humana, podemos muito bem nos encontrar na situação oposta: a diferença sexual será deixada para trás, ao passo que a diferença de classe continuará a reinar. Em um nível mais básico, devemos insistir que, em ambos os casos, não há suprassunção imanente da diferença (como a ideia de uma sexualidade multiverso não antagônica ou uma relação de classe harmoniosa), a única maneira de superá-la é aniquilar a sexualidade ou as classes como tais.

Devemos ser mais precisos aqui. A oposição básica é entre uma diferença não antagônica, como aquela entre culturas ou raças em que, apesar de um potencial antagônico, em princípio a paz pode ser encontrada se essas múltiplas culturas encontrarem uma maneira de se reconhecerem mutuamente, e entre uma diferença antagônica (como a diferença de classe) em que a saída não é o reconhecimento mútuo, mas a destruição de um polo (a classe dominante) e/ou a mudança para uma organização social totalmente diferente, sem classes (o reconhecimento mútuo das classes é o cerne da visão fascista da sociedade). Então, qual é o lugar da diferença sexual aqui? Está claro que ela não se encaixa totalmente em nenhum dos dois polos: é evidentemente antagônica demais para ser transformada em reconhecimento mútuo de sexos. O antagonismo é irredutível, porque é constitutivo da identidade sexual, mas também não pode ser resolvido por meio da "vitória" e do desaparecimento de um sexo (ou de ambos por meio de novas formas de reprodução) – nesse caso, a própria sexualidade desapareceria. Portanto, temos aqui uma espécie de interseção das duas lógicas: a diferença sexual é um antagonismo que aparece como a coexistência de duas subespécies que se complementam (masculina e feminina). O problema é que, mesmo no nível biológico, o masculino e o feminino são duas espécies de um gênero (a humanidade), mas uma diferença que opera no nível do próprio gênero, dividindo-o em dois.

A partir desse ponto, podemos voltar à grande questão metafísica: o que vem primeiro? Nem a multiplicidade nem o Uno, mas um Uno barrado/tratado: a multiplicidade surge porque o Uno é barrado e o próprio Uno (como uma entidade positiva autoidêntica) surge para preencher o vazio de sua própria impossibilidade. Em todo campo de multiplicidades, deve-se, portanto, distinguir entre a série de entidades que surgem para preencher o espaço do vazio aberto pelo Um barrado e o Um (como uma entidade positiva) que representa diretamente o vazio de sua própria impossibilidade. Ou ainda, no que diz respeito à relação entre o gênero e suas espécies, há muitas espécies particulares de um gênero, sendo que elas surgem, pois o gênero é em si mesmo antagônico, atravessado por sua própria impossibilidade imanente. Contudo, entre essas espécies há uma exceção, uma espécie na qual o gênero encontra a si mesmo em sua determinação opositiva. Uma sociedade é dividida em grupos, cada um com seu lugar na totalidade social, mas há um grupo sem lugar próprio no corpo social e que, dessa maneira, representa imediatamente a universalidade, mais precisamente, o antagonismo que dilacera essa universalidade e a volta contra si mesma – o que Hegel chamou de ralé. Levada ao extremo, reduzida ao seu mínimo, a multiplicidade de entidades particulares pode ser resumida a uma, de modo que, como Hegel disse em algum lugar, temos um gênero que tem duas espécies, uma espécie como tal e ela mesma. É assim que a diferença sexual funciona: é a diferença entre a espécie (masculina) e a universalidade do gênero incorporada em um excesso não localizável (feminina).

Mas devemos ser mais precisos aqui: o nível zero, o ponto de partida, não é zero, mas menos que zero, um puro menos sem um termo positivo em relação ao qual funcionaria como uma falta/excesso. O nada (vazio) é o espelho (tela) no qual menos que nada aparece como algo, no qual o caos pré-ontológico aparece como entidades ônticas. Em outras palavras, o ponto de partida não é a impossibilidade do Um de se atualizar plenamente como Um, mas a impossibilidade do Zero (Vazio) de alcançar a estabilidade do Vazio: este, em si, está irredutivelmente dividido entre o caos pré-ontológico e o Vazio propriamente dito (o que a física quântica teoriza como a diferença de dois vácuos), e é essa tensão no nível zero, a tensão que se divide a partir do próprio Vazio, que engendra todo o movimento da ascensão do Um, Dois etc., ou seja, toda a matriz das quatro versões que elaboramos acima: a tensão entre os dois vácuos, o Vazio da protorrealidade pré-ontológica e o Vazio propriamente dito, é resolvida pela ascensão do Um (que é o *den* pré-ontológico passando pela tela do Vazio propriamente dito). A incompletude desse Um dá origem ao seu suplemento, o duplo sombrio excessivo e, a partir dessa tensão, surge um Dois, outro Um, a tradução do duplo sombrio para a ordem do Um. No entanto, uma vez que essa dualidade também não pode funcionar como um par harmonioso, o Dois é sempre complementado por um elemento excessivo (isso também explica o que pode parecer como uma inconsistência em nossa abordagem da diferença sexual: quando a escrevemos como M+ e depois como MF+ estávamos simplesmente nos referindo às duas etapas da série completa que é: +, M+, MF+).

Nesse nível, somos forçados a introduzir outra distinção fundamental, aquela entre os *dens* – o campo das ondas quânticas, das oscilações pré-ontológicas, dos "menos que nada" – e o operador da transformação dos *dens* em Uns, o "purificador" do vazio pré-ontológico em nada propriamente dito. Esse operador não deve ser identificado com o *objet a*; é, antes, um tipo de *objet a* invertido. Ou seja, o *objet a* é um x virtual/espectral insubstancial que suplementa os objetos reais, preenchendo o vazio no coração da realidade, enquanto aqui estamos lidando com um x que precisa ser adicionado a um vácuo pré-ontológico para torná-lo o Nada contra o plano de fundo em que objetos reais podem aparecer. E se esse x que registra o antagonismo do Nada, sua impossibilidade de ser nada, a contraparte do *objet a*, for $, o sujeito (barrado) em sua protoforma, em sua forma mais básica? Já não encontramos um pressentimento disso em Kant, em que o sujeito transcendental, por meio de sua atividade sintética, constitui a realidade fenomênica "objetiva" a partir da multiplicidade confusa de impressões sensíveis? E o *status* ontológico desse sujeito não é completamente ambíguo? Ele não é empírico, parte da realidade fenomênica (já que é um sujeito livre dotado de espontaneidade, enquanto a realidade fenomênica está presa no determinismo causal), mas também não é simplesmente numenal (já que aparece para si mesmo na autoexperiência empírica).

E não seria possível ler da mesma forma as coordenadas mais elementares do pensamento de Heidegger? Este insiste repetidamente que o desvelamento ontológico não causa/criou onticamente os entes – há algo "lá fora" antes do desvelamento ontológico, só que ainda não existe no sentido ontológico pleno, e esse x teria sido a versão de Heidegger de "menos que nada", do Real puro. Então, em meio a esse Real pré-ontológico, surge um *Dasein*, um "ser-aí", o "lá", o lugar da revelação do Ser. Esse *Dasein* (que, por razões bem conhecidas, Heidegger se recusa a chamar de "sujeito") é (ou melhor, mantém aberto) o lugar do Nada, do próprio Ser como o Vazio sob cujo pano de fundo os entes aparecem; assim, novamente, o *Dasein* é o "operador" da transformação do Vazio pré-ontológico no Vazio do Nada ontológico (Ser em contraste com os entes) como o plano de fundo dentro do qual os entes aparecem e desaparecem. Em ambos os casos, o processo formal é o mesmo: o $, uma espécie de falha no campo pré-ontológico, desencadeia sua efetivação ontológica, mas essa realidade ontologicamente constituída nunca é totalmente efetivada, ela precisa ser suturada por um objeto paradoxal, o *objet a*, que é a contraparte do sujeito no mundo dos objetos, a inscrição anamórfica do sujeito na realidade.

Agora podemos imaginar o ciclo completo: começamos com o enxame de *dens* pré-ontológicos (MQNs) em torno do abismo do Vazio; depois $ entra como o operador da emergência do Vazio/Nada como tal; só então podemos obter algo contra o plano de fundo desse Vazio. Nada (o Vazio) é assim posto apenas com a subjetividade; entretanto, o sujeito não é diretamente esse vazio (*à la* Sartre), mas o operador singular de sua emergência, ou, para colocar nos termos de Heidegger, o sujeito é Da-Sein, ser-aí, a entidade singular que é o "lá" do Vazio que é o Ser. Para que o vazio abissal emerja no real pré-ontológico, o pescoço torcido tem de estar aqui como o operador dessa emergência. O antigo nome filosófico para essa torção do pescoço é, obviamente, clinâmen, o nome que Lucrécio deu ao desvio imprevisível dos átomos, sendo que devemos ter em mente a circularidade do movimento: não é apenas que o pescoço gira a partir do buraco descendente do abismo, mas o próprio pescoço, quando se volta para sua fonte, produz seu ponto de partida, a superfície redonda com o buraco central. É por isso que toda a estrutura da garrafa de Klein continua sendo uma superfície não orientável: quando deslizamos para baixo em sua superfície até o abismo central, voltamos ao nosso ponto de partida no interior, como sua imagem espelhada côncava[239].

O problema da interpretação ontológica da física quântica é também o problema do pescoço: se as oscilações quânticas são o estado original do mundo, de onde vem o ponto externo de ob-

---

239. Frequentemente nos deparamos com a mesma circularidade em nossa vida diária. A oportunidade faz um ladrão, como dizem, mas um ladrão faz uma oportunidade. Somente alguém que já é potencialmente (em si mesmo) um ladrão é capaz de perceber em uma situação uma oportunidade de roubo – a oportunidade faz do ladrão um ladrão... de um ladrão.

servação/medição (que registra o colapso da função de onda)? De alguma forma, ele deve emergir por meio de uma convolução interna do espaço quântico ou nos encontraremos em um simples dualismo com um observador externo medindo a realidade. Podemos facilmente formular esse dilema em termos teológicos: se identificarmos brutalmente Deus como uma figura do grande Outro que registra os eventos e, portanto, os "cria", ou seja, os transpõe de um estado pré-ontológico obscuro para nossa realidade comum, a lição da física quântica não é somente que podemos enganar Deus, mas também que talvez Deus não exista de fato, que ele precisa emergir de alguma forma da bagunça pré-ontológica.

Temos, assim, três níveis de antagonismo: os Dois nunca são dois, o Um nunca é um, o Nada nunca é nada. O *sinthome* – o significante do Outro barrado – registra o antagonismo dos dois, sua não relação. O *objet a* registra o antagonismo do Um, sua impossibilidade de ser um. $ registra o antagonismo do nada, sua impossibilidade de ser o Vazio em paz consigo mesmo, a anulação de todas as lutas. A posição da Sabedoria é que o Vazio traz a paz suprema, um estado no qual todas as diferenças são obliteradas; a posição do materialismo dialético é que não há paz nem mesmo no Vazio – há uma incontinência constitutiva do vazio. Poucos leitores notaram a ligação entre o livro de Zupančič e meus últimos livros, indicada por seus respectivos títulos, que poderiam (e deveriam) ser lidos como uma pergunta e sua resposta: *O que é o sexo? Incontinência do vazio.*

Adicionalmente, essa tríade não nos leva de volta aos três espaços convolutos de não orientáveis? O movimento circular da faixa de Möbius fornece a forma básica do *den*, representa o movimento dos MQNs que tentam chegar ao zero e fracassam repetidamente, porque o zero nunca é zero. O *cross-cap* cruzado surge do paradoxo do Um que nunca é Um, mas sempre minimamente autodividido, acompanhado por uma sombra frágil que é mais que Um e menos que Dois. A garrafa de Klein torna a convolução de um *sinthome* que surge do fato de que Dois nunca são Dois, e essa não relação dos Dois tem de ser mantida sob controle por um *sinthome*.

SERIA O COLAPSO DE UMA ONDA QUÂNTICA COMO UM LANÇAMENTO DE DADOS?

Em sua interpretação das implicações ontológicas da física quântica, Gabriel Catren[240] propôs uma leitura extraordinária do colapso da onda quântica, cujas referências filosóficas são Schelling e Hegel, além de Lacan, Badiou e Meillassoux. Embora a profundidade e o rigor de sua abordagem sejam extraordinários, discordo respeitosamente de seu retorno ao "realismo pré-crítico" contra a abordagem transcendental de Kant. Nesse retorno, Catren segue o *Après la finitude* [*Após a finitude*] de Meillassoux, mas com um toque crítico: ao mesmo tempo em que endossa o regresso de Meillassoux ao realismo filosófico pré-kantiano (a capacidade de nós, humanos, de descrever e teorizar a natureza como ela é "em si mesma"), Catren rejeita a universalização da contingência de Meillassoux como um axioma básico da ontologia – para ele, é possível uma descrição conceitual das leis naturais que empregue sua necessidade imanente no sentido da física especulativa hegeliana de Schelling. Meillassoux rejeita essa virada hegeliana por causa de sua absolutização da contingência, mas essa absolutização permanece dentro da abordagem transcendental kantiana – Meillassoux apenas transpõe a limitação epistemológica autoimposta por Kant (não podemos descrever as leis imanentes da natureza-em-si, pois ela está irredutivelmente além do escopo de nosso conhecimento) para uma característica da natureza-em-si que parece um reino sem lei de pura contingência.

> O primeiro passo para levar adiante a desantropomorfização copernicana da ciência é reduzir a ilusão narcisista de converter um limite conjectural em um princípio absoluto. Devemos evitar a todo custo ser como uma pessoa congenitamente surda que tenta demonstrar a impossibilidade absoluta da música. De fato, Hume e Kant estavam perfeitamente certos ao rejeitar qualquer tipo de extrapolação ontológica das limitações epistemológicas. Assim como Hegel estava certo, por sua vez, ao negar o caráter inevitável dessas limitações[241].

---

240. CATREN, G. A Throw of the Quantum Dice Will Never Abolish the Copernican Revolution. *Collapse: Philosophical Research and Development*, v. 5, 2009. Disponível em: https://philpapers.org/rec/CATATO.
241. *Ibid.*, p. 466.

Mas a grande surpresa é que, contra a interpretação subjetivista predominante da física quântica (que torna a realidade comum dos objetos dependente de nosso ato de medição), Catren afirma que é precisamente a física quântica que fornece a descrição mais completa da natureza em si mesma disponível para nós:

> Einstein estava completamente certo ao exigir, apesar das tentativas críticas de interpretar a mecânica quântica em uma estrutura "transcendental", que uma teoria física precisa ser "realista" e "completa". De acordo com a posição que defenderemos, ele só falhou em não reconhecer que a própria mecânica quântica fornece, ao contrário da mecânica clássica, uma descrição "realista" e "completa" da realidade física[242].

Como funciona essa interpretação realista da mecânica quântica? Vamos começar com a afirmação kantiana padrão de que, embora nossos sentidos sejam bombardeados por uma multiplicidade de impressões, é nossa intervenção subjetiva que transforma esse pandemônio em uma realidade coerente de objetos autoidênticos. Na visão realista de Catren, ao contrário, a síntese de múltiplas aparências em objetos autoidênticos não é um ato do sujeito transcendental, mas é imanente aos objetos: um objeto é, em si mesmo, a força sintética que se expressa em suas aparências, e a multiplicidade dessas aparências forma "as transformações de fase (ou 'variações eidéticas') que trocam as diferentes fases do objeto sem modificá-lo objetivamente"[243]. Essas variações eidéticas são, portanto, "os múltiplos conjuntos de aspectos que o objeto oferece a todos os possíveis observadores virtuais"[244]. Tomemos o caso simples de uma mesa: as inúmeras maneiras pelas quais a mesa pode nos afetar (nossos sentidos), ou seja, as inúmeras maneiras pelas quais ela aparece para nós, são todas "variações eidéticas" que não a modificam "objetivamente" (isto é, não afetam o que essa mesa é em si, em sua identidade invariante) – o escopo das "variações eidéticas" é circunscrito pela estrutura invariante da mesa-em-si.

---

242. *Ibid.*, p. 459.
243. *Ibid.*, p. 480.
244. *Ibid.*, p. 488.

Isso, é claro, é a ontologia do realismo ingênuo pré-crítico – a afirmação surpreendente de Catren é que essa

> "estrutura de representação-transformação-invariância" que permite a definição de propriedades objetivas como invariantes sob transformações entre diferentes representações de um sistema físico ainda é válida na mecânica quântica[245].

Ele vai ainda mais longe: não apenas essa estrutura de invariância ainda é válida na mecânica quântica, mas somente a mecânica quântica fornece uma descrição completa da realidade objetiva, porque só ela pode demonstrar como a multiplicidade de aparências de uma coisa é "induzida pelas próprias propriedades objetivas [da coisa]"[245] – em contraste com a física clássica, na qual as aparências não são completamente mediadas com a essência de uma coisa, mas são percebidas como dependendo de sua interação externa com observadores. Na linguagem hegeliana, somente na mecânica quântica a essência "eterna" de uma coisa e suas aparências são completamente mediadas, ou melhor, somente nela a essência de uma coisa não é nada mais do que a estrutura que regula suas aparências: "a mecânica quântica completa a caracterização usual da objetividade e fornece pela primeira vez uma definição satisfatória de objetos físicos"[245].

Como a mecânica quântica consegue essa descrição completa da realidade? Aqui ocorre o momento mais problemático do raciocínio de Catren, que faz um paralelo entre o colapso de uma função de onda (a sobreposição de todos os possíveis colapsos de onda) e o lançamento de um dado em que apenas uma de suas seis faces (número) aparece voltada para cima. Catren concorda com Einstein, que estava "pensando em objetos quânticos em termos de dados", mas, para Einstein, esse fato demonstra que a descrição da realidade fornecida pela mecânica quântica não é completa (já que Deus não joga dados), enquanto, para Catren, o princípio da incerteza de Heisenberg implica que Deus *está* jogando dados – isso, precisamente, é o que acontece no colapso de

---

245. *Ibid.*, p. 489.

uma função de onda. O colapso de uma onda (em outros termos, de múltiplos estados sobrepostos), portanto, não diz respeito à realidade objetiva ("essência") do objeto, mas somente a uma de suas fases fenomênicas, da mesma forma que o lançamento de um dado não altera a realidade objetiva de um dado:

> De fato, o que Deus obteria se jogasse um dado não é uma propriedade objetiva do dado, mas sim uma de suas faces. E o ponto importante é que a face de um dado é a fase de um dado. Perguntar sobre a posição objetiva q de um elefante quântico com um momento objetivo p é tão absurdo quanto procurar a face objetiva (ou privilegiada) de um dado[246].

É nesse sentido que "a medição de um objeto quântico pode ser entendida como o lançamento de um dado. O resultado obtido não será uma propriedade objetiva do objeto, mas sim uma de suas fases não objetivas"[247]. Catren sabe que existe, no entanto, uma diferença crucial entre os objetos quânticos e os dados comuns: enquanto todos os seis lados de um dado coexistem no mesmo objeto real, as diferentes fases de um objeto/onda quântico são sobrepostas: "A sobreposição quântica deriva do fato intuitivo de que um objeto é uma sobreposição de fases, aspectos ou perfis"[248]. Catren interpreta de forma homóloga o princípio da incerteza de Heisenberg: não podemos medir a posição e a velocidade de uma partícula ao mesmo tempo, da mesma forma que quando jogamos um dado o resultado não pode ser dois números ao mesmo tempo. Consequentemente,

> O fato de a posição q e o momento p não poderem ser propriedades objetivas do mesmo objeto não significa que a própria quididade do objeto dependa do sujeito observador, do dispositivo de medição ou do contexto experimental. Isso significa que não é mais necessário apelar para um argumento "transcendental" para explicar por que não é possível obter acesso a todas as informações objetivas que definem um objeto[248].

---

246. *Ibid.*, p. 492.
247. *Ibid.*, p. 494.
248. *Ibid.*, p. 497.

Para explicar isso, devemos simplesmente levar em conta que a impossibilidade de estabelecer a posição quando medimos o momento (e vice-versa) é uma propriedade objetiva da partícula, assim como a impossibilidade de obter dois números no lançamento de um dado é uma propriedade objetiva do dado. Mas será que essa explicação funciona? Será que o paralelo entre os seis lados de um dado e os múltiplos caminhos sobrepostos de uma partícula em uma função de onda se mantém? Será que a diferença entre os dois é mais forte do que Catren admite, já que se trata da diferença entre realidade e potencialidade? Não há nada de virtual nos seis lados de um dado: eles são características dele como um objeto invariante que faz parte de nossa realidade comum. Em outras palavras, um dado existe mesmo que ninguém o esteja lançando, enquanto uma função de onda nada mais é do que uma sobreposição de seus possíveis "lançamentos". Há uma inversão quase simétrica em ação aqui: no caso do lançamento de dados, a coisa "em si" é um objeto físico substancial de nossa realidade, ao passo que suas aparências são apenas isso, as emanações ou efeitos da coisa; no caso dos caminhos de uma partícula sobreposta, a coisa "em si" é o escopo de caminhos virtuais sem nenhuma coisa substancial por trás e, por sua vez, a coisa substancial é algo que surge como uma das possíveis aparências.

É por isso que devemos nos ater ao projeto da "física especulativa", mas não no sentido realista ingênuo pré-crítico em que Catren o endossa. Nunca devemos nos esquecer de que Schelling e Hegel (que Catren evoca como os fundadores da física especulativa) não defendem um retorno ao realismo pré-crítico: eles permanecem dentro do horizonte aberto por Kant, ou seja, para os dois, toda a realidade é mediada subjetivamente. É também por essa razão que, embora concordando com Catren que (até onde podemos dizer hoje) a mecânica quântica oferece uma descrição completa da realidade, devemos insistir no gesto kantiano de transpor o obstáculo epistemológico para a condição (limitação) ontológica": o movimento anti-Einsteiniano básico da física quântica reside em reinterpretar o que Einstein percebeu como a incompletude de sua descrição da realidade (isto é, seu fracasso epistemológico) na "incompletude" da própria realidade.

O Real "em si" é virtual (uma panóplia de possibilidades sobrepostas), enquanto nossa realidade "dura" das coisas é constituída subjetivamente – essa lição kantiana continua válida para Schelling e Hegel. Mais precisamente, mesmo que não estejamos lidando com o sujeito no sentido padrão, deve haver algum tipo de agência de registro (do grande Outro) por meio do qual a função de onda colapsa em uma realidade, e essa agência deve ser minimamente descentralizada (ou atrasada) em relação à função de onda. Em outros termos, o colapso da função de onda, mesmo quando é pensado como decoerência, não pode ocorrer de forma totalmente imanente, deve haver uma lacuna que abra espaço para processos quânticos não registrados pelo grande Outro. De volta a Einstein: como já afirmamos, se Deus não trapaceia, ele pode muito bem ser trapaceado.

ESCÓLIO 3.1: A FAIXA DE MÖBIUS ÉTICA

Em nossa era de decadência ideológica, quando a inconsistência é cada vez menos considerada uma reprovação, o velho tema da "coincidência dos opostos" adquiriu uma forma específica: a brutalidade opressiva é apresentada como seu oposto, como um instrumento de libertação. Não temos em mente apenas a onipresente apresentação de intervenções militares brutais como pacificações ou até mesmo como ajuda humanitária. Encontramos o esforço de impor algum tipo de "coincidência dos opostos", inclusive nos domínios em que menos se espera. Existe algo mais brutal e destrutivo do que um confronto militar direto? Sim, é claro (ataque químico e nuclear), mas para a maioria de nós, atirar no inimigo ainda é o paradigma da agressão. Deveríamos, então, nos surpreender com o fato de o exército dos Estados Unidos estar agora procurando balas que sejam biodegradáveis e contenham sementes para que novas plantas cresçam onde a bala atingir o solo? Aqui está um relatório:

As armas de fogo são uma parte aceita da guerra moderna e das operações militares, mas depois que o trabalho é feito, o meio ambiente sofre. Os cartuchos e invólucros usados não apenas sujam a paisagem, mas também podem ser um perigo para a vida selvagem local, sem mencionar o impacto que os resíduos químicos, como metais de balas e ferrugem, podem ter sobre o crescimento e a sustentabilidade das plantas no futuro. As forças armadas dos Estados Unidos reconhecem que isso é um problema e agora estão solicitando propostas para atenuar a questão por meio de balas biodegradáveis e formas de semear o crescimento à medida que as operações no campo continuam. Em janeiro de 2017, o Departamento de Justiça dos Estados Unidos enviou uma solicitação pública de propostas para "desenvolver munição de treinamento biodegradável carregada com sementes especializadas para cultivar plantas benéficas ao meio ambiente que eliminem detritos e contaminantes da munição... Esse esforço utilizará sementes para cultivar plantas ecologicamente corretas que removem os contaminantes do solo e consomem os componentes biodegradáveis desenvolvidos neste projeto. Os animais devem ser capazes de consumir as plantas sem nenhum efeito nocivo"[249].

Essas balas devem ser usadas primeiro para treinamento e, depois, ... imagine bombardear um país para torná-lo verde, cheio de plantas, sem deixar resíduos no solo? A mesma estrutura – a própria coisa é o remédio contra a ameaça que representa – é amplamente visível no cenário ideológico atual. Veja-se a figura do financista e filantropo George Soros, por exemplo. Soros personifica a especulação financeira combinada com seu contra-agente, a preocupação humanitária com as consequências sociais catastróficas da economia de mercado desenfreada. Até mesmo sua rotina diária é marcada por um contraponto de autoeliminação: metade de seu tempo de trabalho é dedicado à especulação financeira e a outra metade a atividades humanitárias - como financiar atividades culturais e democráticas em países pós-comunistas, escrever ensaios e livros – que, em últi-

---

249. Cf. www.zdnet.com/article/us-military-wants-biodegradablebullets-which-transform-into-plants/.

ma análise, combatem os efeitos de sua própria especulação. As duas faces de Bill Gates são paralelas às duas faces de Soros. O empresário obstinado destrói ou compra os concorrentes, busca o monopólio virtual e emprega todos os truques do mercado para atingir seus objetivos. Enquanto isso, o maior filantropo da história da humanidade pergunta: "Para que serve ter computadores, se as pessoas não têm o suficiente para comer e estão morrendo de disenteria?"

De forma análoga, uma vez que, em nossa sociedade, a livre escolha é elevada a um valor supremo, o controle social e a dominação não podem mais aparecer como uma violação da liberdade do sujeito – eles têm de aparecer como (e ser sustentados por) a própria autoexperiência dos indivíduos como livres. Há uma infinidade de formas dessa falta de liberdade que aparecem sob o disfarce de seu oposto: quando somos privados do atendimento universal de saúde, dizem-nos que temos uma nova liberdade de escolha (para escolher nosso prestador de serviços de saúde); quando não podemos mais contar com um emprego de longo prazo e somos obrigados a procurar um novo cargo precário a cada dois anos, dizem-nos que temos a oportunidade de nos reinventar e descobrir novos potenciais criativos inesperados que se escondem em nossa personalidade; quando temos de pagar pela educação de nossos filhos, dizem-nos que nos tornamos "empreendedores de si mesmos", agindo como um capitalista que tem de escolher livremente como investirá os recursos que possui (ou que tomou emprestado) – em educação, saúde, viagens... Constantemente bombardeados por "escolhas livres" impostas, forçados a tomar decisões para as quais, na maioria das vezes, nem estamos devidamente qualificados (ou sobre as quais não possuímos informações suficientes), cada vez mais sentimos nossa liberdade como o que ela efetivamente é: um fardo que nos priva da verdadeira escolha de mudança.

E assim por diante... Em um discurso para formandos de Harvard, em maio de 2017, Mark Zuckerberg disse ao seu público: "Nosso trabalho é criar um senso de propósito!" – e isso vindo de um homem que, com o Facebook, criou o instrumento mais desenvolvido do mundo para a perda de tempo sem propósito!

Esse modo de coincidência dos opostos realmente cansa e começamos a desejar a boa e velha brutalidade imperialista. Para chegar à dimensão mais básica da coincidência dos opostos, vamos nos voltar para um exemplo bem diferente, para uma das lendas da Segunda Guerra Mundial, o assassinato de Reinhard Heydrich.

No início de 1942, o governo da Tchecoslováquia no exílio decidiu matar Heydrich. Jan Kubiš e Jozef Gabčík, que lideravam a equipe escolhida para a operação, foram lançados de paraquedas nas proximidades de Praga. Em 27 de maio de 1942, sozinho com seu motorista em um carro aberto (para demonstrar sua coragem e confiança), Heydrich estava a caminho de seu escritório. Quando o carro diminuiu a velocidade em um cruzamento em um subúrbio de Praga, Gabčík entrou na frente do carro e apontou para ele com uma submetralhadora, mas ela emperrou. Em vez de ordenar ao motorista que acelerasse, Heydrich mandou parar o carro para enfrentar os agressores. Nesse momento, Kubiš jogou uma bomba na traseira do carro quando ele parou e a explosão feriu Heydrich e Kubiš. Quando a fumaça se dissipou, Heydrich saiu dos destroços com sua arma na mão; ele perseguiu Kubiš por meio quarteirão, mas ficou fraco devido ao choque e desmaiou. Ele enviou seu motorista, Klein, para perseguir Gabčík a pé, enquanto, ainda com a pistola na mão, segurava seu lado esquerdo, que sangrava profusamente. Uma mulher tcheca foi em auxílio de Heydrich e sinalizou para uma van de entregas. Ele foi inicialmente colocado na cabine do motorista da van, mas reclamou que o movimento da van estava lhe causando dor, então foi colocado na parte de trás da van, de bruços, e rapidamente levado para a sala de emergência de um hospital próximo (a propósito, embora Heydrich tenha morrido alguns dias depois, havia uma grande chance de ele ter sobrevivido, de modo que essa mulher poderia muito bem ter entrado para a história como a pessoa que salvou a vida de Heydrich). Embora um simpatizante militarista do nazismo enfatizasse a coragem pessoal de Heydrich, o que me fascina é o papel da mulher tcheca anônima: ela ajudou ele, que estava deitado sozinho e ensanguentado, sem proteção militar ou policial. Ela sabia quem ele era? Se sim, e se ela não era simpatizante nazista (ambas as hipóteses são as mais prováveis), por que ela fez isso? Foi uma simples reação meio automática de compaixão humana, de ajudar o próximo em perigo, independentemente de quem ele ou ela (ou elu, como logo seremos forçados a acrescentar) seja? Será que essa compaixão deveria ter vencido a consciência do fato de que esse "próximo" era um grande criminoso nazista responsável por milhares (e depois milhões) de mortes? O que enfrentamos aqui é a escolha definitiva entre o humanismo liberal abstrato e a ética implícita na luta emancipatória radical e essa escolha é novamente estruturada como uma faixa de Möbius: se progredirmos até o fim do lado do humanismo liberal, nos encontraremos tolerando os piores criminosos, mas se progredirmos até o fim do engajamento político parcial, nos encontraremos do lado da universalidade emancipatória – no caso de Heydrich, para a pobre mulher tcheca, agir universalmente teria sido resistir à sua compaixão e tentar acabar com o ferido Heydrich...

ESCÓLIO 3.2: A TORRE NEGRA DA SUTURA

Para obter uma imagem mais plástica dessa faixa de Möbius redobrada, voltemo-nos para a obra-prima de Stephen King, a série de romances *A torre negra*, que se baseia em uma visão belamente ingênua de um *point de capiton* (ponto de estofo), uma misteriosa torre negra que "sutura" nossa realidade e, portanto, a mantém unida: se essa torre for destruída, nossa realidade se desintegrará, desmoronará e seremos reduzidos a um universo bárbaro de violência sombria. A versão cinematográfica (Nikolaj Arcel, 2017) se passa tanto na Nova York moderna quanto em "Mundo Médio", um universo paralelo ao estilo Velho Oeste, que representa o universo bárbaro da violência. Ele se concentra em um conflito entre Roland Deschain, um pistoleiro em uma missão para proteger a Torre Negra, e seu nêmesis, Walter Padick, o Homem de Preto[250].

Jake Chambers, de onze anos, tem visões envolvendo um homem de preto que busca destruir uma torre e arruinar o mundo

---

250. O enredo foi descaradamente resumido do verbete da Wikipedia sobre *A torre negra*.

e de um pistoleiro que se opõe a ele. A mãe, o padrasto e os psiquiatras de Jake descartam essas visões como sonhos resultantes do trauma da morte de seu pai um ano antes. Em seu apartamento em Nova York, um grupo de trabalhadores supostamente de uma instituição psiquiátrica se oferece para reabilitar Jake; reconhecendo-os em suas visões como monstros que usam pele humana, ele foge e procura uma casa abandonada de uma de suas visões, descobre um portal de alta tecnologia e viaja para um mundo pós-apocalíptico chamado Mundo Médio. Lá, ele encontra Roland, o último Pistoleiro que surgiu em suas visões, e descobre que Roland está perseguindo Walter Padick, o Homem de Preto que matou seu pai. Roland explica que Walter tem raptado crianças psíquicas e está tentando usar seus poderes para destruir a Torre Negra, uma estrutura lendária localizada no centro do universo; isso permitirá que monstros da escuridão externa invadam e destruam a realidade.

Roland leva Jake a um vilarejo para que suas visões sejam interpretadas por um vidente. Enquanto isso, ao saber da fuga de Jake para o Mundo Médio, Walter investiga e percebe que Jake tem potencial psíquico suficiente para destruir a torre sozinho. Ele mata o padrasto de Jake, depois interroga a mãe dele sobre suas visões e a mata. No Mundo Médio, o vidente explica que Roland pode encontrar a base de operações de Walter em Nova York. Depois que os lacaios de Walter, os Taheen, atacam a aldeia e Roland os mata, Roland e Jake retornam à Terra. Quando Jake volta para casa para ver como estão seus pais, ele encontra os restos mortais deles e fica arrasado. Roland jura vingá-los e conforta Jake, ensinando-lhe o credo do pistoleiro e os fundamentos da luta com armas.

Enquanto Roland se equipa novamente em uma loja de armas, Walter captura Jake. Em sua base, ele prende Jake a uma máquina com a intenção de que ele destrua a torre. Jake usa seus poderes psíquicos para alertar Roland sobre sua localização e Roland luta contra os capangas de Walter. Walter confronta Roland e o fere. Depois que Jake o lembra do credo do pistoleiro, Roland se recupera e mata Walter com um tiro certeiro após uma breve luta. Roland destrói a máquina, salvando a torre, Jake e as outras crianças. Depois disso, Roland diz que precisa voltar para seu próprio mundo e oferece a Jake um lugar ao seu lado, como seu companheiro. Jake aceita a proposta e os dois partem para o Mundo Médio.

Além de muitos detalhes interessantes (por exemplo, o fato de Jake viver em uma família disfuncional, com um padrasto substituindo seu pai morto, de modo que a Torre Negra pode ser lida como seu *"sinthome"*, mantendo seu mundo unido; ou a imaginação do obsceno lado bárbaro de nosso mundo civilizado como uma versão do Velho Oeste, repleta de ruínas de nosso mundo, como os restos de um parque temático, em vez da imagem usual de um universo gótico primitivo), a história envolve uma ontologia correta: nossa realidade "civilizada" é mantida unida por um elemento (a Torre Negra) que é estranho a ela e funciona como a ponte, o ponto de passagem, para outro mundo sombrio e não civilizado. Se essa passagem for destruída, nossa realidade se desintegra. No entanto, o enigma permanece aqui: o Meio do Mundo é simplesmente a base bárbara do nosso "civilizado", a violência sem lei que sustenta o Estado de Direito e que pode sobreviver ao seu desaparecimento, ou o Mundo Médio sem lei e bárbaro também precisa ser suturado, pois uma relação com a Lei já está inscrita em seu coração? O Mundo Médio é a base violenta e os destroços de nosso mundo "civilizado", seu eco sombrio. A destruição da Torre Negra desencadeia o desaparecimento de todos os universos paralelos – então, o que resta? Um exterior caótico, sem nome e cheio de forças demoníacas. A percepção correta aqui é que quando, a partir do caos pré-ontológico, um mundo/realidade emerge em torno de uma versão da Torre Negra, ele é sempre composto de vários mundos/realidades – nunca há, por razões conceituais *a priori*, apenas uma ilha de realidade heroicamente persistindo no caos circundante: toda realidade é sempre dividida em pelo menos duas.

ESCÓLIO 3.3: SUTURA E HEGEMONIA

Na medida em que Ernesto Laclau chama o ponto de estofo que sutura um campo social de significante vazio hegemônico, devemos nos concentrar na ambiguidade do elemento hegemônico: ele é o elemento particular privilegiado que "colore" sua universalidade (no capitalismo, todos os domínios de produção aparecem como espécies da produção industrial); mas também é o elemento "vazio" que, dentro de uma estrutura, ocupa o lugar do que é excluído dela, de sua externalidade (novamente, no marxismo, o "modo de produção asiático" de fato ocupa o lugar, dentro da série universal dos modos de produção, do que não se encaixa na noção de modo de produção de Marx). O equilíbrio da universalidade e sua espécie é, portanto, perturbado em duas direções opostas: o elemento excepcional é o elemento particular que hegemoniza a universalidade e, simultaneamente, o que representa, dentro da série, a dimensão externa que escapa à sua universalidade. A hipótese hegeliano-marxista é que uma universalidade passa a existir de fato, em contraste com sua espécie particular, sob a forma de sua "determinação opositiva" – para citar o famoso exemplo de Marx, o monarquismo como tal, em contraposição a sua espécie particular, existe como republicanismo, ou a espécie humana em si, em contraste com seus grupos particulares, existe sob a forma de proletariado, daqueles que não têm lugar específico no corpo social.

Como essas duas exceções estão relacionadas? O elemento hegemônico – a produção industrial como a "cor específica" de toda produção no capitalismo – obviamente não é o mesmo que a negação da universalidade sob cuja forma a universalidade de fato passa a existir em contraste com sua espécie. Pode-se até dizer que a relação entre essas duas universalidades fornece a forma mínima de antagonismo social (negligenciada por Laclau em sua elaboração do conceito de antagonismo): o antagonismo é, em última análise, a oposição entre o elemento particular que hegemoniza a universalidade e o elemento que, dentro dessa universalidade, representa o que é excluído dela. É fácil ver a ligação entre os dois: em uma universalidade (digamos, da sociedade burguesa) não há lugar para um de seus elementos, que é excluído de sua dimensão universal precisamente porque essa dimensão universal é secretamente particularizada, distorcida pela predominância hegemônica de um de seus elementos. Hoje, por exemplo, quando até mesmo os indivíduos que não possuem nada ou os trabalhadores precários semiesfomeados são definidos como empreendedores de si mesmos, sendo o empreendedorismo a característica particular que colore todos os engajados no trabalho, o antagonismo é entre empreendedores e proletários, entre essas duas universalidades: do ponto de vista da ideologia hegemônica, somos todos empreendedores, enquanto "proletários" designa aqueles subjetivamente excluídos dessa universalidade. Somente se concebermos o antagonismo de classe nesse sentido, como a luta que parte de dentro da própria universalidade e não como uma luta de dois grupos particulares, poderemos afirmá-lo como mais "básico" do que outras lutas emancipatórias.

ESCÓLIO 3.4: O MUNDO COM (SEM) UM PESCOÇO

Em *A imanência das verdades*, o volume final de sua majestosa trilogia de filosofia sistemática (os dois volumes anteriores são *O ser e o acontecimento* e *Lógica dos mundos*, Badiou detalhou como uma Verdade "eterna" e infinita pode surgir de uma situação histórica contingente. Seu objetivo é evitar os dois extremos aqui: a metafísica tradicional de alguma forma do Um absoluto transcendente (Deus, Substância, Sujeito, Ideia...) que garante a unidade do universo multifacetado, bem como o relativismo historicista pós-metafísico para o qual tudo o que realmente existe é a multiplicidade relativa sem nenhuma Verdade absoluta eterna – há apenas jogos de aparências e jogos de linguagem. Todos os seus três grandes volumes se concentram no problema de como a Verdade eterna pode emergir de uma realidade múltipla: *O ser e o acontecimento* mostra como, na medida em que a matemática é a única forma aceitável de ontologia geral, os paradoxos autorreferentes da teoria dos conjuntos abrem espaço para eventuais exceções; *Lógica dos mundos* demonstra de que maneira, em um mundo particular, seu ponto de "torção *sintomal*" é um lugar de evento; finalmente, *A imanência das verdades* mostra a estrutura imanente do surgimento da Verdade. Mais uma vez, o objetivo de Badiou é exatamente o oposto da narrativa metafísica tradicional de como a realidade temporal finita emerge por meio da Queda no tempo (autodivisão, desintegração) do Um divino-eterno: ele descreve como o Absoluto é "tocado" pelo procedimento genérico realizado por um agente/sujeito histórico – "a inteligibilidade dessa ação do infinito supõe que aceitemos que essa ação esculpe nos mundos uma espécie de 'toque' do absoluto"[251]. Se, então, o Absoluto não preexiste a esse "toque", mas é gerado em seu processo, como é possível essa lacuna na textura da realidade finita, essa aparência de uma dimensão totalmente heterogênea da Verdade eterna?

> Nesse ponto, o progressismo filosófico está exposto a vários perigos. Em primeiro lugar, o perigo da totalização subjetiva (tal como foi implantada pelo gênio de Sartre); depois, em reação contra essa grande figura, os perigos do positivismo que pode ser cientificista ou estrutural (com o qual Althusser flertou), ou os perigos do positivismo vitalista ou da Totalidade (com o qual Deleuze flertou), bem como os perigos do positivismo das pulsões (cujo esquema foi fixado por Lacan e com o qual Žižek flerta). Entre 1940 e hoje, esses cinco grandes filósofos, Sartre, Althusser, Deleuze, Lacan e Žižek – digamos, sem nenhuma modéstia, que eu sou o sexto – propuseram que o pensamento deveria estar, em seu próprio princípio, conectado aos saberes, às experiências, às práticas e às obras de verdade de seu tempo e, sem qualquer recurso a deuses mortos ou a leis estabelecidas, eles estavam procurando como determinar o que poderia ser uma emancipação subjetiva, de modo que se pode seguramente extrair de seu trabalho numerosos conceitos, figuras ou proposições e transferi-los para o trabalho comum do pensamento. No entanto, em certo sentido, esses filósofos não obedeceram suficientemente às lições clássicas de seus predecessores[252].

---

251. BADIOU, A. *L'immanence des vérités*. Paris: Fayard, 2018, p. 35.
252. *Ibid*.

Honrado por ter sido incluído na lista de Badiou, considero, porém, que minha caracterização – "positivismo das pulsões" – é inadequada: como foi amplamente desenvolvido por mim (e, é claro, por Alenka Zupančič), a "pulsão de morte" em nosso trabalho não se refere a nenhum tipo de "positividade", mas à lacuna ou fissura de fundamentação na realidade positiva (e que, consequentemente, também abre espaço para o que Badiou chama de Acontecimento e procedimento da Verdade). Em nossa leitura, "pulsão de morte" é o nome paradoxal de Freud para seu próprio oposto, para a imortalidade, seu nome para o que os idealistas alemães, como Hegel, chamaram de negatividade radical (autorrelacionada). Não se trata de uma categoria (ôntica ou) ontológica, mas de uma categoria que aponta para a limitação fatal de todo edifício ontológico, para a impossibilidade que se encontra em seu fundamento, tornando-o "não todo", incompleto (sem implicar que há um limite externo a ele, que algo, alguma entidade transcendente, escapa à realidade). Em suma, para o nosso ponto de vista, é o próprio Badiou que é, em algum sentido básico, muito "positivista" em sua noção de Acontecimento da Verdade: para ele, a exceção à ordem do Ser só pode ser uma Verdade positiva (afirmativa), enquanto para nós, o espaço para tal exceção é aberto pelo vazio da negatividade radical. Para Badiou, nós, humanos, tocamos o Absoluto em um Acontecimento da Verdade positivo quando o infinito se inscreve em nossa realidade; para nós, tocamos o Absoluto na experiência de um fracasso redobrado.

Nosso *différend* com Badiou também pode ser formulada nos termos da relação entre o sexo (sexualidade) e amor. Para Badiou, como é de se esperar, a sexualidade pertence à ordem do Ser, da realidade determinista, ao passo que o amor é um acontecimento, uma brecha milagrosa na ordem do Ser. Embora se refira a Lacan aqui, ele ofusca o significado radical do axioma de Lacan *"il n'y a pas de rapport sexuel"*, não há relação sexual: a sexualidade humana não pode ser localizada na ordem do Ser, pois ela introduz um corte de impossibilidade nessa ordem e é esse corte que abre espaço para o amor como aquilo que suplementa a não relação sexual. Consequentemente (como desenvolvemos abundantemente no Teorema II), a sexualidade é o local primordial da ruptura com o "animal humano", do encontro de outra dimensão metafísica que nos faz abandonar nossa postura egoísta de sobrevivência, e o amor (sexual) é um movimento secundário que suplementa o impasse da sexualidade. Esse *différend* pode ser analisado em mais detalhes. No que diz respeito ao apaixonamento, Badiou faz uma distinção precisa entre o *objet a*, algo na pessoa amada "mais do que a própria pessoa amada" que desencadeia minha atração por ela, e o próprio ato de se apaixonar: a atração desencadeada pelo *objet a* permanece no nível ôntico da realidade. Nesse ponto, a psicanálise pode realizar sua análise reducionista demonstrando como o que me atraiu a uma pessoa foi alguma característica repetida de (minha memória de) minha mãe ou irmã, mas o ato de se apaixonar propriamente dito não pode ser reduzido a esse processo libidinal, pois envolve um movimento além das qualidades da pessoa amada, um movimento de aceitação incondicional do abismo do Outro amado como um sujeito além de todas as qualidades. Nesse sentido, como o *objet a* é o objeto da fantasia, a atração sexual é regulada por fantasias e o amor verdadeiro é uma forma de atravessar a fantasia. Todavia, novamente devemos problematizar essa solução: essa distinção entre atração sexual e amor se aproxima demais da visão cristã padrão que descarta a sexualidade, considerando-a paixão animal, e vê uma dimensão espiritual apenas no amor. Contra essa solução, deve-se insistir que o que Lacan chama de *objet a* não é apenas um elemento do Ser (da ordem ôntica, da realidade), o que significa que seu *status* não pode ser reduzido ao objeto da fantasia: já existe uma "infinitização" em ação no *objet a*, que é um substituto finito para o próprio Vazio. Dado que Lacan define a sublimação como "a elevação de um objeto ao nível da Coisa (impossível-real, ou seja, absoluta)" e tendo em vista que a pulsão sexual está, para Lacan, inextricavelmente ligada à sublimação (as pulsões não são sublimadas secundariamente, pois uma pulsão é, em si, uma forma de sublimação), a passagem do sexo para o amor está, em sua totalidade, localizada no espaço "imortal" da sublimação. O amor não eleva a sexualidade ao nível do Absoluto, ele complementa o impasse de nosso contato com o Absoluto que é a sexualidade.

Expliquemos essa diferença fundamental por meio de um breve desvio para Peter Sloterdijk. A ideia básica da noção de "esferas" de Sloterdijk é que, como os seres humanos nascem prematuramente e não conseguem sobreviver ao serem jogados diretamente na abertura do mundo, eles precisam construir diferentes formas de esferas, ambientes protetores autofechados que oferecem algum tipo de abrigo, real ou imaginário, contra as ameaças da realidade externa. Geneticamente, a "esfera" do ponto zero é, obviamente, o conforto biológico e utópico do útero da mãe, que os seres humanos tentam recriar por meio da ciência, da ideologia e da religião. Em uma longa série de deslocamentos, a microesfera primordial (feto e sua placenta) se repete em macroesferas cada vez mais amplas: cavernas dos primeiros seres humanos, comunidades tribais, famílias, cabanas, casas e castelos, vilas e cidades muradas, nações e estados, até a globalização atual, que forma a esfera global definitiva do mercado mundial. Sloterdijk analisa as esferas que os seres humanos tentam sem sucesso habitar e traça uma conexão entre a crise vital (por exemplo, o vazio e o desapego narcisista) e as crises criadas quando uma esfera se despedaça. Devemos notar aqui a passagem gradual do ôntico para o ontológico: a própria linguagem é uma "casa do ser" (Heidegger), uma esfera simbólica/virtual que nos protege do real sem sentido/contingente, permitindo-nos vivenciar a realidade como mais uma esfera fechada em si mesma com algum significado mais profundo[253]. Do nosso ponto de vista, algo está faltando nessa descrição de uma esfera: justamente aquilo que chamamos de "pescoço", uma protuberância ou tubo torcido que a liga ao seu exterior. Além disso – o outro lado da mesma questão –, embora Sloterdijk fundamente essa necessidade de construir esferas no nascimento prematuro dos seres humanos (e, até certo ponto, de todos os mamíferos), ele deixa de considerar a dimensão propriamente filosófica da desarticulação da existência humana que tentamos neutralizar construindo esferas; essa dimensão tem muitos nomes, desde a negatividade hegeliana até a pulsão de morte freudiana. Em

---

253. Cf. SLOTERDIJK, P. *Bubbles: Spheres – Volume I: Microspherology*. Cambridge: MIT Press, 2011.

resumo, Sloterdijk não consegue localizar as esferas no espaço distorcido de uma garrafa de Klein.

Embora Alain Badiou seja um oponente rigoroso de Sloterdijk, pode-se dizer a mesma coisa sobre a noção de "mundo" de Badiou. A esfera dentro da garrafa de Klein é evidentemente nosso equivalente ao que Badiou chama de "mundo" (constituído transcendentalmente); em que, então, reside a diferença entre os dois? Nossa tese é que Badiou não consegue responder à pergunta: como os mundos emergem da multiplicidade indiferente, como a aparência emerge do ser? Ou, em termos filosóficos: como passamos da lógica para a fenomenologia? Nosso primeiro ponto é que, contra Badiou, devemos sustentar que é ilegítimo propor uma lógica universal quase transcendental de (todos os) mundos possíveis: pode-se facilmente imaginar mundos que, embora ainda consistentes o suficiente para existir, não se encaixam nela. Mesmo no nível da descrição de Badiou, deve-se acrescentar que não pode haver nenhum mundo sem pelo menos um outro mundo, sendo que a lógica de sua interação é o que abre espaço para o Acontecimento. Em suma, logicamente, e não apenas empiricamente, um mundo não é autoconsistente, ele implica uma tensão antagônica com outro mundo. O que Badiou chama de "torção sintomal" de um mundo, o cordão umbilical do que teve de ser "primordialmente reprimido" para que esse mundo nascesse, é também uma espécie de "portal" para outro mundo.

Nossa tese adicional é que, para respondê-la, a tríade de Badiou de Ser, Mundo e Acontecimento deve ser complementada por outro termo, um nome para o vazio aterrorizante chamado por alguns místicos de "noite do mundo", o reino da pulsão de morte pura, pois é somente por meio da referência a esse abismo que se pode responder às perguntas: como um Acontecimento pode explodir no meio do Ser? Como o domínio do Ser deve ser estruturado para que um Acontecimento seja possível nele? Badiou – como um materialista – está ciente do perigo idealista que se esconde na afirmação de sua heterogeneidade radical, ou seja, da irredutibilidade do Acontecimento à ordem do Ser:

Devemos ressaltar que, no que diz respeito ao seu material, o acontecimento não é um milagre. O que quero dizer é que o que compõe um acontecimento é sempre extraído de uma situação, sempre relacionado a uma multiplicidade singular, ao seu estado, à linguagem que está ligada a ele etc. De fato, para não sucumbir a uma teoria obscurantista da criação *ex nihilo*, devemos aceitar que um acontecimento nada mais é do que uma parte de uma determinada situação, nada mais é do que um *fragmento do ser*[254].

No entanto, devemos aqui dar um passo além do que Badiou está disposto a dar: não há Além do Ser que se inscreva na ordem do Ser – não há nada além da ordem do Ser. Deve-se lembrar aqui mais uma vez do paradoxo da teoria geral da relatividade de Einstein, na qual a matéria não curva o espaço, mas é um efeito da curvatura do espaço: um Acontecimento não curva o espaço do Ser por meio de sua inscrição nele – ao contrário, um Acontecimento *não é senão* essa curvatura do espaço do Ser. "Tudo o que existe" é o interstício, a não autocoincidência do Ser, isto é, o não fechamento ontológico da ordem do Ser. A diferença entre Acontecimento e Ser é a diferença por conta da qual a "mesma" série de ocorrências reais que, aos olhos de um observador neutro, são apenas parte da realidade comum, são, aos olhos de um participante engajado, as inscrições da fidelidade a um Acontecimento. Digamos que as "mesmas" ocorrências (brigas nas ruas de Petrogrado) que, para um historiador neutro, são apenas reviravoltas violentas na história russa, são, para um revolucionário engajado, partes do Acontecimento histórico da Revolução de Outubro.

Não obstante, novamente, como podemos entender a tese de que "um acontecimento não é nada além de uma parte de uma determinada situação, nada além de *um fragmento do ser*"? Ora, se ele é uma parte da situação, por que é então irredutível a essa situação, por que não pode ser causalmente "deduzido" dela? A escolha filosófica subjacente está novamente aqui: Kant

---

254. BADIOU, A. *Theoretical Writings*. Nova York: Continuum, 2006, p. 43.

ou Hegel, a finitude transcendental kantiana ou a infinitude especulativa hegeliana. Do ponto de vista kantiano, um acontecimento aparece como irredutível à sua situação (à ordem do Ser) devido à finitude radical do sujeito que é "tocado pela graça" de um acontecimento e se envolve nele. Aqui entra a distinção de Badiou entre a multiplicidade do Ser e um Mundo particular (situação, modo de Aparência do Ser), a distinção que corresponde basicamente à distinção de Kant entre o Em-si e o Para-nós: como Meillassoux demonstrou, o único Ser admissível em nosso universo científico moderno é o Ser da multiplicidade matematizada radicalmente contingente, e não há Acontecimentos no nível da multiplicidade do Ser – qualquer conversa sobre Acontecimentos no nível do Ser nos levaria de volta à noção pré-moderna de Sentido imanente à realidade. Contudo, de novo, a própria diferença entre Acontecimento e Ser depende da finitude de nossa subjetividade: em última análise, é simplesmente que, por causa de nossa finitude, não podemos adotar a visão neutra sobre a infinidade do Ser, uma visão que nos permitiria localizar o Acontecimento como um "fragmento do ser" em sua totalidade. A única alternativa a essa perspectiva kantiana é a hegeliana: pode-se e deve-se afirmar plenamente a criação *ex nihilo* de uma forma materialista (não obscurantista), se afirmarmos o não Todo (incompletude ontológica) da realidade. Desse ponto de vista, um Acontecimento é irredutível à ordem do Ser (ou a uma situação com relação à qual ele é um Acontecimento), *ele também é em-si mesmo NÃO apenas um "fragmento do ser"*, não porque esteja fundamentado em alguma realidade espiritual "superior", mas porque emerge do vazio na ordem do ser. É a esse vazio que a sutura se refere.

A única solução aqui é admitir que o par Ser-Evento não é exaustivo, que deve haver um terceiro nível. Uma vez que um acontecimento é uma distorção/torção do Ser, não seria possível pensar essa distorção do Ser *independentemente* do (ou como anterior ao) acontecimento, de modo que "acontecimento", em última análise, nomearia uma "fetichização" mínima da distorção imanente da textura do Ser em seu objeto-causa virtual? E o nome freudo-lacaniano dessa distorção não é PULSÃO, pulsão de morte? Badiou distingue o ser humano como "animal humano" mortal do sujeito "desumano" como agente de um procedimento-verdade: o ser humano busca a felicidade e os prazeres, preocupa-se com a morte etc., é um animal dotado de instrumentos superiores para atingir seus objetivos, enquanto somente como sujeito fiel a um Acontecimento-Verdade ele realmente se eleva acima da animalidade. Não seria por isso que, para Badiou, o sujeito não é sexuado, mas diretamente universal; e não seria por isso que não há lugar para o inconsciente freudiano na dualidade de Badiou entre o animal humano e o sujeito (definido por sua relação com o Acontecimento-Verdade)? Com relação ao *status* do inconsciente, Bruno Bosteels propôs uma solução badiouiana bem definida:

> As operações formais de incorporação no lugar do Outro e de cisão do sujeito constituem, sob o nome de inconsciente, a subestrutura do animal humano, e não a ocorrência – por mais rara que seja – do processo de uma verdade que um corpo subjetivado trata ponto a ponto[255].

Essa solução deve ser rejeitada: não há como explicar o Inconsciente freudiano em termos do que Badiou chama de "animal humano", um ser vivo voltado para a sobrevivência, um ser cuja vida segue interesses "patológicos" (no sentido kantiano do termo), pois o "animal humano" leva uma vida regulada pelo princípio do prazer, uma vida que não é perturbada pela chocante intrusão de um Real que introduz um ponto de fixação que persiste "além do princípio do prazer". O que distingue os seres humanos dos animais ("animal humano" incluído) não é a consciência – pode-se facilmente admitir que os animais têm algum tipo de autoconsciência – mas o inconsciente: os animais não têm o Inconsciente. Deve-se dizer, portanto, que o Inconsciente, ou melhor, o domínio da "pulsão de morte", essa distorção-desestabilização da vida instintiva animal, é o que torna uma vida

---

[255]. BOSTEELS, B. *Force of Nonlaw: Alain Badiou's Theory of Justice* [Manuscrito inédito].

capaz de se transformar em um sujeito da Verdade: somente um ser vivo com um Inconsciente pode se tornar um receptáculo de um Acontecimento-Verdade.

O problema com a dualidade de Ser e Acontecimento de Badiou é, portanto, que ela ignora a lição básica de Freud: não existe um "animal humano", um ser humano é, desde seu nascimento (e mesmo antes), arrancado das restrições animais. Seus instintos são "desnaturalizados", presos na circularidade da pulsão (de morte), funcionando "além do princípio do prazer", marcados pelo estigma do que Eric Santner chamou de "não morte" ou excesso de vida. É por isso que não há lugar para a "pulsão de morte" no edifício de Badiou, não há espaço para a "distorção" da animalidade humana que precede a fidelidade a um acontecimento. Não é apenas o "milagre" de um encontro traumático com um Acontecimento que desvia o sujeito humano de sua animalidade: sua libido já está, em si mesma, deslocada (dando um passo adiante, deveríamos até mesmo arriscar que não existe um animal *tout court*, se por "animal" entendermos um ser vivo que se encaixa plenamente em seu ambiente: a lição do darwinismo é que todo equilíbrio harmonioso na troca entre um organismo e seu ambiente é temporário e frágil, que pode explodir a qualquer momento; tal noção de animalidade como o equilíbrio perturbado pela *húbris* humana é uma fantasia humana). Não é de se admirar, portanto, que Badiou tenha tantos problemas com a noção de pulsão (de morte) e que ele a descarte regularmente como uma obsessão mórbida etc.

A crítica padrão de Badiou diz respeito à emergência milagrosa como que "divina" do Acontecimento que, do nada, intervém na ordem complacente do Ser: será que essa noção de Acontecimento não é um resquício do pensamento religioso, razão pela qual o próprio Badiou fala sobre "graça" e o "milagre" do Acontecimento? Essa crítica aceita a ordem do Ser com sua "vida animal" como dada e, em seguida, passa a localizar a diferença entre o materialismo e o idealismo na pergunta: podemos gerar "materialisticamente" o Acontecimento a partir da ordem do Ser ou estamos prontos para proceder como "idealistas" e concebê-

-lo como uma intervenção externa na ordem do Ser? Em ambos os casos, a ordem "finita" do Ser é aceita como um fato positivo; a questão é apenas se essa ordem pode gerar o Acontecimento "infinito" a partir de si mesma. Um movimento propriamente hegeliano é problematizar essa premissa compartilhada. Em outros termos, a crítica de Hegel a todas as tentativas de provar a existência de Deus a partir da estrutura do mundo natural finito (não se pode explicar sua teleologia sem uma entidade racional superior etc. etc.) é que elas aceitam "dogmaticamente" nossa realidade finita comum como um fato não problemático e, em seguida, passam a demonstrar a existência de Deus a partir dessa premissa – dessa forma, seu próprio procedimento mina sua tese (afirmando a origem da realidade finita em Deus): Deus vem em segundo lugar, é dependente do que deveria depender dele. Em contraste com essa confiança de senso comum no fato da realidade finita, um verdadeiro pensamento dialético começa por problematizar a plena efetividade da própria realidade finita: *esta* realidade existe plenamente ou é apenas uma quimera que se autossuprassume? É nesse nível que Hegel também situa a diferença entre o ceticismo antigo e o moderno: a grandeza do ceticismo antigo era duvidar da existência da "óbvia" realidade material finita, enquanto o ceticismo empirista moderno duvida da existência de qualquer coisa além dessa realidade.

Então, voltando a Badiou: quando ouvimos que a noção de Acontecimento de Badiou é religiosa, um milagre que perturba a vida finita do animal humano, devemos nos perguntar: mas será que esse "animal humano" realmente existe ou é apenas um mito (uma fantasia *idealista*, diga-se)? Ou melhor, a estratégia idealista padrão é, primeiro, reduzir a natureza (realidade corporal) a um nível primitivo que obviamente exclui capacidades "superiores", criando assim o espaço para a intervenção externa de uma dimensão espiritual "superior". O caso de Kant é exemplar aqui: de acordo com ele, se alguém se encontra sozinho no mar com outro sobrevivente de um navio afundado perto de um pedaço de madeira flutuante que pode manter apenas uma pessoa à tona, as considerações morais não são mais válidas – não há nenhuma lei moral que me impeça de lutar até a morte com o outro sobrevivente pelo lugar na balsa; posso me envolver nisso com impunidade moral. É aqui que, talvez, encontremos o limite da ética kantiana: o que dizer de alguém que se sacrificaria de bom grado para dar à outra pessoa uma chance de sobreviver – e que, além disso, estaria pronto para fazer isso sem motivos patológicos? Como não há nenhuma lei moral que me ordene a fazer isso, será que isso significa que tal ato não tem *status* ético propriamente dito? Será que essa estranha exceção não demonstra que o egoísmo implacável, o cuidado com a sobrevivência e o ganho pessoal são os pressupostos "patológicos" silenciosos da ética kantiana – ou seja, que o edifício ético kantiano só pode se manter se pressupusermos silenciosamente a imagem "patológica" do ser humano como um egoísta utilitarista implacável? Exatamente da mesma forma, o edifício político kantiano, sua noção de poder legal ideal, só pode se manter se pressupusermos silenciosamente a imagem "patológica" dos sujeitos desse poder como "uma raça de demônios".

Abordamos aqui a parte mais sensível e obscura do "sistema" filosófico de Badiou, a transição do ser para o aparecer. Embora a tarefa declarada de *Lógicas do mundo* seja responder à questão de como um mundo (de aparecimento) emerge da pura multiplicidade do ser, ele não responde (nem mesmo finge responder) realmente a essa questão – ele apenas postula essa transição, ou seja, o surgimento de um mundo, como um fato, e então passa a descrever a estrutura transcendental de um mundo. De vez em quando, entretanto, ele arrisca uma formulação que beira o *Schwärmerei* gnóstico, como na passagem a seguir:

> Uma espécie de impulso, que é essencialmente topológico, faz com que o múltiplo não se satisfaça com o fato de ser o que é, uma vez que, ao aparecer, é *aí* que ele tem de ser o que é. Mas o que significa esse "ser-aí", esse ser que vem a ser na medida em que aparece? Não é possível separar uma extensão do que nela habita, ou um mundo dos objetos que o compõem[256].

---

256. BADIOU, A. *Second manifeste pour la philosophie*. Paris: Fayard, 2009, p. 39.

Observe como Badiou afirma aqui exatamente o oposto de Heidegger: o ponto principal da "diferença ontológica" de Heidegger como a diferença entre os entes que aparecem e o mundo-horizonte da aparência é que é possível e necessário separar um mundo dos objetos que o compõem – a diferença ontológica *é* essa separação. O problema aqui é o problema: não o de como podemos passar das aparências para o verdadeiro ser, mas o oposto, o verdadeiramente difícil – como podemos passar do ser para o aparecer, ou seja, como e por que o ser começa a aparecer para si mesmo. Em outras palavras, o problema aqui é: como passamos do Real totalmente "plano" e incomensurável/focalizado da multiplicidade para um Mundo focado, para um campo constituído por uma medida transcendental? Heidegger recusa esse problema como sendo, precisamente, metafísico: para ele, o horizonte do aparecer é o horizonte supremo, não há nada abaixo dele, apenas o jogo abissal do *Ereignis* [*Acontecimento*]. Se tentarmos ir além, nos envolveremos em uma tentativa absurda de deduzir o próprio horizonte ontológico da realidade ôntica a partir dessa realidade. Badiou sugere uma possível resposta e a frase-chave da passagem citada merece ser lida novamente: "Uma espécie de impulso, que é essencialmente topológico, faz com que o múltiplo não se satisfaça em ser o que é, uma vez que, ao aparecer, é *aí* que ele tem de ser o que é." O aparato que implantamos nos permite lê-lo da seguinte maneira: o fato de que "o múltiplo não está satisfeito por ser o que é" significa que há uma negatividade, um autobloqueio inscrito nele; o "empurrão topológico" em direção ao aparecimento é a curvatura (o "pescoço") da garrafa de Klein. A confusão surge na última parte da frase: ela implica que a insatisfação surge apenas com relação à aparência, uma vez que a aparência está aqui – "o múltiplo quer ser o que ele é também aí", no domínio da aparência, ou seja, ele quer aparecer como o que ele é e não pode fazê-lo. Devemos rejeitar essa versão e substituí-la por uma mais radical: o "empurrão" primordial não é um empurrão em direção à aparência, mas, mais elementarmente, um "empurrão" para ser o que se é, para superar o autobloqueio constitutivo, e o domínio da aparência surge precisamente porque o Real "em si" não pode ser o que é. Na versão de Badiou, o aparecimento é pressuposto como dado, sua emergência não é explicada pela tensão no múltiplo do próprio Real, ou seja, Badiou não enfrenta a questão: em primeiro lugar, por que o Real precisa aparecer?[257]

Podemos formular essa diferença entre Badiou e Lacan também nos termos das "fórmulas de sexuação" de Lacan, como a diferença entre a universalidade fundamentada em sua exceção e o não Todo sem exceção. O Acontecimento de Badiou é uma exceção à universalidade do Ser, subtraído da ordem do Ser; o que Freud chamou de "pulsão de morte" não é uma exceção com relação à vida psíquica regulada pelo princípio do prazer (e o princípio da realidade como seu prolongamento imanente), mas, como Deleuze viu nitidamente, é a própria estrutura formal (transcendental) na qual o princípio do prazer funciona. Em outras palavras, não é que, embora esse princípio regule nossa vida psíquica em geral, haja alguns momentos excepcionais em que nossa psique obedece a uma lei diferente e, em vez de buscar o máximo de prazer, fica presa em um redemoinho autodestrutivo – não há exceção ao princípio do prazer, cada acontecimento psíquico pode ser explicado nos seus termos, porém ele não pode ser totalizado, isto é, a vida psíquica em sua totalidade não busca o prazer, mas se transforma em uma repetição cega sem sentido (da própria busca pelo prazer), e a "pulsão de morte" é essa própria forma, é o autodestrutivo "qual é o sentido?" da busca pelo prazer. A mesma coisa vale para o sujeito: o sujeito badiouiano (o agente de um Acontecimento-Verdade) é a exceção masculina ao "animal humano", enquanto o sujeito lacaniano é feminino, é a retirada autossabotadora que mina por dentro o bom funcionamento do "animal humano".

---

257. Aqui também temos que fazer uma distinção clara entre essa estrutura distorcida da garrafa de Klein e o antigo tópico estruturalista-materialista da estrutura como a máquina que gera efeitos imaginários (espetáculo no palco ideológico): mesmo que fiquemos atrás do palco e conheçamos o maquinário que o sustenta, o mistério do efeito permanece. A razão para essa persistência do mistério é que a máquina que produz o espetáculo no palco não faz parte da realidade material, mas simbólica: seu *status* é puramente virtual (as coisas se complicam com a digitalização da linguagem, em que a linguagem aparece como parte da realidade externa da máquina digital).

Há uma vaga homologia entre a posição de Badiou – a Verdade eterna/absoluta é imanente à realidade empírica, emerge como um milagre de circunstâncias históricas contingentes – e o processo dialético hegeliano no qual a Verdade eterna também emerge de uma constelação histórica contingente. Entretanto, essa homologia torna imediatamente palpável a diferença radical que separa Badiou de Hegel. Em Badiou, a Verdade é um processo imanente à ordem do Ser, mas radicalmente heterogêneo em relação a ela, uma exceção singular a ela; ela se move em um ritmo próprio, não está presa a ela em nenhuma interação dialética, o que tornaria possível que os caprichos da realidade corroessem o processo de acontecimento – a exaustão do processo de acontecimento é puramente imanente a ele, não pode ser explicada com seu fracasso em impregnar a realidade.

É também por isso que Badiou, para caracterizar um Acontecimento-Verdade, usa termos como "corte" ou "novo começo": um Acontecimento é algo que não pode ser reduzido ou explicado nos termos do Ser, da estrutura complexa da realidade, mas é uma entidade *sui generis*. Quando ocorre, outra dimensão aparece na realidade, como um milagre secular ou um ato de graça, cortando o fluxo da realidade. Em outras palavras, podemos observar a realidade como um processo histórico contínuo, podemos obter pleno conhecimento sobre o encadeamento de causas e efeitos que lhe deram origem, ignorando totalmente o nível do acontecimento e, em certo sentido, não perdemos nada – digamos, podemos contar uma história contínua da Revolução de Outubro (ou Revolução Francesa) como um processo histórico local russo (ou francês) que emergiu de suas condições específicas que também causaram seu fracasso final.

A imanência hegeliana da eternidade à realidade temporal é de uma ordem radicalmente diferente: a "eternidade" é em si mesma histórica e representa uma estrutura conceitual que, uma vez aqui, por emergir como um "mundo", está aqui "eternamente", transformando retroativamente o passado e abrindo um novo futuro. Isso implica que toda realidade (ordem do Ser) está fundamentada em um Acontecimento-Verdade, que ela emerge como sua sedimentação, "reificação": por meio de sua sedimentação, um Acontecimento se torna um Mundo, de modo que todo Mundo é um Acontecimento sedimentado.

ESCÓLIO 3.5: RUMO A UM PLATONISMO QUÂNTICO

A referência platônica de Catren é profundamente justificada: o procedimento que ele descreve não se resume a uma simples relativização, mas deve ser lido em um contexto platônico. Um exemplo paralelo da arte: a obra-prima absoluta de Krzysztof Kieslowski, *Sorte cega* (1981), trata de três resultados diferentes de um homem (Witek) que corre para pegar um trem: ele o pega e se torna um oficial comunista; ele o perde e se torna um dissidente; não há trem e ele se acomoda em uma vida mundana. Essa noção de um mero acaso que pode determinar o resultado da vida de um homem era inaceitável para os comunistas e para sua oposição (ela priva a atitude dissidente de seu profundo fundamento moral). A questão é que, em cada um dos três casos, a contingência que deu o "giro" à sua vida seria "reprimida", ou seja, o herói construiria a história de sua vida como uma narrativa que o levaria ao final (um dissidente, um homem comum, um *apparatchik* comunista) com uma "necessidade profunda". Não é a isso que Lacan se referiu como o *futur antérieur* do Inconsciente que "terá sido"? Embora *Sorte cega* esteja repleto de referências políticas diretas e reais, elas estão claramente subordinadas à visão metafísico-existencial dos acasos sem sentido que determinam o resultado de nossas vidas. No entanto, a questão do filme não é apenas como a nossa vida depende do puro acaso: também é preciso ter em mente que, em todos os três universos alternativos, Witek continua sendo basicamente a mesma pessoa decente e atenciosa que tenta não machucar os outros. Assim, também podemos ler o filme como três variações eidéticas que nos permitem extrair a "Ideia eterna" de Witek, que permanece idêntica em todos os universos possíveis.

Quando um sujeito de fato experiencia uma série de formações fantasmáticas que se interrelacionam como muitas permutações umas das outras, essa série nunca está completa: é sempre como se a série efetivamente experienciada apresentasse muitas variações de alguma fantasia "fundamental" subjacente que nunca é realmente vivenciada pelo sujeito. Em seu breve ensaio "Uma criança é espancada", Freud analisa a fantasia de uma criança de testemunhar outra criança sendo severamente espancada; ele situa essa fantasia como a última de uma cadeia de três, sendo as duas anteriores "Vejo meu pai espancando uma criança" e "Uma criança é espancada". As duas fantasias conscientemente vivenciadas pressupõem e, portanto, relacionam-se a uma terceira, "Meu pai está me espancando", que nunca foi realmente vivenciada e só pode ser reconstruída retroativamente como a referência presumida de – ou, nesse caso, o elo perdido, o termo intermediário entre – as outras duas fantasias. Podemos discernir os contornos dessa fantasia/ fenômeno "impossível" somente por meio do "olho desumano". Em seu primeiro ensaio "A tarefa do tradutor", Walter Benjamin chegou ao mesmo resultado quando usou a noção luriânica do vaso quebrado para discernir o funcionamento interno do processo de tradução:

> Tal como os fragmentos de um vaso, a fim de serem articulados juntos, devem seguir um ao outro nos menores detalhes, embora não precisem se assemelhar uns aos outros, assim também a tradução, em vez de se tornar semelhante ao significado do original, deve antes se formar, amorosa e detalhadamente, em sua própria língua, segundo o modo de significar [*Art des Meinens*] do original, para tornar ambos reconhecíveis como as partes quebradas de uma linguagem maior, assim como os fragmentos são as partes quebradas de um vaso[258].

O movimento descrito aqui por Benjamin é uma espécie de transposição da metáfora para a metonímia: em vez de conceber a tradução como um substituto metafórico do original, como algo que deve reproduzir o mais fielmente possível o significado do original, tanto o original quanto sua tradução

---

258. BENJAMIN, W. The Task of the Translator. *Illuminations*. Londres: Collins, 1973, p. 69.

são colocados como pertencentes ao mesmo nível, partes do mesmo campo (da mesma forma que Claude Lévi-Strauss afirmou que as principais interpretações do mito de Édipo são elas próprias novas versões do mito). A lacuna que, na visão tradicional, separa o original de sua tradução (sempre imperfeita) é, portanto, transposta de volta para o próprio original: este, em si, já é o fragmento de um vaso quebrado, de modo que o objetivo da tradução não é alcançar a fidelidade ao original, mas suplementá-lo, tratar o original como um fragmento do "vaso quebrado" e produzir outro pedaço que não imitará o original, mas se encaixará nele como um fragmento de um todo quebrado que, por sua vez, pode se encaixar em outro. O que isso significa é que uma boa tradução destrói o mito da Totalidade orgânica do original, tornando essa Totalidade visível como uma falsificação. Pode-se até dizer que, longe de ser uma tentativa de restaurar o vaso quebrado, a tradução é o próprio ato de quebrar: uma vez que a tradução se instala, o vaso orgânico original aparece como um fragmento que precisa ser suplementado – quebrar o vaso é a abertura para sua restauração.

No domínio da narração de histórias, um gesto homólogo à tradução seria uma mudança no enredo da narrativa original que nos faz pensar "só agora entendemos realmente do que se trata a história". É assim que devemos abordar as inúmeras tentativas recentes de encenar alguma ópera clássica, não apenas transpondo sua ação para uma época diferente (geralmente contemporânea), mas também alterando alguns fatos básicos da própria narrativa. Não existe um critério abstrato *a priori* que nos permita avaliar seu sucesso ou fracasso: cada intervenção desse tipo é um ato arriscado e deve ser avaliada por seus próprios padrões imanentes. Esses experimentos costumam falhar ridiculamente – mas *nem sempre*, e não há como saber com antecedência e, por isso, é preciso correr o risco. Apenas uma coisa é certa: a única maneira de ser fiel a uma obra clássica é assumir esse risco – evitá-lo, seguir a letra tradicional, é a maneira mais segura de trair o espírito do clássico. Em outras palavras, a única maneira de manter viva uma obra clássica é tratá-la como "aberta", apontando para o futuro ou, para usar a metáfora evocada por Walter Benjamin, agir como se a obra clássica fosse um filme para o qual o líquido químico apropriado para revelá-lo só foi inventado mais tarde e somente hoje podemos ter a visão completa. Em ambos os casos, o da tradução e o da (re)narração de histórias, o resultado é o mesmo: em vez do original e de sua tradução (ou re-narração), ambas as versões são concebidas como variações fragmentárias de uma Ideia impossível que só pode ser discernida por meio da revelação de todas as suas variações.

Especialmente importantes são as implicações políticas da ideia de que as novas possibilidades abertas por um determinado ato são parte de seu conteúdo – essa é a razão pela qual, para a consternação de muitos de meus amigos (que, é claro, agora não são mais meus amigos), afirmei, a propósito das eleições presidenciais de 2016 nos Estados Unidos, que a vitória de Trump seria melhor do que a de Clinton para o futuro das forças progressistas. Trump é altamente duvidoso, evidentemente, mas sua eleição pode abrir possibilidades e mover o polo liberal-esquerdista para uma nova posição mais radical. Fiquei surpreso ao saber que David Lynch adotou a mesma posição: em uma entrevista em junho de 2018, Lynch (que votou em Bernie Sanders nas primárias democratas de 2016) disse que Trump "poderia ser considerado um dos maiores presidentes da história pela forma como conturbou tudo. Ninguém é capaz de se opor a esse cara de forma inteligente". Embora Trump possa não estar fazendo um bom trabalho, Lynch acredita que ele está abrindo um espaço para que outros *outsiders* o façam. "Nossos supostos líderes não conseguem levar o país adiante, não conseguem fazer nada. Eles são como crianças. Trump mostrou tudo isso[259]."

A "grandeza" deturpada de Trump é que ele age efetivamente – ele não tem medo de quebrar as regras não escritas (e escritas) para impor suas decisões. Como aprendemos (não apenas) com Hegel, nossa vida é regulada por uma densa rede de regras escritas e não escritas que nos ensinam a praticar as

---

259. Disponível em: www.theguardian.com/film/2018/jun/23/david-lynch-gotta-be-selfish-twin-peaks

regras explícitas (escritas). Embora Trump se atenha (mais ou menos) às normas legais explícitas, ele tende a ignorar os pactos tácitos não escritos que determinam como devemos praticar essas regras – a maneira como ele lidou com Kavanaugh foi apenas um exemplo disso. Em vez de simplesmente culpar Trump, a esquerda deveria aprender com ele e fazer o mesmo. Quando uma situação o exige, devemos fazer descaradamente o impossível e quebrar as regras não escritas. Infelizmente, a esquerda de hoje tem pavor antecipado de qualquer ato radical – mesmo quando está no poder, ela se preocupa o tempo todo: "Se fizermos isso, como o mundo reagirá? Nossos atos causarão pânico?" Em última análise, esse medo significa: "Nossos inimigos ficarão furiosos e reagirão?" Para atuar na política, é preciso superar esse medo e assumir o risco, dar um passo rumo ao desconhecido.

Isso abre a possibilidade de outra fenomenologia, não husserliana, uma fenomenologia que se esforça para praticar a visão inumana a fim de isolar esse fenômeno impossível. Quando um fenomenólogo é confrontado por uma série de variações fenomênicas vivenciadas por um sujeito, ele leva (o que Husserl teria chamado de) o procedimento de variações eidéticas um passo adiante e discerne o "fenômeno impossível", o *eidos* puramente virtual que, por meio de sua exclusão, sustenta a série de fenômenos vivenciados (o "meu pai está me espancando" de Freud é um *eidos* desse tipo). Essa fenomenologia não está mais focada no que Heidegger chamou de *in-der-Welt-Sein* [ser-no-mundo], isto é, no nosso engajamento significativo com a realidade, mas sim em nosso desengajamento que nos permite perceber a realidade como se fosse vista de fora.

A "Ideia" (*eidos*) deve ser entendida aqui de uma forma muito específica, não no sentido usual de uma abstração platônica (o conceito abstrato de uma mesa em contraste com as mesas individuais), mas mais no sentido do que Deleuze chamou de "empirismo transcendental", como a densa rede de variações virtuais que cercam a realidade de uma coisa. Com relação a esse denso campo transcendental, a realidade é o resultado de sua redução a uma versão, como o colapso da função de onda na física quântica. É nesse sentido que, como já dizia Hegel, um bom retrato de uma pessoa se assemelha mais à pessoa que a própria pessoa *per se*: uma boa pintura de uma mulher complementa a realidade fotográfica da mulher com seu campo transcendental de virtualidades. Todas as camadas de potencialidades que subjazem à existência real de uma mulher, a agressividade potencial ou a ameaça de explosão libidinal que podem se esconder sob sua aparência gentil, sua vulnerabilidade e exposição à violência masculina, a melancolia que muitas vezes marca a existência de uma mulher, até a disparidade da compostura do corpo feminino, que pode, de repente, atingir um olhar externo. Todas essas virtualidades (que, em uma pintura, estão diretamente inscritas na figura feminina e distorcem sua forma "realista") não são apenas percepções subjetivas errôneas da "realidade objetiva" do corpo, elas trazem à tona potencialidades inscritas na própria coisa. Consideremos a obra *Mulher atirando uma pedra* (Picasso, 1931): os fragmentos distorcidos de uma mulher em uma praia atirando uma pedra são, é claro, uma deturpação grotesca, se medidos pelo padrão de reprodução realista; no entanto, em sua própria distorção plástica, eles reproduzem de forma imediata e intuitiva a Ideia de uma "mulher atirando uma pedra", a "forma interna" de tal figura. Ao olhar mais de perto, é possível discernir facilmente as etapas do processo de "redução eidética" da mulher a suas características essenciais: mão, pedra, seios. Essa pintura *pensa*, executa o violento processo de separar os elementos que, em seu estado natural, coexistem na realidade, no sentido exato em que Hegel caracteriza o poder infinito do entendimento: "A ação de separar os elementos é o exercício da força do Entendimento, o mais surpreendente e maior de todos os poderes, ou melhor, o poder absoluto[260]."

---

[260]. Devemos notar como a diferença sexual intervém nesse exemplo: é um pintor masculino que disseca brutalmente o (desenho do) corpo da mulher para extrair dele sua ideia. Isso significaria que minha apresentação é imanentemente sexuada a partir da posição masculina agressiva? Embora a simetria não seja perfeita (ou melhor, ainda que não possamos dizer que exatamente a mesma coisa se aplica a uma mulher e a um homem pintor), o processo de abstração violenta está em ação em ambos os casos.

Portanto, Aristóteles estava errado em sua crítica à teoria da arte de Platão como mimese: ela é a imitação da Ideia do objeto, não do objeto em si. Para que essa Ideia apareça/brilhe por meio da realidade do objeto, é preciso distorcer brutalmente o objeto em sua realidade imediata. Em uma leitura materialista de Platão, pode-se até dizer que a própria Ideia vem-a-ser por meio dessa distorção da realidade. A ontologia implícita aqui é, portanto, um tipo de materialismo platônico que pode ser exemplificado com *O homem do castelo alto*, o clássico da história alternativa de Philip Dick, de 1963. Ele se passa em 1962, quinze anos após um final alternativo para a Segunda Guerra Mundial, em que a guerra durou até 1947, quando as potências vitoriosas do Eixo – o Japão imperial e a Alemanha nazista – governaram os antigos Estados Unidos. O romance apresenta um "romance dentro do romance", que descreve uma história alternativa dentro dessa história outra em que os Aliados derrotam o Eixo. Podemos ler essa dupla inversão como uma alegoria sombria de nossa própria época, na qual, embora o fascismo tenha sido derrotado na realidade, ele está triunfando cada vez mais na fantasia[261]. Todavia, essa leitura negligencia o fato de que a realidade alternativa descrita no "romance dentro do romance" não é simplesmente a nossa realidade, mas difere dela em muitos detalhes cruciais[262]. Se seguirmos a afirmação de Lacan de que o Real, geralmente, aparece sob a forma de uma ficção dentro de uma ficção, deveríamos conceber a realidade alternativa (retratada no romance) e nossa realidade como duas realidades, ambas variações dela, enquanto o Real é a ficção (o romance dentro do romance ou, na versão da série de TV, o filme dentro do filme) que não é nenhuma das duas realidades – aquela em que estamos é uma das realidades alternativas com referência ao Real da ficção-verdade. O que isso significa é que há ficções que devem ser levadas mais a sério do que a realidade, precisamente porque são "me-

---

261. Devo essa ideia a Todd McGowan.
262. Devo essa leitura do romance a uma conversa com Julian Assange, um conhecido teórico da mídia que, na época em que escrevia o livro, estava na embaixada do Equador em Londres.

ras ficções". Para entender nossa realidade, devemos primeiro imaginar as possíveis realidades alternativas e depois construir o "Real impossível" que serve como seu ponto de referência secreto, como seu "núcleo duro". O que temos aqui é uma espécie de versão freudiana da variação eidética fenomenológica: em Husserl, variamos o conteúdo empírico de, digamos, uma mesa, para chegar ao que une todas as variações empíricas, os componentes absolutamente necessários e invariantes que fazem de uma mesa o que ela é, o eidos da mesa; na psicanálise, coletamos todas as variações para reconstruir seu "centro ausente", uma forma puramente virtual (inexistente na realidade) negada (distorcida, deslocada etc.) de maneira específica por cada variação dada na realidade.

Isso nos leva de volta às implicações políticas da noção de Ideia Platônica. Em uma entrevista em 15 de julho de 2018, logo após participar de uma reunião tempestuosa com os líderes da União Europeia, Trump mencionou a UE como o primeiro dos "adversários" dos Estados Unidos, à frente da Rússia e da China. Em vez de condenar essa afirmação como irracional ("Trump está tratando os aliados dos Estados Unidos pior do que seus inimigos" etc.), deveríamos fazer uma pergunta simples: o que incomoda tanto Trump em relação à UE? A guerra tarifária de Trump e seus ataques às exportações europeias "injustas" para os Estados Unidos são questões menores que podem ser (temporariamente, pelo menos) mantidas sob controle pela trégua tarifária entre Trump e Juncker. O descontentamento de Trump com a Europa é muito mais profundo, de modo que devemos perguntar: de qual Europa Trump está falando? Quando os jornalistas perguntaram a Trump sobre o fluxo de imigrantes para a Europa, ele respondeu como convém ao populista anti-imigrante que ele é: os imigrantes estão destruindo o tecido dos costumes e modos de vida europeus, eles representam um perigo para a identidade espiritual europeia. Em suma, eram pessoas como Orbán ou Salvini que estavam falando por meio dele.

Então, qual Europa incomoda Trump? É a Europa da unidade transnacional, a Europa vagamente ciente de que, para lidar com os desafios do nosso momento, devemos ir além das restrições dos Estados-nação; a Europa que também se esforça desesperadamente para permanecer fiel ao antigo lema iluminista de solidariedade com as vítimas, a Europa ciente do fato de que a humanidade é hoje Uma, que estamos todos no mesmo barco (ou, como dizemos, na mesma Nave Espacial Terra), então a miséria dos outros também é nosso problema. Devemos mencionar aqui Peter Sloterdijk, que observou que a luta atual é como garantir a sobrevivência da maior conquista político-econômica da Europa moderna, o Estado de bem-estar social da social-democracia. De acordo com Sloterdijk, nossa realidade é – na Europa, pelo menos – a "social-democracia objetiva" em oposição à social-democracia "subjetiva": deve-se distinguir entre a social-democracia como a panóplia de partidos políticos e a social-democracia como a "fórmula de um sistema" que

> descreve precisamente a ordem político-econômica das coisas, que é definida pelo Estado moderno como o Estado dos impostos, como o Estado da infraestrutura, como o Estado de direito e, não por último, como o Estado social e o Estado da terapia: encontramos em todos os lugares uma social-democracia fenomênica e uma estrutural, uma manifesta e uma latente, uma que aparece como um partido e outra que é mais ou menos irreversivelmente incorporada nas próprias definições, funções e procedimentos do Estado moderno como tal[263].

No curso normal das coisas, essa ideia que sustenta a Europa unida foi corrompida, meio esquecida, e é somente em um momento de perigo que somos obrigados a retornar a essa dimensão essencial da Europa, ao seu potencial oculto. Mais precisamente, a questão não é apenas retornar a essa ideia, mas (re) inventá-la, "descobrir" o que na verdade nunca existiu. Como Alenka Zupančič disse a propósito da ameaça de (auto)destruição nuclear da humanidade:

---

263. SLOTERDIJK, P. Aufbruch der Leistungstraeger. *Cicero*, v. 11, nov. 2009, p. 99.

a verdadeira escolha é entre perder tudo e criar o que estamos prestes a perder: somente isso poderia nos salvar, em um sentido profundo.... O possível despertar da bomba não é simplesmente "vamos fazer tudo o que estiver ao nosso alcance para evitá-la antes que seja tarde demais", mas sim "vamos primeiro construir essa totalidade (unidade, comunidade, liberdade) que estamos prestes a perder com a bomba".

É aí que reside a chance única aberta pela ameaça muito real de destruição nuclear (ou ecológica, nesse caso): quando nos conscientizamos do perigo de perder tudo, somos automaticamente pegos em uma ilusão retroativa, num curto-circuito entre a realidade e seus potenciais ocultos – o que queremos salvar não é a realidade do nosso mundo, mas a realidade como ela poderia ter sido se não fosse impedida por antagonismos que deram origem à ameaça nuclear. A mesma coisa é válida para uma Europa unida: tanto os Estados Unidos quanto a Rússia querem abertamente desmembrar a Europa; tanto Trump quanto Putin apoiam o Brexit, apoiam os eurocéticos em todos os cantos, da Polônia à Itália. O que é que os incomoda em relação à Europa, quando todos nós conhecemos a miséria da UE, que falha repetidamente em todos os testes – desde sua incapacidade de adotar uma política consistente em relação aos imigrantes até sua reação miserável à guerra tarifária de Trump? Obviamente, não é essa Europa que existe de fato, mas a ideia de Europa que se acende contra todas as probabilidades e se torna palpável nos momentos de perigo.

De maneira semelhante, também é possível isolar a Ideia de uma fantasia que serve como ponto de referência virtual/impossível (ou seja, real) das fantasias efetivas. Há algumas décadas, um anúncio encantador de uma cerveja foi exibido na TV britânica. Sua primeira parte encenava a conhecida anedota de contos de fadas: uma garota caminha ao longo de um riacho, vê um sapo, pega-o gentilmente no colo, beija-o e, é claro, o sapo feio milagrosamente se transforma em um belo jovem. No entanto, a história ainda não havia terminado: o jovem lança um olhar cobiçoso para a moça, atrai-a para si, beija-a – e ela se transforma em uma garrafa de cerveja que o homem segura triunfante na mão. Para a mulher, a questão é que seu amor e afeição (sinalizados pelo beijo) transformam um sapo em um belo homem, uma presença fálica plena. Contudo, para o homem trata-se de reduzir a mulher a um objeto parcial, a causa de seu desejo. Temos uma mulher com um sapo ou um homem com uma garrafa de cerveja – o que nunca podemos obter é o casal "natural" da bela mulher e do homem. Por que não? Porque o suporte fantasmático desse "casal ideal" teria sido a figura inconsistente de *um sapo abraçando uma garrafa de cerveja*. Isso, então, abre a possibilidade de minar o domínio que uma fantasia exerce sobre nós por meio da própria identificação excessiva com ela, isto é, por meio do *abraço simultâneo, no mesmo espaço, da multiplicidade de elementos fantasmáticos inconsistentes*. Quando, em junho de 2018, após uma reunião de cúpula em Cingapura, Trump declarou sua intenção de convidar Kim Jong-un para a Casa Branca, fui assombrado por um sonho – não o nobre sonho de Martin Luther King, mas um muito mais estranho (apesar de que será muito mais fácil de realizar do que o sonho de Luther). Trump já havia revelado seu amor por paradas militares, propondo organizar uma em Washington, mas os americanos pareciam não gostar da ideia, então, e se seu novo amigo Kim lhe desse uma mãozinha? E se ele retribuísse o convite e preparasse um espetáculo para Trump no grande estádio em Pyongyang, com centenas de milhares de norte-coreanos bem treinados agitando bandeiras coloridas para formar imagens gigantescas de Kim e Trump sorrindo? Não é essa a fantasia compartilhada que sustenta a ligação Trump-Kim, o sapo como Trump abraçando a garrafa de cerveja como Kim? Em um desenvolvimento um tanto desagradável, podemos até imaginá-lo beijando Melania e depois observando alegremente como ela se transforma em uma garrafa de cerveja... Outro caso da mesma série: em uma entrevista à CNN, também em junho de 2018, Steve Bannon declarou que seu ideal político era a unidade do populismo de direita e de esquerda contra o antigo *establishment*. Ele elogiou a coalizão da

Liga do Norte, de direita e o movimento populista de esquerda Cinco Estrelas, que agora governa a Itália, como o modelo a ser seguido pelo mundo e como a prova de que a política está indo além da esquerda e da direita – mais uma vez, a fantasia é a de uma *alt-right* semelhante a um sapo abraçando o movimento de Sanders e transformando-o em uma garrafa de cerveja. O objetivo dessa ideia (política e esteticamente) repugnante é, obviamente, ofuscar o antagonismo social básico, e é por isso que ela está condenada ao fracasso (embora possa causar muitos infortúnios antes de seu fracasso final).

TEOREMA IV
A PERSISTÊNCIA DA ABSTRAÇÃO

Na superfície retorcida de não orientáveis que é a nossa realidade, a abstração não é apenas uma característica do nosso pensamento, mas a característica mais básica da própria realidade, cuja unidade orgânica é sempre e por definição arruinada.

LOUCURA, SEXO, GUERRA

Nosso último teorema tenta responder a uma pergunta ingênua: o que a visão de uma ontologia frustrada (conforme desenvolvida neste livro) significa para nossa abordagem da realidade? Ela seria mais do que apenas uma ressalva cética a tudo o que fazemos e dizemos (no sentido de "vamos apenas estar cientes de que há uma incerteza marginal em tudo o que fazemos, mas, fora isso, deixemos as coisas serem como de costume")? Sim, ela é mais, pois o obstáculo é imanente, não externo: a negatividade radical que ameaça desestabilizar toda identidade está inscrita em seu próprio núcleo. Tomemos como exemplo um edifício social mantido unido por uma textura espessa de costumes (*Sitten*): sua estabilidade não é ameaçada apenas por fora (guerra com outros Estados), pois essa ameaça externa (guerra) é o que sustenta uma civilização por dentro (como Hegel sabia muito bem). É por isso que a inversão da faixa de Möbius complica a urgente tarefa atual de civilizar (o relacionamento entre) as próprias civilizações (como disse Sloterdijk). Até agora, cada cultura disciplinava/educava seus próprios membros e garantia a paz cívica entre eles sob a forma do poder do Estado, mas o relacionamento entre diferentes culturas e Estados estava permanentemente sob a sombra de uma guerra potencial, sendo que cada estado de paz não passava de um armistício temporário. Como Hegel conceituou, toda a ética de um Estado culmina no mais alto ato de heroísmo, a disposição de sacrificar a própria vida pelo Estado-nação, o que significa que as relações bárbaras selvagens entre os Estados servem como base da vida ética em cada Estado. A Coreia do Norte de hoje, com sua busca implacável por armas nucleares e foguetes para atingir alvos distantes, não é o exemplo máximo dessa lógica de soberania incondicional do Estado-nação? No entanto, quando aceitamos plenamente o fato de que vivemos em uma Nave Espacial Terra, a tarefa que se impõe com urgência é a de civilizar as próprias civilizações, de impor a solidariedade e a cooperação universais entre todas as comunidades humanas, uma tarefa que se torna ainda mais difícil devido ao aumento contínuo da violência "heroica" sectária, religiosa e étnica e da disposição de se sacrificar (e sacrificar o mundo) por uma Causa específica. Aí está o problema: não podemos "civilizar a civilização" diretamente por meio da simples expansão das relações pacíficas garantidas pelo Estado de Direito para a esfera global das relações internacionais (essa era a ideia de Kant de uma república mundial); o que está faltando é, como Hegel sabia, o núcleo bárbaro (guerra, matar inimigos) no coração de cada civilização que sustenta seu edifício ético.

Nesse ponto nos deparamos com a inversão da faixa de Möbius: se progredirmos para o centro do edifício ético de um Estado, encontrar-nos-emos no lado oposto, na batalha brutal pela sobrevivência com o edifício externo, e a prontidão de cada indivíduo para participar dessa barbárie é o suporte final do edifício ético do Estado. Como resolver esse impasse? O procedimento padrão desesperado aqui é oferecer outra luta bélica para substituir a guerra entre os Estados, outra luta que superaria as restrições do Estado-nação e funcionaria como universal: desde a luta de classes ("guerra"), que une todos os indivíduos que lutam pela emancipação independentemente de sua pertença nacional, até a luta contra ameaças *ecológicas* (que exige unidade mundial e esforços coordenados), ou até mesmo a guerra contra possíveis ataques alienígenas (Reagan evocou essa possibilidade para

Gorbachev quando a Guerra Fria estava terminando). A ameaça ecológica nos confronta com a necessidade de passar do foco exclusivo nos miseráveis *da* Terra para a *própria* Terra miserável.

Voltando a um nível mais geral, a estrutura retorcida com a qual estamos lidando aqui foi mais bem encapsulada por Schelling em sua "fórmula do mundo" (*Weltformel*) do terceiro rascunho de seus fragmentos *Weltalter*:

> A e B representam aqui o aspecto ideal e real de cada processo em nossa realidade: B é a força contrativa da densidade material e A é a força contrária de sua idealização, "suprassunção" em estruturas espirituais cada vez mais elevadas. Assim, a matéria é gradualmente "idealizada", primeiro nas forças do magnetismo, depois na vida vegetal, depois na vida animal e, finalmente, na vida espiritual, de modo que nos afastamos cada vez mais da materialidade brutal imediata. Todavia, todo esse processo está enraizado em um ponto externo de extrema densidade singular (o Ego como a autocontração última), da mesma forma que o edifício social de formas éticas cada vez mais elevadas é sustentado pela violência brutal da guerra[264].

Isso significa que, no edifício hegeliano, a abstração (o excesso de negatividade abstrata que não pode ser suprassumida em uma totalidade concreta) persiste. Não é apenas a guerra que desempenha esse papel de negatividade abstrata que ameaça desfazer a ordem social racional: a guerra é o terceiro termo na tríade loucura-sexualidade-guerra. Como Hegel coloca em termos protofoucaultianos, a loucura não é um lapso acidental, uma distorção, uma "doença" do espírito humano, mas algo que está inscrito na constituição ontológica básica do espírito individual: ser humano significa ser potencialmente louco:

> Essa interpretação da insanidade como uma forma ou estágio que ocorre necessariamente no desenvolvimento da alma não deve, naturalmente, ser entendida como se estivéssemos afirmando que *toda* mente, *toda* alma, deve passar por esse estágio de extrema perturbação. Tal afir-

---

[264]. Para uma explicação mais detalhada da fórmula de Schelling, cf. o Capítulo 1 de meu livro *The Indivisible Remainder*. Londres: Verso Books, 1996.

mação seria tão absurda quanto supor que, como na Filosofia do Direito o crime é considerado uma manifestação necessária da vontade humana, logo cometer crimes é uma necessidade inevitável para *todo* indivíduo. O crime e a insanidade são *extremos* que a mente humana *em geral* tem de superar no curso de seu desenvolvimento[265].

Embora não seja uma necessidade factual, a loucura é uma possibilidade formal constitutiva da mente humana: é algo cuja ameaça tem de ser superada se quisermos emergir como sujeitos "normais", o que significa que a "normalidade" só pode surgir como a superação dessa ameaça. É por isso que, como Hegel afirma algumas páginas depois, "a insanidade deve ser discutida antes da consciência intelectual saudável, embora tenha essa consciência como *pressuposto*"[266].

Assim, Hegel evoca a relação entre o abstrato e o concreto: embora, no desenvolvimento empírico e no estado de coisas, as determinações abstratas estejam sempre-já embutidas em um Todo concreto como seu pressuposto, a reprodução/dedução conceitual desse Todo tem de progredir do abstrato para o concreto: os crimes pressupõem o Estado de Direito, pois eles só podem ocorrer como sua violação, mas devem, apesar disso, ser compreendidos como um ato abstrato que é "suprassumido" pela lei; as relações jurídicas abstratas e a moralidade estão de fato sempre embutidas em alguma totalidade concreta de costumes, contudo, ainda assim, a *Filosofia do Direito* tem de progredir dos momentos abstratos da legalidade e da moralidade para o Todo concreto dos costumes (família, sociedade civil, Estado). O ponto interessante aqui não é apenas o paralelo entre a loucura e o crime, mas o fato de que a loucura está localizada em um espaço aberto pela discórdia entre o desenvolvimento histórico real e sua representação conceitual, ou seja, no espaço que mina a noção vulgar-evolucionista do desenvolvimento dialético como a reprodução conceitual do desenvolvimento histórico factual que purifica este último de suas contingências empíricas insignificantes. Na medida em que

---

265. HEGEL, G. W. F. *Encyclopaedia of Philosophical Sciences*. Part 3: Philosophy of Mind. Oxford: Clarendon Press, 1970, par. 410.
266. *Ibid.*

a loucura de fato pressupõe a normalidade, visto que, conceitualmente, ela precede a normalidade, pode-se dizer que um "louco" é precisamente o sujeito que quer "viver" – reproduzir na própria realidade – a ordem conceitual, isto é, agir como se a loucura precedesse também *efetivamente* a normalidade.

Em seguida, vem a sexualidade que, em sua forma extrema, também pode ser caracterizada como uma figura específica da loucura. Longe de fornecer o fundamento natural da vida humana, a sexualidade é o próprio terreno em que os seres humanos se distanciam da natureza: a ideia de perversão sexual ou de uma paixão sexual devastadora é totalmente estranha ao universo animal. Nesse tópico, o próprio Hegel comete uma falha em relação a seus próprios padrões: ele apenas mostra como, no processo da cultura, a substância natural da sexualidade é cultivada, suprassumida, mediada – nós, humanos, não mais fazemos amor apenas para procriação, envolvemo-nos em um processo complexo de sedução e casamento por meio do qual a sexualidade se torna uma expressão do vínculo espiritual entre um homem e uma mulher etc. No entanto, o que Hegel não vê é como, uma vez inseridos na condição humana, a sexualidade não é apenas transformada/civilizada, mas, muito mais radicalmente, *modificada em sua própria substância*: não é mais o impulso instintivo para se reproduzir, e sim um impulso que é frustrado em seu objetivo natural (reprodução) e que, portanto, explode em uma paixão infinita, propriamente metafísica. Dessa forma, a civilização/cultura retroativamente postula/transforma seu próprio pressuposto natural: a cultura retroativamente "desnaturaliza" a própria natureza. Isso é o que Freud chamou de Id, libido. Também, é assim que ao lutar contra seu obstáculo natural, a substância natural oposta, o Espírito luta contra si mesmo, contra sua própria essência[267].

O verdadeiro problema subjacente é o seguinte: o esquema "hegeliano" padrão da morte (negatividade) como o momento subordinado/mediador da Vida só pode ser sustentado se permanecermos na categoria da Vida, cuja dialética é a da

---

267. Para um desdobramento mais detalhado dessas afirmações, cf. os Interlúdios 2 e 3 de meu *Less Than Nothing*. Londres: Verso Books, 2012.

Substância automediadora que retorna a si mesma a partir de sua alteridade. No momento em que efetivamente passamos da Substância para o Sujeito, da (do princípio de) Vida para a (o princípio de) Morte, não há "síntese" abrangente. A morte em sua "negatividade abstrata" permanece para sempre como uma ameaça, um excesso que não pode ser economizado. Será que isso significa que estamos de volta ao *topos* padrão do excesso de negatividade que não pode ser "suprassumido" em nenhuma "síntese" reconciliadora, ou mesmo à ingênua perspectiva de Engels da suposta contradição entre a abertura do "método" de Hegel e o fechamento forçado de seu "sistema"? Há indícios que apontam para essa direção: como foi observado por muitos comentadores perspicazes, os escritos políticos "conservadores" de Hegel de seus últimos anos (como sua crítica à Lei de Reforma Inglesa) revelam um medo de qualquer desenvolvimento posterior que afirme a liberdade "abstrata" da sociedade civil às custas da unidade orgânica do Estado e abra caminho para uma nova violência revolucionária[268]. Por que Hegel se retraiu aqui? Por que não ousou seguir sua regra dialética básica, abraçando corajosamente a negatividade "abstrata" como o único caminho para um estágio superior de liberdade?

Isso nos leva à terceira figura do excesso de negatividade abstrata, a guerra como loucura social. Hegel pode parecer celebrar o caráter *prosaico* da vida em um Estado moderno bem-organizado, em que os distúrbios heroicos são superados na tranquilidade dos direitos privados e na segurança da satisfação das necessidades: a propriedade privada é garantida, a sexualidade é restrita ao casamento, o futuro é seguro... Nessa ordem orgânica, a universalidade e os interesses particulares parecem reconciliados: o "direito infinito" da singularidade subjetiva recebe seu devido valor, os indivíduos não mais experimentam a ordem objetiva do Estado como um poder externo que se intromete em seus direitos, eles reconhecem nela a substância e a estrutura de sua própria liberdade. Gérard Lebrun faz a pergunta fatídi-

---

[268]. Hegel morreu um ano após a Revolução Francesa de 1830.

ca aqui: "O sentimento do Universal pode ser dissociado desse apaziguamento?"[269]. Contra Lebrun, nossa resposta deveria ser: sim, e é por isso que a guerra é necessária – na guerra, a universalidade reafirma seu direito contra e sobre o apaziguamento orgânico concreto na vida social prosaica. A necessidade da guerra não é, portanto, a prova definitiva de que, para Hegel, toda reconciliação social está fadada ao fracasso? De que nenhuma ordem social orgânica pode efetivamente conter a força da negatividade abstrata-universal? É por isso que a vida social está condenada ao "infinito espúrio" da eterna oscilação entre a vida cívica estável e as perturbações do tempo de guerra – a noção de "permanecer com o negativo" adquire aqui um significado mais radical: não apenas "passar" pelo negativo, mas persistir nele. Na vida social, isso significa que a paz universal de Kant é uma esperança vã, que a *guerra* permanece para sempre como uma ameaça de ruptura total da vida organizada do Estado; na vida subjetiva individual, significa que a *loucura* sempre se esconde como uma possibilidade.

É assim também que devemos reinterpretar a fórmula infeliz do jovem Marx sobre a reconciliação entre o ser humano e a natureza: o tornar-se-homem da natureza e o tornar-se-natureza do homem (*Menschwerdung der Natur und Naturwerdung des Menschen*). O significado de Marx é bastante direto e humanista: no comunismo, quando a autoalienação e a divisão de classes da humanidade forem abolidas, não apenas a natureza perderá seu caráter ameaçador de força externa e será totalmente humanizada, mas a humanidade também será totalmente naturalizada, harmoniosamente imersa na natureza. Nossa leitura é radicalmente diferente: a humanidade é "reconciliada" com a natureza quando percebe que seus antagonismos em si, seu próprio distanciamento dela e de seus processos, são "naturais" e continuam em uma potência mais elevada que os antagonismos e desequilíbrios que definem a própria natureza – em suma, o ser humano está unido à natureza precisamente naquilo que aparece como sua alienação dela, como sua perturbação da ordem natural.

---

269. LEBRUN, G. *L'Envers de la dialectique: Hegel à la lumière de Nietzsche*. Paris: Éditions du Seuil, 2004, p. 214.

Outra lição dessa persistência da abstração é que não há nada mais distante de Hegel do que a lamentação sobre a riqueza da realidade que se perde quando procedemos à sua apreensão conceitual – lembremo-nos da já citada celebração inequívoca de Hegel do poder absoluto do Entendimento em seu Prefácio à *Fenomenologia*: "A atividade do dividir é a força e o trabalho do Entendimento, a força maior e mais maravilhosa, ou melhor: a potência absoluta". Essa celebração não é de forma alguma qualificada, ou seja, o ponto de Hegel não é que esse poder seja, de qualquer modo, posteriormente "suprassumido" em um momento subordinado da totalidade unificadora da Razão. O problema com o Entendimento é, antes, que ele não libera esse poder até o fim e que ele o toma como externo à própria coisa – como, na passagem da Fenomenologia citada acima, a noção padrão de que é meramente nosso Entendimento ("mente") que separa em sua imaginação aquilo que na "realidade" está unido, sendo que o "poder absoluto" do Entendimento é meramente o poder de nossa imaginação e que de modo algum diz respeito à realidade da coisa analisada de tal forma. Passamos do Entendimento para a Razão não quando essa análise, essa separação, é superada em uma síntese que nos traz de volta à riqueza da realidade, mas quando esse poder de "separação" é deslocado "meramente de nossa mente" para as próprias coisas, como seu poder inerente de negatividade.

Em vista do papel fundamental da imaginação transcendental em Kant (e em todo o Idealismo Alemão), devemos também ousar reabilitar a noção lacaniana de Imaginário. Na tríade do RSI, o Imaginário é, em geral, reduzido a um local de ilusões: as identificações imaginárias ofuscam a causalidade estrutural simbólica que regula nossas vidas (essa afirmação foi elaborada por Althusser em sua teoria inicial da ideologia: a ideologia como o local do reconhecimento errôneo imaginário da estrutura complexa da sobredeterminação). Então, com a mudança de ênfase do Simbólico para o Real, a própria simbolização aparece como uma formação de defesa, como uma tentativa de ofuscar o Real traumático que resiste à simbolização; o Imaginário e o Simbólico são aqui condensados em uma única entidade e sua diferença não é mais crucial. Com a leitura lacaniana da imaginação transcendental, a dimensão do Imaginário retorna em seu papel de fundamentação, não como o local das identificações imaginárias e do autorreconhecimento, mas como um nome (possível) para o ato violento de desmembramento (a produção de *le corps morcelé* com sua *membra disjecta*) que dilacera toda unidade orgânica. Em um movimento mais distante de Kant, a imaginação é afirmada não apenas como síntese, mas também como "análise", a atividade de desmembrar o que parecia copertencer. Hegel formulou esse processo em sua *Jenaer Realphilosophie*, em que ele escreve sobre a "Noite do Mundo":

> O ser humano é essa noite, esse nada vazio, que contém tudo em sua simplicidade – uma riqueza interminável de muitas representações, imagens, das quais nenhuma pertence a ele – ou que não estão presentes. Essa noite, o interior da natureza, que existe aqui – o puro eu – em representações fantasmagóricas, é a noite ao seu redor, na qual surge aqui uma cabeça sangrenta – e ali outra aparição branca e horripilante, que de repente surge diante dele e assim desaparece. Quando olhamos os seres humanos nos olhos, vemos essa noite – uma noite que se torna terrível[270].

Não devemos nos deixar cegar pelo poder poético dessa descrição, mas sim lê-la com precisão. A primeira coisa a se notar é como os objetos que flutuam livremente nessa "noite do mundo" são *membra disjecta*, objetos parciais, destacados de seu Todo orgânico – não haveria um estranho eco entre essa descrição e a de Hegel do poder negativo do Entendimento, que é capaz de abstrair uma entidade (um processo, uma propriedade) de seu contexto substancial e tratá-la como se tivesse uma existência própria?

---

270. HEGEL, G. W. F. Jenaer Realphilosophie. *Fruehe politische Systeme*. Frankfurt: Ullstein, 1974, p. 204. A tradução citada é de VERENE, D. P. *Hegel's Recollection*. Albânia: Suny Press, 1985, p. 7-8. Na *Encyclopaedia*, Hegel também menciona o "abismo noturno no qual um mundo de infinitas imagens e apresentações é preservado sem estar na consciência" (par. 453). A fonte histórica de Hegel é aqui Jacob Bohme.

[Q]ue o acidental como tal, separado do que o circunscreve, o que está vinculado e é efetivo apenas em seu contexto com os outros, deve alcançar uma existência própria e uma liberdade separada – esse é o tremendo poder do negativo[271].

Assim, é como se, no cenário medonho da "noite do mundo", encontrássemos algo como o *poder do Entendimento em seu estado natural*, o espírito sob a forma de um *protoespírito* – essa, talvez, seja a definição mais precisa de horror: quando um estado mais elevado de desenvolvimento se inscreve violentamente no estado inferior, em sua base/pressuposição, em que não pode deixar de aparecer como uma bagunça monstruosa, uma desintegração da ordem, uma combinação antinatural aterrorizante de elementos naturais.

Esse ponto também pode ser abordado em relação à ideia propriamente dialética de abstração: o que torna infinita a "universalidade concreta" de Hegel é que ela *inclui "abstrações" na própria realidade concreta, como seus constituintes imanentes*. Isso quer dizer que: o que seria, para Hegel, o movimento elementar da filosofia com relação à abstração? Abandonar a noção empirista de senso comum de abstração como um passo para distanciar-se da riqueza da realidade empírica concreta com sua multiplicidade irredutível de características: a vida é verde, os conceitos são cinzentos, eles dissecam e mortificam, a realidade concreta (essa noção de senso comum tem até mesmo sua versão pseudodialética, segundo a qual essa "abstração" é uma característica do mero Entendimento, enquanto a "dialética" recupera a riqueza da realidade). O pensamento filosófico propriamente dito começa quando nos tornamos conscientes de *como esse processo de "abstração" é inerente à própria realidade*: a tensão entre a realidade empírica e suas determinações conceituais "abstratas" é imanente à realidade, é uma característica das "próprias coisas". É aí que reside o acento antinominalista do pensamento filosófico – por exemplo, o *insight* básico da "crí-

---

271. HEGEL, G. W. F. *Phenomenology of Spirit*, 1977, p. 18-19.

tica da economia política" de Marx é que a abstração do valor de uma mercadoria é seu constituinte "objetivo". É a vida sem teoria que é cinzenta, apenas uma realidade plana e estúpida – somente a teoria a torna "verde", verdadeiramente viva, trazendo à tona a complexa rede subjacente de mediações e tensões que a faz se mover. Essa abordagem fornece um acento diferente na leitura de Hegel: a reconciliação propriamente hegeliana não é um estado pacífico no qual todas as tensões são suprassumidas ou mediadas, mas uma reconciliação com o excesso irredutível da própria negatividade.

COMO FAZER PALAVRAS COM COISAS

Essa posição estratégica da persistência da negatividade abstrata e do sujeito como a figura final da abstração imanente à realidade nos permite lançar uma luz crítica sobre a palavra final referente aos tratamentos contemporâneos da multiplicidade, a teoria do agenciamento [*assemblage/agencement*], uma luz crítica que, no entanto, endossa totalmente seu marco principal. Vamos começar com as determinações básicas do agenciamento:

1. Os agenciamentos são relacionais, são arranjos de diferentes entidades ligadas entre si para formar um novo todo. Eles consistem em relações de exterioridade, sendo que esta implica certa autonomia dos termos (pessoas, objetos etc.) a respeito das relações entre eles; as propriedades das partes componentes também não podem explicar as relações que constituem um todo.

2. Os agenciamentos são produtivos: eles produzem novas organizações territoriais, novos comportamentos, novas expressões, novos atores e novas realidades.

3. Os agenciamentos são heterogêneos: não há limites *a priori* quanto ao que pode ser relacionado – humanos, animais, coisas e ideias – nem há uma entidade dominante em um agenciamento. Como tal, os agenciamentos são sociomateriais, ou seja, evitam a divisão entre natureza e cultura.

4. Os agenciamentos implicam uma dinâmica de desterritorialização e reterritorialização: eles estabelecem territórios à medida que emergem e se mantêm unidos, mas também sofrem mutações, transformações e rupturas constantes.

5. Os agenciamentos são desejados: o desejo acopla constantemente fluxos contínuos e objetos parciais que são, por natureza, fragmentários e fragmentados.

Nessa visão, o mundo é concebido como múltiplo e performativo, isto é, moldado por meio de práticas, em vez de uma única realidade preexistente. É por isso que, para Bruno Latour, a política deve se tornar material, uma *Dingpolitik* que gira em torno de coisas e questões preocupantes, em vez de valores e crenças. As células-tronco, os telefones celulares, os organismos geneticamente modificados, os patógenos, a nova infraestrutura e as novas tecnologias reprodutivas trazem à tona públicos preocupados que criam diversas formas de conhecimento sobre esses assuntos e diversas formas de ação – além das instituições, dos interesses políticos ou das ideologias que delimitam o domínio tradicional da política. Quer seja chamada de política ontológica, *Dingpolitik* ou cosmopolítica, essa forma de política reconhece o papel vital dos não humanos em situações concretas, na criação de diversas formas de conhecimento que precisam ser reconhecidas e incorporadas em vez de silenciadas. Foi dada atenção especial à organização mais central de todas para os geógrafos políticos: o Estado. Em vez de conceber o Estado como um ator unificado, ele deve ser abordado como um agenciamento que faz com que pontos heterogêneos de ordem – particularidades geográficas, étnicas, linguísticas, morais, econômicas e tecnológicas – ressoem juntos. Dessa forma, o Estado é um efeito, não a origem do poder, e devemos nos concentrar na reconstrução da base sociomaterial de seu funcionamento. O conceito de agenciamento questiona a naturalização de agenciamentos hegemônicos e os torna abertos a desafios políticos ao expor sua contingência[272].

---

272. Essa descrição foi descaradamente retirada de MÜELLER, M. Assemblages and actor-networks: Rethinking socio-material power, politics

A relativa autonomia dos elementos de um agenciamento também permite sua recontextualização radical. No domínio da política, seria interessante analisar o movimento de Trump como um agenciamento – não um movimento populista *sui generis* consistente, mas um agenciamento precário de elementos heterogêneos que permitiram que ele exercesse a hegemonia: protestos populistas *antiestablishment*, proteção dos ricos com impostos mais baixos, moral cristã fundamentalista, patriotismo racista etc. – esses elementos não pertencem de forma alguma um ao outro, são heterogêneos e podem ser combinados em um conjunto totalmente diferente (digamos, a fúria dos protestos *antiestablishment* também foi usada por Bernie Sanders; impostos mais baixos para os ricos geralmente são defendidos por motivos puramente econômicos por liberais [econômicos] que desprezam o populismo etc.). A lógica do agenciamento também deve ser levada em conta quando estamos lidando com os grandes *slogans* emancipatórios da esquerda, como "a luta contra a islamofobia e a luta pelos direitos das mulheres são uma única e mesma luta" – sim, como um objetivo, mas na bagunça da política real, essas são duas lutas separadas que não só podem ser executadas independentemente uma da outra, mas também podem trabalhar uma contra a outra: a luta das mulheres contra a opressão muçulmana das mulheres, a luta anticolonial que descarta os direitos das mulheres como uma conspiração ocidental para destruir a vida comunitária muçulmana tradicional etc.

O conceito de agenciamento também abre um caminho para a questão-chave da reorganização comunista da sociedade: como seria possível reunir de forma diferente as organizações de grande escala que regulam o abastecimento de água, a saúde, a segurança etc.? Devemos levantar aqui a questão de como a noção de agenciamento se relaciona com a noção de cadeia de equivalências de Ernesto Laclau, que também envolve uma combinação de elementos heterogêneos que podem ser combinados com outros diferentes (por exemplo, a ecologia pode ser anárquica, conservadora,

---

and space. *Geography compass*, v. 9, n. 1, p. 27-41, 2015. Disponível em: https://l1nq.com/wT90Y

capitalista – acreditando que as regulamentações de mercado e as taxações são as medidas corretas –, comunista, intervencionista do Estado...). O que distingue a "cadeia de equivalências" de Laclau é que essa cadeia não apenas reúne elementos heterogêneos em uma agência, mas também os reúne como parte da luta antagônica de Nós contra Eles. Por sua vez, o antagonismo é algo que atravessa cada um desses elementos por dentro[273].

É por isso que não devemos conceber o agenciamento como uma combinação de elementos pré-dados que se esforçam em direção a algum tipo de unificação: cada elemento já é atravessado por uma universalidade que o corta como um antagonismo/inconsistência universal, sendo esse antagonismo o que leva os elementos a se unificarem, a formarem agenciamentos. O desejo de agenciamento é, portanto, a prova de que uma dimensão de universalidade já está em ação em cada elemento de um agenciamento sob a forma de negatividade, de um obstáculo que impede sua autoidentidade. Em outras palavras, os elementos não lutam pelo agenciamento para se tornarem parte de um Todo maior, eles lutam por ele para se tornarem eles mesmos, para atualizarem sua identidade. Todavia, do ponto de vista da teoria do agenciamento, a limitação fatal da noção de hegemonia de Laclau é que ela se refere apenas a elementos ideológicos ("ideologemas") cujo "agenciamento" forma uma cadeia de equivalências: ela ignora elementos materiais não ideológicos (epidemias, movimentos populacionais, invenções tecnológicas, novas formas de sexualidade etc.) que compõem uma complexa "política das coisas".

---

273. Existem, é claro, diferentes modalidades de antagonismo. Quando János Kádár chegou ao poder na Hungria em 1956, depois que o exército soviético esmagou a rebelião anticomunista, ele adotou o *slogan* "quem não é contra nós está por nós" para sinalizar um governo mais brando, permitindo que as pessoas se retirassem para a passividade. Dessa forma, ele efetuou a mudança do totalitarismo para o governo autoritário. No totalitarismo, afirma-se que "quem não é por nós está contra nós", ou seja, não se tolera a retirada do apoio ativo, todos têm de participar do ritual do poder, o antagonismo é absoluto, não há uma terceira opção. Já um estado autoritário não tolera a oposição direta, mas prospera na passividade indiferente – o antagonismo é aqui suavizado, a neutralidade é cooptada pelo poder.

No entanto, embora seja fácil afirmar, em princípio, a unidade na diferença dos dois aspectos, expressivo e material, permanece a questão de como, concretamente, eles se combinam/interagem: como, exatamente, a linguagem está inserida em um mundo material de vida prática? Está claro que, ainda que seja sempre parte dele, não pode ser simplesmente reduzida a um de seus componentes – ela sempre envolve uma lacuna, uma distância em relação a ele. Essa distância enigmática, essa posição ambígua da linguagem dentro e fora da realidade, leva-nos ao ponto crucial da questão, o *status* ontológico do sujeito. É fácil demonstrar como aquilo que Stephen Jay Gould chamou de "exaptação" é imanente a uma estrutura simbólica (os elementos são continuamente transfuncionalizados, arrancados de seu contexto, incluídos em novas totalidades, retotalizados em novos campos de significado), mas há um passo fundamental a ser dado, o passo da exaptação a um corte subjetivo. O que está faltando na ontologia plana dos agenciamentos não é uma totalidade contínua que os una, mas a própria discórdia radical; que tipo de discórdia? Levi Bryant inverte a fórmula de Badiou de "sujeito sem objeto" para a de "objeto sem sujeito", afirmando que seu objetivo não é abolir o sujeito, mas abrir um espaço para "um pensamento do objeto que não seja um correlato do sujeito ou a colocação do sujeito" e, assim, para

> romper um espaço em que possamos pensar no papel que os seres materiais desempenham na vida social e política, exercendo todo tipo de poder e restrição sobre nós (além do papel mais tradicional que as agências semiológicas, como a ideologia, as práticas e o significante, desempenham em nossa vida)[274].

Lacan, porém, não aceita a premissa de Badiou; para ele, não há sujeito que não esteja correlacionado a um objeto, *objet a*. Há uma piada bem conhecida sobre judeus confessando suas falhas em uma reunião da sinagoga. Primeiro, um rabino poderoso diz: "Perdoe-me, Deus, eu não sou nada, não sou digno de sua aten-

---

274. Disponível em: https://larvalsubjects.wordpress.com/2016/11/21/zizek-on- the-democracy-of-objects-2/#more-8789

ção!" Depois dele, um rico comerciante diz: "Perdoe-me, Deus, sou um nada sem valor!" Em seguida, um pobre judeu comum dá um passo à frente e diz: "Perdoe-me, Deus, eu também não sou nada..." O comerciante rico sussurra para o rabino: "Quem ele pensa que é, esse miserável, que também pode dizer que não é nada?" Há um *insight* profundo nessa piada: "tornar-se nada" requer o esforço supremo da negatividade, de arrancar-se da imersão em uma teia de determinações particulares. Essa elevação sartriana do sujeito a um vazio, a um nada, não é uma verdadeira posição lacaniana (ou hegeliana): Lacan mostra como, para fazer isso, é preciso encontrar um apoio em um elemento particular que funciona como um "menos que nada" – o nome de Lacan para isso é *objet a*. Vejamos um exemplo político. A proibição politicamente correta de afirmar a identidade particular dos homens brancos (como o modelo de opressão dos outros), embora se apresente como a admissão de sua culpa, confere a eles uma posição central: essa mesma proibição de afirmar sua identidade particular os transforma no meio universal neutro, o lugar a partir do qual a verdade sobre a opressão dos outros é acessível. Por essa razão, os liberais brancos se entregam de bom grado à autoflagelação: o verdadeiro objetivo de sua atividade não é realmente ajudar os outros, mas o *Lustgewinn* provocado por suas autoacusações, o sentimento de sua própria superioridade moral sobre os outros. O problema com a autonegação da identidade branca não é que ela vai longe demais, mas que não vai longe o suficiente: embora seu conteúdo enunciado pareça radical, sua posição de enunciação continua sendo a de uma universalidade privilegiada. Então, sim, eles se declaram "nada", mas essa mesma renúncia a um algo (particular) é sustentada pelo prazer excedente de sua superioridade moral, e podemos facilmente imaginar a cena da piada judaica citada repetida aqui: quando, digamos, um negro diz "Eu também não sou nada!", um branco sussurra para seu vizinho (branco): "Quem ele pensa que é para poder afirmar que também não é nada?" Podemos facilmente passar da imaginação para a realidade aqui. Há mais ou menos uma década, em uma mesa redonda em Nova York onde predominavam os esquerdistas politicamente corretos, lembro-me de alguns grandes nomes entre os "pensadores críticos", um após o outro, se autoflagelando, culpando a tradição judaico-cristã por nossos males, pronunciando veredictos contundentes sobre o "eurocentrismo" etc. Então, inesperadamente, um ativista negro se juntou ao debate fazendo algumas observações críticas sobre as limitações do movimento muçulmano negro; ao ouvir isso, os "pensadores críticos" brancos trocaram olhares irritados cuja mensagem era algo como "Quem esse sujeito pensa que é para também afirmar que não vale nada?"

O *Objet a* é um objeto paradoxal, um objeto que preenche o vazio, uma lacuna na própria textura da realidade; é *esse* objeto que efetivamente rasga a textura contínua da realidade e ocupa o lugar de uma janela nela. Longe de totalizar a realidade, o "sujeito" só pode ocorrer quando há um rasgo radical na textura da realidade, quando esta não é uma coleção "plana" de objetos, mas implica uma fissura radical – em última análise, *o próprio sujeito É o rasgo na realidade, o que rasga sua textura homogênea*. Portanto, quando dizemos que o sujeito se identifica com seu sintoma para evitar sua própria crise ontológica, para resolver o impasse de sua inexistência, para suplementar sua falta de um suporte ontológico firme, devemos levar essa afirmação ao extremo e dizer que o sujeito é, em si mesmo, uma crise ontológica, uma fenda no edifício ontológico da realidade. Ou, em outras palavras, o sujeito não apenas se relaciona constitutivamente com algum trauma, assombrado por algum trauma primordial, mas o sujeito É o trauma, é um corte traumático na ordem do ser. Essa inversão autorreflexiva de atributo ou propriedade para ser é crucial: o sujeito não está relacionado a X, assombrado por X, o sujeito É esse X.

Essa fissura desaparece na noção de práxis, de atividade engajada que sustenta um mundo da vida coletivo. Lembremo-nos da noção (elaborada por diferentes autores, de Bakhtin ao Wittgenstein tardio) de linguagem como um momento orgânico da práxis social, como um momento ativo de um mundo da vida.

O alvo crítico dessa abordagem é a noção supostamente "idealista" da linguagem como um meio de designação da realidade, como seu espelhamento e não como parte dela e uma intervenção ativa nela. A linguagem é principalmente uma forma de interagir no mundo, de conseguir algo, digamos, de seduzir um parceiro amoroso, de exercer dominação, de regular a colaboração, de convencer os outros, e não apenas um meio passivo de designá-la. A linguagem, o trabalho e outras formas de interação humana, todos juntos, formam o Todo vivo da práxis, mas, novamente, do ponto de vista estritamente lacaniano, a alternativa da linguagem que serve para falar sobre a realidade à distância e da linguagem como um momento orgânico da prática da vida negligencia (ou melhor, pressupõe) algo: a própria abertura da lacuna que (potencialmente) separa as palavras das coisas. Em outros termos, a verdadeira questão é como a lacuna que permite a um ser falante adquirir uma distância em relação à realidade surge na realidade em si. Antes de funcionar como um modo de intervenção ativa na realidade, a linguagem promove uma retirada da imersão direta na atividade do mundo da vida. Portanto, anteriormente à distância segura, há um processo violento de aquisição de uma distância, de dilaceramento da realidade – é nisso que Lacan se concentra quando fala de "castração simbólica". Durante décadas, ouvimos falar que a linguagem é uma atividade, não um meio de representação que denota um estado independente das coisas, mas uma prática de vida que "faz coisas", que constitui novas relações no mundo. Será que não chegou a hora de fazer a pergunta inversa? Como uma prática que está totalmente inserida em um mundo da vida pode começar a funcionar de forma representativa, subtraindo-se de seu enredamento no mundo da vida, adotando uma posição distanciada de observação e denotação? Hegel elogiou esse "milagre" como o poder infinito do Entendimento, o poder de separar – ou, pelo menos, de tratar como separado – o que na vida real pertence em conjunto. Os místicos celebram a paz interior que alcançamos quando nos retiramos da imersão na eterna dança louca da realidade, na qual tudo está aprisionado em um movimento incessante; Hegel e Lacan tornam visível o anverso violento dessa paz interior. A linguagem nunca se "encaixa" na realidade, ela é a marca de um desequilíbrio radical que sempre impede o sujeito de se localizar na realidade[275].

Essa lacuna de negatividade nos obriga a pensar de uma nova maneira a tríade de universalidade-particularidade-singularidade. Quando a teoria do agenciamento quer pensar em indivíduos fora da tríade aristotélica padrão de universal-particular-individual, como ela pode explicar a regularidade e a estabilidade das características das entidades individuais? Algo precisa ser acrescentado para desempenhar o papel que os gêneros e as espécies desempenham na ontologia aristotélica. Essas regularidades "podem ser explicadas pela adição de um diagrama ao agenciamento, ou seja, pela concepção do espaço de possibilidades associado às suas disposições como sendo estruturado por singularidades"[276].

Em vez do gênero de um agenciamento, precisamos, portanto, "da estrutura virtual dos espaços de possibilidade que constituem seu diagrama"; no caso de um animal, "isso envolve uma conceituação adequada de um *animal topológico* que pode ser dobrado e esticado na multiplicidade de diferentes espécies de animais que povoam o mundo"[277] ou, para citar Deleuze e Guattari, um "único animal abstrato para todos os agenciamentos que o efetivam":

> Um plano único de consistência ou composição para o cefalópode e o vertebrado; para que o vertebrado se torne um polvo ou choco, tudo o que teria de fazer é dobrar-se em dois com rapidez suficiente para fundir os elementos das metades de suas costas, depois levar a pélvis até a nuca e juntar os membros em uma de suas extremidades[278].

---

275. Condenso aqui a linha de pensamento de meu Marx as a Reader of Object-Oriented-Ontology. *In*: HAMZA, A.; RUDA, F.; ŽIŽEK, S. *Reading Marx*. Cambridge: Polity Press, 2018.
276. DELANDA, M. *Assemblage Theory*. Edimburgo: Edinburgh University Press, 2016, p. 142.
277. *Ibid.*, p. 151.
278. DELEUZE, G.; GUATTARI, F. *A Thousand Plateaus*. Mineápolis: University of Minnesota Press, 1987, p. 155.

Essas transformações topológicas "não podem, é claro, ser realizadas em animais adultos: somente os embriões desses animais são flexíveis o suficiente para suportá-las"[279]. Portanto, não temos aqui a universalidade abstrata do Animal, mas uma matriz de todas as variações e permutações que também não é uma estrutura atemporal (como em Lévi-Strauss), mas um diagrama de sua individualização, de todos os processos genéticos possíveis. O diagrama de um agenciamento é sua dimensão transcendental – no sentido de Deleuze.

Nesse nível abstrato (da distinção entre uma singularidade e seu diagrama, sua moldura transcendental), podemos definir uma revolução como uma mudança transcendental em que o fundo virtual dessa singularidade é transformado e o que era impossível se torna possível. Nada precisa "realmente mudar" em uma revolução – voltando ao nosso exemplo da *Ninotchka*: para uma xícara de café, uma revolução muda uma xícara de café sem leite para uma xícara de café sem creme. Da mesma forma, no erotismo, novas "potencialidades" de prazer sexual são o que um bom amante traz à tona, ele as vê em você sem que você tenha consciência delas. Elas não são um puro Em-si que já estava lá antes de ser descoberto; são um Em-si que é gerado por meio de um relacionamento com o outro (amante). A mesma coisa se aplica a um bom professor ou líder que "confia em você" e, dessa forma, permite que você desenvolva potenciais inesperados: é muito simples dizer que, antes de serem descobertos, esses potenciais já estavam adormecidos em você como seu Em-si. É nesse ponto que não posso concordar com Graham Harman: o que um objeto é em si mesmo, além de suas relações e interações reais com os outros, não é imanente a ele independentemente de suas relações com os outros; ao contrário, é dependente de suas relações com os outros. Quando uma xícara de café é colocada em relação ao leite, o café sem leite torna-se parte de seu diagrama, um "fracasso imediato" do leite.

É por isso que Graham Harman está certo quando, em seu *Immaterialism*, enfatiza como o fracasso é a chave para a identi-

---

279. DELANDA. *Op. cit.*, p. 151.

dade: o que as coisas são (além de suas ações) *são* seus fracassos registrados em sua dimensão virtual. Como Harman coloca em sua Regra 4, "um objeto é mais conhecido por seus fracassos imediatos do que por seus sucessos"; fracassos imediatos são "fracassos vizinhos que não foram uma conclusão antecipada" e eles "também dão origem a objetos 'fantasmas' que oferecem combustível para especulações contrafactuais infinitas, nem todas inúteis"[280]. A identidade de um objeto, o seu "Em si", reside em seu diagrama, em virtualidades das quais apenas algumas são atualizadas. Aqui, no entanto, uma outra distinção precisa ser introduzida: na panóplia de fracassos (ou potenciais não realizados), deve-se distinguir aqueles cuja não realização é efetivamente um fato acidental daqueles, muito mais interessantes, cuja não realização aparece como acidental, porém é efetivamente essencial para a identidade do objeto em questão – parece que algo poderia ter acontecido, mas sua realização de fato arruinaria a identidade do objeto. O conceito de "diagrama" de DeLanda (a matriz de todas as variações possíveis de um objeto de agenciamento, seu eco virtual) deve, portanto, ser alterado de forma crucial: não basta dizer que algumas variações são realizadas enquanto outras permanecem uma possibilidade. Algumas variações são *essencialmente não realizadas*, ou seja, embora apareçam como possibilidades, elas devem permanecer meras possibilidades – se forem acidentalmente realizadas, toda a estrutura de um diagrama se desintegra. Elas são o ponto do impossível-real de uma estrutura e é fundamental identificá-las. Tomemos o capitalismo atual como um sistema global: sua hegemonia é sustentada pela ideia liberal-pragmática de que é possível resolver os problemas gradualmente, um a um ("as pessoas estão morrendo agora em Ruanda, então esqueça a luta anti-imperialista, vamos apenas evitar o massacre"; ou "é preciso combater a pobreza e o racismo aqui e agora, sem esperar pelo colapso da ordem capitalista global"). O problema aqui é a premissa "utópica" subjacente de que é *possível* alcançar tudo isso dentro das coordenadas do capitalismo global atual. E se as dis-

---

280. HARMAN, G. *Immaterialism*. Cambridge: Polity Press, 2016, p. 116-117.

funções específicas do capitalismo não forem apenas distúrbios acidentais, mas estruturalmente necessários? E se o sonho de resolver os problemas um a um for um sonho de universalidade (a ordem capitalista universal) sem seus sintomas, sem seus pontos críticos nos quais sua "verdade reprimida" se articula?

A VISÃO INUMANA

Agora podemos abordar a questão ontológica fundamental: a teoria do agenciamento defende uma ontologia plana em que os sujeitos humanos são reduzidos a apenas um entre os múltiplos e heterogêneos actantes (para usar o termo de Bruno Latour), o que nos leva de volta ao tópico da visão inumana (para a qual nós, humanos, aparecemos como um entre os actantes). Como podemos aceitar a borda subversiva dessa noção de "visão inumana" sem regredir ao realismo ingênuo? Tomemos como ponto de partida *A gatinha esquisita*, de Ramon Zürcher, o primeiro verdadeiro filme de agenciamento em que os humanos são retratados como atores entre outros atores:

> Quando a família se reúne – filhos, filhas, seus pais, uma avó doente, um casal de tios – eles conversam entre si, aglomerando-se na cozinha. Os monólogos continuam e as pessoas entram e saem da cozinha, passam pelo corredor escuro e voltam, e o apartamento começa a ganhar vida própria. Os objetos começam a se rebelar contra as funções para as quais foram criados. Os botões caem das camisas das pessoas. Bebidas derramam. O radiador tem um eco estranho. A máquina de lavar está quebrada. Uma garrafa de vidro gira no fogão. Uma bola voa pela janela da cozinha, lançada do pátio abaixo, um momento alarmante em que a redoma da dinâmica familiar é quebrado por um intruso. No jantar em família, mais adiante no filme, uma das linguiças gordurosas sobre a mesa esguicha gordura descontroladamente quando alguém a corta, causando um momento hilário[281].

---

281. O'MALLEY, S. Disponível em: www.rogerebert.com/reviews/the-strange-little-cat-2014

Essa "recusa dos objetos em se comportar adequadamente e fazer o que deveriam fazer" indica que eles também são atores por si mesmos, e que os humanos são apenas um entre os atores. A questão a ser levantada é: como há muitos atores no filme, quem é o sujeito, a mãe ou o gato? Poderíamos dizer que a mãe é o sujeito puro (na maioria das vezes, ela apenas olha para os acontecimentos e objetos sem nenhuma atividade relevante), enquanto o gato está se movendo, mediando entre outros actantes, desencadeando eventos. A mãe e o gato representam, portanto, o par de $ (sujeito barrado) e *a* (objeto-causa do desejo). Ainda, a cena principal do filme mostra um estranho confronto entre os dois: a mãe fica perto da pia da cozinha, com o pé levantado logo acima do gato deitado no chão, como se estivesse tentada a esmagá-lo, mas seu pé permanece congelado no ar (essa cena ecoa um incidente no cinema relatado pela mãe, que também evidencia a imobilidade do pé dela: sentada em sua cadeira, ela sentiu que o vizinho, um homem desconhecido, colocou o sapato nela e o manteve ali, pressionando o pé dela com a perna; logo, ela não conseguia tirar o pé). E o gato? Perto do final do filme, a avó da família cochila (morre?) em uma cadeira grande e a imagem dela é seguida por um *close-up* inesperado da cabeça do gato, uma imagem que, de uma forma estranha, subjetiviza o gato. Ele é retratado como se estivesse de alguma forma ligado à morte da avó, mesmo que não seja diretamente responsável por ela – o gato é o anjo da morte? Não é de se admirar que Zürcher "tenha descrito o filme como 'um filme de terror sem nenhum terror', embora também seja uma comédia sem nenhuma piada de fato"[282]. Temos que tomar essas fórmulas literalmente, no sentido kantiano (Kant define a beleza como uma finalidade sem fim): puro horror formal que, como tal, coincide com a comédia.

Podemos ver agora em que reside o potencial verdadeiramente subversivo da noção de agenciamento: ele surge quando o aplicamos para descrever uma constelação que também inclui

---

282. Disponível em: http://variety.com/2014/film/festivals/film-review-the-strange-little-cat-1201148557/.

seres humanos, mas de um ponto de vista "inumano", de modo que os seres humanos aparecem nela como apenas um entre os participantes. Lembremo-nos da descrição de Jane Bennett de como os atores interagem em um monte de lixo poluído: como não apenas os seres humanos, mas também o lixo apodrecido, vermes, insetos, máquinas abandonadas, venenos químicos e assim por diante, cada um desempenha seu papel (nunca puramente passivo)[283].

Há um autêntico *insight* teórico e ético-político em tal abordagem. Quando os novos materialistas se opõem à redução da matéria à mistura passiva de partes mecânicas, eles não estão, é claro, afirmando a antiquada teleologia direta, mas uma dinâmica aleatória imanente à matéria: as "propriedades emergentes" surgem de encontros não previsíveis entre vários tipos de agentes, a agência para qualquer ato específico é distribuída em uma variedade de tipos de corpos[284]. Agência torna-se, assim, um fenômeno social em que os limites da socialidade são expandidos para incluir todos os corpos materiais que participam do agenciamento relevante. Digamos que um público ecológico seja um grupo de corpos, alguns humanos, mas a maioria não, que estão sujeitos a danos definidos como uma capacidade diminuída de ação. A implicação ética de tal posição é que precisamos reconhecer nosso emaranhado em agenciamentos maiores: devemos nos tornar mais sensíveis às demandas desses públicos e o senso reformulado de interesse próprio nos convoca a responder à sua situação. A materialidade, geralmente concebida como substância inerte, deve ser repensada como uma infinidade de coisas que formam agenciamentos de atores humanos e não humanos (actantes) – os humanos são apenas uma força em uma rede de forças potencialmente ilimitada.

---

283. BENNETT, J. *Vibrant Matter*. Durham: Duke University Press, 2010, pp. 4-6.

284. Devemos sempre ter em mente a força científica do chamado reducionismo: a ciência não está em seu ponto mais forte quando explica como uma qualidade "superior" emerge das "inferiores"?

Não devemos temer levar essa abordagem ao extremo: pensemos em Auschwitz como um agenciamento – não apenas os carrascos nazistas estavam envolvidos como seus agentes, mas também os judeus, a complexa rede de trens, fornos a gás, a logística de alimentação dos prisioneiros, de separação e distribuição de roupas, dentes de ouro, cabelos, cinzas... O objetivo dessa leitura de Auschwitz como um agenciamento não é fazer jogos vulgares e de mau gosto, mas trazer à tona o caráter verdadeiramente subversivo da abordagem do agenciamento. Isso equivale a olhar para Auschwitz com olhos inumanos, ou, como Deleuze teria dito, praticar, em relação a Auschwitz, "uma percepção como era antes dos homens (ou depois) ... liberados de suas coordenadas humanas"[285]: devemos ser fortes o suficiente para sustentar a visão de Auschwitz como parte do "caos iridescente de um mundo antes do homem"[286]. A abordagem realista padrão visa descrever o mundo e a realidade da maneira como existem lá fora, independentemente de nós, sujeitos observadores. Contudo, nós, sujeitos, somos parte do mundo e o consequente realismo deve nos incluir na realidade que estamos descrevendo, de modo que nossa abordagem realista precisa incluir a descrição de nós mesmos "de fora", independentemente de nós mesmos, como se estivéssemos nos observando com olhos inumanos. O que essa inclusão de nós mesmos significa não é um realismo ingênuo, mas algo muito mais estranho, uma mudança radical na atitude subjetiva por meio da qual nos tornamos estranhos para nós mesmos.

É crucial ver a ligação entre a visão através de "olhos inumanos" da realidade como um agenciamento objetivo e a visão radicalmente subjetivada do ponto de vista ético engajado. Voltando ao caso de Auschwitz: este lugar como um agenciamento neutro em que os seres humanos são um dos actantes ao lado de fornos a gás, vermes etc. é uma visão aterrorizante que não pode deixar de dar origem a um escândalo moral (como dizem,

---

285. DELEUZE, G. *L'Image-mouvement*. Paris: Minuit, 1983, p. 122.
286. *Ibid.*, p. 81.

diante de tal horror, a realidade deveria ter se desintegrado, o sol deveria ter sido eclipsado). É apenas a experiência devastadora da impossibilidade (ética) de tal "visão inumana" que dá origem a uma postura ética adequada. Portanto, há um duplo paradoxo em ação aqui. Primeiro, esse ponto de vista "inumano", do qual os seres humanos aparecem apenas como um agente entre outros, já implica um sujeito puro (cartesiano), o único capaz de ocupar essa posição. Segundo paradoxo (ou, melhor dizendo, uma pergunta): quando vemos uma situação "a partir de fora", podemos perceber um sujeito nela? Existe um sujeito para uma visão externa, ou vemos de fora apenas a "objetividade morta"?

De forma mais radical, o sujeito (ou mesmo a vida) não é sempre uma pressuposição, uma hipótese?[287] Vemos algo, imputamos a ele subjetividade, mas nunca podemos ter certeza de que a subjetividade está realmente lá – e se for uma máquina apenas executando a subjetividade? E aqui devemos dar um passo além: mas a subjetividade é, de certa forma, sua própria *performance*, algo que aparece para si mesma, enquanto sua "base material" é apenas um aparato neuronal-biológico. Deve-se sempre ter em mente que a visão "objetiva" da natureza como um mecanismo "frio" que continua a girar em total indiferença aos nossos problemas é estritamente correlativa à subjetividade moderna (o sujeito cartesiano "vazio"). O mundo pré-moderno, no qual somos parte da sua ordem hierárquica "holística", é muito mais antropocêntrico: embora nós, humanos, sejamos seu momento subordinado, a visão completa do Todo da natureza já está profundamente marcada pelo ponto de vista humano.

É assim que devemos responder à pergunta: mas como um sujeito pode sair de si mesmo e adotar essa "visão inumana"? A resposta lacaniana é: precisamente como um sujeito puro, como o *cogito* cartesiano, que deve ser estritamente distinguido de qual-

---

287. "Hypo-thesis", em inglês, no original. O prefixo 'hypo', em inglês, denota algo "abaixo" ou "menos que" algo, cuja etimologia remonta ao grego antigo ὑπο- (hupo-), forma combinada de ὑπό (hupó, "abaixo" ou "sob"). A separação por hífen ajuda a destacar a relação de algo que está "sob" a tese (uma hipótese, um pressuposto) [N.T.].

quer tipo de humanismo, da "riqueza da personalidade". O *cogito* é o sujeito reduzido a uma pura pontualidade impessoal de um vazio, uma fissura na textura da realidade; assim, não é um sujeito puro sem objetividade – ele é sustentado por um objeto paradoxal que positiviza uma falta, o que Lacan chamou de *objet a*.

O fato de que não há sujeito sem objeto – ou seja, o fato de que a subjetividade vazia está fundamentada em um objeto específico que sustenta sua própria abstração de todo conteúdo particular – introduz a historicidade no vazio a-histórico que é $: esse objeto, *objet a*, embora seja apenas um pseudo-objeto, um envelope de um vazio, adquire em cada época uma forma específica. É somente no capitalismo que o objeto que sustenta o sujeito, a contraparte objetal do sujeito, aparece como o que é, não o objeto final do desejo que nos aguarda fora de nosso alcance, mas a forma objetal do próprio excedente, uma entidade virtual elusiva que dá corpo ao excesso sobre qualquer objeto determinado e que pode, *per se*, sustentar o sujeito em sua forma mais pura, o cogito cartesiano vazio. A homologia de Lacan entre o excesso de gozo e o excesso de valor ganha todo o seu peso aqui.

É por isso que também devemos rejeitar o óbvio argumento marxista tradicional contra a nossa reafirmação do sujeito vazio isento de toda objetividade, o argumento que pode ser apresentado como segue. Os sujeitos reais estão sempre presos em uma rede concreta de relações sociais historicamente específicas. Sua própria aparição como sujeitos abstratos "vazios", isentos de toda objetividade, é resultado de relações sociais concretas; eles só podem aparecer no capitalismo, no qual reina a abstração do mercado e em que todos os vínculos substanciais são dissolvidos[288]. Devemos responder a essa crítica em dois níveis. Primeiro, a historicidade propriamente dita não é o mesmo que a ideia de que todas as coisas são historicamente específicas e estão presas em um processo de mudança eterna; a historicidade propriamente dita

---

288. Para uma versão deleuziana precisa desse argumento, cf. FISCHBACH, F. *Sans objet*. Paris: Vrin, 2009.

sempre envolve uma tensão entre um núcleo traumático a-histórico (antagonismo, tensão) e suas configurações historicamente específicas (que são tantas tentativas de resolver a tensão). Derrida fez essa observação com relação ao *cogito* cartesiano vazio; seu gesto interpretativo fundamental é o de

> Separar, no interior do Cogito, por um lado, a hipérbole (que eu sustento não poder ser encerrada em uma estrutura histórica factual e determinada, pois é o projeto de exceder toda totalidade finita e determinada) e, por outro lado, aquilo que na filosofia de Descartes (ou na filosofia que sustenta o Cogito agostiniano ou também o Cogito husserliano) pertence a uma estrutura histórica factual[289].

O ponto fundamental de Derrida é, portanto, que a "historicidade própria da filosofia está localizada e constituída na transição, no diálogo entre a hipérbole e a estrutura finita, [...] na diferença entre história e historicidade"[290], na tensão entre o Real – o excesso hiperbólico – e sua simbolização (em última análise, sempre fracassada). Outro ponto a ser destacado aqui é que todas essas configurações históricas não estão no mesmo nível: na historicidade propriamente dita há sempre uma configuração na qual a universalidade trans-histórica aparece como tal. O *cogito* em si aparece apenas com a modernidade (e mesmo em Descartes ele é imediatamente ofuscado como a *res cogitans* substancializada). Essa dialética propriamente histórica foi descrita por Marx na conhecida passagem sobre o trabalho de seus *Grundrisse*:

> O trabalho parece uma categoria muito simples. A representação do trabalho nessa universalidade – como trabalho em geral – também é muito antiga. Contudo, concebido economicamente nessa simplicidade, o "trabalho" é uma categoria tão moderna quanto as relações que geram essa simples abstração. [...] Foi um imenso progresso de Adam Smith descartar toda determinabilidade da atividade criadora de riqueza – trabalho simplesmente, nem tra-

---

289. DERRIDA, J. Cogito and the History of Madness. *In:* DERRIDA, J. *Writing and Difference.* Chicago: The University of Chicago Press, 1978, p. 60.
290. *Ibid.*

balho manufatureiro, nem comercial, nem agrícola, mas tanto um como os outros. Com a universalidade abstrata da atividade criadora de riqueza, tem-se agora igualmente a universalidade do objeto determinado como riqueza, o produto em geral, ou ainda o trabalho em geral, mas como trabalho passado, objetivado. [...] A indiferença diante de um determinado tipo de trabalho pressupõe uma totalidade muito desenvolvida de tipos efetivos de trabalho, nenhum dos quais predomina sobre os demais. Portanto, as abstrações mais gerais surgem unicamente com o desenvolvimento concreto mais rico, ali onde um aspecto aparece como comum a muitos, comum a todos. Nesse caso, deixa de poder ser pensado exclusivamente em uma forma particular. Por outro lado, essa abstração do trabalho em geral não é apenas o resultado mental de uma totalidade concreta de trabalhos. A indiferença em relação ao trabalho determinado corresponde a uma forma de sociedade em que os indivíduos passam com facilidade de um trabalho a outro, e em que o tipo determinado do trabalho é para eles contingente e, por conseguinte, indiferente. Nesse caso, o trabalho deveio, não somente enquanto categoria, mas na efetividade, meio para a criação da riqueza em geral e, como determinação, deixou de estar ligado aos indivíduos em uma particularidade. Um tal estado de coisas encontra-se no mais alto grau de desenvolvimento na mais moderna forma de existência da sociedade burguesa – os Estados Unidos. Logo, só nos Estados Unidos a abstração da categoria "trabalho", "trabalho em geral", trabalho puro e simples, o ponto de partida da Economia moderna, devém verdadeira na prática. Por conseguinte, a abstração mais simples, que a Economia moderna coloca no primeiro plano e que exprime uma relação muito antiga e válida para todas as formas de sociedade, tal abstração só aparece verdadeira na prática como categoria da sociedade mais moderna. [...] Esse exemplo do trabalho mostra com clareza como as próprias categorias mais abstratas, apesar de sua validade para todas as épocas – justamente por causa de sua abstração –, na determinabilidade dessa própria abstração, são igualmente produto de relações históricas e têm sua plena validade só para essas relações e no interior delas[291].

---

291. MARX, K. *Grundrisse – Manuscritos Econômicos de 1857-1858: esboços da crítica da economia política (Locais do Kindle 1088-1121)*. Rio de Janeiro: UFRJ. Edição do Kindle.

Exatamente a mesma coisa se aplica à noção de sujeito, que, "apesar de sua validade – precisamente por causa de sua abstração – para todas as épocas, é, no entanto, no caráter específico dessa abstração, também um produto de relações históricas e tem sua plena validade apenas para e dentro dessas relações" – ou, mais precisamente, o *cogito* "torna-se verdadeiro na prática" apenas na modernidade capitalista, quando os indivíduos se experimentam como indivíduos "abstratos" não vinculados a nenhuma forma substancial concreta. Todavia, não significaria isso que, com a eventual superação dessa abstração do mercado, o sujeito "vazio" também desaparecerá e a subjetividade será novamente percebida e experienciada como incorporada em uma rede de relações concretas? Essa conclusão está errada por um motivo preciso: a modernidade capitalista é uma ordem social única. Ela é uma exceção (em relação a outros modos de produção), ou seja, é a única ordem que envolve um desequilíbrio estrutural, que se esforça por meio da superação contínua de crises – aquilo que para outros modos de produção é um ponto crítico, uma ameaça de decadência, para o capitalismo é seu estado normal. Entretanto, precisamente como uma exceção, o capitalismo traz à tona a verdade universal oculta de todos os outros modos de produção, e é por isso que seu efeito não pode ser desfeito. Depois do capitalismo, não há retorno à ordem substancial pré-moderna, não importa o quanto todos os tipos de fundamentalismo se esforcem para alcançá-la. O que vem depois do capitalismo só pode ser algo totalmente diferente, um começo radicalmente novo.

Como Deleuze teria dito, o sujeito não é uma megassubstância ou um mega-actante, mas uma superfície estéril, basicamente impotente. $ é um ator que existe apenas na atuação, sem substância. É óbvio que ele tem de ter alguma base material (neuronal, corporal), mas "não é isso" – todos nós conhecemos a surpresa do pesquisador: "como pode isso – a carne morta do nosso cérebro – ser isso (nosso pensamento)". O "Si-mesmo" representa a maneira como um organismo humano experiencia a si mesmo, aparece para si mesmo e não há *ninguém* por trás do véu da autoaparência, nenhuma realidade substancial:

A ilusão é irresistível. Por trás de cada rosto há um eu. Vemos o sinal da consciência em um olho brilhante e imaginamos algum espaço etéreo sob a abóbada do crânio, iluminado por padrões inconstantes de sentimentos e pensamentos, carregados de intenção. Uma essência. Mas, quando olharmos, o que é que encontramos nesse espaço por trás do rosto?

O fato bruto é que não há nada além de substância material: carne, sangue, ossos e cérebro... Você olha para uma cabeça aberta, observando o cérebro pulsar, observando o cirurgião puxar e sondar, e entende com absoluta convicção que não há nada mais. Não há ninguém ali[292].

Como é possível uma entidade que funciona como a aparência de nada para si mesma? A resposta é clara: essa entidade não substancial tem de ser puramente relacional, sem nenhum suporte positivo próprio. O que acontece na passagem da substância para o sujeito é, portanto, uma espécie de inversão reflexiva: passamos do núcleo secreto de um objeto inacessível a outros objetos para a inacessibilidade como tal – $ nada mais é do que sua própria inacessibilidade, seu próprio fracasso em ser substância. Nesse ponto reside a conquista de Lacan: a teoria psicanalítica padrão concebe o Inconsciente como uma substância psíquica da subjetividade (a notória parte oculta do *iceberg*) – toda a profundidade dos desejos, fantasias, traumas etc. –, enquanto Lacan dessubstancializa o Inconsciente (para ele, o cogito cartesiano é o sujeito freudiano), levando assim a psicanálise ao nível da subjetividade moderna (é aqui que devemos ter em mente a diferença entre o Inconsciente freudiano e os processos cerebrais neurológicos "inconscientes": estes últimos formam a "substância" natural do sujeito, ou seja, o sujeito só existe na medida em que é sustentado por sua substância biológica; entretanto, essa substância não é o sujeito).

O sujeito não é, de alguma forma, mais actante do que os objetos, um mega-actante que postula ativamente todo o mun-

---

292. BROKS, P. *Into the Silent Land: Travels in Neuropsychology*. Londres: Atlantic Books, 2003, p. 17.

do de objetos fundamentalmente passivos, de modo que, contra essa húbris, devemos reivindicar o papel ativo de todos os objetos. O sujeito é, em sua forma mais fundamental, um certo gesto de passivização, de não fazer, de retirada, de experiência passiva. Ele é *"ce que du réel pâtit du signifiant"* (Lacan), sua atividade é uma reação a essa característica básica. Dessa maneira, não é que a ontologia orientada ao objeto leve em conta a subjetividade, apenas reduzindo-a a uma propriedade ou qualidade de um entre outros objetos: o que a OOO descreve como sujeito simplesmente não atende aos critérios de sujeito – não há lugar para o sujeito na OOO.

O que isso significa é que também não há lugar para a fantasia na OOO – não no sentido simples de que a riqueza da vida interior exibida na fantasia seja uma característica básica da subjetividade, mas em um sentido quase oposto: a fantasia como dessubjetivada, separada do sujeito de quem é a fantasia, é inacessível ao sujeito.

Lembremo-nos do momento mágico no início de *Um corpo que cai* quando, no restaurante de Ernie, Scottie vê Madeleine pela primeira vez[293]: depois de Madeleine e Elster saírem da mesa e se aproximarem de Scottie na saída, ele vê que estão se aproximando e, para não trair sua missão, desvia o olhar para o vidro na divisória do bar, que mal dá para ver por cima de suas costas. Quando Madeleine se aproxima dele e tem de parar por um momento (enquanto o marido resolve as coisas com o garçom), vemos seu perfil misterioso (e o perfil é sempre misterioso – vemos apenas a metade, enquanto a outra metade pode ser um rosto repugnante e desfigurado – ou, na verdade, o "verdadeiro" rosto comum de Judy, a garota que, como descobrimos mais tarde, está se passando por Madeleine).

Precisamente pelo fato de o perfil de Madeleine *não* ser o ponto de vista de Scottie, a cena que mostra seu perfil é *totalmente* subjetivada, retratando não o que Scottie efetivamente

---

293. Recorro aqui a ESQUENAZI, J. P. *Hitchcock et l'aventure de Vertigo.* Paris: CNRS, 2001, p. 123-126.

vê, mas o que ele imagina, ou seja, sua visão interior alucinatória (lembremo-nos de como, enquanto vemos o perfil de Madeleine, o fundo vermelho da parede do restaurante parece se tornar ainda mais intenso, quase ameaçando explodir em calor vermelho, transformando-se em uma chama amarela – como se sua paixão estivesse diretamente inscrita no fundo). Não é de se admirar, portanto, que, embora Scottie não veja o perfil de Madeleine, ele aja como se estivesse misteriosamente cativado por ele, profundamente afetado por ele. O que temos nessas duas cenas que são subjetivadas sem serem atribuídas a um sujeito é precisamente o *puro fenômeno a-subjetivo*. O perfil de Madeleine é uma aparência pura, permeada por um investimento libidinal excessivo – de certa forma, precisamente subjetivo demais, intenso demais, para ser assumido pelo sujeito.

Então, o que isso nos diz sobre o Novo Materialismo? A "visão inumana" da realidade apresentada exemplarmente por Bennett é uma fantasia nesse sentido, uma fantasia separada de um sujeito, mas uma criação que continua a pressupor um sujeito – e Bennet está ciente disso quando fala sobre uma "antropomorfização cuidadosa" que sua visão implica. O Novo Materialismo dá um passo atrás em direção à ingenuidade pré-moderna (o que não pode aparecer para nós, modernos), cobrindo a lacuna que define a modernidade e reafirmando a natureza em sua vitalidade intencional: "o curso cuidadoso da antropomorfização pode ajudar a revelar essa vitalidade, mesmo que ela resista à tradução completa e exceda minha compreensão abrangente". Observe a incerteza dessa declaração: Bennett não está simplesmente preenchendo a lacuna, ela permanece moderna o suficiente para registrar a ingenuidade de seu gesto, admitindo que a noção de vitalidade da natureza está além de nossa compreensão, que estamos nos movendo em uma área obscura.

A noção de uma fantasia que não pode ser subjetivada nos leva de volta à "repressão primordial" como constitutiva do sujeito lacaniano, e a "repressão primordial" também nos permite explicar a diferença que separa a noção de Lacan do sujeito "barrado" ($) da noção de subjetividade de Judith Butler – vejamos mais de perto sua crítica à noção de sujeito de Lacan. Seu ponto de partida é que tanto Lacan quanto sua própria teoria endossam a premissa de que o processo de interpelação (identificação simbólica) do sujeito é incompleto; entretanto, o *status* preciso dessa incompletude é diferente. Para Butler, a parte da subjetividade excluída ou ignorada pela interpelação é historicamente variável e, como tal, sujeita a possíveis mudanças (a parte ignorada ou excluída pode ser reintegrada à identidade simbólica do sujeito). A partir dessa leitura, a barra de Lacan que divide o sujeito não pode deixar de aparecer como um *a priori* a-histórico/ transcendental indiferente às lutas políticas pela hegemonia, porque é sua condição formal:

> A noção do sujeito incompleto ou barrado parece garantir uma certa incompletude da interpelação: "Você me chama assim, mas o que eu sou escapa ao alcance semântico de qualquer esforço linguístico para me capturar". Essa fuga do chamado do outro seria realizada por meio da instalação de uma barra como a condição e a estrutura de toda constituição do sujeito? A incompletude da formação do sujeito que a hegemonia exige seria aquela em que o sujeito em processo é incompleto precisamente porque é constituído por meio de exclusões que são politicamente salientes, não estruturalmente estáticas ou fundamentais? E se essa distinção estiver equivocada, como poderemos pensar as exclusões constitutivas que são estruturais e fundamentais em conjunto com aquelas que consideramos politicamente salientes para o movimento da hegemonia? Em outras palavras, a incompletude da formação do sujeito não deveria estar ligada à contestação democrática sobre os significantes? O recurso a-histórico à barra lacaniana poderia ser conciliado com a questão estratégica que a hegemonia coloca, ou ela se apresenta como uma limitação quase transcendental a todas as possíveis formações de sujeito e estratégias e, portanto, como fundamentalmente indiferente ao campo político que se diz condicionar?[294]

---

294. BUTLER, J; LACLAU, E.; ŽIŽEK, S. *Contingency, Hegemony, Universality*. Londres: Verso Books, 2000, p. 12-13.

O sujeito de que Butler fala aqui continua sendo o sujeito liberal, o sujeito engajado no processo de expansão contínua do conteúdo de suas identificações:

> Minha compreensão da hegemonia é que seu momento normativo e otimista consiste precisamente nas possibilidades de expandir as possibilidades democráticas para os termos-chave do liberalismo, tornando-os mais inclusivos, mais dinâmicos e mais concretos[295].

A "barra" que exclui é, portanto, definida pelas normas sociais dominantes que podem ser alteradas para incluir o que é excluído e negociar uma universalidade mais ampla. O caso exemplar ao qual Butler se refere repetidamente é, obviamente, o da heterossexualidade normativa que exclui outras formas de sexualidade ou as reduz a desvios secundários ou patologias: a luta pela hegemonia permite que os sujeitos expandam a noção de sexualidade para que ela inclua como iguais outras formas (*gays* e lésbicas, transgêneros...). Essa noção da luta hegemônica pela negociação de formas cada vez mais amplas de universalidade confirma que o projeto de Butler permanece dentro da estrutura do liberalismo: a barra não está inscrita na própria noção de sujeito, mas ela sinaliza a incompletude como uma série de exclusões contingentes que podem ser gradualmente desfeitas, mesmo que isso signifique um processo interminável. Embora Butler sempre enfatize a historicidade, essa noção de sujeito com "seu momento normativo e otimista" – como um agente envolvido em uma expansão gradual contínua de suas liberdades – está claramente enraizada no contexto histórico específico do liberalismo progressista, que defende a expansão gradual de direitos e liberdades. A mesma coisa se aplica à noção de universalidade de Butler: apesar de toda a sua ênfase no *status* frágil de toda universalidade, que continua sendo um resultado precário do complexo trabalho de tradução, não há antagonismo imanente à universalidade como tal. Assim, ela continua sendo um horizonte sempre ilusório de inclusão mais e

---

295. BUTLER; LACLAU; ŽIŽEK. *Op. cit.*, p. 13.

mais ampla de todo conteúdo particular. Quando uma universalidade exclui algum conteúdo particular, isso significa simplesmente que ela foi hegemonizada por algum de seus conteúdos particulares. Por exemplo (extraído da própria Butler), quando um homem considera a ideia de praticar alguns atos homossexuais totalmente inaceitáveis e repulsivos, totalmente estranhos à sua identidade, isso significa que sua noção de sexualidade não é capaz de abranger as práticas homossexuais.

Para Lacan, a barra não é a barra de que fala Butler, a barra que separa a parte reconhecida da identidade do sujeito de seus potenciais não reconhecidos (excluídos). É a barra que exclui o sujeito de todo o domínio da objetividade, do conteúdo objetivo, isto é, a barra que separa algo (não de outro algo, mas) do nada, o nada/vazio que "é" o sujeito. Ela não exclui algo, ela exclui o próprio nada/vazio. A barra significa simplesmente que o sujeito não é um objeto. Nesse sentido, a barra é constitutiva da subjetividade, é o nome de Lacan para o que Freud chamou de *Ur-Verdrängung*, a repressão primordial, não a repressão no inconsciente de qualquer conteúdo determinado, mas a abertura do vazio que pode ser preenchido pelo conteúdo reprimido. Em poucas palavras, o sujeito (futuro) é interpelado, a interpelação falha e o sujeito é o resultado dessa falha. O sujeito é o vazio de seu próprio fracasso-em-ser.

O sujeito como o vazio que escapa à objetivação não é, no entanto, a última palavra de Lacan – se fosse a última palavra, não estaríamos lidando com o sujeito lacaniano, mas com o sujeito sartriano como o vazio que se autonega. O sujeito lacaniano é "descentrado" não no simples sentido neurobiológico de que sua vida psíquica é determinada por processos neurológicos dos quais ele, por definição, não está ciente, mas em um sentido muito mais estranho: como já vimos, o sujeito existe e retém sua identidade apenas na medida em que parte de seu conteúdo psíquico – seu núcleo traumático, o que Freud chama de "fantasia fundamental" – é inacessível a ele, não pode ser subjetivado, aceito por ele, integrado em seu universo simbólico. Se o sujeito se aproximar demais, ele se desintegra. O que isso significa é que o sujeito lacaniano não é sem objeto: ele existe apenas como separado de sua contraparte objetal, sua fantasia fundamental. Será que, dessa forma, estamos de volta ao que Butler rejeita, a noção de uma barra trans-histórica (divisão entre o sujeito e sua fantasia fundamental) que não pode ser superada? Não: a premissa de Lacan é que podemos – não integrar/subjetivar a fantasia fundamental, mas – suspendê-la (seu poder estruturante), e esse movimento radical é chamado por ele de "atravessar a fantasia". O preço desse movimento é, evidentemente, alto: ele envolve o que Lacan chama de "destituição subjetiva", que não é o desaparecimento do sujeito, mas sua redução a um ponto zero, a desintegração de todo o seu universo simbólico e, em seguida, seu renascimento. Esse corte é muito mais forte do que a expansão gradual do conteúdo subjetivado descrito e defendido por Butler como o modelo de progresso emancipatório: ele muda a própria medida e o padrão do que conta como progresso. Talvez (e esperamos), algo assim esteja acontecendo hoje com a mudança radical na relação entre os sexos, cujo sinal visível é o movimento MeToo: essa mudança é muito mais do que um progresso na história moderna da emancipação, pois suspende a "fantasia (ideológica) fundamental" que sustentava a noção de diferença sexual desde (talvez até) os tempos pré-históricos até hoje.

A "repressão primordial" da fantasia fundamental não é, portanto, um obstáculo a-histórico; pelo contrário, ela fundamenta (ou melhor, abre espaço para) um modo específico de historicidade. Por exemplo, a historicidade do progresso liberal descrita por Butler só pode emergir após o corte radical entre a Europa medieval e a modernidade europeia: com essa ruptura surgiu um novo modo de historicidade e subjetividade que não pode ser caracterizado como progresso em relação aos tempos medievais, uma vez que instituiu novos padrões normativos. A transformação permanente implícita na noção de hegemonia não é uma continuação direta do fato de que tudo na natureza e na realidade em geral está permanentemente mudando; a dialética do processo hegemônico descrita por Laclau (em que a universalidade é simultaneamente impossível e necessária/inevitável) introduz uma tensão entre particularidade e universalidade, na qual a universalidade é "para-si", postulada como tal, e não apenas o meio abstrato de elementos particulares. Somente no espaço simbólico é que cada particularidade postula sua própria universalidade, de modo que a luta hegemônica não é a luta entre particularidades, mas a luta das próprias universalidades. Para que isso aconteça, uma barra deve afetar a própria universalidade, uma barra que a torne impossível e que, dessa forma, abra o espaço da luta hegemônica.

O EM-SI MUITO PRÓXIMO

Apesar de sua crítica ao transcendentalismo kantiano como não histórico e apesar de sua insistência em afirmar que "os corpos importam" (o título de um de seus primeiros livros), a teoria de Butler continua sendo o caso extremo do que poderíamos chamar de historicismo transcendental: as práticas discursivas são concebidas como o horizonte insuperável de nossa experiência. Dessa forma, sua teoria é exatamente o oposto da ontologia orientada a objetos com seu retorno ao realismo pré-crítico: a OOO surgiu como uma reação direta ao relativismo discursivo historicista – no entanto, ambas compartilham a exclusão do que Freud chamou de "repressão primordial". Para esclarecer esse ponto-chave, devemos retornar ao tópico de nosso primeiro teorema, qual seja, a lacuna que separa nosso mundo fenomênico do modo como a realidade é em si mesma, a linha que separa o conhecido do desconhecido, a realidade fenomênica acessível do reino transcendente do Em-si. Assim, vamos recapitular a mudança de Kant para Hegel. A limitação final de Kant diz respeito à sua noção do Em-si: apesar de seu ceticismo sobre a possibilidade de nós, sujeitos finitos, conhecermos as coisas como elas são em si mesmas, ele traça uma linha clara de separação entre esse Em-si (que está no transcendente além, fora de nosso alcance) e a realidade fenomênica (constituída por mim como sujeito transcendental) que é domesticada, acessível, submetida a regras *a priori*. O que está isento de ceticismo é essa distinção muito clara entre a autoexperiência direta do sujeito, sua realidade fenomênica e a realidade numenal inacessível que persiste lá fora, fora do meu alcance – "eu estou aqui, e o inacessível Em-si está lá fora". Em algum sentido mais profundo (percebido muito bem por Hegel), Kant está trapaceando aqui: embora aja como se quisesse desesperadamente entrar em contato com o Ser que, infelizmente, o ilude, na verdade ele tem medo de se aproximar demais dele – ou, no domínio da razão prática, apesar de afirmar que não podemos ter certeza de que nossos atos são realmente éticos (feitos apenas por dever e não por alguma razão patológica), ele teme efetivamente que nosso agir seja realmente um ato de liberdade. O que isso significa é que, na ética kantiana, a verdadeira tensão não é entre a ideia do sujeito de que ele está agindo apenas por causa do dever e o fato oculto de que havia efetivamente alguma motivação patológica em ação (a psicanálise vulgar); a verdadeira tensão é exatamente a oposta: o ato livre em seu abismo é insuportável, traumático, de modo que, quando realizamos um ato por liberdade e para poder sustentá-lo, nós o experimentamos como condicionado por alguma motivação patológica. É tentador se referir aqui ao conceito-chave kantiano de esquematização: um ato livre não pode ser esquematizado, integrado em nossa experiência e, para esquematizá-lo, temos de "patologizá-lo". Geralmente, o próprio Kant interpreta erroneamente a verdadeira tensão (a dificuldade de endossar e assumir um ato livre) como a tensão padrão do agente que nunca pode ter certeza se seu ato foi efetivamente livre, não motivado por impulsos patológicos ocultos. Assim, com relação à distinção entre Poder e Dever, a famosa frase de Kant "*Du kannst, denn du sollst!*" não deve ser traduzida como "Podes, então deves!", mas sim, mais tautologicamente, como "Podes porque *não podes não o fazer!*" Kant confunde o Real como o impossível que *acontece* (aquilo que "eu não posso não fazer") com o Real como o impossível de acontecer (aquilo que "eu não posso jamais realizar plenamente"). Isso, é claro, não significa que, quando ajo livremente, sou totalmente autotransparente; a questão é que, precisamente quando cometo um ato livre, tropeço na impenetrabilidade que Kant exterioriza confortavelmente no transcendente Em-si no próprio coração do meu Eu:

> Há algo em mim que excede minha compreensão: há um outro lado do pensamento dentro do próprio pensamento – não um absoluto incognoscível, mas um conhecimento secreto (ou desconhecido) no coração do conhecimento. O conhecimento absoluto é a articulação dessa exterioridade imanente do pensamento em sua forma mais pura[296].

Encontramos aqui uma das determinações mais pertinentes do que Hegel chama de Saber Absoluto: não "saber tudo (que há para saber)", mas a transposição do obstáculo externo que impede o saber do sujeito para o seu próprio coração. No Saber Absoluto, a ignorância não é abolida, ela é apenas, em certo sentido, totalmente internalizada. Em outras palavras, quando a busca pelo Em-si fora do domínio fenomênico (pelas coisas como elas são em si mesmas, independentemente de nossa subjetividade) é levada ao extremo, novamente nos deparamos com um fenômeno puro. Quando Deleuze emprega sua noção de "visão inumana", ele recorre abertamente à linguagem de Kant, falando sobre o acesso direto às "coisas (como elas são) em si mesmas"; porém, seu argumento é precisamente que se deve subtrair a oposição entre fenômenos e coisas em si mesmas, entre o nível fenomênico e o numenal, de seu funcionamento kantiano, em que os fenômenos são coisas transcendentes que sempre escapam ao nosso alcance. O que Deleuze chama de "coisas em si" é, de certa forma, ainda mais fenomênico do que nossa realidade fenomênica compartilhada: é o fenômeno impossível, aquele que é excluído de nossa realidade simbolicamente constituída.

O que isso significa com relação à lacuna que separa o transcendental (realidade transcendentalmente constituída) do transcendente Em-si, é que quanto mais tentamos isolar a realidade como ela é em si mesma, independentemente da maneira como

---

296. COMAY, R.; RUDA, F. *The Dash: The Other Side of Absolute Knowing*. Cambridge: MIT Press, 2018, p. 47.

nos relacionamos com ela, mais esse Em-si cai de volta no domínio do transcendentalmente constituído. Em suma, movemo-nos em um círculo aqui, cada figura do Em-si como sempre-já presa no círculo transcendental. Contudo, esse círculo pode ser quebrado – o Em-si não está "lá fora", ele é discernível nos próprios cortes que separam as diferentes esferas da realidade transcendentalmente constituída, ele é o que torna toda figuração da "realidade externa" inconsistente, frustrada, não toda; e esses cortes são os locais da intervenção da subjetividade na realidade. A ontologia orientada ao objeto afirma que o sujeito é um objeto entre os objetos, mas nosso horizonte é transcendentalmente limitado à nossa subjetividade, não porque o sujeito seja um objeto privilegiado, mas porque ele *é* o nosso ponto de vista. Resumidamente, o sujeito não é apenas um tipo de megaobjeto que fundamenta o ser de todos os outros objetos: o sujeito é precisamente o que torna essa afirmação impossível, pois ela implica um ponto de vista objetivo a partir do qual, como objetos, podemos nos comparar a outros objetos. Não podemos fazer isso, porque não estamos falando e agindo de uma posição neutra no ar, isentos da realidade: estamos limitados ao nosso ponto de vista – isso, e não o nosso superpoder, torna o sujeito excepcional. O fato de que toda noção de realidade já é mediada por nosso horizonte transcendental é a marca indelével de nossa limitação.

Então, como podemos sair disso? Não por meio da abstração de nossa subjetividade e da tentativa de isolar o modo como as coisas são em si mesmas, independentemente de nós – todas essas tentativas fracassam, pois a realidade que alcançamos dessa forma é, como Lacan apontou, sempre baseada em uma fantasia que encobre o corte do Real. Alcançamos o real somente quando refletimos sobre como nos encaixamos na realidade dos objetos ao nosso redor. Essa realidade é inconsistente, interceptada por cortes, e esses cortes na realidade são locais de inscrição do sujeito. Para ser ainda mais claro, a visão da "democracia dos objetos", em que todos os objetos ocupam a mesma posição ontológica[297], ou a visão "inumana" de um agenciamento utilizada por Jane Bennett[298], só são possíveis do ponto de vista de um sujeito (vazio). Como o sujeito permanece um entre os objetos, só posso ver a realidade de seu ponto de vista particular, já que sua visão é retorcida pelas coordenadas particulares de sua situação específica e de seus interesses. É somente a abstração violenta da particularidade de alguém, que é o que define o sujeito, que nos permite adotar a visão da realidade na qual os humanos são um entre os objetos.

Na medida em que a "visão inumana" nos confronta – não com a coisa numenal, mas com um fenômeno impossível, um fenômeno que não pode ser subjetivado, assumido pelo sujeito, integrado em seu universo de significado, a mudança na relação com o Em-si (da noção realista do Em-si sobre a maneira como as coisas são lá fora, independentemente de nós, para a noção do Em-si como o fenômeno impossível) pode ser interpretada nos termos da mudança da posição masculina para a feminina (no sentido das fórmulas de sexuação de Lacan). A abordagem kantiana permanece masculina: o Ser é a exceção às leis universais (transcendentais) que regulam nossa realidade fenomênica e podemos então nos engajar no jogo epistemológico de como apagar nossas lentes distorcidas e compreender a maneira como as coisas são lá fora, independentemente de nós. Para Kant, o Em-si permanece fora de nosso alcance; para Locke, as propriedades de uma coisa que podemos perceber apenas com um sentido são subjetivas, enquanto as propriedades que somos capazes de notar com mais de um sentido (como a forma que podemos ver e tocar) são propriedades da coisa em si; para grande parte da ciência moderna, o Em-si da realidade só pode ser compreendido por meio da formalização matemática. Na posição "feminina" hegeliana, o campo dos fenômenos é não todo. Ele

---

297. Cf. BRYANT, L. R. *The Democracy of Objects*. Ann Arbor: Open Humanities, 2011.
298. Cf. BENNETT, J. *Vibrant Matter*. Durham: Duke University Press, 2010.

não tem exceção, não há um Em-si fora dele, mas esse campo é ao mesmo tempo inconsistente, cortado por antagonismos. Portanto, não há nada que não esteja, de alguma forma, distorcido subjetivamente, porém podemos discernir o Em-si por meio dos próprios cortes e inconsistências nos campos dos fenômenos. Em outras palavras, há um ponto de impossibilidade do Em-si em cada campo dos fenômenos, mas esse ponto – a "mancha na imagem" – não é um sinal de transcendência que escapa ao sujeito, mas o próprio substituto do sujeito, a inscrição dele na imagem. Dessa maneira, o paradoxo é que embora o sujeito não esteja preso em seu círculo, embora possa alcançar o Em-si, o contato privilegiado com esse Em-si é o próprio sujeito, a fissura na realidade que é o ponto de inscrição do sujeito na realidade. Para alcançar o Em-si, o sujeito não deve apagar todos os seus traços e tentar perceber o modo como as coisas são "em si mesmas", fora da intervenção do sujeito – ao fazer isso, o sujeito gera construções cada vez mais abstratas (como as fórmulas matemáticas da física) que são suas construções intelectuais puras. Aqui, mais uma vez, para usar uma linguagem hegeliana, o problema é sua própria solução: o real (o "Em-si") está localizado nas próprias distorções da "realidade objetiva" causadas pela presença do sujeito, ou seja, o excesso que não se encaixa na "realidade objetiva" é, em última análise, o próprio sujeito.

O argumento da ontologia orientada a objetos contra o pensamento transcendental é que a abordagem transcendental eleva ilegitimamente o sujeito ao posto de um superobjeto privilegiado que engloba todos os outros, ou melhor, que é, em certo sentido, constitutivo de toda a realidade. No entanto, o sujeito transcendental não é, como pressupõe a ontologia orientada ao objeto, um objeto (entre outros objetos no mundo) elevado de forma ilegítima a uma posição central ou todo-poderosa de, em certa medida, constituir toda a realidade; o sujeito é um ponto de vista, o suporte pontual de uma perspectiva sobre a realidade da qual não podemos abstrair. Como autor da noção moderna de subjetividade transcendental, Kant deixa claro que o poder "constitutivo" do sujeito transcendental designa basicamente sua limitação fatídica, sua incapacidade de ultrapassar a moldura transcendental e obter acesso à realidade numenal. Em uma passagem estranha das últimas páginas de sua *Crítica da razão prática*, Kant supõe que, se o sujeito tivesse acesso à realidade numenal, ao modo como as coisas são "em si mesmas", ele perceberia que é uma marionete privada de toda a liberdade. Em suma, nossa liberdade é o anverso de nossa ignorância: nós nos sentimos como seres livres autônomos, porque nossa realidade última é inacessível para nós (isso, obviamente, não significa que somos efetivamente não livres, que a liberdade é apenas a nossa "ilusão de usuário": a maneira de resgatar a liberdade é transpor a limitação que pertence à noção do transcendental para a coisa em si, ou seja, postular que a realidade é, *per se*, ontologicamente incompleta).

A ideia da ontologia orientada a objetos é que a relação sujeito-objeto é uma entre as relações entre objetos: os objetos também são parcialmente afastados uns dos outros, pois sua troca e interação mútuas são sempre limitadas: quando um animal pesado pisa em uma pedra, a pedra é afetada apenas pela pressão do animal; quando um pássaro nos vê falando, não percebe nenhum significado em nossas vozes e gestos etc. Nessa linha, Graham Harman[299] propõe um paralelo entre discurso indireto em todos os seus aspectos entre os seres humanos (usamos metáforas que não podem ser parafraseadas no discurso literal sem perda, contamos piadas etc.) e a comunicação restrita entre objetos: quando digo "vejo uma vela ao longe" (e claramente me refiro a um barco à vela), não estou, em algum sentido geral, fazendo o mesmo que um caracol que só percebe meu pé grande se aproximando dele (e provavelmente esmagando-o no segundo seguinte)? Entretanto, há uma diferença precisa entre os dois casos: no caso de animais interagindo, a parte retirada (o que um animal não percebe no outro – ou em si mesmo) está realmente lá, fora do alcance do animal, a parte invisível,

---

299. Graham Harman, na sua intervenção na conferência Parallax, em Munique, em 2 de dezembro de 2018.

enquanto no caso da interação humana indireta poética ou metafórica, o significado retirado não existe em si mesmo, precedendo sua expressão metafórica. Quando parafraseio uma metáfora (traduzindo-a em seu significado literário), o que obtenho dessa forma NÃO é seu verdadeiro significado – o próprio "verdadeiro significado" se perde. Um exemplo disso conhecido por todos (em nossas sociedades, pelo menos) é o do *Poderoso chefão*, pois há muito mais na famosa declaração "fiz-lhe uma oferta que ele não podia recusar" do que em qualquer uma de suas paráfrases. É por isso que Harman não está certo ao vincular essa retração de objetos à noção de Heidegger de *Entzug*: para Heidegger, o *Selbst-Entzug des Seins* não significa que uma parte do Ser permaneça oculta ao nosso alcance (humano). O que é "retraído" do Ser é totalmente imanente ao seu desvelamento, e, em certo sentido, é a forma desse próprio desvelamento, de modo que Heidegger pode até dizer que o Ser nada mais é do que sua própria retração: o Ser desvela os entes pela sua retração. Não há lugar aqui para demonstrar que isso se aplica também ao Inconsciente: se lermos Freud cuidadosamente, podemos ver nitidamente que o Inconsciente não é simplesmente a substância de um sujeito humano, seu suporte psíquico objetivo retraído. Como Lacan demonstrou, não se deve "substancializar" o Inconsciente – esse também é um dos significados da afirmação de Lacan de que "não há um grande Outro": o Inconsciente é totalmente imanente à subjetividade, seu *status* é virtual no mesmo sentido em que o significado de uma metáfora é totalmente imanente a ela e não existe em outro lugar, esperando para ser aludido pelo discurso humano.

Nosso contra-argumento deve ser, portanto, que é a ontologia orientada ao objeto que fala de uma posição privilegiada de enunciação, a partir da qual o sujeito (ele mesmo) aparece como apenas mais um entre os objetos, ou seja, ele efetivamente pretende sair de si mesmo e, por assim dizer, ficar sobre seus próprios ombros. É a abordagem transcendental, pelo contrário, que atribui à nossa abordagem da realidade uma limitação insuperável, aquela da perspectiva da qual abordamos a realidade e que é limitada pela nossa posição na realidade. O transcendental é a impossibilidade de me localizar totalmente, a minha posição de enunciação no espaço da realidade que se abre diante de mim: sim, como Lacan disse, estou sempre na imagem, mas estou inscrito nela como uma mancha, como algo que não se encaixa ali.

O que isso significa é que o Real lacaniano está do lado da virtualidade contra a "realidade real". Vejamos o caso da dor: há uma conexão íntima entre a virtualização da realidade e o surgimento de uma dor corporal infinita e infinitizada, muito mais forte do que a habitual: a biogenética e a realidade virtual combinadas não abrem novas possibilidades "aprimoradas" de tortura? Não cria novos e inauditos horizontes para ampliar nossa capacidade de suportar a dor (ampliando nossa capacidade sensorial de sustentar a dor e, acima de tudo, inventando novas formas de infligir dor atacando diretamente os centros cerebrais da dor, contornando a percepção sensorial)? Talvez a derradeira imagem sadiana de uma vítima "morta-viva" da tortura, que pode suportar a dor infinita sem ter à sua disposição a fuga para a morte, também esteja esperando para se tornar realidade. Em tal constelação, a dor real/impossível definitiva não é mais a dor do corpo real, mas a dor virtual-real "absoluta" causada pela realidade virtual na qual me movo (e, é claro, isso também se aplica ao prazer sexual). Uma abordagem ainda mais "real" é aberta pela perspectiva da manipulação direta de nossos neurônios: embora não seja "real" no sentido de fazer parte da realidade em que vivemos, essa dor é impossível-real. E isso também não se aplicaria às emoções? Lembremo-nos do sonho de Hitchcock com a manipulação direta das emoções: no futuro, um diretor não precisará mais inventar narrativas intrincadas e filmá-las de forma convincente e comovente para gerar no espectador a resposta emocional adequada; ele disporá de um teclado conectado diretamente ao cérebro do espectador, de modo que, ao pressionar os botões adequados, o espectador sentirá tristeza, terror, compaixão, medo – ele os experimentará de verdade, em um grau jamais igualado pelas situações "na vida real" que evocam medo ou tristeza. É fundamental distinguir esse procedimento do da realidade virtual: o medo é despertado não por meio da geração de imagens e sons virtuais que o provocam, mas por meio de uma intervenção *direta* que ultrapassa totalmente o nível da percepção. *Isso*, e não o "retorno à vida real" do ambiente virtual artificial, é o Real gerado pela própria virtualização radical. E isso não se aplicaria também à sexualidade? O Real do prazer sexual gerado pela intervenção neuronal direta não ocorre na realidade dos contatos corporais, mas é "mais real do que a realidade", mais intenso. Esse Real, portanto, mina a divisão entre objetos na realidade e seus simulacros virtuais: se, na realidade virtual, eu encenar uma fantasia impossível, posso experimentar ali um gozo sexual "artificial" que é muito mais "real" do que qualquer coisa que eu possa experimentar na "realidade real".

E se isso vale para a sexualidade, por que não para sua prima próxima, mas rejeitada, a religião? Na neuroteologia, o estudo da religião atingiu o ponto extremo do reducionismo: sua fórmula "(nossa experiência de) Deus é (o produto de processos neuronais em) nosso cérebro" ecoa claramente a fórmula de Hegel da frenologia: "O Espírito é um osso". Hegel chama essa coincidência do superior e do inferior de "juízo infinito", que afirma a identidade do superior e do inferior. Não é de se admirar que a neuroteologia seja frequentemente descartada como uma nova versão da frenologia – mais refinada, sem dúvida, mas basicamente defendendo a mesma correlação entre os processos ou formas em nossa cabeça e os processos psíquicos. As limitações dessa abordagem são óbvias e as linhas de ataque a ela são nitidamente previsíveis:

• Ela não tem poder explicativo científico real, pois se baseia em um paralelo vago entre acontecimentos em nosso cérebro medidos por aparelhos e o relato do sujeito sobre suas experiências religiosas (místicas etc.), sem nenhuma ideia de como, precisamente, o primeiro pode causar o segundo (ou vice-versa). Dessa forma, ela se abre para a clássica linha de ataque de David Chalmers, que escreveu que "mesmo que soubéssemos todos os detalhes sobre a física do universo – a configuração, a causalidade e a evolução entre todos os campos e partículas no manifesto espaço-temporal – essa informação não nos levaria a postular a existência da experiência consciente"[300]. Em suma, não podemos jamais passar de processos neuronais objetivos "cegos" para o fato da autoconsciência que surge magicamente a partir deles; logo, alguma forma de consciência ou percepção tem de ser uma característica primordial e irredutível da matéria;

• Além disso, mesmo que rejeitemos esse dualismo cartesiano absoluto, ainda resta uma linha de ataque mais complexa desenvolvida, entre outros, por Francisco Varela: a religião (como todo processo de pensamento) não pode ser simplesmente situada em nosso cérebro, pois é um produto de práticas sociais e simbólicas nas quais os processos biológicos e a interação simbólica, a vida interna e externa, o organismo e seu mundo da vida estão inextricavelmente entrelaçados;

• E, é claro, há também tentativas (raras, é verdade) de dar ao resultado da neuroteologia uma reorientação religiosa: e se a causalidade funcionar de modo inverso e o paralelo entre os processos neuronais e as experiências religiosas indicar como Deus interveio em nosso corpo para nos dar espaço de receptividade para sua mensagem?

Embora essas reações críticas à neuroteologia tenham certo peso (algumas mais altas, outras mais baixas), elas, no entanto, acabam esbarrando em uma questão difícil: se for provado que, ao manipular os neurônios de um sujeito, pode-se efetivamente dar origem a algum tipo de estado místico no sujeito e que, dessa forma, pode-se induzir experimentalmente uma experiência religiosa, isso não indica que nossa experiência religiosa é, em algum sentido, causada por processos neuronais em nosso cérebro? A forma específica dessa experiência evidentemente

---

300. CHALMERS, D. *The Conscious Mind.* Nova York: Oxford University Press, 1997, p. 101.

depende de seu contexto cultural e da densa rede de práticas sociossimbólicas. Ainda, a causalidade precisa obviamente permanecer obscura, mas – como Lacan teria dito – encontramos aqui um pouco do real que permanece idêntico em todos os universos simbólicos.

Onde a subjetividade entra aqui? A noção comum de "visão subjetiva" é a da distorção parcial do estado objetivo das coisas: nossa abordagem subjetiva distorce o equilíbrio de como as coisas realmente são e privilegia um elemento em detrimento de todos os outros, permitindo que ele projete sua "cor específica" sobre eles. No movimento marxista clássico, temos de aceitar que a universalidade abstrata pura é impossível de ser alcançada – toda universalidade com a qual estamos lidando já está sobredeterminada por algum conteúdo particular que é privilegiado em relação a todos os outros conteúdos particulares, de forma que, como Marx teria dito, tal conteúdo forneça a cor específica da universalidade em questão. Nesse espaço convoluto, há um "cordão umbilical" irredutível pelo qual toda universalidade permanece ligada a (colorida, "sobredeterminada" por) um conteúdo particular *a posteriori*. Para ser mais direto: sim, a forma conceitual universal impõe necessidade à multiplicidade de seu conteúdo contingente, mas o faz de uma forma que permanece marcada por uma mancha irredutível de contingência – ou, como Derrida teria dito, a própria moldura é sempre também uma parte do conteúdo emoldurado. A lógica aqui é a da "determinação opositiva" hegeliana (*gegensätzliche Bestimmung*), na qual o gênero universal encontra a si mesmo entre suas espécies particulares contingentes. O exemplo clássico de Marx: entre as espécies de produção, há sempre uma que dá a cor específica à universalidade da produção em um determinado modo de produção. Nas sociedades feudais, a própria produção artesanal é estruturada como outro domínio da agricultura, enquanto no capitalismo a própria agricultura é "industrializada", ou seja, torna-se um dos domínios da produção industrial.

O ponto crucial aqui é ver a ligação entre essa estrutura de determinação opositiva e a subjetividade. A definição de Lacan do significante como aquele que "representa o sujeito para outro significante": todos os significantes não estão no mesmo nível – uma vez que nenhuma estrutura é completa, posto que há, em uma estrutura, sempre uma falta, esta é preenchida, sustentada e até mesmo remarcada por um significante "reflexivo", que é o significante da falta do significante. Identificando o sujeito com a falta, podemos dizer que o significante reflexivo da falta representa o sujeito para os outros significantes. Se isso parece abstrato, lembremo-nos de vários exemplos da história da ciência, desde o flogisto (um pseudoconceito que apenas revelou a ignorância do cientista sobre como a luz efetivamente viaja) até o "modo de produção asiático" de Marx (que é uma espécie de contêiner negativo – o único conteúdo verdadeiro desse conceito é "todos os modos de produção que não se encaixam na categorização padrão de Marx dos modos de produção"). Essa estrutura mínima nos permite gerar a noção de sujeito sem qualquer referência ao nível imaginário: o "sujeito do significante" não envolve experiência vivida, consciência ou qualquer outro predicado que normalmente associamos à subjetividade. A operação básica da sutura é, portanto, que 0 é contado como 1: a ausência de uma determinação é contada como uma determinação positiva própria, como na famosa classificação de cães de Borges, que inclui, como espécie, todos os cães não incluídos na espécie anterior, ou seja, a "parte da não parte" do gênero *cão*.

De volta à nossa ideia básica, podemos ver agora como a noção usual da "limitação subjetiva de uma perspectiva" (sempre percebemos a realidade a partir de um ponto subjetivo que a distorce) está fundamentada na estrutura da reflexividade por meio da qual uma estrutura é subjetivada: não apenas um sujeito percebe a realidade a partir de seu ponto de vista "subjetivo" distorcido/parcial, mas o próprio sujeito só emerge se uma estrutura for "distorcida" pelo privilégio de um elemento particular hegemônico que confere uma cor específica de universalidade. É assim que deve ser lida a afirmação de Hegel de que a substância deve ser concebida também como sujeito: não existe uma ordem objetiva "equilibrada" cuja percepção seja distorcida quando vista de uma perspectiva subjetiva - as distorções subjetivas estão inscritas na própria ordem "objetiva" como sua distorção imanente. Essa ligação entre sujeito e antagonismo também nos permite abordar de uma nova maneira a antiga questão: como podemos ir além das aparências e alcançar o Em-si? Não se trata de outro mundo além dos fenômenos – as coisas "em si" são muito próximas de como aparecem ou como as vemos/ construímos nas ciências, não há nenhum grande mistério aqui. O excedente do Em-si sobre a realidade fenomênica somos nós mesmos, a lacuna da subjetividade.

*

Para concluir, resumamos os resultados de nossa incursão em quatro pontos. Primeiro: a realidade consiste em múltiplos agenciamentos, mas cada agenciamento é construído em torno de sua impossibilidade imanente. Por exemplo, para entender o capitalismo, devemos analisar como esse agenciamento de elementos incoerentes (econômicos, legais, ideológicos, políticos) é, no entanto, estruturado em torno de um antagonismo central.

Em segundo lugar, se um agenciamento é estruturado em torno de um antagonismo central, isso significa que ele é definido por uma impossibilidade constitutiva, uma barreira que indica que algo não pode ser feito (sem que o sistema seja arruinado), mesmo que pareça possível dentro das coordenadas do sistema. Aqui entra a ideologia: a função da ideologia não é apenas matar a esperança – ofuscar as possibilidades de mudança radical – mas também sustentar esperanças ilusórias (mas estruturalmente necessárias). No capitalismo global de nosso tempo, a ideologia nos diz que qualquer mudança radical só poderia trazer o caos ou um novo totalitarismo, porém, ao mesmo tempo, essa mesma ideologia sustenta a ilusão de que a estrutura democrática permite mudanças radicais (na direção do estado de bem-estar social), bastando que a maioria vote a favor delas... Em resumo, para entender o que de fato acontece, temos de incluir o que poderia ter acontecido (mas não aconteceu) – esperanças frustradas fazem parte de uma revolução.

Terceiro, os dois primeiros pontos (antagonismo e [im]possibilidade) indicam que o agenciamento implica subjetividade. Em seu nível zero, o sujeito é uma entidade que é sua própria possibilidade pura que, por definição, permanece não efetivada (quando é efetivada, ela é "substância" e não "sujeito"). O sujeito é uma pseudoentidade que só "é" como resultado do fracasso de sua efetivação.

Por fim, o quarto ponto crucial: se não há agenciamento sem um sujeito, então mesmo a descrição mais "assubjetiva" de um estado de coisas a partir de uma visão inumana, na qual os humanos são apenas um dos actantes, implica um sujeito. Na visão de nossa realidade como um campo de horrores no qual nós, humanos, somos apenas uma engrenagem, o sujeito já está aqui como o ponto de referência pontual do horror. Com toda visão inumana da realidade, a questão deve ser levantada: que tipo de sujeito a sustenta? A resposta é: o *cogito* cartesiano vazio.

COROLÁRIO 4: *IBI RHODUS IBI SALTUS!*

Aqueles que acompanham as obscuras especulações espirituais e cosmológicas com certeza já ouviram falar de um dos tópicos mais populares nesse domínio: quando três corpos celestes (geralmente a Terra, a Lua e o Sol) se encontram ao longo do mesmo eixo, ocorre algum grande acontecimento cataclísmico, toda a ordem do universo é momentaneamente desarticulada e precisa restaurar seu equilíbrio (como supostamente aconteceu em 2012). Será que algo assim não aconteceu no ano de 2017, que foi um aniversário triplo: em 2017, comemoramos não apenas o centenário da Revolução de Outubro, mas também o 150º aniversário da primeira edição de *O Capital* de Marx (1867) e o 50º aniversário da chamada Comuna de Xangai, quando, no momento culminante da Revolução Cultural, os moradores de Xangai decidiram seguir literalmente o chamado de Mao e tomaram diretamente o poder, derrubando o governo do Partido Comunista (razão pela qual Mao decidiu rapidamente restaurar a ordem enviando o exército para esmagar a Comuna)? Esses três acontecimentos não marcaram os três estágios do movimento comunista? *O capital* de Marx delineou os fundamentos teóricos da revolução comunista, a Revolução de Outubro foi a primeira tentativa bem-sucedida de derrubar o estado burguês e construir uma nova ordem social e econômica, enquanto a Comuna de Xangai representa a tentativa mais radical de realizar imediatamente o aspecto mais ousado da visão comunista, a abolição do poder do Estado e a imposição do poder popular direto organizado como uma rede de comunas locais. O que deu errado nesse ciclo? Talvez a resposta deva ser buscada no quarto aniversário: 2017 é também o aniversário de 500 anos de 1517, quando Martinho Lutero tornou públicas suas 95 teses. Talvez ainda seja a referência ao protestantismo que fornece as coordenadas para uma ética que se encaixa no espaço não orientável, uma ética para um sujeito preso na caverna de Platão.

A LIBERDADE PROTESTANTE

Nossa noção comum de liberdade implica uma ambiguidade bem conhecida. 1) Sou livre quando faço o que quero, quando não sou impedido por obstáculos externos. Esse modo de liberdade não é incompatível com o determinismo: meus atos podem ser totalmente determinados por condições objetivas (neuronais, biológicas, sociais etc.); o que os torna livres é que nenhum obstáculo externo os impede. 2) O próximo modo de liberdade é a liberdade como autocontrole: sou verdadeiramente livre quando não sucumbo de modo impotente à tentação (de objetos externos ou de minha natureza interior), mas permaneço capaz de lhe resistir, de decidir contrariamente a ela. Quando nós, humanos, agimos "livremente" no sentido de apenas seguir espontaneamente nossas inclinações naturais, não somos realmente livres, mas escravos de nossa natureza animal. Encontramos essa mesma linha de raciocínio já em Aristóteles, que, referindo-se à escravidão como exemplo para ilustrar uma característica ontológica geral, escreveu que, deixados por conta própria, os escravos são "livres" no sentido de que fazem apenas o que querem, enquanto os homens livres seguem seu dever – e é essa mesma "liberdade" que faz dos escravos, escravos:

> Portanto tudo está coordenado em relação a um só, mas é tal como sucede em uma casa, onde o que compete às pessoas [20] livres realizar é menos as tarefas miúdas, tendo já ordenado todas ou sua maior parte, ao passo que os serviçais e os animais respondem por pouco do que abrange o comum, encarregando-se em grande medida das tarefas miúdas. Tal é o princípio que corresponde respectivamente à natureza de cada qual deles. Quero dizer que, para distribuir os papéis é necessário alcançar a todos, e os subordinados são tais que [25] cooperam em prol do todo[301].

Apesar de tudo o que é profundamente problemático na passagem citada, será que não há um grão de verdade nela, ou seja, será que essa caracterização dos escravos não fornece uma boa determinação da escravidão consumista de hoje, em que tenho permissão para agir aleatoriamente e "fazer o que quero", mas permaneço precisamente como tal, escravizado pelos estímulos das mercadorias? Entretanto, a complicação que surge aqui é: em nome de quê sou capaz de resistir às minhas inclinações naturais imediatas (ou mediadas)?

Para Kant, quando minhas motivações estão livres de conteúdo empírico, sou motivado pela lei moral (pelo senso de dever). Além disso, poderia o bem ser uma tentação à qual se deve resistir, isto é, poderia a liberdade de autocontrole também se estender à minha resistência em seguir a pressão interna da lei moral? Em outras palavras, poderia haver uma escolha pura do mal não motivada por interesses empíricos/patológicos? Se negarmos essa possibilidade, caímos no que pode ser chamado de "atalho moralista": se agir livremente significa seguir a lei moral, então "o efeito da interpretação moral do sentido positivo de 'livre' será o de tornar 'não livre' equivalente a imoral; se não livre é imoral,

---

301. ARISTÓTELES. *Metafísica*, livro λ (XII), 10,15-25 (Petrópolis: Vozes, 2024).

ações livres imorais não são possíveis"[302]. Mas se não somos livres para cometer atos imorais, não é por isso que também não somos responsáveis por eles? Será que pelo menos escolhemos livremente entre a verdadeira liberdade e a escravidão (submissão aos nossos interesses patológicos)? 3) Isso nos leva ao terceiro modo de liberdade, o de uma escolha que não deve ser determinada por nenhuma linha de causalidade preexistente e que, portanto, não é redutível a nenhum tipo de determinação objetiva. Se formos capazes de fazer uma escolha de tal modo livre, o que é que a motiva? A resposta de Lacan é clara: trata-se do objeto-causa não patológico do desejo que ele denomina *objet a*. Esse objeto não implica nenhuma limitação de nossa liberdade, porque ele nada mais é do que o próprio sujeito em seu modo objetal, um objeto que não preexiste ao desejo, mas é colocado por ele.

Ninguém apresentou esses paradoxos da liberdade com mais veemência do que Martinho Lutero. Uma de suas principais referências é a afirmação de Jesus de que uma árvore boa não produz frutos maus (ou seja, uma árvore boa produz apenas frutos bons), e ele concluiu que "boas ações não fazem um homem bom, mas um homem bom faz boas ações". Devemos assumir plenamente o aspecto "estático" antiperformativo (ou antipascaliano) dessa conclusão: não nos criamos por meio dos meandros de nossa prática de vida; em nossa criatividade, na verdade, trazemos à tona o que já somos. Não se trata de "age como se fosses bom, faze boas ações e tornar-te-ás bom", mas sim "somente se fores bom poderás fazer boas ações". A maneira mais fácil de ler essa afirmação é interpretá-la como uma "ilusão necessária": o que eu sou é efetivamente criado por meio de minha atividade e não há nenhuma essência preexistente ou identidade essencial que seja expressa ou efetivada em meus atos; no entanto, nós espontaneamente percebemos (erroneamente) nossos atos como meramente expressando ou efetivando o que (já) somos em nós mesmos. Todavia, de um ponto de vista propriamente dialético, não basta dizer que a autoidentidade preexistente é uma ilusão

---

302. GABRIEL, M.; RASMUSSEN, A. M. (orgs.). *German Idealism Today*. Berlim: Walter de Gruyter GmbH & Co KG, 2017, p. 24.

necessária; temos aqui um mecanismo mais complexo de (re)criação da própria identidade eterna. Esclareçamos esse mecanismo com um exemplo. Quando algo crucial acontece, mesmo que de forma inesperada, geralmente temos a impressão de que isso *tinha* que acontecer, que violaria alguma ordem superior se não acontecesse. Mais precisamente, quando *acontece*, vemos que *tinha de acontecer* – mas *podia* não ter acontecido. Vejamos o caso de um amor desesperado: estou profundamente convencido de que meu amor não é correspondido e, silenciosamente, me resigno a um futuro sombrio de desespero; mas se de repente descubro que meu amor é correspondido, sinto que isso tinha de acontecer e não consigo nem imaginar o desespero de uma vida sem ele. Ou tomemos uma decisão política difícil e arriscada: embora simpatizemos com ela, somos céticos e não confiamos na maioria assustada; mas quando, como se fosse um milagre, essa decisão é tomada e promulgada, sentimos que ela estava destinada a acontecer. Atos políticos autênticos ocorrem dessa forma: neles, o (que era considerado) "impossível" acontece e, ao acontecer, reescreve seu próprio passado e surge como necessário, até mesmo "predestinado". É por isso que não há incompatibilidade entre a predestinação e nossos atos livres. Lutero viu claramente como a ideia (católica) de que nossa redenção depende de nossos atos introduz uma dimensão de barganha na ética: as boas ações não são feitas por dever, e sim para obter a salvação. Se, ainda assim, minha salvação for predestinada, isso significa que meu destino já está decidido e que minhas boas ações não servem para nada – portanto, se eu as praticar, será por puro dever, um ato realmente altruísta:

> Esse reconhecimento de que somente quando alguém se liberta da necessidade paralisante de servir a si mesmo é que os atos de amor podem se tornar altruístas foi uma das contribuições mais positivas de Lutero para a ética social cristã. Isso permitiu que ele visse as boas ações como fins em si mesmas, e nunca como um meio de salvação. Lutero percebeu que um amor que não buscava recompensa estava mais disposto a servir os desamparados, os

impotentes, os pobres e os oprimidos, já que a causa deles oferecia a menor perspectiva de ganho pessoal[303].

Mas será que Lutero extraiu todas as consequências ético-políticas desse *insight* fundamental? Seu grande aluno e oponente Thomas Müntzer acusou Lutero de traição: sua reprovação básica à ética social de Lutero diz respeito à

> aplicação perversa da distinção entre a Lei e o Evangelho. O uso correto da lei era trazer "destruição e doença aos sãos" e o uso do Evangelho era trazer "conforto aos aflitos". Lutero inverteu essa aplicação, defendendo os governantes presunçosos e tirânicos com as palavras graciosas do Evangelho, ao mesmo tempo em que usava a "austeridade implacável" da lei contra os camponeses pobres e oprimidos tementes a Deus. O resultado foi um uso totalmente errôneo das Escrituras. "Assim, o tirano sem Deus diz aos piedosos: 'Tenho de te torturar. Cristo também sofreu. Portanto, não deves resistir-me' [Mt 5]. Essa é uma grande perversão. É preciso perdoar com o Evangelho e o Espírito de Cristo para promover, e não para impedir o Evangelho[304].

Com essa perversão, "os eleitos não eram mais vistos como instrumentos diretamente ativos ou poderosos dessa retribuição" contra aqueles que violam o espírito do Evangelho.

Essa crítica a Lutero é clara, mas parece, no entanto, apresentar o perigo de sucumbir à posição perversa de nos percebermos a nós mesmos como o instrumento direto da vontade do grande Outro. Como evitar esse perigo? Comecemos pelo início, com a tríade da ortodoxia, catolicismo e protestantismo.

No centro da tradição ortodoxa está a noção de *"theosis"*, do ser humano se tornando (semelhante a) Deus, ou, citando Santo Atanásio de Alexandria: "Ele foi encarnado para que pudéssemos nos tornar deus". O que de outra forma pareceria absurdo –

---

303. KUENNING, P. Luther and Muntzer: Contrasting Theologies in Regard to Secular Authority within the Context of the German Peasant Revolt. *J. Church & St.*, v. 29, p. 305, 1987. Disponível em: http://tinyurl.com/yxeatb9d.
304. *Ibid*.

que o homem pecador possa se tornar santo tal como deus é santo – tornou-se possível por meio de Jesus Cristo, que é deus encarnado. São Máximo, o Confessor, escreveu:

> A Encarnação de Deus nos dá uma garantia segura para ansiarmos, com esperança, pela deificação da natureza humana, o que faz do homem Deus na mesma medida em que o próprio Deus se tornou homem... Tornemo-nos a imagem do Deus único e completo, sem nada de terreno em nós mesmos, para que possamos nos unir a Deus e nos tornarmos deuses, recebendo de Deus nossa existência como deuses[305].

Essa fórmula ortodoxa "Deus se tornou homem para que o homem possa se tornar Deus" está totalmente errada: Deus se tornou homem *e pronto*, nada mais, tudo já acontece aqui, o que precisa ser acrescentado é apenas uma nova perspectiva sobre isso. Não há ressurreição a ser seguida, o Espírito Santo já é a ressurreição. Somente o protestantismo nos permite pensar a Encarnação como um acontecimento no próprio Deus, como *sua* profunda transformação: Ele encarnou para ELE se tornar deus, ou seja, ele se tornou plenamente deus somente por sua autodivisão em deus e ser humano. Isso pode parecer paradoxal, uma vez que deus é um Além desconhecido, *deus absconditus*. Assim, parece que temos três posições incompatíveis: deus é um Além absolutamente impenetrável; deus é o mestre absoluto de nosso destino, que é predestinado por ele; deus nos deu liberdade e, portanto, fez-nos responsáveis por nossos atos. A conquista única do protestantismo é reunir essas três posições: tudo é predestinado por Deus, mas como Deus é um Além impenetrável para mim, não consigo discernir qual é o meu destino. Por isso, sou deixado para fazer boas ações sem nenhum cálculo e lucro em vista, ou seja, em total liberdade.

A verdadeira liberdade não é uma liberdade de escolha feita a uma distância segura, como escolher entre um bolo de morango ou um bolo de chocolate; a verdadeira liberdade se sobrepõe à necessidade, uma pessoa faz uma escolha verdadeiramente livre

---

305. Citadodescaradamente de https://en.wikipedia.org/wiki/Theosis_(Eastern_Christian_theology).

quando sua escolha coloca em jogo sua própria existência – ela faz isso porque simplesmente "não pode fazer de outra forma". Quando o país de alguém está sob ocupação estrangeira e alguém é chamado por um líder da resistência para se juntar à luta contra os ocupantes, a razão dada não é "és livre para escolher", mas: "não consegues ver que essa é a única coisa que podes fazer se quiseres manter a tua dignidade?" É por isso que atos radicais de liberdade só são possíveis sob a condição de predestinação: nesta, sabemos que estamos predestinados, mas não sabemos como estamos predestinados, ou seja, qual de nossas escolhas está predeterminada, e essa situação aterrorizante em que temos que decidir o que fazer, sabendo que nossa decisão é decidida antecipadamente, talvez seja o único caso de liberdade real, do fardo insuportável de uma escolha realmente livre – sabemos que o que faremos está predestinado, mas ainda assim temos que correr um risco e escolher subjetivamente o que está predestinado.

É claro que a liberdade desaparece se situarmos um ser humano na realidade objetiva como parte dela, como um objeto entre outros – nesse nível, simplesmente não há espaço para a liberdade. Para situar a liberdade, temos de fazer um movimento do conteúdo enunciado (sobre o que estamos falando) para nossa posição de enunciação (do falante). Se um cientista demonstra que não somos livres, o que isso implica para a posição a partir da qual ele fala (e nós falamos)? Essa referência ao sujeito da enunciação (excluída pela ciência) é irredutível: o que quer que eu esteja dizendo, sou eu quem está dizendo, logo, a respeito de toda redução científica à realidade objetiva (o que me torna uma máquina biológica), deve ser levantada uma questão sobre o horizonte a partir do qual eu vejo e digo isso. Não seria por isso que a psicanálise é paradigmática de nossa situação? Sim, estamos descentrados, presos em uma teia alheia, sobredeterminados por mecanismos inconscientes; sim, eu sou "falado" mais do que falo, o Outro fala através de mim, mas simplesmente assumir esse fato (no sentido de rejeitar qualquer responsabilidade) também é falso, um caso de autoengano – a psicanálise me torna ainda mais responsável do que a moralidade tradicional, ela me torna responsável até mesmo pelo que está além do meu controle (consciente).

Essa solução funciona com uma condição: o sujeito (crente) é absolutamente limitado pelo horizonte insuperável de sua subjetividade. O que o protestantismo proíbe é o próprio pensamento de que um crente pode, por assim dizer, assumir uma posição fora/acima de si mesmo e olhar para si próprio como uma pequena partícula na vasta realidade. Mao Tsé-Tung estava errado quando empregou sua visão olímpica reduzindo a experiência humana a um detalhe minúsculo e sem importância: "os Estados Unidos não podem aniquilar a nação chinesa com sua pequena pilha de bombas atômicas. Mesmo que as bombas atômicas dos Estados Unidos fossem tão poderosas que, quando lançadas sobre a China, fizessem um buraco na Terra, ou até mesmo a explodissem, isso não significaria nada para o universo como um todo, embora pudesse ser um acontecimento importante para o sistema solar." Há uma "loucura inumana" nesse argumento: o fato de que a destruição do planeta Terra "dificilmente significaria algo para o universo como um todo" não é um consolo bastante pobre para a humanidade extinta? O argumento só funciona se, de uma forma kantiana, for pressuposto um sujeito transcendental puro não afetado por essa catástrofe – um sujeito que, embora não exista na realidade, é operativo como um ponto de referência virtual (lembremo-nos do sonho sombrio de Husserl, em suas *Meditações cartesianas*, de como o *cogito* transcendental permaneceria inalterado por uma praga que aniquilaria a humanidade inteira). Em contraste com essa postura de indiferença cósmica, deveríamos agir como se o universo inteiro tivesse sido criado como um bastidor para a luta pela emancipação, exatamente da mesma forma que, para Kant, Deus criou o mundo para servir de campo de batalha para a luta ética da humanidade: é como se o destino do universo inteiro fosse decidido em nossa luta singular (e, do ponto de vista cósmico global, marginal e insignificante).

O paradoxo é que, embora a subjetividade (humana) não seja obviamente a origem de toda a realidade, ainda que seja um acontecimento local contingente no universo, o caminho para a verdade universal não leva à abstração dela no sentido bem conhecido de "tentemos imaginar como o mundo é independentemente de nós", a abordagem que nos leva a alguma estrutura objetiva "cinzenta" – essa visão de mundo "sem sujeito" é, por definição, apenas uma imagem negativa da própria subjetividade, sua própria visão do mundo em sua ausência (a mesma coisa é válida para todas as tentativas de imaginar a humanidade como uma espécie insignificante em um pequeno planeta na borda de nossa galáxia, ou seja, vê-la da mesma forma que vemos uma colônia de formigas). Como somos sujeitos, limitados ao horizonte da subjetividade, deveríamos nos concentrar no que o fato da subjetividade implica para o universo e sua estrutura: o acontecimento do sujeito desequilibra a balança, desequilibra o mundo, mas esse descarrilamento é a verdade universal do mundo. O que isso também implica é que o acesso à "realidade em si" não exige de nós que superemos nossa "parcialidade" e cheguemos a uma visão neutra elevada acima de nossas lutas particulares – somos "seres universais" apenas em nossos engajamentos parciais completos. Esse contraste é visivelmente discernível no caso do amor: contra o amor budista de Todos ou qualquer outra noção de harmonia com o cosmos, devemos afirmar o amor radicalmente exclusivo pelo Um singular, um amor que desequilibra o fluxo suave de nossas vidas.

É também por isso que a ideia de sacrifício é estranha ao protestantismo. No catolicismo, espera-se que a pessoa ganhe a salvação por meio de sacrifícios terrenos, enquanto o protestantismo vai além dessa lógica de troca: não há necessidade de sacrifício externo, um crente como sujeito vazio ($) é o sacrifício (de todo o conteúdo substancial, ou seja, ele emerge por meio do que os místicos e Sade chamam de segunda morte). Isso é o que o catolicismo não vê: não se recebe nada em troca de sacrifício, dar já *é* receber (ao sacrificar todo o seu conteúdo substancial, o crente recebe a si mesmo, emerge como sujeito puro).

SALTANDO AQUI E SALTANDO ALI

É também por isso que, em um protestantismo consequente, não há uma segunda vinda, nenhuma inversão final – como disse Hegel, a reconciliação significa que é preciso reconhecer o coração na cruz do presente, ou, como ele disse em uma famosa passagem do prefácio de sua *Filosofia do direito*:

> [...] esse tratado, enquanto contém a ciência do Estado, não deve ser outra coisa do que a busca para *conceituar e expor o Estado como um racional dentro de si*. Enquanto escrito filosófico, é preciso que ele esteja o mais distante de dever construir um *Estado, tal como ele deve ser*; o ensinamento que pode residir nele não pode tender a ensinar ao Estado como ele deve ser, porém antes como ele, o *universo* ético, deve vir a ser conhecido.
>
> *Hic* Rhodus, *hic* saltus.
>
> A tarefa da filosofia é conceituar *o que é*, pois *o que é, é* a razão. No que concerne ao indivíduo, cada um é de toda maneira um *filho de seu tempo*; assim a filosofia é também *seu tempo apreendido em pensamentos*. É tão insensato presumir que uma filosofia ultrapasse seu mundo presente quanto presumir que um indivíduo salte além de seu tempo, que salte sobre Rhodes. Se sua teoria de fato está além, se edifica um mundo *tal como ela deve ser*, esse mundo existe mesmo, mas apenas no seu opinar, – um elemento maleável em que se pode imaginar qualquer coisa. Com uma pequena alteração, aquela expressão diria:
>
> *Aqui* está a rosa, *aqui* dança.
>
> O que reside entre a razão enquanto espírito autoconsciente e a razão enquanto efetividade aí presente, o que separa aquela razão dessa e não a deixa encontrar satisfação nela, é o entrave de algo abstrato que não se libertou para o conceito. Reconhecer a razão como a rosa na cruz do presente e, com isso, alegrar-se com esse, tal discernimento racional é a *reconciliação* com a efetividade que a filosofia concede [...][306].

Essa "reconciliação" se refere a Lutero, cujo emblema era precisamente uma rosa em uma cruz e que entendeu isso de uma forma cristã (a libertação [rosa] só ocorre por meio do sacrifício de Cristo), enquanto Hegel concebe isso de forma mais

---

306. HEGEL, G. W. F. *Linhas fundamentais da filosofia do direito ou direito natural e ciência do estado em compêndio*. São Leopoldo/São Paulo: Unisinos/Loyola, 2010, p. 42-43.

conceitual: o emblema de Lutero era a cruz negra no centro de um coração rodeado de rosas, enquanto para Hegel a Razão é apreendida como a rosa na cruz do presente. No entanto, para entender adequadamente o que Hegel pretende aqui, é preciso dar um passo adiante e reverter a sabedoria usual *Hic Rhodus hic saltus* à qual Hegel se refere: *Ibi Rhodus ibi saltus*! Aqui não, *ali* está Rhodus, salta *ali*! Estamos prontos para saltar aqui de qualquer maneira, para nos engajar, para lutar... com a condição de que possamos confiar em alguma forma de grande Outro que garanta a consistência de tudo isso. Muitos intelectuais de esquerda seguem sua carreira acadêmica *aqui*, fortalecidos pela certeza de que uma verdadeira revolução está acontecendo em algum lugar *ali* fora; as pessoas religiosas vivem (e participam) do caos brutal *aqui*, fortalecidas pela crença de que há uma ordem superior de justiça *ali* no céu... Algo semelhante acontece na sexualidade – como diz o ditado, *hic Rhodus hic saltus*, não apenas se vanglorie e prometa, mostre-me aqui, na minha cama, como você realmente é bom em saltar sobre mim... O oposto também se aplica: estamos todos prontos para nos entregar ao ceticismo absoluto, à distância cínica, à exploração dos outros "sem nenhuma ilusão", às violações de todas as restrições éticas, às práticas sexuais extremas etc. – protegidos pela consciência silenciosa de que o grande Outro ignora tudo isso:

> o sujeito está pronto para fazer muita coisa, mudar radicalmente, se ao menos puder permanecer inalterado no Outro (no simbólico como o mundo externo no qual, para colocar nos termos de Hegel, a consciência que o sujeito tem de si mesmo é incorporada, materializada como algo que ainda não se conhece como consciência). Nesse caso, a crença no Outro (na forma moderna de acreditar que o Outro não sabe) é precisamente o que ajuda a manter o mesmo estado de coisas, independentemente de todas as mutações e permutações subjetivas. O universo do sujeito mudaria de fato apenas no instante em que ele chegasse ao conhecimento de que o Outro sabe (que não existe)[307].

---

307. ZUPANČIČ, A. *Die Sexualität innerhalb der Grenzen der bloßen Vernunft* [Manuscrito].

Portanto, a solução não é "não salte aqui" – nós estamos aqui, não há outro lugar para saltar. A solução é: salte aqui, mas de forma que você não dependa de nenhuma figura do grande Outro.

É assim também que devemos ler a fórmula de reconciliação de Hegel – eu (o sujeito) devo alcançar a reconciliação por meio do "reconhecimento de mim mesmo em minha Alteridade" (na substância alienada que me determina). Essa fórmula é profundamente ambígua: pode ser lida da maneira subjetivista padrão (eu deveria reconhecer essa Alteridade como meu próprio produto, não como algo estranho) ou, mais sutilmente, como uma afirmação de que eu deveria me reconhecer, o núcleo do meu ser, nessa mesma Alteridade, ou seja, eu deveria perceber que a Alteridade do conteúdo substancial é constitutiva do meu Eu: eu sou apenas na medida em que sou confrontado por uma Alteridade ilusória que é descentrada também em relação a si mesma. *Ibi Rhodus ibi saltus* significa: supere sua alienação no Outro por meio do reconhecimento de que esse próprio Outro não tem o que nos falta.

Então, o que significa *Ibi Rhodus ibi saltus* em nossos impasses éticos atuais? Aqui entra a teologia negativa – como um obstáculo à autoinstrumentalização, que, por sua vez, pressupõe o grande Outro, cujo intérprete e instrumento privilegiado é o agente revolucionário. Münzer pertence a essa linha e até mesmo a fundamentou; ele estava errado ao fundar o autêntico espírito revolucionário na lei natural (ou em uma versão teológica dela): para ele, um verdadeiro crente é capaz de decifrar o Outro (seu comando) e de realizá-lo, de ser o instrumento de sua realização. Lutero estava certo aqui ao criticar Münzer como *der Schwärmer*, que fingia conhecer a mente divina. Lutero adverte contra essa *Majestätsspekulation*, contra a tentativa de discernir a vontade de Deus, de *deus absconditus*: é preciso abandonar as tentativas de saber o que o Outro quer de você e assumir sua posição neste mundo, enquanto percebemos o Outro como um "buraco" nessa posição, uma subtração dela. Deus introduz o corte do Absoluto no universo aristotélico ordenado (tornando-o, é claro, contingente), e a tensão entre os dois não pode ser resolvida excluindo um dos lados, nem pensando em um "*pac-

tum" ou em uma relação histórico-dialética entre os dois, mas apenas pensando em um (o Absoluto divino) como a subtração, o buraco no Outro. Não obstante, a fim de sustentar a realidade teológica e estatista que ele afirmava, Lutero não podia sustentar o radicalismo dessa solução, que vai muito além da de Münzer. Embora a noção de atividade revolucionária de Münzer implique que nossa luta pela libertação seja um processo que ocorre no próprio Deus, sua autoinstrumentalização do agente revolucionário como um agente da vontade divina permite que ele evite a abertura radical da luta, o fato de que o destino do próprio Deus é decidido em nossa atividade revolucionária.

Todavia, o próprio Lutero mais tarde abandonou essa posição radical, não apenas por razões pragmáticas e oportunistas ("eu preciso do apoio do Estado para me proteger da contrarreforma, portanto, não é prudente apoiar uma revolta que está fadada ao fracasso de qualquer maneira"), mas também em um nível puramente teológico: como um "professor de teologia do Antigo Testamento", como ele foi caracterizado, começou a praticar o que Lacan chamou de "discurso da Universidade" e, como um "professor de teologia do Antigo Testamento", como alguém disse uma vez, ele recuou para o terreno seguro tomista-aristotélico: "ele retorna a uma posição que evita o 'buraco', a 'subtração' que o desejo do Outro (sua incognoscibilidade constitucional) rasga no tecido do mundo ordenado (causal)". Assim, encontramo-nos novamente em um universo hierárquico racionalmente ordenado em que "todos são designados a um posto e é pecado ultrapassar e transgredir esse posto"; a revolta camponesa é rejeitada porque perturba esse universo bem ordenado.

É evidente que Lutero não se limita a voltar a Aquino – ele permanece na linhagem nominalista e mantém a lacuna entre *deus absconditus* e *deus revelatus*, geralmente correlacionada com a diferença entre *potentia dei absoluta* e *potentia dei ordinata*. Na tradição tomista, deus havia se racionalizado a ponto de quase se tornar inteligível em termos das leis da natureza, o que resultou em uma espécie de imposição do todo ordenado no Criador. Em resposta a essas dificuldades, os teólogos nominalistas introduziram uma distinção entre o poder absoluto de deus (*potentia Dei absoluta*) e o poder ordenado de deus (*potentia Dei ordinata*). Sendo totalmente transcendente e misterioso, deus poderia fazer qualquer coisa; entretanto, ele também entrou voluntariamente em um pacto com seu povo e se vincula livremente a esse pacto. Assim, do ponto de vista do poder ordenado de deus, ele é inteligível, o que evidentemente não é o caso em relação à *potentia Dei aboluta*, que, portanto, implica o corte das relações do Criador com sua criação.

Como o *deus absconditus* está além de nossa compreensão racional, a tentação é privilegiar a experiência mística como o único contato com ele. Na leitura predominante, o jovem Lutero era um místico, mas depois, após lidar com os elementos radicais da Reforma, ele mudou sua posição. Há, porém, uma continuidade básica em seu pensamento com relação ao misticismo: Lutero não descartou o "alto misticismo" como impossível, mas advertiu contra seus perigos – para ele, o *accessus* tem prioridade sobre o *raptus*, ou seja, a justificação pela fé por meio da Palavra encarnada e crucificada tem prioridade sobre o *raptus* pela palavra incriada (sendo esta última caracterizada por especulações perigosas não ligadas à Palavra).

Embora Lutero empregue o conceito da *potentia ordinata* de deus, tão característico da teologia nominalista, ele lhe atribui um caráter cristológico em vez de seu significado epistemológico primário: a *potentia ordinata* não é, para ele, primordialmente a ordem estabelecida pelo inescrutável deus livre, que poderia muito bem ter determinado outra ordem, mas a ordem da redenção em Jesus Cristo, estabelecida pela misericórdia de Deus para proporcionar ao ser humano pecador um refúgio do perigo[308]. Contudo, será que essa noção de *potentia ordinata* não está muito próxima da noção tradicional de um deus transcendente que permanece em si mesmo e depois decide se revelar a nós, humanos, para se tornar deus-para-nós por meio da Palavra divina que fornece uma ordem significativa para nossa existência? E se arriscarmos a abordagem oposta e concebermos a *potentia*

---

308. Linha de pensamento parafraseada de http://lutherantheologys-tudygroup.blogspot.si/2011/05/luther-and-potentia-of-god.html

absoluta não como um deus transcendente e impenetrável do Além, mas como o milagre "irracional", um buraco na realidade – em suma, como a própria encarnação/revelação. É o deus aristotélico que é em-si e para nós, ou seja, que é nossa representação do Em-si, ao passo que a Revelação não é *logos* (*logos* é a ordem aristotélica), mas a quebra do Absoluto em *logos*. Quando estamos falando de deus em si, devemos nos lembrar do que Hegel diz sobre nossa busca pelo significado das obras de arte egípcias (pirâmides, Esfinge):

> Tal significado, em cujo deciframento se vai hoje em dia frequentemente longe demais, pois de fato quase todas as formas se apresentam imediatamente como símbolos, poderia também – do mesmo modo que procuramos explicá-lo para nós mesmos – ter sido, enquanto significado, claro e compreensível para a intuição egípcia mesma. Mas os símbolos egípcios contêm, como vimos no começo, muitas coisas implicitamente, mas não explicitamente. São trabalhos empreendidos na tentativa de esclarecerem-se a si mesmos, que permanecem, porém, parados na luta pelo que é em si e para si claro. Neste sentido vemos nas obras de arte egípcias que elas contêm enigmas, dos quais em parte não é alcançado o deciframento correto, não apenas por nós, mas o mais das vezes por aqueles que se impuseram a tarefa de decifrá-los[309].

É nesse sentido que Hegel fala sobre "enigma objetivo": uma Esfinge não é um enigma para nossa mente finita, mas em si e para si mesma, "objetivamente", e isso também se aplica ao *deus absconditus*, cujo mistério impenetrável é um mistério para o próprio deus. Chesterton viu isso nitidamente – em sua "Introdução ao Livro de Jó", ele o elogiou como "o mais interessante dos livros antigos. Quase podemos dizer que o livro de Jó é o mais interessante dos livros modernos"[310]. O que explica sua "modernidade" é a maneira pela qual o livro de Jó atinge um acorde dissonante no Antigo Testamento:

---

309. HEGEL, G. W. F. *Cursos de estética*. Trad. de Oliver Tolle e Marco Aurélio Werle. Vol. II. São Paulo: Edusp, 2000, p. 84.
310. CHESTERTON, G. K. Introduction to the Book of Job. *The Chesterton Review*, v. 11, n. 1, p. 5-15, 1985. Disponível em: www.chesterton.org/gkc/theologian/job.htm

> Em todos os outros lugares, portanto, o Antigo Testamento se regozija positivamente com a obliteração do homem em comparação com o propósito divino. O livro de Jó está definitivamente isolado, porque ele definitivamente pergunta: "Mas qual é o propósito de Deus? Vale a pena o sacrifício de nossa miserável humanidade? É claro que é muito fácil eliminar nossas próprias vontades insignificantes em prol de uma vontade que é maior e mais bondosa. Mas será que ela é maior e mais bondosa? Deixe que Deus use Suas ferramentas; deixe que Deus quebre Suas ferramentas. Mas o que Ele está fazendo, e para que elas estão sendo quebradas?"[311]

No fim, o livro de Jó não fornece uma resposta satisfatória para esse enigma:

> ele não termina de uma forma convencionalmente satisfatória. Não se diz a Jó que seus infortúnios se devem a seus pecados ou que fazem parte de algum plano para seu aperfeiçoamento [...]. Deus aparece no final, não para responder a enigmas, mas para os propor[312].

E a "grande surpresa" é que esse livro

> faz com que Jó fique subitamente satisfeito com a mera apresentação de algo impenetrável. Em termos verbais, os enigmas de Jeová parecem mais sombrios e desolados do que os enigmas de Jó; no entanto, Jó estava desconfortável antes do discurso de Jeová e é confortado depois dele. Não lhe foi dito nada, mas ele sente a atmosfera terrível e estremecedora de algo que é bom demais para ser dito. A recusa de Deus em explicar Seu desígnio é, por si só, um indício ardente de Seu desígnio. Os enigmas de Deus são mais satisfatórios do que as soluções do homem[313].

Em suma, deus realiza aqui o que Lacan chama de *point de capiton*: resolve o enigma suplantando-o com uma incógnita ainda mais radical, redobrando o enigma, transpondo-o da mente de Jó para "a coisa mesma" – ele próprio passa a compartilhar

---

311. *Ibid.*
312. *Ibid.*
313. *Ibid.*

o espanto de Jó com a loucura caótica do universo criado: "Jó apresenta uma nota de interrogação; Deus responde com uma nota de exclamação. Em vez de provar a Jó que esse é um mundo explicável, Ele insiste que é um mundo muito mais estranho do que Jó poderia imaginar"[314]. Portanto, longe de fornecer algum tipo de explicação satisfatória para o sofrimento imerecido de Jó, a aparição de Deus no final acaba sendo pura jactância, um show de horrores com elementos de um espetáculo farsesco – um puro argumento de autoridade fundamentado em uma demonstração de poder de tirar o fôlego: "vês tudo o que eu posso fazer? Podes fazer isso? Quem és tu então para reclamar?" Logo, o que temos não é nem o bom deus que faz com que Jó saiba que seu sofrimento é apenas uma provação destinada a testar sua fé, nem um deus sombrio além da Lei, o deus do puro capricho, mas sim um deus que age como alguém pego no momento de impotência, ou pelo menos de fraqueza, e tenta escapar de seu dilema com uma vanglória vazia. Assim, Deus-Pai literalmente não sabe o que está fazendo e Cristo é aquele que sabe, mas é reduzido a um observador impotente e compassivo, dirigindo-se ao pai com "Pai, não vês que estou ardendo?" – ardendo junto com todas as vítimas da fúria do pai. Somente caindo em sua própria criação e vagando por ela como um observador impassível é que deus pode perceber o horror de sua criação e o fato de que ele, o maior legislador, é ele mesmo o Criminoso supremo (como Chesterton viu claramente em *O homem que era quinta-feira*).

Devemos ser muito precisos aqui: a morte de Cristo não é a morte do deus real transcendente e sua suprassunção em um deus simbólico, um deus que existe apenas como uma entidade virtual/simbólica mantida "viva" por meio da prática dos crentes – essa "suprassunção" já acontece no judaísmo e, no cristianismo, algo muito mais estranho acontece: deus tem que morrer pela segunda vez. O que morre na cruz não é o deus real, mas o grande Outro, a entidade ideal/virtual ou, como Lacan teria dito, como o grande Outro simbólico. É por isso que Deus pre-

---

314. *Ibid.*

cisa primeiro ser repersonalizado na reencarnação, não como o majestoso Ser absoluto, mas como seu oposto, a figura cômica e miserável de Cristo, que em sua aparência é um humano comum como os outros (em resumo, Cristo é como o Monarca na *Filosofia do Direito* de Hegel: um humano comum que, na própria arbitrariedade de sua presença, fornece o "ponto de estofo" para o Estado como a ordem espiritual ideal da sociedade e, assim, torna o Estado uma entidade real – se o Monarca for deposto, o Estado se desintegra). A função de Cristo é, em termos lacanianos, preencher a lacuna no grande Outro, fornecer *le peu de reel* que sustenta a ordem simbólica/virtual, de modo que, quando Cristo morre, o grande Outro simbólico também entra em colapso. É por isso que o Espírito Santo não é uma nova figura do grande Outro virtual, mas o espírito de uma comunidade (de crentes) que aceita a inexistência do grande Outro.

A escolha final é a seguinte: Deus é o grande Outro, um garantidor de significado (acessível a nós ou além de nosso alcance), ou uma fenda do Real que rasga a textura da realidade? Com relação ao tópico de teologia e revolução, essa escolha significa: Deus é um ponto de referência transcendente que legitima nossa instrumentalização (permitindo-nos afirmar que agimos em seu nome) ou ele é o garantidor da abertura ontológica que, precisamente, impede essa instrumentalização? Nos termos de Badiou, seria a referência a deus na teologia política sustentada pela lógica da purificação (uma destruição niilista de tudo o que parece contradizer a mensagem divina) ou pela lógica da separação – separação que significa não apenas a nossa separação de deus, por conta da qual deus permanece impenetrável para nós, crentes, mas principalmente uma separação no coração do próprio deus? A encarnação é a separação de deus de si mesmo e, para nós, humanos, é sermos abandonados por deus, desamparados no abismo de nossa liberdade, sem seu cuidado protetor, é quando nos tornamos um com deus, o deus separado de si mesmo.

Em uma piada sobre Auschwitz que circula entre os judeus, um grupo deles que foi queimado no campo senta-se em um banco no paraíso e fala sobre seu sofrimento, tirando sarro dele.

Um deles diz: "David, você se lembra de como escorregou no caminho para a câmara de gás e morreu antes mesmo que o gás o engolisse?" etc. Passeando pelo Paraíso, o próprio Deus aparece, ouve-os e reclama que não entendeu a piada; um dos judeus vai até ele, coloca a mão em seu ombro e o conforta: "Não fique triste. Você não estava lá, então é claro que não entendeu a piada!"[315]. A beleza dessa resposta reside na maneira como ela se refere à conhecida declaração de que deus morreu em Auschwitz, que não havia deus lá: "nenhum Deus em Auschwitz" não implica que deus não possa entender o horror do que aconteceu lá (deus pode fazer isso facilmente, é seu trabalho fazê-lo), mas que ele não pode entender o humor gerado pela experiência de Auschwitz.

Talvez, no entanto, o cristianismo ofereça uma solução específica aqui – a única resposta cristã consistente para as eternas perguntas críticas: Deus estava presente em Auschwitz? Como ele pôde permitir esse imenso sofrimento? Por que ele não interveio e evitou isso? A resposta não é nem que devemos aprender a nos afastar de nossas vicissitudes terrestres e nos identificar com a paz abençoada de deus que habita acima de nossos infortúnios, de onde nos conscientizamos da nulidade final de nossas preocupações humanas (a resposta pagã padrão), nem que deus saiba o que está fazendo e de alguma forma nos recompensará por nosso sofrimento, curará as feridas e punirá os culpados (a resposta teleológica padrão). A resposta é encontrada, por exemplo, na cena final de *Tiros em Ruanda*, um filme sobre o genocídio que ocorreu em Ruanda quando um grupo de refugiados tutsis em uma escola cristã sabia que seria massacrado em breve por uma multidão hutu. Então, um jovem professor britânico da escola entrou em desespero e perguntou a uma figura paterna, o padre mais velho (interpretado por John Hurt), onde Cristo estava naquele momento para evitar o massacre. A resposta do padre mais velho é: "Cristo está presente aqui mais do que nunca e ele está sofrendo aqui conosco".

---

315. Devo esta piada a Udi Aloni.

Contudo, outro deus estava vivo em Auschwitz – o deus brutal pré-simbólico do Real, o deus do terror sagrado. O fundamentalismo crescente de hoje nos obriga a reverter a tese de Lacan de que deus sempre esteve morto, só que não sabia disso (ou, mais precisamente, nós, crentes que o mantivemos vivo com nossas orações, não sabíamos disso). Hoje, ele está vivo novamente (em sua realidade mais aterrorizante, no fundamentalismo), mas não sabemos disso – e não queremos saber. Habermas foi um dos filósofos ateus que percebeu isso há duas décadas.

QUATRO GESTOS ÉTICOS

Uma contrapergunta ingênua: mas por que precisamos de deus? Por que não somos apenas humanos vivendo em um mundo aberto e contingente? O que está faltando nesse quadro é a experiência teológica mínima descrita por Rowan Williams, a de estar deslocado neste mundo. Em uma leitura primitiva desse estar-deslocado, estamos deslocados neste mundo e há outro mundo verdadeiro. Em uma leitura mais radical, nós existimos porque o próprio Deus está deslocado de si – e é somente no protestantismo que essa dimensão se torna visível. A tríade da ortodoxia, do catolicismo e do protestantismo parece, portanto, corresponder à tríade lacaniana do Imaginário-Simbólico-Real: o horizonte da ortodoxia é o da fusão imaginária entre o ser humano e deus; o catolicismo se concentra na troca simbólica entre os dois polos; o protestantismo afirma o deus "subtraído" da intrusão do Real.

O protestantismo é, assim, totalmente incompatível com a crítica da Nova Era à arrogância da chamada subjetividade cartesiana e sua atitude dominadora mecanicista em relação à natureza. De acordo com o lugar-comum da Nova Era, o pecado original da civilização ocidental moderna (ou já da tradição judaico-cristã) é a arrogância do ser humano, sua suposição altiva de que ele ocupa o lugar central no universo e/ou de que é dotado do direito divino de dominar todos os outros seres e explorá-los para seu benefício. Essa arrogância que perturba o justo equilíbrio dos poderes cósmicos, mais cedo ou mais tarde força a natureza a restabelecer o equilíbrio: a crise ecológica, social e psíquica de hoje é interpretada como a resposta justificada do universo à presunção do ser humano. Em vista disso, nossa única solução consiste na mudança do paradigma global, na adoção de uma nova atitude holística na qual assumiremos humildemente nosso lugar restrito na Ordem Global do Ser. Em contraste com esse lugar-comum, deve-se afirmar o excesso de subjetividade (o que Hegel chamou de "noite do mundo") como a única esperança de redenção: o verdadeiro mal não reside no excesso de subjetividade como tal, mas em sua "ontologização", em sua reinscrição em alguma estrutura cósmica global. Já em Sade, a crueldade excessiva é ontologicamente "coberta" pela ordem da natureza como o "Ser Supremo da Maldade"; tanto o nazismo quanto o stalinismo envolviam a referência a alguma Ordem global do Ser (no caso do stalinismo, a organização dialética do movimento da matéria)[316]. A verdadeira arrogância é, desse modo, exatamente o oposto da aceitação da arrogância da subjetividade: ela reside na falsa humildade, ou seja, surge quando o sujeito finge falar e agir em nome da Ordem Cósmica Global, fazendo-se passar por seu humilde instrumento. Em contraste com isso, toda a postura ocidental era antiglobal: não apenas o cristianismo envolve a referência a uma Verdade superior que corta e perturba a antiga ordem pagã do Cosmos articulada em Sabedorias profundas, mas até mesmo o próprio Idealismo de Platão pode ser qualificado como a primeira elaboração clara da ideia de que a "Cadeia do Ser" cósmica global não é "tudo o que existe", que há outra Ordem (de Ideias) que mantém em suspenso a validade da Ordem do Ser.

---

316. Há, é claro, uma diferença no funcionamento básico dos dois universos. Um pequeno indicador dessa diferença é a atitude em relação ao antissemitismo: Hitler simplesmente prendeu e matou o maior número possível de judeus, enquanto Stalin, quando preparou a deportação dos judeus para uma área designada na Sibéria, teve o cuidado de fazer parecer que estava apenas concordando com o pedido dos próprios judeus. De acordo com algumas fontes, a polícia secreta que planejava a deportação obrigou os grandes representantes da cultura judaica (nas ciências, nas artes...) a assinarem, na URSS, uma petição exigindo que o Estado soviético lhes alocasse um território na Sibéria.

A característica que devemos ter em mente aqui é a total ambiguidade da noção de mal: até mesmo o que é comumente considerado como o mal supremo de nosso século – os frios e burocráticos assassinatos em massa em campos de concentração – é decomposto em dois, o Holocausto nazista e o Gulag, e todas as tentativas de decidir "qual é o pior" necessariamente nos envolvem em escolhas moralmente muito problemáticas (a única saída parece ser o paradoxo adequadamente dialético de que o terror stalinista foi, de certa forma, "pior" – ainda mais "irracional" e totalmente ameaçador – precisamente porque era "menos maligno", isto é, porque era "menos cruel", resultado de um autêntico movimento de liberação emancipatória).

Talvez a tarefa ética crucial hoje seja quebrar o ciclo vicioso dessas duas posições, fundamentalista e liberal – e nosso último exemplo já mostra a saída: a verdadeira universalidade ética nunca reside na distância quase neutra que tenta fazer justiça a todas as facções envolvidas. Assim, se devemos insistir – contra os fundamentalismos que baseiam o compromisso ético em uma identidade étnica ou religiosa específica, excluindo outras – no universalismo ético, devemos também insistir incondicionalmente em como toda posição ética autêntica, por definição, combina paradoxalmente o universalismo com o ato de tomar um lado na luta em andamento. Hoje, mais do que nunca, devemos enfatizar que uma postura ética autêntica combina a afirmação do universalismo com uma atitude militante e divisível de quem está envolvido em uma luta: os verdadeiros universalistas não são aqueles que pregam a tolerância global das diferenças e a unidade abrangente, mas aqueles que se envolvem em uma luta apaixonada pela afirmação da Verdade que os engaja. Portanto, para concluir, vamos especificar os contornos de um ato ético autêntico com quatro exemplos:

• **Sair de cena:** *Infâmia*. A peça de Lillian Hellman, filmada duas vezes (ambas dirigidas por William Wyler), talvez seja o exemplo mais claro e quase laboratorial desse "drama de falsas aparências". Como se sabe, a primeira versão (*These Three*, de 1936) deu ensejo a um dos grandes goldwynismos: quando Sam Goldwyn, o produtor, foi avisado de que o filme incluía lésbicas, ele supostamente respondeu: "Não tem problema, nós as transformaremos em americanas!" O que efetivamente aconteceu foi que o suposto caso lésbico em torno do qual a história gira foi transformado em um caso heterossexual padrão[317]. O filme se passa em uma escola particular de luxo para meninas administrada por duas amigas, a austera e dominadora Martha e a calorosa e afetuosa Karen, que está apaixonada por Joe, o médico local[318]. Quando Mary Tilford, uma aluna pré-adolescente perversa, é censurada por Martha por seus delitos, ela retalia a diretora dizendo à avó que, tarde da noite, viu Joe e Martha (e não Karen, a noiva dele) "transando" em um quarto perto do alojamento dos alunos. A avó acredita nela, especialmente depois que essa mentira é corroborada por Rosalie, uma garota fraca aterrorizada por Mary, e então ela retira Mary da escola e aconselha todos os outros pais a fazerem a mesma coisa. A verdade acaba sendo revelada, mas o estrago já foi feito: a escola é fechada, Joe perde seu cargo no hospital e até mesmo a amizade entre Karen e Martha termina depois que Karen admite que também tem suas suspeitas sobre Martha e Joe. Ele deixa o país para trabalhar em Viena, onde Karen se junta a ele mais tarde. A segunda versão, de 1961[319], é uma interpretação fiel

---

317. O ponto interessante é que, embora nessa segunda versão a distorção da censura tenha sido desfeita, a primeira versão é, via de regra, aclamada como muito superior ao *remake* de 1961, principalmente por causa da abundância de erotismo reprimido: não o erotismo entre Martha e Joe, mas o erotismo entre Martha e Karen – embora a acusação da garota se refira ao suposto caso entre Martha e Joe, esta está ligada a Karen de uma forma muito mais apaixonada do que Joe com seu amor heterossexual bastante convencional.

318. Ao resumir os dois filmes, baseei-me descaradamente nas informações do site Wikipedia. Disponível em: http://tinyurl.com/mry5x9xa.

319. Deve-se mencionar duas escolhas maravilhosas de atores para papéis secundários. A mãe de Martha é interpretada por Miriam Hopkins, que fez o papel de Martha na versão anterior, e a fraca Rosalie é interpretada por Veronica Cartwright, que mais tarde atuou em *Os pássaros*, de Hitchcock, como a heroína do *remake* de *Invasão dos ladrões de corpos*, de Kaufman, além de um pequeno papel em *Alien, o oitavo passageiro*, de Scott.

da peça: quando Mary se vinga, ela diz à avó que viu Martha e Karen se beijando, abraçando-se e sussurrando, dando a entender que ela não entende completamente o que estava testemunhando, apenas que deve ter sido algo "não natural". Depois que todos os pais retiram seus filhos da escola e as duas mulheres ficam sozinhas no grande prédio, Martha percebe que realmente ama Karen mais do que apenas uma irmã; incapaz de suportar a culpa que sente, ela se enforca. A mentira de Mary é finalmente desmascarada, mas agora é tarde demais: na cena final do filme, Karen sai do funeral de Martha e passa orgulhosamente pela avó de Mary, por Joe e por todos os outros habitantes da cidade que foram enganados pelas mentiras de Mary.

A história gira em torno da espectadora maligna (Mary) que, por meio de sua mentira, involuntariamente percebe o desejo inconsciente da adulta: o paradoxo, é claro, é que antes da acusação de Mary, Martha não estava ciente de seus desejos lésbicos – é apenas essa acusação externa que a torna consciente de uma parte de si mesma que não foi reconhecida. *Mendace veritas*, como se diz em latim: "na falsidade, a verdade". Assim, o "drama das falsas aparências"[320] é levado à sua verdade: a "visão agradavelmente aberrante" do espectador malvado exterioriza o aspecto reprimido do sujeito falsamente acusado – como disse Lacan, a verdade tem a estrutura de uma ficção. A chave para o "drama das falsas aparências" é, portanto, o fato de que, nele, menos se sobrepõe a mais. Por um lado, o procedimento padrão da censura não é mostrar o acontecimento (proibido) – assassinato, ato sexual – diretamente, mas a maneira como ele se reflete nas testemunhas; por outro, essa privação abre um espaço a ser preenchido por projeções fantasmáticas, ou seja, é possível que o olhar que não vê claramente o que está de fato acontecendo veja *mais*, não *menos*...

---

320. Para essa noção, cf. WOLFENSTEIN, M.; LEITES, N. *Movies: A Psychological Study*. Nova York: Atheneum, 1977.

Embora tudo isso seja testemunho de um certo interesse teórico, o fato é que Wyler (cujo estilo exemplifica o realismo psicológico em sua forma mais pura) está hoje meio esquecido, definitivamente fora de moda. Do ponto de vista atual, é fácil imaginar uma versão mais "radical" de *Infâmia* – por exemplo, e se Karen e Martha admitissem seu lesbianismo compartilhado e partissem para começar uma nova vida juntas? Entretanto, *Infâmia* vai muito além da moldura convencional na qual parece se encaixar tão perfeitamente; a prova disso é uma certa inquietação das principais reações críticas ao filme. Como um caso exemplar de leitura errônea do filme, veja-se a reprovação crítica de Bosley Crowther (que apareceu no *The New York Times*):

> Não nos deixaram saber o que a jovem sussurrou para a avó que a fez gritar de indignação e correr para o telefone... E não nos deixaram entrar na sala do tribunal onde o processo crítico por difamação foi julgado. Apenas relataram o julgamento e o veredito em uma linha rapidamente descartada. Portanto, esse drama, que deveria ser tão inovador e ousado por causa de seu tema censurado, é, na verdade, bastante irrealista e escandaloso de uma forma afetada e pedante[321].

Essas duas censuras (que afirmam que o filme não vai até o fim e que continua sendo "pedante") não entendem nada: o que não é dito e não é mostrado tem de permanecer não dito e não mostrado para não nos distrair do foco do filme, que não é sobre os detalhes sujos do lesbianismo (como fantasiado por Mary) – não há nenhum segredo a ser revelado aqui. O que Mary sussurrou no ouvido de sua avó, bem como o que foi dito no tribunal, é totalmente irrelevante, pois o que importa de fato são apenas os efeitos desses falsos rumores. "Afetado e pedante" não é o filme, mas a sociedade fechada que ele retrata, e trazer os detalhes sujos à tona apenas confirmaria as proibições que essa sociedade implica, não as

---

[321]. Também extraído do site Wikipedia. Disponível em: http://tinyurl.com/mry5x9xa

romperia. O final do filme culmina com o gesto heroico de Karen para efetivamente sair desse espaço social fechado – como ela faz isso? É necessário, aqui, analisar mais de perto os últimos vinte minutos do filme.

Comecemos com o momento em que a Sra. Tilford, avó de Mary, fica sabendo da falsidade cometida por ela; profundamente abalada, ela visita as duas professoras, pede desculpas e lhes informa que o processo judicial será revertido e que a indenização por danos será paga. Karen recusa o gesto da Sra. Tilford – e ela tem razão em fazê-lo. Esse gesto é falso, uma saída fácil, já que a injustiça de seu ato não pode ser desfeita. Se o arrependimento da Sra. Tilford fosse sincero, ela deveria estar muito envergonhada para simplesmente pedir desculpas – talvez a única reação apropriada fosse se matar. O pedido de desculpas da Sra. Tilford, por mais sincero que seja, é, portanto, o primeiro ato de traição mascarado como um ato ético.

Em seguida, vem a cena em que Karen insiste que Joe lhe diga se ele acredita ou não que houve um relacionamento lésbico entre ela e Martha. Joe lhe diz que acredita que isso não é verdade, mas, por insistência de Karen, ele pergunta a ela se é verdade ou não, e então ela diz que nunca aconteceu nada de cunho sexual entre as duas. A pressão dela para que ele fizesse a pergunta era, obviamente, uma armadilha: a única resposta apropriada teria sido Joe não fazer a pergunta. Karen então repete a armadilha, dizendo a ele que não pode continuar com o noivado e pedindo que ele a deixe temporariamente – novamente uma armadilha, uma oferta a ser recusada. Quando Joe concorda em ir embora, fica claro para Karen que isso significa sua traição final e que ele nunca mais voltará – um belo momento de discernimento em uma pequena decisão (ir embora por um curto período, até que Karen resolva a crise com Martha) da traição eterna... Joe fazendo a pergunta é o segundo ato de traição mascarado, novamente, como um gesto ético.

A próxima traição ocorre depois que Karen diz a Martha que Joe não voltará: apesar de Karen garantir o contrário, Martha se sente responsável por arruinar a vida das duas e fica chocada com seus sentimentos em relação a Karen. Em seguida, vem outro momento psicológico refinado: de repente, Martha se cansa da conversa, deita-se em um sofá e diz a Karen que quer tirar um cochilo; Karen a deixa e vai dar uma volta no terreno da escola – ao fazer isso, ela sabe muito bem que Martha quer um tempo sozinha para se matar e acata sua decisão. Não há hipocrisia na decisão de Karen, nenhuma satisfação silenciosa no sentido de "tudo bem, vou me livrar da minha companheira irritante"; é apenas uma retirada respeitosa que permite que a outra siga sua decisão fatídica. Assim, quando, minutos depois, a tia Lily pergunta a Karen sobre o paradeiro de Martha, já que sua porta está trancada, Karen não apenas suspeita, mas sabe o que aconteceu. Aterrorizada e chocada, mas não surpresa, Karen corre de volta para a casa, quebra a fechadura da porta com um castiçal e descobre que Martha se enforcou em seu quarto. Apesar de ser, sem dúvida, um ato de desespero sincero, o suicídio de Martha é o terceiro ato de traição – uma fuga da verdade de seu desejo que ela evita ao se matar.

Depois dessas três traições – a da Sra. Tilford, a de Joe e a de Martha – vem o único gesto ético verdadeiro. No funeral de Martha, depois de realizar o breve ritual, Karen se afasta sozinha, enquanto Joe, junto com os membros da comunidade que arruinaram a vida de Martha e Karen, a observam à distância. Ignorando todos os outros, o rosto de Karen expressa uma libertação quase alegre, como o rosto de Barbara Stanwyck saindo de cena na última tomada de *Stella Dallas*. Sua caminhada final não é uma *performance* para os outros com a intenção de impressioná-los, de mostrar a eles como ela os despreza, mas um ato autônomo, uma decisão não patológica no sentido de Kant. Se Karen e Joe ficassem juntos, o cenário teria sido o de um casal criado para se livrar da intrusa lésbica – mas não é isso que acontece, Karen também ignora Joe embora não seja lésbica, e o que a motiva não é nenhuma economia sexual secreta, mas uma postura ética pura, "o dever pelo dever". No entanto, depois de realizar essa retirada, como podemos intervir novamente?

• **Ato de compaixão:** *Departamento Q: conspiração da fé.* Perto do final de *Conspiração de fé* – título original *Flaskepost* (*Mensagem em uma garrafa*), um filme *noir* dinamarquês de 2016 dirigido por Hans Petter Moland –, há um diálogo notável entre Carl Mørck, um detetive esgotado e "terminalmente deprimido", e Johannes, um belo e loiro assassino em série de crianças que está tão interessado em destruir a fé dos pais quanto em raptar seus filhos. Seu confronto final ocorre em uma cabana de madeira solitária no mar, onde Johannes mantém Mørck e as crianças sequestradas, um menino e uma menina, como prisioneiros. Depois de se apresentar como um dos filhos do diabo cuja tarefa é destruir a fé, Johannes diz a Mørck: "E agora... vou tirar sua fé". Mørck responde prontamente: "Está perdendo tempo. Eu não acredito em Deus. Não acredito em nada". Quando Johannes, então, joga o menino no mar e mantém sua cabeça embaixo d'água, Mørck grita desesperadamente: "Ouça-me. Leve-me em seu lugar". Johannes responde: "Está resgatando pessoas que nunca conheceu. É claro que tem fé. Nunca conheci ninguém que tivesse tanta fé quanto você". Mørck continua: "Leve-me!" Então, Johannes questiona: "Quer que Deus lhe dê força para me impedir?" Quando o garoto parece estar morto, Johannes conclui: "Acho que você vai se lembrar deste dia. Você esteve aqui e isso não mudou nada. E Deus... nunca apareceu". Ele então se volta para a irmã mais velha do menino, corta suas amarras com uma tesoura, força-lhe a receber a tesoura em sua mão e lhe diz: "Agora vai receber isso... E então terá sua vingança. Então será dele, então será livre. Apunhale-me. Apunhale-me e será livre". A garota se recusa, abanando a cabeça em silêncio. Johannes lhe dá uma bronca: "Você me decepciona", e, depois, diz a Mørck: "Agora você viu. Agora você deve viver".

Devemos, evidentemente, descartar como ridícula a ideia de Johannes de agir como o filho do diabo, uma ideia que só tem sentido no universo teológico em que há um conflito entre deus e o diabo. Se seguirmos o *insight* de T. S. Eliot de que a tentação final do diabo é a referência ao próprio bem – "a mais alta forma de traição: fazer a ação certa pela razão errada", como ele disse em seu *Assassínio na catedral* – então é o próprio Mørck que é o verdadeiro filho do diabo. O trunfo final do diabo não é "ceda ao seu desejo de poder, aproveite a vida, abandone a quimera dos valores éticos mais elevados!", mas "faça todas as ações nobres que seu coração lhe diz para fazer, viva a vida ética mais elevada e esteja ciente de que não há necessidade de fazer referência a deus em tudo isso. É a sua própria natureza interior que é o seu guia aqui, você está seguindo a lei do seu coração!" – essa postura não estaria personificada na prontidão ateísta de Mørck para se sacrificar pelos outros?

Embora essa leitura possa parecer óbvia, devemos rejeitá-la. É verdade que Mørck é um verdadeiro ateu, enquanto Johannes continua a confiar em um grande Outro (quando deus falhou [em aparecer em sua crise e ajudá-lo], o diabo o ajudou, ele estava lá quando Johannes precisou). Apesar disso, Johannes está errado quando afirma que, quando estava afogando a criança, deus não apareceu: deus apareceu duas vezes, quando Mørck se ofereceu para morrer em vez da criança e quando a menina se recusou a se vingar e esfaquear Johannes. Mas qual deus aparece aqui? Não é um agente transcendente todo-poderoso que, em última análise, cuida de nós, mas uma testemunha impotente semelhante a Cristo que oferece sua compaixão e solidariedade, demonstrando pura bondade diante de um mundo sem sentido e indiferente. É aí que reside o cerne do ateísmo cristão: é preciso reunir forças para ver o mundo com um olhar inumano, em toda a sua cruel indiferença e falta de sentido, sem nenhum Grande Outro como garantia final de uma ordem superior ou de um significado – a bondade só pode surgir nesse ponto.

O ponto crucial da questão é, portanto, o enigma do ateísmo e da ética: é possível ser totalmente ético, a ponto de estar pronto para se sacrificar pelos outros, sem acreditar em deus? Arriscando-nos a dar um passo além, e se apenas um ateu puder ser verdadeira e incondicionalmente ético? A questão não é atribuir aos ateus alguma crença mais profunda e pura demais para ser articulada em dogmas explícitos: não apenas o *cristianismo* (em seu núcleo repudiado por sua prática institucional) *é o único ateísmo verdadeiramente consequente*, mas também os *ateus são os únicos crentes verdadeiros*. Nesse fio da navalha, ocorre a derradeira inversão da faixa de Möbius: ao aceitar o Real brutal em toda a sua indiferença desprovida de sentido, somos levados a um pleno engajamento ético-político. Podemos discernir a mesma lição de lutas teológicas obscuras que geralmente ocultam grandes investimentos político-ideológicos. Vejamos o "documentário escatológico" *After the Tribulation* (Paul Wittenberger, 2012), um longo e feroz ataque àqueles que defendem o arrebatamento pré-tribulacionismo. O conflito entre os pré-tribulacionistas e os pós-tribulacionistas é estritamente interno ao fundamentalismo cristão dos Estados Unidos, uma vez que ambos compartilham um conjunto de pressupostos: a "tribulação" (o horror do Armagedom) está chegando, haverá grande sofrimento, muitos morrerão e apenas uma minoria será salva pela segunda vinda de Cristo. Todavia, antes da verdadeira segunda vinda, o Anticristo virá como líder do novo governo mundial e muitos serão enganados, acreditando que ele é Cristo, o Messias final esperado por todas as grandes religiões (cristãos, judeus, muçulmanos, budistas...):

> Na visão futurista da escatologia cristã, a Tribulação é um período relativamente curto em que todos passarão por dificuldades, desastres, fome, guerra, dor e sofrimento em todo o mundo, o que eliminará mais de 75% de toda a vida na Terra antes da Segunda Vinda. Alguns pré-tribulacionistas acreditam que aqueles que escolherem seguir a Deus serão arrebatados antes da tribulação e, portanto, escaparão dela. Por outro lado, alguns pós-tribulacionistas (cristãos que acreditam que o arrebatamento é sinônimo da ressurreição que ocorrerá após a tribulação) acreditam que os cristãos devem suportar a tribulação como um teste de sua fé[322].

---

322. Aqui eu me baseio descaradamente nas informações do site Wikipedia. Disponível em: https://en.wikipedia.org/wiki/Great_Tribulation

Como é de se esperar em debates teológicos, há diferentes versões de quando, precisamente, ocorrerá o arrebatamento após a tribulação:

– Os tribulacionistas pré-ira acreditam que o Arrebatamento ocorrerá durante a tribulação, na metade ou depois, mas antes das sete taças da ira de Deus;

– Os meso-tribulacionistas acreditam que o Arrebatamento ocorrerá na metade da tribulação, mas antes que ocorra a pior parte dela. O período de sete anos é dividido em duas metades: o "princípio das dores" e a "grande tribulação";

– Os pós-tribulacionistas acreditam que os cristãos não serão levados ao Céu para a eternidade, mas serão recebidos ou reunidos no ar por Cristo, para que desçam juntos e estabeleçam o Reino de Deus na Terra no final da Tribulação[323].

No entanto, a principal distinção é clara: o arrebatamento acontecerá *antes* da tribulação (como afirmam La Haye etc.) ou *após* a tribulação? Por que, então, um investimento tão fervoroso nesse ponto de discórdia? As coisas ficam evidentes quando damos uma olhada nas implicações desse conflito:

Os pré-tribulacionistas acreditam que todos os cristãos justos (vivos e mortos) serão levados corporalmente para o Céu (chamado de arrebatamento) antes do início da Tribulação. De acordo com essa crença, todos os cristãos verdadeiros que já existiram durante toda a era cristã serão instantaneamente transformados em um corpo ressuscitado perfeito e, assim, escaparão das provações da Tribulação. Aqueles que se tornarem cristãos após o arrebatamento viverão durante (ou perecerão durante) a Tribulação. Após a Tribulação, Cristo retornará para estabelecer seu Reino Milenar[324].

---

323. Cf. https://en.wikipedia.org/wiki/Great_Tribulation
324. Cf. https://en.wikipedia.org/wiki/Great_Tribulation

Os críticos da posição pré-tribulacionista argumentam que, se acreditarmos que o arrebatamento ocorrerá antes da tribulação e se nos considerarmos cristãos verdadeiros, não precisamos nos preocupar com o Armagedom – desapareceremos da Terra e encontraremos um refúgio seguro em Deus antes de seus horrores, portanto, não precisamos nos preparar para a tribulação... em suma, os pré-tribulacionistas são agentes do diabo trabalhando para nos impedir de nos prepararmos para a tribulação. Contudo, os pré-tribulacionistas têm um ponto (embora, sem dúvida, não de forma intencional): o Armagedom não será travado entre os partidários de Cristo e as forças do Anticristo, mas entre os "deixados para trás", entre os seguidores de Cristo que ainda não são totalmente fiéis e as forças do Anticristo – isso não significaria que os "arrebatados" não são os verdadeiros heróis, mas almas bonitas e "puras" demais para participar da luta principal? Em resumo, os críticos da pré-tribulação estão certos, mas em um sentido muito mais radical do que eles pensam: os fiéis crentes puros são oportunistas inúteis que jogam o jogo mais seguro. Somente os céticos "impuros" – aqueles que NÃO acreditam plenamente em Cristo, isto é, ateus cristãos ignorados pelo arrebatamento – são capazes de travar a verdadeira batalha por Cristo.

• **Suspendendo o ritual:** *Parsifal*. O que, precisamente, impele-nos a esse engajamento quando nenhuma figura de um grande Outro o garante? A resposta óbvia parece ser: a compaixão que surge quando sou confrontado com o sofrimento de outra pessoa e me motiva a aliviá-lo. Não é isso que motiva Mørck a se oferecer para tomar o lugar da criança que está se afogando? Entretanto, se olharmos mais de perto, as coisas se complicam, pois imediatamente nos deparamos com o paradoxo básico: a implicação da ética da compaixão não seria que precisamos do sofrimento (dos outros) para fazer (e nos sentirmos) bem? Wagner enfrentou essas ambiguidades em seu último drama musical, *Parsifal*, muitas vezes descartado como uma bagunça impenetrável e confusa de elementos cristãos e budistas. Como podemos entender isso?

Trabalhos historicistas recentes tentam trazer à tona o "verdadeiro significado" contextual de vários personagens e tópicos wagnerianos: o pálido Hagen é, na verdade, um judeu que se masturba; a ferida de Amfortas é, na verdade, sífilis etc. Wagner, segundo esse argumento, estava mobilizando códigos históricos conhecidos por todos em sua própria época: quando uma pessoa tropeça, canta em tons altos e estridentes ou faz gestos nervosos, "todos" sabiam que se tratava de um judeu – logo, Mime de *Siegfried* é a caricatura de um judeu; a doença na virilha causada por relações sexuais com uma mulher "impura" era, por causa da sífilis, uma obsessão na segunda metade do século XIX, portanto, estava claro para todos que Amfortas realmente contraiu sífilis de Kundry...
O primeiro problema com essas leituras é que, mesmo que sejam precisas, as percepções obtidas não contribuem muito para uma compreensão pertinente da obra. Para compreender adequadamente *Parsifal*, é preciso *abstrair-se* dessas trivialidades históricas, *descontextualizar* a obra, arrancá-la do contexto em que foi originalmente inserida. Há mais verdade na estrutura formal de *Parsifal*, que permite diferentes contextualizações históricas, do que em seu contexto original. Nietzsche, o grande crítico de Wagner, foi o primeiro a realizar essa descontextualização, propondo uma nova figura de Wagner: não mais o Wagner poeta da mitologia teutônica, da grandeza heroica bombástica, mas o Wagner "miniaturista", da feminilidade histerizada, das passagens delicadas, da decadência da família burguesa.

Em vez de historicizar Wagner, uma abordagem mais produtiva é transpor brutalmente o cenário de seus dramas musicais para o nosso mundo contemporâneo. Imagine, nesse sentido – meu sonho privado –, um *Parsifal* que se passa em uma megalópole moderna, com Klingsor como um cafetão impotente que dirige um bordel; ele usa Kundry para seduzir membros do círculo do "Graal", uma gangue de traficantes rival. O "Graal" é administrado pelo ferido Amfortas, cujo pai, Titurel, está em um delírio constante induzido pelo excesso de drogas; Amfortas está sob terrível pressão dos membros de sua gangue para "realizar o ritual", ou seja, entregar a porção diária de drogas para eles. Ele foi "ferido" (infectado pela AIDS) por Kundry, seu pênis foi mordido enquanto Kundry lhe fazia sexo oral. Parsifal é um jovem inexperiente, filho de uma mãe solteira e desabrigada, que não entende a importância das drogas; ele "sente a dor" e rejeita as investidas de Kundry enquanto ela faz sexo oral nele. Quando Parsifal assume o controle da gangue "Graal", ele estabelece uma nova regra para sua comunidade: distribuição gratuita de drogas...

O primeiro resultado dessa leitura é que uma característica fundamental de *Parsifal* se destaca claramente: a verdadeira figura maligna não é Klingsor, mas Titurel, o pai de Amfortas. Relembremos a relação traumática entre Amfortas e Titurel, uma verdadeira contrapartida ao diálogo entre Alberich e Hagen em *Crepúsculo dos deuses*. O contraste entre os dois confrontos de pai e filho é nítido: em *Crepúsculo*, a dinâmica (agitação nervosa, a maior parte da fala) está do lado do pai, com Hagen, via de regra, apenas ouvindo essa aparição obscena; em *Parsifal*, Titurel é uma presença opressiva imóvel que mal quebra seu silêncio com a injunção do superego "Revele o Graal!" (que, obviamente, significa "Goze!"), enquanto Amfortas é o agente dinâmico que dá voz à sua recusa em realizar o ritual. Não estaria claro, se ouvirmos atentamente esse diálogo de *Parsifal*, que a presença verdadeiramente obscena, a causa final da decadência da comunidade do Graal, não é Klingsor, que é evidentemente um mero vigarista, mas sim o próprio Titurel, uma aparição morta-viva obscena, um velho sujo que está tão imerso no desfrute do Graal que perturba o ritmo regular de sua revelação? A autoridade do superego de Titurel é uma verdadeira perversão ou, como Lacan gostava de escrever, *père-version*, a "versão do pai", o obsceno lado obscuro da autoridade do pai. A oposição entre Alberich e Titurel não é, portanto, a oposição entre a humilhação obscena e a dignidade, mas sim entre os dois modos da própria obscenidade, entre o pai-*jouissance* forte e opressivo (Titurel) e o pai humilhado, agitado e fraco (Alberich).

Então, o que dizer de outro clichê historicista: a busca pelo "judeu" na obra de Wagner? Quem seria, então, o judeu em *Parsifal*? O casal Kundry e Amfortas, essa última figura do eterno judeu na longa série da obra de Wagner que começa com *O holandês voador*, o "Ahasver do oceano". Kundry, como contraparte de Amfortas, é um dos retratos mais perfeitos de uma mulher histérica. Embora exista uma grande tradição de mulheres histéricas na música do final do século XIX e início do século XX, começando com Kundry do *Parsifal* de Wagner e continuando em *Salomé* e *Elektra* de Strauss, bem como a Escolhida em *A sagração da primavera* de Stravinsky, em todos esses casos o tema da louca histérica é

> camuflado com as armadilhas exóticas da antiguidade (clássica, bíblica, primitiva), [...] distanciando-o de sua incômoda relevância contemporânea. Schönberg e Pappenheim deram a ela um tratamento cru, sem verniz, que expôs sua mensagem social e psicológica[325].

Lacan traduziu a divisão que caracteriza o sujeito histórico feminino em uma fórmula concisa: "peço que recuses o que lhe ofereço, porque isto não é isso". Quando, por exemplo, Kundry, de Wagner, seduz Parsifal, ela na verdade quer que ele resista a seus avanços – essa obstrução, essa sabotagem de sua própria intenção, não atestaria uma dimensão nela que resiste ao domínio do Falo? O pavor masculino da mulher, que marcou tão profundamente o *Zeitgeist* na virada do século, de Edvard Munch e August Strindberg até Franz Kafka, revela-se, portanto, como o pavor da inconsistência feminina: a histeria feminina, que traumatizou esses homens (e marcou o berço da psicanálise), confrontou-os com uma infinidade inconsistente de máscaras (uma mulher histérica passa imediatamente de súplicas desesperadas para o escárnio cruel e vulgar etc.). Kundry encarna a autocontradição de uma posição histérica: ela foi um instrumento da doença de Amfortas e quer curá-lo (trazendo-lhe bálsamos do Oriente); ela quer

---

325. TARUSKIN, R. *Music in the Early Twentieth Century*. Oxford: Oxford University Press, 2010, p. 327.

seduzir Parsifal e ser redimida por ele... Seu problema é que ela permanece presa nessas contradições, incapaz de ver a identidade dos opostos – ela quer curar a ferida e não vê que a ferida só pode ser curada pela lança que a causou.

Kundry quer destruir Parsifal, pois tem um pressentimento de sua pureza; ao mesmo tempo, ela quer que Parsifal não ceda, que resista à provação, pois está ciente de que sua única chance de redenção reside na resistência de Parsifal aos seus encantos sedutores. Parsifal resiste aos avanços de Kundry por meio de sua identificação com a ferida de Amfortas: no exato momento do beijo de Kundry, ele se afasta do abraço dela, grita "Amfortas! A ferida!" e agarra suas coxas (o local da ferida de Amfortas); como foi demonstrado pela análise penetrante de Elisabeth Bronfen[326], esse gesto comicamente patético de Parsifal é o da identificação histérica, ou seja, um passo para o teatro perturbado. A verdadeira histérica da ópera é Kundry, obviamente, e é como se a própria rejeição de Parsifal a ela o contaminasse com histeria.

A principal arma e índice da histeria de Kundry é o riso, por isso é crucial investigar suas origens: a cena primordial do riso é a Via-sacra, na qual Kundry estava observando o Cristo sofredor e rindo dele. Esse riso se repete várias vezes em relação a todos os mestres a quem Kundry serviu (Klingsor, Gurnemanz, Amfortas...): ela enfraquece a posição de cada um deles por meio do conhecimento excedente contido em seu riso histérico obsceno, que revela o fato de que o mestre é impotente, uma sombra de si mesmo. Esse riso é, portanto, profundamente ambíguo: ele representa não apenas a ridicularização do outro, mas também o desespero consigo mesma, ou seja, seu fracasso repetido em encontrar um apoio confiável no Senhor. A questão que deve ser levantada aqui é a do paralelo entre as feridas de Amfortas e as de Cristo: o que os dois têm em comum? Em que sentido Amfortas (que foi ferido quando sucumbiu à tentação de Kundry) está ocupando

---

326. Cf. BRONFEN, E. Kundry's Laughter. *New German Critique*, n. 69, pp.147-161, 1996.

a mesma posição que Cristo? A única resposta consistente, evidentemente, é que o próprio Cristo não era puro em seu sofrimento: quando Kundry o observou na Via-sacra, ela detectou sua *jouissance* obscena, ou seja, a maneira como ele era "excitado" por seu sofrimento. O que Kundry está procurando desesperadamente nos homens é, ao contrário, alguém que seja capaz de resistir à tentação de converter sua dor em um prazer perverso. Logo, o riso de Kundry não é o riso cínico que simplesmente zomba do ritual: seu alvo é o outro lado obsceno do ritual que ela vê claramente. No caso do ritual do Graal, ela tem como alvo a *jouissance* obscena incorporada na monstruosidade incapacitada e desfigurada de Titurel. E o paradoxo é que, no exato momento em que rejeita seus avanços, Parsifal se identifica com ela, é "feminizado" (Syberberg percebeu isso: em sua versão cinematográfica da ópera de Wagner, um menino que interpretava Parsifal se retira e uma menina fria toma seu lugar). A rejeição de dele a Kundry é, portanto, mais ambígua do que parece: não é uma simples rejeição, mas a negação de formar um par com ela, a recusa que é sustentada por uma identificação muito mais profunda com ela. As palavras de *Parsifal* nesse momento de identificação merecem uma leitura atenta:

> Amfortas! A ferida! A ferida! Ela queima em meu coração! Ó tristeza, tristeza! Terrível tristeza! Do fundo do meu coração, ele chora alto. Ó! Ó! Miserável! Lamentável! Eu vi a ferida sangrando; agora sangra dentro de mim! Aqui, aqui! Não, não! Não é a ferida. Flui em correnteza, meu sangue, a partir dele![327]

Deve-se tomar cuidado para não perder a pausa no meio dessa passagem: Parsifal primeiro sente a ferida como a fonte de "terrível tristeza", o fato de que ela "sangra dentro de mim" o deixa infeliz. Entretanto, de repente ele muda sua postura em relação à ferida: "Não, não!" a ferida "não é a ferida", mesmo

---

327. Citado a partir da tradução de Artur Avelar. In: WAGNER, R. *Parsifal*. Barbudânia. Edição do Kindle, p. 52-53 [N.T.].

que continue a sangrar, esse sangramento é o derramamento de algo que podemos chamar de energia vital criativa, por isso, seu desejo é que esse sangue "flua em correnteza"... O que acontece aqui? Em que se baseia essa inversão? A conquista única de Wagner é que ele reúne três aspectos do recipiente do qual o sangue jorra: a noção pagã do Graal como a fonte mítica da energia vital divina; a noção cristã do cálice no qual o sangue de Cristo foi coletado; e a noção de ferida como o sinal eterno da corrupção, como a inscrição no corpo sofredor de sua capitulação às forças da decadência. Essa última noção é especificamente wagneriana, pois se refere à ferida como aquilo que me torna imortal, condenado ao sofrimento eterno. Não é a ferida da mortalidade, mas a ferida da imortalidade.

Como se sabe, o mito do Graal é o caso exemplar de "exaptação" ideológica religiosa (para usar um termo desenvolvido por Stephen Jay Gould a propósito de sua crítica ao darwinismo ortodoxo): ele reinscreve no domínio cristão a noção pagã de um objeto mágico que proporciona abundância e provoca o renascimento e a regeneração sazonais. Pode parecer que, em *Parsifal*, Wagner realiza o mesmo processo, mas de forma invertida: ele interpreta a morte de Cristo e o milagre da Sexta-feira Santa como um mito pagão de morte e renascimento sazonais. Esse gesto é profundamente anticristão: ao romper com a noção pagã de Justiça e Equilíbrio cósmicos, o cristianismo também rompe com a noção pagã de morte e renascimento circulares da divindade – a morte de Cristo não é idêntica à morte sazonal do deus pagão, mas designa a ruptura com o movimento circular de morte e renascimento, a passagem para uma dimensão totalmente diferente do Espírito Santo. Alguém é tentado a afirmar que, por esse motivo, *Parsifal* é o modelo para todos os cristãos "fundamentalistas" de hoje que, sob o pretexto de retornar aos valores cristãos autênticos, fazem exatamente o oposto e traem o núcleo subversivo do cristianismo.

Então será que Wagner realmente faz isso? A intervenção de Parsifal não interrompe o funcionamento tradicional do poder que se legitima pela posse de algum segredo revelado de tempos em tempos em um ritual sagrado? Em um novo mundo do reinado de Parsifal, o Graal permanece revelado e, portanto, livremente acessível a todos, sem necessidade de cerimônia de iniciação. Então, o que Parsifal faz quando ele – para dizer de forma brutal – depõe Amfortas e toma o poder na comunidade do Graal? Ele não é simplesmente um novo rei que substitui o antigo, pois faz algo muito mais importante: muda radicalmente o modo de funcionamento do poder. Suas palavras finais – "Não será mais escondido; descubra o Graal, abra o santuário!"[328] – sinalizam que, de agora em diante, sob seu governo, o Graal permanecerá aberto. Também, é assim que as enigmáticas palavras finais de *Parsifal*, "Nosso *Redentor redimido!*"[329], devem ser lidas: em uma nova ordem imposta por Parsifal, não há necessidade de um redentor, o guardião do segredo sagrado que se sacrifica.

A ferida é curada quando não é mais sentida como uma ameaça e o sangue estiver fluindo livremente para fora dela. A ferida é a nossa imortalidade, é o que nos impede de morrer – não somos animais por causa da ferida. A ferida é a própria vida excessiva, a "imortalidade" brutalmente inscrita em nosso corpo biológico, e é sentida como uma ferida somente quando nosso ponto de vista é o do corpo biológico. A vida humana nunca é "apenas vida", ela é sempre sustentada por um excesso de vida que, fenomenicamente, aparece como a ferida paradoxal que nos torna "mortos-vivos", que nos impede de morrer: quando essa ferida é curada, o herói pode morrer em paz. Além das feridas de Tristão e Amfortas em *Tristão* e *Parsifal*, de Wagner, a figura definitiva dessa ferida é encontrada em *Um médico rural*, de Kafka – e é crucial vincular a ferida de Amfortas à descrição de Kafka da ferida do menino:

---

328. *Ibid.*, p. 74 [N.T.].
329. *Ibid.* [N.T.].

> No seu lado direito, na região dos quadris, abriu-se uma ferida grande como a palma da mão. Cor-de-rosa, em vários matizes, escura no fundo, tornando-se clara nas bordas, delicadamente granulada, com o sangue coagulado de forma irregular, aberta como a boca de uma mina à luz do dia. Assim parece à distância. De perto mostra uma complicação. Quem pode olhar para isso sem dar um leve assobio? Vermes da grossura e comprimento do meu dedo mínimo, rosados por natureza e, além disso, salpicados de sangue, reviram-se para a luz. presos no interior da ferida, com cabecinhas brancas e muitas perninhas. Pobre rapaz, não é possível ajudá-lo[330].

Porém, Wagner não apenas aponta para Kafka; como já vimos, ele transforma essa imortalidade maligna e obscena (ferida como a carne em decomposição "morta-viva" que deseja desaparecer na morte, mas está condenada à vida eterna) na fonte da felicidade eterna:

> Ó suprema alegria deste milagre! Isso que poderia curar sua ferida, / Eu vejo derramar sangue sagrado, / Ansiando por aquela fonte semelhante / Que flui e jorra dentro do Graal. Não será mais escondido; descubra o Graal, abra o santuário![331]

Devemos insistir na identidade, revelada em uma série de deslocamentos, entre a ferida de Cristo e a ferida de Amfortas (carregada como um objeto parcial de vagina sangrando na versão de Syberberg), o que implica que a ferida final é o próprio Graal, o cálice do qual o sangue da redenção flui eternamente. É aí que reside a identidade especulativa final de *Parsifal*: a ferida de Amfortas, o corte repugnante, sangrento e palpitante infligido por Klingsor, o traço do pecado que ele cometeu ao sucumbir às investidas de Kundry, é a idêntica à ferida máxima, a ferida de Cristo infligida pela lança de um soldado romano. É somente essa identidade entre

---

330. KAFKA, F. *Um médico rural*. Trad. de Modesto Carone. São Paulo: Brasiliense, 1994, p. 13.
331. WAGNER, R. *Parsifal*. Barbudânia. Edição do Kindle, p. 74 [N.T.].

o mais alto e o mais baixo que pode fundamentar a outra famosa proposição especulativa de Parsifal: Somente uma arma serve; / Apenas a lança que o feriu pode curar sua ferida [*Die Wunde schließt der Speer nur der Sie schlug*][332]. *Isto* – que a ferida é curada apenas pela lança que a feriu – é o que Parsifal aprende, esse é o "poder do mais puro conhecimento" dado ao "tímido tolo" que ele é.

A lógica dessa mensagem final de *Parsifal* é profundamente hegeliana, ou seja, Hegel diz a mesma coisa, embora com o acento deslocado para a direção oposta: o Espírito é a própria ferida que tenta curar, ou seja, a ferida é autoinfligida[333]. Melhor dizendo, o que é o "Espírito" em sua forma mais elementar? A "ferida" da natureza: o sujeito é o imenso – absoluto – poder da negatividade, o poder de introduzir uma lacuna/corte na unidade substancial dada e imediata, o poder de *diferenciar*, de "abstrair", de separar e tratar como autônomo o que na realidade faz parte de uma unidade orgânica. É por isso que a noção de "autoalienação" do Espírito (deste se perdendo em sua alteridade, objetivação e resultado) é mais paradoxal do que parece: ela deve ser lida juntamente com a afirmação de Hegel sobre o caráter totalmente não substancial do Espírito: Não há *res cogitans*, nada que (como sua propriedade) também pense, o Espírito nada mais é do que o processo de superação da imediatidade natural, do cultivo dessa imediatidade, de retirada-para-si-mesmo ou "afastar--se" dela, ou de – por que não? – alienar-se dela. O paradoxo é, portanto, o fato de não haver um Si-mesmo que preceda a "autoalienação" do Espírito: o próprio processo de alienação cria/gera o "Si-mesmo" do qual o Espírito se aliena e para o qual retorna. Nesse ponto, Hegel, dá uma guinada na noção padrão de que uma versão fracassada de X pressupõe esse X como sua norma [medida]: X é criado e seu espaço é delinea-

---

332. WAGNER, R. *Parsifal*. Barbudânia. Edição do Kindle, p. 73 [N.T.].
333. HEGEL, G. W. F. *Aesthetics:* Volume 1. Oxford: Oxford University Press, 1998, p. 98.

do, somente por meio de fracassos repetitivos para alcançá-lo. A autoalienação do Espírito é idêntica à alienação de seu Outro (a natureza) e coincide totalmente com ela, porque ele se constitui por meio de seu "retorno-a-si-mesmo", a partir de sua imersão na alteridade natural. Em outras palavras, o retorno-a-si-mesmo do Espírito cria a própria dimensão para a qual ele retorna. (Isso se aplica a todo "retorno às origens": quando, a partir do século XIX, novos Estados-nação estavam se constituindo na Europa Central e Oriental, sua descoberta e seu retorno às "antigas raízes étnicas" geraram essas raízes). O que isso significa é que a "negação da negação", o "retorno-a-si-mesmo" da alienação, não ocorre onde parece ocorrer: na "negação da negação", a negatividade do Espírito não é relativizada, subsumida em uma positividade abrangente; é, ao contrário, a "simples negação" que permanece ligada à positividade pressuposta que ela negou, à pressuposta Alteridade da qual ela se aliena. A "negação da negação" nada mais é do que a negação do caráter substancial dessa própria Alteridade, a plena aceitação do abismo da autorrelação do Espírito que põe retroativamente todas as suas pressuposições. Em outros termos, uma vez que estamos na negatividade, jamais a abandonamos e recuperamos a inocência perdida das Origens. Ao contrário, é somente na "negação da negação" que as Origens são verdadeiramente perdidas, que sua própria perda é perdida, que elas são privadas do *status* substancial daquilo que foi perdido. Não é de se admirar que um dos casos supremos dessa lógica seja o da única lança que cura uma ferida: a ferida do colonialismo: todos os lutadores radicais contra o colonialismo sabiam que *die Wunde schließt der Speer nur der Sie schlug* – a própria desintegração das formas tradicionais de vida comunitária abre o espaço para a liberação. Como ficou claro para Nelson Mandela e o ANC, a supremacia branca e a tentação de retornar às raízes tribais são dois lados da mesma moeda. Por último, mas não menos importante, essa identificação dos opostos fornece a última palavra sobre o antissemitismo: sim, os judeus são "a ferida da humanidade", alienados, sem lar, sem raízes, vagando por aí, mas não há redenção sem eles, ou seja, somente por meio de uma identificação total com eles é que todos nós podemos nos tornar livres.

Kafka é *o* escritor da burocracia, que também é uma ferida do corpo social em um duplo sentido: ela inflige feridas nos corpos humanos, torturando-os infinitamente (ver *Na colônia penal*, de Kafka), e ela própria é uma espécie de crescimento cancerígeno do corpo social. *Parsifal* é, de certa forma, um drama sobre mudanças burocráticas: no final do drama e por baixo de todas as frases educadas sobre compaixão, Parsifal basicamente diz a Amfortas: "Vá à merda, pois agora eu administro seu escritório! [*denn ich verwalte jetzt dein Amt*]"[334]. Entretanto, Parsifal não é apenas um novo administrador: quando ele assume o controle da comunidade do Graal, não há mais nenhum escritório para administrar, nenhum ritual para oficiar. Será que isso significa que a nova comunidade também não precisa de rituais? Aqui as coisas são mais ambíguas: e se um ritual sobreviver, mas for um tipo de ritual vazio, que não funciona mais como uma revelação controlada de um tesouro secreto/sagrado?

- **Ritual vazio:** *Terra selvagem*. Imaginemos um ritual substancial de luto que é gradualmente, no processo de secularização, esvaziado de seu conteúdo e aparece como um absurdo vazio; o milagre é que, precisamente como tal, como um ritual vazio, ele pode permanecer operante de uma forma mais autêntica do que nunca. Esse caso ocorre no final de *Terra selvagem* (Taylor Sheridan, 2017), que conta a história de Natalie Hanson, uma garota nativa americana encontrada estuprada e congelada no meio do inverno em uma desolada reserva do Wyoming. Cory, um caçador cuja filha também desapareceu há três anos, e Jane, uma jovem agente do FBI,

---

334. Tradução literal de Žižek. Na tradução de Artur Avelar, lê-se: "pois agora cumprirei sua tarefa" (WAGNER, R. *Parsifal*. Barbudânia. Edição do Kindle, p. 73) [N.T.].

tentam desvendar o mistério. Na cena final, Cory vai à casa de Hanson, onde encontra Martin, que é o pai de Natalie, desesperado, sentado do lado de fora com um "rosto de morte", uma mistura de tinta azul e branca que cobria sua face. Cory lhe pergunta como ele aprendeu a fazer isso, ao que Martin responde: "Não sei. Acabei de inventar. Não há mais ninguém para ensinar isso". Ele informa a Cory que só queria esquecer tudo e morrer quando o telefone tocou – seu filho (delinquente) Chip ligou para ele ao sair da prisão, pedindo que ele o buscasse na estação de ônibus. Martin diz que fará isso "assim que eu lavar essa merda do meu rosto". Depois, diz a Cory: "Eu deveria ir buscá-lo, em algum momento. Só sente-se aqui por um minuto. Tem tempo para sentar-se comigo?" Ele diz que sim, então ficam sentados em silêncio e uma tela de título aparece dizendo que são mantidas estatísticas para todos os grupos de pessoas desaparecidas, exceto para as mulheres nativas americanas. Ninguém sabe quantas pessoas estão desaparecidas. A beleza concisa desse final é levemente prejudicada apenas por essas palavras finais na tela (elas dizem o óbvio e, portanto, introduzem um elemento de falsa objetividade em um drama existencial extremo). O problema subjacente é o de um ritual de luto que nos permite sobreviver a uma perda insuportavelmente traumática, e o vislumbre de esperança proporcionado pelo final é o de que Martin e Cory conseguirão sobreviver por meio de um ritual tão mínimo (apenas sentar-se em silêncio). Não devemos descartar levianamente a frase de Martin "assim que eu lavar essa merda do meu rosto" baseando-nos em que seu rosto de morte não é feito da maneira autêntica antiga, sendo, na verdade, improvisado por ele: continuaria sendo uma "merda" mesmo se fosse feito de forma autêntica. Martin já perdeu irremediavelmente sua antiga substância étnica, ele já é um sujeito moderno incapaz de praticar o "rosto de morte" com total imersão; no entanto, o milagre é que, embora ele saiba e assuma tudo isso, improvisar um rosto de morte e simplesmente sentar-se ali com esse rosto funciona como autêntico em sua improvisação muito artificial – pode ser uma merda, mas funciona em seu gesto mínimo de retirada do engajamento da vida.

Jamil Khader[335] levantou duas questões importantes relacionadas a essa leitura de *Terra selvagem*:

1. Por que é sempre responsabilidade ética dos oprimidos e colonizados dar o primeiro passo em direção à destituição subjetiva, subvertendo a tradição "autêntica" e substituindo-a pela nova identidade universal, o X ou a nova falta de identidade "desconhecida"? E por que é responsabilidade ética deles mostrar ao colonizador seu fracasso em viver de acordo com esses ideais iluministas? Não estaríamos de volta à tradicional reivindicação multicultural das minorias colonizadas dos Estados Unidos, das quais sempre esperávamos que "ensinassem" ao outro privilegiado sobre seu sofrimento e opressão?

2. O final de *Terra selvagem*, em sua reconstituição do tradicional tema americano do vínculo homossocial (não homossexual) de "companheiros" (entre Huck e Jim), talvez possa ser lido como uma resolução romântica, comercializada e mítica dos antagonismos. O momento de solidariedade é apresentado como um "acontecimento milagroso" em que ambos os homens compartilham o mesmo espaço intersubjetivo de luto e pesar, reenquadrando a referência histórica traumática ao abuso sexual de mulheres indígenas em um relacionamento homossocial.

Com relação ao primeiro ponto, não seria a alternativa – brancos liberais ensinando os oprimidos a se libertarem – muito pior? A questão não é ensinar, mas o fato de que os oprimidos estão na posição privilegiada de defender a universalidade autêntica, em contraste com a falsa universalidade defendida pela ideologia hegemônica. O que se deve ter sempre em mente é que o conflito aqui não é entre duas particu-

---

335. Comunicação pessoal.

laridades (duas identidades particulares), e sim entre duas universalidades: a hegemônica, da, digamos, civilização ocidental, e a autêntica, incorporada naqueles que estão fora do lugar na ordem hegemônica. Com relação ao segundo ponto, no contexto do filme, é verdade que a cena final representa um vínculo homossocial; porém, esse vínculo não funciona como uma "resolução romântica, comercializada e mítica dos antagonismos" – nenhum antagonismo é resolvido, quando muito, os opostos são levados ao extremo, pois o vínculo consiste no fato de que ambos os homens estão apenas compartilhando sua dor e sua impotência diante da violência brutal contra suas filhas. Não vemos nenhuma autoridade paterna restaurada, apenas vemos a autoridade e o cuidado paternos exibidos em toda a sua impotência.

Devemos ter em mente que Cory é um homem branco que vive em uma reserva, e o que Martin pede a ele não é que se solidarize com um nativo americano em luto e participe de um ritual que não tem significado para ele – esse respeito paternalista por uma cultura primitiva é uma das versões mais repugnantes do racismo. A mensagem do pedido de Martin é que ele compartilha com Cory a distância que este sente em relação ao ritual do nativo americano: a distância de Cory – homem branco – já é idêntica à de Martin, e é essa lacuna que torna o ritual autêntico, não parte de uma ridícula "imersão em uma cultura nativa". Não encontramos aqui mais um exemplo de uma retorção que caracteriza a faixa de Möbius? Quando passamos da imersão ingênua em um ritual para sua total rejeição como algo ridículo, de repente nos encontramos de volta no mesmo ritual, e o fato de sabermos que é tudo tolice não diminui em nada sua eficiência.

*

Nossos quatro exemplos – *Infâmia*, *Departamento Q*, *Parsifal* e *Terra selvagem* – fornecem a matriz de quatro gestos éticos básicos que podem ser organizados em um quadrado semiótico greimasiano ao longo do eixo duplo de negativo *versus* positivo e ritual *versus* ato contingente não ritualizado. Eles podem ser combinados em dois pares: sair da falsa comunidade (Karen) e depois agir com pura bondade (Mørck); suspender o ritual hegemônico (Parsifal) e depois se envolver em um ritual vazio (Martin e Cory). Devemos notar como a diferença sexual está em funcionamento aqui: os dois gestos negativos são femininos e os dois atos positivos são masculinos (mas Parsifal é feminino? Sim, se aceitarmos a hipótese de Syberberg de que, após rejeitar os avanços de Kundry, Parsifal-menino se transforma em Parsifal-menina). Em cada par, um gesto negativo (retirada, suspensão) é seguido por um ato positivo, mas os dois pares não podem se unir, pois a lacuna que separa o ritual simbólico do ato é paraláctica.

No entanto, há uma sucessão lógica imanente que relaciona os quatro: começamos com a saída da falsa comunidade fechada de costumes; essa distância mínima permite que o sujeito realize o ato ético de bondade e compaixão autênticas; ao fazê-lo, percebemos que não é suficiente sair do espaço comunitário – é preciso suspender sua eficiência ideológica (ou, nos termos de nossos quatro exemplos, é preciso passar da compaixão de Mørck para a compaixão de Parsifal). Nesse ponto, quando nos encontramos no espaço vazio, é preciso encontrar algum tipo de ritual para evitar um colapso psicótico – mas como o domínio do grande Outro (substância simbólica) foi rompido, esse só pode ser um ritual vazio. O momento final é, portanto, bastante triste, não um ato triunfante, e sim a imobilidade do ritual mecânico de cuja falta de sentido os participantes estão plenamente cientes.

ESCÓLIO 4.1: LINGUAGEM, *LALANGUE*

O fato de que a abstração não pode ser reduzida a um momento subordinado de uma totalidade concreta, mas, de certa forma, vem primeiro, persiste como o fundamento de toda totalidade concreta e implica que devemos abandonar o que muitos consideram o momento fundamental do materialismo, a oposição entre o local material concreto da produção e o local ideal do significado como seu efeito. Há duas versões principais dessa oposição: o marxismo clássico fala do primado da produção sobre a troca e da "base material" sobre seus efeitos ideológicos; o chamado "materialismo semiótico" fala da prática de significação como um processo material que gera o significado como seu efeito (além da versão de Althusser, na qual os aparelhos e as práticas ideológicas do Estado produzem a experiência do sentido ideológico). A "produção" materialista é aqui oposta à "expressão" idealista: no idealismo, a linguagem é a expressão do significado: a linguagem não expressa o significado ou representa a realidade, pois a representação é sempre um efeito distorcido da produção linguística. Há outras versões dessa oposição, como o par de Julia Kristeva entre a Semiótica (linguagem em sua dimensão pré-semântica de um mecanismo de gozo) e o Simbólico (linguagem como um sistema formal). O primado da abstração significa que a representação não pode ser reduzida a um efeito da produção: ela está aqui desde o início como um corte na produção, como uma lacuna que a produção se esforça para preencher.

Há também uma versão lacaniana dessa oposição, o par de linguagem e o que Lacan chama de *lalangue* – pode-se dizer que a fórmula mínima dessa oposição é L+, linguagem e seu excesso. Aqui, contudo, esbarramos na limitação desse modelo: se olharmos mais de perto, logo fica claro que estamos lidando com três termos, e não dois: linguagem, *lalangue* e matema. Esses três termos seguem visivelmente a lógica do RSI: o Real da matemática, o Simbólico da linguagem e o Imaginário da *lalangue*. Embora matema e *lalangue* possam parecer opostos (significantes reduzidos a letras formuladas *versus* a riqueza de homofonias e outros distúrbios "patológicos" e intrusões de obscenidade material), sua relação é novamente aquela "coincidência dos opostos" complicada que caracteriza a faixa de Möbius: uma homofonia levada ao extremo pode se transformar em um matema. Lacan joga com a homofonia entre a palavra alemã *Unbewußte* [inconsciente] e a palavra francesa *une bévue* (um falso reconhecimento); para manter esses dois significados, Lacan condensa as duas palavras em uma fórmula UBV, e esse último passo é crucial: a questão não é apenas manter os dois significados, mas "suprassumir" as duas palavras em uma fórmula

UBV que não pode ser reduzida a um veículo de ambos os significados, funcionando, antes, como um matema propriamente dito, como uma fórmula "vazia" que mantém sua autonomia em relação aos significados de seus componentes linguísticos e que, assim, abre-se para outros significados (isso também se aplica para as outras letras de Lacan, de S_1 a *objet a*).

A relação entre a linguagem e a *lalangue* não é, ao contrário, a dos dois lados de uma faixa de Möbius, mas a de um corte de paralaxe que separa duas dimensões incompatíveis: o par oferece um exemplo perfeito da faixa de Möbius redobrada que nos dá o *cross-cap*. É verdade que a relação deles não é totalmente simétrica, mas essa assimetria não deve nos seduzir a afirmar o primado genético da *lalangue* como o solo corporal a partir do qual a linguagem, essa estrutura diferencial, emerge. Esse "materialismo" (cujos traços podem ser claramente discernidos até mesmo na "virada joyceana" do Lacan tardio) está profundamente deslocado: o verdadeiro enigma é o corte introduzido pela explosão de uma ordem diferencial. Roman Jakobson (uma referência permanente de Milner) chamou a atenção para o fato de que podemos discernir em nossa linguagem traços de semelhança direta entre o significante e o significado (algumas palavras que significam fenômenos vocais parecem soar como aquilo que elas significam, às vezes até mesmo a forma externa de uma palavra se assemelha à forma do objeto significado, como a palavra "locomotiva" que se assemelha à antiga locomotiva a vapor com a cabine elevada e a chaminé); isso, no entanto, não prejudica de forma alguma a prioridade e o primado ontológico do caráter diferencial dos significantes linguísticos (a identidade e o significado de um significante dependem de sua diferença em relação a outros significantes, não de sua semelhança com seu significado). O que estamos tratando no caso de fenômenos como esses são os ecos miméticos secundários dentro de um campo que já é, em sua constituição básica, radicalmente diferente (contingente, composto de relações diferenciais). A mesma coisa se aplica ao *khôra*, ao ritmo imanente da materialidade pré-simbólica que permeia o Simbólico: o que acontece primeiro é o corte violento da abjeção que dá origem ao Simbólico. O que Kristeva descreve como *khôra* é um fenômeno estritamente secundário, o retorno do mimetismo pré-simbólico (ecos, semelhanças, imitações) dentro do campo da diferencialidade simbólica.

Deve-se observar aqui como a própria *lalangue* é convoluta no sentido da coincidência dos opostos. Em primeiro lugar, ela representa a rede de significantes como o "aparato da *jouissance*", a fala como o espaço de prazeres ilícitos que desafiam a normatividade: a multidão caótica de homonímias, jogos de palavras, ligações metafóricas "irregulares" e ressonâncias gira ao redor de si no círculo autônomo do sentido-gozado (*enjoy-meant*, *jouis-sense*), brincando autorreferencialmente com seus potenciais imanentes, separados de seu "valor de uso" comunicacional (comunicação, apontando para objetos e processos na realidade). Na medida em que a *lalangue* não serve para nada, apenas gera sentido-gozado desprovido de sentido como seu próprio objetivo, como o ganho imanente de seu funcionamento, ela visivelmente obedece à injunção do superego "Goza!" – e isso não se aplicaria para a autovalorização capitalista, o movimento circular do dinheiro gerando mais dinheiro, que também é seu próprio objetivo, já que não serve para nada, não serve para nenhuma necessidade humana externa? É por isso que a mesma injunção do superego "Goza!" sustenta o impulso capitalista para a autovalorização. Entretanto, *lalangue* também representa o que podemos chamar de "linguagem realmente existente" em contraste com a linguagem como uma estrutura formal pura. Toda língua está inserida em um mundo da vida particular atravessado por seus traços: a língua não é uma moldura transcendental neutra que estrutura nossa abordagem da realidade, ela é totalmente penetrada/distorcida por forças históricas contingentes, antagonismos e desejos que sempre retorcem e pervertem sua pureza.

As elucubrações de Lacan sobre *lalangue* ("*lalíngua*", em oposição a *la langue*, a língua) baseiam-se na premissa de que não é mero acaso que *vœu* (desejo) seja também *veut* (ele quer), que *non* (não) seja também *nom* (nome), que *d'eux* (deles) soe como *deux* (dois): "Não se trata de mero acaso ou arbitrarieda-

de, como diz Saussure. É o sedimento, a aluvião, a petrificação...
do manuseio do grupo de sua própria experiência inconsciente"[336]. Milner desvenda dois aspectos nessa densa proposição. A primeira premissa implícita de Lacan é que

> a homofonia não é um acréscimo às várias dimensões da linguagem; não é uma superestrutura ornamental que não modifica as fundações do edifício. Pelo contrário, ela transforma radicalmente tudo o que pode ser teorizado sobre o Inconsciente e sua relação com o fato da *lalangue*. O material da *lalangue* é a homofonia, mas a homofonia não pertence à *langue*[337].

O fato de "não ser por acaso" não implica que as homofonias sejam reguladas por alguma necessidade mais profunda; isso significa que as homofonias, embora sejam baseadas em um encontro contingente, proporcionam uma visão de uma conexão de fenômenos designados (se lermos o inconsciente como um reconhecimento falso, isso dá uma indicação profunda de como ele funciona) – como em um sonho ou outro sintoma em que uma homofonia estabeleceu uma ligação entre o sonho-texto e o sonho-pensamento. No entanto, o segundo aspecto de Lacan – sua afirmação de que a *lalangue* petrifica "o manejo do grupo de sua própria experiência inconsciente" – permanece ambíguo: essa experiência inconsciente seria condicionada pela textura das homofonias ou estaríamos de volta ao tópico tradicional de uma experiência viva autêntica expressa/sedimentada em uma textura simbólica? Milner atribui aqui a Lacan um relato evolucionário de como a linguagem se desenvolve gradualmente a partir do balbucio infantil e da brincadeira com sons e palavras:

> Considerando a homofonia entre *la langue* e *lalangue*, qual dos dois vem primeiro? Aparentemente, o nome *la langue* vem primeiro e sua contraparte *lalangue* vem depois. Da mesma forma, parece que o sujeito falante começa apren-

---

[336]. LACAN, J. La Troisième, La Cause freudienne. *Nouvelle Revue de Psychanalyse*, n. 79, 2011, p. 20.
[337]. MILNER, J. C. Back and Forth from Letter to Homophony. *Problem international*, v. 1, n. 1, 2017, p. 84-85.

dendo *la langue* e alcança a homofonia posteriormente, por meio de seu conhecimento de *la langue*. Entretanto, o processo real é bem diferente. Mesmo do ponto de vista da ontogenia, a criança experimenta a homofonia e os jogos de palavras antes de ter uma noção completa da língua. Seu balbucio tem mais a ver com *lalangue* do que com *la langue*. De fato, o que faz do bebê um ser falante não é nem *la langue* nem *le langage*, mas *lalangue*. Os bebês parecem brincar com sons da mesma forma que brincam com água ou areia. As principais formas de brincadeira implicam vogais ou consoantes repetidas, como mostra a linguagem do bebê: bebê, papá, mamã etc. Mas a repetição de sons é simplesmente uma subespécie de homofonia[338].

Todavia, esse relato não nos leva de volta à noção pré-freudiana do Inconsciente como um domínio primitivo e pré-racional de simbolismo arcaico, em oposição à fala racional e articulada? Devemos realmente ler a frase de Lacan "o inconsciente é estruturado como uma linguagem" como "o inconsciente é estruturado como *lalangue*"? Além disso, quando Lacan fala sobre um grupo que lida com sua experiência inconsciente, ele não se aproxima perigosamente do tópico junguiano do inconsciente coletivo? Milner argumenta que a tese de Lacan sobre a *lalangue* resultante das experiências inconscientes de um grupo abre espaço para

> o caminho para uma nova teoria da cultura. Em vez de conectar cultura e *la langue*, ele conecta cultura e *lalangue*. A inscrição em uma determinada cultura depende da capacidade de ouvir a homofonia e seus efeitos. A noção de *Unbehagen* (desconforto) de Freud deve ser conectada hoje com a desconfiança óbvia das várias instituições sociais em relação à *lalangue*. Muitos sistemas educacionais no mundo ocidental promovem o *globês* [*globish*], em outras palavras, *la langue* desprovida de *lalangue*. Na verdade, a homofonia está em toda parte, mas foi instrumentalizada como uma ferramenta de *marketing* comercial ou político[339].

---

338. *Ibid.*, p. 89.
339. *Ibid.*, p. 87.

Um exemplo claro dessa ligação entre *lalangue* e cultura é a já mencionada homofonia do alemão *Unbewußte* e do francês *une bévue*: o que se exige de um leitor para entender o que Lacan quer dizer é um conhecimento "do que é comumente chamado de *culture générale* em francês". Claramente, o declínio das ciências humanas tornará impossível para a maioria dos leitores entender esse jogo de palavras e suas implicações"[340]. É por isso que a nova era do *"globês"* (exemplificada pelo inglês falado mundialmente por comerciantes e gerentes, mas também em acontecimentos culturais transnacionais) anuncia efetivamente uma nova barbárie universal: se estar preso a uma cultura "materna" local é primitivismo, então cortar essas raízes e flutuar no *globês* é barbárie. Contudo, quando, nesse universo global sem raízes, a *lalangue* retorna maciçamente, é muito simplório afirmar que ela foi somente "instrumentalizada como uma ferramenta de marketing comercial ou político": ela funciona em um nível muito mais básico como o suporte obsceno do discurso público. Uma comunidade militar só se torna "habitável" tendo como pano de fundo as regras e os rituais obscenos não escritos (cantos de marcha, assassínio de militares, insinuações sexuais) nos quais está inserida – pense nos "cantos de marcha" hipnotizantes do Corpo de Fuzileiros Navais dos Estados Unidos – seu ritmo debilitante e seu conteúdo sádico e sexualizado sem sentido não seriam um caso exemplar de autogozo consumista a serviço do Poder? Kafka viu isso nitidamente: há uma continuidade direta entre o balbuciar sem sentido de uma criança com a intenção de provocar os pais, os sons suaves e obscenos na linha telefônica do castelo e os cantos de marcha dos fuzileiros navais americanos. Há, portanto, uma ligação oculta entre o balbucio pré-simbólico "subversivo" da criança e o Poder inacessível que aterroriza o herói kafkiano, entre o superego e o id.

Além disso, a *lalangue* está longe de ser simplesmente proibida ou ignorada no discurso público e filosófico. Platão é geralmente considerado o primeiro filósofo a lutar contra o univer-

---

340. *Ibid.*, p. 88.

so mítico e a buscar uma articulação lógica rigorosa, mas será que a parte central de seu *Crátilo* não é um grande exercício de homofonia? Por exemplo, para explicar a palavra grega para "homem", *anthrōpos*, Sócrates a decompõe em *anathrōn ha opōpe*, "aquele que reflete sobre o que viu" (390c) – a espécie que unicamente tem visão e inteligência recebeu um nome que registra essa distinta combinação.

Todas essas considerações lançam dúvidas sobre a tese central de Milner de que

> *la langue* e *lalangue* não são feitas do mesmo material. *La langue* é inteiramente redutível a relações negativas; cada signo linguístico existe apenas em oposição a outro; seus elementos não têm positividade por si mesmos; suas qualidades sensoriais não têm consequência. Em particular, os *qualia* fonéticos são dissolvidos e substituídos por características formais. A homofonia, ao contrário, depende dos *qualia*. *Lalangue* é integralmente positiva e afirmativa. Essa afirmação positiva, entretanto, é pontual. *A lalangue* se manifesta em jogos de palavras separados; em cada caso de homofonia, a *lalangue* está envolvida em sua totalidade, mas nenhuma homofonia está relacionada a outra. Não há uma rede de pares homófonos, de anagramas, de aliterações, de jogos de palavras que constituam *lalangue* como um todo. De fato, *lalangue* não é um todo, é um *pastout*. Não há x que não pertença à *lalangue*, enquanto há pelo menos um x que não pertence a *la langue*. A existência desse limite é o requisito da gramática e da linguística. Consequentemente, *la langue* é um todo; suas relações negativas estão conectadas em redes que podem ser expressas de várias maneiras, sendo a mais tradicional a regra gramatical[341].

A distinção é clara, mas, ainda assim, problemática. A noção de *qualia* é contestada por muitos filósofos cognitivos, como Daniel Dennett, que aponta como a imediaticidade dos *qualia* é mediada, o resultado de uma *bricolage* de percepções fragmentadas, vínculos, juízos – e Jakobson não fez algo semelhante,

---

341. *Ibid.*, p. 88-89.

demonstrando como os fonemas são sempre mediados de forma diferenciada? Ainda mais problemática é a sexuação da oposição entre linguagem e *lalangue*, de modo que a linguagem segue a lógica masculina da universalidade baseada na exceção e a *lalangue* segue a lógica feminina do não todo. Milner vincula essa sexuação ao papel privilegiado da "língua materna" que, embora seja uma linguagem,

> é a única linguagem cuja primeira forma foi o balbucio. É, portanto, a única linguagem em que permanece alguma continuidade entre a *lalangue* anterior e *la langue* posterior. Em muitos casos, o prazer da homofonia em suas várias formas (rimas, aliterações, anagramas) é apenas um eco da primeira infância, quando a língua materna ainda estava embutida no balbucio[342].

Será que as coisas são tão claras assim? Vejamos o estranho caso de Hegel, cuja ampla confiança em homofonias e significados duplos (ou até triplos) surpreendentemente abre o pensamento racional mais especulativo aos caprichos acidentais da *lalangue*. Observadores perspicazes notaram, no entanto, que essa confiança não se baseava no fato de o alemão ser a língua materna de Hegel, mas, ao contrário, na postura dele ao tratar até mesmo sua própria linguagem como estrangeira: "um dos alunos não lembrados de Hegel, Karl Friedrich Ferdinand Sietze, observou que 'toda linguagem parecia estrangeira para ele'. Hegel inventou um 'novo conceito de ingenuidade' que lhe permitiu não apenas 'reavivar os tesouros ocultos da linguagem', mas também liberar a energia estranha e morta-viva do discurso vivo". A inversão contraintuitiva da visão comum mostra uma verdadeira postura dialética: é somente de fora que podemos discernir a dimensão estranha de uma linguagem, seus fantasmas subterrâneos e sombrios, que automaticamente ignoramos quando estamos diretamente imersos nela.

Milner localiza a diferença sexual em uma série de outras oposições: masculino *versus* feminino é como linguagem *versus*

---

342. *Ibid.*, p. 89-90.

lalangue, articulação racional *versus* balbucio infantil, o secundário *versus* o primordial etc. O que resta, então, da luta de Lacan contra a noção do Inconsciente como o domínio dos impulsos caóticos "irracionais"? A tese de Lacan sobre o Inconsciente como o "discurso do Outro" deve ser substituída por (ou pelo menos especificada como) a tese sobre o Inconsciente como o discurso de *lalangue*? Nosso ponto de partida deve ser que (a rede diferencial de) linguagem e *lalangue* não são duas entidades distintas que podem ser simplesmente colocadas lado a lado: a maneira de escrever sua (não) relação não é L-II, mas L+ (no sentido de uma classificação em que adicionamos um + para incluir todas as outras entidades não mencionadas diretamente em nossa lista). Com relação à linguagem, *lalangue* continua sendo um +, uma adição caótica inconsistente. É por isso que o espaço convoluto é diferente em cada um dos dois casos. A convolução primária é a da linguagem, cujo sistema sincrônico significa que ela se transforma em um círculo abissal, pressupondo-se como sempre-já aqui; *lalangue*, ao contrário, é, em última análise, apenas a tentativa de ofuscar esse abismo da linguagem por meio de sua fundamentação em homofonias. Contudo, no *Crátilo*, Platão percebeu que não podemos explicar todas as palavras por meio de etimologias que se baseiam em homofonias, uma vez que essa fundamentação de uma palavra em outra(s) palavra(s) não pode ir até o fim. Desse modo, novamente chegamos a um abismo aqui e, para evitá-lo, temos de dar um passo fatídico além das homofonias entre palavras para "homofonias" entre palavras e coisas. Para sair desse círculo abissal, Platão supõe que os sons (ou letras) básicos de nossa linguagem se baseiam em sua semelhança com as coisas – por exemplo, o criador de nomes percebeu que a língua fica mais agitada na pronúncia da letra *rho*, por isso a usou em palavras como tremer, quebrar, esmagar, desmoronar e outras semelhantes.

Parece muito mais apropriado focar na lacuna que separa a linguagem da *lalangue* e conceber essa lacuna ("castração simbólica") como precedendo ambos os termos da oposição. Mais precisamente, os dois termos – linguagem e *lalangue* – não se movem no mesmo nível: a oposição básica é aquela entre a linguagem e o que falta na linguagem (falta que é constitutiva da linguagem), e a *lalangue* vem em segundo lugar, ela preenche a lacuna dessa falta. Se designarmos essa falta como ( ), então o par não é linguagem-*lalangue*, mas linguagem-(*lalangue*).

Quando um ser humano é pego em uma rede diferencial de relações simbólicas, ele é afetado de forma profundamente traumática por aquilo que Freud chama de "pulsão de morte" (que descarrila a reprodução circular da vida) e por aquilo que Hegel chama de negatividade absoluta (autorrelacionada). Ao longo de sua obra, Lacan varia o tema de Heidegger da linguagem como a casa do ser: a linguagem não é a criação e o instrumento do ser humano, é o ser humano que "habita" na linguagem: "A psicanálise deve ser a ciência da linguagem habitada pelo sujeito"[343]. A guinada "paranoica" de Lacan, sua virada freudiana adicional, vem de sua caracterização dessa casa como uma casa de tortura: "À luz da experiência freudiana, o homem é um sujeito preso e torturado pela linguagem"[344]. Em geral, consideramos a fala de um sujeito, com todas as suas inconsistências, como uma expressão de sua agitação interna, emoções ambíguas etc.; isso se aplica até mesmo a uma obra de arte literária: a tarefa da leitura psicanalítica deve ser desenterrar a agitação psíquica interna que encontrou sua expressão codificada na obra de arte. Algo está faltando nesse relato clássico: a fala não apenas registra ou expressa uma vida psíquica traumática; a entrada na fala é, em si, um fato traumático ("castração simbólica"). O que isso significa é que devemos incluir na lista de traumas que a fala tenta enfrentar o impacto traumático da própria fala. A relação entre o tumulto psíquico e sua expressão na fala também deve, portanto, ser invertida: a fala não expressa/articula simplesmente o tumulto psíquico; em um determinado ponto crucial, o próprio tumulto psíquico é uma reação ao trauma de habitar a "casa de tortura da linguagem".

---

343. LACAN, *op. cit.*, p. 276.
344. *Ibid.*

O que chamamos de "cultura" é, em sua forma mais elementar, uma tentativa de lidar com esse trauma. Da mesma forma que, uma vez que habitamos o horizonte do que vemos, não podemos ver o próprio horizonte, uma vez que habitamos a linguagem, estamos presos em seu círculo autorreferencial, ou seja, a linguagem aparece como se estivesse sempre-já aqui, as próprias narrativas de suas origens são sempre contadas do ponto de vista da linguagem. O que não podemos imaginar dentro do horizonte da linguagem não é o seu exterior (fazemos isso o tempo todo, sendo até mesmo a ilusão consubstancial à linguagem), mas o próprio corte que a linguagem introduz no real pré-simbólico, ou seja, o modo como a "ferida" da linguagem se encaixa na realidade pré-simbólica. O que rompe o autofechamento da correlação transcendental não é a realidade transcendente que escapa ao alcance do sujeito, mas a inacessibilidade do objeto que "é" o próprio sujeito.

Ainda, a principal função das homofonias e de outros mecanismos da *lalangue* é ofuscar essa "ferida" da linguagem, o corte constitutivo de seu surgimento, por meio do retorno a algum tipo de gozo de vida direto na linguagem. Assim, em vez de falar sobre o *Unbehagen* (mal-estar, descontentamento) em *lalangue*, exibido pelo universo da linguagem, como Milner faz, não deveríamos falar sobre um *Unbehagen* básico na própria linguagem e conceber *lalangue* como uma defesa contra esse mal-estar no universo simbólico, como uma tentativa de pacificar esse mal-estar? Enquanto o sujeito da linguagem é o sujeito do significante de Lacan, o *cogito* cartesiano vazio, o agente da *lalangue* é o *Lust-Ich* (um ego afogado nos prazeres das homofonias). Para ser ainda mais claro, o sujeito do significante está do lado da morte, submetido à pulsão de morte, está à distância do ciclo da vida, ao passo que *lalangue* está do lado da vida e de seus prazeres.

Devemos tirar uma conclusão mais geral desse primado da linguagem sobre a *lalangue* no espaço de paralaxe que separa as duas. Embora os dois espaços/dimensões de uma lacuna de paralaxe sejam incomensuráveis, isso não significa que sua exclusividade mútua seja simétrica: uma dimensão é ontologicamente anterior em relação à outra. Esse fato vai contra a visão comum sobre o que é considerado uma abordagem "materialista" – quando estamos lidando com o par de produção e representação, parece óbvio que um materialista deve afirmar o primado da produção, com o estágio de representação reduzido a um espelho secundário que reflete distorcidamente o processo de produção. A mesma coisa parece se aplicar ao par pulsão e desejo: o movimento circular imanente da pulsão não seria primordial e o espaço do desejo não emergiria por meio de uma espécie de autotranscendência da pulsão, quando o ciclo vicioso da pulsão é quebrado e sua causa é projetada em um objeto sempre elusivo que torna nosso desejo sempre insatisfeito? Do ponto de vista do desejo, podemos, obviamente, afirmar exatamente o oposto: a lacuna que faz com que todo desejo não seja satisfeito vem em primeiro lugar, e a pulsão surge quando o desejo (condenado a errar o alvo para sempre) encontra satisfação no próprio movimento circular de tentar repetidamente atingir o alvo e errar de novo e de novo... Em ambos os casos, o da produção/representação e o do impulso/desejo, a verdadeira posição materialista é que se deve afirmar o primado do segundo termo. Sim, o processo de produção é a causa final da cena da representação, mas a produção (no sentido humano específico) só pode emergir quando a lacuna da representação já está presente, pois o objetivo final da produção é preencher a lacuna aberta pela representação. Sim, a pulsão é a produtividade substancial de nossa vida psíquica, mas o movimento circular da pulsão só pode funcionar contra o pano de fundo da perda que estrutura o desejo – a pulsão surge quando o fracasso do desejo em alcançar sua satisfação é refletido sobre si mesmo e se torna, ele próprio, a fonte de satisfação. Exatamente a mesma coisa acontece com o par *lalangue* e linguagem: sim, a *lalangue* é a "base material" substancial da linguagem – mas, como tal, ela tenta cobrir a lacuna aberta pela linguagem.

Assim, para concluir, na medida em que a cultura mantém o vínculo com a *lalangue*, ela não é o corte (com a natureza), mas uma reação a ele. Mais precisamente, há quatro modos básicos de nossa relação com a linguagem. Em primeiro lugar, há o que tradicionalmente chamamos de práxis (e o que o antigo Heidegger chamava de "ser-no-mundo"), nossa existência engajada na realidade social em que nos relacionamos com coisas e outras pessoas como parte de nossos projetos existenciais. Depois, há a *lalangue*: uma regressão ao que Freud chamou de *Lust-Ich* (o ego do prazer), o ego preso no círculo da luxúria jogando com o material significante. Depois, há a posição científica, a da pura metalinguagem que, como Lacan disse, exclui o sujeito: o discurso científico é enunciado a partir de uma posição abstrata que apaga toda a especificidade da enunciação. Todos os três evitam/desviam/negam o corte (diferença no sentido heideggeriano de *Unter-Schied*, seu *Schmerz*, dor), cada um à sua maneira. Esse corte só é abordado no funcionamento mais radical do pensamento *discernível* na filosofia (Hegel, Heidegger), na poesia (da ansiedade) ou no misticismo. Portanto, devemos corrigir Milner aqui: a poesia autêntica não pode, de forma alguma, ser reduzida à *lalangue*, mas envolve uma tentativa desesperada de tornar palpável o próprio corte no qual se baseia a entrada humana no Simbólico. Não apenas a poesia, mas todo o modo de nos relacionarmos com a realidade é afetado quando levamos em conta o corte em questão. Em um nível mais formal, podemos ver novamente como essa estrutura complicada de subjetivação não pode ser explicada em termos de *cross-cap* e ponto de estofo: é necessário um modelo mais complexo que explique o retorno-a-si-mesmo, a reversão da externalidade para o ponto de subjetivação, um modelo fornecido pela garrafa de Klein.

ESCÓLIO 4.2: AS VIAGENS DE PROKOFIEV

Se, em uma situação desesperadora, engajar-se em um ritual vazio não é uma fuga, mas um gesto significativo (que, paradoxalmente, não ofusca de forma alguma a total falta de significado), seria essa a única forma de fazê-lo? Existem outras formas de sobreviver em um mundo corrompido e/ou sem sentido?

Em vez de ponderar sobre essa pergunta ingênua, embora urgente, vamos diretamente para um exemplo: Philippe Petit, um artista francês de equilibrismo que realizou a caminhada em arame entre as Torres Gêmeas do World Trade Center na cidade de Nova York, na manhã de 7 de agosto de 1974. Para sua façanha não autorizada a 300 metros acima do solo – à qual ele se referiu como "*le coup*" (o golpe) –, ele montou um cabo de 200 quilos e usou uma vara de equilíbrio personalizada de 9 metros de comprimento e 25 quilos. Ele se apresentou por quarenta e cinco minutos, fazendo oito passagens ao longo do cabo. Na semana seguinte, ele comemorou seu 25º aniversário. Todas as acusações contra ele foram retiradas em troca de uma apresentação no Central Park para crianças. Devemos ter em mente não apenas o ato espetacular em si, mas também os preparativos meticulosos que ele exigia: Petit levou seis anos de planejamento, durante os quais aprendeu tudo o que podia sobre os edifícios e sua construção. Petit teve que aprender a acomodar questões como a oscilação das torres altas devido ao vento, que fazia parte do projeto; os efeitos do vento e do clima sobre o arame naquela altura, como montar um cabo de aço de 60 metros através do vão de 42 metros entre as torres (a uma altura de 416 metros) e como conseguir entrar com seus colaboradores, primeiro para avaliar as condições e, por fim, para preparar o projeto. Eles tiveram que levar equipamentos pesados até os topos dos edifícios[345].

O ato de Petit foi um ato de coragem e um ato belo, no qual a tensão extrema se transforma magicamente em paz interior e beleza. Quando ele anda sobre a corda, entramos em outra dimensão, pois o planejamento nervoso e as preocupações acabam, a calma e a concentração reinam, como se ocorresse algum tipo de "destituição subjetiva". Qual é esse outro domínio em que Petit entra quando está andando em uma corda? De certa forma, é o domínio da "morte-viva", de se livrar do peso material da substância vital incorporada ao som. Quando ele caminha até lá, ele está em um domínio de silêncio – acompanhar uma filmagem dele caminhan-

---

[345]. Resumido das informações que constam no site Wikipedia. Disponível em: https://en.wikipedia.org/wiki/Philippe_Petit. Em 2008, *Man on Wire*, um documentário dirigido por James Marsh sobre a caminhada de Petit entre as torres, ganhou merecidamente vários prêmios – é muito melhor do que a versão fictícia *The Walk* (2015, dirigido por Robert Zemeckis).

do até lá com uma trilha sonora romântica pesada que enfatiza a natureza dramática do que está acontecendo teria sido um erro estúpido. Georges Balanchine encenou uma peça orquestral curta de Webern (todas são curtas) de modo que, depois que a música termina, os dançarinos continuam a dançar por algum tempo em completo silêncio, como se não tivessem percebido que a música que fornece a substância para sua dança já terminou – como o gato em um desenho animado que simplesmente continua a caminhar sobre o precipício, ignorando o fato de que não tem mais chão sob seus pés. Os dançarinos que continuam a dançar depois que a música acaba são como os mortos-vivos que habitam um interstício de tempo vazio: seus movimentos, que não têm apoio musical, nos permitem ver não apenas a voz, mas o próprio silêncio. Petit é como um desses dançarinos que continuam em silêncio. É um ato louco e propriamente inumano: enquanto caminha pela corda, seu rosto adquire uma espécie de calma inumana, em contraste com a humanidade nitidamente nervosa e preocupada de seus companheiros. Por que ele fez isso? Como ele mesmo respondeu, sem motivo algum, apenas por fazer – esses gestos abissais que combinam simplicidade absoluta com planejamento meticuloso são atos.

Um dos domínios privilegiados de tais atos é, obviamente, a arte. Como a arte pode combinar a êxtase estética com sua função de ser um meio da verdade? Como criar o belo em um mundo em que a beleza é uma máscara de horror? Seria o modernismo dissonante o único caminho? Adorno às vezes soa assim: a única verdade é uma dissonância que admite reflexivamente seu próprio fracasso. Contudo, até mesmo ele discerniu uma dimensão autêntica em um conservador como o maestro Wilhelm Furtwängler: sua urgência desesperada em manter a tradição viva em uma época de decadência e horror[346]. Até que ponto essa urgência redime seu trabalho? Embora Furtwängler tenha regido muitas das obras-primas de Stravinsky, ele observou, a propósito de *"A sagração da primavera"*, que ela mostra a

---

346. Cf. ADORNO, T. *Towards a Theory of Musical Reproduction*. Cambridge: Polity Press, 2006.

limitação da espiritualidade russa: ela exulta em explosões rítmicas mecânicas brilhantes, mas não consegue alcançar a unidade orgânica viva que caracteriza a espiritualidade alemã. A primeira ironia é que os mesmos compositores aos quais Furtwängler se referiu eram vistos pelos tradicionalistas russos como modernizadores ocidentais que colocavam em risco a herança orgânica russa. Sergei Prokofiev parece ser um modelo dessa arte não orgânica: após um período de experimentos modernistas superficiais (sem o rigor urgente de Schönberg), ele retornou à "nova simplicidade" de suas obras soviéticas. Será que esse retorno foi simplesmente um fiasco criativo, reduzindo a arte a uma mistura de falsa beleza ingênua e servilismo ideológico, demonstrando, assim, como compor obras de bela simplicidade por si só em uma era de terror equivale ao máximo servilismo ideológico? Ou será que é mais complexo e essa beleza simples não funciona como um contraste ao horror social, como um espelho do desespero social, evocando aquilo de que tenta escapar?

Vamos esboçar uma resposta a essa pergunta por meio de um desvio por Hollywood. *Contrastes humanos* [*Sullivan's travels*[347]], de Preston Sturges, conta a história de John Sullivan, um jovem e popular diretor de Hollywood que fez uma série de comédias lucrativas, mas superficiais; insatisfeito com seu trabalho, ele decide que seu próximo projeto deve ser uma exploração séria da situação dos oprimidos e, então, se veste como um vagabundo sem dinheiro e pega a estrada. Devido a uma confusão, ele é considerado um criminoso e condenado a seis anos em um campo de trabalhos forçados, onde aprende a importância do riso na vida monótona de seus companheiros de prisão quando eles têm permissão para assistir a uma exibição do desenho animado *Playful Pluto*, de Walt Disney. Sullivan acaba percebendo que a comédia pode fazer bem aos pobres mais do que dramas sociais respeitosos, de modo que, quando a confusão é esclarecida e ele é libertado, decide continuar a fazer comédias estúpidas, e uma montagem de rostos felizes e risonhos assistindo a sua

---

347. Literalmente, "as viagens de Sullivan" [N.T.].

nova produção encerra o filme... É claro que *Contrastes humanos* pode ser lido como uma defesa do escapismo cego, como uma condenação da inutilidade pretensiosa da arte socialmente engajada – no entanto, há algo que se destaca nesse quadro, e esse algo é *o próprio filme como um ato narrativo*. Ou seja, o filme *mostra diretamente* a miséria e o desespero dos vagabundos desabrigados e dos prisioneiros de classe baixa – se o filme levasse a sério sua própria mensagem, não poderia ter sido filmado.

A diferença entre a viagem de Sullivan e as viagens de Prokofiev é óbvia: Prokofiev não foi para a União Soviética para descobrir a miséria da vida real lá (como Sullivan fez), ele foi para lá com uma crença mais ou menos sincera de que essa mudança ajudaria sua carreira e criatividade (e, aliás, nisso ele estava basicamente certo – a maioria de suas obras que ainda são executadas hoje são de sua era soviética). Mesmo assim, ele se viu em uma situação semelhante à de Sullivan no final do filme: compôs obras de beleza simples para trazer satisfação às pessoas comuns que viviam na miséria. Apesar disso, o que é crucial aqui é a pura loucura da decisão de Prokofiev: seu retorno à União Soviética em 1936 foi, na verdade, sua caminhada no arame. Deve-se observar também que ele não estava sozinho em sua decisão: ele fez o que outros também contemplaram – basta mencionar Wittgenstein que, exatamente na mesma época, teve a ideia de se mudar para a União Soviética não para fazer seu trabalho filosófico lá, mas para se tornar um trabalhador braçal ou um enfermeiro – a própria austeridade de uma vida foi o que o atraiu (sua intenção era séria: ele visitou Ivan Maisky, o embaixador soviético no Reino Unido, que o desaconselhou a fazer essa mudança).

A primeira coisa a ser destacada aqui é que a mudança de Prokofiev do experimento lúdico pseudomodernista para a "nova simplicidade" segue uma lógica imanente (lembremo-nos de que sua primeira sinfonia já representa um retorno à simplicidade clássica). Portanto, Richard Taruskin estava basicamente certo quando descartou de forma mordaz o material que Prokofiev escreveu na década de 1920 no Ocidente como "ferido ou apodrecido, justificadamente descartado e irreversível" em sua modernidade superficial; o objetivo era competir com Stravinsky, mas não conseguiu. Todavia, seu julgamento sobre o período soviético de Prokofiev é mais problemático: de acordo com Taruskin, quando Prokofiev percebeu que não poderia competir com Stravinsky, voltou para a Rússia stalinista, onde suas obras foram arruinadas pelo "carreirismo" e por uma "indiferença talvez culpável... camuflada por sua fachada apolítica". Na União Soviética, Prokofiev foi primeiro um defensor de Stalin e depois sua vítima, mas, por baixo, havia sempre o "vazio perfeito" de um músico "absoluto" "que apenas escrevia música, ou melhor, que escrevia 'apenas música'"[348]. Por mais injustas que sejam, essas afirmações apontam para uma espécie de atitude quase psicótica de Prokofiev: em contraste com outros compositores soviéticos apanhados no tumulto das acusações stalinistas (Shostakovich, Khachaturian e outros), Prokofiev não tem dúvidas internas, histeria, ansiedade – ele resistiu à campanha antiformalista de 1948 com uma serenidade quase psicótica, como se isso não lhe dissesse respeito. O destino de suas obras sob o stalinismo não deixa de ser irônico: a maioria de suas obras que seguiam a linha do partido foram criticadas e rejeitadas como insinceras e fracas (o que de fato eram), enquanto ele recebeu prêmios de Stalin por suas obras de câmara íntimas "dissidentes" (sonatas para piano 7 e 8, primeira sonata para violino, sonata para violoncelo). Essa ironia é palpável no primeiro parágrafo do verbete da Wikipédia sobre a Sonata para violino nº 1, que a caracteriza como "uma das obras mais sombrias e taciturnas do compositor. Prokofiev recebeu o prêmio Stalin de 1947 por essa composição"[349]. De especial interesse é a justificativa ideológica (obviamente sincera) de Prokofiev para sua total conformidade com as exigências stalinistas: a maneira como sua adesão ao stalinismo foi feita em continuidade com sua adesão à Ciência Cristã ao stalinismo. No universo gnóstico da Ciência Cristã, a realidade material é apenas uma aparência – é preciso elevar-se acima dela e entrar

---

348. TARUSKIN, R. Prokofiev, Hail... and Farewell? *New York Times*, 21 abr. 1991.
349. Cf. https://en.wikipedia.org/wiki/Violin_Sonata_No._1_(Prokofiev).

na felicidade espiritual por meio de trabalho árduo e renúncia. Prokofiev transpôs essa mesma postura para o stalinismo, lendo as principais exigências da estética stalinista – simplicidade, harmonia, alegria – através dessas lentes gnósticas. Usando o termo proposto uma vez por Jean-Claude Milner[350], pode-se dizer que, embora o universo de Prokofiev não fosse homogêneo com o stalinismo, ele era definitivamente "homogeneizável" com ele – Prokofiev não se acomodou simplesmente de forma oportunista à realidade stalinista e essa mesma questão deve ser levantada hoje: embora seja estúpido afirmar que a espiritualidade budista é homogênea com o capitalismo global, ela é definitivamente homogeneizável com ele. Estamos lidando aqui com um edifício que tem sua própria coerência e grandeza artística (ou espiritual), de modo que não pode ser imanentemente reduzido à sua função ideológica – mas não seria isso a ideologia em sua forma mais eficiente e perigosa?

No entanto, se olharmos mais de perto, as coisas parecem mais complexas. Vamos fazer outro desvio: o dueto de *As bodas de Fígaro*, de Mozart, em *Um sonho de liberdade* (a versão cinematográfica de Frank Darabond, 1994), que oferece um caso exemplar do efeito do sublime ao se basear no contraste entre a pobreza e o horror da vida real e a súbita intrusão desse Outro Espaço. O condenado negro (Morgan Freeman), cujo comentário ouvimos, afirma que não sabe sobre o que as duas senhoras estão cantando, e talvez seja melhor que ele não saiba, mas todos os homens que estavam ouvindo ficaram livres por um breve momento... O que temos aqui é o efeito do sublime em sua forma mais pura: a suspensão momentânea do significado que transpõe o sujeito para outra dimensão na qual o terror da prisão não tem controle sobre ele. É profundamente significativo que o dueto seja de Mozart (e, incidentalmente, um dueto bastante insignificante quanto ao seu conteúdo: o dueto do Ato III, no qual a Condessa dita a carta a Susanna destinada a prender seu marido infiel) – é possível imaginar um contraste mais surpreendente do que aquele entre a vida nas prisões

---

350. MILNER, J. C. *Le sage trompeur*. Paris: Verdier, 2013.

americanas de meados do século XX e o universo das intrigas amorosas aristocráticas do final do século XVIII?

O verdadeiro contraste, portanto, não é simplesmente entre o horror da prisão e a música "divina" de Mozart, mas, dentro da própria música, entre a dimensão sublime da música e o caráter trivial de seu conteúdo. Mais precisamente, o que torna a cena sublime é o fato de os pobres prisioneiros, inconscientes desse conteúdo insignificante, perceberem diretamente a beleza sublime da música. É fácil ver o que queremos com esse exemplo: a música "simples" de Prokofiev da era soviética não funciona exatamente como a ária de Mozart ouvida de repente pelos alto-falantes no pátio da prisão? Lembro-me de minha juventude, quando assisti na TV a uma entrevista com Karlo Štajner, um iugoslavo que passou mais de duas décadas no gulag. No final, pediram-lhe que escolhesse um filme que gostaria de ver depois da entrevista, e ele escolheu a versão de Bergman de *A flauta mágica*, de Mozart – pode-se supor que a música teve sobre ele o mesmo efeito que a ária de Mozart sobre os prisioneiros em *Um sonho de liberdade*. É muito simplório descartar esse fato como uma fuga para uma falsa felicidade – pelo contrário, ele sinaliza a consciência de que a miséria do campo de prisioneiros não é toda a realidade e que outra dimensão é possível. Não encontramos traços da mesma postura nas obras de Prokofiev para crianças, como o popular *Pedro e o lobo*? Talvez ele tenha se apoiado na ideia de que somente o entusiasmo das crianças poderia escapar da miséria stalinista.

Entretanto, mais uma vez, isso não é tudo: a fuga para a bem-aventurança espiritual não funciona sem ônus e temos indícios de uma dimensão muito mais sombria, traços de algo como "Prokofiev sombrio". Em suas memórias[351], Shostakovich des-

---

351. O grande debate – as memórias de Shostakovich são autênticas ou são falsas e Shostakovich era basicamente um bom cidadão soviético – é falso: e se suas memórias forem autênticas e Shostakovich fosse um típico cidadão soviético? Ou seja, e se justamente sua grande agitação interna e o sentimento de culpa pela traição registrados em suas memórias o tornassem um típico cidadão soviético e servissem como um amortecedor que lhe permitisse manter seu conformismo social?

cartou Prokofiev, seu grande concorrente, por se recusar a levar a sério os horrores históricos, sempre bancando o "sabichão", porém, para citar apenas um exemplo extremo, a primeira sonata para violino de Prokofiev (op. 80) demonstra claramente o anverso da famosa/infame "ironia" de Prokofiev:

> Ao longo de seus quatro movimentos... percebe-se uma poderosa corrente de luta. No entanto, não é a luta de uma obra contra algo externo a ela, mas sim a luta de algo interno à obra, não manifestado, tentando desesperadamente se libertar e constantemente encontrando seu surgimento "bloqueado" pela forma e linguagem externas existentes da peça. Esse bloqueio de "algo interno"... tem a ver com a frustração de um desejo de liberação catártica em algum estado de ser supremamente positivo, em que o significado – musical e supramusical – é transparente, não ironizável: em suma, um domínio de "pureza" espiritual[352].

É aqui que Prokofiev paga o preço por sua postura irônica, e são essas passagens que testemunham sua integridade artística: longe de sinalizar qualquer tipo de superioridade intelectual vaidosa, essa postura irônica é apenas o anverso falsamente brilhante do *fracasso da luta constante de Prokofiev para trazer a "Coisa do Espaço Interior" (o "algo interior") para fora*. A "ludicidade" superficial de algumas das obras de Prokofiev (como sua popular primeira sinfonia) apenas sinaliza, de forma negativa, o fato de que Prokofiev é o derradeiro "anti-Mozart", uma espécie de Beethoven cuja "luta titânica" terminou em desastre: se Mozart foi O gênio musical supremo, talvez o último compositor com o qual a Coisa musical se transpôs em notas musicais em fluxo espontâneo, e se em Beethoven uma peça só alcançou sua forma definitiva após uma longa luta heroica com o material musical, as maiores peças de Prokofiev são monumentos à derrota dessa luta.

---

352. Ronald Woodley, texto que acompanha a excelente gravação de Martha Argerich e Gidon Kremer (Deutsche Grammophon 431 803-2).

Os traços dessa derrota são perceptíveis não apenas em suas obras-primas da música de câmara. Na versão de *Pedro e o lobo*, de Prokofiev, da década de 1950, narrada por Boris Karloff[353], as palavras finais (em que o narrador nos informa que o pato engolido pelo lobo está vivo na barriga dele, já que o lobo ganancioso o engoliu de uma só vez) são (ou pelo menos parecem ser) pronunciadas com um sarcasmo oculto – não se pode deixar de lembrar que o narrador é Boris Karloff, o maior ator de filmes de terror. Ainda, se lermos essas palavras não como um anúncio de um final totalmente feliz (até o pato será salvo...), mas como uma sugestão do horror de ser enterrado vivo na barriga do lobo? Talvez isso seja mais do que uma anedota irrelevante, mas uma dica do que está por trás da positividade feliz de Prokofiev?

Aliás, se quisermos redimir Shostakovich, a maneira de fazê-lo não é por meio da hermenêutica "anti-stalinista" (muitas vezes ridícula) que descobre o conteúdo dissidente até mesmo em suas obras "stalinistas" mais populares (a marcha devastadora semelhante à de *Bolero* no primeiro movimento de sua 7ª sinfonia "na verdade não é o progresso brutal do exército alemão na União Soviética, mas a não menos brutal tomada comunista da Rússia"). Devemos nos concentrar em elementos formais mais sutis. Nas principais sinfonias de Shostakovich (5, 8 e 10), o movimento mais longo é sempre o primeiro, cuja lógica interna segue algo bem diferente da forma de sonata: o movimento começa com uma tese forte, uma afirmação orgulhosa e beethoviana de força na dor, que é então gradualmente transformada em uma retirada em direção a outra dimensão espiritual/etérica – paradoxalmente, é essa mesma retirada que gera uma tensão insuportável. Além disso, há um movimento oposto na obra de Shostakovich: David Hurwitz observou como um dos procedimentos de Shostakovich que ele aprendeu com Mahler, – "técnica de brutalizar uma melodia lírica anterior"[354] – diga-

---

353. Disponível em: www.youtube.com/watch?v=IB66bInIXA
354. HORWITZ, D. *Shostakovich Symphonies and Concertos*. Milwaukee: Amadeus Press, 2006, p. 25.

mos, no desenvolvimento do primeiro movimento de sua Quinta Sinfonia, seu tema principal, uma frase lírica descendente em violinos sobre um acompanhamento de cordas, é repetido como uma marcha grotesca, com címbalos, trompetes, caixa e tímpanos. Essa reversão gradual da autoafirmação heroica em fúria destrutiva não seria uma representação formal concisa da reversão do leninismo em stalinismo?

O que o trauma de 1935 (a campanha pública contra sua "Lady Macbeth", desencadeada pelo artigo do Pravda *"Confusão em vez de música"*) fez com sua música? Talvez o indicador mais claro da ruptura seja a mudança na função do *scherzo* na obra de Shostakovich na década de 1940 e no início da década de 1950. Antes de 1935, seus *scherzi* ainda podem ser percebidos como a expressão explosiva de uma nova vitalidade agressiva e grotesca e da alegria de viver – há algo da força libertadora do carnaval neles, da loucura do poder criativo que alegremente varre todos os obstáculos e ignora as regras e hierarquias estabelecidas. Depois de 1935, no entanto, seus *scherzi* claramente "perderam a inocência": sua energia explosiva adquire uma qualidade brutal e ameaçadora, há algo mecânico em sua energia, como os movimentos forçados de uma marionete. Eles representam a energia bruta da violência social, dos *pogroms* de vítimas indefesas ou, se forem interpretados como a explosão da "alegria da vida", isso é evidentemente feito de forma sarcástica ou como uma explosão maníaca impotente da agressividade da vítima indefesa. O "carnaval" aqui não é mais uma experiência libertadora, mas a explosão da agressividade frustrada e reprimida – é o "carnaval" dos *pogroms* racistas e dos estupros de gangues bêbadas (os casos mais notáveis são os movimentos 2 e 3 da 8ª Sinfonia, o famoso segundo movimento da 10ª Sinfonia [*"Retrato de Stalin"*] e, entre os Quartetos de Cordas, o terceiro movimento do Quarteto n. 3 [que, hoje, quase soa como a trilha sonora de Herrmann para *Psicose*] e o movimento "furioso" do Quarteto nº 10)[355].

---

355. Cf. FEUCHTNER, B. *Dmitri Schostakowitsch, Kassel, Stuttgart and Weimar*. Kassel: Bärenreiter/Metzler, 2002, p. 125-126.

ESCÓLIO 4.3: BECKETT COMO ESCRITOR DA ABSTRAÇÃO

Recapitulando, o sujeito cartesiano "vazio" ($) não é apenas o agente da abstração (separando o que, na realidade, está junto), ele próprio é uma abstração, ou seja, ele emerge como resultado do processo de abstração, da retirada de si mesmo de seu contexto da vida real. É por isso que a exigência "materialista" de localizar um sujeito na textura de sua situação histórica "concreta" perde o ponto-chave: o que desaparece se fizermos isso é o próprio sujeito. Novamente, isso não significa que o sujeito seja um tipo de ilusão do usuário que persiste apenas na medida em que ele não conhece plenamente suas condições materiais concretas: a rede de "condições materiais concretas" é em si mesma incompleta e contém rachaduras e inconsistências que são os pontos de surgimento dos sujeitos. Em sua leitura detalhada da *Winterreise* de Schubert, Ian Bostridge[356] explora as implicações do fato de que, como aprendemos nas primeiras linhas da primeira canção, o narrador chega e sai de casa como um estranho. Nunca sabemos o motivo pelo qual ele sai: será que foi expulso pelo pai proibitivo da família? Será que foi rejeitado pela moça? Será que fugiu por medo do casamento promulgado pela mãe da moça? Essa indefinição que gera ansiedade é uma característica intrinsecamente positiva: ela define positivamente o narrador como uma espécie de lugar vazio entre parênteses, como um sujeito barrado no sentido lacaniano de $. Esse vazio é constitutivo do sujeito, ele vem primeiro, não é o resultado de um processo de abstração ou alienação: o sujeito barrado/vazio não é abstraído do indivíduo ou pessoa "concreta" totalmente incorporado em seu mundo da vida, essa abstração/retirada de todo conteúdo substancial o constitui. A "plenitude de uma pessoa", sua "riqueza interior", é o que Lacan chama de "material do eu" fantasmático, formações imaginárias que preenchem o vazio que "é" o sujeito. Aqui também entra o que Lacan chama de *objet a*: este (como substituto de uma falta) é o correlato objetal do sujei-

---

356. Cf. BOSTRIDGE, I. *Schubert's Winter Journey*. Londres: Faber and Faber, 2015.

to vazio, o que causa ansiedade. Voltando à *Winterreise*: o *objet a* do narrador não é a verdadeira razão secreta pela qual ele teve que sair de casa, é a própria causa/agente do "esvaziamento" do narrador em um estranho cujas verdadeiras motivações são obscuras e impenetráveis. Dessa forma, o *objet a* é o objeto que teria sido perdido assim que soubéssemos a "verdadeira" causa específica pela qual o narrador saiu de casa.

A abstração realizada pelo sujeito não é o resultado último, é o ponto de passagem para uma nova concretização. Há uma passagem no *Em busca do tempo perdido,* de Proust em que Marcel usa um telefone pela primeira vez, falando com sua avó; a voz dela, ouvida sozinha, separada do corpo, surpreende-o – é a voz de uma velha frágil, não a voz da avó da qual ele se lembra. E a questão é que essa experiência da voz isolada de seu contexto colore toda a percepção que Marcel tem de sua avó: quando, mais tarde, ele a visita pessoalmente, percebe-a de uma nova maneira, como uma idosa estranha e louca que dorme sobre seu livro, sobrecarregada pela idade, exausta e desgastada, não mais a avó encantadora e atenciosa de que ele se lembrava. É assim que a voz, como objeto parcial autônomo, pode afetar toda a nossa percepção do corpo ao qual ela pertence. A lição é que, precisamente, a experiência direta da unidade de um corpo, em que a voz parece se encaixar em seu todo orgânico, envolve uma mistificação necessária; para penetrar na verdade, é preciso desmembrar essa unidade, concentrar-se em um de seus aspectos isoladamente e, então, permitir que esse elemento colora toda a nossa percepção. Essa "retotalização" baseada na abstração violenta é o que deveríamos chamar de "abstração concreta", uma abstração que fundamenta sua própria totalidade concreta.

Outro caso de retotalização violenta é o dos atores de cinema que, em regra, são identificados com uma determinada *persona*: nem o(s) personagem(ns) que interpretam em um filme, nem o que realmente são como pessoas "reais", mas uma determinada personalidade que transparece em vários papéis como o "tipo" que o ator interpreta repetidamente. Humphrey Bogart interpretou o mesmo personagem cínico e ferido, mas honesto; Gary Cooper interpretou o mesmo tipo corajoso, conciso e abrupto; Cary Grant interpretou o mesmo tipo agitado e hiperativo etc. Apesar disso, em geral, há pelo menos um filme na carreira deles em que interpretam um tipo que vai contra sua *persona*. Henry Fonda sempre representou um personagem estritamente honesto e altamente moral, mas no final de sua carreira ele abriu uma exceção – decidiu interpretar o principal vilão, um assassino brutal e sádico que trabalha para a companhia ferroviária em *Era uma vez no Oeste*, de Sergio Leone. O interessante é como esse papel (e Fonda o interpreta com evidente prazer!) mudou retroativamente nossa percepção de sua *persona* padrão e permitiu que nós, espectadores, percebêssemos rachaduras nela – digamos, discernir traços de brutalidade e arrogância na maneira como ele interpretou as grandes figuras heroicas, de Abraham Lincoln ao Coronel Thursday em *Sangue de heróis*, de John Ford, que causa um massacre de seus soldados quando os conduz a um ataque precipitado.

Outro exemplo é Ben Kingsley; o papel que definiu sua *persona* foi o de Gandhi na "obra-prima" um tanto entediante de Attenborough – um agente enfadonho e pregador da justiça, da igualdade e da independência da Índia. Não obstante, apenas alguns anos depois, Kingsley se destacou em *Sexy Beast*, no qual interpreta um brutal executor da máfia, repleto de inteligência e ironia. Assim, talvez o fato de os dois grandes papéis cinematográficos de Ben Kingsley serem Gandhi e o gângster inglês ridiculamente agressivo seja um testemunho de uma afinidade mais profunda: e se o segundo personagem for a plena realização dos potenciais ocultos do primeiro? Se olharmos para Gandhi sob esse ponto de vista, seremos forçados a trazer à tona as características estranhas e muito problemáticas de seu personagem, ignoradas pela hagiografia da mídia...

Há outro papel desempenhado por Kingsley que rompe com essa dualidade e passa para uma dimensão totalmente diferente: no drama de TV *O trem de Lenin*, Kingsley faz um retrato muito simpático de Lenin em sua lendária viagem de trem de Zurique a Petrogrado na primavera de 1917, com Dominique Sanda como Inessa Aemand e o velho Leslie Caron como Nadhezda Krupskaya.

Nosso último exemplo desta série é Tom Cruise. Sua exceção – a exceção de sua persona padrão – é o que considero, de longe, seu melhor papel, o de Frank Mackey, um palestrante motivacional que vende um curso de técnicas de sedução para homens, em *Magnólia*, de P. T. Anderson. O que chama a atenção é o prazer óbvio com o qual ele interpreta esse personagem extremamente repulsivo; um sujeito extrovertido e de fala dura que ensina a seus alunos como tudo se resume a transar com mulheres e como dominá-las (mais tarde no filme, seu personagem ganha alguma complexidade, mas o que temos é apenas a vida interior retorcida de uma pessoa vulgar e corrompida). Novamente, se olharmos para seus outros papéis a partir desse ponto de vista, podemos facilmente discernir a vulgaridade imanente de sua *persona*, que transparece até mesmo em seus papéis "socialmente críticos", como o de Ron Kovic, ativista contra a guerra, na adaptação cinematográfica de Oliver Stone do livro de memórias de Kovic, *Nascido em 4 de julho*. Podemos perceber a vacuidade de seus sarcasmos arrogantes em *A cor do dinheiro* ou em *Questão de honra*, a pretensão vaidosa de *Vanilla Sky*, até o heroísmo raso e pouco convincente de seu Stauffenberg em *Operação Valquíria*. A questão não é que essa seja sua "pessoa real", mas que é a realidade por trás de sua *persona*. Em suma, a velha regra marxista e freudiana também se aplica aqui: a exceção é o único caminho para a verdade universal.

No entanto, o grande escritor da abstração é Samuel Beckett e, para um partidário da análise histórica concreta das obras de arte no estilo marxista padrão, como em Lukács, a maneira como Beckett pratica a abstração em seu trabalho não pode deixar de parecer resolutamente "antimarxista". Quando ele retrata a experiência subjetiva de terror, perda, sofrimento e perseguição, não se esforça para situá-la em um contexto histórico concreto (por exemplo, deixando claro que se trata de um momento de terror fascista em um país ocupado ou de terror stalinista contra intelectuais dissidentes). Beckett faz (quase – mas não exatamente, é óbvio) o exato oposto: ele coloca formas particulares de terror e perseguição que pertencem a diferentes contextos e níveis (terror fascista, o "terror" da vingança antifascista, o "terror" administrativo da regulamentação da repatriação de refugiados e prisioneiros) em uma série e obscurece suas distinções, construindo uma forma abstrata de terror descontextualizado, podendo-se até dizer: uma ideia platônica de terror. Por que isso? Não deveríamos localizar cada terror em sua situação histórica concreta e distinguir entre terror fascista, terror revolucionário autêntico, terror stalinista, terror consumista etc.? Por que a abstração de Beckett do contexto social concreto não é apenas psicológica (uma vítima vivencia sua situação como abstrata), mas também ontológica, com relação à totalidade social em si, mais verdadeira do que uma imagem realista "concreta" da totalidade social? Vejamos mais de perto como Beckett procede. Ele não apaga simplesmente os ecos da realidade histórica – a abstração é, em sua escrita, um processo, não um estado. Como Emilie Morin observou perspicazmente,

> Na superfície, há pouco em seus personagens destituídos que possa sugerir uma aspiração à teorização política ou à ação política. E, no entanto, eles funcionam parcialmente como metonímias políticas: a ordem política à qual pertencem, esboçada nas sombras e recessos dos textos, materializa-se precisamente quando eles lutam em meio a ruínas, lama, paisagens desertas, salas vazias e outros resíduos de um horror histórico que escapa à categorização[357].

Beckett é frequentemente visto e celebrado como o escritor apolítico exemplar, lidando com impasses e dilemas existenciais básicos. Todavia, uma leitura atenta de suas obras deixa claro que toda a obra de Beckett está impregnada de (traços e ecos de) acontecimentos políticos: a turbulência política na Irlanda por volta de 1930, a luta entre o fascismo e o antifascismo durante a década de 1930, a resistência contra a ocupação fascista, a luta pela emancipação dos negros contra o *apartheid* (sua única doação financeira a um partido político foi para o ANC), a guerra de

---

357. MORIN, E. *Beckett's Political Imagination*. Cambridge: Cambridge University Press, 2017, p. 3.

independência da Argélia (a propósito da guerra colonial francesa na Argélia, ele cunhou o termo "Humanitarismo Assassino" para designar a verdade do colonialismo "civilizatório" francês), a guerra do Vietnã, a resistência palestina, a defesa de escritores perseguidos... tudo está lá, mas não diretamente ("realisticamente") representado. Persiste uma lacuna entre os dois níveis perfeitamente representada por Beckett, que escreveu: "O material da experiência não é o material da expressão". O "material da experiência" são os dados históricos, os acontecimentos sociais; o "material da expressão" é o universo representado no mundo de Beckett; e a passagem de um para o outro é a abstração. É nesse sentido exato que Beckett pediu "uma arte do *empêchement* (impedimento ou obstáculo), um estado de privação que é material e ontológico em igual medida"[358]: um obstáculo invisível torna impossível a transição contínua da experiência abstrata para a totalidade social concreta. Esse obstáculo age como o Real/Impossível lacaniano, que torna a realidade (a realidade da totalidade social, nesse caso) incompleta, fragmentada. A persistente falta de liberdade, a inquietação e o deslocamento em uma sociedade moderna formalmente "livre" podem ser adequadamente articulados, trazidos à luz, somente em uma arte que não esteja mais restrita ao modelo representativo "realista". A inquietação moderna, a falta de liberdade na própria forma de liberdade formal, a servidão na própria forma de autonomia e, mais fundamentalmente, a ansiedade e a perplexidade causadas por essa mesma autonomia, atingem tão profundamente os próprios fundamentos ontológicos de nosso ser que só podem ser expressas em uma forma de arte que desestabilize e desnaturalize as coordenadas mais elementares de nosso senso de realidade.

Talvez o caso exemplar do procedimento de abstração de Beckett seja a peça *Malone morre*, cujo tema e conteúdo se relacionam claramente com as periferias francesas durante a ocupação alemã e suas consequências: o controle nazista e colaboracionista, o terror e a opressão, a vingança contra os colaboracionistas

---

358. MORIN. *Op. cit.*, p. 239.

e a maneira como os refugiados eram tratados quando voltavam para casa e se recuperavam. O que dá tanto poder ao romance é justamente o fato de esses três domínios estarem condensados em uma única experiência sufocante de um indivíduo perdido na teia de medidas policiais, psiquiátricas e administrativas. Entretanto, o procedimento de abstração de Beckett atinge seu ápice em suas duas obras-primas do teatro curto tardio, *Não eu* e *Catástrofe*. Em *Não eu*, um monólogo dramático de vinte minutos de 1972, não há "pessoas" aqui, a intersubjetividade é reduzida ao seu esqueleto mais elementar, o do orador (que não é uma pessoa, mas um objeto parcial, uma BOCA sem rosto falando – um "órgão sem corpo", por assim dizer) e o AUDITOR, uma testemunha do monólogo que não diz nada durante toda a peça; Tudo o que o Auditor faz é, em "um gesto de compaixão desamparada", segundo Beckett, repetir quatro vezes o gesto de simplesmente levantar os braços para os lados e deixá-los cair para trás. A constelação básica da peça é, portanto, o diálogo entre o sujeito e o grande Outro, em que esse par é reduzido ao seu mínimo: o Outro é uma testemunha silenciosa e impotente que fracassa em seu esforço de servir como meio da Verdade do que é dito, e o próprio sujeito falante é privado de seu *status* digno de "pessoa" e reduzido a um objeto parcial.

Catástrofe (1982), uma peça curta tardia que pode parecer violar suas regras, é uma peça "realista" que encena o ensaio de uma peça teatral sobre o interrogatório brutal de um prisioneiro sem nome. É baseada descaradamente em um paralelo entre o interrogatório opressivo e a dominação implacável de um diretor de teatro sobre seus atores no ensaio de uma peça. *Catástrofe* pode, então, ser lido "como uma reflexão solipsista sobre o corpo despossuído; como uma reflexão sobre a mecânica do espetáculo teatral; como uma exposição da tirania praticada pelo comunismo soviético; como um exame do poder duradouro da dissidência em face da opressão"[359]. Todos esses níveis díspares são condensados em um só: a Ideia da mecânica da opressão. A ambiguidade afeta até mesmo a conclusão:

---

359. MORIN. *Op. cit.*, p. 243.

A peça pode ser vista como uma alegoria sobre o poder do totalitarismo e a luta para se opor a ele, com o protagonista representando pessoas governadas por ditadores (o diretor e seu assistente). Ao "ajustá-lo até que suas roupas e postura projetem a imagem necessária de desânimo lamentável", eles exercem seu controle sobre a figura silenciada. "A reificação do protagonista pelo diretor pode ser vista como uma tentativa de reduzir um ser humano vivo ao *status* de um ícone de sofrimento impotente. Mas, no final da peça, ele reafirma sua humanidade e sua individualidade em um único movimento, vestigial, mas convincente"[360] – em um ato de desafio, o homem olha para a plateia (depois de ter olhado para baixo o tempo todo). Em resposta a um crítico que afirmou que o final era ambíguo, Beckett respondeu com raiva: "Não há ambiguidade alguma. Ele está dizendo: "Seus bastardos, vocês ainda não acabaram comigo"[361].

Em resumo, ele está defendendo o ponto básico de Beckett de persistir na resistência: "Tente novamente. Fracasse de novo. Fracasse melhor". Entretanto, o que devemos ter em mente aqui é que, nesse caso, os "bastardos" também são membros do público que apreciam o espetáculo, e "você ainda não acabou comigo" também significa: Não vou me resignar a fazer o papel de vítima sofredora para satisfazer suas necessidades humanitárias. Embora Beckett tenha assinado obedientemente petições em solidariedade aos artistas perseguidos em países "totalitários" (principalmente comunistas), ele também estava ciente do "que acontece com a solidariedade sob o imperativo de transformar o sofrimento em espetáculo. A peça oferece uma repreensão às expectativas de um público imaginário que participa de um evento de caridade, aguardando uma *performance* prevista de sofrimento em troca de sua doação". *Catástrofe* foi apresentada pela primeira vez exatamente como parte desse espetáculo público de solidariedade a Vaclav Havel (preso na Tchecoslo-

---

360. KNOWLSON, J. *Damned to Fame: The Life of Samuel Beckett*. Londres: Bloomsbury, 1996, p. 679.
361. Cf. https://en.wikipedia.org/wiki/Catastrophe_(play)

váquia), de modo que quando, no último momento da peça, o protagonista vitimado levanta a cabeça e olha diretamente para o público, esse gesto também deve ser lido como algo que se dirige ao público com uma mensagem do tipo "não pense que você é muito melhor do que o que é retratado em minha curta peça, o promotor anônimo aterrorizando o Protagonista e o diretor de teatro aterrorizando o ator – você faz parte do mesmo jogo hipócrita, desfrutando do espetáculo do sofrimento que o faz sentir-se bem em sua solidariedade com a vítima". Essa é a arte da abstração, da redução à forma em sua maneira mais radical, levada ao extremo autorreferencial: com relação ao conteúdo, ela desliza metonimicamente do terror do interrogatório totalitário para o terror exercido pelos diretores de teatro sobre os artistas, e daí para o terror exercido pelo público humanitário benevolente sobre o próprio conjunto teatral. Ninguém é simplesmente inocente, ninguém está totalmente isento.

O círculo está, portanto, (quase) fechado: a caridade humanitária participa do universo que cria vítimas; a sustentabilidade ecológica reproduz os próprios problemas ecológicos que alega resolver; as reformas do capitalismo o tornam mais eficiente... O círculo está QUASE fechado: é impossível sair dele, o que significa que é possível fazê-lo por meio de um ato real-impossível.

ÍNDICE

A

Algo
   do Nada 347
   e sua Diferença 45
Abissal, Vazio 343
Absoluto
   definição 86
Absoluto concreto 31
Abstração 97, 495, 519
Abstração concreta 400, 520
Acontecimento
   "reificação" 385
Adorno, Theodor W. 213, 243, 295, 510
After the Tribulation (Wittenberger) 478
Agência, agenciamentos 420
Agnosticismo 40, 41, 82
Agressão sexual, caso 199
AIDS 350
Além, deus como 454
Aliados, diferença sexual 299
Alienação 34, 204, 489
Allais, Alphonse 168
Althusser, Louis 49, 75, 145, 404
Ambiguidade 151
Amor 372, 373, 452, 457
Anatman 115
Anderson, P.T., Magnólia 522
Animal
   agenciamentos 415
Animal humano
   idealismo 380
   patologia 378, 381
Antagonismo
   agenciamentos 409, 447
   como oposição 16
   cross-cap 298
   diferença sexual 192
   gênero binário 306
   luta de classes 167
   modalidades 410
   níveis de 356
   reconciliação 77, 111
   universalidade 267
   vínculo 494

Antígona 257
Antinomias
   da razão pura 153
   das coisas em si 109
   diferença entre os tipos de 142
   dinâmicas 142, 153, 169, 170
   matemáticas 142, 153
   transcendentais 66
Antissemitismo 469, 490
   comunismo e 267
   totalidade social 31
   verdade/falsidade 131
Aparências
   consciência 170
   diferenças da realidade 91, 150
   e essência 171
   grande Outro 328
   ideais como forma de 30
   pescoço 382
Aquiles 322
Aristóteles 415, 449, 460, 463
Arquitranscendental 58, 59
Arrebatamento 479
Arte 390, 510
Assassínio na catedral (Eliot) 477
Assexuais 299
Associações livres 122
Atalho moralista 450
Ateísmo 480
Atividade revolucionária 461
Ato autônomo livre 73
Ato da cópula 163, 186
Atomismo 134
Átomos, indivisibilidade 341
Atos éticos 435
Atração sexual 373
Ausenciais 333
Autoalienação 489
Autoatividade, intuição 99
Autoconsciência 220
Autocontrole, liberdade de 449, 450
Autodestruição 74
Autoidentidade, Um 148
Autoinstrumentalização 461
Autoposição, espírito 38
Autorrelação espiritual 39

B

Badiou, Alain 41, 215
   abstração 411
   indivisibilidade final 340
   "mundos" 333
Balanchine, Georges 510
Balzac, Honoré de 168
Bannon, Steve 197, 395
Batman (Burton) 18
B(b)eleza 30, 137, 195
Beauvoir, Simone de 243
Beckett, Samuel 175, 215, 342
Beethoven, Ludwig van 516
Bem e mal 275
Benjamin, Walter 67, 237, 387
Bennett, Jane 57, 420, 429
Big Bounce (Grande Rebote) 323
Bloch, Ernst 67
Böcklin, Arnold, *Ilha dos Mortos* 313
Bodas de Fígaro, As (Mozart) 514
Bohr, Niels 317
Borges, Jorge Luis 446
Bóson de Higgs 348
Bosteels, Bruno 378
Bostridge, Ian 519
Brazil (Gilliam) 202, 278
Bryant, Levi 411
Bukharin, Nikolai 102
Burocracia 491
Burton, Tim, *Batman* 18
Busch, Wilhelm, "Max und Moritz" 212
Butler, Judith 166

C

Cadeia de equivalências 409
Calor, irreversibilidade 325
Campo de Auschwitz 421, 466
Campos quânticos 323
Cantor, Georg 215
Capital (Marx) 290, 295, 448
Capitalismo 202, 305, 313, 418
Carnaval 518
Cartwright, Veronica 471
Casamento como contrato 243, 244
Castração 153, 274
   multiplicação e 303
   negação da 217
   simbólica 209, 211
Castração do outro 205
Catástrofe 259

Catástrofe (Beckett) 526
Catolicismo 142, 453, 468
Catren, Gabriel 385
Chalmers, David 443
Chance, variações eidéticas 385
Chaplin, Charlie, *A condessa de Hong Kong* 286
Chesterfield, (Philip Dormer Stanhope), Conde de 145
Chiesa, Lorenzo 82
Christie, Agatha 30
Ciência da Lógica (Hegel) 124, 127
Ciência, letras na 321
Científica, perspectiva
   da linguagem 508
   da realidade 16, 78
   da realidade ontológica 43
Circularidade
   abstração 527
   não orientáveis 259
   oportunidade e 355
   pulsão 507
Círculo fechado 260
Classificação de classe 166
Clinâmen 345, 355
Código Alien (Cooney) 227
Coerção, contratos sexuais 242
Cogito 448, 506
   cartesiano 448, 506
Coincidência dos opostos 362, 365, 496
Coisa-em-si 137, 150, 361
Coisa(s)
   nomeando 272
   política da(s) 412
Colapso da função de onda 334
Colonialismo/colonização 490, 524
Comay, Rebecca 127
Comédia/atos cômicos 158, 167
Compaixão 495
Complexo de Édipo 211
Comunismo 232, 449
   cosmologia 70
   marxismo ocidental 60, 61, 62, 74
   marxista 196, 268
   relação com judeus 267
Comunismo marxista 196, 268
Condessa de Hong Kong, A (Chaplin) 286
Condição de impossibilidade 258
Condições materiais concretas 519
Conhecimento 182, 328

Consciência, Sujeito 170
Contingência externa 269
Contingente externa 269
Contradições 109, 258
Contrafactuais 208
Contraste forma-conteúdo 280, 324, 332, 343
Contrastes humanos [Sullivan's travels] (Sturges) 511
Conversação, A (Coppola) 231
Cook, Tim 305
Cooney, Michael G., *Código Alien* 227
Copjec, Joan 133, 135
Coppola, Francis Ford, *A Conversação* 232
Corpo e histeria 183
Correlacionismo 39, 54
Correlacionismo transcendental 39, 54
Cortes
    faixa de Möbius 262
    na realidade 50, 54
Cortes históricos e eternidade 50
Cosmologia 70
Costner, Kevin (*O mensageiro*) 200
Crátilo (Platão) 502, 504
Cremin, Ciara 304
Crepúsculo dos deuses 482
Crianças, obras de Prokofiev 515
Criatividade 128
Crime 400
Cristianismo
    alienação de deus 34
    desafio de Darwin 319
    enigma 157
    escatologia 478
    ferida 485
    judeus e o 52
    mediação 238
    Ordem do Ser 469
    propósito de deus 467
    relação entre Igreja e Estado 275
    suprassunção 465
    tempo circular 229
    teoria da ideologia 319
    transcendentalismo 56
    universalismo 295
Cristo
    arrebatamento 480
    ateísmo cristão 480
    Ciência Cristã 513
    feridas 484, 487

    marxismo cristão 35
    morte 465, 467
Crítica da razão prática (Kant) 440
Crítica, desejo 234
Cross-cap 125
    linguagem 500
    linha de estofo 264
    MQN 356
    relação com faixa de Möbius 283
    sutura redobrada 287
Cúlaques 292
Culpa 199, 249
Cultura
    conexão com *lalangue* 500
    natureza e 190
    tumulto psíquico 505

D

Dados, "fatos alternativos" 130
Darabond, Frank 514
Darwin, Charles 56, 106, 319
Dasein 354
Deus
    enigma em 156
    forma de alienação 34
    pluralidade 178
    poder absoluto 462
    realidade finita 380
    resolução do enigma 464
    separação de 466
    tese fundamentalista 468
Decisões arbitrárias 123
Deficiência, transcendental 85
DeLanda, Manuel 417
Deleuze, Gilles 93, 163, 209, 371, 436
De Man, Paul 97
Democracia dos objetos 437
Demócrito 24, 327, 347
Dennett, Daniel 502
Densidade singular 399
Derrida, Jacques 50
    abstração 424
    intuição intelectual 99
    não orientáveis 264
    transcendental 59, 62
    universalidade 445
Desastres distópicos 200
Descartes, René 42, 117
Descentramento, digitalização 206
Desconstrução 58, 81, 129

Descontextualização 481
Desejo 234, 300, 507
Destituição subjetiva 433
Desvios 164
Determinação opositiva 369, 445
Determinismo 134, 238, 449
Determinismo causal 134
Deus
   plano de visão de 317
Deus simbólico 465
Dever e Poder, distinção 435
Dever-Ser, dimensão 103
Diacronia 319
Diagrama, conceito 417
Dialética, uso da 265, 279
Dick, Philip, *O homem do castelo alto* 391
Diérese 294
Diferença
   autoidentidade 148
   "em-si" 166
   entre algo(s) 45
   "fraco/forte" 337
   identidade de gênero 164
   reflexão 263
   ser como 45
   sujeito sexuado 175
Diferença forte, ontologia quântica 337
Diferença "fraca" 337
Diferença sexual 169
   classificação 298
   clihcês patriarcais 109
   como antagonismo 192
   formas particulares 304
   "fórmulas da sexuação" 133, 136, 145
   intervenção 390
   linguagem 503
   luta de classes 351
   negatividade 495
   plantas/animais 184
   realidade da 53
   sujeito 180
Digitalização 210
Dimensão deontológica 45, 89, 110, 148
Direita, facção 126, 165
Direitos humanos 241
Disparidade da substância 33
Distinção ficção-realidade 316, 391
Distorção da censura 471
Docta ignorantia 339

Dois
   do Um 149, 258
   entre Três 349
   entre Um 349
Domínio do conceito 263
Domínio fenomênico, liberdade 91
Dor 200
Dumont, Loius, *Homo hierarchicus* 274
Duplo empírico-transcendental 46
Dupuy, Jean-Pierre 274, 275, 277, 278

E

Édipo 209
Espírito
   autoposição 38
   ferida 490
   oposição entre Entendimento e Razão 96
   razão, barreiras entre 458
   retorno a Si 260
Ego
   epoché 120
   puro 120
Einstein, Albert 243, 359, 376
Elementos da Filosofia do Direito (Hegel) 127
Elemento "vazio", hegemonia 369
Eliot, T. S. 476
Em busca do tempo perdido Proust 258, 520
Empirismo transcendental 389
Empirismo, transcendental 111
Em-si 463
Encarnação 466
Enciclopédia das ciências filosóficas (Hegel) 127
Enigma 156
Entendimento 95, 96, 97, 108, 239, 404, 406
Entzug 441
Enunciação 455
Épocas históricas 121
Epoché transcendental 118
Equivalências, cadeia de 410
Era uma vez no Oeste (Leone) 521
Ereignis 382
Erotismo 144, 471
Escatologia 478
Escher, Maurits Cornelis 316
Escolha 124, 226, 451, 454

Escolha de fato 226
Escravidão-liberdade, relação 450
Esferas 374, 375
Espaço
   antinomia do 134
   idealização do 340, 342
Espaço/tempo 322, 342
Espécie
   relação com gênero 26, 178, 301, 353
   universalidade 369
Espinosa, Baruch 30, 89, 94, 163, 178
Espiritual, autorrelação 39
Espontaneidade 90, 134
Esquematismo/esquematização 435
Esquematismo sexual 234
Esquematismo transcendental 233, 235, 236
Esquerda, facção 126, 165
Essência 172, 174, 263, 283
Estado
   e Igreja, relação 275
   filosofia 78
   guerra e 398
   loucura e 402
   política 408
   universalidade concreta 258
Estados-nação 393
Estar-deslocado, experiência 468
Estímulos parciais 163
Estrutura
   efeitos da 383
Estruturalismo 49, 50
Estrutural, marxismo 75
Estrutura síncrona 50
Estupro, atos de 247
Eternidade 50, 122, 384
Ética
   agenciamentos 422
   Estado 398
   medo/temor 92
Eu
   constituição da lacuna 88
   intuição intelectual 98
Eu "dentro" 308
Eu "fora" 308
Eu/Si-mesmo
   "interno/externo" 309
   retorno do Espírito 260
   substância e 426
Eu simulado 115
Eutanásia da razão 146

Evolução progressiva 184
Exaptação 54, 411, 486
Excesso 175, 213
Existência, Fundamento da 335
Existência superior 194
Experiência dos "eus" 114
Experiência, material da 524
Externalidade, eventos quânticos 329

F

Facticidade 39
Fake news 129
Fala/discurso 505
Falso vácuo 346
Falta, subjetividade 287
Fantasia
   amor 373
   fundamental 433
   imortalidade 216
   lugar original da 157
   séries de 386
   sujeito 207
Fantasia fundamental 432
Fascismo 266, 303
Fatores das mulheres 235
Feminilidade, classificação 300
Feminina, sexualidade 136
   antinomia da 142
   Em-si 438
   identificação 165
Feminino, gesto, histeria 145
Feminizado, ritual de suspense 485
Fenomênica, experiência 315
Fenomênica, realidade 89, 354, 434
Fenomenologia do Espírito (Hegel) 33, 96, 124, 126, 404
Fenomenológica(s),
   variações eidéticas 389, 392
Ferida 506
Ficção científica 227, 231
Ficção simbólica 203
Fichte, Johann Gottlieb 44, 108
Figura do senhor autêntico 311
Filosofia
   início 93
   razão e 458
Filosofia chinesa 59
Filosofia do Direito (Hegel) 400
Finito-infinito, separação 173
Finitude 39
Física especulativa 361

Física quântica
   aparência 172
   castração 153
   princípio antrópico 60
   realidade 53, 86
   subjetividade 317
   sutura redobrada 285
   universo 81
Flauta mágica, A (Mozart) 515
Flieger, Jerry Aline 209
Fonda, Henry 521
Forma
   e conteúdo, contraste 324, 332, 343
   matéria e 281, 341
Fórmulas da sexuação, Lacan 133, 135, 145, 153, 179
Fórmulas de sexuação, Lacan 383
Fósseis 55, 319
Foucault, Michel 46
Fracassar, uso do termo 259
Fracasso imediato, identidade 416
Fracionamento 36
Fragmento do ser 376
Franco, Francisco 265
Frayn, Michael 81
Frenologia 443
Freud, Sigmund
   abstração 441
   "associações livres" 122
   castração 153, 303
   conhecimento 183
   contrafactuais 208
   diferença sexual 164
   fantasia 432
   "fatores" das mulheres 235
   luta de classes 297
   pescoço 378, 383
   princípio do prazer 141
   repressão nos sonhos 201
   sexualidade infantil 159
   sujeito descentrado 207
   sujeito sexuado 178
   "Uma criança é espancada" 386
   universalidade concreta 272
   vácuo 347
Função fálica 135
Funcionamento simbólico, ciberespaço 210
Fundamentalismo 486
Fundamento da Existência 335
Furtwängler, Wilhelm 510

G

Garrafa de Klein 21, 22, 261, 314
   caverna de Platão 313, 320
   efeitos estruturais 383
   linguagem 508
   pescoço 318
   realidade quântica 332
   tubo de estofo 264
   vazio MQN 344, 355
Gates, Bill 364
Gatinha esquisita, A (Zürcher) 418
Gênero
   binário 306
   e espécie 26, 178, 300, 353
   identidades de 164, 167, 299
   universal 445
Gênio e o Apóstolo
   contraste 182
Gilliam, Terry, *Brazil* 202, 278
Globês 501
Gnóstica, visão 513
Goethe, Johann Wolfgang von 132
Goldwyn, Sam 242
Gould, Stephen Jay 54, 411, 486
Gozo 243, 498
Gozo excedente 175, 244
Grande Outro 328, 338, 459, 465
Gravidade quântica 343
Groys, Boris 71
Guattari, Félix 209

H

Habermas, Jürgen 45, 78, 131, 237, 468
Harman, Graham 416, 440
Hartmann, Nicolai 67
Hawking, Stephen 43
Hawthorne, Nathaniel, *A marca de nascença* 194
Hedonismo 11
Hegel, Georg Wilhelm Friedrich 414
   abstração 443
   a morte de Hegel 18
   antinomias 85
   conteúdo/forma 280
   Espírito 489
   figura Monarca 466
   física quântica 326, 336, 339, 390
   homofonia 503, 505
   luta de classes 296
   mal 276

modalidades do absoluto 29
não orientáveis 264
negação da negação 215
noção de sujeito 170
paralaxe 16
pescoço 377, 380, 384
publicações de 24
realidade 50
subjetividade 468
transcendental 66
tríade sexual 299, 304
universalidade concreta 269
vácuo 353
Hegemonia 410, 431
Heidegger, Martin
    abordagem transcendental 43, 118
    épocas históricas 121
    intuição intelectual 93
    linguagem 505, 508
    noção de Entzug 441
    realidade e o Vazio 308
Heisenberg, Werner 359
Hellman, Lillian, *Infâmia* 494
Heptápodes 224, 225, 226, 228, 229
Heterossexualidade, normativa 431
Hierarquia 275, 278
    social, lógica da 240
Higgs, campo de 346
Hindu, Ego 120
Hiper-realismo 18
Histeria 87, 183, 300, 483, 484
História e consciência de classe
    (Lukács) 61, 63, 66
História-historicidade, diferença 424
Historicidade/historicismo 129, 319, 433, 434
Hitchcock, Alfred
    manipulação emocional 442
    Os pássaros 317
    Psicose 232, 317
    Um corpo que cai 17, 428
    Um corpo que cai (*Vertigo*) 180
Hobbes, Thomas 202
Hölderlin, Friedrich 17
Holocausto, revisionistas 130
Homem do castelo alto, O (Dick) 391
Homem eterno, O (Chesterton) 51
Homem-mulher, diferença entre 180, 304
Homo hierarchicus (Dumont) 274
Horror 405, 448

Humanidade
    definição 87
    "existência superior" 193
    reconciliação com a natureza 403
Humanista, marxismo 66
Humanização da natureza 68
Humildade 469
Hurwitz, David 517
Husserl, Edmund 392

I

Idealismo 66, 277, 287, 379. *cf. tb.*
    Idealismo Alemão
Idealismo Alemão 31, 38, 87, 108, 120
Idealização da matéria 399
Ideal, tempo/espaço 340, 342
Ideia. *cf. eidos*
Ideias 31, 107
Identidade
    abstração 417
Identidades transgênero 165, 166, 176, 300
Ideologia 210, 275, 404, 447, 514
Ignorância 339
Igualdade de resultados 240
Imaginário
    da lalangue 496
    da percepção 329
    Entendimento 390
    outro 154
    Outro 204
Inconsciente
    "animal humano" 378
    como grande Outro 203
    linguagem 500, 504
    metáfora 441
    sexualidade animal/humana 188
    sujeito do 183, 208
Ilha dos Mortos (Böcklin) 313
Iluminação 115, 116
Ilusão necessária 451
Ilyenkov, Evald 68, 74
Imanência das verdades, A (Badiou) 371
IMM. *cf.* interpretação de muitos mundos
Imortalidade 209, 487
    obscena 209, 212
Império Romano, declínio do 158
Impossibilidade
    condição de 196, 258
    do sujeito 258

Impossibilidade constitutiva 447
Incels 239
Incerteza 360
Inconsciente
　contrafactual 208
Inconsistência
　como objeto 189
Indivisibilidade infinita 341
Indivisibilidade última 341
Infâmia (Hellman) 494
Infinito-finito, separação 172
Infinito matemático 173
Infinito metafísico 173
Infinito, sublime 138
Inseminação, processos de 191
Instinto-pulsão, distinção 186
Instrumentalização, deus 466
Interesses subjetivos 130
Internalização/simbolização 269
Interpelação 430
Interpretação de muitos mundos (IMM) 331
Intervenções militares 362
Inversão 267. *cf. tb.* Möbius, faixa de
Ironia 516
It follows [*Corrente do mal*], Mitchell 349

J

Jakobson, Roman 497
Jameson, Fredric 80, 295, 302, 303
Jó, livro de 463
Jônios materialistas 24
Jouissance 87, 141, 189, 213, 485
Jouissance feminine 142
Judaísmo 156, 465. *cf. tb.* Judeus
Judeus 469. *cf. tb.* judaísmo
　análise dialética 20
　cristianismo e 52
　diferença e 166
　"fatos alternativos" 182
　monoculturalismo 266
　morte de deus 467
　personagens wagnerianos 481, 483
　relação com comunismo 267
　"retorno às origens" 129, 490
　visão inumana 421
Juízo infinito 189, 343
Juízos reflexivos 100
Juliette (Sade) 71

K

Kafka, Franz 163, 487, 491, 501
Kamizelka (Prus) 29
Kant, Immanuel
　abstração 404
　antinomias da razão pura 133
　conteúdo/forma 280
　contratos sexuais 244
　desejo "puro" 301
　física quântica 332, 340
　inconsciente 189
　liberdade 450, 456
　não orientáveis 257
　paralaxe sexual 148
　pescoço 376, 380
　primeiras publicações 17
　realidade 46, 58
　sujeito 169
　sutura redobrada 285, 289
　transcendental 73, 79, 85, 92, 146, 281
Kantner, Paul 311
Karloff, Boris 517
Khader, Jamil 493
Khôra 498
Kierkegaard, Søren 54, 165, 182, 215, 348
Kieslowski, Krzysztof, *Sorte cega* 385
Kim Jong-un 248, 395
Kingsley, Ben 521
King, Stephen, *A torre negra* 25, 296
Korsch, Karl 61
Kristeva, Julia 496, 498

L

Lacan, Jacques
　abstração 441, 519
　"castração simbólica" 209
　caverna de Platão 309, 316
　cogito 423
　conhecimento 182
　deus simbólico 465
　diferença sexual 305
　digitalização 206
　estar-deslocado, experiência 468
　fantasia 237, 437
　fórmulas da sexuação 133, 135, 145, 153, 383
　Imaginário 404

incerteza radical 85
  linguagem/*lalangue* 496, 498
  modalidades do absoluto 31, 33
  não orientáveis 264
  ontologia 322
  paralaxe de Hegel 124
  paralaxe sexual 148, 152, 158, 163
  pescoço 373, 383
  psicoanálise 427
  realidade 55, 230
  resolução do enigma 464
  ritual 482
  sexualidade animal/humana 192
  sublime 137, 139
  sujeito barrado 429
  sujeito sexuado 180
  sutura redobrada 284, 288
  teoria do desejo 202, 234
  transcendental 72, 75, 76
  universalidade 266, 445
  vácuo 347, 349
  verdade 472
Laclau, Ernesto 409, 433
Lacuna
  constitutiva do Eu 88
  liberdade 91
  linguagem/*lalangue* 504
  redobramento da 35
  subjetividade transcendental 36
Lamela 187
Laplanche, Jean 155, 157
Latour, Bruno 408, 418
Lebrun, Gérard 77, 402
Lênin, Vladimir/Leninismo 55, 63, 177, 518
Leone, Sergio, *Era uma vez no Oeste* 521
Letras na ciência 321
Lévi-Strauss, Claude 49, 309
LGBT posição 298, 301, 305, 307
Liberalismo/liberais 129, 431, 470
Liberdade
  diferença aparência–realidade 92
  domínio numenal 89
  lei moral 141, 450
  servidão e 312
  sujeito transcendental 440
Limitação subjetiva, perspectiva 446
Linear, tempo 225
Língua materna 503
Linha de estofo 264

Livre
  ato autônomo 73
  contratos 242
  escolha 451, 454
Livres
  escolhas 364
Locke, John 438
Lógica da retroatividade 336
Lógica/lógica 127
  da retroatividade 337
  da separação 466
  diferenças das fenomenologias 126
  do pensamento 123
  dualidade 169
  interseção entre 240
Lógicas do mundo (Badiou) 381
Lógica subjetiva 170
Logos 463
Losurdo, Domenico 60
Lubitsch, Ernst, *Ninotchka* 208
Lukács, George 75, 79, 522
  teses de blum 64
Luta de classes 22, 166, 263, 370
Lutero, Martinho 460, 461
Lynch, David 18, 158, 388

M

Magnólia (Anderson) 522
Mal 277, 470
Maldade 213
Mallarmé, Stéphane 74
Malone morre (Beckett) 524
Manipulação emocional 442
Mao Tsé-Tung 265, 341, 456
Marca de nascença, A (Hawthorne) 194
Marder, Michael 190
Marionetes 89
Marxisimo
  estrutural 75
Marxismo
  abstração 403, 407
  bases do comunismo 449
  cultural 266
  essência-aparência, contraste entre 283
  Hobbes, crítica 201
  ligação com cristianismo 522
  luta de classes e cross-cap 297
  "Marxisimo-Leninismo" 177
  materialismo 495

metafísica 121
modos de produção 178
produtividade 196
universalidade 369, 445
Masculina
   abordagem 438
   Em-si 438
   sexualidade 136, 142, 164, 167, 174, 177
Matar 117
Matema 496
Matéria 19, 341, 399
Material da experiência 524
Materialismo dialético 67, 128, 287
Materialismo histórico 62
Materialismo/materialidade
   abstração 519
   agenciamentos 420
   contingência externa 269
   definição 347
   dialético 67, 128, 287
   evolucionário 19
   histórico 32, 62
   idealismo e 276, 379
   incerteza radical 82
   kantiano 57
   linguagem 495, 507
   negatividade 277
   política 408
   realidade objetiva 80
Materialismo semiótico 496
Materialismo "vulgar" 277
Max und Moritz (Busch) 212
McDowell, John 44
Mediação, cristianismo 238
Médico rural, O (Kafka) 488
Medo 92, 442
Meillassoux, Quentin 39, 54, 67, 184, 357, 377
Melodramas 280
Memória, gravação 219
Menos que nada (MQN) 412
Menos que zero 348
Mensageiro, O (Costner) 200
Mensagem em uma garrafa (*Conspiração de fé*), filme 476
Mente e mundo (McDowell) 44
Mentiras e verdades 132
Mercantilização
   contratos 243
Meso-tribulacionistas 479

Metafísica 14, 58, 98, 121
Metáforas 315, 386, 441
Metaphysica generalis 146
MeToo, movimento 236, 246, 307
Metzinger, Thomas 314
Mexicano, caso de agressão sexual 199
Milner, Jean-Claude 244, 246, 321, 499, 500, 502, 503, 508, 514
Mimese 391
Mistério, Alteridade 155
Misticismo 462
Morte 402
Möbius, faixa de 21, 22, 25, 262, 264
   caverna de Platão 310, 313, 320
   civilizar civilizações 397
   coincidências 265, 496
   esquematismo 233
   ética 478
   guerra 398
   incels 239
   lógica 241
   luta de classes 290
   mercantilização 246
   "oito interior" 282
   "oito internamente invertido" 261
   ontologia quântica 324, 333
   ponto de estofo 264, 270
   subjetividade 289
   Vazio MQN 344, 356
Modo de produção asiático 178, 446
Modos de produção 179, 446
Modo sequencial de consciência 224
Modo simultâneo de consciência 224
Moldura transcendental, singularidade 416
Monarca, figura (Hegel) 466
Monoculturalismo 266
Monogamia 240
Monogamia forçada 240, 241
Moral, lei 141, 450
Morin, Emilie 523
Movimento, cosmologia 68
MQN. *cf.* menos que nada (MQN)
Mulher atirando uma pedra (Picasso) 390
Mulher-homem, diferença entre 180, 304
Mulher/mulheres
   dicussão sobre incels 239
   "fatores" da(s) 235
   pavor masculino 483

questão da 11
virtualidades 390
Multiplicidade 163, 179
Múltiplos/múltiplas
  aparecimentos 382
  realidade/realidades 368, 408
Multitude, modernidade 303
Münchhausen, barão de 38
Mundo/mundos
  emergência dos 375
  noção de Badiou 333
  "sem sujeito" 457
Muntzer (Münzer), Thomas 460, 461
Música e o sublime 526

N

Não conhecimento 158, 182, 188
Não eu (Beckett) 525
Não morte 209, 214, 220, 379, 442, 509
Não orientáveis 183
Napoleão, posicionamento de 11
Narração de histórias 387
Natureza
  como sujeito 72
  cultura e 401
  em si 358
  humanização da 67
  princípio antrópico 59
  reconciliação entre homem e 403
  sexualidade e 32
  termos ônticos da realidade 62
  visão dialética 14
Natureza-em-si 84
Nazismo 182, 318, 469
Negação da negação 214, 268, 345, 490
Negatividade
  absoluta 505
  abstrata 399, 403
  ato autônomo livre 74
  como morte 401
  materialismo 277
  radical 74
  reconciliação 407
  sexualidade animal/humana 191
  teoria do agenciamento 415
Negativo
  juízo 189, 343
  o poder do 406
Neiman, Susan 91

Neuroteologia 443, 444
Nietzsche, Friedrich 38, 121, 193, 345, 481
Niilismo 121
Ninotchka (Lubitsch) 208, 416
Nirvana 347
Nível zero, Vazio 353
Noite do Mundo 469
  conceito de 405
Nomeando práticas 271, 284
Nominalismo 300, 302
Normalidade, sintoma da 297
Normativa, heterossexualidade 431
Normatividade comunicativa 78
Normativo, gênero 306
Nosso amor de ontem (Pollack) 267
Nova Era, movimento 468
Novo Materialismo 57
Nuclear, destruição 394
Numenal
  domínio
    liberdade 90
    sublime 92
    realidade 92, 435, 440
    suporte do sujeito 89

O

Objet a 348, 354, 355, 412, 520
Objetiva
  lógica 169
  realidade
    atualidades 101
    finitude 41
    materialismo 80
    sonhos e 113
    subjetividade 75, 234, 317
    sujeito 36
    sutura redobrada 285, 289
Objetivação
  como reificação 67
  do sujeito 80
Objetividade 76, 233, 337
Objetivo
  agenciamentos 421
  enigma 463
  idealismo 47
  não conhecimento 158
  primado do 75

Objeto/objetos
  democracia dos 437
  inconsistência como 189
  sem sujeito 411
  variações eidéticas 358
Objet petit a 234, 288
Obscenidade 482, 485
Observador, ficção 316
Oito internamente invertido 261
Onda quântica. *cf.* colapso da função de onda
Ondas do destino (Trier) 280
Ôntico
  Absoluto transcendental 32
  dualidade ontológica 16
  termos da realidade 62
Ontologia
  aristotélico-tomista 107
  desconstrução 58
  filosofia da práxis 66
  orientada a objetos (OOO) 57, 434, 437, 440
  posições políticas 79
  social 66
  tensão deontológica 110, 148
  transcendental 85
Ontológica
  catástrofe 225
  diferença 17, 382
  hierarquia 67
  quebra da regra 231
Ontologização do mal 469
OOO. *cf.* ontologia orientada a objetos
Oponentes mais fracos, jogos de poder 247
Oportunidade, circularidade 355
Oportunismo pragmático 461
Oposição/oposições
  antagonismo como 16
  binárias 178
  linguagem/*lalangue* 495
Opositiva, determinação 238, 369, 445
Opostos, coincidência dos 265, 362, 365
Opressão 525
Ordem do Ser 469
Ordem simbólica 48, 157, 231
Organismos 105
Orgasmo feminino 12
Ortodoxia 453, 468
Oscilação de onda, física quântica 53

Os pássaros (Hitchcock) 317
Outro/Alteridade
  antinomias do 168
  conteúdo substancial 459
  desejo do 205
  modalidades do 154
  reconhecimento do sujeito no 79
  universalidade 155
Outro simbólico 154, 205, 207

P

Paganismo 71, 486
Panspermia 192
Paralaxe 21
  da ontologia 150
  definição 16
  linguagem 506
  ontológica 16, 21
Paranoia 205
Parcialidade 132, 457
Parrásios, pintura de 171
Parsifal (Wagner) 212
Particular, universal e 106, 275, 303, 342, 402
Patológico, desejo 234
Patológicos, interesses 378, 381
Patriarcais, clichês 174
Patriarcal, capitalismo 305
Pensamento 34, 69, 103, 104, 110, 122, 128
  conceitual 265
Pensar às avessas 52
Percepção, imaginário da 329
Perfeição 194
Performance 422
Performativa, realidade 408
Permissividade 199
Perspectiva, "limitação subjetiva" 446
Perversão 279
Perversos-polimorfos, estímulos 162
Pescoço 332, 345, 355
Pessimismo 66
Petit, Philippe 508
Pharmakon 276
Picasso, Pablo, "Mulher atirando uma pedra" 390
Pippin, Robert 35, 36, 37, 46, 258
Platão/platonismo 31, 504, 523
Pluralidade de significantes 178
Poder absoluto de deus 462
Poder e Dever, distinção 435

Poder ordenado, deus 462
Poderoso chefão, filme 441
Poder secular 275, 276
Política
    coincidência dos opostos 265
    das coisas 410
    liberdade 452
    ontologia 79
    platonismo 396
    regras 389
    sexualidade e 160
    teoria dos agenciamentos 408
Pollack, Sydney, *Nosso amor de ontem* 267
Ponto de estofo 264
    colapso da função de onda 334
    não orientáveis 22, 264, 270, 274, 284
    redobrar o 296
Popper, Karl 77
Populismo 197, 396
Positivismo 45, 372
Positivistas evolucionistas 19, 45
Pós-modernismo 18, 130, 131, 310
Possibilidade
    distinção entre atualidade e 101
    não realizada 417
    na realidade 102
Postular, razão 153
Potencialidades, sexo 416
Potentia ordinata 462
Poder
    do Entendimento 414
    do negativo 405
    hierarquia 278
    linguagem 501
Práxis 66, 413, 508
Prazer
    contratos sexuais 243
    dor e 199
Predestinação 454
Predicados, autoidentidade 148
Pré-ira, tribulacionismo 479
Presença, metafísica da 59, 98
Pressuposição 107
Primado
    da sincronia 320
    do objetivo 75
Primordial
    lacuna 45
    realidade 337

repressão 175, 208, 280, 429
Princípio antrópico 60
Princípio do prazer 141, 378, 379, 383
Processo de desenvolvimento 14
Processo de retorno, Espírito para Si 260
Processo econômico 289, 297
Processos históricos, realidade 165
Processos irreversíveis 325
Processos temporais 325
Produção
    lacuna entre representação e 507
    marxista 178, 496
    modos de 178, 446
Produtividade, capitalismo 196
Progresso 14, 183
Proletários/proletarização 214, 370
Protestantismo 468
Protorrealidade 334
Proust, Marcel 258, 520
Prus, Boleslaw, "Kamizelka" 29
Psicanálise
    abstração 427
    contingência 269
    inconsciente 207
    liberdade e 456
    linguagem 505
    lógica hegeliana 97
    sexualidade 85
Psicose (Hitchcock) 232, 317
Psíquico, tumulto 505
Pulsão
    "animal-humano" 378
    desejo 507
    distinção entre instinto e 186
    positivismo 371
Pulsão de morte 73, 141, 191, 198
    animais 379
    como nirvana 347
    linguagem 505
    positivismo 372
Purificação 466
Puro, desejo 301
Puro, Ego 120

Q

Qualia 502
Quântica, real/realidade 194, 326, 334
Questionadores sexuais 299

R

Rabinovitch, Adolphe 40
Ralé 296, 304, 351, 353
Rancière, Jacques 297
Razão pura, antinomias da 137, 153
Real
  como ficção 391
  desejo do Outro 204
  do matema 496
  domínio numenal 91
  relação com a realidade 230
  simbolização 404
  virtualidade 442
Realidade/realidades. *cf. tb.* objetiva, realidade
  antinomias matemáticas 134
  autodestruição 74
  "civilizada" 368
  completude 326
  composição da 148, 150
  deficiência e 86
  diferença entre aparência e 48, 92
  em si mesma 40
  externa 308
  ficção e 316, 391
  finita
    deus 380
  intuição intelectual 106
  material 343
  múltiplos/múltiplas 368, 408
  numeral 92, 435, 440
  ontológica 43
  pensamento na 68
  percepção dialética 14, 67
  possibilidade na 102
  primordial 337
  relação entre o Real e a 230
  subjetividade 84
  sujeito como fissura na 413
  totalidade social concreta 523
  transcendental 75, 118, 436
  Vazio e 308
  Verdade e 384. *cf. tb.* objetiva, realidade
  visão científica da 16, 78
Realismo 62, 300, 340
Realismo científico 340
Real, outro 154
Reconciliação 77, 111, 407
Recuo absoluto 37

Redobrada, antinomia 168
Redobrada, falta 39
Redobramento
  da lacuna 35
  faixa de Möbius 262
  ponto de estofo 296
Redução. *cf. epoché*/redução
Redução eidética 117
Reducionismo 420
Reflexão
  diferença 263
  elevação da 95
Reflexividade 13
Regras da política 388
Reificação 63, 67, 385
Relação entre Igreja e Estado 275
Relação sexual, definição 244
Relação Uno-Uno barrado 352
Relatividade, teoria da 322
Relativismo 129, 131
Religião 83, 229, 443. *cf. tb.* catolicismo; cristianismo; protestantismo
Repetição, processo de 221, 336
Representações
  nomes 272, 285
  produção, lacuna 507
Repressão 201, 279. *cf. tb.* primordial, repressão
Repulsa 144
Responsabilidade ética 79
Retorno às origens 490
Revolução Francesa 64
Revolucionária, atividade 461
Riso 484
Ritual de luto 491
Roma de Fellini, afrescos 53
Rosto de morte, ritual 492
Rouselle, Duane 27
Rousseau, Jean-Jacques 98
Rovelli, Carlo 340
Razão
  antinomias da 146, 153
  Entendimento e, oposição 97, 108, 278
  epoché fenomenológica 119
  Espírito, barreiras entre 458
  pharmakon 276
  sublime 138
Ruda, Frank 123, 127, 296, 310, 311, 312, 336
Rusnak, Josef, 13º andar 19

S

Sabedoria versus pensamento 27
Saber Absoluto 29, 35, 122, 127, 215, 339, 436
Sade, Donatien Alphonse François, Marquês de 139, 198, 212, 215, 469
Sagração da primavera, A (Stravinsky) 483
Sanders, Bernie 388
Santner, Eric 379
Sartre, Jean-Paul 243
Schelling, F. W. J. 12, 44
    faixa de Möbius 399
    intuição intelectual 108
    ontologia quântica 335, 337, 361
Scherzi 518
Schopenhauer, Arthur 257
Schubert, Franz, *Winterreise* 519
Segunda morte 72, 74
Semântico, idealismo 48
Semiesfomeados, classe dos 370
Semiótico, materialismo 496
Separação 202, 204, 466
Ser
    sujeito dentro do 94
Ser necessário 134
Servitude 312, 313
Sexuação
    antinomias da 168
    fórmulas da 133, 135, 145, 153, 179, 383
Sexualidade
    como deficiência 85
    conhecimento e 161
    definição 162
    natureza e 32
    primordial 156
Sexualidade da criança. *cf.* sexualidade infantil
Sexualidade infantil 159, 162, 188, 201
Sheridan, Taylor, *Terra selvagem* 24
Shostakovich, Dmitri 515
Shummyo, Ishihara 116
Significado
    redobramento 283, 289
    significante no 274, 496
Significante
    definição de Lacan 181
    jouissance 498
    pluralidade 178
    redobramento 283, 285
    "reflexivo" 446
    reflexivo 446
    significado do 270, 274, 497
Significante-Mestre 274
Simbólica
    castração 209, 213
    ficção 203
Simbolização
    contingência 269
    O Real 404
Simulado, eu 115
Simultâneo de consciência, modo 224
Singular
    densidade 399
    universalidade 297, 342
Singularidade 100, 184, 193, 196, 416
Sinthome 349, 356
Sintoma da normalidade 297
Sionismo 266
Slick, Grace 311
Sloterdijk, Peter 12, 374, 393
Social-democracia 393
Socialismo
    democrático 168
    ético 62
Sócrates 502
Solidariedade 526
Sonho de liberdade, Um, filme 514
Sonhos 113, 200
Soros, George 363
Sorte cega (Kieslowski) 385
Ser
    antinomia do 134
    como diferença 45
    domínio do 170
    e o Fundamento 335
    faixa de Möbius 262
    mudança para essência 263
    pensamento 34
    pensamento e 110
Substância
    como Sujeito 33, 51, 72, 94, 170
    definição 147
    esquematismo 233
    Si-mesmo e 426
Sujeito
    abstração 426
    Alteridade, inclusão 80
    divisão do 271
    do inconsciente 182

Em-si 438
impossibilidade 258
realidade e 413
Substância como 33, 51, 73, 94, 170
sutura redobrada 289
Um e 154
universalidade 431
Štajner, Karlo 515
Stalin, Joseph/Stalinismo 124, 469
   diferença sexual 299
   Leninismo e 178, 518
   luta de classes 291
   Marxismo e 177
   materialismo dialético 14
   Prokofiev e 513, 517
   regime "termidoriano" 65
Stravinsky, Igor 483, 510, 513
Sturges, Preston, *Contrastes humanos [Sullivan's travels]* 511
Subcúlaques 292, 299
Subjetiva
   destituição 433
   lógica 170
   perspectiva
      limitação 446
Subjetivação
   sutura 294
Subjetividade
   cartesiana 468
   como *performance* 422
   conhecimento 182
   "determinação opositiva" 445
   distinção objetiva 337
   emergência da 116
   estrutura da 289
   fantasia 216
   feminina 145
   idealismo 17, 87
   liberdade 456
   neuroteologia 444
   realidade objetiva 289
   sujeito sexuado 174
   transcendental 36, 49, 75
Subjetivos, interesses 130
Sublimação 373
Sublime 92, 137, 514
   dinâmico 138, 139, 141
   matemático 138, 142
Suicídio 218
Sujeito 439
   abstração 428
   agenciamentos 448
   barrado 76, 149, 519
   formalismo 282
   grande Outro 203
   liberal 431
   masculino
      culpa 249
   sem objeto 411
   transcendental 88
   universal 154, 181
Sujeito do inconsciente 207
Sujeito-objeto, relação 63, 66, 440
Superfície/superfícies
   não orientável/orientáveis 13, 20
Suprassensível 171
Suprassunção 465
Sutura
   faixa de Möbius 25
   hegemonia e 368
   subjetivação 294
Suzuki, D. T. 117

T

Taigo, Furakawa 116
Tannhäuser (Castelucci) 277
Taruskin, Richard 512, 513
Tautologia, nomeando práticas 271
Tempo
   antinomia do 134
   forma/conteúdo 332
   futuro 232
   idealidade do 340, 342
   natureza do 324
Temporais
   cortes 50
   processos 325
Teologia 460, 461
   negativa 460
   nominalista 462
Teoria da/do
   agenciamento 447
   Big Bang 322
   monarca 269, 283
   relatividade 322
   Terra côncava 318
Terceiro Mundo, movimentos 60
Termidoriano, regime stalinista 65
Terror 522, 527
Teses de Blum (Lukács) 64
The Handmaid's Tale (versão televisiva) 200

Theosis 453
Tiros em Ruanda, filme 467
Tomista-aristotélica, posição 107, 461
Topológicos, limitação dos modelos 39
Torção *sintomal* 370
Torre negra, A (King) 25, 296
Totalidade 31, 131
   social 31, 32, 130, 290, 523
   concreta 524
Trabalho 63, 67, 243, 246, 424
Traço/traços 58, 59
Tradução 386, 387
Transcendental
   Absoluto 31
   antinomias 146
   categorias de Kant 133
   conteúdo/forma 280
   correlacionismo 54
   empirismo 111, 389
   epoché 118
   noção de traço 59
   posição de enunciação 442
   realidade 16, 75, 436
   realismo científico 340
   subjetividade 36, 75
   sujeito 88, 439
Transcendentalismo
   fósseis 319
   historicismo 434
Transgênero, identidades 165, 166, 176, 300
Trem de Lenin, O, drama de TV 521
Três entre Dois 349
Trier, Lars von 280
Trótski, Leon 65
Trump, Donald 247, 409
Tubo de estofo 264

U

UBV. cf. *Unbewußte-une bévue* (UBV)
Um
   antagonismo 356
   autoidentidade 148
   contradição do 258
   diferença sexual 175
   entre Dois 348
   e o sujeito 154
   luta de classes 290
   multiplicidade 163
   Um barrado, relacionamento 352

Uma criança é espancada (Freud) 386
Unbehagen 506
Unbewußte-une bévue 496
União Soviética 515
Unidade, pensamento e ser 111
Unificação, agenciamentos 410
Universalismo/universalidade
   Alteridade 155
   autêntica 493
   concreta 258, 406
   conflito entre tipos 493
   cristianismo 295
   hegemônica 434, 493
   lógica da 244
   luta de classes 296
   marxismo 445
   posição ética 470
   singular 297, 342
Universal-particular, relação 275, 303, 342, 402
Universo(s)
   diferença no funcionamento 469
   física quântica 81
   incerteza radical 83
   ordem 461
   simbólico 334
   virtual 209, 211
Utopias 68, 200

V

Vácuo "verdadeiro" 346
Varela, Francisco 444
Variações eidéticas 358, 385, 389
Variáveis do sistema, completude 327
Vazio abissal 332, 343
Vegetal, sexualidade. *cf.* plantas, sexualidade
Veludo azul (Lynch) 18, 157
Verdade eterna 370
Verdade infinita 370
Verdade universal 132
Vertigo [*Um corpo que cai*] (Hitchcock) 180
Vida, princípio 401
Videogames 23, 200, 202, 205, 208, 217
Villeneuve, Denis, *A chegada* 221, 226
Vínculo 493
Virada transcendental 91
Virtualidades, mulher 390
Vírus, inseminação 192
Visão inumana 448, 510

Vorstellung-Repräsentanz, conceito 272
Voz, abstração 520
Vulgar, materialismo 277
Vazio
    abissal 332, 343
    aparências 172
    da subjetividade 174
    incontinência 356
    nível zero 353
    realidade e 308
    repressão 179
Verdade
    diferença sexual 164
    drama e 472
    emergência da estrutura 370
    realidade e 384
    suprassensível 171

W

Wagner, Richard, Parsifal 211, 494
Walsh, W. H. 233
Weinstein, Harvey 244, 247, 248
Weltformel, fórmula 399
Wilde, Oscar 248
Williams, Rowan 468
Winterreise (Schubert) 519
Wittenberger, Paul, *After the tribulation* 478
Wittgenstein, Ludwig 148, 512
Word Art, sabedorias da 28

Z

Zen Budismo 115
Žižek, Slavoj 35
Zuckerberg, Mark 364
Zupančič, Alenka 141, 300, 356, 393
Zürcher, Ramon, *A gatinha esquisita* 418

LEIA TAMBÉM

SLAVOJ ŽIŽEK

UMA ESQUERDA QUE OUSA DIZER SEU NOME

LEIA TAMBÉM

SLAVOJ ŽIŽEK

A ATUALIDADE DO MANIFESTO COMUNISTA

Conecte-se conosco:

 facebook.com/editoravozes

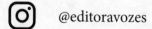 @editoravozes

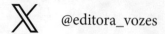 @editora_vozes

 youtube.com/editoravozes

 +55 24 2233-9033

www.vozes.com.br

Conheça nossas lojas:

www.livrariavozes.com.br

Belo Horizonte – Brasília – Campinas – Cuiabá – Curitiba
Fortaleza – Juiz de Fora – Petrópolis – Recife – São Paulo

  Vozes de Bolso

EDITORA VOZES LTDA.
Rua Frei Luís, 100 – Centro – Cep 25689-900 – Petrópolis, RJ
Tel.: (24) 2233-9000 – E-mail: vendas@vozes.com.br